李有星 著

金融法研究 ①

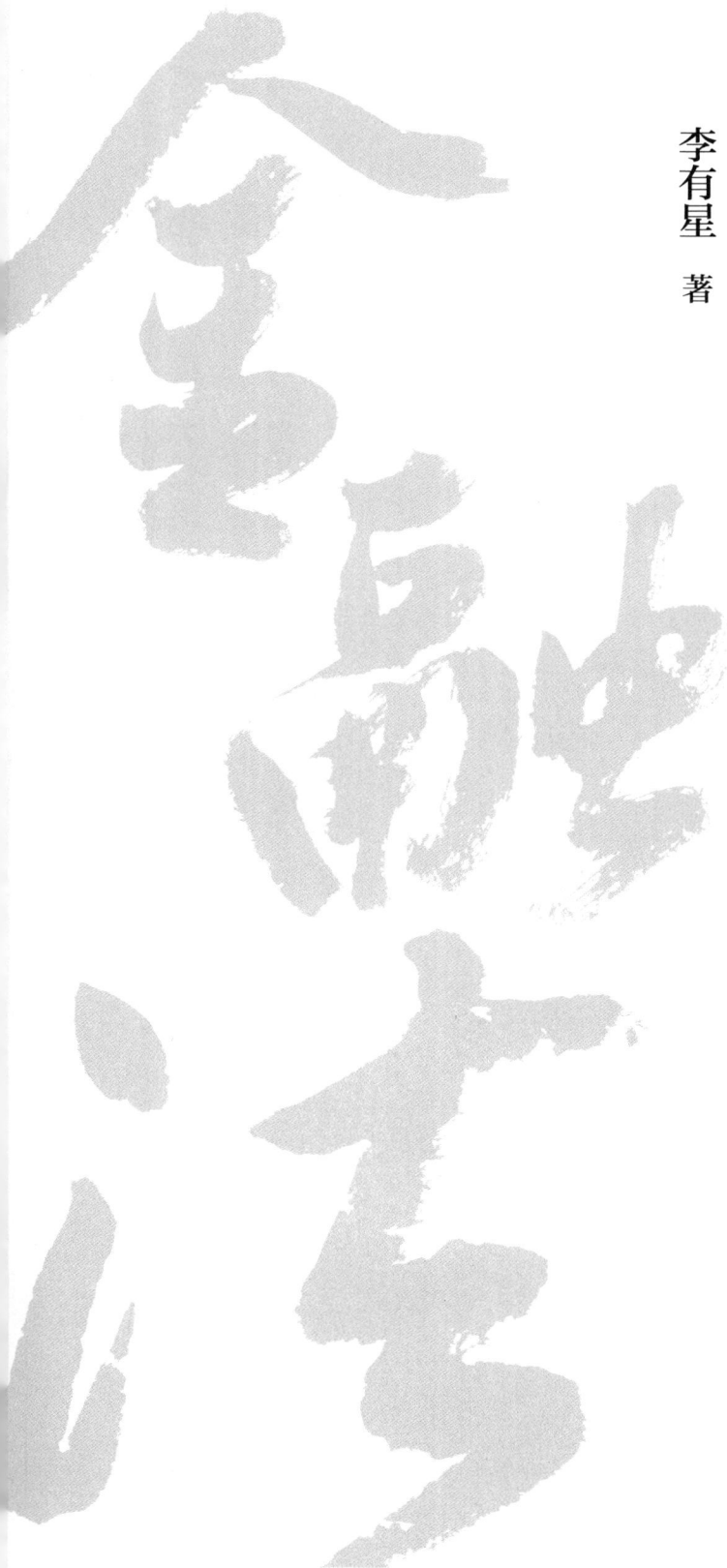

ZHEJIANG UNIVERSITY PRESS
浙江大学出版社
·杭州·

序　言

本书内容主要涉及公司治理与证券法治、金融与民间金融治理、互联网金融法治与金融科技、金融刑事法治。我国经过数十年的经济金融发展，银行、证券、保险、信托、基金等金融领域的法治水平不断提高。随着我国金融立法、司法、执法和金融监管的水平不断提高，我国设立了专门的金融法院，普通法院设立金融审判庭。金融法学、证券法学等课程成为大多数法学院的课程，金融领域的监管执法、侦查、审判、检察、律师辩护等理论需求不断提升，金融法治人才的需求也不断增加。由于金融法治理论涉及金融和法律等多学科知识，总体看，我国金融法治理论研究还远远不够，金融法治理论人才的培养也远远不够。本书希望能抛砖引玉，为更多的学者开展金融法治理论研究并培养更多的金融法治高端人才而服务。

在本书出版之际，借助这个序言回顾一下我的学术历程。我的学术研究领域集中在公司法、证券法、金融法和金融刑法。从 1984 年到 1996 年，我在浙江工商大学（原商业部直属的杭州商学院）从事法学教学工作。1996 年 6 月调入当时的浙江大学对外经贸学院国际经济法系任教，当时的系主任是著名法学家、留法博士卢建平教授（后调往中国人民大学）。1996—2002 年，我先后被聘任浙江大学副教授、教授职称，担任国际经济法系副主任、浙江大学法经济学研究所副所长，同时担任浙江大学法律顾问室副主任、浙江大学监察部副部长等职务。2000 年首次设立经济法的金融法研究方向，并着手浙江大学金融法学学科的建设工作，招收 2 名硕士研究生（其中一位是吴红瑛同学，后任浙江大学法律顾问室主任、浙江大学党政办主任、房地产管理处处长等职）。2003 年浙江大学国际经济法系并入法学院，尔后，我担任浙江大学法律硕士（JM）中心主任、浙江大学法学院院务委员会委员、法律系副主任、法务培训中心主任。1999 年 9—12 月去法国马赛大学访学；2007 年 7 月参加中央政法委组织的"高层次法律人才培养高级研修班"去美国访学；2009 年 9 月至 2010 年 9 月，去香港大学法律学院访学，后多次出访美国、澳大利亚、英国等进行学术交流。2012 年，启动浙江大学法学院首届金融法博士的招收工作，当年招收陈飞和胡晓治 2 位博士。2015 年 4 月开始担任浙江大学互联网金融研究院副院长、浙江大学金融研究院研究员、首席专家、AFR 金融经济犯罪研究中心主任，担任中国法学会证券法学研究会副会长，担任中国商法学研究会、银行法学研究会、商业法研究会常务理事，担任上海市互联网司法研究会副会长，担任浙江省法学会金融法学研究会会长、浙江省法学会首席法律咨询专家，担任第二届浙江省法官检察官遴选委员会专家委员、省政法委特聘执法督查员等职务。

在浙江大学的长期任教中，给本科生、硕士和博士研究生授课，课程包括商法、商法专题研究、商法案例研究、经济法、国际商法、投资法、金融法、金融法案例研究、证券法、票据法、国际经济法、国际贸易法、财政与税法、金融法研究、证券法研究、法律谈判、互联网金融法研究、证券监管与法规、企业法律风险防范与处置等。

在浙江大学任教必须具备科研能力，在课题研究方面，我有各类课题 70 项。在此值得一提的是，2005 年的"浙江民间借贷与监管问题研究"，2007 年的"地方金融监管研究"，2012 年的"温州市民间融资管理条例立法条文研究"（温州市政府面向全国的重大招标项目），2014 年的"民间金融市场治理法律制度构建及完善的研究"（省社科规划办的优势学科重大项目），2015 年的"浙江省地方金融监管条例立法研究"（省政府金融办的重大招标项目），2015 年的国家社科基金重点项目"互联网融资创新制度研究"（15AFX020），2018 年的"数据资源权益保护立法研究"（贵阳市政府委托），2019 年的国家社科基金重点项目"地方金融监管立法理论与实践研究"（19AFX020），2020年的中国人民银行的"金融科技监管规则研究"，2020年的中国人民银行的"地方金融监管框架研究"。2021年承担中国证监会下属的中证中小投资者服务中心课题"中小投资者保护工作效果评估和制度完善研究——以投服中心为例"、2021年的"企业可持续发展法律问题研究"、2022年的"数字金融平台健康发展的法治保障研究"（浙江省社科规划重点课题）。此外，还有1998年教育部重点项目"高等院校合并重组法律问题研究"，1999年省社科规划课题"银行风险防治问题法律研究"，2000年省社科规划课题"公司规范运作法律问题研究"，2003年省社科规划课题"绿色贸易壁垒与浙江外贸对策研究"。

　　我们认为部门法学是实践性学科，在承担教学科研的同时，应始终坚持理论与实践的结合，因此，我的学术团队始终紧盯现实一线出现的问题，用金融法治眼光分析解决问题、提出科学对策建议。浙江大学金融法学研究团队一直与浙江的立法机关、金融监管部门、公检法司等部门保持良好的沟通交流关系。2012年国务院设立温州金融改革试验区，确立12项改革试点任务中的第一项是"制定温州市民间融资管理办法，以规范民间融资行为"。经过全国的公开招投标，我荣幸担任"温州市民间融资管理条例"的立法项目负责人和条文起草者，全程参与该条例的立法过程。在省人大领导、省政府领导的带领下，一同到北京向全国人大有关部门领导汇报条例工作。2013年11月22日《温州市民间融资管理条例》获得省人大常委会通过，该条例成为全国首部涉金融的地方性金融法规，当时被给予高度评价。2016年开始，在浙江省地方金融监管局副局长潘广恩的推动下，浙江省级层面启动浙江省地方金融监督管理条例的立法工作，在当时浙江省法制办、浙江省人大常委会的大力支持下，浙江省地方金融监督管理条例列入立法计划。我承担了《浙江省地方金融监督管理条例》（后来调整名称为"浙江省地方金融条例"）立法研究项目负责人，完成课题研究和立法条文的设计，全程参与条例的立法工作。2020年5月15日，浙江省人大常委会通过了《浙江省地方金融条例》

的地方性法规。

2005 年至 2007 年，发生了浙江东阳的吴英集资诈骗案件，当时的浙江大学法学院与新华社联合召开吴英案研讨会，我做了"吴英案件的四模糊"发言。新华社发表了"吴英案件为什么演变成法治事件""吴英案凸现的我国金融改革的迫切性"。从此，引发了一轮自 2007 年起大约为期 10 年的民间金融监管放松阶段，直至互联网金融特别是 P2P 网贷引发的专项整治。中央再次重申金融必须持牌经营，开始以金融风险防范为主基调的严监管时期。也许是上个阶段的监管放松，使互联网金融的支付、借贷理财等得以开放性发展（或称野蛮生长）。这一时期后，我国金融证券业的金融科技应用迅速提升，数字金融、移动金融、绿色金融、普惠金融迅速发展，金融的便利性、普惠性迅速提高，改变了老百姓在银行存取款排长队的局面。

在浙江大地上成长壮大的阿里巴巴、蚂蚁金服集团为我们研究互联网金融、数字金融、绿色金融、金融科技提供了很好的机会。因为在浙江大学法学院从事金融法教学研究的缘故，从 2003 年阿里巴巴电商涉及结算支付问题开始，我们就着手研究这一法律问题。在电商领域，买方和卖方不见面，不现场交易，交易双方最担心的是安全和信用问题，买方担心付了款无法获得满意的货物，卖方担心给了货物无法按时获得货款。国际贸易领域或国内贸易领域有信用证制度解决这个问题，但电商领域当时没有好的方案。因此，为解除双方担忧的有担保性质的第三方支付机构出现了，当时称为货币转移服务商。这个服务商除了领取营业执照，没有特许的金融业许可证，加之涉及大量资金存储而且产生利息收益，引起了金融监管部门和社会的关注。2005 年同一时期，出现了张勇创办的"世纪黄金制品有限公司"的黄金制品交易平台，实质是构建具有黄金期货交易性质的变相黄金期货买卖平台（后被中国证监会认定），也引起了人民银行等监管部门的关注。当时，对货币转移服务商公司和黄金制品交易平台，出现不同的认识和观点，比如是不是非法经营、是否涉及非法吸收公众存款、是不是变相非法金融活动等。经过一段时间的争论，保留了货币转移服务商，取缔了世纪黄金制品交易平台。货币转移服务商最终在 2010 年得到了监管机构的认可，中国人民银行颁发了第三方支付的金融许可证。

　　因为担任浙江大学互联网金融研究院副院长兼互联网金融法律研究中心主任，同时担任当时的浙江互联金融联合会总监事，面对互联网金融所带来的隐蔽性、欺诈性、数字性、隐私性和快速扩散风险，我们开展了许多针对性研究，也取得了很好的效果。我和博士陈飞、金幼芳在 2014 年 3 月 31 日发表的《互联网金融监管的探析》（《浙江大学学报》人文社会科学版）一文影响较大，目前被引数是 612 次，下载量为 36590。在互联网金融领域，受深圳市地方金融监管局委托开展了互联网金融治理的长效机制研究，受蚂蚁金服委托开展商业信用的发展与监管研究、非法金融活动的趋势与对策研究、数据产品权益保护研究、区块链技术应用中的个人信息权保护研究、双链金融中应收账款权益转让的风险与对策研究。同时，我们开展了互联网仲裁运行法律问题研究、互联网金融平台信息披露制度研究、互联网金融平台身份信用核查义务研究等。2015 年中国证券市场出现大幅波动，针对恒生 HOMS 订单管理系统的法律问题，我们开展了场外证券配资问题的专题研究，还写出多份咨询要报，供有关机构批示。

　　作为浙江大学的教师，在自己学校一流刊物上发表文章是最为开心的事情，我一直将满意的作品投稿《浙江大学学报》（人文社科版），许多是和学生联合发表，其好处是可以帮助博士、硕士研究生满足毕业所需要的论文要求。目前初步计算在《浙江大学学报》上发表的文章有 17 篇。正因这些文章，我指导的博士、硕士研究生都能按时毕业，有理想的就业岗位。

　　我的学术工作中，在金融法学研究会投入的精力是比较大的，也取得了优良的成绩，研究会一直是省法学会的先进研究会。自 2006 年创建浙江省法学会金融法学研究会以来，我一直担任会长。在上级组织和全体理事们的支持下，研究会每年召开的年会主题都是围绕当年的金融法领域热点和前沿问题展开，取得了良好的效果。这些论坛也为我们理论写作提供了许多材料。

2006 年 11 月 18 日，浙江省法学会金融法学研究会成立大会暨"金融与法治论坛"在杭州星都宾馆召开，我当选金融法学研究会会长。会上，我主编的《金融法教程》（浙江大学出版社 2006 年版）正式发布。

2007 年 11 月 19 日，浙江省法学会金融法学研究会 2007 年会暨"民间借贷与非法集资法律问题及治理论坛"在杭州召开。论坛重点研讨民间金融、民间借贷、非法集资的法律问题及治理对策，结合当时的东阳吴英案件开展讨论。

2008 年 11 月 1 日，浙江省法学会金融法学研究会 2008 年会暨"公司资本金融与运作安全研究高端论坛"在杭州召开。本次论坛紧贴公司资本与金融运作的实际，围绕公司资本及金融运作过程中的热点及难点问题展开研讨，营造以实务提升理论，又以理论指导实务的良好研讨氛围。2008 年会围绕"公司资本金融与运作安全研究"这一主题，就"金融危机与金融法律挑战""金融创新与法治互动关系""小额贷款公司相关法律问题""保险资金的运行安全问题""不良资产剥离的困境与出路探索""证券期货市场监管反思与对策""公司资本金融与税务处置"等问题展开专题讨论。

2009 年 11 月 7 日，浙江省法学会金融法学研究会 2009 年会暨"金融危机法律救济与金融纠纷处理机制高端论坛"在宁波大学召开。

2010 年 11 月 28 日，浙江省法学会金融法学研究会 2010 年会暨"民间融资引导与规范高端论坛"在杭州召开。

2011 年 11 月 12 日，浙江省法学会金融法学研究会 2011 年会暨"证券市场法治理论与实践高端论坛"在丽水市召开。论坛从中国资本市场所存在的种种实际问题出发，探讨了证券市场法治化的难点，重点就 IPO 制度的完善、违法行为的预防与规制、证券赔偿诉讼与司法重整机制的优化、上市公司治理制度的构建、民间融资困局的破解等问题，提出了针对性的解决方案。大会共收到学术论文投稿 130 余篇，会议就当前证券市场的理论和实践问题展开了广泛而深入的研讨，取得了丰硕的理论成果。

2012 年 12 月 1 日，浙江省法学会金融法学研究会 2012 年会暨"金融改革下金融中介培养发展的法治理论与实践高端论坛"在杭州召开。重点研讨：金融改革创新与金融中介法律变革；金融中介的培养、发展与规范的理论与实践；金融中介法制环境与完善；金融中介经营实践的疑难案例的法律问题与分析；金融中介经营的保护与非法经营打击问题探讨；金融中介责任与消费者保护；金融中介市场营运与监管重点；金融中介法律关系与民商事责任；金融中介的其他法律问题。

2013 年 11 月 23 日，浙江省法学会金融法学研究会 2013 年会暨"地方金融法制环境建设：浙江为例高端论坛"在杭州召开。重点研讨：地方金融改革的法制需求的重点和难点；互联网金融与贸易及其法制环境建设；地方金融机构发展的法制环境建设；中小微企业融资的金融法制环境建设；中小微企业融资与资本市场的对接法制环境建设；地方债务运行、风险和化解的法制环境建设；地方金融类资产交易的法制环境建设；地方金融监管的法制环境建设；地方金融风险防范、处置和化解的法制环境建设；企业财务危机与破产重整法制环境建设；金融司法保障法制环境建设；金融类民刑交叉案件的判定、处理法制环境建设；金融刑法所涉的法制环境建设；民间放贷行为调整的法制环境建设；担保、典当、资本管理公司、投资公司、小贷公司等地方金融的发展的法制环境建设；《温州民间融资管理条例》（草案）的评析研究；金融犯罪与预防等。

2014 年 12 月 20 日，浙江省法学会金融法学研究会 2014 年会暨"民间金融市场治理的法律制度构建与完善高端论坛"在杭州召开。重点研讨：民间借贷法律问题研究；互联网金融法律问题研究；民间金融其它法律问题研究；民间金融刑事法律问题研究。

2015 年 12 月 12 日，浙江省法学会金融法学研究会 2015 年会暨"互联网融资法律制度创新构建理论与实践高端论坛"在杭州召开。重点研讨：互联网融资市场的主体（放贷人、资金中介、信息中介、影子银行、融资平台、P2P 平台）法律制度及完善；互联网融资市场的行为（借贷、私募、理财、信托、票据贴现、众筹等）法律制度及完善；互联网融资市场的监管（监管体制、监管模式、监管协调机制）法律制度及完善；互联网金融监管新政的逻辑、理论与实践中存在的问题；互联网融资的风险防范、平台跑路与处置法律制度；互联网融资平台的服务中介地位、性质、信息中介、信用中介、担保等法律问题研究；互联网融资平台（P2P／众筹平台）的法律责任研究（含民事、行政和刑事责任理论与实践）；互联网融资公司行业自律体制、机制和规范研究；互联网融资涉及的民刑交叉问题及法律制度；互联网融资涉及的非法集资、诈骗、非法经营等刑事犯罪制度及完善；国内外涉及互联网融资的典型案件理论与实践分析；场外证券配资与 HOMS 系统的法律问题研究；互联网金融、地方金融及其监管立法研究；《温州市民间融资管理条例》的修改完善和实践中问题；民间融资服务登记平台的借贷备案制度的完善；美国 JOBS 法案及其发展、立法借鉴；其他涉及互联网融资的公安、检察、法院、律师角度的理论与实践案例、制度研究。

2016 年 10 月 30—31 日，由浙江省人民检察院、浙江省法学会金融法学研究会、浙江大学互联网金融研究院主办，德清县人民检察院承办的"互联网金融司法高端论坛暨浙江省法学会金融法学研究会 2016 年会"隆重召开。会议以互联网金融司法为主要内容，旨在探讨互联网金融管理与规范，保护互联网金融创新，防范互联网金融风险，消减互联网金融隐患，维护互联网金融安全与稳定，促进互联网金融健康有序发展。出席和参加本次会议的有来自浙江省人民检察院、各市县人民检察院、省金融法学研究会的领导、专家、学者以及高校硕博生等，共 200 余人。

2017 年 12 月 24 日，浙江省法学会金融法学研究会 2017 年会暨"网络借贷与众筹融资的治理制度及实践高端论坛"在杭州召开。重点研讨：网络借贷与众筹的法治理论；现金贷与校园贷法律问题；网络借贷的主体、利率、信用与数据法律问题；网络借贷相关的备案、资金存管与信息披露法律制度；国外网络借贷、众筹主要法律制度借鉴；金融科技（FinTech）与监管科技（RegTech）的法律问题；互联网金融与大数据风险控制；互联网金融风险专项整治涉及的法律问题；网络借贷、众筹和 ICO 涉及的非法融资行为的法律问题；互联网金融立法、司法和监管的理论和实践。

2018 年 12 月 2 日，"数字金融法治建设的理论及实践"高端论坛暨浙江省法学会金融法学研究会 2018 年会在杭州召开。本次会议围绕金融科技和数字金融的发展问题展开，从法律制度、社会治理和司法应用等角度入手，探讨数字金融规范发展问题，具体讨论了地方金融监管与商业信用立法问题、网络借贷与股权众筹法律问题、互联网金融的司法与仲裁问题等。来自省内外金融监管部门、司法机关、各高校、金融机构、律师事务所、金融相关企业的领导、专家、学者以及高校硕博生 250 余人参加会议。上午的会议主要分为四个单元，分别举行大会开幕式、优秀论文颁奖、浙江省法学会金融法学研究会换届选举以及嘉宾主题演讲与成果发布。下午则主要围绕"数字金融法治建设的理论及实践"主题，设置"地方金融监管与商业信用立法""网络借贷与股权众筹法律问题"以及"互联网金融司法与仲裁问题"三个分论坛。

2019 年 11 月 10 日，"新金融治理与监管法治改善高端论坛"暨浙江省法学会金融法学研究会 2019 年会在杭州召开。重点研讨：合法债权催收业务困境、破解与逃废债治理；地方金融治理与监管立法问题；套路贷、非法放贷及债务危机治理与预防；数据信息安全与金融科技监管规则。

2020 年 11 月 29 日，"新时代金融证券市场发展与监管高端论坛"暨浙江省法学会金融法学研究会 2020 年会在杭州召开。新的《中华人民共和国证券法》于 2020 年 3 月 1 日实施，对公司证券发行、证券上市、证券交易、上市公司收购、信息披露、投资者保护、违法违规法律责任、处罚标准等做了重大调整。对发行人、上市公司及其董事、监事、经理等高级管理人员、控股股东和实际控制人的行为规范提出了高要求。注册制、信息披露、投资者保护、集体诉讼成为热点。2020 年 5 月 15 日，省人大常委会正式通过《浙江省地方金融条例》，全国若干省市通过了地方金融监管条例。2020 年 11 月，蚂蚁集团上市暂停成为市场热点，金融科技、科技金融、传统金融、数字金融、数据保护、监管科技等问题再次成为讨论焦点。本次大会重点探讨：新证券法下市场主体的自律与监管法治；上市公司、控股股东、实际控制人的行为规范和安全管理；我国证券投资者保护制度体系与实践效果评估；我国地方金融监管立法实践内容与国家层面立法问题；金融证券非法经营与刑事犯罪相关问题；民营企业家的营商环境、营商安全保障问题；金融科技、数字金融、监管科技的规范与发展；其他与证券法、地方金融监管立法、营商安全、金融犯罪有关的法律问题。围绕证券市场的发展与监管法治、地方金融发展与监管立法、金融证券领域的违法犯罪问题、新金融（金融科技、数字金融、普惠金融）发展及其监管法治等四个议题，大会展开讨论。

2021 年 11 月 14 日，"数字金融发展与规范治理体系高端论坛"暨浙江省法学会金融法研究会 2021 年会在杭州召开。论坛重点讨论：数字金融发展与规范治理体系；数字货币支付发展与规范治理体系（含刑）；数字证券基金与配资规范治理体系（含刑）；数字借贷资管规范治理体系（含刑）。

2022 年 11 月中旬，浙江省法学会金融法学研究会 2022 年会暨"新时代金融（证券）稳定与可持续发展法治高端论坛"将在杭州召开。重点研讨：数字金融平台健康发展的法治保障；国家金融安全中的货币、支付体系法治保障；新型金融债务危机、化解与处置法治问题；公众企业融资与可持续发展法治保障；股权投资、股权激励、对赌协议与资本有序扩张的法治保障；证券市场的虚假陈述、独立董事、融资融券、操纵市场、强制退市等重大问题；数字时代的洗钱与反洗钱制度；网络金融中的常见犯罪问题、金融活动中的常见犯罪预防和打击；网贷个人金融债务的处置调解模式和制度；企业金融（证券）数据信息共享、流转中的法治问题；等等。

我牵头开展的中国法学会证券法学研究会的"瑞幸咖啡案例研究系列讲座"也值得一提。在中国证券法学研究会会长、最高人民法院研究室副主任郭锋教授的支持下，我们就 2020 年 4 月 2 日披露的瑞幸咖啡案例进行学术深挖，通过钉钉、腾讯会议、"胜数研创"平台小鹅通等方式召开了持续 31 期的"瑞幸咖啡案例研究系列论坛"，聚集了国内外知名专家、教授 150 余人进行交流，是证券法领域的学术盛宴，影响较大。我每期都会精心准备，花费大量时间和精力，每期主持大约 3 ~ 4 个小时，最长一次论坛从晚上18：30 开到了第二天凌晨 12 点 20 分，可见参会学者们讨论的热烈程度。在此，我对参会专家、学者一一表示衷心感谢。

除了感谢上述专家教授外，本次"瑞幸咖啡案例研究"系列讲座能够开展，还要感谢广告宣传团队、文字记录整理团队、后台服务团队，特别感谢提供技术支持的杭州胜数研创公司团队。正是他们的支持使以上各期内容均有完整的视频资料可以回顾学习，所有电子版的视频资料都在技术支持平台"胜数学院"上可供查讯。

此外，我还有著作 20 多本：《经济法》《经济法教程》《票据法》《国际经济法》《涉外解决法》《商法》《金融法教程》《证券法》《证券非公开发行融资法律制度研究》《银行风险防治法律研究》《公司规范运作法律问题研究》《中国民间金融市场治理地法律制度构建及完善研究》《互联网金融司法高端论坛文集》《数据资源权益保护立法研究》《地方金融监管立法条文比较与原理》《智能金融安全问题法律研究》《数字金融平台健康发展法治保障研究》《注册制改革背景下的中国证券市场法治建设（2016 卷）》《证券法理论与实践前沿问题研究——瑞幸咖啡案例研究系列讲座实录》《金融证券市场发展与监管研究》《金融法治理论研究》等。

在几十年的金融法律理论研究和实践中，我深刻体会到了金融法治的特殊性。金融是关乎社会公共利益、公众财产安全的大事，金融经营持牌是基础要求，金融业只有监管才会安全。金融领域最大的困难在于如何处理创新与发展、安全与创新、安全与效益、安全与发展、规范与发展的关系。金融业是高风险行业，凡从事金融证券的经营者，首先要评估自己的风险和承压能力，看看自己是否适应从事这种高风险职业，包括智力、能力和心理素质。其次要评估自身的信用能力、合规能力、诚信水平。金融证券业是一项诚信行业，信用至上，更是合规行业。个人敬畏市场、敬畏法律、敬畏风险、敬畏信用的素质是不同的，只有具备的人才适合在这个领域工作。再次，评估自己的金融证券风险管理能力，是否具有对政策的敏感性以及资金流动性等管理能力。金融证券业是信用风险的管理行业，其盈利能力取决于风险管理水平。最后，坚持金融证券本质论。在各种金融形态、产品和流程的变异中，透过现象看本质，既要注意新技术带来的新变化，更要注重金融本质的信用、风险、流动性、成本、收益等，针对性解决新的信用风险管理问题。例如，在借贷关系中，对法律人的角度而言就是解决借款人不偿债问题，债务违约就是借贷中的最大金融风险，大量的借款违约就会导致出借人信用危机、流动性枯竭，最终导致破产倒闭。社会上出现的不少金融违法或非法金融活动，包括非法集资，行为人始终没有认识到"使用公众资金"的危险性，任何人应当认识到使用自己的资金可以相对自由、盈亏自负，但使用"他人的或公众的资金"就必须是严肃、谨慎的，保证按时归还他人"本息"的安排成为最基本要求。使用"他人资金"决不可从事高风险领域的博彩式经营，否则，注定惨败。从这个意义而言，对于缺乏管理金融证券风险能力的单位和个人，应谨慎使用金融杠杆，不轻易使用"他人或公众"的资金从事经营活动，不轻易使用发行债券等融资手段撬动要偿还的公众资金。金融事件一旦爆发，必然会引起公众的聚集及过激行动，为稳定局面，成立专班、刑事立案、舆情管控、管控资金财产、控制相关人员（出境）、接管、评估、清收、重组、挽救等处置风险的措施就会跟上。金融证券业的持续健康发展，企业需要有不断的合规创新，金融监管者需要营造公平的市场竞争环境，保护金融消费者和投资者的合法权益。金融领域的市场化、法治化和国际化一直在进程中，相信我国金融法治水平会越来越好。

以上为序，不当之处，敬请批评指正。祝大家万事如意、吉祥安康！

浙江大学光华法学院教授、博士生导师
中国法学会证券法学研究会副会长
浙江大学互联网金融研究院副院长　李有星
浙江省法学会金融法学研究会会长

2022 年 8 月 10 日

目 录
CONTENTS

公司治理与证券法治

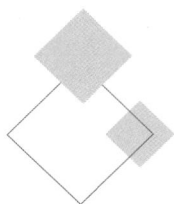

CONTENTS

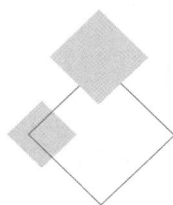

CONTENTS

公司治理与证券法治

论中概股危机中的中美跨境审计监管合作

李有星　潘　政 *

摘　要

中概股公司财务审计质量是中美两国监管机构的共同关注点，但两国在跨境审计监管合作执法方式、审计工作底稿交接上存在分歧并久未解决。中美跨境审计监管合作分歧源于两国对国家主权的不同态度、审计工作底稿保密性要求的差异、证券监管机构执法权限的不同。遵循国际证券监管合作惯例，在双边或多边合作框架下共同推进联合检查，是破解中美跨境审计监管合作僵局的有效方式。为顺利有效开展联合检查，可以采取分流中概股公司、分类处理审计工作底稿的措施。此外，加强境外上市中国公司的境内监管，提升中概股公司整体质量，是预防中概股危机的治本之策。

关键词：中概股；跨境审计监管；审计工作底稿；联合检查

★　本文原载于《证券市场导报》2020 年第 10 期。潘政，浙江大学光华法学院博士研究生。本文系国家社科基金重点项目"地方金融监管立法理论与实践研究"（项目编号：19AFX020）的部分成果。

一、引言

自 2020 年 4 月 2 日瑞幸咖啡自曝财务造假后，在美上市的中国概念股（以下简称中概股）公司承受来自美国证券监管机构、交易所和美国国会等多方压力，面临大范围"被"强制退市的危险。2020 年 5 月 21 日，美国参议院通过《外国公司问责法案》（*Holding Foreign Companies Accountable Act*），要求美国证券交易委员会（SEC）禁止连续三年未经美国公众公司会计监督委员会（PCAOB）检查的外国发行人证券进行交易。[①] 如果该法案获得美国众议院通过，中概股公司发行的证券就无法交易，在不符合法定强制退市要求的情况下，将被迫地"主动"选择退出美国证券市场。在当前美国国内政治环境下，美国一些政治势力将瑞幸咖啡财务造假个案扩大为针对全体中概股公司的"发难"，这是自 2012 年以来在美上市中概股公司面临的又一次危机。中概股危机本身是一个证券监管法律问题，危机的解决有赖于中美证券监管合作的开展，核心或突破口则是跨境审计监管合作。但中美两国目前在跨境审计监管合作领域仍面临重重困难，如何在平等互利的基础上推动中美审计监管合作，是当前亟待解决的问题。

二、中概股跨境审计监管合作中的分歧

中概股危机本质上是一场深刻而持久的诚信危机，其肇始于部分中概股公司严重的财务造假问题[②]，反映出赴美上市的中概股公司缺乏有效的审计监管约束，引发了美国证券监管机构和社会各界对中概股公司财务审计质量的担忧。

[①] S.945-Holding Foreign Companies Accountable Act. 参见 https://www.congress.gov/116/bills/s945/BILLS-116s945es.pdf，最后访问日期 2010 年 5 月 20 日。

[②] 陈彬：《中概股危机反思：从财务造假到诚信缺失》，《证券法苑》2012 年第 2 期。

（一）中概股公司的财务审计质量问题

美国证券监管机构对于中概股公司财务审计质量的担忧由来已久，其根源于中概股 VIE（Variable Interest Entity）架构下的信息披露不透明。中概股普遍采用 VIE 架构跨境上市，其基本模式是中国境内经营实体的股东在境外设立特殊目的公司（SPV），作为上市壳公司，由该壳公司在中国香港设立一家子公司，再由该子公司在中国境内设立一家外商独资子公司（WFOE），最后由 WFOE 与境内经营实体签署股权质押协议、贷款协议、独家服务协议等一系列协议，以控制该实体，从而将该实体的利润转移到香港子公司，香港子公司再以投资分红的方式将利润转移到上市壳公司的通道。[1] 通过复杂的协议网络架构，中概股实现了境外上市壳公司对境内经营实体的实际控制。但是，VIE 架构本身就是中概股赴境外上市的特殊手段，天然就具有缺乏有效监管、信息披露不透明、跨越不同的法域等风险。即便对于阿里巴巴这样的大公司，其控制权结构无疑也是不透明的，模糊了谁控制公司的事实，投资者权益的保护完全取决于人们对公司经营团队的信念而非硬性的制度保障，VIE 架构下的中概股公司的财务审计问题缺乏实质性的法律约束。[2]

中概股公司 VIE 架构下的信息披露不透明，引发了美国证券监管机构对其财务审计质量的高度关注。2011 年和 2018 年，美国 PCAOB 就发布多份关于中概股审计质量问题的风险提示，PCAOB 还在网站详细列出大量"遭遇审计障碍"的中概股公司及其审计机构名单。[3] 此次中概股危机中，美国 SEC 和 PCAOB《新兴市场投资涉及重大信息披露、财务报告和其他风险，补救措施有限》的声明，无疑是美国证券监管机构对中概股一贯监管思路的

---

[1]　Jon Endean. A Payoff to Second Best Pragmatism: Rethinking Entity Classification for Foreign Companies. NYU Journal of Law & Business, 2017(14)：311.

[2]　Jesse M. Fried and Ehud Kamar. Alibaba: A Case Study of Synthetic Control. https://ssrn.com/abstract=3644019，最后访问日期 2020 年 7 月 22 日。

[3]　SEC 公 开 声 明 . https://www.sec.gov/news/public-statement/statement-vital-role-audit-quality-and-regulatory-access-audit-and-other，最后访问日期 2020 年 4 月 21 日。

延续，旨在向美国市场和投资者重申中概股的财务审计风险。不考虑政治因素，美国参议院通过的《外国公司问责法案》，其主要内容还是在于通过加强审计监管以保护美国投资者。

（二）中美两国跨境审计监管合作中的分歧

中概股 VIE 架构本就是早期中美两国证券监管权没有发生接触碰撞时所产生的一种中间灰色地带和历史遗留问题，天然就是合法因素和不法因素相互交织的领域，具有巨大的不确定性和风险性。中概股公司的财务审计质量问题已经成为中美两国证券监管机构共同关注的焦点问题，但双方在跨境审计监管合作方式上的分歧，导致这一问题长久以来无法得到有效解决。

中概股作为美国证券市场的发行人，美国监管机构对其负有主要的审计监管责任。但中概股公司的经营实体位于中国，美国监管机构无法直接对中概股公司中国境内的经营实体开展监管活动，对于中国籍公司高管的司法裁判也难以得到有效执行，只能寻求中国政府的协助与支持。对于中国证券监管机构而言，个别中概股公司的财务造假行为严重损害了中国企业的全球声誉，但监管中概股公司又面临着许多障碍，中概股公司仅是经营实体位于中国境内，而其上市主体并非中国公司，中国证监会直接监管境外上市公司需要解决管辖权的问题。中美证券监管机构之间也缺乏事先对在美上市中概股公司的通报和合作机制。可以说，每次中概股危机都会引起中美证券监管机构的关注，为了提高上市公司的财务审计质量，两国都有合作的需求和意愿，合作的核心领域是跨境审计监管合作。

围绕中概股公司审计质量的问题，中美双方近年来一直在试图找到一条有效的合作途径，也取得了不少成绩，比如 2013 年中国证监会、财政部就与美国 PCAOB 签署了执法合作谅解备忘录，并向 PCAOB 提供了 4 家审计工作底稿，美国 PCAOB 也得以入境观察中方执法。[①] 但在一些关键问题上，中

---

① 杨才表、王玮、洪烨灵、傅浩：《上市公司境外业务会计监管研究》，《证券法苑》2019 年第 2 期。

美双方的审计监管合作仍然存在未能解决的分歧：一方面，美国证券监管机构一直主张依据其国内法，入境开展独立自主的执法活动并检查中国会计师事务所，而中国方面出于内政主权的考虑，主张美国需要依赖中国证券监管机构的监管执法活动，或者由双方协商共同开展联合检查。另一方面，美国SEC 和 PCAOB 主张直接获取中概股公司的审计工作底稿并自行进行检查，但中国的法律对于向境外提供审计工作底稿有着严格的规定，由于部分审计工作底稿内容的敏感性，也不适宜向境外提供。

三、中概股跨境审计监管合作分歧的成因

中美双方在跨境审计监管合作执法方式、提供审计工作底稿交接问题上存在明显分歧，这种情况由多种因素共同造成，包括中美两国在国家主权、证券监管机构执法权限、审计工作底稿保密要求等方面存在差异。

（一）中美对于国家主权的不同态度

中美跨境审计监管合作方式上的意见分歧，是两国主权问题冲突在证券审计监管领域的具体体现。中国政府一直坚持"不干涉国家主权内政"的原则，在跨境审计监管方面则体现为坚持"完全信赖"原则，希望由会计师事务所所在国单独完成审计监管工作，审计报告的使用则应认可会计师事务所所在国监管机构所进行的审计监管结果。跨境证券审计监管合作领域的"完全信赖"原则也是符合国际惯例的通行做法。2002 年，国际证监会组织（IOSCO）发布了《关于磋商、合作与信息交换的多边谅解备忘录》（MMoU）[1]，这是全球第一个各国证券监管机构间的国际性信息共享安排。[2]MMoU 第 7 条就明确规定一国监管机构可向境外监管机构请求获得涉及交易记录和行为人的广泛信息、财务审计信息。MMoU 的基本立场表明境外监管机构不能直接调

---

[1] 中国证监会于 1995 年加入国际证监会组织（IOSCO），并于 2007 年正式签署《关于磋商、合作与信息交换的多边谅解备忘录》（MMoU）。

[2] 刘远志：《美国跨境证券交易执法及启示》，《证券法苑》2016 年第 2 期。

查或者要求当事人提供材料，而需要向境内监管机构提出请求，符合尊重国家内政主权的基本原则。中国和欧盟之间的审计监管合作也是基于"完全信赖"原则展开的，欧盟内部及其对外均是采取监管互认和相互依赖的合作方式。2011年2月，欧盟委员会根据2006年欧盟公司法第8号指令，作出了"关于承认部分第三国审计监管体系等效以及延长部分第三国审计机构和审计事务所在欧盟成员国执业过渡期的决定"，确认包括中国在内的10个国家的上市公司审计监管体系与欧盟审计监管体系具有等效性①，即由中国监管部门单独完成的审计监管获得欧盟的认可，欧盟完全信赖中国的审计监管结果。

　　相较于中国坚持的"不干涉国家主权内政"原则和"完全信赖"原则，美国一直以来坚持跨境审计监管方面的"长臂管辖"原则，扩大自身的司法管辖权和行政监管权，这是美国政府弱化主权观念在证券监管领域的体现。比如在中美两国2013年就跨境审计监管达成框架性协议后，美国监管机构一直主张能够独立自主地在中国境内开展监管活动，否则就视为"遭遇审计障碍"。美国出台的包括《萨班斯–奥克斯利法案》（Sarbanes-Oxley Act）在内的许多审计监管法律，深受其单边主义影响，有学者认为美国的做法属于"监管帝国主义"（Regulatory Imperialism）②，"美国单方面主张的管辖权，导致了与其他国家的冲突，侵犯了其他国家的主权"③。中美两国"完全信赖"原则与"长臂管辖"原则的差异性，源于对主权问题的不同态度，体现两国政治体制以及国家利益主张的不同，具有内在的矛盾性。

（二）中美审计工作底稿保密性要求的差异

---

① 石佳友：《中欧上市公司审计监管合作法律问题研究》，《法学家》2014年第1期。

② 学者 Anu Piilola 指出，"监管帝国主义的概念表明，欧洲联盟和美国等强国设法将它们的共同偏好制度化，并通过其相对权力优势将它们的关切纳入国际贸易体系"。Anu Piilola. Assessing Theories of Global Governance: A Case Study of International Antitrust Regulation. Stanford Journal of International Law, 2003, 39: 207−220.

③ Minodora D. Vancea. Exporting U.S. Corporate Governance Standards Through the Sarbanes−Oxley Act: Unilateralism or Cooperation? Duke Law Journal, 2003, 53: 833−874.

　　根据美国的法律和监管规则，在美国上市的中概股公司，必须聘请在 PCAOB 注册的会计师事务所提供审计服务，而这些会计师事务所大多又将审计工作外包给位于中国境内的会计师事务所。根据美国 2002 年颁布的《萨班斯－奥克斯利法案》第 106 节（b）（1）的规定，如果外国会计师事务所发表了意见或提供其他实质性服务，注册会计师事务所基于此签发了全部或部分审计报告，该外国会计师事务所被视为已同意向美国公众公司会计监督委员会和美国证券交易委员提供相关的审计工作底稿；2010 年的《多德－弗兰克法案》（*Dodd-Frank Wall Street Reform and Consumer Protection Act*）更进一步增强了 SEC 获取外国审计工作底稿的权力，SEC 有权剥夺任何拒绝提供审计工作底稿的外国会计师事务所在美审计服务资格。

　　但是审计工作底稿通常含有非公开的、有时是非常敏感的信息，这些信息可能会牵涉一国的国家利益及其在管理会计行业方面的权威。比如在美国上市的中石油、中石化、中国移动等大型国有企业，审计工作底稿就可能含有国家的战略能源储备、油气储量、信息通信战略布局等信息，涉及国家秘密、军事秘密，关乎国家安全。因此，中国法律对审计工作底稿出境问题的处理一向较为谨慎，有着较为严格的保密性要求。2009 年，中国证监会、国家保密局和国家档案局《关于加强在境外发行证券与上市相关保密和档案管理工作的规定》首次提出了审计工作底稿不得出境的规定，其中第 6 条就规定"在境外发行证券与上市过程中，提供相关证券服务的证券公司、证券服务机构在境内形成的工作底稿等档案应当存放在境内。前款所称工作底稿涉及国家秘密、国家安全或者重大利益的，不得在非涉密计算机信息系统中存储、处理和传输；未经有关主管部门批准，也不得将其携带、寄运至境外或者通过信息技术等任何手段传递给境外机构或者个人"。中国证监会会计部 2011 年发布的《中国证监会关于部分会计师事务所向境外提供审计工作底稿等档案文件的复函》、财政部 2015 年发布的《会计师事务所从事中国内地企业境外上市审计业务暂行规定》都不断重申了审计工作底稿不得出境的原则。2019 年新修订的《证券法》第 177 条更是将这一规定上升到法律高度，"未经国务院证券监督管理机构和国务院有关主管部门同意，任何单位和个人不得擅自向境外提供与证券业务活动有关的文件和资料"。

公开原则是证券法的基础原则[①]，作为在美国发行和交易证券的公众公司，中概股公司理应按照美国法律接受美国证券监管机构的监管，美国证券监管机构要求加强对中概股公司审计报告的监管，获取相应的审计工作底稿，无疑具有美国法律上的正当性和合理性。但美国这些维护本国市场和投资者利益的行为，无疑也会与其他国家审计工作底稿保密性的相关法律规定产生冲突。而在向境外提供审计工作底稿方面，中国的法律法规恰恰有着较为严格的规定。虽然中国法律并未绝对禁止向境外提供审计工作底稿，但需要以有关主管部门批准为前提，或者通过监管合作的渠道来交换，并符合安全保密的相关规定。新《证券法》177 条也对境外证券监督管理机构入境开展调查取证作出了限制。因此，在中美双方尚未达成有效的、常态化的审计监管合作协议的情况下，审计工作底稿保密性法律规定的差异，成为横亘在中美跨境审计监管合作中间的重要障碍。

（三）中美证券监管机构的执法权限不同

中美两国证券监管机构执法权限的不同，也是中美跨境审计监管合作执法方式差异形成的一大原因。两国监管部门工作程序、节奏、重心的不同也常常导致合作困难重重。中国证监会与美国 SEC、PCAOB 之间常会因为执法权限的差异产生分歧，特别是涉及调查取证和对会计师事务所的监管。

美国 SEC 的执法权限十分广泛，包括强制传唤涉案人员、申请搜查令、行政处罚权、民事起诉权、刑事案件移送权等。在正式调查程序中，SEC 也可以独立开展侦查活动、传唤证人作证、冻结账户和搜查、强制被调查人提

---

① 叶林：《证券法》（第 4 版），中国人民大学出版社 2013 年版，第 57 页。

供任何相关的证据材料等。[①] 相比之下，中国证监会的执法权限十分有限，也没有相应的侦查权限，许多调查工作需要其他部委予以配合。比如瑞幸咖啡造假事件中，中国证监会就因为没有对小红筹公司境内运营实体的管辖权，不能依据新《证券法》主动发起调查。直到 2020 年 7 月 31 日，证监会才在财政部、市场监管总局的配合下对瑞幸咖啡境内经营实体、关联方及相关第三方公司作出处罚。然而，对瑞幸咖啡境内经营实体的处罚主要由财政部、市场监管总局做出，依据则是违反我国《会计法》和《反不正当竞争法》的规定，而证监会只是依据新《证券法》对瑞幸咖啡境内两家新三板关联公司神州优车、氢动益维科技的信息披露违法行为予以惩处，证监会事实上仍然缺乏对于中概股公司境内运营实体的监管执法权。

此外，美国 2002 年颁布的《萨班斯－奥克斯利法案》设立了美国公众公司会计监督委员会（PCAOB），PCAOB 作为审计机构的准政府监管机构，具体负责美国境内外审计机构的注册（准入监管）和持续监管。[②] PCAOB 在美国 SEC 的领导下拥有对会计师事务所实施注册、检查、调查和处罚的法定权限。相较于美国，中国对上市公司的财务审计监管由财政部、证监会共同开展，"在我国会计争议的话语权法律格局中，不仅有法院和证监会，还有财政部和注册会计师参与相关的权力／权利配置"[③]，中国证监会对会计事务所的监管权限和能力都比美国 SEC 和 PCAOB 小。比如在处罚方面，PCAOB 拥有对会计师事务所和个人进行处罚和制裁的广泛权力，包括临时或永久吊销注册、执业资质；对于故意、明知故犯、不计后果的行为或者屡犯的过失行为，可对自然人处以 75 万美元以下的罚款，对单位处以 1500 万美元以下的罚款；对于过失行为，自然人罚款不超过 10 万美元，单位不超过 200 万美元；谴责等。中国《会计法》和《注册会计师法》中的执法主体

---

① 廖凡：《中美证券跨境监管合作觅路》，《中国外汇》2020 年第 11 期。

② 唐应茂：《"一带一路"背景下熊猫债结构性问题的制度出路》，《法学》2018 年第 2 期。

③ 刘燕：《从财务造假到会计争议——我国证券市场中上市公司财务信息监管的新视域》，《证券法苑》2019 年第 3 期。

主要是财政部门，证监会主要依据新《证券法》第 213 条对证券服务机构实施责令改正、没收业务收入、罚款、暂停或者禁止从事证券服务业务、对直接负责的主管人员和其他直接责任人员给予警告或罚款的处罚。与美国 SEC 和 PCAOB 的广泛权限相比，我国证券监管机构对于会计违法行为的罚款额度虽有提高但仍缺乏足够的震慑力，且以单位处罚为主，对违法自然人的处罚方式单一、力度较小。

四、中美跨境审计监管合作分歧的解决

（一）在双边或多边合作框架下开展联合检查

各国证券监管机构在开展跨境审计监管时，往往采取双边或多边合作机制以获得境外监管机构的配合协助。多年来中美两国证券监管机构利用双边和多边合作机制进行了一些跨境审计监管合作，也有许多成功的合作案例，比如 2012 年宏盛科技虚假披露的核心证据就是在美国 SEC 的协助下查清。在国际证监会组织 MMoU 和中美双边合作谅解备忘录框架下，中国证监会也已向包括美国在内的多家境外监管机构提供 23 家境外上市公司相关审计工作底稿。在既有的合作成果基础上，进一步推动中美双边审计监管合作对于两国而言无疑都是"双赢"的选择。

对于美国 SEC 和 PCAOB 而言，在双边或多边合作框架下开展审计监管合作属于常态化的做法。即便美国极力主张扩展本国监管执法权限，但在实践中也不得不采取双边合作协议的方式推动跨境审计监管，美国事实上已经与英国、法国、德国、荷兰、日本等国家达成了有效的审计监管合作协议。这些双边协议的合作框架大体一致，以 2017 年美国 PCAOB 与英国财务报告理事会（FRC）达成的双边合作协议为例，其核心内容有三点。一是交换、共享双方审计监管机构权限范围内的审计信息，包括公开与非公开的审计工作底稿、审计调查报告、审计监管报告等；二是应请求方要求，协助对方审计监管机构开展包括获取审计信息、约谈公司人员、审核公司的财务质量控

制体系等在内的检查、调查活动；三是保密性要求，双方同意建立相应的保密机制以保障审计信息的安全，并在检查结束后归还所有的审计信息文件及其副本。① 由此可见，美国能够到其他国家开展审计检查活动，必须以合作协议为前提，且只有在获得对方国家同意的前提下，才能得到执法协助或者开展联合检查。因此，对于中美双方而言，解决跨境审计监管合作分歧还是要回到双边或多边合作框架，在尊重国家主权等基本原则基础上，以双边合作协议或者谅解备忘录的形式化解双方在政治、主权、保密性问题上的矛盾和分歧。中国证监会也可以依照法定职权根据新《证券法》第 177 条第 1 款关于"国务院证券监督管理机构可以和其他国家或者地区的证券监督管理机构建立监督管理合作机制，实施跨境监督管理"的规定，与美国建立证券审计监管合作机制，对外提供执法协助。

在跨境审计监管合作具体执法方式上，既能维护中国国家主权、合乎中国法律规定，又能实际满足美国证券监管机构需要的现实途径，就是由中国证监会、财政部和美国证券监管机构共同开展联合检查。美国监管部门赴其他国家开展检查活动也多采用联合检查的方式，比如美国 PCAOB 与英国 FRC 达成的双边合作协议中，尽管规定了交换审计信息、协助检查等诸多合作内容，但合作的具体方式却只明确规定了联合检查这样一种方式，且每次联合检查的具体内容和方式都要预先由双方共同协商确定，双方各自对联合检查的质量和效力负责。美国与法国、德国、芬兰等国签订的合作协议内容也都大同小异，都规定双方可以对各自监管范围内的会计师事务所开展联合检查。联合检查也是中国证监会一直所提倡的跨境监管合作方式，2019 年以来，中国证监会就多次向 PCAOB 提出对会计师事务所开展联合检查的建议。联合检查的优点在于，能够充分照顾双方的利益诉求，根据双方的实际需要创设每次联合检查的具体方案，而不拘泥于现有的监管模式。对于美国监管

_____

① 美国公众公司会计监督委员会（PCAOB）与英国财务报告理事会（FRC）协议声明，https://pcaobus.org/International/Documents/Cooperative_Agreement_UK.pdf，最后访问日期 2020 年 4 月 25 日。

机构而言，通过联合检查的方式，亲自参与检查并获取的证据材料，符合其要求入境开展检查活动的诉求。由于联合检查是在双方认可并共同控制下开展的，各自对联合检查的结果负责，所获得的证据材料可以作为本国司法诉讼的呈堂证供，这是相较于完全依赖中国监管机构执法活动所不具有的优势。

（二）分流中概股公司和审计工作底稿

为顺利有效开展联合检查，需要通过分流中概股公司、分类处理审计工作底稿，协商界定双方监管合作和联合检查的范围，明确哪些中概股公司及其审计工作底稿可以向境外提供、哪些涉密性质的审计工作底稿不能向境外提供。

一方面，要对中概股公司加以区分。对于已经在境外上市的中概股公司，其中从事能源、通信、金融等特定行业，涉及国计民生、国家秘密与特定技术专利密切相关的公司，不适宜对这些涉密信息和公司开展联合检查，这些中概股公司可以考虑择机回归国内市场，或者剥离涉密业务后再到境外上市。[①] 对于那些不涉密、也没有财务问题的境外上市中概股公司，尤其是从事一般竞争性行业的民营企业，可以持较为开放的态度，中概股公司应当严格遵守相关市场法律，接受境外监管机构的监管，中国有关部门应就这些企业的审计工作底稿问题，为境外监管机构开通绿色通道。对于未来拟于美国上市的中概股公司，中美双方监管机构也要建立常态化的监管机制，进行类型化处理，提出不同的审计监管要求。

另一方面，也要根据审计工作底稿的内容和性质进行差异化处理。对于涉密性的审计工作底稿，不仅是中国，世界上大多数国家和地区都会对向境外监管机构提供涉密审计工作底稿进行规制。规制的方式主要有两种形式：一是禁止性规定，禁止向外国监管机构提供审计工作底稿；二是保密性规定，要求国内会计师事务所在向境外提供审计工作底稿前，必须获得国内相关主

---

① 岳跃：《中概股危机来临》，《财新周刊》2020 年第 21 期。

管部门的批准。^① 中国对于审计工作底稿的控制，就是采用第二种保密性规定予以规制，即向境外监管机构提供审计工作底稿必须经过有关主管部门批准。欧盟第 2006/43/EC 指令也规定，成员国应确保第三国主管当局可以通过国家主管当局获得审计工作文件和其他文件；但是，如果向外国提供审计工作底稿会对共同体或被请求成员国的主权、安全或公共秩序产生不利影响，成员国可以拒绝外国当局的请求。^② 欧盟委员会也于 2016 年的决议中指出，审计文件和检查报告的移交属于美欧审计监管合作的例外，最终的目标应该是进行合作以实现相互依赖对方的审计监管系统。^③ 中国和欧盟的规定，无疑反映了世界上大多数国家对于审计工作底稿出境问题的态度，均强调审计工作底稿背后牵涉的主权、安全或公共利益。所不同的是，欧盟及其成员国大多与美国签署了双边合作协议，美欧可以开展双边审计检查合作，通过一定渠道获取审计工作底稿；而中国目前仍然缺乏向境外提供审计工作底稿的法定制度，尤其是没有区分涉密性审计工作底稿和非涉密性审计工作底稿。因此，应当明确向境外提供审计工作底稿的程序性规定，对于符合国家安全要求，不涉及国家秘密、军事秘密的审计工作底稿可以通过法定程序，以监管合作渠道向境外提供或交换。

此外，审计工作底稿是否含有敏感信息，监管机构本身可能难以掌握实际情况，尤其是涉及国家秘密的情况，中国证监会本身可能也没有相应的法定权限调查，对于是否涉及企业商业秘密也唯有企业自身最为清楚。因此，分流审计工作底稿的前提是压实企业的保密责任，企业本身应当是保密工作的第一责任主体，需要主动配合证监会的审计监管工作。

① Xiao Luo. Accessing Foreign Audit Work Papers and the Conflicting Non-U.S. Laws Defense: A Recent Case Study. NYU Journal of Legislation and Public Policy, 2015, 18: 185-197.
② 欧盟第 2006/43/EC 指令 Id. art. 47(2)(a), 2006 O.J. (L 157) at 105.
③ Commission Implementing Decision of 14 July 2016 on the Adequacy of Competent Authorities of the United States of America Pursuant to Directive 2006/43/EC of the European Parliament and of the Council, clause 17, Official Journal of the European Union, L 190/83, July 15, 2016.

（三）加强境外上市中国公司的境内监管

打铁还需自身硬，中概股危机实际上暴露出了我国目前对境外上市中国企业的境内监管不足的问题，加强对境外上市中国公司的境内监管，提升中概股公司财务审计质量，是解决中概股危机、重塑中概股公司的国际声誉的治本之策。

中国证监会应当加强对境外上市中概股公司的事前监管。在双边或多边合作框架下开展跨境监管合作，主要是事后的执法活动，如中概股公司出现问题之后由中国证监会协助和配合境外监管机构进行执法调查等。但中国证监会也不能忽视对中概股公司的事前持续性监管。对境外上市中国公司的境内监管主要包括以下两方面：一方面在于为本国企业境外上市的过程提供必要的、适当限度的监管，制定相应的监管标准；另一方面还需对中国企业境外上市后的境内日常运营提供必要的、适当限度的监管。[①]

加强中概股公司的境内监管，需要首先解决管辖权问题。新《证券法》第 2 条第 4 款新增了域外管辖条款或长臂管辖条款。中概股公司虽然经营实体位于中国境内，但本质上仍然属于外国公司，在境外发行和交易证券，在主体上符合证券法域外管辖的要求。瑞幸咖啡等个别中概股公司的财务造假行为，影响中概股市场的整体稳定，具有明显的风险溢出效应：不仅会对境外证券市场上的其他中概股公司造成负面冲击，引发市场对中国企业的整体性信任危机；还会反过来对中概股境内经营实体造成不利影响，甚至影响国内投资者对 A 股市场的信心。[②] 因而，中国证监会依据新《证券法》域外管辖条款处理并追究相关责任人员的法律责任，完全符合法律所要求"扰乱中华人民共和国境内市场秩序，损害境内投资者合法权益"的条件。

此外，加强境外上市中国公司的境内监管需要不断推动境内证券市场法

① 韩洪灵、陈帅弟、陆旭米、陈汉文：《瑞幸事件与中美跨境证券监管合作：回顾与展望》，《会计之友》2020 第 9 期。

② 方意、于渤、王炜：《基于瑞幸咖啡事件的中概股溢出效应分析》，《财会月刊》2020 第 10 期。

治化建设。加快修订公司法、刑法等法律法规，加强对中概股公司证券欺诈的惩处力度。打击中概股公司的证券欺诈行为，不仅要依靠证券法，还要依靠公司法、刑法等法律法规，比如我国现行刑法关于欺诈发行罪最高5年有期徒刑和非法募集资金金额5%罚金的追责力度明显偏低，必须推动刑法修改[1]，提高证券欺诈惩处力度，并构建行政处罚、刑事惩戒和民事追偿相结合的立体化法律惩治体系，加强惩处力度。尤其要注重公司法、证券法中的民事法律规则完善，转变证券民事法律规则的立法思路，从过去对投资者的"补偿性"规则，转向对违法者的"震慑性"规则，依法追究造假中概股公司中国籍高管、直接责任人的法律责任，提升证券民事法律规则的威慑力和民事赔偿力度。

五、结语

    跨境上市是全球化的重要体现，保护全球投资者权益需要各方共同参与、共同解决并共同遵循。[2] 在共同打击证券违法违规行为、维护投资者合法权益方面，中美双方有着广泛的合作基础和合作需求。一方面，中概股公司的经营实体位于中国，美国证券监管机构需要中国政府的协助与支持，帮助其提升上市公司财务审计质量；另一方面，随着中国资本市场开放程度的提高，越来越多的中国上市公司也在美国开展业务，中国证监会也需要美国证券监管机构及会计师事务所的审计监管合作支持。中美资本市场是双向的，为双方提供了坚实的合作基础，中美开展包括联合检查、交换审计底稿等在内的跨境审计监管合作无疑会是一个双赢的局面。

---

① 付彦、邓子欣、曾斌、张畅：《从瑞幸事件看新证券法下强化财务造假监管》，《证券市场导报》2020第5期。
② 王寰：《投资者——国家争端解决中的调解：现状、价值及制度构建》，《江西社会科学》2019年第11期。

债券纠纷案件法律适用问题研究

李有星　潘　政　刘佳玮 *

摘　要

债券市场风险的有序释放和平稳化解，是防范和化解金融风险的重要组成部分。最高人民法院出台的《全国法院审理债券纠纷案件座谈会纪要》对于维护国家金融稳定和安全、指导各级人民法院正确审理债券纠纷案件意义重大。为了深入学习和准确理解适用相关规定，《全国法院审理债券纠纷案件座谈会纪要》高端研讨会系统探讨了债券纠纷案件裁判规则的适用、债券持有人会议的法律定位、债券纠纷案件的法律责任和损失计算、债券纠纷案件的受理与管辖等重要问题，对债券纠纷案件法律适用中可能出现的问题进行预演，为债券市场发展和法律纠纷解决建言献策。

关键词：债券违约；欺诈发行；虚假陈述；法律适用

★　本文原载于《法律适用》2020 年第 19 期。潘政，浙江大学光华法学院博士研究生；刘佳玮，浙江大学光华法学院硕士研究生。本文系国家社科基金重点项目"地方金融监管立法理论与实践研究"（19AFX020）的部分成果。

为正确审理债券纠纷案件，防范和化解债券市场风险，最高人民法院于2020年7月15日发布了《全国法院审理债券纠纷案件座谈会纪要》（以下简称《纪要》），打通了我国目前并存的企业债、公司债、债务融资工具三大债券体系，统一了债券纠纷案件司法审判的法律适用。然而，在肯定《纪要》的重大意义和突破的同时，也应关注《纪要》在未来实际适用中可能出现的问题。为此，2020年7月18日，中国法学会证券法学研究会组织召开了《全国法院审理债券纠纷案件座谈会纪要》高端研讨会。中国证券法学研究会会长、最高人民法院研究室副主任郭锋教授，中国证监会债券部赖朝晖处长，中国政法大学研究生院院长李曙光教授，中国商法研究会副会长、中国人民大学法学院叶林教授，北京大学法学院、《纪要》专家组成员洪艳蓉副教授，中国证券法学研究会副会长兼秘书长、中央财经大学法学院邢会强教授、北京大学法学院彭冰教授、华东政法大学郑彧教授、浙大城市学院谭立教授以及券商、律师等众多专家学者参会并发表精彩演讲，研讨会由中国法学会证券法学研究会副会长、浙江大学光华法学院李有星教授主持。会议对债券纠纷案件法律适用中可能出现的问题进行预演，就债券纠纷案件法律适用的诸多问题进行了全面研究，为债券市场发展和法律纠纷解决建言献策。

一、债券纠纷案件裁判规则的适用

（一）《纪要》的性质与功能定位

《纪要》是最高人民法院为指导各级人民法院正确审理债券纠纷案件、统一法律适用而出台的指导性司法文件[①]，体现了最高人民法院对于债券纠纷案件的最新思考和司法政策[②]。正如最高人民法院研究室副主任郭锋教授所指出的，《纪要》起到了统一法律界思想认识和法官适用法律规则的作用。然而，相较于正式的立法文件和司法解释，《纪要》不是正式的法律渊源，

[①] 蒋敏：《协调与指导：上下级法院审判监督关系探究》，《法律适用》2018年第17期。

[②] 蔡琳：《"依法裁判"：一种强主张的论证》，《中国法律评论》2020年第2期。

对人民法院不具有法律规范意义上的约束力。[①] 中国政法大学李曙光教授也认为，《纪要》最重要的是其司法指引功能，最高人民法院未来将更多地通过《纪要》以及相关典型案例来影响、指导债券纠纷案件的司法实践。中国证监会债券部处长赖朝晖认为，《纪要》体现了我国债券监管、执法、司法的整体思路和政策方向，对于债券市场违约处置的模式从刚性兑付模式切换到成熟市场国家普遍采用的市场化、法治化的处置模式具有重大意义。

（二）《纪要》的调整对象

《纪要》的基本逻辑旨在对公司债券、企业债券、非金融企业债务融资工具三类债券的债券违约纠纷、虚假陈述侵权纠纷、破产清算兑付等法律问题提供统一的法律适用规则。然而《纪要》这种统一适用的基调，却没能全面反映我国债券市场的多样性和复杂性。实际上，我国债券市场包括了政府债券、金融债券、企业债券和公司信用类债券，还有资产支持债券和债券衍生品等债券种类在内，还包括公募债与私募债、标准债和非标准债、场内交易和场外交易，种类繁多、涉及面非常广，在具体法律适用上有着巨大差异。因此，各级人民法院在适用《纪要》审理债券纠纷案件时，必须注重区分不同种类、不同交易机制的债券，在《纪要》规定的法律适用大框架下，根据不同的债券性质作出适当的调整。

（三）《纪要》与其他法律的衔接

《纪要》主要统一了各类债券市场事后司法救济的法律适用，而不以监管或前端控制为目的。因此，就事后司法救济的角度看，《纪要》本身与证券法、物权法、合同法、破产法、信托法，包括未来即将生效的民法典并无实质性冲突，可以良好地衔接。北京大学彭冰教授指出，对《纪要》的理解应该着重把握其对现有法律规定的突破性。在现有法律上，直接为债券提供

---

① 马勇：《刑事司法中的规范创制行为及其规制——以审判中心主义为视角》，《河北法学》
2020年第1期。

特别法律保护的只有证券法，而证券法只能适用于公司债券，企业债券和非金融企业债务融资工具在法律上只能适用企业债券管理条例和合同法、侵权责任法等一般性的法律，不能直接适用证券法的特别保护。从这点看，公司债券纠纷应当遵守证券法的特别规定，而在企业债券和非金融企业债务融资工具的法律适用上，则应以《纪要》为主要指导意见，将各类已有民事法律、债券监管法律法规串联起来，实现各类债券法律适用标准的统一。

二、债券持有人会议的法律定位

（一）债券持有人会议的角色定位

从债券持有人会议设立的本意来看，债券持有人会议由债券持有人产生和组成，是债券持有人参与公司治理、平衡债券持有人和股东利益的重要方式，可以将其看作债券持有人的非常设机构和议事平台。债券持有人对于债券持有人会议而言，拥有召开债券持有人会议的最高决定权，并对其决议拥有最终决定权。但根据决议原则，决议的结果往往不能使每个债券持有人利益分别最大化，所以部分债券持有人也具有一定的独立性。

对于此问题存在诸多看法，北京君合律师事务所合伙人蔡黎提出，在实践中占比少的债券持有人在债券持有人会议上话语权不大，往往只能跟随大债权人的脚步，这就造成了单独起诉和参与到债券持有人会议两种诉讼方式的实践结果会有很大差异。而彭冰教授认为当企业违约不能偿付债务时，如果所有债券持有人可以单独诉讼，行使个别的债权，无疑会引起很大的问题。债券持有人持有的债权，并非一般意义上的债权，而是特殊的集体性债权，法律应当对这个根本性的问题作出规定，才能更好地解决债券持有人单独提起诉讼的问题。

同时《纪要》对债券持有人会议中异议持有人的规定仍然不明确。中伦律师事务所合伙人刘新宇提出，《纪要》第6条第1款和第2款的衔接上存在空白，第1款规定在债券持有人会议决议授权受托管理人代表部分债券持有人主张权利的情况下，其他债券持有人可以另行起诉；而第 2 款规定，在受托管理人怠于行使职责的情形下，债券持有人会议可以作出自行主张权利的决议，那么第二款的债券持有人会议组成人员是否和第一款债券持有人会议组成人员相同，第一款中单独提起诉讼的债券持有人是否可以或者应当参加第二款的债券持有人会议，仍然存在很多值得商榷的地方，债券持有人会议中的异议持有人的限制和保护都需要明确。

（二）债权持有人会议的决议效力

债券持有人会议决议的效力问题是争议的焦点，尤其是在决议效力是否及于全体债券持有人的问题上存在较大分歧。根据既有规定来看，债券持有人会议的决议对应当参加会议但弃权的或者投反对票的持有人亦发生同等的约束力，持有人的个体意志已经上升为集体意志，个体行为不得与集体决议产生矛盾。但前述规定的效力层级过低，约束力无法及于诉权等基本权利。[①]债券持有人会议与股东大会有很多相似之处，但它的不少事项须得到法院的许可；其决议只有在取得法院认可后才能产生相应的效力；与股东大会有明显不同的是，债券持有人会议不存在决议无效的诉讼机制。[②]所以《纪要》作出了特别规定，债券持有人会议根据债券募集文件规定的决议范围、议事方式和表决程序所作出的决议，除非存在特殊事由，一般对全体债券持有人具有约束力。

三、债券纠纷案件的法律责任和损失计算

（一）债券发行人的法律责任

依据《纪要》的规定，发行人可能同时承担侵权和违约两重法律责任。

[①] 张媛：《论债券持有人弱势地位与持有人会议制度的完善》，《证券法苑》2018 年第 1 期。
[②] 王作全、解萌：《公司债券持有人会议制度探析》，《青海师范大学学报》（哲学社会科学版）2016 年第 6 期。

彭冰教授指出，《纪要》支持侵权和违约两种程序同时进行，而债券持有人可能同时提出两种诉讼请求，既可以发起违约之诉，也可以发起侵权之诉。即使同一个债券持有人不能同时提出两个诉讼，但债券曾经的投资人也可以依据虚假陈述提起侵权之诉。侵权诉讼有级别管辖，而违约诉讼没有级别管辖，这样，债券发行人就可能会在两个不同的法院同时受到两类诉讼。理论上，两类诉权并存的情况可能会使发行人的责任加重一倍（卖掉债券的投资人可以提起虚假陈述的侵权之诉，仍然持有债券的提起还本付息的违约之诉）；在发行人破产时，破产债权也会因此增加一倍，如果按比例受偿，无疑将会稀释掉其他债权人的债权。

（二）债券承销机构和债券服务机构的法律责任

债券承销机构和债券服务机构的法律责任以按其过错程度承担比例责任为基本原则。《纪要》规定"将责任承担与过错程度相结合"，这是《纪要》基于尊重专业分工，依照过错程度追究债券承销机构和债券服务机构法律责任的基本规定。中央财经大学邢会强教授认为，债券承销机构和债券服务机构的法律责任认定也要区分故意和过失的不同情况，根据其他法律和国外的经验，债券承销机构存在故意或重大过失的情况下，比如《纪要》第29条第3、4、5款所规定严重违反尽职调查要求的行为，需要承担连带责任；债券承销机构的一般过失不应承担民事责任，比如《纪要》第30条第4款所规定的难以发现的尽职调查瑕疵；如果债券服务机构存在故意或者直接参与造假，需要与发行人一并承担连带责任，如果债券服务机构只是存在过失，包括重大过失，需要根据其过失程度承担比例责任；证券服务机构的注意义务限于其工作范围和专业领域，证券服务机构不履行普通注意义务不承担民事责任。

认定债券中介机构法律责任，必须尊重债券市场的特殊性。一方面，要关注债券市场中特殊的中介机构，尤其需要重视债券评级机构的特殊作用。

另一方面，也要出台适合债券项目特点的、以发行人的偿债能力为核心构建债券服务机构开展项目尽职调查的规则体系，不能将股票市场尽职调查规则生搬硬套到债券市场。

（三）债券欺诈发行和虚假陈述的损失计算

立足于债券的特点，《纪要》第 22 条对债券欺诈发行和虚假陈述的损失计算作出较为详细的规定。但是浙大城市学院谭立教授认为其中还有许多问题需要解决。第一是实际损失确定之日的判断。他认为诉讼经年累月，以诉讼判决之日作为损失确定之日不具有确定性，以债券卖出之日作为实际损失确定之日更为合理；第二是本金损失的计算问题。《纪要》规定的计算公式总体思路较为明确，即在考虑欺诈发行、虚假陈述影响因素基础上，以买入时的成本减去卖出时的收益，再扣除债券持有期间获得的本金偿付。

四、债券纠纷案件的受理与管辖

（一）债券纠纷案件的受理

关于债券纠纷案件的受理，《纪要》的最大突破体现在取消了欺诈发行、虚假陈述案件受理的前置条件，相关案件的受理不需要经过有关机关行政处罚或者生效刑事裁判文书认定，人民法院可径行受理。对于《纪要》的这一创新性规定，北京大学洪艳蓉教授认为，过去股票虚假陈述案件中规定了前置程序，其主要原因是股票虚假陈述案件中违法行为的因果关系证明问题对于当事人而言太过困难。同样的问题在债券欺诈发行、虚假陈述案件中则相对容易，这与债券价格的形成机制密切相关。简单而言，债券的价格是在无风险利率基础上根据风险高低给予发行人一定的议价补偿，不同的评级对应不同的价格变化。在这种情况下，由原告证明影响价格和利率波动的因素不像股票虚假陈述中如此难以完成。

（二）债券纠纷案件的管辖

《纪要》明确了债券违约案件、债券欺诈发行和虚假陈述案件及相应的破产案件的级别管辖和地域管辖问题。债券纠纷案件和股票纠纷案件一样，案情错综复杂、涉及面较广，对管辖法院的专业能力考验较大。因此基于案件审理的专业性和权威性，保障债券纠纷案件得到依法公正的判决，《纪要》第 11 条将欺诈发行和虚假陈述案件的审级提高，《纪要》第 12 条规定债券有关的破产案件，由发行人住所地中级人民法院管辖。

但是，对于《纪要》中债券违约案件由发行人住所地人民法院管辖，而没有级别管辖的相关规定争议较大。一方面，债券违约案件没有像债券欺诈发行、虚假陈述案件和相应的破产案件一样规定级别管辖，可能会影响债券违约案件的公正审理。另一方面，债券违约案件没有级别管辖，债券侵权案件有级别管辖，在缺乏案件移送规定的情况下，可能会造成上文提到的发行人承担违约和侵权双重法律责任的情况。

论证券信息自愿披露及免责事由

李有星　康琼梅 *

摘　要

在证券市场中，自愿披露是信息披露中的重要组成部分，强制披露和自愿披露相结合才能构建一套完整的信息披露制度体系。我国新《证券法》第 84 条规定了自愿披露制度、自愿披露信息的内容和标准。该规定与证券监管机关、证券交易所制定的规则构成了我国证券市场自愿披露规则体系。总体看，我国自愿披露制度对披露者的义务规定过于严格，这虽有利于防范披露者违法披露、保护投资者利益，但很可能忽视披露者的合法权益保护，出现自愿披露违法事件频发和披露者自愿披露积极性不高的矛盾。我国应该通过免责事由规则的制定解决该矛盾。首先，应当将警示性声明确定为预测性信息披露者的免责事由。其次，应当具体化"重大性"信息标准，将非重大性信息确定为所有自愿披露者的免责事由。免责事由规则的制定是权衡投资者利益和披露者利益的重要手段。

关键词：证券法；自愿披露；预测性信息；免责事由

──────────

★　本文原载于《社会科学》2020 年第 9 期。康琼梅，浙江大学光华法学院硕士研究生。

2020 年 3 月 15 日晚间，泰和科技、秀强股份、雅本化学均公告称，其收到《中国证券监督管理委员会调查通知书》，中国证券监督管理委员会（以下简称证监会）决定对公司进行立案调查。当时正处全球新冠肺炎疫情焦灼时期，泰和科技披露称其产品可大量用于环境消毒工作，雅本化学亦称其子公司生产的产品是疫情期间某些重要药品的主要供应商，但事实上两家公司的业务涉及疫情防治的比例很小，与其所披露的信息大有出入。类似的，秀强股份在互动平台中曾对投资者表示该公司为当前热门的特斯拉新能源汽车充电桩玻璃的国内唯一供应商，但实际上能否接到特斯拉太阳能屋顶订单尚存在不确定性。三家公司"蹭热点"的行为使其股价异常上涨，甚至出现多次涨停板的记录，证监会认为其违反自愿披露的有关规范，对其立案调查，三家公司成为新《证券法》自 3 月 1 日实施以来首批被立案调查的上市公司。[①]这些案例的出现意味着我国证监会开始加强对信息披露公司自愿披露事项的监管，自愿披露制度的理论和实践将成为我国证券市场的热点问题。

一、证券信息自愿披露的理论探讨

新《证券法》专设章节对信息披露进行详细规定，更是在第 84 条新增了自愿披露的相关内容。[②]在此之前，我国立法上对信息披露者的规制侧重于信息的强制披露，即信息披露义务人必须根据法律规定，履行信息披露义务，且披露的信息必须满足法律规定的所有条件。相较于强制披露，自愿披露是一种以市场激励为动机的披露形式。其是指出于吸引投资者的目的，证券发行人或者其他证券市场主体主动向投资者披露与投资者价值判断和投资决策有关的信息。自愿披露具有以下特征：一是披露方式自愿，即可以披露，也可以不披露；二是所披露信息的内容不能是强制性披露信息，强制性披露

---

① 上海证券报公众号，《股价"虚假繁荣"的背后总有代价！三家蹭热点公司遭立案调查》，https://mp.weixin.qq.com/s/xVkWItMclHhKSprOG6yCwg，最后访问日期 2020 年 5 月 13 日。

② 《证券法》第 84 条第一款："除依法需要披露的信息之外，信息披露义务人可以自愿披露与投资者作出价值判断和投资决策有关的信息，但不得与依法披露的信息相冲突，不得误导投资者。"

信息必须披露，没有决定是否披露的自由；三是披露的信息与投资者价值判断和投资决策有关联。[①] 随着证券市场的发展，上市发行的公司日益增多，其对证券投资者的竞争日益激烈。尤其在新经济、新业态、新模式的不断涌现下，自愿披露的需求和空间越来越大。公司主动披露其经营数据、竞争优势、长期战略报告，能够更好地塑造公司的形象，满足投资者对信息的高需求，提高公司证券产品和服务对投资者的吸引力，进而提升公司的整体竞争力。[②]

在理论上，学者们对证券市场信息披露的模式支持采用强制披露还是自愿披露有着不同的观点和思考。[③] 在实践中，不同的国家和地区在其不同的历史时期对信息披露模式的选择和信息披露要求的标准也会变化。[④] 有理论认为在市场中不需要法定的强制性信息披露，因为公司管理层有充分的激励来自愿披露相关信息，该理论建立在诸如有效市场假说或投资组合等金融理论基础上。[⑤] 但在实践中，证券市场容易滋生高额不法利润，披露者极有可能为获取不法利润进行违法披露，另外受侵害的投资者索赔成本较高，在尚不健全的证券市场中，激励机制下的市场自愿披露难以确保投资者获得完全充分有效的信息，从而全面保护投资者的利益。且自愿披露信息缺乏判定标准，所披露的信息往往存在供给不足和质量参差不齐等缺点。[⑥] 因此，法定的信息强制披露制度必不可少。

缺乏法律约束的信息披露制度不可取，纯粹的信息强制披露亦不能从根本上保护投资者的利益，原因在于以下两个方面。一是不能形成有效的市场信号。根据信号传递理论，信号本身需要具有自愿性和不易模仿的特点，而

① 贾纬：《证券市场侵权民事责任之完善》，《法律适用》2014年第7期。
② 程茂军：《试论上市公司自愿性信息披露的法律规制》，《证券法苑》2017年第20期。
③ 厉潇逸：《证券市场信息披露制度研究》，《人民法治》2017年第12期；李文莉：《证券发行注册制改革：法理基础与实现路径》，《法商研究》2014年第5期。
④ 程茂军：《试论上市公司自愿性信息披露的法律规制》，《证券法苑》2017年第20期；廖凡：《钢丝上的平衡：美国证券信息披露体系的演变》，《法学》2003年第4期。
⑤ 李文莉：《证券发行注册制改革：法理基础与实现路径》，《法商研究》2014年第5期。
⑥ 王惠芳：《信息强制披露与自愿披露的重新界定与监管》，《宏观经济研究》2010年第12期。

强制披露信息往往具有高度的一致性和统一性，所承载的信号不能形成有效的市场信号，不能作为投资者判断和决策的甄别机制。[①] 二是无法轻易分辨出实用信息。强制披露的信息数量极其庞杂，非专业投资者难以在众多的相似信息中分辨出实用信息。在强制披露制度之外，自愿披露信息更能披露针对潜在投资者的相关信息，实现信息的个性化和有效性。因此，自愿披露在完备的信息披露体系中必不可少。

自愿披露者主动将相关信息披露，整体上有利于投资者的利益和证券市场的有效运行。但很可能因为缺少法律的明确规定，披露者滥用自愿披露的权利，故意披露虚假、误导性的信息侵害投资者利益，本文最开始的三个案例就是最好的证据。因此必须以法定形式确定自愿披露、规范自愿披露的具体程序。新《证券法》将自愿披露形式法定化，建立起两种信息披露模式相结合的信息披露制度体系，有利于实现优势互补，给市场投资者提供使其进行投资决策和价值判断的有效信息。这对于证券市场而言，是信息披露制度的重大完善，但自愿披露的本质特征是自愿性，体现了披露者的自由权，如果将自愿披露严格限制，很可能弱化自愿性，成为本质上的强制披露。同时，如果对该种披露形式进行过多的限制，披露者很容易因为自愿披露承担过重的责任，缺乏自愿披露的积极性，自愿披露无法实现其应有功能。

二、我国证券信息自愿披露的现行制度分析

（一）《证券法》第 84 条第 1 款

根据《证券法》第 84 条第 1 款的规定，自愿披露的披露内容要求为："投资者做出价值判断和投资决策有关"的信息。理论上，这样一种披露标准属于主观性标准，即根据投资者的状态来判断信息的"重大性"，与强制披露

---

① 方红星、楚有为：《自愿披露、强制披露与资本市场定价效率》，《经济管理》2019 年第 1 期。

以"重大事件"为指标的客观性标准相对。^① 两者的区分在学界并无定论，准确说是上述两种标准的含义均无定论。^② 但笔者从字面上理解认为，基于主观标准的属性，投资者作出价值判断和投资决策的信息比重大事件的范围更广。这也是自愿披露和强制披露的重要区别所在，那些较为重大的但不包含在强制披露范围内的信息，如果能够影响投资者的价值判断和投资决策，上市公司等披露义务人可以将其披露。范围广就意味着一定的模糊性，上市公司在日常管理运营过程中产生的信息数量极为庞大，其中可能影响特定投资者作出价值判断和投资决策的事项非常多，以致上市公司在自愿披露时获得极大的自由权。甚至意味着，上市公司有权根据自愿披露的上述标准自由选择将公司的大部分信息进行披露。

披露信息内容的广泛性和模糊性可能会带来弊端，轻则使得证券市场里充满了过多的垃圾信息和噪音信息，增加投资者的成本，^③ 重则可能让披露的公司有机可乘，利用自愿披露信息误导投资者获取不法利益。因此我国新《证券法》对自愿披露的信息内容进行了禁止性规定，即自愿披露的信息"不得与依法披露的信息相冲突，不得误导投资者"。依法披露的信息必须具有真实性、准确性和完整性^④，如果自愿披露的信息与之冲突，则必然是不符合证券法律规定的，会误导投资者，在实践当中这一标准比较容易认定。但与法定披露内容无关或者与之不存在冲突，同时又可能误导投资者的自愿披露信息便难以认定，因为无法从新《证券法》的规定中找到具体的误导性标准。

误导性的判断标准一般出现在虚假陈述案件中，作为披露人虚假陈述的一种。有学者将误导性陈述分为三种类型：以偏概全型、矫枉过正型、语义

---

① 《证券法》第 80—81 条，其中规定必须披露的信息为：可能对公司的股票交易价格、公司债券价格产生较大影响的重大事件。

② 缪因知：《论证监会信息披露规则的不足》，《法治研究》2016 年第 2 期。

③ 郭峰：《虚假陈述侵权的认定及赔偿》，《中国法学》2003 年第 2 期。

④ 刘云亮：《上市公司股权转让诚实信用原则扩张适用研究——以上市公司股权转让信息披露为视角》，《东方法学》2018 年第 6 期。

模糊或晦涩型。① 但这样的分类建立在强制披露的基础上，需要利用法定披露的全面披露、语言简明等要求解决，但是自愿披露制度并没有这些要求，因此自愿披露的误导性标准需要与此区分。还有学者认为误导与准确相对，信息只有满足准确性要求，才不会出现误导性陈述。② 与前述理论逻辑类似，新《证券法》中的自愿披露并没有准确性的要求，亦难以以此作为标准。由此可见，作为首次出现在《证券法》上的自愿披露，并不能沿用现有理论中适用于强制披露的标准，即必须从专门针对自愿披露的法律规定和理论出发，探讨其适用标准。

（二）其他法律规定

除《证券法》的总体性规定外，有关自愿披露的规定散见于各证券交易所制定的规制和证监会等有权机关的规范性文件当中，没有形成一套体系化的自愿披露规定。这些规定分为两类，第一类是在《证券法》增加自愿披露规定前承认自愿披露信息的合法性，并简要明确披露的内容和禁止性情形。这类规定主要在于鼓励上市公司主动披露信息，尤其是盈利预测报告。第二类是在新《证券法》规定自愿披露后，证券交易所等有权机关就贯彻实施该规定，对自愿披露进行的具体化规定。

第一类文件的数量不少，但是其规定的内容各异，存在三个层次。第一层次的法律文件主要在于明确自愿性披露的合法性。比如《上市公司治理准则》第 91 条第 1 款 ③、《科创板上市公司持续监管办法（试行）》第 13 条

---

① 郭峰：《虚假陈述证券侵权责任赔偿》，法律出版社 2003 年版，第 187 页。

② 刘慧娟：《国际证券市场信息披露监管制度研究》，对外经济贸易大学 2014 年博士学位论文。

③ 《上市公司治理准则》第 91 条第 1 款："鼓励上市公司除依照强制性规定披露信息外，自愿披露可能对股东和其他利益相关者决策产生影响的信息。"

第 1 款^①、《非上市公众公司信息披露管理办法》第 9 条第 1 款^②的前部分等。这些文件是自愿披露制度法定化的初步尝试，将能够进行自愿披露的内容范围进行概括性的规定，只要有关投资者利益的信息皆可披露，这与新《证券法》的规定一脉相承，鼓励披露义务人主动披露信息。

第二层次的法律文件则在上述鼓励性规定的基础上确定自愿披露的具体内容和披露禁止性规定。这些法律文件对自愿披露信息中的预测性信息，尤其是盈利预测性信息的披露要求进行专门规定。比如《上市公司重大资产重组管理办法》第 22 条^③，该条款规定相对简单，并没有提出审计的具体要求。而《非上市公众公司信息披露管理办法》第 9 条第 2 款^④和《上市公司治理准则》第 91 条第 2 款^⑤则对披露禁止性规定进行了明确，比如不得利用自愿披露信息不当影响公司股票价格，从事市场操纵、内幕交易等。对于自愿披露信息中的预测性信息，则要求提示可能出现的不确定性和风险信息。

在此需要对预测性信息进行简要介绍。预测性信息，习惯上也称为"软信息"，区别于表述客观可证实的历史性事件的"硬信息"。一般认为预测性信息包括对利润、收入、亏损等财务事项的预测；对未来经营计划与目标

---

① 《科创板上市公司持续监管办法》（试行）第 13 条第 1 款："科创公司和相关信息披露义务人认为相关信息有助于投资者决策，但不属于依法应当披露信息的，可以自愿披露。"
② 《非上市公众公司信息披露管理办法》第 9 条第 1 款："除依法或者按照本办法及有关自律规则需要披露的信息外，挂牌公司可以自愿披露与投资者作出价值判断和投资决策有关的信息，但不得与依法或者按照本办法及有关自律规则披露的信息相冲突，不得误导投资者。"
③ 《上市公司重大资产重组管理办法》第 22 条："上市公司自愿披露盈利预测报告的，该报告应当经符合《证券法》规定的会计师事务所审核，与重大资产重组报告书同时公告。"
④ 《非上市公众公司信息披露管理办法》第 9 条第 2 款："挂牌公司应当保持信息披露的持续性和一致性，避免选择性披露，不得利用自愿披露信息不当影响公司股票及其他证券品种交易价格。自愿披露具有一定预测性质信息的，应当明确预测的依据，并提示可能出现的不确定性和风险。"
⑤ 《上市公司治理准则》第 91 条第 2 款："自愿性信息披露应当遵守公平原则，保持信息披露的持续性和一致性，不得进行选择性披露，不得利用自愿性信息披露从事市场操纵、内幕交易或者其他违法违规行为，不得违反公序良俗、损害社会公共利益。自愿披露具有一定预测性质信息的，应当明确预测的依据，并提示可能出现的不确定性和风险。"

的陈述等。① 预测性信息只是自愿披露信息中的一部分，但于投资者而言，该信息比定期强制披露的信息更能反映公司的潜力，从而影响投资者的决策；于信息披露者而言，披露预测性信息是争取投资者的重要手段，同时也极有可能利用制度漏洞损害投资者利益。因此，我国对预测性盈利信息进行了重点规定，笔者也将在下文重点就预测性信息进行讨论。

第三层次的法律文件旨在规定披露者的免责事由。其在自愿披露禁止性规定的基础上，进一步明确披露者的免责事由，即使投资者因自愿披露的信息存在损失，信息披露的公司也不需要承担责任。该类文件的数量不多，且仅针对自愿披露信息中的预测性信息。经笔者查找，只搜寻到了《上市公司证券发行管理办法》第 67 条和《首次公开发行股票并上市管理办法》第 57 条 ② 的类似规定，对于披露盈利预测性信息的公司，其所确定的法定免责事由只有不可抗力。换言之，除了不可抗力，由于自愿披露盈利预测性信息给投资者带来损害的，披露的公司必须承担相应的责任。

第二类法律文件是指与新《证券法》相对应的其他法律文件的修订或者新增。《全国中小企业股份转让系统挂牌公司信息披露规则》（2020 年修订）第 6 条与新《证券法》的规定基本类似。③ 上海证券交易所和深圳证券交易所在各自制定的《关于认真贯彻执行新〈证券法〉做好上市公司信息披露相关工作的通知》中一致规定："信息披露义务人按照新《证券法》第八十四条规定，自愿披露与投资者作出价值判断和投资决策有关的信息，不得与依

---

① 张保华：《上市公司预测性信息披露制度研究》，《法律适用》2003 年第 4 期。
② 两部法律文件所规定的内容基本一致，即上市公司或者发行人"披露盈利预测的，利润实现数如未达到盈利预测的百分之八十，除因不可抗力外，其法定代表人、盈利预测审核报告签字注册会计师应当在股东大会及中国证监会指定报刊上公开作出解释并道歉；中国证监会可以对法定代表人处以警告。利润实现数未达到盈利预测的百分之五十的，除因不可抗力外，中国证监会在三十六个月内不受理该公司的公开发行证券申请"。
③ 《全国中小企业股份转让系统挂牌公司信息披露规则》（2020 年修订）第 6 条："除依法或者按照本规则和相关规则需要披露的信息外，挂牌公司可以自愿披露与投资者作出价值判断和投资决策有关的信息，但不得与依法或者按照本规则和相关规则披露的信息相冲突，不得误导投资者。"

法披露的信息相冲突，不得误导投资者。信息披露义务人披露自愿性信息，应当符合真实、准确、完整、及时、公平等信息披露基本要求。此后发生类似事件时，信息披露义务人应当按照一致性标准及时披露。"《深圳证券交易所上市公司规范运作指引》（2020 年修订）的第 5.2.23、5.2.24 条则用更为具体严格的规定完善自愿性信息披露相关规定。[①] 对于预测性信息，要用明确的警示性文字列明相关的风险因素以起到提示的作用，对于其他自愿披露信息，不仅需要保证信息的完整性、持续性和一致性，不得误导投资者，还要对所披露的信息进行及时公告更新。可以看出，第二类法律文件整体上是第一类中的第二层次法律文件的加总和扩充，但对第三层次法律文件中规定的免责事由并未提及。因此，在我国证券市场，对于自愿披露盈利预测性信息，仍只有不可抗力这一种免责事由。

从上述分析来看，在《证券法》最新修订后，我国证券市场对自愿披露信息内容和标准进一步趋于严格，一旦选择自愿披露便意味着要满足类似于强制披露信息的标准，这很容易在实施过程中与自愿披露的用意相背离，其结果很可能损害披露者自愿披露的积极性。对于证券监管部门和证券交易所而言，其规定的严格性具有一定的合理性，因为严格的规定有利于证券市场的稳定，也能大幅度降低其监管成本。在我国自愿披露制度尚不完善的情形下，"蹭热点"等违法披露者很容易借用自愿披露来获取不法利益，因此必须采取严格标准来制止此种行为，从而维护证券市场的稳定并保护投资者。但物极必反，如前述分析来看真正的自愿披露才能在实质上保护投资者，有利于其做出价值判断和投资决策。此外，披露者并非绝对的强势方，其合法

---

① 《深圳证券交易所上市公司规范运作指引》（2020 年修订）5.2.23 条："除依法需要披露的信息之外，信息披露义务人可以自愿披露与投资者作出价值判断和投资决策有关的信息。进行自愿性信息披露的，应当遵守公平信息披露原则，保持信息披露的完整性、持续性和一致性，避免选择性信息披露，不得与依法披露的信息相冲突，不得误导投资者。当已披露的信息情况发生重大变化，有可能影响投资者决策的，应当及时披露进展公告，直至该事项完全结束。"5.2.24 条："自愿披露预测性信息时，应当以明确的警示性文字，具体列明相关的风险因素，提示投资者可能出现的不确定性和风险。"

权益的保护亦不能忽视，不能使其承受过于严格的责任。证券市场应设置充分的自愿披露激励机制，免除善意自愿披露者的责任。

三、证券信息自愿披露的免责事由探究

免除责任的法定机制便是法律上的免责事由，由上可知我国法律规定的免责事由仅有不可抗力这一种情形。但从我国法律体系上分析，不可抗力是一种普遍适用的免责事由[①]，即使在证券法的法律规范中没有再次强调，也应当适用[②]，因此不可抗力作为证券法上的特定免责事由的资格存疑。多年前就有学者对我国的自愿披露免责事由进行了广泛讨论，尤其对自愿披露预测性信息的免责事由进行了研究。预测性信息是自愿披露信息中的重要部分，制定预测性信息自愿披露的免责事由至关重要。有不少学者主张引进美国"安全港规则"。[③] 但也有学者认为与美国相比，我国缺乏相应的制度规定和理论基础，该规则不宜过早引入。[④] 在将自愿披露正式列入新《证券法》之际，笔者认为该问题必须再次引起重视，正因为我国法律文件对自愿披露信息的规定过于严格，因此可以制定对预测性信息的免责事由规则来权衡证券市场中主体的利益，确保自愿披露制度的实行。

美国"安全港规则"也被称为前瞻性信息（forward-looking statement）披露的安全港制度，是指信息披露者自愿披露前瞻性信息的行为虽然给投资者造成了损失，但由于一些"情形"的存在而不被认定为违法行为，无须承担赔偿责任。前瞻性信息与传统证券法领域中披露的已经得到证实的、客观确定的历史性事实不同，比如基于数据统计分析对公司的利润、收入或亏损、每股盈利或亏损等财务事项预测的陈述，即我们所称的预测性信息。"安全

---

① 在理论界，对不可抗力属于法定免责事由还是阻却过错及因果关系的成立从而不构成侵权存在争议。袁文全：《不可抗力作为侵权免责事由规定的理解与适用》，《法商研究》2015 年第 1 期。

②④ 魏俊：《证券法上的安全港及其制度价值》，《金融法苑》2014 年第 12 期。

③ 张保华：《上市公司预测性信息披露制度研究》，《法律适用》2003 年第 4 期；李晓钟：《美国预测性信息披露制度的形成及其借鉴》，《前沿》2007 年第 12 期；陈帆：《论我国上市公司预测性信息披露制度的完善》，《中财法律评论》2012 年第 4 期。

港规则"在美国证券立法上一波三折，自《1993 年证券法案》颁布之后，为了保护投资者的利益，全面禁止预测性信息的披露。1972 年该态度发生转变，将预测性信息披露纳入到整个信息披露系统中来，预测性信息成为法定的自愿披露形式。但是由于标准过于严格，披露者披露的积极性受挫，实践效果不佳。直到 1979 年安全港规则的出现才使得这样的情形得到改善，随后《1995 年私人证券诉讼改革法案》进一步明确披露者豁免的具体情形，此外，司法判例也对安全港规则的具体要求予以明确。① 美国安全港规则逐步完善，实现了保护投资者、披露者以及维护证券市场运行的权衡，兼顾了公平与效率。②

从上文对我国法律制度的分析来看，我国早已放开自愿披露，且披露标准趋于严格，类似于美国证券市场 1972 年至 1979 年的立法形态，将自愿披露直接或间接归入强制披露为主的信息披露系统中，美国上市公司在此期间的自愿披露状况不佳，我国亦出现此种情形。经国内权威机构调查发现，自 2001 年起将预测性财务会计信息更改为自愿披露后，上市公司披露该信息的积极性不高，仅有 5% 的企业持积极态度，其余或是勉强或是不愿配合。③ 在违法性自愿披露事件频发，善意披露者又不愿意披露有效信息的矛盾下，一方面，我国可以保留自愿披露信息的严格标准，以此打击证券市场中利用自愿披露损害投资者利益的行为；另一方面，可以借鉴美国的经验，逐步根据我国实践，明确披露者的免责事由，尤其是预测性信息的免责事由。

美国安全港规则经过不同的法案和判例确定了不同的免责事由及标准。对于披露者，《1933 年证券法案》安全港规则中明确的豁免标准主要是：有意义的警示性声明（meaningful cautionary statements）和非重大性标准

---

① 李晓钟：《美国预测性信息披露制度的形成及其借鉴》，《前沿》2007 年第 12 期。

② 毛海栋：《通过豁免的规制——美国私募基金规制政策的变迁和启示》，《法学评论》2013 年第 1 期。

③ 程波清：《论上市公司预测性财务会计信息披露制度建设》，《审计与理财》2018 年第 12 期。

（immaterial）。① 警示性语言是针对预测性信息而言的，即提醒投资者所披露的信息属于预测性信息，具有相应的风险。但这样的风险提示很容易变成一种格式条款，成为披露者逃避责任的手段，于是安全港规则要求该警示必须是有意义的。美国判例法为有意义的警示性语言创设了具体的评判标准，它要求：警示语言必须具有针对性，与重要的风险因素相联系，语言清晰且显而易见。② 非重大性标准衍生自信息披露整体的重大性标准，针对所有的自愿披露信息，如果披露主体披露的仅仅是不会给投资者带来明显影响的非重大信息，在提供证据证明后，即使披露的信息存在一定的瑕疵，也不需要承担证券欺诈责任。

对于警示性声明，在上述分析的包括《上市公司治理准则》《深圳证券交易所上市公司规范运作指引》的多部法律文件中都有类似规定。以规定最为全面的《深圳证券交易所上市公司规范运作指引》为例来看③，其与美国安全港规则中的警示性声明存在异同点。第一，效力层级有区别。我国仅在证券交易所或者证监会等市场监管机关制定的法律文件中进行规定，其效力有限，但是美国的警示性规则全面适用，且通过判例进行改进更新。第二，法律性质不同。我国的警示性声明是自愿披露时的法定义务，只要自愿披露预测性信息，就要以明确的警示性文字提示可能存在的风险，但是美国的警示性声明作为安全港规则中的一项，是披露者的一大免责事由。强制性的法定义务一方面加大了披露者的压力，如果没有满足该要求，即使信息合法也可能会受到交易所或者证监会的行政处罚。另一方面统一性的规范难以区分预测性信息的优劣，换言之，如果所有披露者都被苛以警示的义务，投资者

---

① Section 27A ,Securities Act of 1933："(i) identified as a forward-looking statement, and is accompanied by meaningful cautionary statements identifying important factors that could cause actual results to differ materially from those in the forward looking statement; (ii) immaterial."

② 李先波、戴华丰：《美国对有意义的警示性语言的规制》，《时代法学》2011 年第 6 期。

③ "5.2.24 自愿披露预测性信息时，应当以明确的警示性文字，具体列明相关的风险因素，提示投资者可能出现的不确定性和风险。"

无法从中辨别出真正的"警示性声明"。第三，具体的标准具有相似性。一是都是针对预测性信息。二是我国的警示性声明强调明确性，以提示所存在的相关具体风险，美国注重针对性，要求语言的简明性。在语境中相关性与针对性都是指警示的风险需要与所披露的信息存在联系，不能套用"警示模板"，明确性对应语言的简明性。总之，相似的严格标准，在我国属于披露者的普遍义务，而在美国却是披露者的免责事由。这无疑会让潜在的自愿披露者望而却步，最终损害投资者的利益。因此，为减少自愿披露严格标准所产生的弊端，且我国已经具有警示性声明雏形的前提下，可以在接下来的立法和实践中，将警示性声明确定为预测信息自愿披露者的法定免责事由。

对于非重大性标准，虽然我国自愿披露法律制度中没有明确表述，但从新《证券法》条文规定和理论上来看，只有影响投资者进行投资决策和价值判断的信息才是合格的自愿披露信息。[①] 这就是自愿披露信息的主观"重大性"，这也意味着我国自愿披露信息的重大性标准对所有自愿披露信息都适用，并不局限于预测性信息。美国《1933年证券法案》和《1934年证券交易法案》多次提到重大性标准（material），但没有在成文法中给出其具体定义，后来通过判例的形式将重大性标准表述为"理性投资者标准"，即"如果一个理智的投资者做出投资决定时，可能认为这个被忽略的事实是重要的，那么它就是重要的"。[②] 该标准也着力于投资者自身的判断，亦是一种主观性标准。由此可知，我国和美国的重大性标准本质上是主观性标准的不同表达形式，一个理智的人认为是重要的，便是会影响其进行投资决策和价值判断的信息，反之亦成立。在其他国家，自愿披露的重大性标准认定中存在不一样的标准——客观标准，即以价格的变动来反映信息的重大程度，这类似于我国强制披露信息的客观重大性标准。笔者认为主观性标准过于抽象，虽

---

① 参见前文"自愿披露的理论探讨"部分。
② 李有星、徐鹏炯：《内幕信息重大性标准探讨》，《浙江大学学报》（人文社会科学版）2017年第3期。

然能契合以判例法为主、法官具有较大裁量权的美国法律体系，但是我国属于成文法体系，过于抽象的主观标准难以在实践中适用。且即使在美国也已通过判例将该抽象标准具体化，因此我国应当借鉴强制披露中的客观列举标准，并对其进行一定的扩大解释，对"重大性"进行具体化。如果披露者所披露的信息非重大、不会影响投资者决策和价值判断，则不需要承担责任。我国与美国规定的不同之处在于，美国将非重大性标准作为免责事由即意味着由披露者承担证明责任，但是从我国现有法律规定分析，非重大性信息认定的举证责任仍属于投资者。由于该标准现有的规定目前过于抽象，投资者所掌握的信息缺乏，由披露者承担证明责任显然能更好地保护投资者。同时，从侵权的构成要件来看，如果将非重大性信息认定为免责事由，即使满足了其他所有的责任要件，只要披露者证明自己的信息属于非重大性信息，就能免除民事赔偿责任。这样一种制度安排为善意的披露者增加了一层保护网，有利于自愿披露制度的实行。因此，我国的重大性标准需要参考"重大事件"的客观标准以明确具体情形，同时，明确非重大性信息作为我国证券法上所有自愿披露信息者的普遍免责事由。

四、结论

自新《证券法》实施以来，证监会与各证券交易所都积极制定有关规则，加强自愿披露的监管，严格披露者的义务，这有利于防范披露者借自愿披露之名进行违法披露的行为，严厉打击公司"蹭热点"误导投资者等违法行为，但同时很可能挫伤披露者自愿披露的积极性，证券市场难以通过自愿披露提供真正有利于投资者决策的有效信息。因此，对于善意的自愿披露者，我国需要根据实践的需求，明确除不可抗力之外，专属于证券主体的免责事由。以预测性信息为例，预测性信息是自愿披露信息中的重要部分，对投资者的投机决策和价值判断具有重要作用，披露者自愿披露预测性信息应该设置必要的免责事由。我国的有关规定已经具有美国"有意义的警示性声明"的雏形，明确其作为免责事由之一是提高自愿披露积极性的有效手段。此外，信息的"重大性"理论上属于所有自愿披露信息的前提条件，但目前其具体适用标准过于模糊，应当在将其进一步明确的基础上确定为所有自愿披露信息者的免责事由。我国自愿披露制度起步晚，体系不健全，其规则需要通过实践的探索逐渐更新完善。此次《证券法》的修订加大了证券侵权者的民事赔偿责任，这将改善我国长期注重行政处罚、民事责任缺位的现状，进一步推动投资者保护。但与此同时，这也对权益平衡提出了挑战，自愿披露中披露者免责事由规则的制定极有可能对证券市场主体间的权益平衡起到举足轻重的作用。

上市公司控股股东、实际控制人信息披露法律责任制度完善

李有星　潘枝峰 *

摘　要

控股股东、实际控制人对上市公司经营与运作具有实际控制力。控股股东、实际控制人信息披露制度，直接影响信息披露的真实性与有效性；控股股东、实际控制人信息披露违规的法律责任，直接关系广大投资者的原告资格、胜诉可能性和损失赔偿等权益。我国证券法设定了控股股东、实际控制人的范围界定标准，信息披露制度之原则、标准，法律责任与豁免等制度，但也存在一些不足。在此基础上，对控股股东、实际控制人信息披露制度的完善提出了建议。

关键词：信息披露；控股股东；实际控制人；法律责任

★　本文原载于《投资者》2020 年第 3 期。潘枝峰，浙江大学光华法学院硕士研究生。本文系国家社科基金重点项目"我国地方金融监管立法理论与实践研究"（19AFX0200）的部分成果。

一、引言

瑞幸咖啡财务造假案引发了国内外资本市场的热烈关注。瑞幸咖啡财务造假行为严重违背了中美两国证券法对信息披露真实及时的基本要求，不仅损害了中概股在国际资本市场上的声誉，更是给中美两国投资者造成了巨大损失，其信息披露违规行为必然会面临中美两国民事、行政和刑事法律责任的追究。造假事件曝光后，中国证监会对其涉嫌欺诈的行为进行谴责，提出对资本市场上的造假行为"零容忍"。^① 美国参议院于 2020 年 5 月 20 日通过了旨在加强审计审查的《外国公司问责法案》，矛头直指在美国上市的中概股公司。^② 瑞幸咖啡作为神州系前高管团队再创业的成果，股权结构和投票权结构高度集中，以董事长陆正耀为首的高管团队是名副其实的控股股东和实际控制人。^③ 因此，上市公司控股股东、实际控制人信息披露义务与法律责任是瑞幸咖啡案法律适用与制度反思的重点问题。

二、控股股东、实际控制人的范围界定

上市公司控股股东、实际控制人对上市公司信息披露行为具有重大影响力，其概念范围的准确界定是讨论控股股东、实际控制人信息披露法律责任的前提与基础。本文通过法律检索梳理了各层级法律规范中控股股东和实际控制人的界定标准，如表 1 与表 2 所示。

---

① 参见《中国证监会声明》，中国证监会官网：http://www.csrc.gov.cn/pub/newsite/zjhxwfb/xwdd/202004/t20200403_373199.html，最后访问日期：2020 年 7 月 2 日。

② S.945 – Holding Foreign Companies Accountable Act, 116th Congress (2019–2020).

③ 截至 2020 年 1 月 21 日，董事长陆正耀持股 23.94%，投票权 36.9%；CEO 钱治亚持股 15.43%，投票权 23.8%。数据来源：Wind 数据库。

表 1　法律规范中对控股股东的界定

条文编号	条文内容
《中华人民共和国公司法》第 216 条	（二）控股股东，是指其出资额占有限责任公司资本总额百分之五十以上或者其持有的股份占股份有限公司股本总额百分之五十以上的股东；出资额或者持有股份的比例虽然不足百分之五十，但依其出资额或者持有的股份所享有的表决权已足以对股东会、股东大会的决议产生重大影响的股东
《上海证券交易所股票上市规则》第 18.1 条	（六）控股股东：指其持有的股份占公司股本总额 50% 以上的股东；或者持有股份的比例虽然不足 50%，但依其持有的股份所享有的表决权已足以对股东大会的决议产生重大影响的股东
《深圳证券交易所股票上市规则》第 18.1 条	（五）控股股东：指其持有的股份占公司股本总额 50% 以上的股东；或者持有股份的比例虽然不足 50%，但依其持有的股份所享有的表决权已足以对股东大会的决议产生重大影响的股东

可见，法律规范中对控股股东的界定标准较为统一，主要有以下两条：（1）持有的股份占公司股本总额 50% 以上的股东，即绝对控股股东；（2）持有股份的比例虽然不足 50%，但依其持有的股份所享有的表决权已足以对股东大会的决议产生重大影响的股东，即相对控股股东。

表 2　法律规范中对实际控制人的界定

条文编号	条文内容
《中华人民共和国公司法》第 216 条	（三）实际控制人，是指虽不是公司的股东，但通过投资关系、协议或者其他安排，能够实际支配公司行为的人
《上海证券交易所股票上市规则》第 18.1 条	（七）实际控制人：指虽不是公司的股东，但通过投资关系、协议或者其他安排，能够实际支配公司行为的人。（八）控制：指能够决定一个企业的财务和经营政策，并可据以从该企业的经营活动中获取利益的状态。具有下列情形之一的，构成控制：1.股东名册中显示持有公司股份数量最多，但是有相反证据的除外；2.能够直接或者间接行使一个公司的表决权多于该公司股东名册中持股数量最多的股东能够行使的表决权；3.通过行使表决权能够决定一个公司董事会半数以上成员当选；4.中国证监会和本所认定的其他情形

条文编号	条文内容
《深圳证券交易所股票上市规则》第 18.1 条	（六）实际控制人：指通过投资关系、协议或者其他安排，能够支配、实际支配公司行为的自然人、法人或者其他组织。（七）控制：指有权决定一个企业的财务和经营政策，并能据以从该企业的经营活动中获取利益。有下列情形之一的，为拥有上市公司控制权：1. 为上市公司持股 50% 以上的控股股东；2. 可以实际支配上市公司股份表决权超过 30%；3. 通过实际支配上市公司股份表决权能够决定公司董事会半数以上成员选任；4. 依其可实际支配的上市公司股份表决权足以对公司股东大会的决议产生重大影响；5. 中国证监会或者本所认定的其他情形
《上市公司收购管理办法》第 84 条	（一）投资者为上市公司持 50% 以上的控股股东；（二）投资者可以实际支配上市公司股份表决权超过 30%；（三）投资者通过实际支配上市公司股份表决权能够决定公司董事会半数以上成员选任；（四）投资者依其可实际支配的上市公司股份表决权足以对公司股东大会的决议产生重大影响；（五）中国证监会认定的其他情形
《〈首次公开发行股票并上市管理办法〉第十二条"实际控制人没有发生变更"的理解和适用——证券期货法律适用意见第 1 号》第 2 条	公司控制权是能够对股东大会的决议产生重大影响或者能够实际支配公司行为的权力，其渊源是对公司的直接或者间接的股权投资关系。因此，认定公司控制权的归属，既需要审查相应的股权投资关系，也需要根据个案的实际情况，综合对发行人股东大会、董事会决议的实质影响、对董事和高级管理人员的提名及任免所起的作用等因素进行分析判断

可见，法律规范中对实际控制人的界定并不一致，角度不同，内容略有差异又互为补充。在实务中判断特定主体是否拥有公司的控制权，除对公司有直接或间接的股权投资关系外，还应根据具体情况，综合对公司决策和管理的影响力因素进行分析。此外，《上市公司收购管理办法》、沪深股交所股票交易规则等均将股东涵摄到实际控制人中，而《公司法》明文规定实际控制人与控股股东概念互斥。考虑到规范层级的协调与法律用语的统一，部门规章等规范性文件中的界定标准有必要作一定调整。

三、信息披露制度之原则、标准与豁免

（一）信息披露义务的基本原则

为确保证券市场信息资源分配的公平性和均衡性，维护投资者的信心和市场秩序，信息披露义务人应当按照一定的标准衡量和约束自己的披露行为。即信息披露应当有一个基本尺度，依照这一尺度进行披露，该披露行为有效；违反或未达到该尺度的，披露义务人就要承担相应的法律责任。这一基本尺度就是信息披露制度的基本原则，它源于法律规定，但不完全等同于法律规定，它是对法律规定的理论抽象和具体解释。[①]

1. 真实披露原则

真实性是信息披露的根本原则，几乎成为信息披露制度的前提性假设。[②]信息披露制度的目的在于使证券投资者能够将有关发行人或上市公司所披露的信息作为判断证券价格和进行投资决策的依据，这必然要求所披露的信息能够真实地反映其经营成果和财产状况，不得有虚伪记载、误导或欺骗。当然，特定情况下对信息披露的真实性也不能过于苛求，如由于突发环境事件中的信息具有难以获取性、有限性、不确定性和时效性特质，上市公司信息披露内容的真实也具有相对性。[③]

2. 全面披露原则

信息披露的全面性，是指信息披露的有关信息和资料必须全面完整，不得存在故意隐瞒或重大遗漏。信息披露的全面性有质和量的两方面要求。从质的角度说，披露信息必须是"重大信息"，即能够对证券市场价格造成较大程度影响的重大事件。从量的角度说，披露信息必须足以使得投资者作出

---

① 周友苏主编：《证券法新论》，法律出版社 2020 年版，第 320 页。
② 程茂军：《上市公司信息披露法律规制研究》，中国法制出版社 2019 年版，第 42 页。
③ 朱谦：《上市公司突发环境事件在信息披露的真实性探讨——以紫金矿业环境污染事件为例》，《法学》2012 年第 6 期。

投资决策。① 上市公司在信息披露上常犯的错误就是选择性披露，有利信息加以披露，不利信息就不披露，这显然违反了信息披露的全面性原则。

3. 简明披露原则

信息披露的简明性，是指信息披露应当简明清晰，通俗易懂，以便披露的信息能被一般投资者所理解。其内容与表达应尽量通俗易懂、浅显直白，不得故作玄虚、语焉不详，或作其他使得投资者发生错误判断的陈述，此亦为 2019 年新《证券法》的新增规定。② 信息披露的简明性并不意味着信息披露可以抛弃用语的专业化和准确化，专业术语或行业术语在表述准确上常具有无可替代性，信息披露义务人应作出便于一般投资者理解的必要解释。③

4. 公平披露原则

信息披露的公平性，是指信息披露义务人履行信息披露义务时，必须向所有投资者公开披露，让所有投资者可同时获悉同样信息。④ 应当向所有投资者披露，不得仅仅向证券分析师、机构投资者等披露；针对境内境外两地或多地上市的信息披露义务人，披露信息时应当境内境外同步进行，不能先外后内、厚此薄彼。公平披露是平等获取信息和投资者平等理念的逻辑延伸。

（二）信息披露的"重大性"标准

信息披露是为了支撑市场有效性，如果一切信息事无巨细统统都要披露，一来证券市场上将充满信息噪声，投资者无所适从；二来现代反不正当竞争和产权理论建立起来的商业秘密保护机制可能土崩瓦解。如前所述，完整的信息披露有"重大性"标准的质之要求，梳理我国相关规范性文件的规定，我国采用的是多层次、多元化的"重大性"认定标准。

---

① 《中华人民共和国证券法》第78条。
② 《中华人民共和国证券法》第78条。
③ 陈甦、吕明瑜：《论上市公司信息公开的基本原则》，《中国法学》1998年第1期。
④ 陈秧秧：《选择性披露的管制与内幕交易法的演变：基于美国公平披露条例的研究》，载张育军、徐明主编：《证券法苑》2010年第3卷。

1. 投资者标准

以理性投资者的判断作为认定信息是否具有重大性的标准。如果一项信息对于投资者的决策确有重要意义，那么该信息就是重大的，必须及时、全面、准确地进行披露；反之义务人不需要披露这项信息，即使披露，一般也不承担虚假陈述的责任。[1] 其典型代表为《证券法》第 19 条[2]，《信息披露内容与格式准则 1 号》第 3 条[3]。2019 年《全国法院民商事审判工作会议纪要》也采用了投资者标准，但以"被监管部门行政处罚"为判断前提。[4]

2. 证券价格波动标准

当某一项信息公布与否预期会对相关股票的市场价格产生较大波动影响时，该信息即被认定为满足"重大性"标准。该判定标准的出发点是维护证券价格的稳定性，保护中小投资者利益，故适用于上市公司持续信息披露阶段。其典型规范为《上市公司信息披露管理办法》第 30 条：发生可能对上市公司证券及其衍生品种交易价格产生较大影响的重大事件，投资者尚未得知时，上市公司应当立即披露，说明事件的起因、目前的状态和可能产生的影响。

3. 发行风险因素标准

鉴于证券市场投资者与发行人之间存在固有的信息鸿沟，投资者对拟上市股票的价值评估和投资决策的作出有赖于初始信息披露的准确性。然而，发行人具有天然的逐利性，其在信息不对称中所处的优势地位更使其具有隐瞒不利信息，瞒天过海冲刺上市的动机。因此，在证券发行上市的初始信息披露阶段，"重大性"标准尤其关注信息是否反映了发行人经营状况、财务

---

① 李君临：《证券市场信息披露重大性标准探析》，《特区经济》2007 年第 11 期。

② 《中华人民共和国证券法》第 19 条：发行人报送的证券发行申请文件，应当充分披露投资者作出价值判断和投资决策所必需的信息，内容应当真实、准确、完整。

③ 《公开发行证券的公司信息披露内容与格式准则第 1 号——招股说明书》第 3 条：不论本准则是否有明确规定，凡对投资者做出投资决策有重大影响的信息，均应披露。

④ 《全国法院民商事审判工作会议纪要》第 85 条。

指标和盈利能力的风险因素，代表性规范为《信息披露内容与格式准则1号》第27条第1款。[①]

（三）信息披露的豁免

信息披露制度需要在资本市场筹资者和投资者之间达至利益均衡，以便既能保护筹资者利益，也能保护投资者利益。信息披露制度的设计目的，主要是为了保护投资者交易公正，保障证券市场运行稳健，但对市场行为的规制总伴随着一定的成本。在不影响投资者信心和市场安全的前提下，给予部分可靠度较高的上市公司信息披露义务的减轻或免除，可以有效地提高证券市场的效率。

1. 发行上市阶段

证券发行登记豁免，是指一国证券监管机关为平衡保护投资者与便利筹资者之间的利益冲突，对于安全度可以保证的证券之发行减轻或免于审核的法律制度。[②]发行审核之豁免即意味着一定程度上信息披露义务之豁免。目前我国规定的发行披露豁免主要是《信息披露内容与格式准则1号》第5条规定的保密豁免，国家机密、商业秘密信息等可以申请发行披露豁免。[③]

2. 持续信息披露阶段

在公司上市后的持续信息披露阶段，信息披露义务人除了严格依法履行信息披露义务外，同样也可以合理利用相关豁免规则，以便在强制信息披露与正常商业经营之间保持良好平衡关系。国务院《股票发行与交易管理暂行条例》第60条规定，上市公司有充分理由认为向社会公布某重大事件会损

[①] 《公开发行证券的公司信息披露内容与格式准则第1号——招股说明书》第27条第1款：发行人应当遵循重要性原则，按顺序披露可能直接或间接对发行人生产经营状况、财务状况和持续盈利能力产生重大不利影响的所有因素。

[②] 周晓刚：《美国证券发行注册豁免制度研究》，《证券市场导报》2001年第4期。

[③] 《公开发行证券的公司信息披露内容与格式准则第1号——招股说明书》第5条：若发行人有充分依据证明本准则要求披露的某些信息涉及国家机密、商业秘密及其他因披露可能导致其违反国家有关保密法律法规规定或严重损害公司利益的，发行人可向中国证监会申请豁免按本准则披露。

害公司利益，且不公布也不会导致股票市场价格发生重大变动的，经证交所同意，可以不公布。上交所有专门的《上市公司信息披露暂缓与豁免业务指引》以规范上市公司信息披露暂缓与豁免行为，督促信息披露义务人依法合规履行信息义务。针对科创板的特殊性，证监会及上交所还为科创公司量身定制了一套豁免规则，主要包括不确定重大事项披露豁免、调整适用披露豁免、商业秘密披露豁免和红筹企业披露豁免，具体条文详见《科创板股票上市规则》和《科创板上市公司持续监管办法（试行）》。[1]

四、控股股东、实际控制人信息披露的现状考察 [2]

（一）控股股东和实际控制人的信息披露违法数据

中国证监会处罚的违法行为中涉及信息披露违法的占比达 61.41%，在 1749 件案件中，涉及控股股东的有 251 件，实际控制人的有 186 件，占比达 25%。中国证监会公布的 2019 年 20 起典型违法案例中，有 6 起是涉及控股股东和实际控制人的案件，说明控股股东和实际控制人证券违法行为占比较高并呈增多的趋势。

从近年揭露的违法案件看，涉及控股股东和实际控制人的案件往往涉及财务造假、欺诈上市等性质比较严重的违法行为，如金亚科技、康美药业、新绿股份的实际控制人财务造假案，保千里、天翔环境实际控制人隐瞒重大关联交易违规案。这些行为往往会给上市公司和中小投资者造成重大的利益损害。

（二）控股股东和实际控制人主体属性的数据

控股股东和实际控制人主体属性可以分为法人或自然人，法人可进一步分为企业法人和机关法人等其他法人，企业法人还可以进一步分为国企法人

---

[1]　周友苏主编：《证券法新论》，法律出版社 2020 年版，第 531—352 页。
[2]　数据来源：国泰君安数据库，时间跨度：2017—2019 年。

和民企法人等其他法人。在统计的 1300 余家上市公司中，出现"两高"现象：一是自然人作为实际控制人的占比高，达到 57.8%（742 家）；二是事业法人和机关法人作为实际控制人的占比高，达到 36.23%（主要为中央和地方各级国资委）。与之对应的是企业法人占比很小，仅为 5.92%。

实际控制人中自然人占比高从一个侧面可以回应前述数据得出的第一个结论，即实际控制人违法行为占比较高并呈增多趋势。自然人与法人相比，受到的制约相对较小，而且往往具有故意违法的动机，可以从中获得个人收益，实践中财务造假案件多是作为自然人的实际控制人操控所为。如前述 2019 年 20 起典型违法案件，有 6 起涉及实际控制人的案件均为自然人违法的情形。而其他类型的实际控制人违法行为多为未勤勉尽责的情形。自然人占比高的状况也表明，控股股东和实际控制人违法行为还可能呈持续增长的趋势。

（三）第一大股东（控股股东）的持股比例的数据

在统计的 1300 余家上市公司中：第一大股东持股比例达到 50%（绝对控股股东）以上占 17.5%；持股 30%~50% 的占 40.90%；而持股 30% 以下的占比最高，为 41.95%。其中，持股 10% 以下的上市公司有 24 家，其中控股股东和实际控制人为自然人的，达到 12 家，占比 50%。持股最少的控股股东仅占上市公司股份的 4.31%，这与 2005 年《公司法》《证券法》修订时上市公司普遍为国企控股且"一股独大"的现象有了很大的改变。

第一大股东持股占比减小的现象，可以从不同角度作出分析。首先，拥有公司资本的少数（甚至不足 5%）居然可以完整地控制公司，是对公司"资本多数决"制度基础的异化。其次，持有资本少数就可以控制整个公司意味着上市公司公众化程度高，也意味着控股股东在实施违法行为时可以"以小博大"，以较小成本获取巨大的违法利益。如财务造假、"掏空行为"、关联交易和内幕交易等，在巨大利益的驱使下，就有人会为追逐利润而不惜铤而走险。由此也不难理解近年来控股股东和实际控制人财务造假等违法行为不断增多的原因，而且还不排除可能继续增长的发展态势。也说明本次《证券法》关于加大违法成本，遏制和减少证券违法行为相关内容修法的必要性和合理性。

五、控股股东、实际控制人信息披露的法律责任

（一）立法现状

目前，我国已经形成了以《证券法》和《公司法》为核心，相关行政法规、部门规章和行业规定等规范性文件为主体的多层次的上市公司控股股东、实际控制人信息披露的法律体系。其中法律和行政法规层次的法律规范确立了基本制度和原则性规范，部门规章和行业规定层级的法律规范对信息披露的内容、形式和程序都做出了科学合理的规定，形成了一套完备的操作性规范。表 3 梳理了我国证券市场信息披露制度的基本法律框架。在法律责任方面，主要由《公司法》和《证券法》规定了控股股东、实际控制人违反信息披露义务的法律责任，具体表现为行政责任（《证券法》第 197 条）、刑事责任（《公司法》第 215 条、《刑法》第 161 条）和民事赔偿责任（《公司法》第 21 条、《证券法》第 85 条）三种。

表 3　信息披露制度法律体系 [①]

效力等级	规范名称	发布部门
法律	《中华人民共和国证券法》	全国人大常委会
	《中华人民共和国公司法》	全国人大常委会
行政法规	《证券公司监督管理条例》	国务院
	《股票发行与交易管理暂行条例》	国务院
	《中华人民共和国公司登记管理条例》	国务院

---

① 资料整理于北大法宝法律法规数据库，https://www.pkulaw.com/law/，最后访问日期：2020 年 7 月 2 日。限于篇幅，并未列出所有相关法律规范，故为不完全整理。

续　表

效力等级	规范名称	发布部门
部门规章	《上市公司信息披露管理办法》	证监会
	《证券发行与承销管理办法》	证监会
	《上市公司股东持股变动信息披露管理办法》	证监会
	《公开发行证券的公司信息披露内容与格式准则》系列	证监会
	《公开发行证券的公司信息披露编报规则》系列	证监会
行业规定	《上海证券交易所股票上市规则》	上交所
	《上海证券交易所会员管理规则》	上交所
	《上市公司重大资产重组信息披露业务指引》	上交所
	《科创板创新试点红筹企业财务报告信息披露指引》	上交所
	《上海证券交易所上市公司高送转信息披露指引》	上交所
	《深圳证券交易所股票上市规则》	深交所
	《深圳证券交易所会员管理规则》	深交所
	《深圳证券交易所行业信息披露指引》系列	深交所
	《深圳证券交易所资产支持证券临时报告信息披露指引》	深交所

（二）《证券法》修订要点

2019 年《证券法》修订的重要理念是管制方式的调整，通过全面推行注册制来降低证券市场的准入门槛，在放松事前管制力度的同时，强化了事中事后的管制力度。强化管制的举措之一就是加大违法成本，加重相关主体的义务和责任，这也体现在对控股股东和实际控制人的相关规定上。基于投资者保护的目的，控股股东、实际控制人作为上市公司的实际决策影响者，新《证券法》在本次修订中进一步强化了其法定义务和民事责任。统计表明，本次证券法修改直接涉及控股股东和实际控制人的规定有 10 条，可以概括为三个方面内容。

1. 增加控股股东和实际控制人的法定义务

第 51 条将控股股东和实际控制人界定为证券交易内幕信息的知情人，规定其不得利用内幕信息从事证券交易活动。第 80 条是关于重大事件信息披露的规定，其中规定，公司的控股股东或者实际控制人对重大事件的发生、进展产生较大影响的，应当及时将其知悉的有关情况书面告知公司，并配合公司履行信息披露义务。第 84 条是关于自愿披露的规定，控股股东或者实际控制人可以自愿披露与投资者作出价值判断和投资决策有关的信息，但不得与依法披露的信息相冲突，不得误导投资者。第 93 条规定，如果采取先行赔付方式的，控股股东和实际控制人为先行赔付的义务人。

2. 强化追究关键少数和首恶的责任

第 12 条限制控股股东和实际控制人最近三年存在经济刑事犯罪的公司首次公开发行新股。第 94 条将控股股东和实际控制人增列为股东代表诉讼的加害人主体，使股东代表诉讼的范围不限于公司法上的董监高，也包括了控股股东和实际控制人在内。第 181 条、第 185 条、第 197 条分别将控股股东和实际控制人增列为欺诈发行证券、擅自改变募集资金用途、虚假陈述等违法违规行为的主体，只要在这些违法行为中从事了组织指使作用的，就要受到法律对该违法行为的处罚。

3. 显著加大信息披露的违法违规成本

一是提高对违法行为的处罚数额。如第 197 条对虚假陈述负有责任的控股股东和实际控制人从原来罚款 30 万 ~ 60 万元，提高到现在的 100 万 ~ 1000 万元。另外还增加了对控股股东和实际控制人的直接负责的主管人员和其他直接责任人员的罚款，实行双罚制，即对控股股东和实际控制人处罚的同时，还要对其直接负责的主管人员和其他直接责任人员同时进行处以 50 万 ~ 500 万元罚款。二是改变了责任实现方式，也就是对控股股东和实际控制人追责方式做出调整。如第 85 条将控股股东和实际控制人的民事赔偿责任的过错责任修改为过错推定责任。投资者保护一章中规定在民事追责方式上投保机构的支持诉讼、股东代表诉讼和代表人诉讼（默示加入、明示退出）制度的确立，大大提高了违法者承担民事责任的可能性。

《证券法》三个方面的修改是从整体上提高了控股股东和实际控制人对公司和其他股东的义务档次，从以前的诚信义务提升到信义义务的档次，使之与公司董监高的义务等量齐观，基本一致。监管者需要严格执法，转变监管理念，把监管的重心从以前的重审批调整到重事中事后的查处，加强对上市公司监督、对违法行为的查处力度，增大违法成本，使其不敢为。上市公司应当完善公司法人治理，加强内控制度建设，强化独立董事和监事会的作用，约束控股股东和实际控制人的行为，使其不能为。控股股东和实际控制人应当规范自身行为，及时了解新《证券法》修改的有关内容，对证券法、证券市场、投资者要有敬畏感，知法守法，勤勉尽责，加强自身行为约束，防患于未然。

（三）信息披露违规行为类型化

当前，上市公司控股股东、实际控制人证券信息披露违规行为较以往更为隐蔽且交织混杂，导致其违法违规行为的识别查处以及法律责任的追究难度加大。一方面，信息披露违规行为常与操作证券市场、掏空上市公司等行为交织混杂，难以严格区分。另一方面，控股股东、实际控制人有意隐藏身份，通过复杂化、长链条的投票权行使方式瞒天过海，试图逃避监管。上述上市公司控股股东、实际控制人信息披露违规的新动向给法律适用也带来了一系列难题，如违法行为识别查处难度加大、相邻法律的规制与协调。因此有必要依照《证券法》的规制路径对上市公司控股股东、实际控制人证券违法违规行为和信息披露违规行为进行类型化总结。类型化之目的在于由有关的具体事物中区分出一般的特征、关系及比例，以补充一般概念及其逻辑体系不足以掌握某种生活现象或意义脉络的多样表现形态之不足，因此，类型应当处于个别、直观及具体的掌握与抽象概念两者之间。[①]

表 4　控股股东、实际控制人证券违法违规行为类型化

类型	具体行为	《证券法》依据
信息披露类	组织、指使发行人欺诈发行	第 24 条、第 181 条
	擅自变更募集资金用途	第 185 条
	不履行公开承诺	第 84 条
	组织、指使或者隐瞒导致披露违法	第 85 条、第 197 条
市场交易类	短线交易	第 44 条
	内幕交易	第 53 条
	操纵市场	第 55 条
	违规减持	第 36 条、第 186 条
公司收购类	违反大宗持股权益变动义务	第 63 条
	未按规定履行收购公告、发出收购要约义务	第 196 条

表 5　控股股东、实际控制人信息披露违规行为类型化

具体行为	《证券法》依据
组织、指使发行人实施证券欺诈发行	第 24 条、第 181 条
从事或者组织、指使擅自变更募集资金用途	第 185 条
不履行公开承诺	第 84 条
组织、指使或者隐瞒导致信息披露违法	第 80 条、第 85 条、第 197 条
违反大宗持股权益变动的披露与慢走义务	第 63 条
未按规定履行收购公告、发出收购要约义务或导致公司及股东受损	第 196 条

（四）信息披露民事责任的认定

结合上文的法律责任梳理，不难发现，我国现今的信息披露责任追究法律体系，对行政责任的规定较为完整具体，刑事责任的定位是惩处违法行为的最后一道防线，而民事责任则仍处于方兴未艾的阶段。民事责任的总体框

[①]　拉尔·拉伦茨：《法学方法论》，陈爱娥译，商务印书馆 2005 年版，第 337—338 页。

架已经建立，但在实际追究的具体细节上，控股股东、实际控制人民事责任的认定或者说构成要件仍然值得进一步探讨。

1. 责任主体与义务范围

控股股东、实际控制人对上市公司日常生产经营及内部运作治理具有实际控制力，因此也成为证券市场信息披露的重点关注对象。控股股东、实际控制人在信息披露事宜中一般扮演两种角色：一种是披露义务人的角色，即本身作为信息披露义务主体通过上市公司渠道进行信息披露。控股股东、实际控制人负有将重大情况告知上市公司，配合上市公司作为主体进行信息披露的义务①，以及在作出公开承诺时披露承诺事宜的义务②。另一种是披露担保人的角色，某些情形下控股股东、实际控制人并不是信息披露义务的核心主体，不负直接披露义务，但对披露文件的真实性、完整性、准确性等承担担保责任。

2. 行为类型与损害结果

我国法律上规定的信息披露违规行为包括《证券法》第 85 条明确规定的虚假记载、误导性陈述、重大遗漏和未按规定披露。未按照规定披露，主要指应当披露而没有披露，在文义上也包括应当在特定的时间、地点，以特定的方式、格式进行披露，而没有遵循相关规定进行披露。最高人民法院《虚假陈述司法解释》在上述规定基础上增加了不正当披露作为虚假陈述行为的类型之一。不正当披露是指信息披露义务人未在适当期限内或者未以法定方式公开披露应当披露的信息。③ 损害后果是指上市公司或投资者因控股股东、实际控制人信息披露违规而遭受的财产性损失，财产性损失的范围应是可度量的、可确定的。在损失计算方面，我国法院系统采取的是"平均价格之差"

---

① 《中华人民共和国证券法》第 80 条第 3 款。

② 《中华人民共和国证券法》第 84 条第 2 款。

③ 李有星、潘政：《瑞幸咖啡虚假陈述案法律适用探讨——以中美证券法比较为视角》，《法律适用》2020 年第 9 期。

计算方法，精准捕捉投资者在证券市场上的实际损失。[①] 在赔偿范围方面，我国《证券法》对损害赔偿范围的划定坚持"实际损失补偿"原则，被告应对原告的实际损失进行赔偿，而不以信息披露违规的非法利益为限度，因此具有一定的惩罚性。

3. 因果关系与归责原则

因果关系是判断信息披露违规民事责任救济主体及赔偿范围的关键环节。因果关系可分为两个层面：其一，投资者的投资决定是否因为信息披露违规而做出；其二，投资者的经济损失是否因为信息披露违规而导致。[②] 就交易上的因果关系而言，最高人民法院《虚假陈述司法解释》第 18 条规定："投资人具有以下情形的，人民法院应当认定虚假陈述与损害结果之间存在因果关系：（一）投资人所投资的是与虚假陈述直接关联的证券；（二）投资人在虚假陈述实施日及以后，至揭露日或者更正日之前买入该证券；（三）投资人在虚假陈述揭露日或者更正日及以后，因卖出该证券发生亏损，或者因持续持有该证券而产生亏损。"就损失上的因果关系而言，《虚假陈述司法解释》第 19 条以排除的方式，规定了以下情况不具有损失上的因果关系："（一）在虚假陈述揭露日或者更正日之前已经卖出证券；（二）在虚假陈述揭露日或者更正日及以后进行的投资；（三）明知虚假陈述存在而进行的投资；（四）损失或者部分损失是由证券市场系统风险等其他因素所导致；（五）属于恶意投资、操纵证券价格的。"[③]

信息披露义务人和信息披露告知人在上市公司信息披露链上的地位、作用和影响力不同，控股股东和实际控制人分别扮演上述两种角色时所适用的

---

① 《最高人民法院关于审理证券市场因虚假陈述引发的民事赔偿案件的若干规定》第 31 条、第 32 条。

② 石晓波：《中国证券市场虚假陈述民事责任构成要件研究》，《中南财经政法大学学报》2004 年第 1 期。

③ 李有星、潘政：《瑞幸咖啡虚假陈述案法律适用探讨——以中美证券法比较为视角》，《法律适用》2020 年第 9 期。

归责原则也不同。《证券法》第 85 条规定，信息披露义务人对信息披露违规承担无过错责任，不论其主观上是否存在故意或过失，不论违规事项是由其自身原因导致还是其他机构或人员导致；而信息披露担保人承担过错推定的连带赔偿责任，且举证责任倒置。[①]

六、控股股东、实际控制人信息披露的制度完善

（一）引入控股股东认定的实质穿透式标准

从目前法律规范对控股股东的认定标准来看，主要采用"持股比例 + 实质影响力"的双重认定模式，但实质影响力的范围仅局限在对会议决议、人事任免两方面，未能涵盖同样具有实质影响力的协议共同控制、活跃股东控制等非典型控股股东。协议共同控制的主要情形有家庭关系、投资关系和一致行动人，该种实际控制模式的真实性和合理性常具有瑕疵，共同控制结构也不稳定。活跃股东控制则是指在现代公众公司股权高度分散的背景下，分散股东的表决权意愿与能力是存在差异的，少数投资者的持股比例和投票权虽难以对公司施加实质性影响，但他们却能够通过积极的活动、个性化的努力，达到某一事项或某些事项的控制性目的，甚至具有足够的能量推动具有利益冲突的关联交易。例如，短线投资的活跃股东可以公关行动或投票权征集相威胁，向公司管理者施压，要求后者推行能够推高短期股价但无益于公司成长，从长远看甚至有害于公司的措施。[②]

特定主体可以通过众多并不需要掌握公司大多数投票权的策略来影响上市公司的行动。因此，就上市公司的某一特定决定或政策，如果行为人的态度是决定性的或者说举足轻重的，即可以认定构成实际控制。实质穿透式标准是视个案而定的，其重心不在于确定相关主体作为实际控制人的长期地位，而在于确定相关主体在某特定事项中满足了控制权标准，从而启动实际控制

---

① 《中华人民共和国证券法》第 85 条。
② 罗伯塔·罗曼诺：《公司法基础》（第 2 版），罗培新译，北京大学出版社 2013 年版，第 417 页。

人标准的追责程序。在信息披露事项中某一主体控制了公司，做出了损害公司和投资者利益的行为，即可超越实际持股比例或传统实质影响力标准，对该主体科以控股股东的监管标准，并追究相应的法律责任。

（二）精准区分责任主体，靶向差异化追责

上市公司出现信息披露违规，虽然上市公司是信息披露义务人，但其通常仅是背后控制人作恶的工具，追责时应落实到"首恶"。应坚持并完善精准监管机制，区分上市公司与控股股东、实际控制人的责任划分并进行差异化处理，精准执法、靶向执法，减轻对上市公司的二次伤害。以万达信息信息披露违规案为例，万达信息遭原控股股东实控人违规占用资金，上市公司万达信息未及时披露其资金被实际控制人占用构成信息披露违规。但监管机构对原控股股东和实控人史某立案调查，对上市公司仅采取了责令改正的行政监管措施。

就上市公司监管而言，要以促进上市公司可持续发展为目标，以加强公众投资者保护为重点，扭转监管者处罚上市公司后因股价下跌导致的普通无辜股民的"二次伤害"。建议将行政监管处罚的重点对象锁定在上市公司背后的真正失信者、违法者（如控股股东、实际控制人、董事与高管），打击上市公司背后的违法者，放开放活上市公司，有助于资本市场的稳定与发展。[①]创新性地差异化认定责任主体，精准确定不同主体的责任分配与补偿，既能有效地震慑控股股东、实际控制人，又能合理保护上市公司正当利益，并增强证券市场参与者的信心。

（三）构建特殊股权架构下的特别约束

2018年，证监会发布《关于开展创新企业境内发行股票或存托凭证试点的若干意见》，明确允许同股不同权企业在境内市场公开发行上市。特别表

---

① 刘俊海：《新公司法的首要使命是什么》，《检察日报》2019年第7版。

决权股东因仅需持有较低股权就可取得对公司的控制权，这可能会导致所有权和控制权的进一步分离。同股不同权的结构会给上市公司信息披露带来实际控制人道德风险增加、内部董监事监督机制失效的风险。特别表决权股东因仅凭较少股权就可取得对公司的控制权，将对公司治理形成威胁。拥有控制权但持股较低的特别表决权股东，因其股份在分红等经济利益方面没有特别优势，因而其与普通股东的利益冲突可能会加剧，其为了谋取个人利益而利用手中的控制权损害公司和其他股东利益的道德风险会更大。当特别表决权股东因特别表决权设置而可以控制股东会决议时，独立董事和监事履职和监督都有可能会受到特别表决权股东的不正当干扰。①

为保障信息披露机制在特殊股权架构下的正常运转，有必要通过制度和司法来规范公司意思自治的边界限制。其一，完善实质管理和信息披露相结合的监管模式。存在投票权差异、协议控制架构或类似特殊安排的，应于首次公开发行时，在招股说明书等公开发行文件显要位置充分、详细披露相关情况，特别是风险、公司治理等信息以及依法保护投资者合法权益的各项措施。② 其二，禁止特别表决权股东滥用权利，准确界定特别表决权股东权利边界，坚持"控制与责任相一致"原则，在"同股不同权"的同时，做到"同股不同责"。其三，加大对实际控制人关联交易等行为事中事后的监管与审查，对于通过关联交易损害公司利益的控股股东、实际控制人等责任主体，即使履行了法定决议程序也应承担民事赔偿责任。

（四）完善法律责任追究机制，引入失信联合惩戒

新《证券法》确立了事前依法注册、事中事后注重监管的强监管理念，其内在逻辑在于鼓励企业入市，但通过扩大责任主体的范围和加大违法成本，实施有效监管，从而实现资本市场法治化、市场化。鉴于此，必须强监管、

---

① 黄海燕：《特别表决权机制的推进及规范路径》，《西南金融》2020 年第 3 期。

② 《关于开展创新企业境内发行股票或存托凭证试点的若干意见》第 7 节。

强执法。但是，目前法律责任追究机制立法与实务还存在机制自身缺陷、相互衔接和配套问题。第一，在证券民事诉讼机制和非诉机制方面，存在着违法行为的认定标准缺陷、先行赔付追偿程序设计缺失，以及调解协议司法确认程序复杂和诉讼与调解衔接不畅等问题。第二，在证券法律责任追究机制的相互衔接方面，民事诉讼仍然受到行政处罚、刑事判决前置程序的限制，在行政处罚与刑事追诉衔接中的移送规范性和及时性也有待提高。第三，在证券法律责任追究机制的实体法及司法制度配套建设方面，《证券法》《公司法》对上市公司内外监督制度规定尚不完善，律师、审判人员和调解机构专业化仍显不足。

针对立法和实务中存在的问题，多层次、体系化、系统性的证券法律责任追究机制的完善势在必行。监管理念的强化应当与制度的完善、法律的执行并行，严厉打击相关证券违法犯罪行为。应当着力完善民事诉讼制度和非讼机制，优化不同责任追究机制的运行衔接及其监督。同时，在《证券法》和《公司法》等实体法和纠纷解决方面，也应建立健全配套机制。上市公司应当同步强化内部控制与外部监督机制，建立违法投诉公示制度和违法行为检举制度。此外，为了让多层次、体系化、系统性的证券法律责任追究机制能高效地运行，有必要提升律师和调解机构的专业化水平、引入尽职尽责的专家辅助人、建立公正高效的证券纠纷解决联席机制。

除硬性的法律责任追究机制外，软性的失信联合惩戒机制可以丰富监管与追责的手段与资源，通过诚信约束与失信受限反向激励上市公司控股股东、实际控制人主动地、诚信地履行信息披露义务。2015 年，证监会联合发改委、人民银行等 21 家部委联合发布《关于对违法失信上市公司相关责任主体实施联合惩戒的合作备忘录》，建立起上市公司相关主体违法信息共享和联合惩戒制度，创新监管机制，丰富执法手段，弥补罚款等传统行政处罚的单一化、简单化的缺点。惩戒措施涵盖限制发债、禁止参加政府采购、外汇行政审批参考等多方面内容。^① 在此基础上，证监会可以按照比例原则和程序正当原则将信息披露违规的行为纳入失信联合惩戒制度中。具体来说，可以考虑分为以下两阶段：其一，由上交所和深交所作为第一监管人，收集上市公司控股股东、实际控制人信息披露违规信息，并决定是否纳入失信汇集清单。其二，由证监会和各地证监局作为监管机关，制定与信息披露违规行为情节、危害程度相适应的联合惩戒清单，并负责同其他部委、上市公司所在地政府进行信息共享与执法协调。

---

① 《关于对违法失信上市公司相关责任主体实施联合惩戒的合作备忘录》第3节。

瑞幸咖啡虚假陈述案法律适用探讨
——以中美证券法比较为视角

李有星　潘　政 *

摘　要

瑞幸咖啡财务造假事件严重违反了中美两国证券法上对于信息披露真实性、及时性的基本要求，其虚假陈述行为将面临中美两国证券法上刑事、行政和民事法律责任的追究，其中民事责任的认定是瑞幸咖啡案法律适用的重点问题。通过对中美证券虚假陈述法律责任的对比，本文从法律依据、诉讼主体、行为要件、主观要件、因果关系认定等角度，分析了瑞幸咖啡虚假陈述案件民事法律责任的认定问题。并在此基础上，结合瑞幸咖啡财务造假的具体案情，重点探讨做空机制下虚假陈述揭露日的认定、证券服务机构的民事法律责任，以及我国证券法域外管辖条款的适用问题。

关键词：虚假陈述；民事责任；揭露日；域外管辖

*　本文原载于《法律适用》2020 年第 9 期。潘政，浙江大学光华法学院博士研究生。本文系国家社科基金重点项目"地方金融监管立法理论与实践研究"（19AFX020）及"智能金融安全法律问题研究"的部分成果。

一、引言

瑞幸咖啡财务造假事件引发了国内外的热烈关注，美国部分律师事务所已经启动针对瑞幸咖啡公司的集体诉讼，中国证监会在此次事件爆发后旋即发布消息强烈谴责该公司财务造假行为，而国内部分法院也已经率先开始受理中国投资者起诉瑞幸咖啡的民事赔偿诉讼案件。实际上，瑞幸咖啡事件并非个例，近年来已有多家赴美上市中概股企业爆出造假丑闻，不仅严重影响了中国企业的国际声誉，而且对中美两国投资者都造成了巨大损失。在中国《证券法》增加了域外管辖的规定后，实施虚假陈述行为的中概股企业可能会面临中国和美国两重法律责任，而中美证券法律在虚假陈述法律责任问题上有着诸多差异。因此，本文借助中美证券法律的对比分析，综合探讨瑞幸咖啡虚假陈述案件中法律责任的认定问题，并就做空机制下虚假陈述揭露日的认定、证券服务机构的民事法律责任以及我国证券法域外管辖条款的适用问题做出回应。

二、中美证券法反虚假陈述基本制度

瑞幸咖啡财务造假的行为，在中美两国均属于信息披露违法行为，面临着刑事、行政和民事法律责任的追究，其中民事责任的认定是瑞幸咖啡案法律适用的重点问题。

（一）信息披露的基本要求

中美证券法对于信息披露的内容和要求虽然在具体细节、方式和时间等方面存在诸多差异，但总体上均一致要求信息披露应当真实和及时。中国《证券法》第78条第2款规定："信息披露义务人披露的信息，应当真实、准确、完整，简明清晰，通俗易懂，不得有虚假记载、误导性陈述或者重大遗漏。"该条规定了我国信息披露真实性、准确性、完整性的要求，反对信息披露失真，追求信息的"真实性"。中国《证券法》第80条要求上市公司应当立即披露可能对证券价格产生较大影响的重大事件，提出了信息披露"及时性"的要求。美国对信息披露的要求，虽然不似中国《证券法》直接明了地将真实性、及时性的标准予以明确，但却以诸多具体法律条款直接或间接予以规定。例如，美国《1933 年证券法》第 17 条 a 款就从反面规定哪些行为属于信息披露违法行为，矛头直指欺诈、虚假记载、遗漏等信息披露失真行为。又比如《萨班斯－奥克斯利法案》第 409 条规定："证券发行人必须在迅速和及时的基础上对其财务状况或者运营的重大变化进行披露。"对信息披露及时性提出了明确要求。瑞幸咖啡财务造假的行为，包括没有及时披露相关事态进展的行为，均触犯中美两国证券法上对信息披露真实性、及时性的要求。

（二）虚假陈述的多种法律责任

瑞幸咖啡信息披露的违法行为，将面临中国和美国证券法律上的多种法律责任。作为在美国发行证券并上市交易的公司，瑞幸咖啡公司相关责任人可能面临美国法上的刑事指控。例如美国《1934 年证券交易法》第 32 条 a 款规定，任何个人和组织在法定信息披露文件中作出欺诈或虚假陈述等行为，将被处以不超过 100 万美元的罚款或被判不超过 10 年的有期徒刑，或者同时处以两种惩罚；美国《萨班斯－奥克斯利法案》对于证券欺诈，规定了最高 25 年监禁和巨额罚款。① 我国《刑法》161 条也对虚假陈述行为规定了违规披露、不披露重要信息罪："依法负有信息披露义务的公司、企业向股东和社会公众提供虚假的或者隐瞒重要事实的财务会计报告，或者对依法应当披露的其他重要信息不按照规定披露，严重损害股东或者其他人利益，或者有其他严重情节的，对其直接负责的主管人员和其他直接责任人员，处三年以下有期徒刑或者拘役，并处或者单处 2 万元以上 20 万元以下罚金。"除了刑事责任外，中美两国证券法和证券监管部门出台的行政法规，均对证券虚假陈述行为规定了严格的行政责任，包括罚款、市场禁入等。

---

① 赵炜佳：《论刑事合规的基础与本土内化》，《中国刑警学院学报》2019 年第 5 期。

刑事责任和行政责任是制裁虚假陈述的有效手段，但就投资者权益保护而言，依托民事诉讼，追究相关主体的民事责任可能更为重要。事实上，我国金融领域传统追责机制多以行政责任为主，刑事责任为辅，民事责任所占比重很小，不利于投资者个人权利的保护。[①] 相比美国法律实践，私人诉讼盛行，投资者更多依靠提起民事诉讼达到获得损害赔偿的目的，起到了较好的法律效果。[②] 我国证券司法实践也越来越重视虚假陈述民事责任的追究，早在 2002 年最高法院就出台了《关于审理证券市场因虚假陈述引发的民事赔偿案件的若干规定》（以下简称《虚假陈述司法解释》），而此次国内就瑞幸咖啡造假案责任的追究最早启动的也是民事诉讼程序，国内部分法院已经受理瑞幸咖啡虚假陈述民事赔偿案件，故下文将着重分析中美证券虚假陈述民事责任的有关规定。

（三）虚假陈述民事责任的法律依据

我国证券虚假陈述民事责任的法律依据规定在《证券法》第 85 条："信息披露义务人未按照规定披露信息，或者公告的证券发行文件、定期报告、临时报告及其他信息披露资料存在虚假记载、误导性陈述或者重大遗漏，致使投资者在证券交易中遭受损失的，信息披露义务人应当承担赔偿责任；发行人的控股股东、实际控制人、董事、监事、高级管理人员和其他直接责任人员以及保荐人、承销的证券公司及其直接责任人员，应当与发行人承担连带赔偿责任，但是能够证明自己没有过错的除外。"最高法院《虚假陈述司法解释》则对虚假陈述民事责任及相关民事诉讼程序做出了更为细致的规定。

相较于中国证券法上虚假陈述民事责任法律依据的简明扼要，投资者若想要在美国就瑞幸咖啡虚假陈述行为提起民事诉讼，就面临着多个法律条款下的多种不同请求权基础，各个法律条款下民事法律责任的构成要件也

---

① 张继红、牛佩佩：《美国数字货币监管考量及对我国的启示》，《金融法苑》2018 年第 1 期。

② 徐文鸣：《美国"多层次"证券法公共执法制度的实证分析》，《经贸法律评论》2019 年第 5 期。

十分不同。依据不同的法律规定，美国虚假陈述民事责任分成"明示责任（express right of action）"和"默示责任（implied right of action）"两个种类，前者指法律明确规定违法行为中的行为人应当对受害投资者承担民事赔偿责任，典型的就是《1933年证券法》第11条、12条的规定；后者则是简单的禁止欺诈条款，没有明文规定投资者的诉讼权利，经由美国判例法确认其中包含对受害投资者提起民事诉讼请求损害赔偿的依据，是为"隐含的私人诉权"，典型的就是《1934年证券交易法》第10条b款和美国证券交易委员会10b-5规则。[1]

美国证券法律上虚假陈述的明示责任，主要规定在美国《1933年证券法》第11条中。该条规定，"当注册报告书的任何部分在生效时含有对重大事实的不真实陈述或漏报了规定应报的或漏报了为使该报告书不至被误解所必要的重大事实时，任何获得这种证券的人（除非被证明在获取证券时，他已知这种不真实或漏报情况）都可以根据法律或平衡法在任何具有合法管辖权的法院提起诉讼……"，并且详尽规定了举证责任、证明标准、投资差额计算以及相应的免责事由等等，可谓详尽细致。但在美国司法实践，投资者却更多依据默示责任条款提起诉讼，即《1934年证券交易法》第10条b款和美国证券交易委员会10b-5规则提起诉讼。[2]其中的原因，首先在于美国《1933年证券法》第11条规定的明示责任适用范围较为狭小，投资者仅仅只能针对证券发行时注册报告书中存在的虚假陈述欺诈行为提起民事诉讼，对于类似瑞幸咖啡案年度报告、季度报告等文件中的虚假陈述行为并不适用。其次，美国《1933年证券法》第11条也限制了原告的范围，仅仅规定"任何取得相关证券的人"，即买入证券的投资者可以提起诉讼，对于因出让证券而遭受损失的投资者并不适用。最后，美国《1933年证券法》第11条在被告范

---

[1] 汤欣：《美国证券法上针对虚假陈述的民事赔偿机制——兼论一般性反欺诈条款制度的确立》，载张育军、徐明主编：《证券法苑》2010年第2卷。

[2] 托马斯·李·哈森：《证券法》，张学安译，中国政法大学出版社2003年版，第645页。

围上也比较受限，该条规定的被告主要是签署了注册登记文件的组织和个人，一些组织和个人虽然参与了准备发行申报文件，甚至直接从事了欺诈行为，但却不在被告范围内，比如上市公司直接负责的一些中层管理人员、未以专家身份参与发行工作的律师、会计师等。

相较于美国证券法上虚假陈述明示责任适用范围的严格限制，《1934年证券交易法》第10条b款和美国证券交易委员会10b–5规则的默示责任条款则有着更为宽泛的适用条件。《1934年证券交易法》第10条b款规定："任何人利用各州之间的商业工具或者商业手段，或者利用信函方式，或者利用某全国性证券交易所的任何设备，直接或者间接地从事下列行为，均为非法：违反联邦证券交易委员会为公共利益制定的，或者为保护投资者利益制定的规则与规定，就任何在全国性证券交易所登记上市证券的买、卖交易，或者就任何未在全国性证券交易所登记上市的证券的买卖交易，实施操纵性或者欺诈性手段。"美国证券交易委员会10b–5规则进一步予以细化，规定："任何人利用州际商业手段，或设置、邮件，或利用任何全国性证券交易设施所实施的、与任何证券买卖有关的下列行为均为非法：1. 使用任何方法、计划或计谋从事欺诈；2. 对一重要事实进行虚假陈述，或者在陈述中略去重要事实，而就陈述作成之当时情形看，该事实系使陈述不致误导所必须；3. 从事任何行为、业务，或商务活动，而对任何人构成欺诈或欺骗者。"两个条款均以"任何人""任何方式""任何证券"等表述，极大扩展了虚假陈述民事责任的适用范围，降低了诉讼门槛。因此，自美国联邦最高法院1971年在Superintendent v. Bankers Life案中正式确认了默示责任后，《1934年证券交易法》第10条b款，以及美国证券交易委员会制定的10b–5规则就成为证券虚假陈述民事责任的法律依据。①

---

① Superintendent v. Bankers Life，404 U.S.6(1971).

三、中美证券法上对虚假陈述民事责任的认定

（一）虚假陈述民事责任的诉讼主体

1. 适格原告

美国《1933 年证券法》第 11 条中对于请求权人的规定是 "any person acquiring such security"（任何获得这种证券的人），因此，一般情况下只有取得（买入）发行证券的投资人才可以成为原告。而美国《1934 年证券法》将原告范围扩展至 "任何人"，法条的原文表述是 "对任何人士"（upon any person），原告可以是受虚假陈述行为影响从而买进或卖出证券的投资者。此外，美国第五巡回法院 1960 年在 Hooper v. Mountain States 案中[①]，确认了投资者以外的个人或组织，只要因证券欺诈受有损失，均可成为 10b 规则和 10b-5 规则项下的适格原告。中国《证券法》第 85 条赋予 "投资者" 提起民事损害赔偿的权利，而《虚假陈述司法解释》第 1 条也规定："本规定所称证券市场因虚假陈述引发的民事赔偿案件（以下简称虚假陈述证券民事赔偿案件），是指证券市场投资人以信息披露义务人违反法律规定，进行虚假陈述并致使其遭受损失为由，而向人民法院提起诉讼的民事赔偿案件。""投资者" 的范围虽然相较于美国法上 "任何人" 的规定相对狭隘，但对处理一般的虚假陈述案件足堪适用。

2. 被告范围

中美两国在虚假陈述民事责任诉讼主体方面的差异主要体现在被告范围上。依据上文默示责任规则提起的民事诉讼，被告范围可以是牵涉虚假陈述行为的任何人。包括发行人（上市公司）在内，所有决定发布虚假信息，以及参与起草、修改、传递虚假信息的机构和个人都可能被追究责任。结合瑞幸咖啡案，瑞幸咖啡公司本身，及其公司董事、控股股东、CEO、CFO、内外部法律顾问、审计机构、承销机构都可以成为民事诉讼的被告。简言之，

---

① 282 F.2d 195(5th Cir.1960).

只要在瑞幸咖啡实施虚假陈述行为中发挥过作用的个人或组织都有可能成为被告。

中国《证券法》第 85 条明确规定了四类主体需要就虚假陈述以及由此导致的投资者损失承担民事赔偿责任：（1）信息披露义务人，主要是发行人和上市公司，以及法律、行政法规和国务院证券监督管理机构规定的其他负有信息披露义务的主体；（2）发行人（上市公司）的控股股东、实际控制人；（3）发行人（上市公司）的董事、监事、高级管理人员和其他直接责任人员；（4）保荐人、承销的证券公司及其直接责任人员。此外，《证券法》第 163 条明确了证券服务机构的民事责任，其制作、出具的文件有虚假记载、误导性陈述或者重大遗漏，给他人造成损失的，应当与委托人承担连带赔偿责任，但是能够证明自己没有过错的除外。最高人民法院《虚假陈述司法解释》规定的被告范围大体与《证券法》规定相同，并以"其他作出虚假陈述的机构或者自然人"作为兜底性规定。我国在被告范围上，采取的是列举加兜底的方式，但挂一漏万，列举的方式无疑会遗漏许多实际上在虚假陈述行为中发挥过作用的人员或组织。比如在瑞幸咖啡案中公司 COO 刘剑下属的许多中层管理干部、公司职员可能也在虚假陈述中发挥了重要作用，但依据我国法律难以追究他们的直接责任。

（二）虚假陈述民事责任的行为要件

1. 虚假陈述行为的类型

我国法律上规定的虚假陈述行为包括《证券法》第 85 条明确规定的虚假记载、误导性陈述和重大遗漏，以及 2019 年《证券法》第 85 条新增的"未按规定披露"。最高法院《虚假陈述司法解释》在上述规定基础上增加了"不正当披露"作为虚假陈述行为的类型之一。不正当披露是指信息披露义务人未在适当期限内或者未以法定方式公开披露应当披露的信息。未按照规定披露，主要指应当披露而没有披露，在文义上也包括应当在特定的时间、地点，以特定的方式、格式进行披露，而没有遵循相关规定进行披露。与中国法律上的明确类型化规定不同，美国法律上的虚假陈述行为，主要以抽象的"欺诈（Fraud）""欺骗（Deceit）"等概念指代。具体包括：（1）使用任何方法、计划或计谋从事欺诈；（2）对一重要事实进行虚假陈述，或者在陈述中略去重要事实，而就陈述作成之当时情形看，该事实系使陈述不致误导所必须；（3）从事任何行为、业务，或商务活动，而对任何人构成欺诈或欺骗者。该规则的（1）和（3）项指向"欺诈"和"欺骗"，（2）项针对"虚假记载"及"遗漏"。这样的规定虽不似中国法律上的明确，但依托判例法在实际案件中具体分析和解释，其辐射范围反而可能相较于中国法上的明确类型化规定更为广泛。毋庸置疑，瑞幸咖啡案中的财务造假行为，在中美两国都属于典型的虚假陈述行为。

2. 重大性标准

被告承担虚假陈述民事责任的前提，是虚假陈述的信息必须具有重大性，无关宏旨的错误和遗漏等并不属于虚假陈述行为。在美国证券法上，《1934年证券交易法》第 10 条 b 款要求是对"重要事实"的虚假陈述。1968 年联邦第二巡回上诉法院在 Texas Gulf Sulphur 案的判决中，将"重要信息"界定为"能够影响理性投资者之决策的信息"，信息之重大性具备两大要素：一是事实发生的可能性，二是事实本身的重要性，综合考虑即"取决于任何特定时间下事件发生的预期可能性和事件在公司整体活动中的预期影响力的权衡"。[①] 此后，美国联邦最高法院在 TSC Industries 案中，进一步明确了"重大性"的判断标准："遗漏事实必须是理性股东在决定如何表决时可能会将其视为重要的信息，如果这一可能性具有实质性，遗漏事实就是重大性信息，如果遗漏事实不会实质性地被理性投资者视为会重大改变其可以获得的信息总和，遗漏信息就不具有重大性。"[②] 因此，美国法上将"重大性"界定为

---

① 邢会强主编：《证券法学》，中国人民大学出版社 2019 年版，第 106 页。

② 426 U.S.438 (1976).

信息对普通的、理性的投资者决策有重要影响。

我国《证券法》上的"重大性"信息主要包括：（1）重大事件，指既存的、可能影响证券价格的重大事件；（2）重大变化，指因既存事实引发的、可能影响证券价格的重大变化；（3）重大信息，指其他可以影响证券价格的重大情况。[①]事实上，将对"证券价格的重大影响"作为重大性标准。此外，根据最高人民法院 2019 年《全国法院民商事审判工作会议纪要》的规定："重大性是指可能对投资者进行投资决策具有重要影响的信息，虚假陈述已经被监管部门行政处罚的，应当认为是具有重大性的违法行为。在案件审理过程中，对于一方提出的监管部门作出处罚决定的行为不具有重大性的抗辩，人民法院不予支持，同时应当向其释明，该抗辩并非民商事案件的审理范围，应当通过行政复议、行政诉讼加以解决。"虽然这一规定，同美国一样将"对投资者进行投资决策具有重要影响的信息"作为重大性的标准，但首次将"被监管部门行政处罚"作为判断信息重大性的依据，这是我国与美国在重大性问题上的新差别。

（三）虚假陈述民事责任的主观要件

中美在证券虚假陈述民事责任认定上的最大差别体现在主观要件上。因循美国普通法上对于"欺诈"的理解，美国《1934 年证券交易法》第 10 条 b 款、SEC10b–5 规则项下的民事责任，均要求被告具有欺诈的"故意（scienter）"，即为知情或有意的不法行为（knowing or intentional misconduct）。美国联邦最高法院在判例中也认为"故意"是被告承担责任的重要前提，强调了"抱有故意蒙蔽、操纵、欺诈的主观状态"，但对于"故意"究竟是何意却没有明确表态。对此，美国法上形成了两种关于"故意"的解释。第一种解释是被告对于自己的陈述，明明知道不是事实，或者应当知道，却由于重大过失（recklessness）而没有意识到自己讲的不是事实，这种对"故意"的解释几

---

① 郭锋：《虚假陈述侵权的认定及赔偿》，《中国法学》2003 年第 2 期。

乎等同于"知道"；第二种解释则要求被告不仅知道自己所言不实，而且还必须有特定的欺诈目的，如果被告说假话而没有谋求特殊利益的企图，则称不上是"故意"。[①] 前一种解释下的"故意"显然比后一种门槛低得多。在美国司法实践中，一般都支持将"严重疏忽而不知陈述失事"作为默示责任规则下"故意"的标准，要求被告必须是明知，或者至少是出于重大过失（recklessness）而不知陈述失实。瑞幸咖啡案件若在美国审理，控股股东、实际控制人、董事、监事及高级管理人员的责任认定上，就必须符合"故意"的要求。若真如瑞幸咖啡所言，造假行为系公司 COO 刘剑及下属所为，其他人员对此并不知情，则难以追究其民事责任。当然，如果瑞幸咖啡证券发行注册文件存在造假，投资者就可以依据上文提到的《1933 年证券法》第11 条"明示责任"提起民事诉讼而无须证明相关责任人员是否具有"故意"的主观过错。

我国《证券法》第85 条明文规定：（1）信息披露义务人承担严格责任，而无论其主观上对虚假陈述是否存在故意或过失，无论是信息披露义务人自己原因导致的虚假陈述，还是其他机构或者人员的原因导致的虚假陈述，信息披露义务人都应当承担民事赔偿责任。[②]（2）除信息披露义务人之外的其他虚假陈述民事责任主体承担过错推定责任。发行人的控股股东、实际控制人、董事、监事、高级管理人员和其他直接责任人员以及保荐人、承销的证券公司及其直接责任人员，还有《证券法》第163 条规定的证券服务机构，应当与发行人承担连带赔偿责任，但是能够证明自己没有过错的除外。相较于美国法在主观要件上的"高门槛"，中国法上虚假陈述的主观要件则宽松得多，投资者在境内法院针对瑞幸咖啡提起民事诉讼，除了 COO 刘剑以外的其他责任主体，必须承担举证责任，如果这些机构和个人不能证明自身没有过错，就推定其有过错。

---

① 张巍：《资本的规则Ⅱ》，中国法制出版社 2019 年版，第 14—15 页。
② 叶林：《证券法学》（第 4 版），中国人民大学出版社 2013 年版，第 210 页。

（四）虚假陈述民事责任的因果关系

美国证券虚假陈述诉讼中，原告需要举证证明其所受损害是因对被告欺诈行为的某种信赖（reliance）所致，达到"若非……即无"（but for）的程度，即若非被告所为的不实陈述或隐匿事实等欺诈行为，原告不会进行系争证券的交易。随着美国司法判例的不断发展，"信赖"要件涉及的因果关系也不断发展细化，形成了"交易因果关系"和"损失因果关系"两个层次的因果关系要件。所谓交易因果关系（transaction causation），是指原告必须举证，证明被告的欺诈行为是决定原告进行系争证券交易的原因，解决的是原告"为什么而交易"的问题。所谓损失因果关系（loss causation），是指原告必须证明原告从事的交易与其遭受的损失之间存在因果关系，从而排除其他因素对损失的影响，解决的是"损失从何而来"的问题。实践中，由于投资者证明"交易因果关系"存在巨大的举证障碍，因此，美国联邦最高法院借由 Basic 案[①]发展出了著名的"欺诈市场理论"，认为在有效率的市场上，证券价格已经反映了所有公开的信息，因此投资者因为相信证券价格的真实性而从事交易，推定为相信了信息披露义务人所披露的信息。[②]

最高人民法院《虚假陈述司法解释》在借鉴美国因果关系的规定和"欺诈市场理论"的基础上，明确了我国虚假陈述因果关系认定规则。就交易上的因果关系而言，《虚假陈述司法解释》第 18 条规定："投资人具有以下情形的，人民法院应当认定虚假陈述与损害结果之间存在因果关系：（一）投资人所投资的是与虚假陈述直接关联的证券；（二）投资人在虚假陈述实施日及以后，至揭露日或者更正日之前买入该证券；（三）投资人在虚假陈述揭露日或者更正日及以后，因卖出该证券发生亏损，或者因持续持有该证券而产生亏损。"就损失上的因果关系而言，《虚假陈述司法解释》第 19 条以排除的方式，规定了以下情况不具有损失上的因果关系：

① Basic Inc. v. Levinson, 485 U.S.224 (1988).

② 邢会强主编：《证券法学》，中国人民大学出版社 2019 年版，第 137 页。

"（一）在虚假陈述揭露日或者更正日之前已经卖出证券；（二）在虚假陈述揭露日或者更正日及以后进行的投资；（三）明知虚假陈述存在而进行的投资；（四）损失或者部分损失是由证券市场系统风险等其他因素所导致；（五）属于恶意投资、操纵证券价格的。"

四、瑞幸咖啡虚假陈述案件法律责任认定中的重点问题

瑞幸咖啡案件除了具备一般虚假陈述案件的基本特点外，还有自身的特殊性。在中美证券法律视角之下，正确认定瑞幸咖啡虚假陈述案件的法律责任，必须对相关重点问题予以回应。

（一）做空机制下虚假陈述案件揭露日的认定

1. 揭露日的重要意义

在我国证券虚假陈述案件中，虚假陈述实施日、揭露日和基准日是三个独创的时间点，直接关系到原告资格、因果关系认定、赔偿范围的确定，其中尤以揭露日最有争议。揭露日在一定意义上直接决定了可索赔的投资者范围以及投资者获赔金额的多少。[1] 根据《虚假陈述司法解释》第 18 条的规定，人民法院认定虚假陈述与损害结果之间存在因果关系的必要条件之一，即为投资人系在虚假陈述实施日及以后，至揭露日或者更正日之前买入该证券。投资者在揭露日前卖出证券、揭露日后买入证券的交易行为都将被排除在认定存在因果关系的范围之外。揭露日的延后亦有可能使得在股价剧烈波动前卖出的不在计算范围之内。[2] 实际上，作为划分因果关系、认定原告资格、确定赔偿范围的重要依据，往往存在着揭露日之后买入证券而成为公司股东的投资者"补偿"揭露日之后卖出证券不再担任公司股东的投资者的情况，揭露日的确定必须妥善平衡各方利益。

---

① 曹明哲：《立案调查通知公告之日作为虚假陈述揭露日的正当性解释》，载蒋锋、卢文道主编：《证券法苑》2019 年第 26 卷。

② 石一峰：《违反信息披露义务责任中损失计算的利益衡量》，《法学评论》2017 年第 4 期。

在瑞幸咖啡虚假陈述案中，瑞幸咖啡财务造假的事实，最早经由浑水公司的做空报告向公众予以披露，及至 2020 年 4 月 2 日瑞幸咖啡才正式承认存在财务造假。随着我国证券市场的不断发展，在可以预期的未来将会出现更多类似的案例，虚假陈述行为由做空机构率先披露，而正式的信息披露相对滞后的情况将会出现，此时如何认定揭露日将深刻影响整个案件法律责任的认定。

2. 中美证券法上揭露日的认定依据

美国法上对揭露日的认定，由诸多判例逐步确立起来。一般认为虚假陈述揭露日的认定依据，是虚假陈述所涉相关真相公开揭示后，立即导致了股价下跌，且这一下跌不能归因于其他事件或消息。① 具体而言，美国法上对揭露日的认定需要综合考量揭露的内容以及揭露后对市场的影响。就揭露内容而言，揭露的内容必须是首次向市场披露的相关信息；揭露的内容必须具备一定的指向性，应当涉及虚假陈述行为的性质和大致内容；揭露的内容还必须具备相对确定性，可以令市场认为揭露的信息是真实的。就揭露对市场的影响而言，原告必须证明揭露行为对市场产生了实质性影响，市场已经经由揭露知晓了相关真相。②

我国证券法上，尽管存在多种不同的理论，但一般认为虚假陈述揭露日的构成要件主要包括：揭露信息的指向性和相对确定性、揭露的首次性、揭露的公开性和股价异常波动性。揭露信息必须具有一定的指向性和相对确定性，可以大致指向虚假陈述行为的性质，在确定性方面，应当达到一定的可信度以致市场相信揭露的信息是真相。揭露还必须具有首次性，是虚假陈述首次被公开揭露之日。揭露还必须具备公开性，要求能够被公众投资者所知悉。最后，揭露还要能够引起市场股价的异常波动，如果"揭露行为"发生

---

① 王涛、叶子：《证券虚假陈述揭露日的司法认定——基于中美比较的考察》，载蒋锋、卢文道主编：《证券法苑》2019 年第 27 卷。

② 廖升：《论虚假陈述揭露日的认定》，《私法研究》2017 年第 1 期。

后证券价格并无异常波动，很难说明证券市场对该揭露行为有所反映，也就难以证明该揭露行为起到了足够的风险警示作用。[①]

3. 做空报告难以作为揭露日的认定依据

中美证券法上对揭露日的认定，具有本质上的一致性，均要求揭露的信息必须具有一定指向性和相对确定性，在结果上能够引起市场和投资者的反应。具体到瑞幸咖啡造假案，做空报告与揭露日的关系并不具有当然的紧密联系，做空报告难以形成确定的类型化信息揭露，一般不作为认定揭露日的标志。

做空报告不具有相对确定性。做空报告在经由正式渠道确认之前，本质上是属于对信息披露瑕疵的一种边缘性猜测或主观分析，并非对瑕疵内容进行确定完整地公布。基于它们对证券市场的作用，其性质类似于媒体报道，或者是某份专家意见，是观点表达而非事实陈述。在本案中，浑水公司虽是专业做空机构，但也并非所有做空报告都是真实可信的，包括其对新东方、好未来、安踏等中概股公司的做空，都以失败告终。因此，做空报告并不必然具备揭露日认定中必要的"指向性和相对确定性"，投资者并没有充分的依据去相信做空报告的内容属实。

做空报告不一定能够引起市场的警示和反应。在此次瑞幸咖啡案件中，虽然浑水公司做空报告公布之后，立即引起市场的短期反应，当日下跌幅度达到 11%，但在之后的几周内，瑞幸咖啡的股价回升到了做空之前的水平，这反映出市场并未真正吸收相关信息，或者并不完全相信做空报告的内容。从这一点看，做空报告难以作为认定揭露日的坚实依据。同时这些做空机构本身没有揭露瑕疵的义务，其报道真正的目的也不在于揭露瑕疵，而是通过对瑕疵的质疑从中牟利，做空之后股价的异常波动，并不能排除"操纵市场"的因素干扰。

---

① 李有星、潘政：《证券市场虚假陈述揭露日的再认识》，《投资者》2018 年第 2 期。

（二）虚假陈述案件中证券服务机构的民事责任

在此次瑞幸咖啡案件中，浑水公司公布做空报告，作为承销商的中金公司第一时间力挺瑞幸咖啡公司；作为瑞幸咖啡公司审计机构的安永会计师事务所并未在 2019 年年报上签字，并向瑞幸咖啡审计委员会作出了汇报。不同的证券服务机构，在瑞幸咖啡案件中扮演着不同的角色，可能面临不同的法律责任。

若瑞幸咖啡案注册文件也存在虚假陈述，根据美国《1933 年证券法》第 11 条的规定，任何签署了该注册报告书的机构和个人都将承担民事责任。不过证券服务结构针对注册报告书中的虚假陈述存在着三项主要的抗辩事由：（1）在责任陈述生效前离开岗位，且已经以书面形式通知证券交易委员会或发行人，已采取这类行动，并且对注册报告书的这一部分将没有责任。或者对注册报告书的生效不知情，且知道了这一事实后随即采取了前述行动，通知了证券交易委员会，且公开通告其不知情事实。（2）对自身制作的部分进行了适当合理的调查，有合理理由认为文件具有真实性和合法性；对其他主体或者权威文件进行审核的，其审核的文件具有合理的信赖。（3）履行了合理的注意义务后，其依旧无法知晓发行人故意遗漏或者不实陈述等瑕疵行为。这三项抗辩事由的核心在于如果证券服务机构尽到了合理调查义务（reasonable investigation），达到一个谨慎的人（a prudent man）在管理自己的财产时所需要的标准，即可免除相应的责任。与《1933 年证券法》所不同的是，如果原告依据默示责任规则提起诉讼，要求证券服务机构承担主要的民事赔偿责任，那么必须满足上文论述的主体、行为、主观、因果关系等诸多要件，否则证券服务机构将不会向原告承担默示规则项下的责任。但如果只要求证券服务机构承担次要责任的，原告的举证责任要小得多。总体而言，美国法上的证券服务机构承担责任存在不同的情况，如果证券服务机构与发行人、上市公司共谋，双方应承担连带的证券欺诈责任；证券服务机构如果不存在共谋行为，仅仅因为过失，没有履行自身负有的专业高度注意义务，要向投资者承担相应的民事赔偿责任。[①]

　　相较于美国法律的复杂，中国证券法上证券服务机构法律责任的规定较为简明清晰。根据中国《证券法》第163条的规定，会计师事务所、律师事务所以及从事证券投资咨询、资产评估、资信评级、财务顾问、信息技术系统服务的证券服务机构，如果违反勤勉尽责、恪尽职守的法定义务，没有按照相关业务规则为证券的交易及相关活动提供服务，对所出具的文件资料内容真实性、准确性、完整性进行核查和验证，一旦这些文件存在虚假记载、误导性陈述或重大遗漏，给投资者造成损失的，应当与委托人承担连带赔偿责任，但是能够证明自己没有过错的除外。

　　结合瑞幸咖啡虚假陈述案，中金公司、安永会计师事务所是否需要承担相应的法律责任，关键在于这些证券服务机构是否履行了各自的法定义务，是否尽到了合理的注意义务，而这一问题要根据后续案件事实的逐步确认做具体判断，如果没有履行作为承销商、审计机构等的法定义务，就需要向投资者承担民事赔偿责任，甚至面临行政和刑事处罚。

（三）我国证券法域外管辖条款的适用

　　2019年新修订的《证券法》第2条第4款新增了证券域外管辖的条款，该款规定："在中华人民共和国境外的证券发行和交易活动，扰乱中华人民共和国境内市场秩序，损害境内投资者合法权益的，依照本法有关规定处理并追究法律责任。"而此次瑞幸咖啡事件发生以后，中国证监会旋即发布消息称，"将按照国际证券监管合作的有关安排，依法对相关情况进行核查，坚决打击证券欺诈行为，切实保护投资者权益"。国内部分法院也已经开始受理中国投资者起诉瑞幸咖啡的民事赔偿案件。我国证券法域外管辖条款的适用，一时间成为社会关注的焦点。

----

① 郭雳：《证券市场中介机构的法律职责配置》，《南京农业大学学报》（社会科学版）2017年第11期。

从国际证券域外管辖的实践经验来看，在具体实施证券法的域外管辖权时需要遵循以下两个原则。第一，遵守国际礼让原则，避免引发管辖权冲突。该原则要求在已有国外证券法管辖的情形下，本国的证券法应当基于礼让的原则，不再介入相关案件的处理。第二，避免造成司法资源、执法资源的浪费。一国司法、执法资源十分有限，如果过分扩张域外管辖权，将会把大量宝贵的资源投入到与我国缺乏实质联系的案件中，极大加重我国司法机关和执法机关在调查取证、案件审理方面的负担，造成司法和执法资源的浪费。① 实际上，即便是在美国，其证券法的域外管辖也十分谨慎，根据诉讼原告的不同，存在不同管辖权认定：（1）若诉讼由美国证券交易委员会或是司法部提起，则只需要通过"结果标准"或"行为标准"就可以行使证券法域外管辖权。根据"行为标准"，如果发生于美国的行为实质性地导致了持有外国证券的外国投资者的损失，则美国法院可以行使域外管辖；根据"结果标准"，如果外国发生的证券欺诈行为，对美国的投资者或美国证券市场产生了损害，则美国法院也可以行使域外管辖权。（2）若诉讼由私人提起，则需遵守"交易标准"，证券法只能管辖发生在本国境内的证券交易行为，而不具有域外管辖的效力。②

考察我国《证券法》域外管辖的规定，可以发现，所有境外的证券发行和交易行为只有在"扰乱中华人民共和国境内市场秩序""损害境内投资者权益"的情况下，才有可能受到中国法律的约束。瑞幸咖啡公司作为一家注册地在开曼群岛的公司，证券发行、交易等行为又均发生在美国，国内投资者事实上缺乏直接投资于瑞幸咖啡证券的渠道，鲜有中国境内投资者会因美国证券市场上的虚假陈述行为而遭受损失，更难言扰乱境内市场秩序，二者之间缺乏足够坚实的因果联系。美国 SEC 和部分美国法院已经开始对瑞幸咖

---

① 黎宏：《民事责任、行政责任与刑事责任适用之司法困惑与解决》，《人民检察》2016 年第 2 期。
② Giunta v. Dingman, 893 F.3d 73 (2d Cir.2018), Auto Industries Pension Trust Fund v. Toshiba Corp., No.16-56058 (9th Cir.2018).

啡事件进行处理，故无论是基于礼让原则、避免管辖权冲突，还是防止过度浪费司法和执法资源，国内法院不宜轻易受理发生在境外、缺乏实质性关联的证券虚假陈述案件。

五、结语

虽然通过对《证券法》第 2 条第 4 款域外管辖条款的分析，国内法院受理中国投资者起诉瑞幸咖啡的民事赔偿诉讼案件，实际上难以符合法律的规定，也不符合国际上"无域外效力"推定的基本原则。但如果能够通过我国证监会的行政监管和国内法院的司法审判，积极行使《证券法》赋予的域外管辖权，推动我国证券法治的发展，瑞幸咖啡虚假陈述案将具有更深远的影响。在国内追究瑞幸咖啡案相关法律责任的过程中，尤其是虚假陈述民事损害赔偿责任，基于中美证券法虚假陈述法律责任的分析对案件的审理将大有裨益。

科创板发行上市审核制度变革的法律逻辑

李有星　潘　政*

摘　要

科创板发行上市审核制度变革，是我国注册制改革的重要内容。制度变革背后的法律逻辑，并非从实质审核转向形式审核，而是制度目标的转变：从"审出一家好公司"转向"审出一家真公司"。"审出一家真公司"是科创板发行上市审核制度的价值追求和预期目标，其背后是"所有公司都可能造假""客观事实难以发现"两大逻辑预设的支撑。问询制度是实现科创板发行上市审核制度目标的路径，在实施主体、问询内容等方面多有变革，而"排除合理怀疑"则是问询适当的证明标准。但是，我们也应承认，科创板发行上市审核制度仍存在许多不足，亟待进一步的研究和解决。

关键词：科创板；发行上市；注册制；审核制度

＊　本文原载于《财经法学》2019 年第 4 期。潘政，浙江大学光华法学院博士研究生。本文系中央高校基本科研专项资金资助项目"智能金融安全法律问题研究"（ZDJCXK2018）、人工智能与法学专项资助课题"智能化网络借贷安全问题法律研究"（18ZDFX008）、中国人民银行金融科技委员会 2019 年金融科技研究课题"金融科技监管规则研究"的阶段性成果。

一、引言

证券发行和上市是两个不同的法律概念。在我国，证券发行是由证监会和国务院授权的部门审核，属于行政许可的范畴，而证券上市则是由交易所审核，是一种自律组织的审核，属于民事法律关系范畴。[①]但是，根据全国人大的授权和《科创板首次公开发行股票注册管理办法（试行）》（以下简称"管理办法"）的规定，上海证券交易所履行"发行上市审核"的职能，既审发行，又审上市，并将审核意见报送证监会，由证监会履行发行注册程序，实际上是参考了我国香港地区的制度设计。[②]因而，在我国科创板注册制试点的语境下，发行与上市实为同一审核环节的两个方面，共同构成科创板注册制下的必要环节，因而有"发行上市"一说，产生了科创板"发行上市审核制度"，是为本文的讨论对象。

在"发行上市"的前提下，讨论我国科创板注册制与现行核准制的差异，便不再是学界长期争执的形式审核与实质审核的区别。美国式注册制下，发行和上市分立，在发行环节，除却各州"蓝天法"对证券发行保留实质条件外，联邦层面的法律并未设置实质条件，故联邦证券交易委员会履行发行注册程序时，得以采用"形式审核"方式，仅对信息披露进行合规性审核。但在美国的证券上市环节，证券交易所依据各自的市场定位，制定了多样的上市规则，其中不乏上市的实质条件，由此使交易所事实上构成了"实质审核"的主体。因此，如果将证券发行与上市做整体考虑，则美国式注册制在运作过程中也充满了实质审核。[③]回到我国科创板，仅从上海证券交易所科创板首轮问询和回复的实际情况来看，我国科创板注册制也充满了实质审核。首批3家公司（睿创微纳、晶晨股份、微芯生物）的问询答复于4月23日公开，上交所针对这3家公司问询了152个问题，涉及科创板定位、财务和业务真

---

① 叶林：《证券法》（第4版），中国人民大学出版社2013年版，第159页。

② 郭莉主编：《香港证券市场全透视》，中信出版社2009年版，第49—52页。

③ 沈朝晖：《证券法的权力分配》，北京大学出版社2016年版，第75—104页。

实性、股权结构、核心技术先进程度、业务盈利模式等方方面面。[①] 显然，许多问题的提出，包括对"公司是否符合科创板定位"这样的根本性问题，本身就需要对公司进行细致入微的了解和审查，仅靠形式审核是无法做到的。因此，我国科创板发行上市审核制度的核心问题，不在于形式审核抑或实质审核。实际上，科创板注册制背景下，发行上市审核制度变革背后的法律逻辑，是审核目标的转变，从"审出一个好公司"转向"审出一个真公司"。这是科创板注册制改革的价值追求和预期目标，是制度变革的"自变量"，信息披露的内容、质量和程序皆是"应变量"。故下文围绕科创板发行上市审核制度的目标、背后的逻辑预设，以及实现目标的路径展开分析，探究科创板发行上市审核制度变革背后深刻的法律逻辑。

二、科创板发行上市审核制度目标的转变

"资本市场是为投资者投资服务的，股票的内在价值由投资者自己判断、自我决策、自我负责。政府不对股价的涨跌负责，不对股票的内在投资价值作出判断，是我国资本市场改革的新逻辑。"[②] 让投资者自己判断、决策、负责的前提，是发行人切实履行信息披露义务，真实、准确、完整地向投资者展露公司的真实状况。因此，尽管学界对注册制与核准制的界限始终存在认识上的分歧，但基本的共识是，注册制和核准制的本质差异是由谁来判断证券的品质，或者说，"政府在出售证券的品质挑选上扮演什么样的角色"[③]。在科创板注册制试点中，应该改变过去核准制下既审信息披露合规性，还对投资价值做出判断的做法。证监会副主席方星海在国新办新闻发布会上也公开表示，科创板注册制就是"要审出一家真公司"[④]。可以说，从学界主流

① 上海证券交易所科创板股票发行上市审核，参见 http://kcb.sse.com.cn/disclosure/#，最后访问日期：2019 年 4 月 27 日。
② 邢会强：《我国资本市场改革的逻辑转换与法律因应》，《河北法学》2019 年第 5 期。
③ 彭冰：《信息披露是注册制的核心》，《证券法苑》2014 年第 12 卷。
④ 方星海：《加强科创板审核 审出 "真公司"》，《证券时报》2019 年第 1 版。

和监管层角度看，科创板发行上市审核制度的目标已经发生了重大变化：从"审出一个好公司"转变为"审出一个真公司"。然而，这一转变的含义却并不明晰，大而化之的表述中存在着诸多矛盾，应当正确理解科创板发行上市审核制度目标转变的真实含义。

（一）"真公司"与"好公司"的定义

"审出一个真公司"还是"审出一个好公司"，是一个制度选择。在舆论对"审出一个真公司"热烈追捧的同时，"审出一个好公司"的制度目标也并非无人问津，有的学者就认为针对投资价值的判断，不仅为纯粹商业判断问题，还同时涉及了合规判断，在我国证券市场尚无法独立完成对投资价值做出理性商业判断的情形下，应当以国家干预之手，对公司价值进行预防性或补充性的审核，以弥补市场之不足。①实际上，"审出一个真公司"与"审出一个好公司"，二者皆有优劣，并不能全盘否定。科创板发行上市审核制度目标的转变，本质上是主观价值和目的论意义上的变化，是立法者政治决断的结果。

在美国注册制下，发行审核和上市审核分离，各自的目标是较为明确的，即发行审核追求审出一个"真公司"，而上市审核则更倾向于挑选"好公司"上市。政府没有能力也无权限确保证券的质量，因而对于联邦管辖范围内的证券发行，法律并未设置实质性条件，只要公司的信息披露材料与公司真实状况相符合，即可认为是一家"真公司"。证券交易所根据自身定位，制定不同的上市规则，其中不乏实质性条件，直抵公司的投资价值和证券质量。在美国各大交易所竞争的情势下，交易所上市审核总体上是期望审出符合市场要求、有竞争力的"好公司"。但由于交易所上市审核并不属于国家行政许可行为，是纯粹的民事法律行为，也就不属于法律制度目标应当考虑的范

---

① 蒋大兴：《隐退中的"权力型"证监会——注册制改革与证券监管权之重整》，《法学评论》2014年第2期。

围。因此，在美国式注册制下，对于"政府在出售证券的品质挑选上扮演什么样的角色"的问题，答案是明显的：证券监管者履行行政许可程序，审核制度的目标仅止于发现"真公司"，只就披露材料进行合规性审核，做到信息披露材料与公司实际相符合。因此，结合美国注册制的实际，可以对"真公司"与"好公司"做一个大致的定义。"真公司"是指信息披露材料与公司实际情况相一致的公司，无涉公司的经营状况与投资价值，只要信息披露材料真实、准确、完整即可。与此相对应，"好公司"则是相对证券质量而言的，"好公司"不仅必须是真实的，同时还必须具备一定的投资价值，涉及公司的市值、盈利能力、业务模式等多方面的因素。

（二）科创板发行上市审核制度目标转变中的逻辑矛盾

科创板注册制试点，不是核准制，证券监管机构不能代替投资者做价值判断。[1] 但科创板也非美国式的典型注册制，科创板发行与上市程序合并，交易所虽无最后的注册决定权，但却被赋予了审核权限，必须通盘考虑发行和上市条件，既审发行又审上市，形成富有特色的"发行上市审核制度"，不可能像美国那样，走"发行审'真公司'，上市审'好公司'"的路子。在发行上市审核制度的目标层面，意味着科创板语境下的"真公司"与"好公司"是与美国不同的。在科创板语境下，如果说发行上市审核制度追求的是"审出一个真公司"的目标，那么仅要求公司信息披露材料真实、准确、完整，信息披露材料与公司真实状况相一致，显然是不够的。发行上市审核制度本质上还是行政许可，交易所在法律的授权下，与证监会共同承担科创板发行上市审核的公共职能，也必须遵守法律规定的许可条件。因此，"真公司"不仅仅是公司实际情况与申请材料相吻合这么简单，"真公司"的判断也总是相对于审核标准而言的，必须同时符合发行条件和上市条件。法定条件、信息披露和公司实际，三者表里相依，不可割裂。在美国注册制下，

---

① 李曙光：《新股发行注册制改革的若干重大问题探讨》，《政法论坛》2015 年第 3 期。

发行注册虽然没有规定实质性发行条件，但也并非毫无注册条件的，比如信息披露的条件，故在美国注册制语境下的"真公司"，也至少一定是"符合法定信息披露条件"的"真公司"。简言之，符合科创板发行上市标准，信息披露材料真实、准确、完整，没有作假的公司，才可以称为"真公司"。这样就容易陷入一个逻辑矛盾：若是将投资价值作为审核标准之一，符合审核标准，信息披露材料真实、准确、完整的公司，既是"真公司"，也是"好公司"。"真公司"与"好公司"的区分将毫无意义。

这一逻辑矛盾，在科创板中较为明显。《管理办法》对科创板发行条件的规定，总结起来主要是：依法设立且持续经营满 3 年；会计基础规范、内部控制健全；业务完整，具有直接面对市场独立持续经营的能力；生产经营合法合规、符合国家产业政策。相当程度上确实降低了发行条件。但是，在发行上市审核制度中，交易所除了需要审核发行条件外，还需要审核上市条件。科创板的上市条件，除了需要符合发行条件，还要满足股本总额、发行比例、市值及财务指标等条件。市值及财务指标虽然有五套，给公司提供了多种选择，但五套标准无不是关涉公司的盈利能力。在发行和上市条件之外，发行人申请首次公开发行股票并在科创板上市，首先必须"符合科创板定位"的根本性要求，而科创板"面向世界科技前沿、面向经济主战场、面向国家重大需求""拥有关键核心技术""科技创新能力突出""市场认可度高""较强成长性"等要求，很难说与公司的投资价值毫无干系。

因此，无论是"科创板定位"还是"上市条件"，在传统意义上，均属于对公司价值的一种判断，无不是指向一个"好公司"的标准。同时，由于科创板对于我国全面深化改革、提升国际竞争力的重要意义，也使审核者面临着"只许成功，不许失败"的无形政治压力，对于科创板上市公司的要求自然也会隐性提高。如果科创板将"好公司"的标准作为审核标准之一，符合审核标准，信息披露材料真实、准确、完整的公司，既是"真公司"，也是"好公司"，那么关于科创板发行上市审核制度目标转变的讨论，似乎便失去了意义。

（三）对科创板发行上市审核制度目标转变的恰当理解

科创板发行上市审核制度目标的转变，确实可能存在上述的逻辑矛盾。因此，对科创板发行上市审核制度目标转变的恰当理解，首先应该明晰，这种转变总体上仍然是从"审出一个好公司"转向"审出一个真公司"，相较于核准制下的代替市场做价值判断的做法，"审出一个真公司"无疑是一种巨大的进步。但"审出一个真公司"大目标下包含着一定程度的"符合科创板定位"的审核要求，上市条件中的实质性条件也由此而来。但总体上看，"审出一个真公司"仍为主流，"符合科创板定位"为支流，二者的结合并非单纯文字游戏，而是有其实际意义。

首先，不存在只审核信息披露合规性而不对公司投资价值做出一点判断的审核制度，亦即作为发行上市审核制度目标核心要素的"真公司"与"好公司"并非决然对立。美国注册制的优势在于不设发行实质条件，没有规定一种证券必须在质量上达到何种标准方可发行，只要求发行人对证券的质量进行充分披露，美国证交会的职责只是确保发行人的信息披露公开符合法定的内容和格式。但这并不意味着美国证交会只是消极地检查材料，相反，美国证交会积极介入首发审核，采取完全披露的监管标准，要求涉及证券投资价值与投资者投资决策判断的所有实质性信息必须披露。[1] 因此，即便可以说美国注册制发行审核是追求"真公司"，那么它的"真"，也是包含着一定投资价值的"真"，正如美国学者所言，证券注册和审核的过程仍然包含着追求"证券达到最低质量"的要求。[2] 科创板注册制的制度安排与香港的发行、上市制度相近，在香港，公司发行上市的审核规则分为"发行时的披露"与"质量规范"，前者就是信息披露要求，而后者则包括排除不合格的参与

---

[1] 沈朝晖：《证券法的权力分配》，北京大学出版社 2016 年版，第 92 页。

[2] Karmel, R. S. Blue-sky merit regulation: Benefit to investors or burden on commerce. Brooklyn Law Review, 1987, 53(1): 105-128.

者与不合格的证券，无疑对证券的质量和投资价值进行了判断。[①] 在坚持"真公司"为主要审核重点，以信息披露合规为主要要求的前提下，对证券质量和投资价值设置一定门槛，是较为普遍的做法。涉及公司投资价值的"符合科创板定位"也可以与"审出一个真公司"有机结合。

其次，"符合科创板定位"以及相关的上市条件，旨在突出"科创板"的特殊市场定位，用以区别其他板块。"科创板"是多层次资本市场的有机组成部分，只不过目前仅在科创板实行了注册制，将来随着注册制试点的推广，会出现越来越多"符合某某板块定位"的审核标准。这些标准将依据不同的市场定位，对符合申请公司提出差异化的要求，其中自然会涉及公司投资价值等门槛条件，这是不可避免的，甚至是应当的。对不同公司价值的预先判断（至少是大致上的判断），是不同层次资本市场满足不同层次投资者需求的必然要求，也是一个交易所或板块得以持续、健康运营，赢得市场声誉的重要过程。"符合科创板定位"这一制度目标，要求科创板发行上市公司具有一定的投资价值，满足一定的实质条件，尤其是核心技术竞争力的要求，单独看来是违背了注册制"审出一个真公司"的要求，代替了市场做选择，但从多层次资本市场建设和科创板自身定位来看，却并无不妥，仅仅是上述美国学者口中符合科创板定位的"最低质量要求"。

最后，"审出一个真公司"是制度目标变革的主流，"符合科创板定位"则是支流。在发行上市审核的整体制度目标中，"审出一个真公司"是主流，决定着制度发展的方向，作为支流的"符合科创板定位"是制度发展中的次要的、非根本的趋势和方向，甚至是一种历史现象。从发展的眼光看，"符合科创板定位"只是"真公司"的定语，且只是注册制试点阶段的暂时要求，随着注册制的推广，"符合某某板块定位"的审核标准将会不断变化，且越来越多样化，但作为核心要素的"真公司"却是长期的、一贯的追求。因此，对"审出一个真公司"的目标始终应该处于首位。这就决定了在科创板发行

---

① 何美欢：《公众公司及其股权证券》（上册），北京大学出版社1999年版，第174页。

审核制度的实际运行中，应该始终强调以公开为核心的信息披露，加强信息披露的程序控制，并坚持相关配套法律制度的建设。[1] 审核机构一方面要遵守"符合科创板定位"法定条件和标准，另一方面也应在制度发展中逐渐筛查和减少不必要、不合理的实质条件，逐渐将监管资源重点放在提高信息披露质量、持续监管和违法行为的惩处之上。[2]

三、科创板发行上市审核制度的逻辑预设

科创板发行上市审核制度目标的转变，背后必然伴随着全新逻辑预设的形成。就一个制度而言，制度的逻辑预设并非事实判断（是怎么样），也非价值判断（应该如何），而是预设的逻辑起点。事实上，科创板发行上市审核制度的逻辑预设，如同经济学中常见的"经济人（ economic man ）"或者是"理性经济人（ rational economic man ）"预设一样，并非事实判断，说人性"事实上"皆自私自利；亦非价值判断，扬言人性"应该"自私自利。科创板发行上市审核制度的逻辑预设，乃是一个制度构建的逻辑起点，亦即一个能够正常、合理运行的制度，必须建基于此。从逻辑预设出发，并以其作为基本的约束条件，构建科创板发行上市审核制度的运行机制和规则。科创板发行上市审核制度的逻辑预设有两个："所有公司都可能造假"与"客观事实难以发现"。

（一）所有公司都可能造假

美国法学家庞德认为，法律就是"一种关系的调整和行为的安排，它能使生活物资和满足人类对享有某些东西和做某些事情的各种要求的手段，能在最少阻碍和浪费的条件下尽可能地给以满足"[3]。意在说明法律只能在资源约束下实现人类福祉最大化。因此，无论是证监会还是交易所，作为科创

---

① 李文莉：《证券发行注册制改革：法理基础与实现路径》，《法商研究》2014 年第 5 期。

② 唐应茂：《我国离注册制还有多远——兼论推进我国股票发行注册制改革的措施》，《上海金融》2014 年第 7 期。

③ 罗斯科·庞德：《通过法律的社会控制》，沈宗灵译，商务印书馆 2010 年版，第 39 页。

板发行上市审核制度的审核主体，在开展审核工作，试图"审出一个真公司"时，应当追求成本的最小化，以尽可能少的资源投入来产出最大的审核效率。波斯纳在《法律的经济分析》中为我们介绍了法律制度的成本分析方法。[①]在科创板发行上市审核制度中，也可以运用这种方法对制度成本进行分析。就发行上市审核制度而言，所谓的成本最小化，主要指两类成本之和的最小化，第一类成本是错误的审核结果导致的成本，第二类成本是审核制度的运行成本。其中，审核制度的运行成本属于直接成本，在政府预算约束之下，则是相对固定的。

"所有公司都可能造假"的逻辑预设，旨在通过降低第一类成本，从而在整体上降低科创板发行上市审核制度的两类成本之和。就第一类成本而言，错误的审核结果导致的成本源于审核机构的错误审核。审核机构期望能够"审出一个真公司"，但往往会犯两类错误，第一类错误是"将造假的公司当作真公司"，第二类错误是"将真公司当作造假的公司"。现实中，这两类错误总是在所难免，而且均会产生一定的社会成本，便产生发行上市审核成本的问题。两类错误，都会使原来消耗的审核制度运行成本成为单纯的资源浪费。同时，犯第一类错误，将造假的公司当作真公司，将会产生更大的社会成本——不仅损害了科创板发行上市审核制度的公信力，降低了科创板的社会评价，还会对资本市场造成冲击，损害广大投资者的合法权益。以万福生科欺诈发行案为例，审核机关即犯了第一类错误，将造假的公司当作真公司予以审核通过，不仅造成了证监会执法威慑力下降，投资者对证监会发审工作公信力的下降，其募集的 42500 万元资金可以说成"违法所得"，使得市场对资源配置的结果大大扭曲。平安证券设立 3 亿元先行赔付基金，从侧面也反映了投资者在此次事件中的损失。而相较于犯第一类错误，犯第二类错误"将真公司当作造假的公司"，其结果虽然使得真实的、可能也使优质的

---

① 理查德·波斯纳：《法律的经济分析》（第 7 版），蒋兆康译，法律出版社 2012 年版，第 881—883 页。

公司无法在资本市场融资，使投资者无法获得源于优质公司的投资回报，也有损审核工作的公信力，但对于资本市场整体而言，并无实际上的现实损失。

因此，第一类错误所产生的成本，平均比第二类错误所产生的成本更高，将一个虚假公司当作真公司推向市场所产生的成本，远远高于"将真公司当作造假的公司"的社会成本，故在科创板发行上市审核制度中，第一类错误远比第二类错误要严重。在此情形下，在逻辑上预设"所有公司都可能造假"，并以此为起点完善审核制度，提高申请公司在信息披露上的举证责任；向审核者施加更高的注意义务，不断通过问询的方式，提出疑问，聆听解答，直至排除合理怀疑的程度，就是旨在防止犯第一类错误的概率。

（二）客观事实难以发现

科创板发行上市审核制度的目标核心是"审出一个真公司"，此处的"真"，指的是一种"事实"，"事实"包含着两种解释，一种是客观事实，一种是法律事实。客观事实属于哲学范畴，指原来已经发生的、不以人的主观意志为转移的现实。[①] 法律事实，是指法律规范所规定的，能够引起法律关系产生、变更和消灭的客观情况或现象。[②] 在科创板发行上市审核制度的语境下，客观事实意味着审核结果与公司真实状况完全相一致，而法律事实则意味着，审核者只须遵循法定程序，对于达至法定证明标准的事实，即应当作为审核认定的基础事实。在法律意义上，"法律事实"不同于"客观事实"，法律对事实的追求与科学对"真相"的追求持有不同理解。"由于信息通常是昂贵和不完美的，法律对事实意义上'真相'的追求注定有其限度；当追求事实真相与威慑有害行为、保护和促进有益行为等实质性社会福利目标出现分歧甚至冲突时，法律决策者应寻求最大化社会总体福利，而非全力逼近乃至

---

① 黄宏生：《客观事实与法律事实的关系及意义》，《福建论坛》（人文社会科学版）2007年第7期。

② 张文显：《法理学》（第5版），高等教育出版社2018年版，第93页。

'还原'真相。"① 科创板发行上市审核制度以"客观事实是难以发现"作为逻辑预设，并不是说发行上市审核制度不"应该"追求客观事实，也并不是意味着"事实上"公司真实情况绝对无法查明，而是说以"客观事实难以发现"为起点，作最坏的打算。在成本约束（预算、制度运行成本等）和时间约束（如《管理办法》要求交易所在三个月内形成审核意见）下，发行上市审核必须放弃完全探知公司客观事实、绝对真相的苛求要求。

假定"客观事实难以发现"，作最坏的打算，并以此构建科创板发行上市审核制度。首先，证监会、交易所及其审核人员，可以减轻自我道德负担，容许一定限度内的错误出现。"家长式"的苛刻审查，既无助于错误的发现（事实证明，多么严厉的审查都不可能绝对防止造假情况的出现），也使得错误出现后背负过重的舆论压力与责任（费尽人力、财力，亦审不出错误，辜负投资者信赖，投资者自然将指责的矛头对准审核机构）。② 其次，减轻道德负担并不意味着可以免除法定义务，相反，要强调对证监会和交易所的法律责任约束。证监会和交易所应当更加专注于自身的法定义务与职责的履行，明晰审核的法定程序和标准，严格依照法律程序和期限，追求符合法定条件、达至证明标准的"法律事实"。不能重现核准制下，审核周期漫长、对于发行申请人而言毫无预测性的局面。最后，既然在事前审核中"客观事实难以发现"，那么无疑对于监管者而言，持续监管和违法行为惩处将是未来工作的重点。我国科创板注册制试点中，证监会在发行上市审核中处于末端，履行注册程序，仅就"审核内容有无遗漏，审核程序是否符合规定，以及发行人在发行条件和信息披露要求的重大方面是否符合相关规定"做出审核，将更多的资源投入到持续监管和查处证券违法行为，做好监管本职工作。这样的做法，无疑是"客观事实难以发现"预设下的合理制度选择。

---

① Louis Kaplow. Information and the Aim of Adjudication: Truth or Consequences? Stanford Law Review, 2015, 67(6): 1303−1371.

② 朱锦清：《证券法学》（第 3 版），北京大学出版社 2016 年版，第 94 页。

四、科创板发行上市审核制度目标的实现路径

《管理办法》第十九条第二款规定："交易所主要通过向发行人提出审核问询、发行人回答问题方式开展审核工作，基于科创板定位，判断发行人是否符合发行条件、上市条件和信息披露要求。"《上海证券交易所科创板股票发行上市审核规则》（以下简称"《审核规则》"）也对审核问题予以细化。二者明确了科创板将以"问询制度"作为主要方法，实现"审出一个真公司"的审核目标。问询制度主要包括问询的实施主体、问询的内容、问询的证明标准等内容。

（一）问询的实施主体

上海证券交易所《审核规则》第八条规定："本所设立科创板发行上市审核机构（以下简称发行上市审核机构），对发行人的发行上市申请文件进行审核，出具审核报告。本所设立科创板股票上市委员会（以下简称上市委员会），对发行上市审核机构出具的审核报告和发行上市申请文件进行审议，提出审议意见。上市委员会的职责、人员组成、工作程序等事项，由本所另行规定。本所结合上市委员会的审议意见，出具同意股票发行上市的审核意见或者作出终止发行上市审核的决定。"根据该条规定，问询制度的实施主体主要是"发行上市审核机构"，而"上市委员会"的职责将与目前的发审委相类似，作为交易所做出审核意见的集体决策机构。作为问询审核的主要机构，发行上市审核机构内设综合部、审核一部、审核二部以及质量控制部。就分工而言，审核一部、审核二部负责科创板股票发行上市审核工作。可以明确，审核一部、审核二部及其工作人员应是问询的工作实施主体。从问询的有效性和专业性来看，结合科创板对核心技术的关注，问询的实施主体应当以相应的行业进行划分，并匹配法律、会计、技术等相应的专业人才，其中最重要的是必须有相关行业的专家或者专业人士参与其中。

（二）问询的内容

就问询的内容而言，肯定是比照发行条件、上市条件，以及对投资者决策有重大影响的内容进行提问。相关的内容和程序在《管理办法》和《审核规则》中已有详细的规定，这些都是问询在形式层面的内容，在此不作赘言。问询内容的实质层面，则是"以信息披露为核心"的要求，问询主体必须站在投资者的角度，围绕公司信息披露中对投资者投资决策可能产生影响的内容和缺陷提出疑问，问出一个真实的公司。在上交所就首轮问询及回复情况答记者问中，揭示了首轮问询中存在的"五个不够"，包括对科技创新相关事项披露不够充分、公司业务模式披露不够清晰、公司生产经营和技术风险揭示不够到位、信息披露语言表述不够友好、文件格式和内容安排不够规范。虽然有些问题可能并非投资者真正关心的，也并非完全是为投资者而提问，比如"充分披露经营活动产生的现金流中各个细分项目的构成情况、具体金额变动情况及原因分析"，这类问题可能不是出于"有疑问"而提出，带有为审核者免责的性质。但从问询的总体情况看，确实是在向以投资者为中心，以信息披露为核心的方向靠拢。

从首轮问询的情况中，可以一窥问询真正关心的内容。首轮问询中，财务会计信息与管理层分析类问题最多，平均每家公司达到 16.67 个相关问题；其次，则是业务类问题，平均有 11 个；公司基本情况的问题也有 7.53 个；其他问题较少。总结起来，问询的内容主要围绕风险揭示、财务和业务、公司治理独立性，而其中关注的重中之重仍然是发行人的财务和业务方面的情况，这些无疑都是投资者真正关心的问题。[1] 值得一提的是核心技术问题，这也是"符合科创板定位"的基本要求，审核机构对几乎每个公司在核心技术方面都提出了问题，比如未充分披露核心技术的来源、研发团队情况、技术先进性程度、在国内外市场的地位及竞争优劣势、技术的迭代性和可替代

---

[1] 小兵研究：《科创板首轮问询问题统计分析》，https://mp.weixin.qq.com/s/fKVd38C46RFR4LJiPfn9MA，最后访问时间：2019 年 5 月 9 日。

性、技术路线演进和发展趋势、知识产权保护及管理、核心技术产业化应用及收入占比等等，反映了科创板对申请公司核心技术的高度关注。

（三）问询的证明标准：排除合理怀疑

问询应当问到何种程度，是问询制度设计中的重要内容，涉及问询证明标准的确立。证明标准首先应当是法定的，必须由法律规定而不能允许单纯的主观判断；但证明标准同时又是无形的，我们可以理解、描述证明需达到何种程度方可形成裁决者的内心确信，但难以具象化，无论是"高度盖然性""合理根据"，还是"排除合理怀疑"，都是相当模糊而难以把握的。[①]作为行政许可的重要组成部分，问询的证明标准应当遵循行政许可的一般规律。在决定行政许可的证明标准时，行政行为的种类（依职权、依申请）、性质（负担行政行为、授益行政行为），以及证明的难易程度、行政决定的重要性和行政程序的特定等都应当综合考虑。[②]

开普兰公式是一个用于界定刑事证明标准的数学模型，对于帮助我们划定证明标准的大致程度具有一定意义。[③]根据这一模型，可以帮助审核者决定问询的具体证明标准。我们借助概率 P 来理解问询中的证明标准：当证据足以使审核者确信发行人符合发行上市条件的概率超过 P 时，即可认定发行人满足审核要求。假设"将假公司当成真公司"（第一类错误）审核通过，预期造成的社会损失为 $U(Ci)$，"将真公司当成假公司"（第二类错误）而予以否决的社会损失为 $U(Ag)$，那么当审核者内心确信达到证明标准时，如果审核者对发行人的申请审核通过，则预期第一类错误的损失为 $(1-P)\cdot U(Ci)$；若对发行人的申请不予审核通过，则第二类错误的预期损失为 $P\cdot U(Ag)$。据此，为了实现社会成本和损失的最小化，理性的审核机构只有在

---

① 李浩：《证明标准新探》，《中国法学》2002 年第 4 期。
② 朱新力：《行政诉讼客观证明责任的分配研究》，《中国法学》2005 年第 2 期。
③ 科创板发行上市审核毕竟与刑事诉讼有着较大差距，本文虽运用开普兰公式，但亦结合科创板的情况，在与开普兰公式保持形式一致性的同时，对许多符号背后的实际含义作了一定调整。

"将假公司当成真公司"的预期损失（1–P）·U（Ci）小于 P·U（Ag）时，方可做出审核通过的决定。此时的证明标准应满足（开普兰公式）[①]：

$$P>\frac{1}{1+\dfrac{U(Ag)}{U(Ci)}}$$

因此，证明标准的设定结果与 U（Ag）、U（Ci）的比较结果密切相关，即"将真公司当成假公司"与"将假公司当成真公司"何者对社会造成的损失更为严重。假如我们认为"将假公司当成真公司"放进科创板对社会造成的损失十倍于"将真公司当成假公司"不予审核通过，则 U（Ag）：U（Ci）=1 ： 10，则此时的 P > 90.90%，意味着概率化的证明标准必须大于90.90%，即审核人员的内心确信程度需要达至"十拿九稳"的地步。[②]

结合开普兰公式，并基于科创板的重要地位，以及公司证券发行、上市对于资本市场和众多投资者利益的重要影响，若要实现科创板发行上市审核制度"审出一个真公司"的目标，采取证明标准较高的"排除合理怀疑"是适当的。

"排除合理怀疑"的证明标准，要求审核人员内心对申请人申请材料的真实性不存在具有合理性的怀疑而形成确信。"排除合理怀疑"原是英美法刑事诉讼中确定被告人是否有罪的证明标准，其中的"怀疑"并非随便或毫无根据的怀疑，而是一种根据普遍接受的人类常识和日常经验而被认为有合理的可能性或者或然性的怀疑。[③] 这意味，"排除合理怀疑"并非排除一切怀疑，追求结果的客观真实，而是排除符合情理、在法律上有意义的怀疑，追求法律意义上的真实。具体到科创板，"排除合理怀疑"中的"怀疑"应当指对于涉及投资者投资决策判断具有实质性影响的信息提出的怀疑，这些

[①] John Kaplan. Decision Theory and the Factfinding Process. Stanford Law Review, 1968, 20(6): 1065–1092.

[②] 桑本谦、戴昕：《真相、后果与"排除合理怀疑"——以"复旦投毒案"为例》，《法律科学》（西北政法大学学报）2017 年第 3 期。

[③] 谭炜杰：《行政许可证据制度研究》，中国政法大学硕士学位论文 2006 年，第 27 页。

怀疑必须得到释明和合理解释。"排除合理怀疑"要求在科创板发行上市审核中，发行人具有证明自身符合法定条件的举证责任，发行人必须使审核人员相信其符合科创板发行和上市的条件达到了没有合理怀疑的程度；同时审核人员也要站在投资者的角度，提出质疑，使自身对于发行人信息披露材料中对于投资者决策有重大影响的因素不再产生合理怀疑，达到内心确信的程度。这也正是邢会强教授所言我国走向从投资者角度出发的资本市场改革逻辑的重要体现。当然，"排除合理怀疑"的标准依然不是十分明确，即使在其发源地的美国也是如此，并无固定性的标准。正如加利福尼亚州刑法典中的表述：它不仅仅是一个可能的怀疑，而是指该案的状态，在对所有证据进行全面比较和考虑之后，使得陪审员的心理处于这种状况，以至于他们不能说他们对指控罪行的真实性得出永久的裁决已达到内心确信的程度。①

五、结语

科创板发行上市审核制度的变革，是科创板注册制试点的重要内容。从制度目标、逻辑预设的变化，带动了一系列制度的改变，其中尤以问询制度最为重要，是科创板发行上市审核制度目标实现的主要路径。但是，我们应看到科创板发行上市审核制度仍然存在许多不可忽视的问题：比如交易所兼具发行审核与上市审核的双重职能，面临着利益冲突的现实难题；② 又比如发行人的发行上市申请，需要经过交易所发行上市审核机构审核，再通过上市委员会的审议，才可能由证监会履行注册程序，而注册程序可能又会是新一轮的审核，层层审核程序加持下，很难说公司上市融资是更容易了，还是更困难了。总之，科创板注册制试点中的问题还有很多，一切才刚刚开始，需要进一步深入研究。

---

① 汪海燕、范培根：《论刑事证明标准层次性——从证明责任角度的思考》，《政法论坛》2001年第 5 期。

② 冷静：《注册制下发行审核监管的分权重整》，《法学评论》2016 年第 1 期。

注册制改革背景下证券法律的反思与重构
——中国证券法学研究会 2016 年年会会议综述

李有星　王　琳　金幼芳 *

★　本文原载于《财经法学》2016 年第 6 期。王琳，浙江大学光华法学院博士研究生。金幼芳，浙江大学光华法学院博士研究生。本文系国家哲学社会科学基金重点项目"互联网融资法律制度创新构建研究"（项目编号：15AFX020）、浙江省哲学社会科学规划优势学科重大项目"我国民间金融市场治理的法律制度构建与完善"（项目编号：14YSXK01ZD）的阶段性成果。

2016 年 4 月 23 日，由中国证券法学研究会主办，浙江大学光华法学院、浙江大学互联网金融研究院、浙江省法学会金融法学研究会承办的"注册制改革背景下的中国证券市场法治建设"高端论坛暨中国证券法学研究会 2016年年会在浙江大学隆重召开。

2014 年 5 月，《国务院关于进一步促进资本市场健康发展的若干意见》明确了积极稳妥推进股票发行注册制改革的思路原则和主要任务。2015 年12 月，第十二届全国人大常委会第十八次会议审议通过《关于授权国务院在实施股票发行注册制改革中调整适用有关规定的决定（草案）》的议案，授权国务院可以根据股票发行注册制改革的要求，调整适用现行《证券法》关于股票核准制的规定，对注册制改革的相关制度做出具体安排。会议紧扣主题，理论界与实务界的专家学者围绕注册制改革理论、现代金融监管体制、金融投资者权益保护等议题发表精彩睿智的演讲。

一、注册制改革理论与证券立法实践研究

（一）证券发行与上市基本理论研究

国务院法制办财政金融司司长刘长春指出，资本市场和股票发行注册制监管改革与法治建设既面临挑战也伴随契机。《证券法》修订草案中一项重要内容即为建立股票发行注册制。考虑到《证券法》修订工作在短期内难以完成，全国人大常委会授权国务院就具体的实施方案做出规定，加强对股票发行注册制工作的组织领导。中国法学会副会长兼秘书长鲍绍坤进一步指出，市场化、法制化是我国资本市场未来发展的根本方向。注册制改革对法治环境、事中事后的监管要求较高，证券法理论研究应重点关注注册制改革涉及的信息披露、审核权下放后交易所面临的法律问题，以及事中事后监管、反证券欺诈、退市等配套制度。北京大学法学院甘培忠教授指出，本次证券法学年会是贯彻党中央、国务院决策，就推行证券市场注册制改革相关问题进行的理论与实践研讨，是为中央层面出谋划策，具有十分重大的意义。

关于注册制与核准制理论的比较分析，中国政法大学民商经济法学院管晓峰教授认为，核准制下的审核是一种行政框架，未来应将证券发行完全置于商业框架下进行。中联重科股份有限公司副总裁孙昌军认为，核准制会导致过度包装、超额募资、一级市场定价虚高以及权力寻租等问题的产生。而注册制的施行也存在相关隐忧，包括：第一，证监会、交易所、中介机构三大主体能否归位尽责；第二，上市公司股指是否会因大量公司争先上市而大幅下挫；第三，是否会形成新的利益链。对此，吉林大学法学院于莹教授认为，证券发行注册制不能等同于公司注册制理解，符合相关条件就可以批量上市的论点不符合其本质特征。

北京大学法学院蒋大兴教授就注册制如何落地提出若干亟待思考的方向。第一，若审核权移交交易所，证监会注册的功能是否仅为保留证监会行政否决权。第二，交易所的审核属于合规判断还是包含着商业判断。第三，若注册制是为解决融资自由度，交易所是否存在注册企业的饱和问题。第四，是否可以打破一家独审的模式，在更公开广泛的范围内建立一种类似于仲裁模式的注册制。

（二）证券发行信息披露、公开承诺制度

海南大学法学院刘云亮教授认为，注册制与核准制下证券发行信息披露的责任存在诸多相异之处。注册制意味着信息披露的内容无需经过核准机关进行形式和实质上的过滤即直接作为投资者决策的基础。发行人、保荐人、承销商以及其他中介机构实质上具有共同的利益，在责任机制上应考虑连带责任制，通过加强相关主体在这一环节的责任意识，实现对投资者的间接保护。台湾大学法学院王文宇教授结合美国注册制实践并以 MD & A（Management's Discussion & Analysis）管理层讨论与分析制度的信息披露为例，指出注册制的核心理念是信息公开与风险自负，其推行需要非常成熟的法治文化，相关法令亦需强化企业提供讯息义务予以配合。

二、注册制下的证券交易制度完善研究

（一）证券程序化交易法律制度

　　同济大学法学院刘春彦副教授对程序化交易及高频交易的起源、定义判断标准进行了分析，并结合美国、德国的监管经验指出，程序化交易的监管措施主要包括实行准入制度、要求高频交易商将策略中具体的算法等信息向监管部门报备、赋予监管者信息知情权等措施。中央财经大学法学院董新义副教授介绍了可撤销证券错误交易的内涵及相关制度设计，并指出，证券错误交易包括人为原因与系统故障，而撤销作为证券错误交易的一种重要处置措施，并未纳入我国证券法律法规及证券交易所规则中。因而亟需从交易时间、对象、原因、类型、价格、结果六个维度进行可撤销证券错误交易判别标准的设计。

（二）证券欺诈行为的法律规制与赔偿机制

　　关于证券欺诈行为的认定与法律规制，中央财经大学法学院缪因知副教授评析了光大证券内幕交易民事赔偿诉讼判决，并指出光大证券公司及其部分高管的行为不应定性为内幕交易。而上海第二中级人民法院对民事诉讼中的内幕交易定性标准、主观过错认定、因果关系推定、赔偿计算标准、损失计算办法等方面所做的有益探索值得肯定。对于操纵证券市场行为，江西省社会科学院杨秋林副处长认为，当下操纵证券市场行为呈现诸多新特点，包括：多种传统操纵手法与新产品、新业务、新技术嫁接，操纵行为人利用融券、场外配资等杠杆融资放大违法收益等情形，进而从刑事、民事、行政责任角度分别提出相应完善针对违规操纵证券市场行为的立法建议。

　　针对内幕交易民事诉讼领域投资者举证难、民事赔偿执行难的困境，中央财经大学法学院邢会强教授指出，应从内幕交易领域切入，率先设立公平基金制度。内幕交易领域不存在所谓的"循环困境"，而美国的经验也证明

该制度下的赔偿绩效高于集团诉讼。在现有的中国证监会内幕交易的稽查和处罚机制之上建立该制度是相对俭省的方案。与此相适应，需要在制度设计中，妥善保障投资者对于赔偿方案制定实施过程的参与权、监督权以及异议者的救济权。中证中小投资者服务中心法律事务部总监卢勇亦认为，不能单独依靠行政执法来保护投资者，目前民事赔偿是非常严重的短板。《证券法》草案已提及设立投资者保护机构，建议能够对该机构给予更加明确的授权。浙江省高级人民法院陈国猛院长结合司法实践指出，近年来浙江省就发挥审判职能保护证券市场投资者权益，规范上市公司治理，推动资本市场创新等相关课题开展了调研，从而充分发挥审判职能，促进纠纷的多元化解，切实保护证券投资者的合法权益。

（三）证券市场退市、转板法律制度

上海对外贸易大学李文莉教授就主动退市的法理基础与监管逻辑进行了深入的分析，其认为主动退市存在如下问题：第一，控股股东控制着交易时机和条件；第二，小股东缺乏正常交易中的知情判断能力和协商议价能力；第三，交易结构设计本身存在强制性安排；第四，小股东丧失流动性，增加了额外的税负和投资负担。厦门大学法学院肖伟教授认为，目前我国上市公司存在退市及转板的路径单一、可操作性不强等问题，未来可以从加强实质性多层次资本市场建设、增加强制退市与转板出口的可选择性、加快升级转板制度建设等方面予以完善。同时鉴于美国转板上市不存在中介机构尽职调查、SEC 注册审核及承销商的承销询价等情况，我国在建立转板制度时应采取相应措施防止监管套利的发生。

三、注册制下的证券监管制度研究

（一）证券市场危机应对机制的反思

中央财经大学法学院郭锋教授指出，2015 年的股灾危机呈现的诸多教训

值得反思，包括：第一，人为抬高股价，制造牛市；第二，没有清晰界定政府与市场边界；第三，对杠杆风险预判不足，场外高杠杆配置，游离于监管之外；第四，用恶意判断交易行为，只准买不准卖，改变了整个市场的交易规则；第五，危机处理不当，依法监管意识不足；第六，缺乏透明、公正、独立的调查。为此，一方面应努力推进《证券法》修法工作和注册制改革，建立向交易所注册的股票公开发行的审核制度；坚持大证券法观，扩大证券的内涵和外延，丰富传统证券的含义；适当放松监管，不能违法剥夺或者限制自然人、法人机构投资者的民事权利；实行监管理念与机制创新，实行功能监管、行为监管、风险监管；完善投资者保护制度。另一方面为适应改革，完善现代金融监管体制，需要金融法的理论创新和制度创新。应当重新构建我国的金融法理论体系、学科体系、课程体系，加快制定金融控股公司法，明确金融集团有权经营银行、证券、保险、信托等业务。建议对金融法律进行系统梳理，在此基础上研究论证金融商品发行交易法的立法工作，成立国家统一的国家金融监督管理委员会，进一步改革强化央行的货币政策功能，剥离与其法定职责不相符的职责。

北京大学法学院刘燕教授认为，证券市场发生的股灾源于杠杆机制的滥用，而加杠杆背后是金融分业监管带来的监管盲点和疏漏。目前资本市场已然发生结构性的变化，民商法基础已经基本成型，交易模式本身的成熟以及法院司法立场的改变，使得证券市场交易的基本形态已经从传统上理解的区别于期货市场的证券现货交易走上了杠杆化交易。由此，监管定位与执法思路亟需予以调整。北京师范大学法学院袁达松教授通过界定证券市场危机管理的法治顶层设计，提出构建我国证券市场危机管理法治顶层设计的理念、价值目标与进路。并指出，我国证券市场危机管理的人治色彩浓厚，政府救市缺乏法制思维与法治方式。

（二）证券监管体制与监管机制创新

武汉大学法学院冯果教授指出，资本市场正逐步走向股票、债券、基金、衍生品等多元化发展格局。与之相契合，治理理念、监管制度以及相应法治环境也应围绕市场化、科学化尽快予以转变。然而目前证券法治的逻辑依然建立在以《股票发行与交易管理暂行条例》为基础的初级阶段，规则设计"重股轻债"，从而造成了割裂的债券市场、碎片化的债券法制以及混乱的监管竞争等系列问题。因此，建议针对不同的金融证券产品和不同的市场层次，根据市场的要素设计差异性的制度。

中国政法大学民商经济法学院李东方教授就证监会的定位指出，应将证监会定位为独立的监管机构。继而，未来其变革应遵循以下方向：第一，中国证监会名称职权法定。即将中国证监会的名称、法律性质、组织机构以及监管职能全部明确载入《证券法》。第二，中国证监会不仅依法享有政府监管权，还依法享有规章制定权和准司法权。中国证监会法律部王强处长认为，证监会和其他机构的不同之处在于，它不仅仅是对持牌机构的监管，更多是对市场上市公司的监管。而对于上市公司的监管的延伸也仅限于信息披露及与市场有关的融资行为。因而，未来存在从单一监管向综合监管发展的趋势，即采用协同监管的模式，产生金融协调。

清华大学法学院施天涛教授认为，我国目前的法治理念还存在一定程度的缺失，监管依然停留在粗线条的层面，一直缺乏持续性监管。以推行注册制为例，发行上市阶段或许更为宽松，但值得关注的是持续监管层面所触及的范围与深度，包括对企业募集到资金后的具体运用情况应有所关注。四川大学法学院王建平教授认为，当前证券监管先做后查的"做—查"模式是一种单靠事后监管的消极型执法，不符合我国《证券法》规定的监管原则。更为甚者，倘若监管者受"政绩化"驱使，以"市场扰动"为之，势必产生风险放大事件。

（三）区域性股权市场的监管制度

北京大学法学院洪艳蓉副教授从权力分配的三个维度阐释了区域性股权市场的监管制度。首先，在股权市场建构中，行政权力是凌驾于市场资源之上的。因而，不能仅从平行的角度理解行政与市场作为解决资源配置的两个手段，而需要在错层的角度理解两者垂直面上的关系。其次，当行政和市场的力量置于同一个平面之时，对行政权力的要求即为预防竞争向下的风险、预防风险外溢衍生出系统性金融风险。最后，当单方向审视地方政府的权力时，就涉及监管职能的分工，即中央监管部门与地方监管部门的分工问题。由于我国行政法领域关于行政主体的多元化理论构建还较为空白，因而如何去探讨多元化行政主体监管权力的介入是亟待考虑的问题。

四、金融创新的法律制度构建与完善

（一）民间金融与场外证券配资的法治理论与实践

浙江大学光华法学院李有星教授指出，我国金融领域长期以来的绝对正宗牌照主义思想，以及现行以"一行三会"为主导的纵向正规金融的管理思维，已不能务实解决民间性证券融资性交易的现实问题。制度供给的不足以及监管逻辑的混乱使得该领域一度成为违法犯罪高发地。因而，其就《证券法》修改提出如下建议：第一，《证券法》可考虑扩大证券范围并授权地方政府兜底管理融资行为的模式；第二，将证券融资非法论治理转化为证券融资合法论治理，以"违法"而不是"非法"作为治理对象；第三，统筹证券互联网融资的制度规则，落实地方政府属地监管；第四，鼓励地方就证券类融资进行地方立法，促进多层次资本市场法律制度的构建。

中国政法大学民商经济法学院王涌教授认为，我国目前的监管呈现三个重要的特点。第一，"左性化"监管，本质是金融垄断导致监管结构的扭曲；第二，共同式的监管，很多新的金融产品是诞生于监管者和被监管者之间，包括影子银行、信托产品的创新，无一不是监管者和被监管者的共同试点；第三，象征性监管，虽然立法众多但在执法环节存在很大缺失。民生证券股份有限公司杨卫东副总裁亦指出，民间金融的监管面临着内部信息共享、监管方式转型、中央监管部门与地方政府协调等诸多亟待解决的命题。

关于场外证券配资行为的性质与民事法律责任，北京金杜律师事务所雷继平顾问分析认为，场外配资不能简单地等同于民间借贷或委托理财，而是具有金融衍生品性质的非典型合同，民事司法实践不宜将场外配资合同认定为有效。公安部经济犯罪侦查局第二直属总队王崇青处长则认为，场外证券配资实际是融资方向配资方借钱，把股票账户交给配资人作为抵押，跟融资没有很大的区别，实质上还是借贷、融资的行为，不能简单认定为非法证券业务。

（二）股权众筹与融资注册豁免制度

北京大学法学院彭冰教授结合美国 JOBS 法案等系列立法，阐释了美国对于投资者的保护经历了从强调风险识别能力到强调风险承受能力的理论变迁，前者在实践中难以标准化，而后者可以通过对投资者投资额度的限制达致客观化、标准化。此前公募众筹豁免对该制度的吸收已然拓展了《证券法》的视野，实现了制度创新。清华大学法学院汤欣教授亦通过介绍美国最新的股权众筹规则，提出股权众筹可以通过对投资人投资次数、投资额度的限制，达到对于中小投资者进行保护的目的。实践中，可要求众筹平台通过对于投资者的净资产、年收入的划分，实现对投资的投资上限、投资次数的分层管理。中国人民大学法学院杨东教授认为，互联网不仅能够解决信息不对称的问题，还能够解决风险匹配和风险定价的问题。股权众筹通过互联网公司的优势，能够实现小额公开发行豁免制度。就公募股权众筹而言，若能完善入口端的风控以及合格投资者一端，完全可能实现中小企业融资的问题。通过领投人、合格投资者、一般投资者三个层级分散投资形成的分层体系，从而更好地形成四板、五板市场。

论拟设股票注册制度的不足与完善
——基于《证券法（修订草案）》的思考

李有星　李延哲 *

摘　要

全国人大常委会一审的《证券法（修订草案）》规定了股票发行
注册制度。注册制改革的动力在于现行核准制滞后于不断成熟的
证券市场发展，有必要解读并借鉴美国 IPO 注册制的核心理念。
修订草案的证券发行注册制度体现了简政放权不彻底，证券发行
双轨制不合理，交易所发行注册文件审核与上市审核衔接不畅，
互联网技术在注册发行应用制度不足，部分程序设计不完善，反
欺诈注册发行的配套制度欠缺等。为此，建议修订草案保留证监
会有限的注册权力及证券发行全面注册制，实现股票发行注册审
核与上市审核分离，完善注册文件审核程序及互联网技术审核应
用制度、股票发行保荐人与承销商分离制度，确立配套的注册发
行的反欺诈制度，保障证券发行注册制的实施。

关键词：《证券法（修订草案）》；核准制；注册制；上市审核；
保荐制度；反欺诈

＊　本文原载于《证券法苑》2015 年第 2 期。李延哲，浙江大学法律硕士研究生。本文为国家社科
基金重点项目"互联网融资的法律制度创新建构研究"（15AFX020）、浙江省社科规划优势学科重
大课题"民间金融市场治理的法律制度构建及完善"（14YSXKO1ZD）、温州大学金融综合改革协
同创新中心资助项目"民间金融监管协调机制的模式创新研究"、中国证券法学研究会"互联网融
资安全港制度研究"的部分成果。

2015 年 4 月 20 日，全国人大常委会审议《证券法（修订草案）》（以下简称修订草案）。[①] 修订草案回应十八届三中全会落实股票发行注册制改革，取消股票发行审核委员会，明确注册程序，由证券交易所（以下简称交易所）负责审核注册文件的齐备性、一致性、可理解性，交易所向证券监督管理机构报送注册文件和审核意见，证券监督管理机构 10 日内未提出异议的，注册生效。注册制改革是简政放权的重要突破，投资价值判断由监管机构回归市场参与主体。从修订草案的条文看，拟设的股票发行注册制度存在逻辑和制度可操作性的不足，有必要调整或完善。核准制转向注册制的改革，不乏对美国 IPO 注册制的学习借鉴，在新《证券法》出台前，有必要深刻理解其制度精髓，反思此次制度设计的不足之处，推动更完善彻底的注册制改革。

一、股票发行注册制度改革的契机

（一）现行股票发行核准制的滞后性

证券发行核准制是指发行人在遵守信息披露义务时，必须符合法定发行条件，应当接受监管机构的实质监管，监管机构审查发行人的资格，决定是否准许发行证券。[②] 核准制的实质是准则主义的监管理念，行政监管权主导证券市场的准入。我国证券发行核准制具有鲜明的行政主义特征，证券发行权利是通过监管机构批准获得的，是一种权利的解禁；发行人既要符合信息披露要求，还须满足监管机构设置核查的实质条件，形式审查与实质审查并存；具体监管也是事前与事后并举。证券发行审核制度经历了从审批制到通道制，再到保荐人制度的演变历程，现行的核准制已贯穿证券市场 10 年，并以发审委制度和保荐人制度为核心。

然而，我国核准制的监管效果难以符合制度预期，其弊端可以概括为以下方面。第一，股票市场定价混乱。核准制控制股票发行规模，供不应求导

---

① 目前的《证券法》修订草案新增 122 条，修改 185 条，删除 22 条。

② 叶林：《证券法》，中国人民大学出版社 2008 年版，第 143 页。

致新股"三高"盛行，即价格高、市盈率高、募集资金高，非理性的"炒新股"难以遏制，中小投资者投资损失严重。第二，发行人质量难以保证。核准制的实质审查旨在以政府的价值判断筛选最优质的发行人，但价值判断没有确切的标准，面对大量的申请需求，发审委难以进行充分的尽职调查。另外，监管部门的垄断性管制引发权力寻租，[①] 在证券发行利益的驱动下，权力寻租腐蚀监管权力。第三，欺诈发行屡禁不止。在新股发行财务核查、询价配售核查、立案调查、审核与执法人员扩增的环境下，发行人过度包装与发行欺诈现象并未缓解。第四，责任机制难以落实。核准制下，发行人依靠权力寻租与过度包装而非自身经营状况通过审核，中介机构的信用担保功能也难以发挥，当欺诈发生或投资者利益受到损害时，政府审核机关反而成为谴责对象。第五，审核乱象难以消解。新股发行的暂停与重启反复循环，大量 IPO 和再融资的申请项目形成了"融资堰塞湖"，大量限售股东所持非公开发行股票形成了"减持堰塞湖"。[②]

（二）美国 IPO 注册制度的重新解读

证券发行注册制以公开主义为监管理念，发行人必须公开与发行证券有关的一切信息和资料，不得出现虚假陈述、重大遗漏或信息误导，政府监管机构有权审查证券发行申请人的信息披露状况，但无权对拟发行证券做价值判断。[③] 注册制强调市场的调节作用，发行证券的权利是自然取得的，无须政府特别授权；其核心是信息披露，证券监管机关只对注册文件进行形式审查，证券市场主体根据所披露的信息自行判断风险与价值；事后控制是主要监管路径。学者和监管层长期将美国 IPO 注册制作为改革目标，在《证券法》

---

① Kruger（1974）还指出："在多数市场导向的经济中，政府对经济活动的管制导致各种形式的租金，人们经常为这些租金展开竞争。在某些场合，这些竞争是合法的。在另一些场合，寻租采取其他的形式，如贿赂、腐败。"

② 吴国航、袁康：《构建我国股票发行注册制的法理逻辑》，《证券法苑》2014 年第 10 卷。

③ 叶林：《证券法》，中国人民大学出版社 2008 年版，第 143 页。

修订即将落实注册制之际，有必要重新审视美国注册制的本质所在，以免注册制改革浮于表面。

1. 形式审核与实质审核并存

美国证券发行注册制并非完全排斥实质审查，而是联邦披露监管与州实质审核并进的"双重注册制"，已有多位学者澄清注册制是"披露即合规"的误解。美国的 IPO 审核制度可以概括为嵌入实质审核的披露监管。[①] 联邦层面 SEC 仅对发行申请人的招股说明书进行初步审查，督促申请人完善招股书信息，中介机构负责审查申请人的合法性、财务会计信息的真实性等。SEC 的形式审查以信息披露监管为主要任务，一般只审不否，自注册申请书提交后 20 日内如果 SEC 没有做出审查决定，注册自动生效。

各州层面的证券发行注册包括三种类型：通知注册，发行人在证券发行前向州监管机关提交报告书或通知书即可发行证券；协调注册，发行人向州监管机关提交已经在联邦注册的招股说明书和州额外要求的信息，即获批准在本州内发行证券；审查注册，发行人向州监管机关提交书面申请，审查发行人已全面披露信息且不存在非法或不公平、不公正情形。[②] 前两种注册方式核心仍然是信息披露，发行人仅须将提交 SEC 的注册文件在州监管机关备案或补充其他注册文件，但审查注册方式则是部分州对证券发行进行实质审查。在实质审核指导下，州证券监管机关有权以未达到"公平、公正与平等"为理由，阻止该项不合格的发行在本州进行或者涉及本州居民。[③]

2. 发行审核与上市审核分离

美国证券发行注册制的设计贯穿了监管分权的理念，横向上注册制实现

---

① 李燕、杨淦：《美国法上的 IPO "注册制"：起源、构造与争论》，《比较法研究》2014 年第 6 期。

② Roberta S. Karmel. Blue-Sky Merit Regulation: Benefit to Investors of Burden on Commerce? Brooklyn Law Review, 1987, 53: 105, 116−118; Jay H. Knight, Esq. and Garrett P. Baker. Kentucky Blue Sky Law: A practitioner's Guide to Kentucky's Registrations and Exemptions. Northern Kentucky Law Review, 2007, 34: 485, 507−508.

③ 沈朝晖：《流行的误解："注册制"与"核准制"辨析》，《证券市场导报》2011 年第 9 期。

了联邦与州监管分权，纵向上实行发行审核与上市审核分离。美国 IPO 注册制下，发行与上市审核分离的核心是审核过程彼此独立，SEC 与交易所各自独立操作，不会就审核中的问题交换意见或进行协调。交易所认为符合上市条件的证券，SEC 并不必然要批准注册登记，另外，交易所也有对已通过发行审核的证券申请上市的否决权。[①] 证券交易所对证券上市进行实质审核，上市审核的实施早于发行审核，而发行注册制的确立又进一步完善了发行审核制度，避免多个交易所之间出于商业竞争的目的突破上市审核标准的底线。美国证券发行审核与上市审核保持分离并协调，不仅实现监管分权，同时达成政府监管与市场自律的平衡。

综上，证券发行注册制的应然构建绝非只是对发行文件的形式审查，而应当是形式审查结合必要实质审查，提高审核效率，尊重市场主体的价值判断；同时，应当包含发行审核与上市审核两套监管制度的分离与配合，审核主体对证券发行申请文件进行形式审查并予以注册，上市审核主体则对已通过注册而申请上市的证券进行实质审查并决定是否准予上市。从某种意义和实际操作效果看，证券发行注册成立之前，隐含着已经被交易所审核认可该发行股票公司的可上市性，一旦注册成功并股票发行成功，该公司股票就容易通过上市审核而成为在证券交易所上市交易的公众公司。

3. 配套规定反证券发行欺诈的制度规则

众所周知，证券（股票）发行与交易是两个不同的环节。理论上，在股票发行环节，发行人最容易实施欺诈行为，诱使投资者购买缺乏投资价值的股票，发行人达到出售股票获取资本的目的。发行文件中常见的是存在虚假记载、误导性陈述、重大遗漏，或者发行人存在其他欺诈情形，某种意义上

---

① 陈路：《政府监管与市场自律的平衡——美国证券市场发行审核与上市审核分离体制简析》，《深交所》2006 年第 2 期。

讲，在股票发行环节不存在内幕交易、操纵市场的行为。① 股票发行审批制
的目的是试图通过严格的实质审核，防止发行人的欺诈，发现虚假财务、虚
假的公司治理、虚假的信息披露历史、虚假的业务和盈利能力、虚假的公司
独立性、关联交易等。但由于设定了标准化的发行条件，必然导致发行人虚
假包装以满足股票发行的条件，所以严格的审核制仍然无法防止发行人欺诈
行为的发生、欺诈发行股票成为事实。在注册制的环境下，所谓发行欺诈责
任一律由股票发行相关人承担，如发行人、中介机构等，但是，这仍然无法
当然地防止发行人有欺诈发行的动机，相反这种制度下，只要发行人和中介
机构联手作案，进行证券（股票）欺诈发行更加容易。法治的重点在于如何
建立一套制度规则让发行人不愿意欺诈发行、不敢欺诈发行。这"两不"包
含着不欺诈的正向激励制度、发行者与投资者权利义务对等制度、欺诈的发
现监督制度、欺诈的惩罚制度、民事赔偿的便捷救济制度等。正向激励制度
是法定的企业融资权平等，凡依法存在的公司企业均有公开或私募发行证券
融资的权利，因此，只要不欺诈造假的企业均有发行的机会，反之，欺诈造
假者必定没有机会。发行者与投资者权利义务对等制度是指基于美国证券市
场价格发现功能较完备，发行人权利与义务基本对称，发行人上市难以获得
额外便宜，不会因为发行而一本万利；欺诈的发现监督制度是指有科学的较
完善的市场做空机制，激发空方积极挖掘发行人、大股东等造假、欺诈嫌疑，
也有足够多的证券市场中上市公司的"扒粪者"② 揭露其欺诈造假。欺诈的
惩罚制度是指发行人欺诈造假坐实后将遭到监管部门严格的事后惩罚，股票
退市、公司破产倒闭等。民事赔偿的便捷救济制度就是保护投资者随时可能

---

① 认为股票发行价格高，特别是部分人串通抬高股票发行价格现象能否归类操纵市场尚有争议。
这种串通抬高股票发行价格，使得发行人获得更多的资金，而保荐人和承销商、中介服务机构可以
得到更多额外费用的情况，也很难归类操纵证券行为。
② "扒粪者"出自曾任美国总统的西奥多·罗斯福之口，他把那些专门揭丑的记者称为"扒粪者"。
指那些有正义感的新闻记者，他们盯着种种不公与腐败现象、上市公司，凭借高度的职业责任感将
丑恶的公司欺诈、造假等事实真相拖到公众视野内曝光。如美国安然公司就因新闻记者的"扒粪"
而揭露其财务造假，安然公司破产。

发起的集体诉讼等，投资者有便利的诉讼救济程序路径，是否启动和行使完全取决于投资者。

二、反思拟设股票注册制度的不足之处

（一）简政放权不彻底

1. 审核权下放有所保留

修订草案注册制的重要突破在于审核主体由证监会转向证交所，[①]但部分规定又为彻底下放审核权设置了障碍。草案第 24 条规定："国务院证券监督管理机构认为必要时，可以对发行人进行现场检查，或者委托证券服务机构进行核查并出具意见。"该项规定究竟是证监会对证交所审核权的监督，还是由于不信任所做的审核权保留？然而不论基于前述何种目的，该规定在解释上均存在疑惑。第一，若以监督证交所审核权为目的，意味着在"必要时"证监会可以对发行人进行二次审核，但草案并未明确何为"必要时"，即证监会的监督权行使条件不明。第二，若以审核权保留为目的，证交所的审核权在获得之初便戴有"枷锁"。"现场检查"是指监管人员直接深入金融企业进行制度、业务检查和风险价值判断分析，通过核实和查清非现场监管中的问题和疑点，达到全面深入了解和判断金融企业经营和风险情况的一种实地检查方式，是金融监管的重要手段。可见，"现场检查"是对金融企业的实质审查方式，草案第 24 条引入这一术语，意味着证监会仍有权对发行人进行实质审查，这种实质审查权的保留有悖于注册制的初衷。另外，在主体范围上存在偏颇，"现场检查"的适用对象是金融企业。

2. 双轨制欠缺合理性

修订草案第 35 条规定："公开发行债券，由国务院证券监督管理机构

[①]　修订草案第 22 条规定了"公开发行股票，由证券交易所负责审核注册文件"，第 23 条规定了"证券交易所出具同意的审核意见的，应当将审核意见及发行人的注册文件报送国务院证券监督管理机构。国务院证券监督管理机构自收到审核意见及注册文件之日起十日内未提出异议的，注册生效"。

或者国务院授权的部门核准；发行其他证券，由国务院证券监督管理机构核准。"证券公开发行审核将实行股票发行注册制和债券发行核准制并存的双轨制。一般而言，企业发行债券的风险小于发行股票，而核准制的审核要求远高于注册制，核准制的保留并不符合证券市场规律。从我国企业重股轻债的实际情况看，股票发行都采用注册制了，债券发行完全可以采用注册制。因此，应当统一证券发行审核制度，将发行注册制适用于所有证券品种。

（二）交易所发行注册审核与上市审核衔接不畅

不论是核准制或注册制，股票发行审核与上市审核是分离的，但事实是证券监管机构不审核上市，但交易所的审核分为股票发行阶段的附带可上市性审核和上市阶段的上市审核。也就是说，通过交易所上报的股票发行公司经过了交易所的可上市性的审核，注册登记的股票发行公司具备可上市的初步审核。而完全不具备上市条件的公司也就不可能取得交易所的注册同意函，更不可能获得证监会的注册登记。修订草案便交易所具有股票发行的审核权，同时具有公司股票上市交易的审核权。两个权力行使的目标、条件、程序、冲突隔离、重点、联系区别等，缺乏清晰的规定。修订草案还要回答交易所审核出具同意审核意见并注册的股票发行，同上市之间的关系。也就是人们关心的"交易所审核同意发行的，是否就是全部可以上市的；或理解虽然交易所对注册文件审核同意股票发行，但因为不符合上市条件而不能上市，如果是这样，该公司的股票在何处交易、如何对接"①。注册制让公众普遍认为公司容易注册并容易上市，上市公司数量急剧放大的原因，是没有在法律上清晰界定交易所审核同意注册文件审核标准，以及与上市交易之间的关系。事实上，在交易所的注册文件审核必须考虑可上市性审核，审核同意的，应

---

① 中国证券法学研究会受全国人大专门委员会委托分别在 2015 年 3 月 30 日、7 月 21 日两次召开《证券法》（修订草案）专题讨论，笔者参加讨论。最高人民法院郭锋教授，中央财经大学曾筱清教授、邢会强教授，北京大学甘培忠教授、蒋大兴教授、彭冰教授，清华大学施天涛教授，华东政法大学罗培新教授，浙江大学李有星教授等从不同角度提到了这个问题。

该符合上市条件而可在交易所上市。

（三）互联网审核发行注册制度未设置

在互联网技术十分发达的今天，修改证券法应当增加互联网技术的应用和思维元素——互联网证券思维。注册文件审核、股票发行、交易、登记结算、证券监管等，都应该考虑互联网信息技术带来的实质影响。但事实上，立法、规则和监管层面都未及时跟上，对其可能的优势和影响没有足够的应对。修改草案在证券交易环节规定了一些涉及互联网技术的规定，[①]但在注册发行环节，条文中缺少这样的规定。就对注册文件审核而言，在证券立法上应有适应互联网技术应用的授权条款，由交易所设定网上注册文件审核平台，以多数专家的意见确定出具审核结论。

（四）配套反欺诈制度尚不足

修订草案对证券发行注册制下的反欺诈发行配套制度，缺乏系统性专门规定。如修订草案缺乏对股票发行注册环节禁止性行为的规定，将证券注册发行环节的信息披露要求和责任，与上市公司持续信息披露的要求、标准、处理相混同。[②]注册发行环节的欺诈发行很难说就一定给投资者造成损失，难道欺诈发行没有造成投资者损失就认可吗？更何况这种投资者的损失也不

---

① 例如第 74 条规定，通过计算机程序自动批量下达交易指令或者快速下达交易指令以及其他方式进行程序化交易的，应当向证券交易所报告。提供程序化交易服务或者进行程序化交易，扰乱证券交易秩序，给其他投资者造成损失的，证券经营机构和进行程序化交易的投资者应当依法承担赔偿责任。

② 修订草案第 150 条规定：信息披露义务人公告的证券发行文件、定期报告、临时报告及其他信息披露资料存在虚假记载、误导性陈述或者重大遗漏，致使投资者在证券交易中遭受损失的，信息披露义务人应当承担赔偿责任；发行人的董事、监事、高级管理人员和其他直接责任人员以及保荐人、承销的证券经营机构及其直接责任人员，应当与发行人承担连带赔偿责任，但是能够证明自己没有过错的除外。发行人的控股股东、实际控制人应当与发行人承担连带赔偿责任，但是能够证明自己没有过错的除外。为发行人提供服务的证券服务机构及其直接责任人员应当就其负有责任的部分承担赔偿责任，但是能够证明自己没有过错的除外。

应归类到交易损失，要同证券交易损失赔偿环节科学分开。另外，第 173 条将"欺诈发行、虚假陈述或者其他重大违法行为"进行分类，其给投资者造成损失的情形则不同。而第 176 条的证券民事赔偿诉讼制度，也仅提及"投资者提起虚假陈述、内幕交易、操纵市场等证券民事赔偿诉讼时，当事人一方人数众多的，可以依法推选代表人进行诉讼"，而没有明确证券欺诈发行问题。在法律责任方面，依据第 270 条规定①，发行人在招股说明书或者其他证券募集说明书中隐瞒重要事实或者编造重大虚假内容，给予一定数额的罚款。第 32 条规定②，国务院证券监督管理机构发现注册文件存在虚假记载、误导性陈述、重大遗漏的，应当撤销注册。注册撤销后，尚未发行股票的，停止发行。已经发行尚未上市的，发行人应当按照发行价并加算银行同期存款利息返还证券持有人。撤销注册给投资者造成损失的，发行人应当依法承担赔偿责任。第 33 条规定③，注册文件存在虚假记载、误导性陈述、重大遗漏，或者发行人存在其他欺诈情形，导致注册终止或者撤销注册的，5 年内不受理发行人的公开发行股票的注册申请，证券经营机构、证券服务机构有重大过错的，可以 3 个月至 3 年内不接受其出具的文件。

---

① 第 270 条规定，发行人在招股说明书或者其他证券募集说明书中隐瞒重要事实或者编造重大虚假内容，尚未发行证券的，处以 100 万元以上 1000 万元以下的罚款；已经发行证券的，处以非法所募资金金额 2% 以上 10% 以下的罚款。对直接负责的主管人员和其他直接责任人员处以 50 万元以上 500 万元以下的罚款。发行人的控股股东、实际控制人从事或者组织、指使从事前款违法行为的，依照前款的规定处罚。

② 第 32 条规定，股票公开发行注册生效后，国务院证券监督管理机构发现注册不符合法定条件或者法定程序的，可以撤销注册；国务院证券监督管理机构发现注册文件存在虚假记载、误导性陈述、重大遗漏的，应当撤销注册。注册撤销后，尚未发行股票的，停止发行。已经发行尚未上市的，发行人应当按照发行价并加算银行同期存款利息返还证券持有人。撤销注册给投资者造成损失的，发行人应当依法承担赔偿责任。发行人的董事、监事和高级管理人员、控股股东、实际控制人、保荐人以及与本次发行有关的证券经营机构应当承担连带责任，但是能够证明自己没有过错的除外。证券服务机构应当就其所出具的文件承担连带责任，但是能够证明自己没有过错的除外。

③ 第 33 条规定，注册文件存在虚假记载、误导性陈述、重大遗漏，或者发行人存在其他欺诈情形，导致注册终止或者撤销注册的，5 年内不受理发行人的公开发行股票的注册申请；证券经营机构、证券服务机构有重大过错的，可以 3 个月至 3 年内不接受其出具的文件。

　　总体来看，欺诈注册发行的成本较低。尤其是对保荐人与发行人联手作案，骗取注册发行的成本更低。从实践情况看，发行人一般不懂证券发行注册程序和实践操作，通常是保荐人、专业人士共谋串通实施利益共享式证券欺诈注册发行。因此，如何强化对保荐人的惩罚制度，使其真正中立进行保荐最为重要。

（五）注册程序不完善

　　第一，证券交易所的审核时限未予明确。根据现行《证券法》第 24 条的规定，核准制下证券监督管理机构的审核期限是 3 个月，但修订草案除了规定证券监督管理机构 10 天的异议期，并未明确证交所的注册审核期限，有违证券市场的效率要求。

　　第二，上海交易所与深圳交易所的分工未予协调。根据草案设计的注册制，证监会将股票发行审核权下放至证交所，但忽视了上交所与深交所的权限分配。同一发行人能否同时向两个证交所提交发行申请，或者在申请被否决后能否向另一证交所再次申请？

　　第三，注册制下证交所申请公开发行股票的审核未予规定。注册审核权由证监会移交至证交所，但并未考虑上交所或深交所申请公开发行股票或者上市的审核问题。同样的问题可以参考香港的制度设计，香港证券发行与上市实行双重审核制，香港交易及结算有限公司（港交所）作为审核主体，但香港证监会拥有最终决定权。在此前提下，《上市规则与指引》第 38 章对港交所上市进行专门规定，由证监会审核港交所的上市申请。①

---

① 《上市规则与指引》第 38.03（1）条规定："在香港交易及结算所有限公司申请上市方面，本交易所不得行使权力或履行职能，除非涉及的任何行动或决定，是经证监会书面表示其确信如本交易所采取或作出该项行动或决定不会产生利益冲突者，则作别论。"《上市规则与指引》第 38.11 条规定："取代本交易所行事的证监会在关于香港交易及结算所有限公司的事宜上，拥有本交易所就任何其他申请人或上市发行人所拥有的一切权利与义务。"

三、拟设股票发行注册制度的完善空间

（一）证监会保留有限的注册权力及证券发行注册

上文论及股票发行注册制放权不彻底，就是指按照现在的规定，证监会保留着无限的权力，以至于申请发行注册公司以及交易所均对发行注册的结果无法预期。因为不知道在什么情况下认为"有必要性"而开展现场检查、实质审核注册文件。因此，原则上证监会仅仅拥有对注册文件的否决权（不予注册权），而不必拥有修订草案第24条的"国务院证券监督管理机构认为必要时，可以对发行人进行现场检查，或者委托证券服务机构进行核查并出具意见"的权力。如果需要核查，完全可以责令交易所完成，证监会需要有一个对交易所的绝对信任。否则，证监会还要保留一支不大不小的现场检查队伍，而不是注册队伍。修订草案第26条应当终止注册的内容也要修改，将一些终止注册与不予注册的内容混同一起十分不科学，应直接规定"不予注册"的情形。终止注册与不予注册情况不同，终止注册是程序问题，但不予注册是注册机构的否决权行使。更何况第26条中规定的如"注册文件存在虚假记载、误导性陈述或者重大遗漏的"情形，本该否决注册。另外，法律还要规定证监会可以将注册权授权交易所行使的条款。

本次证券法修改不应仅考虑股票发行注册制度，而应当将债券等证券的发行明确为注册制，需要在交易所上市的债券，由交易所出具审核同意函，报主管机构注册。不需要在交易所上市的，其债券发行注册程序等另行规定。在证券法中应将这一制度确定下来。

（二）实现发行审与上市审的分离

证券发行与上市审核分离的必要性在于两者代表的利益价值、监管诉求不同。证券发行是发行人与投资者在"资金换证券"过程中进行的价值博弈，发行审核旨在解决交易主体信息不对称产生的博弈失衡问题，侧重于审查信

息披露的格式、内容及程度，从而体现"形式重于实质"的审核特点；证券上市是投资者与投资者之间在"证券流通"过程中进行的交易价格博弈，上市审核的本质是保障证券未来交易价值与交易效率，监管者须对证券本身是否具备交易价值及能否给证券市场带来增值效应进行价值判断，因此侧重审查发行人的资质、财务数据、发行规模和盈利前景等要素，从而体现"实质重于形式"的审核特点。[①]

现行核准制下，证券发行与上市审核主体分离、实质联动。根据《证券法》第 10 条、48 条，证监会负责发行审核，证交所负责上市审核，在立法层面实现了证券发行与上市审核的分离。但目前由证券交易所对证券上市申请的审核还只是一种依从于证监会"发行审核"的衍生程序，除了证监会主动叫停已"过会"的发行外，市场上并未出现发行人因为未通过交易所的审核而未能上市的案例，相反，只要获得证监会的发行批文，发行人就相当于获得了上市之路的"保险"。[②]证券发行与上市审核混同具有违反法律规定的"违法性"，并导致证券市场"打新股"严重。

注册制下，证券发行与上市审核的关系有待厘清。建议修订草案明确证交所两种审核权的行使条件，或者可以选择不同的时间标准，如要求公开发行证券的发行人经过 6 个月或 1 年的市场检验期再申请上市。也许许多包装作假的企业就无法达到上市的标准，这样操作可以解决企业融资发行市场与上市交易市场的分离。[②]另外，在有交易所竞争的情况下，不同交易所之间的审核标准，拟发行股票的公司在交易所之间的选择权利、在不同交易所申请的发行上市的对接通道、限制制度均应有所规定。

当然从实际情况看，按照修订草案第 19 条"公开发行股票并拟在证券交易所上市交易的，应当依照本节规定注册。公开发行股票且不在证券交

①② 郑彧：《论证券发行监管的改革路径——兼论"注册制"的争论、困境及制度设计》，《证券法苑》2011 年第 5 卷。

② 金幼芳、李有星：《论证券发行注册制的理想与现实》，《证券法苑》2014 年第 11 卷。

所上市交易的，其注册条件和程序由国务院证券监督管理机构依照本节的原
则另行规定"。意思很明显，交易所对注册文件审核同意的，注册后应该是
在该交易所发行，并审核上市交易，即原则上就是对发行注册文件审核同意
多少，将会有多少公司上市交易（除非被撤销注册发行）。这其实就是先审
核上市基本条件，再决定发行注册是否审核同意。如果这种观点成立，那么
发行人发行注册文件的审核包含着预上市审核，即对提交注册文件的发行人
股票发行后可上市性的审核，只有可上市性的公司才有可能得到交易所注册
文件的审核同意函。因此，建议将《修订草案》第22条第2款"证券交易
所应当对注册文件的齐备性、一致性、可理解性进行审核，并出具审核意见"，
修改为"证券交易所应当对注册文件的齐备性、一致性、可理解性以及发行
公司的可上市性进行审核，并出具审核意见"。

（三）完善注册程序和互联网注册技术制度

我们目前谈注册制，有人说学我国香港地区、新加坡，但众所周知，各
地情况不同，法治程度不同，就是交易所的结构也不同。如香港就一个证券
交易所，内地至少有两个，注册制下交易所的职权扩大了，特别是注册文件
审核同意函出具后，负责注册的证监会就10天的注册期限，原则上完成注
册与不予注册的流程都很紧张，也就是不否定即注册生效。两个交易所的情
况下，就交易所的注册文件受理分工、协调，两个交易所实行公司制后发行
注册上市的问题、交易所对注册文件的审核程序、审核时间期限等，都是大
众关心的重大问题，应该在证券法中有明确规定。

另外，证券法要规定利用互联网开展注册文件审核的专家评判制度，随
机在数据库中遴选15名以上专家，对交易所初步审核的结论进行评判，最
后结合专家意见，确定是否出具审核同意函。强化交易所注册文件审核的网
络操作公开性和网络监督制度。

（四）厘清保荐人与承销商的关系

我国证券发行采用保荐机构为"单一主承销商"或是"联合主承销商"的模式，但实践中联合承销商模式很少采用，主承销商就是承销商，即保荐人担任承销商。实践中保荐人制度的运行完全脱离制度预期，信用担保功能难以发挥，主要体现在以下方面。第一，保荐人与承销商身份混同，互相监督审查功能流于形式；第二，保荐人与承销商串通共谋，操纵发行价格，损害投资者利益；第三，保荐人制度具有很强的私人性，客观上促成了普遍存在的保荐人重"发行与上市保荐"，轻"持续督导"的现象；第四，保荐人、保荐代表人与发行人形成"利益墙"，影响保荐人的独立性；[①] 第五，受到核准制下证券监管部门实质审查权的限制，发行人最终能否顺利上市并不取决于保荐人对其所进行的推荐，保荐制度的功能没有发挥出来。[②]

证券保荐是为了保证所发行证券的品质，证券承销主要是为了取得最佳的发行效果。[③] 证券发行实行注册制，保荐人制度应当从以下角度予以改进和配合。

第一，协调保荐人与承销商的关系。一是保荐人与承销商主体分离。保荐人与承销商以单一身份履行职责，证券公司在同一公司 IPO 中要么担任保荐人，要么担任承销商，两者只能充当其一，履行发行环节不同职能。[④] 二是保荐人与承销商功能分离。注册制的审核侧重于信息披露的真实性和准确性，因此，保荐人最重要的职责是完成尽职调查、协助信息披露，确保发行人信息披露完整、真实、有效。[⑤] 而承销商负责证券销售工作。

第二，完善保荐责任机制。一是取消保荐代表人个人责任。现行保荐制

---

① 蒋大兴、沈晖：《从私人选择走向公共选择——摧毁"保荐合谋"的利益墙》，《证券法苑》2011 年第 5 卷。

② 北京大学课题组：《证券发行法律制度完善研究》，《证券法苑》2014 年第 10 卷。

③ 叶林：《证券法》，中国人民大学出版社 2008 年版，第 180 页。

④ 李有星：《股票首发中承销商与保荐人分离的制度探讨》，《证券法苑》2011 年第 5 卷。

⑤ 苏盼：《注册制背景下的保荐人制度改革》，《证券法苑》2013 年第 9 卷。

度"双保制"下，保荐代表人承担与保荐机构相同甚至更大的责任，这与保荐代表人的功能并不匹配。注册制下应当还原保荐代表人的独立性、客观性，回归机构责任。二是建立保荐人民事赔偿责任。修订草案对保荐人与发行人或中介机构故意串通的欺诈行为仍保留罚款、暂停或取消资格等行政处罚和刑事处罚，实践证明，对证券公司的处罚力度难以达到威慑作用，还应建立民事赔偿责任。不仅能加强防范保荐人欺诈，还能相应赔偿投资者损失利益。[①]

（五）确立注册制配套的反欺诈制度

在确立注册制的思维下，要设立欺诈注册发行的约束制度，也就是反欺诈注册发行制度。反欺诈发行制度包括正向激励制度、发行者与投资者权利义务对等制度、欺诈的发现监督制度、欺诈的惩罚制度、民事赔偿的便捷救济制度等。在证券立法中要始终贯彻欺诈注册发行的约束考虑。为此，提几个方面建议。（1）宣示反欺诈注册发行，禁止发行人、保荐人和服务中介的欺诈注册发行行为。（2）统一欺诈发行的用语，将隐瞒重要事实或者编造重大虚假内容的发行欺诈行为，与交易环节上市公司常见的虚假陈述、内幕交易、操纵市场等术语区别使用，涉及第32条、33条、150条、173条、176条、270条、271条术语、逻辑关系和适用情形，避免混乱。（3）强化证券发行环节的信息披露及责任承担。注册制下发行环节的信息披露要加强，其责任内容与上市公司持续信息披露责任应当区别，因此，第150条的规定应当分拆，明确欺诈注册发行时的责任主体和责任。（4）设置鼓励反欺诈证券注册发行制度，包括重要举报奖励制度。（5）加大发行人和保荐人的行政处罚力度。《修订草案》第32条、33条、173条、176条不足以阻止欺诈注册发行的成本和威慑性。例如，欺诈发行退回给认购者本金和同期银行存款利息的规定，对投资者不公平，起码也要同期银行的委托理财收益。（6）设置便利、通畅的证券发行认购投资者的无限制集体诉讼制度，有利

---

① 白玉琴：《中美证券发行审核制度的比较及启示》，《河南大学学报》2008年第4期。

于约束发行人欺诈注册发行。这个诉讼制度可以同证券交易环节产生的内幕交易、虚假陈述、操作证券等情形的诉讼制度分离。总之，围绕注册发行端可能发生的欺诈注册发行情形，与交易环节制度有所分离，完善建立反证券欺诈注册发行的制度，使注册制实施有法律保障。

论推进注册制下的证券公开发行制度改良

李有星　金幼芳 *

摘　要

推进证券发行的注册制已经成为一种理想目标，人们将美好的希望寄托在即将到来的制度变更。但现实是注册制的实现需要数年的时间，大量的企业希望开展IPO，证券发行只能在现行《证券法》的框架内运行，各方证券发行市场参与者基于现行规则运行。因此，在证券发行注册制的引领下，改良证券发行的制度规则，为今后注册制实施创造基础环境。重点指向：筹划制定《证券交易法》、设计证监会分权地方局、强化信息披露的实质审核、改良持续盈利能力判断市场化标准、证券发行与上市分离、强化保荐人和承销商的分离、推行招标式证券定价制度、加强执法监督、强化责任追究等制度。

关键词：证券发行；注册制；核准制；实质审核；信息披露

★　本文原载于《证券法律评论》2014 年。金幼芳，浙江大学光华法学院博士研究生。

在我国《证券法》没有修改的情况下，中国证监会按照《关于全面深化改革若干重大问题的决定》提出的"推进股票发行注册制改革"要求，推出了《关于进一步推进新股发行体制改革的意见》的证券发行注册制尝试。但是，由于缺乏法律支持的注册制度，不论在理论上和具体制度上，都处于不成熟的状态，即便将注册制是当成证券发行市场化的理想标杆，也无法解决目前中国资本市场所遇到的困难。证券发行注册制的理想与我国实现这种制度的现实之间尚有较大距离，肖刚主席也清楚地判断，"实施注册制的市场条件若为 100 分，我国市场目前还不到 50 分"[①]。面对着《证券法》尚未定型证券发行的注册制以及具体制度，注册制实施的市场基础环境尚十分不成熟，那么，正确的思维方式不是将现在的问题解决推向"注册制"的理想，而是基于《证券法》的核准制度作出基础性改善，更何况"注册制"和"核准制"之间有许多内容是相通的。不论在何种制度下，发挥市场配置资源的基础性作用、保障上市公司质量、维护证券市场秩序、保护投资者利益、轻审批重监管、强化上市公司信息披露、强化违规违法行为打击、赋予投资者权益受损赔偿机制等等，核准制度下也是完全应当做的，做不好不是什么"注册制""核准制"的问题，而是中国特定环境下的体制、机制和"人"的问题。因此，基于"推进股票发行注册制改革"的目标，认真做好法律制度及规则改良是当务之急。

一、厘清证券发行与证券上市交易实质区别，筹划制定《证券交易法》

长期以来，我国没有多层次资本市场，股票公开发行与上市密切联系，以至于认为公开发行与上市是一个概念，公开发行就意味上市交易，公开发行与上市连在一起称为"发行上市"，IPO 就等于上市，上市就等于在上海或深圳证券交易所挂牌交易。[②] 如有的学者在讨论证券公开发行注册制的时

---

① 上证报两会报道组：《肖钢：我们搞中国式注册制改革》，《上海证券报》2013 年 3 月 6 日。
② 邢会强：《论场外交易市场（拟）挂牌公司的公开发行》，《证券法苑》2013 年第 9 卷。

候，总是要把在证券交易市场上出现的问题与证券发行环节混在一起。证券交易市场的高价格、高市盈率等问题的解决无法寄太多的希望在证券发行注册制上解决。在核准制下，要使股票交易市场的价格跌下来恐怕也不是一件困难的事情。正如有学者提出的"降低上市标准"，创业板市场之所以存在"三高"问题，与人为地抬高上市门槛并控制上市节奏有很大关系，降低创业板市场的 IPO 准入门槛，让更多的公司进入市场融资，就可以有效解决"三高"问题。但是，如果现在的制度设计是为了一个"跌"的价值取向，就一定不是好的制度。在证券公开发行中，不是缺乏具备向公众公开股票的公司，而是缺乏让公开发行了股票的公司上市交易的场所，除非实现股票公开发行与上市交易分离，否则，在证券发行这个环节，注册制能够做到的事情，核准制下也可以做到。为了进一步清晰证券发行和证券交易的不同法律关系，即不同的主体、客体和权利义务的内容，建议参照美国 1933 年的《证券法》和 1934 年的《证券交易法》，制定区别于《证券法》的《证券交易法》。《证券法》解决融资市场关系问题，重点解决证券发行涉及的事项及制度；《证券交易法》重点解决上市交易市场关系的问题。否则，在一部《证券法》内容纳证券发行、交易、投资者保护、私募、诉讼等等问题，其结果必然是不理想的。

二、明确证券公开发行端功能，证券实质审核权下放到地方局

美国证券交易管理委员会（SEC）发行端任务清楚，资源调配合理，专业化程度高。SEC 在发行端的任务，就是要为投资者获取投资所需的信息提供便利，这也是 SEC 每年工作评价的指标之一。该指标进一步细分为 12 个可测的分指标，其中和披露直接相关的包括 IPO 注册文件第一轮反馈需要的时间、对已上市公司的年报进行审阅的频率等。为达到上述目标，SEC 合理调配资源，提高专业水准，保证了"注册制"的有序高效运行。SEC 机构设置体现了功能监管和专业分工的特点，有利于提高审阅的质量和效率，完成

SEC 在发行端的任务。从功能监管的角度，SEC 将所有发行和上市公司的披露都归由企业融资部负责，这样，包括 IPO、再融资、债券发行和结构性融资产品、并购以及上市公司的年报等披露均由同一部门负责审阅，有利于合理调配审阅资源，统一审阅标准；在企业融资部内，将审阅人员按照披露人行业划分为 12 个办公室，有利于提高行业审阅的专业水平，增进审阅效率；每个审阅办公室大约有 25 ~ 35 个员工，主要由具有执业经验的律师和会计师组成，专业化水平相对较高。这样的机构设置，体现了功能监管和专业分工特点，提高了审阅质量和效率。

按照有些学者的研究，我国目前的地方证监局权力不足，作用发挥不够。地方证监局负责的辅导制度不具备筛选上市申报企业的功能，地方证监局对首发上市的监管没有实质影响，表现在地方证监局负责的辅导制度，作为公司进入发审委审核流程的前置程序，一般不会淘汰企业出局，不具有过滤企业的功能。具体讲：（1）进入辅导备案是没有准入门槛的，地方证监局开门纳客。（2）在上市辅导方面，地方派出机构并没有硬性的执法手段。地方派出机构采取的是软性监管措施，辅导监管其实只是一个兼职工作，而且辅导期限也是弹性的。（3）几乎所有的企业都能通过辅导验收，各地证监局没有审核权，更没有否决权。而且在辅导监管过程中，地方证监局也不直接接触企业的财务信息等核心信息，不对企业财务信息真实性发表意见（而企业的财务信息真实性是上市的一个重要条件），除非对一些非常明显的上市核心障碍，地方派出机构能作出指导外，其他大部分考核主要依赖保荐人的报告，地方证监局书面审查。最后的验收评估也主要是书面上的评估，侧重公司治理方面的内容，对潜在的问题提请中国证监会发行部或创业板部注意。[1]

为配合证券发行注册制的改革，可以考虑地方监管竞争体制。中国证监会系统内部自上而下向地方证监局分权，地方具有相应的证券执法权力，尤

---

[1]　沈朝晖：《论证券法的地方竞争体制》，《北方法学》2013 年第 3 期。

其是证券发行上市的地方决定权，建立相应的区域证券市场，形成监管竞争和交易所竞争的双重态势。① 在我国《证券法》规定的集中统一监管体制中，就证监会内部调整中央机构和派出的地方局的权力配置进行调整。中央证监会向地方证监局分权，由于是在中国证监会系统内部的分权，因此符合《证券法》的规定。国务院证券监督管理机构依照法定条件负责核准股票发行申请，地方证监局是国务院证券监督管理机构的组成部分，证券发行上市的决定权力仍然在证监会系统内部，在证监会系统内部自上而下分权，不使权力外溢到患有投资饥渴症的地方政府，此方案对既有权力分配格局的改动较小、较现实。特别是当分权试点进展不利时，中央证监会可以从某些地方证监局收回审核权力。美国 SEC 在发行端关注的是信息披露质量，发行中的其他问题比如定价、配售、证券的权利、上市等事项，由市场自行决定。② 如果我们的证监会想采用的注册制内涵仅仅关注信息披露质量，可以由证监会派出的地方局承担更为实质的审核功能。因为地方局在申请人的所在区域，更容易核查信息披露内容，不论人员、时间、地点、沟通等都具有便利性。③

三、推进信息披露为中心的审核制度，改良持续盈利能力评判标准

SEC 在发行端的工作是审阅注册文件，看其是否符合 SEC 制定的各种披露规则，并从投资者的角度对披露提出意见，帮助发行人提高披露质量。注册文件分为两部分：第一部分是需要提供给投资人的披露文件（即 IPO 项目中的招股书）；第二部分主要是各种附件，包括公司章程、股东协议、承销协议、重大合同等文件，该部分不用提供给投资人，但在 SEC 网站上向公众公布。除了注册文件外，发行人没有其他文件需要提交给 SEC 审阅。在审阅

---

① 沈朝晖：《论证券法的地方竞争体制》，《北方法学》2013 年第 3 期。

② 刘君：《美国证券公开发行如何做到注册制》，《中国证券报》2013 年 11 月 20 日。

③ 目前，中国证监会在中国 31 个省级地区和 5 个城市（深圳、大连、宁波、厦门、青岛）等地共设立 36 个地方证监局，其中，证监会系统 70% 的工作人员是在地方证监局，大约 30% 的工作人员在中央证监会。沈朝晖：《论证券法的地方竞争体制》，《北方法学》2013 年第 3 期。

注册文件过程中，SEC 没有资源也不会对递交文件的真实性进行专门核查。此外，SEC 也不会变身为选美裁判对发行人的好坏美丑进行判断，对于审核中发现的和投资价值相关的问题，SEC 会要求发行人进行充分披露，把它的高矮胖瘦、明疾暗患体现出来，供投资者自行进行风险判断。虽然 SEC 对披露内容的真实性不进行专门核查，但如果在审阅过程中发现作假的嫌疑，SEC 也会穷追到底，客观上会对欺诈具有威慑作用。[①]

美国证券发行审核中对实质性信息审核也是十分严格的，有许多注册文件的瑕疵在审核中发现。根据 Hazen 在《证券法》一书所著，由于登记文件中的披露范围广泛，包括公司的一般营业、发行条件以及对重大风险因素的认定和探讨，有一些方面特别容易产生披露不充分或者产生误导。具体为：
（1）发行人销售和收入方面重要的不利趋势。例如，证券交易委员会认定仅仅说明发行人的收入减少是由于成本上升是不够的。1933 年《证券法》要求，证券交易委员会也要求充分披露究竟哪些方面成本上升，为什么上升。另外，发行人应该解释这种成本上升状况是否能合理地期望持续下去，如果要持续下去，过去的业绩能够合理地预测将来。（2）遗漏关于发行人各种产品的销售和（或）收入、生产线、经营领域、部门和子公司的信息。委员会要求根据部门和经营领域确定收入和（或）损失的来源。根据经营领域来划分，并不取决于发行人是否按照母子公司的方式控制其分支机构。
（3）登记文件中未能对发行收益的使用进行全面、公平和详尽的描述。委员会要求具体说明发行收益的使用。（4）发行人与管理人员或大股东之间交易的处理。由于内幕交易十分敏感，尤其是存在实际的或潜在的利益冲突的情况下，经常产生披露问题。根据《证券交易法》的披露也会产生类似问题。
（5）登记申请人不能使普通的投资大众阅读和理解招股说明书。证券交易委员会已经表明了其看法，未使用普通语言、表格、图标和其他可视图片手段，使得这些问题更加突出。（6）1933 年《证券法》招股说明书要么说明不充分，

要么介绍得冗长啰唆。根据证券交易委员会的意见，如果需要介绍性文字，应该包括证明该证券发行具有投机性的全部因素以及和该行业或同类普通证券相比较其独特之处。冗长啰唆的说明含糊不清，有悖于充分披露的要求，这正是证券交易委员会的观点。缺乏可读性和披露不充分一样有害，因为发行人啰里啰唆，极可能丢失重要信息，失去了警示性说明的预期效果。第七巡回法院的一个判决提出了登记文件合适受众的重要问题。尽管证券交易委员会认为编写登记文件应考虑普通投资者，而 Easterbrook 法官在 Wielgos 诉 Commonwealth 公司案中则认为，至少对被广泛持有的证券来说，披露的充分性应依据熟练分析家的需要来判断。（7）发行人未能披露关于国内政治活动方面的不适当交易，包括竞选捐款，或者外交活动。就发行人卷入有争议的社会问题进行所谓的"新披露制度"也产生了一些问题。法院和委员会采取扩大"实质性"概念的方法解决这些问题。①

无论证券发行核准制和注册制，投资者关注的是企业的持续盈利能力及相关风险披露的信息。对股票发行来说，投机价值即是看发行人的持续盈利能力及相关风险。为保证信息披露反映了"投资者感兴趣的全部实质性信息"，必须对持续盈利能力及相关风险严格审核。②因此无论中、美的《招股说明书》核心章节，都聚焦于风险因素、业务与技术、管理层讨论与分析等方面的披露。无论哪种发行审核制度，都要以发行人的持续盈利能力及相关风险作为审核和披露的重心。无论任何发行审核制度，均涉及大量的自由裁量权。根据注册制的完全披露原则，涉及证券投资价值的、与投资者决策相关的所有实质性信息都应当进行披露。在具体审核中，对于何为"实质性"信息，以及实质性信息是否得以真实、准确、完整的披露，需要在大量专业性、综合性的判断中运用自由裁量权。因此，在我国《证券法》修改前，改良证券发行审核阶段的招股说明书格式、进一步优化新股发行条件、淡化企业盈利性

---

① 托马斯·李哈森：《证券法》，张学安等译，中国政法大学出版社 2003 年版，第 116—117 页。
② 刘君：《美国证券公开发行如何做到注册制》，《中国证券报》2013 年 11 月 20 日。

指标和企业业绩增长的指标要求、注重信息披露为中心的审核方式、改良企业持续性盈利能力评价标准和权重、注重企业风险披露等等，使注册制度下一些良好的制度和规则，提前在核准制条件下加以运用。

四、证券公开发行和上市分离，实现股票公开发行持续开展

证券发行中存在的最大问题是"证券发行与上市假分离、真联动"，导致证券公开发行市场和证券交易市场的联动失败。表面上《证券法》规定了公司证券公开发行审核权在证监会，上市审核同意权在交易所，但问题是实践中均是确定发行时就可以预期上市，因此，不少投机者敢于动用大量非自有资金（甚至借贷银行资金、民间资金等）进入股市的申购环节，明明白白地投机博利，毫无投资的打算。有趣的是有关 IPO 的规则《首次公开发行股票并上市管理办法》《首次公开发行股票并在创业板上市管理暂行办法》，也给人公开发行并上市的直觉。其实，证券公开发行后不一定非得上市，上市前也不一定非得公开发行，公开发行后也可以不上市。上市也不等于只能在证券交易所挂牌交易，在场外交易市场挂牌交易也是上市。[①] 解决新股发行与上市矛盾的办法就是：证券公开发行与非公开并存；证券公开发行与上市分离；证券公开发行并上市的采用"核准制"；证券公开发行不上市的采用"注册制"，证券非公开发行包括上市公司的非公开发行采用"注册制"。[②]

在发行上市分离体制下，证券发行与上市是由不同的机构按照不同的标准进行审查的，一般是由证券监管部门审查发行资格，证券交易所审查上市资格，如美国、日本、韩国、我国香港地区、我国台湾地区和澳大利亚等国家和地区均实行该制度。我国目前的《证券法》在立法层面实现了证券发行与上市的分离，中国证监会负责核准证券的公开发行申请，上海证券交易所和深圳证券交易所负责核准证券的上市交易申请。《证券法》不仅规定了发

---

① 邢会强：《论场外交易市场（拟）挂牌公司的公开发行》，《证券法苑》2013 年第 9 卷。
② 李有星：《中国证券非公开发行融资制度研究》，浙江大学出版社 2008 年版，第 247 页。

行与上市的分离体制，而且《证券法》第 50 条规定了分离的可能性，即证券交易所可以规定高于法律规定的上市条件，实际上就意味着可以选择不同的时间标准，如要求公开发行证券的发行人经过 6 个月或 1 年的市场检验期，再申请上市。也许许多包装作假的企业就无法达到上市的标准。但如果真的这样操作，可以解决企业融资发行市场与上市交易市场的分离。

如果实现证券发行与上市的分离，完全可以不必担心证券流通性不足的问题，恰恰可以减轻企业融资需求给上市交易市场的压力，提高企业融资质量（难以过度融资），避免盲目投机的"打新股""炒新股"现象，避免过度投机行为，股份认购者会以真正投资者的视角关注企业融资质量、企业经营活动以及企业的创业利润。待到企业申请交易所上市审核同意时，投资者可以获得巨额的创业利润的上市体现。这样有利于公司发行融资，有利于投资人的科学谨慎投资，有利于良好企业的上市，同时有利于证券交易市场的独立健康发展。值得一提的是，经调查，绝大部分的被调查者选择证券公开发行与上市实质分离机制。

按照我国的实际情况，《证券法》已经规定证券发行审核和上市交易所审核的分离制度。但公开发行的证券就是联动上市的证券，缺少公开发行但先不上市的证券，这种不上市证券的发行人符合上市的条件的可以申请上市。同时考虑核准制度和注册制度的差异性处理，对公开发行上市的证券继续采用核准制度①，对于主要为企业公开融资便利但不上市的，采用"发行注册制"，对于私募发行和上市公司私募发行也采用注册制。形成证券公开上市发行、证券公开非上市发行、私募发行融资的格局，并按照不同的发行审核制度设计。

五、证券保荐人与证券承销商分离

承销商与保荐人的同一现象，直接导致发行人、保荐人与承销商三方不

---

① 上市发行部分由于涉及集中交易市场广大投资人的保护，对其实行实质性审核是必需的。

规范行为大大增加，影响股票发行审核质量，导致利益链条以及股票发行价格非市场化，三方成为利益共同体，串通式地损害公众投资者利益。证券发行市场的虚假陈述、内幕交易、不当竞争等等，都与承销商、保荐人的合一制度有关。建议将承销商与保荐人分离，用招投标方式选择确定承销商。[①]（1）承销商与保荐人相分离，以单一身份履行职责。在我国目前发行与上市的体制和机制下，应当考虑在证券发行（至少是股票发行）中，采用保荐人与承销商主体分离。证券公司在同一公司 IPO 中要么担任保荐人，要么担任承销商，两者只能充当其一，履行发行环节不同职能。（2）加强主承销商与保荐人的制约功能设计。《证券法》规定的股票公开发行实质是两个环节——发行审核和销售，发行审核是一个实质意义上的融资权取得（具有行政许可的属性），而发行销售只是股票的买卖过程。借助承销商的中介作用，发行人可以借助证券机构最专业的销售能力完成发行，避免发行失败，投资者借助承销商发布的最直接的通俗易懂的销售信息而投资决策。保荐人与承销商之间要构成制约机制，实现《证券法》第 31 条规定证券公司核查并采取措施纠正的职责。（3）股票发行主承销商的招投制度。现行《证券法》第 29 条的规定是将选择承销商的权利交给发行人。在不改变现有法律规定的情况下，尊重发行人对公开发行证券的承销商的选择权利，但在程序上，有必要通过由证券商协会主持的招投标制度来完成承销商的选择。（4）明晰承销商义务与责任，合理区分责任标准。承销商义务性质上可分为三种：依据承销协议向发行人承担的义务、依据《证券法》的规定向投资者承担的义务和向证券监管机构承担的义务。[②]在保荐制下，承销商与保荐人分离的制度设计下，我国承销商可以不采用过错推定的归责原则，而可以采用追究承销商过错责任的归责原则，适度减轻承销商责任，培育承销商发展成长。同时，重点解决承销环节的虚假推介、联合欺诈、协商报价和故意压低或抬

---

① 李有星：《股票首发中承销商与保荐人分离的制度探讨》，《证券法苑》2011 年第 5 卷。

② 王保树：《商法》，北京大学出版社 2011 年版，第 313 页。

高价格等商业营销中的不当行为，解决不符合条件者参加询价、关联方参加询价的法律责任问题。

六、完善保障证券公开发行中介商作用的制度

证券发行高度依赖中介机构的作用，中介机构切实履行职责，有效防范披露欺诈。保荐人、承销商、律师和会计师各负其责，有序开展工作。保荐人、承销商负责对证券发行的商业考量和证券承销，律师负责法律问题的解决和披露文件、交易文件的起草，会计师负责对公司的财务进行审计。发行市场买卖方的博弈离不开承销商的作用，承销商一方面需要有优质的买方客户群来证明其销售能力，以争取发行项目；另一方面需要优质的发行项目，以发展维护其买方客户群。这样的双重角色，决定了承销商必须兼顾买卖双方的利益。事实上，IPO 定价往往会演化成代表卖方利益的投行部门与代表买方利益的资本市场部门之间的承销商内部之争。承销商充分发挥其能力，有利于市场机制发挥作用，达成买卖之间的平衡。整个发行过程中，中介机构对发行人的情况最为熟悉，最可能发现欺诈情形。而中介机构在有力的诉讼制度和行政执法的压力下，整体上注重品牌建设和维护，建立了有效的风险控制制度，基本上能有效履行职责，防范欺诈，是"注册制"顺利运行的关键。[①]

七、确立多样化的市场化新股定价制度

证券法教科书中指出新股定价有三种制度。第一是市盈率法定倍数确定法。市盈率法定倍数确定法，简称市盈率确定法、市盈率法或者本益率法，是指以发行人每股利润与市盈率一定倍数的乘积作为股票发行价格。第二是竞价确定法。竞价确定法是指投资者在指定时间内，通过交易柜台或者证券交易所交易网络，以不低于发行底价的价格并按限额比例或者数量进行认购委托，申购期满后，由证券交易所将所有有效申购按照价格优先、同价位申

---

① 刘君：《美国证券公开发行如何做到注册制》，《中国证券报》2013 年 11 月 20 日。

报按照时间优先的原则，将所有认购委托由高价位向低价位排队，并由高价位到低价位累计有效认购数量，当累计数量恰好达到或者超过本次发行数量时的价格，即为本次发行价格。所以，通过竞价确定法形成的发行价格，是发行人售出全部股票的最高统一价格。第三是市场询价法。市场询价法是指发行人及承销商根据询价对象的询价反馈，确定发行价格的方法，主要适用于首次公开发行股票的场合。

2012 年曾经设想推出的"改良版的荷兰拍卖制"，是指按照投标人所报买价自高向低的顺序全额中标，直至满足预定发行额为止，中标的机构以相同的价格（所有中标价格中的最低价格）认购中标的股票数额。[①] 改良的荷兰拍卖制的好处在于，通过强化责任制约，可以避免机构联手形成垄断来操纵市场，从而获得暴利。在改良的制度下，机构参与者用实际认购的价格和数量来对自己的认购行为负责。这种报价本身就隐含了对高报价行为的惩罚机制，增加了询价对象高报价的成本，从而起到约束询价对象合理报价、不敢滥报高价的作用。[②] 在现有的《证券法》框架内，推行这种市场定价方式也没有制度上的障碍。

八、按照大中小股东结构安排股票出售期限

我国股票发行中，针对控制股东、关联关系股东和不同社会公众股东，而采取的股票出售锁定期限是一项有益的制度。大股东在 3 年内持股不变的公司通常过了波动期，接下来的时间，除非公司遇到重大的市场变化、政策等原因，上市公司的质量一般比较有保障。其实，股票公开发行中获得股票的投资者如果在制度约束下明显不存在"时间套利"，其高价购买股票的冲

---

① 假设某上市公司拟发行 1000 万股，报价最高的机构 A 为 30 元认购 500 万股，报价次高的机构 B 为 25 元认购 300 万股，报价第三高的机构 C 为 20 元认购 200 万股，则最后该股的发行价会确定为 20 元，且三家报价最高的机构将以 20 元的认购价得到全额配售，而无须采用抽签形式。假设报价第三高的有机构 C 和机构 D 两家，都是 20 元认购价，则将在优先全额配售机构 A 和机构 B 后，抽签决定剩下 200 万股的分配。

② 程林：《新股发行谋变改良式荷兰拍卖制有望推出》，《证券时报》2012 年 1 月 16 日。

动就会减少，反之就会增加冒险。因此，除股票公开发行与股票公开上市完全分离的制度外，最有效的制度是分层次对大中小股东确定市场出售"等待期"。同时，对股东的出售实行数量限制，比如每次出让的股票数量为拥有股票的十分之一。现在证券发行与上市没有实质分离的情况下，对网下获配股份锁定期取消，这不利于证券发行，更不利于上市后的交易。不论在核准制还是注册制下，恢复确定特殊股东的市场出售"等待期"制度对我国股市是有利的。在我国，目前证券市场的公平主要体现在对社会公众性散户投资者的权益保障①，而不是主要考虑机构投资者或者特殊路径获得股票的特殊投资者的权益保障，特别当二者权益出现冲突时，应当选择保护前者优先。规定新股发行完成之后的锁定期越长越有效，锁定期是 3 年的，结果一定是短期资金不会认购新股，凡申购者必然认真研究公司 3 年后的情况，研究公司的真正投资价值，对公司是否存在欺诈、虚假信息等会认真甄别。这样，价值投资得以提倡和确立，盲目的新股申购热潮会立即消退，只有有研判能力的投资者才敢于买新股。在 3 年锁定期间公司出了三份年报，公司的成长性、盈利能力和分红能力有了 3 年的考量，公司有无虚假和包装也有了 3 个年头的检验，如果是真正的优秀公司，那 3 年后上市股价照样会上涨、大涨，这是价值投资的胜利。②

九、完善上市公司兼并重组制度，使壳资源合理发挥作用

股票退市与壳资源有效利用之间没有必然的矛盾，创业板市场规定不许利用壳资源的直接退市制度，与市场本身的要求相悖。无论什么原因，上市公司"壳价值"是市场本身选择的结果，壳价值是高了还是低了，应该由市场本身去处理。壳资源的利用不仅仅是中国证券市场有，境外的证券市场也

---

① 从证券登记中心的数据看，截至 2013 年末，我国股市开户总数为 1.6 亿，假设每人都开设深沪两个账户，则股市投资者人数大约为 8000 万，其中，资金数量在 10 万元以下的投资者占 85% 左右，股票市场投资以散户为主导。

② 张书怀：《设法消弭"新股红利"为注册制铺平道路》，《上海证券报》2014 年 2 月 11 日。

有，许多公司就是通过对上市公司的收购兼并而实现上市。在特定制度下，也许我国的壳资源利用更典型一些，壳资源估值更高一些，这本身没有任何问题。问题是利用壳资源的制度设计是否合理、公平，是否有利于保护投资者利益。香港地区也是实行注册制的，在香港地区也有很多企业是借壳上市的。我们现在对利用壳资源的制度约束是十分严格的，接下来的市场化思路应该是放松壳资源利用的管制，使面临退市的企业有机会重生。因此，不必因为要推进证券发行的注册制而故意放弃对壳资源的合理有效利用。

十、完善投资者保护的执法、司法诉讼制度

美国证券市场在注册制下能够良好运行，其中重要的保障措施是具有良好的投资者利益保护的救济选择权（包括诉讼或放弃诉讼）、有力的 SEC 执法和司法部刑事诉讼。美国集团诉讼的机制是打击证券发行欺诈的强有力武器。[①] 美国 SEC 执法资源丰富和执法措施先进。如在 2012 年 SEC 总共约 12 亿美元的成本中，执法部花费达 4 亿美元，排名第一。提高执法人员从通用型向专业型转型，进一步提高执法的专业水平和效率；设立市场情报办公室，集中分析各种来源的大量情报，为执法提供有价值的线索；对积极配合的调查对象免于处罚或起诉，鼓励调查对象配合，加快执法过程，提高效率。设立举报办公室专门受理对证券违法行为的举报，一旦被举报案件最终判罚金额超过 100 万美元，则对举报人授予相当于判罚金额 10% ~ 30% 的奖励。[②] 根据美国司法部的年报，在 2011 年和 2012 年，进入刑事诉讼程序的证券欺诈案件分别达到 199 件和 181 件，有力打击了证券欺诈。

在我国《证券法》规定十分明确的民事赔偿制度也迟迟无法细化实施（如内幕交易民事赔偿），有的虽然实施但效果不佳（如虚假陈述民事赔偿）。如

---

① 根据斯坦福大学集团诉讼中心的数据，2001—2012 年，美国联邦法院受理的集团诉讼案件在 150 件到 498 件之间波动。其中 2001 年受安然等丑闻爆发的影响，达到 498 件。

② 该举报办公室在设立后的 2012 年就收到了 3001 条举报，平均每天 8 条；在 2012 年 8 月作出第一个奖励决定后，SEC 于 2013 年 10 月作出了一个高达 1400 万美元的奖励决定。

《证券法》第69条规定发行人、上市公司公告的招股说明书、公司债券募集办法、财务会计报告、上市报告文件、年度报告、中期报告、临时报告以及其他信息披露资料，有虚假记载、误导性陈述或者重大遗漏，致使投资者在证券交易中遭受损失的，发行人、上市公司应当承担赔偿责任；发行人、上市公司的董事、监事、高级管理人员和其他直接责任人员以及保荐人、承销的证券公司，应当与发行人、上市公司承担连带赔偿责任，但是能够证明自己没有过错的除外；发行人、上市公司的控股股东、实际控制人有过错的，应当与发行人、上市公司承担连带赔偿责任。因违反信息披露义务的民事赔偿制度，2002年12月26日最高人民法院发布了《关于审理证券市场因虚假陈述引发的民事赔偿案件的若干规定》，但实践中效果一般。而《证券法》第76条明确规定"内幕交易行为给投资者造成损失的，行为人应当依法承担赔偿责任"。但在这么长的时间内一直没有出台可以实施操作的细则，导致内幕交易的民事赔偿诉讼困难。《证券法》中第77条明确规定"操纵证券市场行为给投资者造成损失的，行为人应当依法承担赔偿责任"；第79条规定"欺诈客户行为给客户造成损失的，行为人应当依法承担赔偿责任"。这些民事赔偿都十分困难，更不要说学者们反复提出的证券集团诉讼制度等的制定和实施问题。在行政执法和证券刑事犯罪打击方面也还有很大的改进空间。

从民间诉讼、行政执法和证券刑事司法上看，目前可以改进的地方很多，没有这些基础法制的完成，期待企业自律、证监会放松核查，而使证券公开发行符合理想的美国式注册制状态，恐怕是困难的。

论证券发行注册制的理想与现实

金幼芳　李有星 *

摘　要

推进证券发行的注册制已经确立为改革目标，人们将美好的希望寄托在即将到来的制度变更。但现实是注册制的实现需要数年的时间，大量的企业希望开展 IPO，证券发行只能在现行《证券法》的框架内运行，证券发行市场各方参与者须基于现行规则运行。在理想的证券发行注册制的引领下，在核准制的条件下，应当改良证券发行的制度规则，为注册制实施创造基础环境。其中，可以推出的举措包括强化信息披露的审核、改良持续盈利能力标准、实现证券发行与上市分离、实现保荐人和承销商的分离、推行招标式证券定价制度、加强执法监督、强化责任追究等。

关键词：证券发行；注册制；核准制；实质审核；信息披露

★　本文原载于《证券法苑》2014 年第 11 期。金幼芳，浙江大学光华法学院博士研究生。

为贯彻党的十八届三中全会决定中关于"推进股票发行注册制改革"的要求，中国证监会在 2013 年 11 月 30 日发布的《关于进一步推进新股发行体制改革的意见》中明确提出，必须进一步推进新股发行体制改革，为实行股票发行注册制奠定良好基础。可以说，证券发行注册制的理想与我国实现这种制度的现实之间尚有较大距离，"实施注册制的市场条件若为 100 分，我国市场目前还不到 50 分"[①]。但也应当看到，不论在何种制度下，发挥市场配置资源的基础性作用、督促发行人做好信息披露、加大违规违法打击力度、完善投资者损害赔偿机制等等，都是发行监管制度的应有之义。在此背景下，以"推进股票发行注册制改革"为目标引领，本文对过渡期做好证券发行制度的完善进行了探讨。

一、注册制内涵的争议与共识

当我们将目标理想设定为证券发行注册制时，自然要弄明白证券发行登记制、注册制到底是怎么回事。国内教科书认为[②]，注册制是指发行人在准备发行证券时，必须将依法公开的各种资料完整、真实、准确地向证券主管机关呈报并申请注册。至于发行人营业性质，发行人财力、素质及发展前景，发行数量与价格等实质条件，均不作为发行审核要件，不作出价值判断。申报文件提交后，经过法定期间，主管机关若无异议，申请即自动生效。美国是采用登记制的代表性国家，在公司或属于某个公司的人或实体对该公司的

---

① 肖钢：《我们搞中国式注册制改革》，《上海证券报》2013 年 3 月 6 日。

② 国内教科书包括：周正庆主编：《证券知识读本》（修订本），中国金融出版社 2006 年版，第 154 页；叶林：《证券法》（第 3 版），中国人民大学出版社 2008 年版，第 142—143 页；陈岱松：《证券上市监管法律制度国际比较研究》，法律出版社 2009 年版，第 150—154 页；万国华主编：《证券法学》，清华大学出版社 2010 年版，184—186 页；周友苏主编：《新证券法论》，法律出版社 2007 年版，第 148—149 页；范健、王建文：《证券法》（第 2 版），法律出版社 2010 年版，第 100—101 页；李燕：《证券法学》，武汉大学出版社 2009 年版，第 100—101 页；陈界融：《证券发行法论》，高等教育出版社 2008 年版，第 86—87 页；冯恺、段威：《证券法教程》，中国人民大学出版社 2008 年版，第 96—99 页。

证券进行出售时，这些证券的潜在购买方应获得有关的财务资料及有关该公司的其他重要资料的充分披露，以便它们能作出知情的投资决定。一个公司上市，无须证券交易委员会或任何其他联邦管理机构的批准。任何公司，不论它有多大或多小，无论它是否盈利，无论它重要或不重要，均可上市，只要全面披露证券交易委员会要求的资料，当然，还要有一旦获得此种资料便要购买它的股份的人。简言之，在美国是市场而不是管理者决定什么样的公司可上市。[1]

另外一种观点认为，上述教科书上的描述是"流行的误解"。[2]理由有两点：其一，美国联邦证交会在判断实质信息与非实质信息的披露中，部分地开展实质审核；其二，美国在州一级层面的证券实质监管，才是联邦证券法披露监管哲学存在的基础。[3]对"注册制"误读误用，根源在于国内引入"注册"这个名词时，将美国证监会对证券公开发行申请的"注册"程序混同于美国准入市场完整意义上的"注册制"，导致概念上任意的扩大或缩小。对"注册制"各取所需、各执一词的价值判断造成各方面改革建议表面上认识趋同，实际上大相径庭的混乱状态。[4]实际上，美国证券发行注册制由三个层面组成：第一层面是美国证监会的发行审核，核心是"审"而不"否"（不因质量优劣而否决申请）；第二层面是交易所的实质审核，核心是"双否"，即对首次上市和维持上市地位（反面即退市）运用实质判断和行使否决权；第三层面是注册制实施的市场环境、司法环境等，包括占市场主导地位的理性投资者队伍、无处不在的集团诉讼、无孔不入的做空机构、有效到位的民事救济等。[5]

此外，就哪些国家（地区）实施注册制，学者们也表述不一。有认为"登记制是境外证券发行管理制度的重要形式，澳大利亚、巴西、加拿大、德国、

---

[1] 叶林：《证券法》（第4版），中国人民大学出版社2013年版，第99页。

[2] 沈朝晖：《流行的误解："注册制"与"核准制"辨析》，《证券市场导报》2011年9月。

[3] 周羽：《不要误读IPO注册制》，《上海证券报》2012年1月7日。

[4][5] 王啸：《我们需要什么样的注册制》，《上海证券报》2013年11月20日。

法国、意大利、荷兰、菲律宾、新加坡、英国和美国都采取登记制"[①]。但也有学者认为，"在美国之外的发达市场，包括欧洲大陆、我国香港地区以及 2000 年以来的英国都实行核准制"。

尽管对注册制内涵存在一定的争议，但一般认为注册制还是有一些基本的共同特点。首先，股票公开发行涉及广大公众利益，不论是注册制还是核准制都需要经过政府部门，或者政府授权部门的严格审核。其次，注册制的审核都以信息披露为中心，企业要公开发行上市，必须把所有信息最大限度真实、全面、准确地披露出来，不能挂一漏万，不能存在重大遗漏、隐瞒。再者，注册制实施后，意味着市场、投资者必须各负其责，因此对资本市场各方面的配套措施要求就更为严格。[②]

二、中国式注册制的借鉴模本与实现基础

（一）股票发行中注册制的借鉴模本

我国证券立法从来没有涉及"登记制""注册制"等制度性设计，倒是近年来为了避开"行政许可"的嫌疑，将许多希望具有行政管制色彩的行为设定为"备案""登记""注册""认可"等。美国所谓注册制，源于 1933 年《证券法》对公开发行证券的注册或豁免要求。了解美国注册制度的专家提出，美国实行注册制，不等于美国证监会完全撒手不管。在招股说明书审核方面，美国证监会可能比中国证监会管得还严，提出的问题更多、更尖锐。美国证监会提一两轮审核意见的很多，提十几轮审核意见的也不在少数。因此，实行注册制，不等于放弃监管。[③]

在注册审核的具体内容方面，美国证监会审核的是注册材料。美国发行人采用 S-1 表格（FormS-1），非美国发行人采用 F-1 表格（FormS-1）。

---

① 叶林：《证券法》（第 4 版），中国人民大学出版社 2013 年版，第 99 页。

② 许超声：《我们搞"中国式注册制改革"》，《新民晚报》2013 年 3 月 7 日。

③ 刘君：《美国证券公开发行如何做到注册制》，《中国证券报》2013 年 11 月 20 日。

这两个表格类似于我国证监会颁布的招股说明书披露准则，表格的核心部分是招股说明书。除了招股说明书以外，发行人还需要提供一系列附件，如章程、承销协议、其他重要合同等。附件不是招股说明书的组成部分，但是，附件是注册表的组成部分，需要提交给美国证监会审阅，放在美国证监会网站供公众查询。总体而言，适用于外国发行人的标准和适用于本国发行人的标准没有实质差异。《国际招股说明书披露标准》以及美国、欧盟和我国香港的有关披露规则都规定，发行人的财务报表和审计师出具的审计报告必须放在招股说明书中，成为招股说明书的一部分。发行人的财务报表和财务信息是投资者依赖的重要信息，必须作为招股说明书部分提供给投资者，以利于其作出投资决定。①

招股说明书正文是发行人的"作品"，招股说明书中包含的审计报告和财务报表是审计师的"作品"，因此责任主体和责任范围是非常清楚的。发行人对招股说明书正文，包括正文中对财务信息的披露承担责任；审计师对审计报告和经过审计的财务报表承担责任。审计师不对招股说明书正文的披露承担责任，不对正文中财务信息的披露承担责任；承销商对招股说明书正文承担责任，但有"尽职"作为抗辩（类似于我国的"无过错"抗辩），承销商不对经过审计的财务报表承担责任。财务信息的重要性不仅仅在于财务数字本身，还在于表述财务数字的上下文、背景。为了确保招股说明书中财务信息的准确性，满足自己"尽职调查"的义务，承销商需要自己做财务尽职调查，也需要审计师出具安慰函（comfort letter），对招股说明书中的所有财务数字进行圈阅，确认哪些数字是经过审计的、哪些数字没有经过审计。是否可以接受未经审计的财务数字、多大程度上接受，承销商通常会有一定

---

① 但是，我国证监会 2006 年颁布的《公开发行证券的公司信息披露内容与格式准则第 1 号——招股说明书》（即业内俗称的《1 号准则》）规定，财务报表和审计报告不属于招股说明书的组成部分，而是和法律意见书、公司章程一样属于"备查文件"，投资者可以到指定网站上查阅。在我国国内 A 股发行所采用的招股说明书中，投资者看不到财务报表和审计报告，只能通过招股说明书中披露的财务信息了解公司的财务状况、盈利情况。

的内控规则和程序加以约束。①

　　SEC 把注册材料的信息披露，尤其是招股说明书的信息披露作为几乎唯一的审核重点。美国 1933 年的《证券法》除了规定公开发行需要注册外，没有再规定其他任何发行标准，更没有规定上市标准，发行人需要遵守的上市标准留给交易所来制定和执行。SEC 对于含有招股说明书的注册表的审核还是很严的，提出的意见也会非常尖锐；若其不满意公司的回复，或者公司没有按照其要求修改招股说明书，SEC 可能会穷追不舍。SEC 的意见大致可以分为三类：一是常规类的问题，有提醒性质的，也有"对格式"对出来的问题，还有属于几乎每次都会被问到的问题；二是了解性的问题，有的时候，招股说明书的某些披露不清楚，或美国证监会负责审阅的人对相关行业的情况不太熟悉，就此会提出一些问题，对披露的内容和背景作进一步的了解；三是要求性或质疑性的问题，SEC 认为公司的披露不充分，相关的审阅人可能会直接要求公司作出披露，或者质疑公司为什么没有作出相应的披露，视公司回复的情况再作进一步要求。

　　从发行审核流程来看，发行人提交注册表后，美国证监会需在 20 个工作日之内给出反馈意见，之后每一轮均需遵守这个时限要求。发行人、承销商、律师在收到美国证监会的反馈意见后，通常也会尽早提交答复意见，需要修改注册表（招股说明书）时，则做出相应修改，提交修正案或修改稿。如果非常顺利，公司只需要提交一两份注册表的修正案，甚至不需要提交修正案，公司的注册表就差不多定稿了。如果不太顺利，公司可能要提交若干份修正案。具体需要提交几份，则主要取决于美国证监会给出几轮反馈意见。在审核完毕，美国证监会表示没有审核意见之后（此时还没有出具"批文"，宣布注册表生效），根据市场情况，发行人和承销商可以印刷初步招股说明书，披露价格区间，开始 2~3 周的路演。路演结束时，发行人和承销商确定

① 唐应茂：《高效、透明、友好的发行审核制度——〈证券法〉修改涉及的发行审核注册制问题》，《证券法苑》2013 年第 9 卷（上）。

发行价格，将价格填入招股说明书中，再次提交给美国证监会，美国证监会宣布注册表生效，发行人和承销商立即签署承销协议，当天股票在交易所上市，三天后完成价款交割，整个首发过程结束。在提交最终注册表之前两三天，公司还可以向美国证监会申请加速生效（acceleration of effective date），不用等到 20 天期满。美国企业的发行审核流程强调公开、注重沟通。公开提交信息是美国 1933 年《证券法》第 6（d）条就已确立的要求。公开的文件不仅包括招股说明书，还包括注册表要求的所有附件，比如公司章程、重大合同、中介机构如审计师和第三方的同意函等。在注册制下，发行申请文件从一开始就公开，发行审核流程像全程转播一样同步"直播"，哪一天发行人交了什么文件，哪一天美国证监会做了什么回复、提了什么问题，发行人什么时候修改了招股说明书、如何修改的，这都一目了然。公开的范围广、公开的时效强。从沟通来看，除了通过书面提问方式与发行人沟通外，一些沟通可以通过电话进行，审核员也愿意跟公司（通过其律师）交流。在具体项目的沟通上，审核员同发行人的律师和会计师打交道较多，基本不和承销商沟通。需要时，承销商可以通过其律师参与发行人律师同美国证监会的沟通。除了在进行具体项目时公司与证监会沟通以外，美国证监会还有其他公开渠道与业内人士保持沟通，回答业内人士问题，指导业内的实践。[①]

（二）股票发行注册制的实现基础

有观点指出，修改《证券法》最确定的内容无疑是重构公开发行审核制度，取消事实上的审批制，建立注册制。提出证监会要回归监管本位，主要职能是研究制定法律法规，设定市场准入制度，监管市场运行，确保市场公平，依法打击市场欺诈行为。发行上市公司及其证券的质量、信息真实性，由发行人负责，证券商和中介机构把关。

[①] 唐应茂：《高效、透明、友好的发行审核制度——〈证券法〉修改涉及的发行审核注册制问题》，《证券法苑》2013 年第 9 卷（上）。

但也应当看到，美国证券发行实行注册制度具有较完备的信用制度、较强的市场约束机制、健全的权利救济制度、占主导地位的机构投资者队伍、通畅的退市渠道等。相比之下，这些实施条件我国资本市场还未完全具备。第一，企业信用和诚信不足，典型表现为企业财务造假。拟上市公司会计薄弱、内控不力、信息披露质量不过关的现象比较突出，中介机构未恪守执业规则和未履行谨慎义务的问题时有发生。中国拟上市公司的造假技高一筹、胆大通天。通常由董事长亲自挂帅、管理团队齐心协力、中介机构置若罔闻或为虎作伥，主要客户甚至地方政府同情、配合，形成体外资金循环天衣无缝、虚增业绩与虚构现金流完美勾稽的"造假流水线"。从绿大地、新大地、万福生科到天丰节能，如出一辙。[1] 第二，公司治理质量不高。英美上市公司的股权比较分散，机构投资者占比量大，发挥较好的外部治理作用。以美国为例，近10年的美国上市公司中，9成以上公司大股东的持股比例在30%以下，在股东群体中机构投资者占据45%以上。[2] 但我国上市公司的股权结构集中度高，特别是创业板的大股东拥有的实际股份大多在50%以上。根据中国社科院《2011年中国上市公司治理评价报告》统计，大型上市公司的股权高度集中在前5大股东手中，持股比例分布在40%至80%之间。[3] 过度的股权集中，公司治理中出现两种常见情况：一是控股股东、实际控制人滥用控制权损害公司和小股东利益；二是董事、经理和高级管理人员滥用经营管理权损害公司和投资人利益。这种情况要改变需要时间。第三，中介诚信机制不足。我国实行保荐制度，但所有公司财务造假等案件反映出来的问题，基本上与中介机构的诚信度不足有关。例如，在新股发行中，2012年共有24人次保荐人或保荐代表人被证监会采取行政监管措施，同比增长60%。[4] 第四，损失赔偿救济机制缺乏。《证券法》规定的赔偿制度没有落实，

---

① 王啸：《我们需要什么样的注册制》，《上海证券报》2013年11月20日。
②③ 顾功耘：《以良好的上市公司治理支撑资本市场诚信》，《证券法苑》2013年第8卷。
④ 上海证券交易所法律部：《2012年证券市场法治述评》，《证券法苑》2013年第8卷。

证券诉讼机制不尽如人意，事后的救济、惩戒不足。第五，行政执法的权威性和有效性，也有待进一步提升。

我国的审核制度已经走了很长修正的路，现在的核准制度其实已经有注册制的成分。证券发行审核流程全面公开，预披露时间大大提前，证券发行的透明度全面提高；以信息披露为核心的监管体制逐步确立，盈利能力在新股发行审核中逐步淡化，信息披露是否真实、准确、完整成为发行审核的关注重点。① 股票 IPO 实行审核制还是注册制，并不是问题的核心，关键在于如何界定政府监管机构、交易所平台和其他市场中介的职责和义务，如何保证企业能够完整、准确、充分地披露相关信息。在那些实行注册制的市场，有些审查得比我们要严得多、细得多。我国登记在册的规模以上股份公司有数万家，完全放开使其自由到交易所上市很难操作。我们需要加快发展多层次的股本和债券市场，同时也要把审查重点从上市公司盈利能力转移到保护投资者的合法权益上来。②

三、注册制目标下的证券发行制度的改良

推进证券公开发行的注册制是一个过程。当前，应当改良证券发行的制度规则，为注册制实施创造基础环境，可以推出的举措，包括强化信息披露的审核、改良持续盈利能力标准、实现证券发行与上市分离、实现保荐人和承销商的分离、推行招标式证券定价制度、加强执法监督、强化责任追究等。

（一）推进信息披露为中心的审核制度

无论证券发行核准制还是注册制，投资者关注企业的持续盈利能力及相关风险披露的信息。无论哪种发行审核制度，都要以发行人的持续盈利能力及相关风险作为审核和披露的重心。在《证券法》修改前，注册制下一些良好的制度和规则，例如改良证券发行审核阶段的招股说明书格式、淡化企业

---

① 上海证券交易所法律部：《2012 年证券市场法治述评》，《证券法苑》2013 年第 8 卷。
② 龚雯、许志峰：《郭树清: IPO 审核制还是注册制不是问题核心》，《人民日报》2012 年 3 月 1 日。

营利性指标和企业业绩增长的指标要求、注重信息披露为中心的审核方式、改良企业持续性盈利能力评价标准和权重、注重企业风险披露、增强实质性信息审核、自由裁量权等，可以提前在核准制条件下加以运用。

我国的证券发行承担着许多非证监会、非证券发行本身能够解释的任务。《证券法》规定的发行审核时间是 3 个月内[1]，但是无所不包的合规性审核对审核期间的占用，必然导致时间较长。对此，关键是发行人本身的信息披露是否规范、真实、可靠。如部分企业存在出资瑕疵、股权不清、关联交易非公允性未充分披露、同业竞争未消除，以及产品销售、收入、利润等基础材料不真实完整等等，其披露信息的真实性审核时间就会延长。客观地讲，一个运行规范的股份有限公司，如果能够做到符合国家产业政策、财务数据真实完整、有可持续发展的预期，这样的公司股票发行审核时间一定是很短的。因此，提升发行申请人的自身恐怕也是一项最为需要和可能的事情。如果能够在制度设计上建立预沟通制度，就可以加快审核时间。

（二）实现证券公开发行和上市分离

证券发行中存在的一个问题是，证券发行与上市假分离、真联动。表面上《证券法》规定了证券公开发行审核在证监会，上市审核在交易所，但实践中确定发行时就可以预期上市。其实，证券公开发行后不一定非得上市。[2]解决新股发行与上市矛盾的办法就是：证券公开发行与非公开并存；证券公开发行与上市分离；证券公开发行并上市的采用"核准制"；证券公开发行不上市的采用"注册制"，证券非公开发行包括上市公司的非公开发行采用"注册制"。[3]

① 《证券法》第 24 条规定，国务院证券监督管理机构或者国务院授权的部门应当自受理证券发行申请文件之日起 3 个月内，依照法定条件和法定程序作出予以核准或者不予核准的决定，发行人根据要求补充、修改发行申请文件的时间不计算在内；不予核准的，应当说明理由。
② 邢会强：《论场外交易市场（拟）挂牌公司的公开发行》，《证券法苑》2013 年第 9 卷。
③ 李有星：《中国证券非公开发行融资制度研究》，浙江大学出版社 2008 年版，第 247 页。

在发行上市分离体制下，证券发行与上市是由不同的机构按照不同的标准进行审查的，一般是由证券监管部门审查发行资格，证券交易所审查上市资格，如美国、日本、韩国、澳大利亚等国以及我国香港、台湾地区均实行该制度。我国目前的《证券法》在立法层面实现了证券发行与上市的分离：中国证监会负责核准证券的公开发行申请，上海证券交易所和深圳证券交易所负责核准证券的上市交易申请。《证券法》不仅规定了发行与上市的分离体制，而且《证券法》第50条规定了分离的可能性，即证券交易所可以规定高于法律规定的上市条件，实际上就意味着可以选择不同的时间标准，如要求公开发行证券的发行人经过6个月或1年的市场检验期，再申请上市。也许许多包装作假的企业就无法达到上市的标准。但如果真的这样操作，可以解决企业融资发行市场与上市交易市场的分离。

（三）实现证券发行保荐人与承销商分离

承销商与保荐人的同一现象，直接导致发行人、保荐人与承销商三方不规范行为大大增加，影响股票发行审核质量，导致利益链条以及股票发行价格非市场化，三方成为利益共同体，串通式地损害公众投资者利益。证券发行市场的虚假陈述、内幕交易、不当竞争等等，都与承销商、保荐人的合一制度有关。建议将承销商与保荐人相分离，用招投标方式选择确定承销商。[①]（1）承销商与保荐人相分离，以单一身份履行职责。在我国目前发行与上市的体制和机制下，应当考虑在证券发行（至少是股票发行）中，采用保荐人与承销商主体分离，证券公司在同一公司IPO中要么担任保荐人，要么担任承销商，两者只能充当其一，履行发行环节不同职能。（2）加强主承销商与保荐人的制约功能设计。证券法规定的股票公开发行实质是两个环节：发行审核和销售，发行审核是一个实质意义上的融资权取得（具有行政许可的属性），而发行销售只是股票的买卖过程。发行人可以借助证券机构最专

---

① 李有星：《股票首发中承销商与保荐人分离的制度探讨》，《证券法苑》2011年第5卷。

业的销售能力完成发行，避免发行失败，投资者可以借助承销商发布的最直接的通俗易懂的销售信息而决策投资。保荐人与承销商之间要构成制约机制，实现《证券法》第31条规定证券公司核查并采取措施纠正的职责。（3）股票发行主承销商的招投制度。现行《证券法》第29条的规定是将选择承销商的权利交给发行人。在不改变现有法律规定的情况下，尊重发行人对公开发行证券的承销商的选择权利，但在程序上，有必要通过由证券商协会主持的招投标制度来完成承销商的选择。（4）明晰承销商义务与责任，合理区分责任标准。承销商义务性质上可分为三种：依据承销协议向发行人承担的义务、依据《证券法》的规定向投资者承担的义务和向证券监管机构承担的义务。[①] 在保荐制下，承销商与保荐人分离，我国承销商可以不采用过错推定的归责原则，而可以采用追究承销商责任的过错责任归责原则，适度减轻承销商责任，培育承销商发展成长。同时，重点解决承销环节的虚假推介、联合欺诈、协商报价和故意压低或抬高价格等商业营销中不当行为，解决不符合条件者参加询价、关联方参加询价的法律责任问题。

（四）完善保荐人制度

当前，为了达到公司业绩、利润、持续盈利能力等发行标准，部分保荐代表人或保荐机构成为欺诈发行股票公司等情况的帮凶，保荐人常常无法独立、诚信履行职责。可以借鉴的是，香港保荐制度的核心是保荐人完成尽职调查，确保发行人信息披露完整、真实、有效，而不是要求发行人保证营利性等上市条件和标准。所以，保荐人的功能是确保发行人完善信息披露，向投资者提供充分信息以作为购买股票的参考。香港的保荐制度是"单保制"，保荐机构下的个人不必承担保荐责任。[②] 我国内地在设立保荐制度之初，就开创性地实施了"双保制"，规定保荐机构应当指定2名保荐代表人具体负

---

① 王保树：《商法》，北京大学出版社2011年版，第313页。
② 苏盼：《注册制背景下的保荐人制度改革》，《证券法苑》2013年第9卷。

责1家上市发行人的保荐工作。对于保荐代表人责任的追究，内地的法律规定保荐代表人承担与保荐机构相同甚至更大的责任。保荐代表人只是保荐机构的专业职员，在保荐机构利益面前，保荐代表人不享有独立性。保荐代表人作为保荐机构的职员，往往无能力影响公司内部决策的作出，保荐机构与上市申请人、发行人"合谋"进行虚假陈述，保荐代表人反而承担了更为严重的责任，于理不合；对保荐代表人的处罚也包括了罚款等措施；但是保荐代表人个人没有足够的能力承担虚假陈述的责任，实际上也不能为投资者提供太大程度的保护。因此，建议取消保荐代表人制度，对相关法律法规进行修改。另外，要努力推进保荐收费公开化、透明化制度，保荐费不得与其他服务收费（如包销、定价等）混淆，不应取决于发行规模、发行成功与否，尤其保荐人与发行人之间对赌式收费条款应予公布，接受监督。

（五）确立多样化的市场化新股定价制度

证券法教科书中指出新股定价有三种制度：第一是市盈率法定倍数确定法。市盈率法定倍数确定法，简称市盈率确定法、市盈率法或者"本益率法"，是指以发行人每股利润与市盈率一定倍数的乘积作为股票发行价格。第二是竞价确定法。竞价确定法是指投资者在指定时间内，通过交易柜台或者证券交易所交易网络，以不低于发行底价的价格并按限额比例或者数量进行认购委托，申购期满后，由证券交易所将所有有效申购按照价格优先、同价位申报按照时间优先的原则，将所有认购委托由高价位向低价位排队，并由高价位到低价位累计有效认购数量，当累计数量恰好达到或者超过本次发行数量时的价格，即为本次发行价格。所以，通过竞价确定法形成的发行价格，是发行人售出全部股票的最高统一价格。第三是市场询价法。市场询价法是指发行人及承销商根据询价对象的询价反馈，确定发行价格的方法，主要适用于首次公开发行股票的场合。2012年曾经设想推出的"改良版的荷兰拍卖制"，是指按照投标人所报买价自高向低的顺序全额中标，直至满足预定发行额为止，中标的机构以相同的价格（所有中标价格中的最低价格）认购中标的股票数额。[①] 改良的荷兰拍卖制的好处在于，通过强化责任制约，可以避免机构联手形成垄断来操纵市场，从而获得暴利。在改良的制度下，机构参与者用实际认购的价格和数量来对自己的认购行为负责。这种报价本身就隐含了对高报价行为的惩罚机制，增加了询价对象高报价的成本，从而起到约束询价对象合理报价、不敢滥报高价的作用。[②] 就是在现有的《证券法》框架内，推行这种市场定价方式也没有制度上的障碍，并不违反公司法第 125 条关于同股同价的规定。

（六）按照大中小股东结构安排股票出售期限

我国股票发行中，针对控制股东、关联关系股东采取的股票出售锁定是一项有益的制度。大股东在三年内持股不变的公司，通常度过了波动期，接下来的时间除非公司遇到重大的市场变化、政策等原因，上市公司的质量可以得到一定保障。对此，最有效的制度是分层次对大中小股东确定市场出售"等待期"，同时对股东的出售实行数量限制，比如每次出让的股票数量为拥有股票的 1/10。现在对网下获配股份不设锁定期，不利于强化对市场主体的约束。不论在核准制还是注册制下，恢复确定特殊股东的市场出售"等待期"制度对我国股市是有利的。在我国，目前证券市场的公平，应主要体现在对社会公众投资者的权益保障[③]，而不是主要考虑机构投资者或者特殊路

---

① 假设某上市公司拟发行 1000 万股，报价最高的机构 A 为 30 元认购 500 万股，报价次高的机构 B 为 25 元认购 300 万股，报价第三高的机构 C 为 20 元认购 200 万股，则最后该股的发行价会确定为 20 元，且三家报价最高的机构将以 20 元的认购价得到全额配售，而无须采用抽签形式。假设报价第三高的有机构 C 和机构 D 两家，都是 20 元认购价，则将在优先全额配售机构 A 和机构 B 后，抽签决定剩下 200 万股的分配。

② 程林：《新股发行谋变改良式荷兰拍卖制有望推出》，《证券时报》2012 年 1 月 16 日。

③ 从证券登记中心的数据看，截至 2013 年末，我国股市开户总数为 1.6 亿，假设每人都开设深沪两个账户，则股市投资者人数大约为 8000 万，其中，资金数量在 10 万元以下的投资者占 85% 左右，股票市场投资以散户为主导。

径获得股票的特殊投资者。特别当二者权益出现冲突时，应当选择保护前者优先。三年锁定期会促使短期资金不认购新股，凡申购者必然认真研究公司三年后的情况，研究公司的真正投资价值，对公司是否存在欺诈、虚假信息等认真甄别。这样，价值投资得以提倡和确立，盲目的新股申购热潮会消退，只有有研判能力的投资者才敢于买新股。在三年锁定期间公司出了三份年报，公司的成长性、盈利能力和分红能力有了三年的考量，公司有无虚假包装也有了三个年头的检验，如果是真正的优秀公司，那三年后上市股价照样会上涨、大涨，这是价值投资的胜利。①

---

① 张书怀：《设法消弭"新股红利"为注册制铺平道路》，《上海证券报》2014年2月11日。

依股票公开发行端实质设计注册制度

李有星 *

────────────────

★ 本文原载于《证券法苑》2014 年第 12 期。

总的思路是依股票公开发行端实质设计注册制度，核准制和注册制是不同制度的选择，关键是注册制下的证券市场的生态环境要设计好，对可能和必然出现的副作用要有足够的配套制度应对。

一、注册制需要认真的试点探索

注册制虽然争议很大，但是大势所趋，在现实中国证券市场和法制环境的状况下，当务之急是做什么。是凭理论研究和国外经验设计出一套缺乏中国实践经验元素的法律制度，还是先搞个试点，搞注册制和核准制并行操作的试点？试点分两个方面：一是公司 IPO 试点；二是上市公司股票非公开发行试点。试点一两年后，再做全面推进，推动《证券法》对证券发行注册制度的规定。证监会 2013 年 11 月推出了《关于进一步推进新股发行体制改革的意见》的证券发行注册制尝试，这个意见内容尚不足以代表股票发行注册制的实质内涵，希望试点的力度大一些，在试点中发现问题、解决问题，最终提炼出好的可操作的制度内容。例如，注册制对应的交易所就应该是公司制而不是会员制；注册的机构到底是交易所还是证监会也有待考虑，当然目前状况看，证监会是注册主管机关的可能性更大。

二、准确定位股票公开发行端功能并设计注册制度

长期来，我们对股票公开发行端功能的认识是有偏差的，就是将股票公开发行与上市密切联系，公开发行就意味上市交易，公开发行与上市连在一起称为"发行上市"，IPO 就等于上市，上市就等于在上海或深圳证券交易所挂牌交易。在讨论股票公开发行注册制的时候，总是要把在证券交易市场上出现的问题与证券发行环节混在一起。

股票公开发行端的实质功能是什么？发行人通过市场化路径融资是主功能。在公司开展股票公开发行，申请取得发行权的实质是为了融资。没有融资就没有投资。没有融资的企业申请，投资者就没有信息来源和投资渠道，

更谈不上投资者保护。因此，归纳其实质功能是：发行人的公开市场化融资、监管机构的反欺诈和投资者保护，其连接点是信息披露真实、准确和完整。有人评价美国 SEC 发行端任务清楚，资源调配合理，专业化程度高。SEC 在发行端的任务就是要为投资者获取投资所需的信息提供便利。要了解发行申请人就需要专业、时间和合理的分工安排。注册制度下需要审核机构的权力下移，如下移给地方证监局，或者交由上市地的证券交易所。美国 SEC 在发行端关注的是信息披露质量，发行中的其他问题比如定价、配售、证券的权利、上市等事项，由市场自行决定。如果我国证监会采用的注册制的内涵仅仅是关注信息披露质量，可以由证监会派出的地方局承担更为实质的审核功能。因为地方局在申请人的所在区域，更容易内容核查，不论人员、时间、地点、沟通等都具有便利性。

三、推进信息披露为中心的审核制度，不应否定持续盈利能力要求

不论是核准制还是注册制，让公司便于市场化公开融资、让投资者获得投资所需的信息、反欺诈等都是相同的，无非实现的路径有所差异。美国 SEC 在发行端的工作是审阅注册文件，看其是否符合 SEC 制定的各种披露规则，并从投资者的角度对披露提出意见，帮助发行人提高披露质量。在审阅注册文件过程中，对于审核中发现的和投资价值相关的问题，SEC 会要求发行人进行充分披露，把它的高矮胖瘦、明疾暗患体现出来，供投资者自行进行风险判断。

注册制下，投资者同样关注企业的持续盈利能力及相关风险披露的信息。对股票发行来说，投机价值即是看发行人的持续盈利能力及相关风险。为保证信息披露反映了"投资者感兴趣的全部实质性信息"，必须对持续盈利能力及相关风险严格审核。因此，中、美的《招股说明书》核心章节，都聚焦于风险因素、业务与技术、管理层讨论与分析等方面的披露。无论哪种发行审核制度，都要以发行人的持续盈利能力及相关风险作为审核和披露的重心。

无论何种发行审核制度，均涉及大量的自由裁量权。根据注册制的完全披露原则，涉及证券投资价值的、与投资者决策相关的所有实质性信息都应当进行披露。在具体审核中，对于何为"实质性"信息，以及实质性信息是否得以真实、准确、完整的披露，需要在大量专业性、综合性的判断中运用自由裁量权。

四、强化交易所的审核功能，保障股票公开发行和上市分离，实现股票公开发行可持续

受证券交易市场的低迷而停止股票公开发行的情况已经出现 7 次，这是股票公开发行与上市不分离的直接后果。证券发行中存在的最大问题是"证券发行与上市假分离、真联动"，导致证券公开发行市场和证券交易市场的联动失败。表面上，《证券法》规定了公司证券公开发行审核权在证监会，上市审核同意权在交易所，但问题是实践中均是确定发行时就可以预期上市，因此，不少投机者敢于动用大量非自有资金（甚至借贷银行资金、民间资金等）进入股市的申购环节，明明白白的投机博利，毫无投资的打算。有趣的是有关 IPO 的规则也是《首次公开发行股票并上市管理办法》《首次公开发行股票并在创业板上市管理暂行办法》，给人公开发行并上市的直觉。其实，证券公开发行后不一定非得上市。上市也不等于只能在证券交易所挂牌交易，在场外交易市场挂牌交易也是上市。

《证券法》第 50 条规定了分离的可能性，即证券交易所可以规定高于法律规定的上市条件，如要求公开发行证券的发行人经过 6 个月或 1 年的市场检验期，再申请上市。也许许多包装作假的企业就无法达到上市的标准。注册制带来最大变化是交易所真正有审核能力，选择股票注册发行的部分真的好公司来上市。

五、按照大中小股东结构安排股票出售期限，有利于市场稳定

我国股票发行中，针对控制股东、关联关系股东和不同社会公众股东，而采取的股票出售锁定期限是一项有益的制度。大股东在 3 年内持股不变的公司通常度过了波动期，接下来的时间，除非公司遇到重大的市场变化、政策等原因，上市公司的质量一般比较有保障。股票公开发行中配套的有效制度是分层次对大中小股东确定市场出售"等待期"。同时，对股东的出售实行数量限制，比如每次出让的股票数量为拥有股票的 1/10。不论在核准制还是注册制下，确定特殊股东的市场出售"等待期"制度对我国股市是有利的。规定新股发行完成之后的锁定期越长越有效，锁定期是 3 年的，结果一定是短期资金不会认购新股，凡申购者必然认真研究公司 3 年后的情况，研究公司的真正投资价值，对公司是否存在欺诈、虚假信息等会认真甄别。建议《证券法》修改中，将注册制发行的股权结构安排与上市后兑现期限有一个制度性规定。

六、完善投资者保护的执法、诉讼制度，保障注册制良好运行

美国证券市场在注册制下能够良好运行，其中重要的保障措施是具有良好的投资者利益保护的救济选择权（包括诉讼或放弃诉讼）、有力的 SEC 执法和司法部刑事诉讼。美国集团诉讼的机制是打击证券发行欺诈的强有力武器。在我国，《证券法》规定十分明确的民事赔偿制度迟迟无法细化实施（如内幕交易民事赔偿），有的虽然实施但效果不佳（如虚假陈述民事赔偿）。另外，证券集团诉讼制度、行政执法和证券刑事犯罪打击方面还有很大的改进空间。

内幕信息重大性标准探讨

李有星　　徐鹏炯 *

摘　要

随着我国资本市场的迅速发展，自 20 世纪 90 年代开始打击内幕交易以来，不同法律规范对内幕信息定义中的首要因素——重大性的规定越来越混乱，尤其体现在具体如何选择理性投资者标准和价格敏感性标准、对证券价格"可能影响"和"实际影响"及其列举的方式与项目方面。通过比较法视野下抽象式、列举式和综合式三种立法方式的分析，结合我国现有法律框架和具体国情，建议兼采价格敏感性标准和理性投资者标准；明确主观敏感性标准；完善内幕信息列举事项，包括科学分类和改进已有的内幕信息事项，从立法上加以明确与改善。

关键词： 内幕交易；内幕信息；重大性；价格敏感性标准；理性投资者标准；综合式立法；证券价格

★　本文原载于《浙江大学学报》（人文社会科学版）2017 年第 3 期。徐鹏炯，厦门大学法学院硕士研究生。本文系国家社科基金重点项目（15AFX016）、浙江省社科规划优势学科重大课题（14YSXK01ZD）、温州大学金融综合改革协同创新中心资助项目"民间金融监管协调机制的模式创新研究"的部分成果。

中国的证券市场起步较晚，但发展迅速，内幕交易已经成为影响我国金融市场健康发展的一个阻碍。对于如何界定内幕交易，理查德·波斯纳在《法律的经济分析》中将其定义为："公司的经理或其他知情人以还没有向其他股东或外界公开的重要信息对其公司股票进行交易，以此获取利润。"[①]这一定义包含了内幕交易的三个基本构成要件：内幕信息、内幕人员以及内幕交易行为。内幕信息作为内幕交易的客体，也是内幕交易的前提和基础。因此，如何界定内幕信息是规制内幕交易的关键。"虽然学说及立法规定不尽统一，但重大性都是内幕信息认定的必要因素"[②]，如美国，重大性标准就是披露或戒绝的核心内容[③]。

我国对内幕交易的打击从 20 世纪 90 年代就已开始，2007 年以后相继出台了《证券市场内幕交易行为认定指引（试行）》（以下简称《指引》）、《证监会等部门关于依法打击和防控资本市场内幕交易意见的通知》（以下简称《意见》）、《上市公司信息披露管理办法》（以下简称《信披办法》）以及《最高人民法院、最高人民检察院关于办理内幕交易、泄露内幕信息刑事案件具体应用法律若干问题的解释》（以下简称《两高解释》）等规定，使越来越多的内幕交易行为受到了惩处。但由于我国证券市场起步较晚，发展时间较短，在借鉴其他成熟资本主义法域的相关规制时，并没有充分考虑到我国的实际情况以及体系化问题，从而导致适用上存在一些混乱，也影响了对内幕交易行为的有效打击。

一、我国内幕信息重大性标准的法律缺憾

我国对内幕交易的立法起步较晚，但在兼采其他法域经验的基础上采取了综合式立法，具有一定的先进性。然而，由于我国并没有深厚的资本市场

---

① 理查德·波斯纳：《法律的经济分析》，蒋兆康译，中国大百科全书出版社 1997 年版，第 543 页。

② 张小妮：《证券市场内幕信息重大性认定研究》，《私法研究》2014 年第 2 期。

③ B. J. Bondi, D. L. Steven. The Law of Insider Trading: Legal Theories, Common Defenses, and Best Practices for Ensuring Compliance. New York University Journal of Law and Business, 2012, 8: pp.151−201.

发展基础，立法者的理念不够清晰和明确，法律体系的逻辑严谨性也有所欠缺，因此，经过一段时间的发展，便产生了一些问题。目前亟须做的就是在不破坏原来立法的大框架下，理顺各层次法律规范对内幕信息重大性的认定，廓清其模糊和矛盾之处。通过审视我国现有的关于内幕信息重大性的法律规范和实践，可以将主要存在的问题归结为以下两个方面。

（一）立法层面

首先，《证券法》以"对证券市场价格有重大影响"来判断信息是否满足重大性①，容易产生歧义。这一表述中存在解释的空间，即"有重大影响"是信息可能对证券价格产生重大影响，还是实际上已经对证券价格产生了重大影响。也就是说，是否要求信息公开后必须引起价格变动，甚至价格升高。与此相应的，其他相关法规中的规定有：《股票发行与交易管理条例》第81条第15项中将内幕信息界定为"尚未公开的可能影响股票市场价格的重大信息"②，直接将内幕信息的重大性描述为可能影响股票市场价格。2007年证监会发布的作为其行政执法参照的《指引》第7条对内幕信息的定义与《证券法》第75条第1款相同，但其第8条列举内幕信息时又在第3项中包含了"中国证监会根据《证券法》第67条第2款第十二项授权而规定的可能对上市公司证券交易价格产生较大影响的其他重大事件"。在2010年证监会等部门出台的《意见》的第二方面中将内幕信息定义为，"内幕信息，是指上市公司经营、财务、分配、投融资、并购重组、重要人事变动等对证券价格有重大影响但尚未正式公开的信息"。《股票发行与交易管理条例》从

---

① 《证券法》第75条规定："证券交易活动中，涉及公司的经营、财务或者对该公司证券的市场价格有重大影响的尚未公开的信息，为内幕信息。"在最新的2015年4月20日出台的《中华人民共和国证券法（修订草案）》（以下简称《证券法（草案）》）第89条第1款中仍然沿用了这一关于内幕信息的定义。

② 《股票发行与交易管理暂行条例》（1993年起实施）第81条第15款："'内幕信息'是指有关发行人、证券经营机构、有收购意图的法人、证券监督管理机构、证券业自律性管理组织以及与其有密切联系的人员所知悉的尚未公开的可能影响股票市场价格的重大信息。"

1993 年开始实施，现在仍然有效，而《证券法》施行于 2006 年。后者属于全国人大制定的法律，而前者只是条例。《指引》作为行政法规，但内部表述也存在矛盾。从新法优于旧法、上位法优于下位法的角度看，应以《证券法》"有重大影响"为准，但这一表述具有模糊性，解释的不同也会导致适用的不同，因此，要明确内幕信息重大性必须首先解决这个问题。

其次，《证券法》内幕交易中的重大信息与信息披露中的重大性标准存在二元制的情况，容易引发争议。从《证券法》第 75 条的描述看，可以清楚地判断其采用的是价格敏感性标准。但从整个证券法体系看，《证券法》界定内幕信息时又从第 75 条转接到了第 67 条第 2 款的规定[1]，这说明我国对内幕信息的认定是与信息披露制度联系起来的，所以也存在着理性投资者标准。如《信披办法》中虽然第 30 条采用了价格敏感性标准[2]，但第 11 条和第 19 条都采用了"凡是对投资者做出投资决策有重大影响的"理性投资者标准[3]。此外，在《公开发行证券的公司信息披露内容与格式准则第 1 号——招股说明书》第 3 条、《公开发行证券的公司信息披露内容与格式准则第 2 号——年度报告的内容与格式》第 3 条、《公开发行证券的公司信息披露内容与格式准则第 15 号——权益变动报告书》第 4 条、《首次公开发行股票并上市管理办法》第 54 条中，都有"对投资者决策有重大影响"的规定。在这种二元标准的立法下，缺乏一个官方的解读，从而引发学界对重

[1] 目前的《证券法（草案）》中更是直接从第 89 条 2 款指向了第 142 条和第 143 条所列举的信息披露中的重大事件，并规定"本法第一百四十二条第二款、第一百四十三条第二款所列重大事件以及国务院证券监督管理机构认定的对证券交易价格有重大影响的其他重要信息皆属内幕信息"。
[2] 《上市公司信息披露管理办法》第 30 条第 1 款规定："发生可能对上市公司证券及其衍生品种交易价格产生较大影响的重大事件，投资者尚未得知时，上市公司应当立即披露，说明事件的起因、目前的状态和可能产生的影响。"
[3] 《上市公司信息披露管理办法》第 11 条第 1 款规定："发行人编制招股说明书应当符合中国证监会的相关规定。凡是对投资者作出投资决策有重大影响的信息，均应当在招股说明书中披露。"第 19 条第 1 款规定："上市公司应当披露的定期报告包括年度报告、中期报告和季度报告。凡是对投资者作出投资决策有重大影响的信息，均应当披露。"

大性标准不统一的争论。

最后，《证券法》在具体列举中存在列举不恰当与分类不够完整的问题。目前对内幕信息的列举主要集中在《证券法》第 75 条第 2 款："下列信息皆属内幕信息：（1）本法第 67 条第 2 款所列重大事件；（2）公司分配股利或者增资的计划；（3）公司股权结构的重大变化；（4）公司债务担保的重大变更；（5）公司营业用主要资产的抵押、出售或者报废一次超过该资产的 30%；（6）公司的董事、监事、高级管理人员的行为可能依法承担重大损害赔偿责任；（7）上市公司收购的有关方案；（8）国务院证券监督管理机构认定的对证券交易价格有显著影响的其他重要信息。"以及第 67 条第 2 款："（一）公司的经营方针和经营范围的重大变化；（二）公司的重大投资行为和重大的购置财产的决定；（三）公司订立重要合同，可能对公司的资产、负债、权益和经营成果产生重要影响；（四）公司发生重大债务和未能清偿到期重大债务的违约情况；（五）公司发生重大亏损或者重大损失；（六）公司生产经营的外部条件发生的重大变化；（七）公司的董事、三分之一以上监事或者经理发生变动；（八）持有公司百分之五以上股份的股东或者实际控制人，其持有股份或者控制公司的情况发生较大变化；（九）公司减资、合并、分立、解散及申请破产的决定；（十）涉及公司的重大诉讼，股东大会、董事会决议被依法撤销或者宣告无效；（十一）公司涉嫌犯罪被司法机关立案调查，公司董事、监事、高级管理人员涉嫌犯罪被司法机关采取强制措施；（十二）国务院证券监督管理机构规定的其他事项。"

根据现有的《证券法》，似乎只要符合了条文中所描述的情况就符合了内幕信息重大性标准，但实际上并非如此。有学者指出，有些事项未能加上重大的限制或者该事项本身与信息的重大性并无直接关联，这些项目应予以修改或调整。例如第 75 条规定的"公司的董事、监事、高级管理人员的行为可能依法承担重大损害赔偿责任"一项，上述人员如果只是因为个人生活中的行为而应当对他人承担重大损害赔偿责任，未必均会对上市公司经营或财务状况产生重大影响，也未必均会对证券市场价格或投资者的投资决定产生重大影响，而且这种事项发生的概率并不是很大，不具有专门予以列举的必要性，故应删除为宜。[①] 又如第 67 条中"公司的董事、三分之一以上监事或者经理发生变动"一项，实践中发生变动并不一定会对公司经营或财务状况产生显著影响，也就不会影响股票价格或投资者决策。所以应当加上限制，即变动对公司经营或财务状况产生重大影响。此外，根据我国《证券法》第 75 条的规定，"涉及公司的经营、财务或者对该公司证券的市场价格有重大影响的尚未公开的信息，为内幕信息"，从这一界定来看，似乎我国法律上的内幕信息分为涉及公司经营、财务和对公司证券市场价格有重大影响两大类。然而金融学者一般认为，影响股票市场价格的因素包括经济周期、资金供求、金融政策、公司经营、行业发展和人为操纵等[②]，由此，对证券价格有重大影响实际已经包含了公司经营和财务状况的重大影响，所以这一分类不具有合理区分性。从《证券法（草案）》看，其通过第 142 条和第 143 条将重大事件分为与股票相关和与债券相关两大类，具有一定的可区分性，但在周延性上仍存在不足。

（二）实践层面

法条中的法和实践中的法原本就会产生差异，而当法条中的法本身就存在问题，且映射到实践中的法时，必然会在现实中产生矛盾与错乱。

在内幕交易的法律责任承担上，由于我国投资者因他人内幕交易导致损失而进行索赔的民事诉讼渠道仍不通畅，所以主要集中在行政责任和刑事责任方面。其中又以行政责任为主，刑事责任承担相对较少，毕竟刑事责任是法律责任的最后也是最严重的一种，在适用的时候需要更加谨慎。故本文从行政处罚的角度来分析实践中的问题。根据《证券法》第 75 条，如果将内

---

① 肖伟：《内幕信息的法律界定模式》，《证券法苑》2014 年第 4 期。

② 李成主编：《金融学》，西安交通大学出版社 2008 年版，第 148 页。

幕信息理解为实际对价格产生影响，那么可以推出在内幕交易中当事人应当利用信息达到获利或避损的目的。然而，通过统计中国证监会官网公布的行政处罚决定书发现，从 2004 年到 2015 年 5 月 1 日的内幕交易处罚案例中，大部分内幕交易人确实通过内幕交易获利或避损，但在少量案件中交易人却出现了亏损，具体案例如下表。①

内幕交易行政处罚案例（2004 年—2015 年 5 月 1 日）

案号	姓名	信息类型	交易结果	处罚结果
2014（100）号	蔡素晖、冯浚汉	重大资产重组	亏损 712.29 元	处以 5 万元罚款
2014（72）号	王潍海、张庆兰、郑东永	资本公积金转增股本	王、张至调查结束时卖出，郑亏损 8913.09 元	处理后有违法所得没收违法所得，同时罚款 3 万元
2014（66）号	李之多	重大资产重组	亏损 8135295.22 元	处以 60 万元罚款
2014（48）号	王明华	重大资产重组	亏损 1806814.31 元	处以 60 万元罚款
2014（47）号	孔令敏、孔令强	重大资产重组	亏损 433503.15 元	处以 30 万元罚款
2014（28）号	姜胜芳等四人	重大资产量组	总计亏损 47213.87 元	共处以 10 万元罚款
2013（58）号	罗建荣、詹嘉绮	重大资产重组	亏损 101594.97 元	处以 3 万元罚款
2013（57）号	方振韶	重大资产重组	亏损 226863.76 元	处以 3 万元罚款
2013（39）号	江建华	股权收购	亏损 16439735.44 元	处以 40 万元罚款
2013（30）号	张海颜	全资子公司重大投资（收购目标公司百分之百股权）	亏损 43931.97 元	处以 3 万元罚款
2013（30）号	赵东生	全资子公司量大投资（收购目标公司百分之百股权）	亏损 34033.79 元	处以 3 万元罚款
2013（29）号	朱敖娣	重大资产重组	亏损 6399.29 元	处以 3 万元罚款
2013（28）号	朱维君	重大投资	亏损 9214.21 元	处以 3 万元罚款
2013（14）号	吴春永	重大资产重组	亏损 3159609.77 元	处以 30 万元罚款

---

① 信息来源于证监会官网，http://www.csrc.gov.cn/pub/zjhpublic/，2015 年 7 月 3 日。

续　表

案号	姓名	信息类型	交易结果	处罚结果
2013（4）号	谭淑智	控股股东国有股权转让，实际控制人发生变更	亏损 7525.22 元	处以 3 万元罚款
2013（2）号	李国刚	合资成立矿业公司（证监会认为属于改变经营方针和经营范围）	亏损 77766.86 元	处以 30 万元罚款
2012（54）号	马刚	签署《土地收回补偿协议》	亏损 13654.67 元	处以 3 万元罚款
2012（37）号	王建辉	投资组建新能源项目合资企业（证监会认为属于改变经营方针和经营范围）	亏损 62286.18 元	处以 5 万元罚款
2012（14）号	黄成仁	非公开发行股票	亏损 126.60 元	处以 3 万元罚款
2012（14）号	王东海	非公开发行股票	亏损 5755.15 元	处以 4 万元罚款
2011（57）号	岳远斌	重大资产重组	亏损 620330.49 元	处以 20 万元罚款
2010（40）号	柳驰威	重大资产重组	亏损 84789.44 元	处以 3 万元罚款
2010（40）号	倪锋	重大资产重组	亏损 1450323.93 元	处以 15 万元罚款
2010（40）号	北孚集团	重大资产重组	亏损 2086747.96 元	处以 50 万元罚款
2010（22）号	由春玲	重大资产重组	亏损 2320000.54 元	警告，并处以 60 万元罚款
2010（22）号	辽河纺织	重大资产重组	亏损 3950000.69 元	处以 30 万元罚款
2009（17）号	赵建广	获批免除财政局代为偿还的人民币债务	亏损 359059.01 元	处以 10 万元罚款

通过上表可以看到，内幕交易结果并非完全符合当事人预期，内幕交易行政处罚的实践也并不符合"实际产生价格影响的"的重大性标准。事实上，证监会对内幕交易的定性并不受交易后的实际结果影响，交易结果只影响处罚措施。证监会在这些处罚书中认定内幕交易时通常侧重描述交易主体、信息类型和交易行为，分别对应了内幕交易的三个构成要件，处罚书对产生亏损的原因基本不做说明，从中也可看出监管机构认为交易的实际结果并不影响其行为本身的性质，无论交易是否产生价格波动使行为人获得实际收益，都不影响对内幕交易的定性。此外，在证监会的执法中也存在不完全遵照价格敏感性这一抽象标准的情况，如在李际滨、黄文峰内幕交易案的行政处罚书中写道："上市公司未公开的对外股权投资分红方案是否属于内幕信息，应根据该项股权投资在上市公司整体资产、营业收入、利润构成中所占的比重、投资者对该分红方案的预期以及该分红方案与上市公司股票价格变动的相关程度等因素综合判断。"[①] 从这一表述中可以看到，"与上市公司股票价格变动的相关程度"只是考虑内幕信息的众多因素之一，这在某种程度上更接近于理性投资者标准，因为考虑的是影响投资者决策的因素。从列举式的角度看，它也超出了现有列举的事项，应当属于证监会被授权认定的内幕信息事项。

二、现行内幕信息重大性标准的认定模式

从世界主要国家和地区的证券立法看，对内幕信息"重大性"的认定，大致可归纳为三种模式：抽象式、列举式和综合式。抽象式是在立法或判例中确立一个基本准则，然后由法官据此针对个案情况作出判断，比如美国的理性投资者标准、欧盟的价格敏感性标准；列举式是在立法中明确地对重大信息进行较为详细的列举，凡符合所列举的情况即可判断为具有重大性的事实，如日本的规定；综合式是既规定总的判断原则，又对主要的重大信息进

---

① 参见《中国证监会行政处罚判决书》（〔2010〕29号）。

行列举，如我国台湾地区的有关规定。这三种模式都在结合本法域自身历史的基础上发展而来，各有其特点。

（一）抽象式

抽象式的重大性认定主要集中在一些金融资本市场发展历史较久、证券市场起步较早的西方发达国家，如美国、欧盟等。抽象式的优点是较为灵活，在个案的适用中具有很好的适应性和针对性；缺点是缺乏确定性，可预见性较差，容易使当事人无所适从，此外，在实际可操作性上也低于列举式。

在抽象式的认定中，存在两种标准：理性投资者标准与价格敏感性标准。

1. 理性投资者标准

理性投资者标准是在美国的判例基础上逐渐形成的。原因在于虽然美国禁止内幕交易的主要成文法有 1934 年《证券交易法》10b 条款以及由此而制定的 10b-5 规则、1984 年《内幕交易制裁法》、1988 年《内幕交易与证券欺诈执行法》以及 2002 年《萨班斯 - 奥克斯利法》，但法律规范较为概括且存在诸多不确定的法律概念，而且美国也是以判例法为主的国家。在美国的法律实践中，对内幕信息重大性的判断包含在实质性（material）的概念中，主要通过 SEC vs. Texas Gulf Sulphur（1968）[1] 案、TSC Industries vs. Northway（1976 "TSC"）[2] 案和 Basic Inc. vs. Levinson（1988）[3] 案一步步确立"理性投资者标准"的权威解读，即"如果一个理智的投资者做出投资决定时，可能认为这个被忽略的事实是重要的，那么它就是重要的"。但理性投资人标准过于抽象，为了弥补这一不足，美国法院在适用理性投资人标准时，还要考虑两个具体要素：一是影响的"可能性"，二是影响的"重大程度"。

理性投资者标准的优点在于其具有较强的灵活性，能较好地适应内幕交易惩处实践中出现的新情况、新问题。另外，理性投资者标准强调的是以投

---

[1] 401 F.2d.849 (2d.Cir.1968).

[2] 426 U.S.438, 96S.Ct.2126, 48L.Ed.2d757 (1976).

[3] 485U.S.224, 108S.Ct.978, 99L.Ed.2d194 (1988).

资者的判断为中心，对于保护普通投资者的利益而言具有十分重要的意义，也与证券法保护投资者合法利益的宗旨相一致。但也正是由于这一标准的主观性，给了裁判者以较大的自由裁量空间，可能会因判断主体的不同而得出不同的结论。此外，主观标准对投资者进行了理性假设，具体到个案中，作为判断依据的理性人标准的适用要受到一定限制，因为"这里所涉及的问题并不是普通的毫无利益联系的第三人的标准，恰恰应当是'身临其境'的当事人——发行人和投资者的独特判断"[1]。但在不同的个案中，投资者肯定存在个体差异，判断能力也必然有别，同一信息对不同投资者的影响程度也自然不同。正因为如此，在这一制度最成熟的美国仍然有不少学者指出：抽象地表述重大性标准非常容易，但要在具体个案中加以运用却极为困难。[2]

2. 价格敏感性标准

价格敏感性标准的典型法域是欧盟，欧盟内幕交易法制最重要的规范是2003年颁布的《禁止内幕交易和市场操纵（市场滥用）指令》（以下简称《禁止市场滥用指令》）。在作为2003年《禁止市场滥用指令》实施细则之一而制定的《内幕信息定义与公开披露和市场操纵定义指令》（以下简称《定义指令》）中明确规定：所谓"如果该信息被公开，将很可能会对金融商品或金融衍生产品的价格产生重要影响"，是指"一个理性投资者将很可能会将其作为投资决定基础的一部分"。而一个理性投资者在做出投资决定时是否可能会考虑特定信息，则应当根据该信息公开前的情形加以判断，具体而言，应当考虑如下因素：（1）系争事项或事件对整个公司活动所带来的预期影响；（2）信息与金融商品价格的主要决定因素之间的相关性；（3）信息来源的可靠性；（4）影响金融商品价格的市场变量（包括价值、收益、波动性、流通量、金融商品之间的价格关系、交易量、供给量、需求量等）。[3]

---

① 齐斌：《证券市场信息披露法律监管》，法律出版社2000年版，第156页。

② J. C. Coffee, J. Seligman, H. A. Sale. Securities Regulation: Cases and Materials. New York: Foundation Press, 2007.

③ 曹理：《证券内幕交易构成要件比较研究》，吉林大学2013年民商法学专业博士学位论文。

因其指向价格，故也被称为价格敏感性（price sensitive）。价格敏感性标准有两个要点，首先，对价格敏感性的判断是只要对价格或交易行情具有重大影响的可能性，无论该影响是否已经发生或显现，都应当予以认定；其次，此信息对价格或行情的重大影响是具有决定性的，但这种影响不是绝对的，实践中仍然存在价格敏感性信息披露后，市场反应不明显的情况。实际上，"欧盟现行关于内幕信息重大性判断标准及其考量因素的法律规定在很大程度上借鉴了美国法的相关经验"[1]，"在对信息重大性的判断上不再局限于交易价格，将影响价格的其他因素也考虑在内"[2]。

价格敏感性标准突出了证券价格变动的客观性，很多情况下可以有效地衡量信息重大与否。其优点在于现实性强，由于直观易查而在实践中具有很强的操作性；标准的确定也简便易行，利于裁判者直接适用。缺点在于，首先，适用价格敏感性标准最好的基础条件是一个强式的有效市场。在市场有效的前提下，如果出现信息不对称的情形，投资者在信息公开前根据提前获取的信息买卖证券，从而获利或避损，对其他不知情的投资者而言就违背了公平交易原则。[3] 但如果在一个弱式或半弱式的有效市场下（这在世界范围内恰恰属于多数），这一标准的适用则有明显缺陷。其次，在一些极端情况下，如新发行上市的股票，由于并没有历史交易数据，价格敏感性标准显然是无用武之地的。此外，很多时候几个百分点的变化对小股而言可能微不足道，但发生在大股上，却有可能因为这只股票的性质和规模而被认为是重大变动。如美国学者就计算出"在5%的显著性水平上，纽约交易所的大型公司股价在一天之内的变动幅度超过2.86%，则出现了异常；在同样的显著性水平上，

[1]　G. A. Ferrarini. The European Market Abuse Directive. Common Market Law Review, 2007, 41(3): 711-741.

[2]　盛学军：《欧盟证券法研究》，法律出版社2005年版，第206页。

[3]　张鹏：《内幕交易规制的理论及实务疑难问题研究》，《法律适用》2015年第3期。

纳斯达克小型公司的价格波动要大到 10.02%，才能判定为异常"①。从这个角度看，价格敏感性标准看似客观，其实也存在主观判断的问题，同时也缺乏对投资者的直接关注。

3. 融合趋势

总的来看，理性投资者标准和价格敏感性标准是目前世界上判断内幕信息重大性的两种主要标准，也是争论最多的两种标准。但也有人认为这两者并没有本质上的差异，所体现的仅仅是文字背后的角度和立场差异。因为"对证券价格产生重大影响的信息也不可避免地会影响到投资者的投资决策，反之对投资者的投资决策有重大影响的信息也往往会影响证券市场价格"②。如果一个信息被认为很可能影响证券市场价格，那么这必定会成为一个理性投资者在做出投资决策时的重要考虑因素。还有学者认为，在一个市场有效、监管健全的证券市场中，投资者决策与证券价格之间并不存在冲突或对实际适用存在不同含义，它们仅仅是从不同的角度关注和强调同一个问题。在一个有效的市场里，信息的传递必然是灵敏的、连续的。证券价格对信息的反应无论如何迅速与充分，也必须借助投资者作为中介。投资行为是传递信息并使之反映为市场价格的媒介。因此，本质上这两种标准不具有冲突性。③这种观点也反映在一些法域的立法和司法实践中。如欧盟《内幕信息定义与公开披露和市场操纵定义指令》，其第 1 条 b 款规定："《反市场滥用指令》第 1 条第 1 款所述的'信息一旦公开，可能对金融工具或相关衍生性金融商品的价格有重大影响'一节，应指理性投资人可能用于做出投资决策的信息。"美国法院在 Basic Inc. v. Levinson 案中也认为："最近的经验研究表明国会的假定是正确的，即在一个较为成熟的市场上，股票的市场价格反映了所有公

---

① R. M. Jonathan, P. M. Geoffery, L. M. Mark et al.. Lessons from Financial Economics: Materiality, Reliance, and Extending the Reach of Basic v. Levinson. Virginia Law Review, 1991, 77(5): 1017-1049.

② 孟翔《论证券信息之"重大性"标准认定》，中国政法大学 2004 年法律硕士学位论文。

③ 齐斌：《证券市场信息披露法律监管》，法律出版社 2000 年版，第 173 页。

开的信息，也就反映了误导性陈述的重大性。"[①] 也有美国学者总结道："对于理性的投资者，在《1933 年证券法》第 11 条、第 12 条或《1934 年证券交易法》10b-5 规则项下的诉讼中，股票价格的百分比变化（净市场变动）较之总资产、净收益、总销售额百分比变化在测算错误陈述或遗漏的重大性时，可能是一种更有意义的方法。"[②] 还有像我国台湾地区，直接用一个"或"字将两者合用起来。由上述可见，理性投资者标准和价格敏感性标准的融合趋势日渐显现，以克服各自短板。

（二）列举式

日本是典型的列举式，在立法中明确对重大信息进行了类型化、层次化的详细列举，几乎涵盖了所有可以想到的具有重大性的信息。二战后日本证券法主要经过 1988 年、1997 年和 1998 年三次修改，其中都规定了禁止内幕交易事项，2006 年日本制定了统一的《金融商品交易法》，对内幕交易的规制也主要以此为据。《金融商品交易法》第 166 条规定："内幕信息指上市公司有关业务的重要事实。"日本"上市公司有关业务"总括了内幕信息，并没有明文规定价格敏感性或理性投资者标准。同时在同一条第 2 款中规定："前项中规定的有关业务的重要事实是指如下事实（第 1 号、第 5 号及第 6 号所列事实中，对投资者的投资判断影响轻微而不符合内阁府令规定的标准者除外）……"这些与业务有关的重要事实主要包括决定事实、发生事实、

---

① 485 US 224 (1988), at 246.

② 路易斯·罗思、乔尔·赛里格曼：《美国证券监管法基础》，张路等译，法律出版社 2008 年版，第 428 页。

决算事实和补充条款四个方面。① 此外，"根据大藏省第 10 号法令，如果某项事实对投资者决策不会产生实质性影响，则应当从《金融商品交易法》所列的重要事实中排除"②。由此可见，日本主要通过将内幕信息类型化和量化列举的方式涵盖了不同层次的内幕信息，虽然没有明确对概念下定义，但通过兜底款项中的理性投资者标准作为补充。

列举式的优点是清楚明确，易于执行和分辨，但由于不可能穷尽所有已知和未知的具有重大性的内幕消息，"如果市场状况比较复杂，随着交易手段的不断丰富，内幕交易行为也变得越具有多样性和隐蔽性"③，也就无法涵盖新的类别，造成难以周延的情况，适应性较差。不过，2006 年的《金融商品交易法》中规定了重大事实的概括条款，同时对行政机关进行了授权以补充新出现的状况，这在很大程度上弥补了列举式立法的不足。日本的列举式立法毕竟经历了相当长的时间，其范围已相当广阔，大多数内幕信息重大性的判断根据已有的列举即可解决。

（三）综合式

综合式立法既规定了非常细致而具体的重大性判断事项，又在法律中明确规定了抽象式的判断标准作为兜底，并且将理性投资者和价格敏感性两种标准都纳入其中。台湾地区证券交易相关规定第 157 条之一第 4 项规定："第一项所称的有重要影响股票之消息，指涉及公司财务、经营、证券市场供求，

---

① 决定事实是指与公司的意思决定相关联的事实，该类事实一旦发生，必然对公司证券产生影响。发生事实是指与公司的意思决定无关的事实，如灾害或因业务状况不良而产生的损害。除去影响显著轻微者外，该类事实的发生一般会对公司证券造成影响。决算事实是指公司的决算情报或预算业绩与最近的预算值、实际值相比产生显著差异时，该类事实中的重大事实才符合内幕信息的标准。补充条款是指其他与公司运营、业务或财产相关的重要事实，该类事实中对投资者的投资判断造成显著影响的才符合内幕信息的标准。芝原邦尔：《经济刑法研究》（下卷），（东京）有斐阁 2005 年版，第 662 页。
② 贺绍奇：《"内幕交易"的法律透视》，人民法院出版社 2000 年版，第 22 页。
③ 井涛：《内幕交易规制论》，北京大学出版社 2007 年版，第 9 页。

对公司证券价格有重大影响或对正当投资者投资决策有重要影响的消息。"
该规定的《施行细则》第 7 条罗列了 9 项对股东权益或证券价格有重大影响
的事项。[①] 除上述列举外，其余未涉及的事项以补充条款——"其他足以影
响公司继续营运之重大情事者"[②] 进行解释。此外，《台湾证券交易所股份
有限公司对上市公司重大讯息之查证暨公开处理程序》第 2 条对《施行细则》
第 7 条所列事项做了进一步细化，不仅涉及公司本身的信息，还涉及关联公
司的信息。

这样立法的好处是，"它既有一般的原则，可以作为授权立法的基准，
也可以在法律还未列明或有遗漏时作为一般司法的依据；又有具体事项的列
举，为守法和执法提供了具体的指引。可以说，这种立法模式既是对国外立
法经验的综合借鉴，也是对证券立法的一种发展"[③]。内幕信息的重大性作
为一个概念，必然兼备内涵和外延，仅有内涵而无外延或者反之，都会存在
缺陷。概念的内涵就是反映到概念中的事物的本质属性，概念的外延就是反
映概念的事物的数量和范围。通过这种概括加列举的方式，可以最大限度地
完善对内幕信息重大性的认定。

三、我国内幕信息重大性标准的重构

通过对域外内幕信息重大性标准的考察分析和对域内理论、实践的思考，
针对存在的问题，在坚持综合式立法的基础上，可以从以下三个方面着手。

---

① 分别为："存款不足之退票、拒绝往来或其他丧失债信的情形；因诉讼、非讼、行政处分或
行政诉讼事件，对公司产生重大影响；严重减产或全部部分停工、厂房或设备出租、全部或部分
资产质押对公司产生重大影响；《公司法》第一百八十五条第一项所列情形；法院依《公司法》第
二百八十七条第一项第五款规定裁定股东禁止转让的；董事长、总经理或三分之一以上的董事发生
变动；注册会计师发生变动；订立重要合同、改变经营计划、完成新产品开发或收购其他企业；其
他对公司营运产生重大影响的情形。"

② 杨亮：《内幕交易论》，北京大学出版社 2001 年版，第 181 页。

③ 胡光志：《内幕交易及其法律控制》，西南政法大学 2002 年经济法专业博士学位论文。

（一）兼采价格敏感性和理性投资者标准

对于这个问题，首先要明确的是需要披露的信息和内幕信息中关于"重大"的标准实质上具有一定的一致性。美国禁止内幕交易的立法主要是反欺诈条款，而证券交易法中的反欺诈条款的目的是防止诈骗普通投资者，效率是一个不太重要的目标。甚至有美国学者提出过"鼓励迅速披露企业的所有信息，这个规则将会消除内幕信息。如果所有信息立即向公众披露，那么所有交易方将能获得同样的信息"[①]。另外，披露制度是希望达到这样一个规范性功能，即减少内部人员通过延迟报告、错误报告或误导性报告操纵证券价格而对投资者造成诱惑。[②] 也就是说，信息披露制度也具有防止欺诈投资者的功能。故而两个制度在保护投资者免受欺诈上有共同之处，这也是为什么立法和判例上对信息公开披露的标准也可以用来讨论内幕信息的界定标准。尽管信息披露制度还有出于效率、披露成本的考虑，也允许公司保留商业秘密，其披露的法定事项不完全等同于内幕信息范围，但两者在重合部分即"重大性"事项上具有一致性。

明确了上述认识后，再看我国目前理论和实践中关于内幕信息重大性最为激烈的争论：价格敏感性与理性投资者标准的选择。这两种最为经典的标准经过几十年甚至上百年的发展，各有利弊，关键是看是否适合本国法律制度和证券市场的发展。我国学界有很多文章都是通过分析这两种标准的优劣来做出一种单一的选择。如盛学军认为从内幕信息的内幕和范围上看，价格敏感性标准更能囊括复杂的市场信息，信息即使无法很快反映到证券价格上，但从长期看会对整个市场投资者产生重大影响。[③] 李有星、董德贤则认为，证券市场上的理性投资者在投资决策时会参考很多因素，如发行人的未来前

---

① C. M. Gorman. Are Chinese Walls the Best Solution to the Problems of Insider Trading and Conflicts of Interest in Broker-Dealers. Fordham Journal of Corporate & Financial Law, 2004, 9(2): 475-499.

② V. Brudney. Insiders, Outsiders, and Informational Advantages under the Federal Securities Laws. Harvard Law Review, 1979, 93(2): 322-376.

③ 盛学军：《欧盟证券法研究》，法律出版社 2005 年版，第 179 页。

景、投资的市场环境等。而证券价格变化幅度标准考虑的只是系争信息公开后是否"可能会对证券价格产生重大影响"这一项，无法涵盖其他因素，特别是不能适用于以下情形：内幕人实际使用内幕信息进行了证券交易，导致证券价格在信息公开之前就已经有了较为明显的变化，但在信息公开后，其价格不再有进一步的涨跌。此种信息显然具有重大性，但证券价格变化幅度标准对此却无法规制，不利于有效打击内幕交易行为，而以美国为代表的理性投资者标准则可以避免这一缺陷。[①] 这种将两种标准分别考虑的方式其实不妥。事实上，笔者认为价格敏感性与理性投资者标准看似差异较大，实则有着很大联系。一方面，如果处在一个有效市场中，那么证券价格和投资决策自不必说，价格可以反映有关发行人的所有信息。影响理性投资者决策的信息会因为决策行为的发生而最终影响证券价格，可能影响证券价格的信息也会同时影响投资者决策。即使处在一个半有效的市场中，股价最终是在投资者决策的博弈过程中形成的，理性投资者在购入证券时的目的是实现收益，即股价上涨，投资者对信息进行筛选也是因为信息可能影响股票的价格。同时，理性投资者分析信息后做出投资决策，最终价格依靠众多投资者的投资决策而形成，两者相辅相成。

总的来看，就是信息公开后，理性投资者分析信息，做出决策，决策影响价格，价格又会影响决策，所以投资决策和价格波动只是不同层面和不同阶段的内容。另一方面，无论单独采取两者中的哪一种标准都存在固有缺陷。从世界范围看，无论是在美国，还是欧盟或中国台湾地区，融合性已经成为趋势。因此，笔者建议将我国内幕信息重大性的概括标准定义为："对证券价格可能造成重大影响，或很有可能对理性投资者的投资决策产生重大影响的信息。""这就为执法和司法机关查证内幕交易新增了一条可供选择的途

---

① 李有星、董德贤：《证券内幕信息认定标准的探讨》，《浙江大学学报》（人文社会科学版）2009 年第 6 期。

径，有利于对内幕交易行为的查处和打击。"① 与此同时，在《证券法》中通过列举的方式，以类型化加具体事项的办法，在借鉴日本、我国台湾地区列举模式的基础上详细地列出应当被认为构成重大性的事实。另外，通过《证券法》的授权，证监会可以及时将实践中出现的新的内幕信息类型以"指引"等方式发布，作为补充，以弥补列举的不可穷尽性，这也很好地利用了行政规定弹性优于法律的特点。

（二）明确主观敏感性要求

概念本身并没有意义，只有在解释和适用时才被赋予意义，而不同层级之间的法律法规存在交错和冲突也是法律体系发展过程中的必然。进行法律解释，考虑的是法律修改尤其是基本法律的修改所需要的成本和难度。只有在现有法律框架内无法通过任何一种法律技术来适应实践中出现的问题时，才需要真正考虑法律的直接修改。

有文章根据对证券价格"可能"还是"实际"产生影响，将价格敏感性标准区分为主观价格敏感性和客观价格敏感性标准。② 本文采用这一观点，同时认为应当将《证券法》第75条中的"对证券价格有重大影响"解释为"对证券价格可能有重大影响"，即主观敏感性标准。如此解释的理由在于：首先，从文义解释的角度，"有"字可以解释为"可能有"或者"实际有"，至于最终如何理解则要借助其他解释方法综合判断。其次，从体系解释的角度看，《股票发行与交易管理暂行条例》现行有效，因此，"可能对价格产生重大影响"的标准仍然现行有效。《指引》对内幕信息的列举中也包含了"中国证监会根据《证券法》第六十七条第二款第（十二）项授权而规定的可能对上市公司证券交易价格产生较大影响的其他重大事件"，所以解释为"可能"有其体系合理性。再次，通过前文中证监会实际处罚案例可知，由

---

① 井涛：《内幕交易规制论》，北京大学出版社 2007 年版，第 260 页。
② 华花：《中国证券市场内幕信息重大性标准研究》，华东政法大学 2014 年经济法专业硕士学位论文。

于市场具有复杂性，列举信息的披露并不绝对产生影响价格波动的实际结果，所以内幕交易的认定并不以信息公开后价格实际影响股价为要件。从内幕交易构成要件上看，包括内幕交易主体、内幕信息和内幕交易行为，内幕交易行为中也包括行为人的主观故意。[①] 如果将实际波动作为信息重大性的标准，则等同于只有利用非公开重大信息并产生实际损害的交易行为才属于内幕交易。这显然违背内幕交易本身的理论基础和以公平为原则的立法目的，损害结果只能用作考量内幕交易的情节，这也体现在《两高解释》第 6 条、第 7 条中将证券交易交易额、获利或损失数额视为"情节严重"和"情节非常严重"的考量标准。如果采取"实际影响"的要求，那么很多具有社会危害性的内幕交易都将被排除在外。另外，根据有效市场理论，中国目前的证券市场并不是一个强式有效市场，不具备完全的信息吸收能力，行为人在行为结束后要经过一段时间的合理等待才能判断自己的行为是否属于内幕交易，这显然是不合理的。最后，从比较法上看，"可能"说是很多国家立法中所采用的，如欧盟、英国等。虽然我国台湾地区相关规范明文规定的表述是"公司证券价格有重大影响或对正当投资者投资决策有重要影响的消息"，但台湾地区学者在解读"其他足以影响公司继续营运之重大情事者"时，多将其解释为可能对投资者决策产生影响的信息。[②] 这也从侧面反映出其在价格敏感性标准上偏向于主观认定。事实上，在《证券法（草案）》中，这一观点虽然在定义部分没有明确，但已经得到了一定的采纳，即在第 142 条和第 143 条的

---

① 杨亮：《内幕交易论》，北京大学出版社 2001 年版，第 218 页。

② 贺绍奇：《"内幕交易"的法律透视》，人民法院出版社 2000 年版，第 25 页。

重大事件列举前明确了"可能对价格产生重大影响"①。

（三）完善内幕信息列举事项

1. 科学分类

在对概念进行定义时，概括加列举能很好地将可能的情况都囊括在内，既包括抽象角度，又包含具体层面。但不能将抽象与具体割裂开来，这中间需要有一个层层递进的体系化结构才是一个连续的完整定义。所以在列举中，必须要有层次观念，即在最为具体的事项上有一个类型化的初步抽象，在这一点上，日本与我国台湾地区的做法值得借鉴。通过上文可知，以列举式为主的日本，将"与业务有关的重要事实"分为决策事实、发生事实、预测事实、和补充条款四类，前三类主要是围绕"重要事实"展开的细化列举②，相当详细。最后一类是授权行政机关根据抽象标准进行补充而留下的兜底项。

---

① 《证券法（草案）》第142条第1款规定："发生可能对上市公司、股票在国务院批准的其他证券交易场所公开交易公司的股票交易价格产生较大影响的重大事件，投资者尚未得知时，公司应当立即将有关该重大事件的情况向国务院证券监督管理机构和证券交易场所报送临时报告，并予公告，说明事件的起因、目前的状态和可能产生的法律后果。"第143条第1款规定："发生可能对公开交易债券的交易价格或者发行人的偿债能力产生较大影响的重大事件，投资者尚未得知时，发行人应当立即将有关该重大事件的情况向国务院证券监督管理机构和证券交易场所报送临时报告，并予公告，说明事件的起因、目前的状态和可能产生的法律后果。"

② 原日本《证券交易法》第166条第2项，"业务等关联重要事实"如下揭各项：一、基于公司决策的重要事实：（一）股票，可转换公司债，附新股认购权公司债券之发行；（二）注册资本的减少；（三）依照商法的规定，取得自己的股份；（四）股份的分割；（五）盈余分派或商法第二百九十三条之五规定的全营业年度的金钱分派，但限于分派金额与分配方法与最近的盈余分派或金钱分派不一致；（六）合并；（七）营业之全部或一部分之让与或受让；（八）解散（因合并所发生之解散除外）；（九）新产品或新技术的上市；（十）业务上的帮助及其他依政令规定相当于（一）至（九）之事项。二、基于一定事实发生的重要事实：（一）起因于灾害或业务的损害；（二）主要股东的变动；（三）使证券上市终止或登记取消的事实；（四）依政令规定相当于（一）至（三）之事项。三、有关公司预测的重要事实：公司的销售额、盈利或公司因新的测算所产生的净收益的实质性变化，或目前财政年度的净收益与以前公布的最近预测相比较（在没有该预测时，前一财政年度公开的情况）发生的实质性的变化。四、其他有关公司之营运、业务或财产的重要事实，足以显著影响投资人投资判断者。

我国台湾地区"证监会"在 2010 年的《重大信息管理办法》中则将重大信息分别从涉及公司之财务、业务，涉及该证券之市场供求，涉及重大影响公司支付本息能力之消息三方面进行了列举。这样在抽象与具体之间加入了半具体化的概念，使实务操作非常方便。另外，欧盟将内幕信息分为直接与金融工具发行人或金融工具有关的信息和间接与之相关两类，前者包括盈余分派、增减资的决定、新技术或产品的研发、经营阶层或审计人员的改变、买回股份计划、股份赎回或转换等[1]，后者则被学者称为"影响市场全体的消息"[2]，包括产业的成长率、研究评级报告的发表、政府有关税收的决定、中央银行对利率的调整等[3]。通过以上考察，笔者认为证券内幕信息可以分为三类：（1）内部信息，即与公司自身决策、财务、运营相关的重大事实，如经营业绩、财务状况、重大诉讼等。（2）外部信息，包括影响特定证券供求关系的市场信息和影响全体市场主体的信息。前者如大型机构投资者对特定证券的购买、投资建议等，后者如国家税收政策的变化、利率的变动等。（3）其他有关证券发行主体营运、业务或财产等事务的重要事实，且可能对证券价格产生重大影响或很有可能对投资者投资判断有重要影响。

2. 改进已有内幕信息事项

（1）在《证券法》第 67 条"公司的董事、三分之一以上监事或者经理发生变动"一项中加上"可能对公司经营或财务状况产生重大影响"。

（2）同样第 67 条中关于"公司订立重要合同，可能对公司的资产、负债、权益和经营成果产生重要影响"，一份合同从成立到终止前后可能包含了多种法律行为，即订立、履行、违约、变更、解除、终止等，其中每一法律行为都"可能对公司的资产、负债、权益和经营成果产生重要影响"，所以，

---

① Market Abuse Directive Level 3-second set of CESR guidance and information on the common operation of the Directive to the market.

② N. Moloney. EC Securities Regulation. Oxford: Oxford University Press, 2002.

③ E. E. Avgouleas. The Mechanics and Regulation of Market Abuse: A Legal and Economic Analysis. Oxford: Oxford University Press, 2011.

建议将"公司订立重要合同"修改为"公司发生重要合同的订立、重大违约、解除、变更、无效等情况"。（3）《证券法》第 75 条中关于"公司的董事、监事、高级管理人员的行为可能依法承担重大损害赔偿责任"一项建议改为"公司的董事、监事、高级管理人员的行为可能致公司承担重大损害赔偿责任或因公司业务、管理相关行为可能依法承担重大损害赔偿责任"。因为公司管理层可能因个人行为而需承担重大损害赔偿责任，而这与公司并没有必然联系；同时与公司相关又包括了是否可能会令公司承担重大损害赔偿责任，故而有必要加以区分。

四、结语

随着现代社会的快速发展，互联网时代层出不穷的技术创新使内幕交易变得更隐蔽，更具有技术性，新的内幕交易内容和方式也随之而来，这在客观上增加了打击内幕交易的难度。但万变不离其宗，很多疑难问题都归结于什么是内幕信息、什么是内幕信息重大性的基础问题上。本文通过对抽象式中的理性投资者和价格敏感性标准、抽象式和列举式的对比分析，指出综合式立法是目前各先进资本主义法域对重大性认定的发展趋势。同时，审视我国内幕信息重大性标准后发现，虽然我国采用的是综合式立法，但由于起步晚，在前期发展过程中借鉴先进立法经验时缺乏前瞻性的系统规划，主要存在的问题是立法中不同法律之间法律定义的不一致和法律适用标准的不一致（理性投资者标准与价格敏感性标准），以及列举事项缺乏科学性。结合对各模式的分析，本文提出完善我国内幕信息重大性标准的建议，即在综合式立法中兼采理性投资者和价格敏感性标准、明确"可能"产生价格影响、完善列举事项，力图使我国内幕信息重大性的界定更加合理，更具有可操作性。

证券内幕信息认定标准的探讨

李有星　董德贤 *

摘　要

证券内幕信息是内幕交易的核心，确立内幕信息的认定标准是界定内幕交易行为的关键。内幕信息认定标准包括非公开性、确切性和重大性三大要件。我国立法确定的认定标准，表面上似乎无可挑剔，但实际上存在重大缺陷：非公开性标准过于笼统，确切性标准未能建立，重大性标准比较模糊。内幕信息认定标准的重构思路是非公开性和确切性从质的角度甄别内幕信息的内容，重大性则从量的角度取舍内幕信息的范围：非公开性的标准采取形式结合实质的立法模式，要求享有市场消化时间；确切性标准需要强调信息来源的重要性和信息内容的针对性；重大性标准采用在现实背景下相对而言更具实用性的理性投资者标准。

关键词：内幕信息；认定标准；非公开性；确切性；重大性

★　本文原载于《浙江大学学报》（人文社会科学版）2009 年第 11 期。董德贤，外交学院国际法系硕士研究生。本文系教育部"211 工程"三期建设项目的阶段性成果。

2008 年 3 月 26 日，浙江省高级人民法院对"牛市内幕交易第一案——杭萧钢构案"二审判决：裁定驳回上诉，维持原判。杭萧钢构股份有限公司相关当事人分别以泄露内幕信息罪及内幕交易罪获刑并各处罚金 4037 万元人民币。本案一个重大争论焦点涉及如何界定内幕信息：谈判是否属于内幕信息？不完整的信息算不算内幕信息？董事长在表彰大会的讲话是否已经公开了内幕信息？虽然该案随着二审判决的产生而尘埃落定，但由"杭萧钢构案"引发的如何建构证券内幕信息认定标准的问题，时至今日仍值得深入探讨。

证券市场作为信息市场，需要扭转内幕人员与投资者之间非对称的信息格局，保证投资者拥有充分、准确、全面、及时的信息。公司信息如何有效公开地传递给投资者，便成为证券市场正常运转的核心，然而内幕交易存在对信息的优先占用现象，严重损害了证券市场的运转机制，且内幕交易案件依然有增无减，纽约证券交易所 2008 年怀疑的内幕交易案件数量就增至纪录新高[①]。我国证券市场经过十几年的跌宕起伏，如今虽已步入相对成熟期，但在面对内幕信息泄漏、内幕交易时常无从下手，真正被绳之以法的内幕交易案件屈指可数。对此，有学者指出，"中国证券市场上内幕交易行为的存在，不仅是个体性的，而且是体制性的"[②]。"杭萧钢构案"里程碑式意义的审判衬托出我国有关证券内幕信息立法的不足和落后，因此，如何认定内幕信息以有效地打击猖獗的内幕交易，成为我国立法的当务之急。对内幕信息的优先占用是内幕交易存在的前提，确立内幕信息的认定标准则是界定内幕交易行为的关键所在。

一、证券内幕信息认定标准的三要件

各国对证券内幕信息认定标准的规定不同。根据美国《1933 年证券法》

[①]　详细资料可参见《纽交所 08 年怀疑内幕交易案件数量增至纪录新高》，2009 年 1 月 23 日，http://stock.hexun.com/20090123/113716159.html. 最后访问日期：2009 年 3 月 21 日。

[②]　毛玲玲：《中美证券内幕交易规制的比较与借鉴》，《法学》2007 年第 7 期。

第 17 条 a 款，《1934 年证券交易法》规则 10b-5 和规则 14e-3，《1984 年
内幕交易制裁法》及《1988 年内幕交易与证券欺诈执行法》，结合司法判例，
其内幕信息有两大认定标准：非公开性和重大性。英国《2000 年金融服务和
市场法案》要求内幕信息的认定标准具备非公开性、明确性和价格敏感性。[①]
德国 1994 年《证券交易法》要求内幕信息具有非公开性和价格敏感性两大
认定标准。欧盟的内幕信息认定标准要求具备非公开性、确切性、相关性和
重大性。比如欧洲国会和欧盟理事会关于内幕交易和市场操纵（市场滥用）
的 2003/6 号指令定义，内幕信息是指任何明确的、尚未公开的、直接或间接
地与一家或几家金融工具的发行商或者与一项或多项金融工具有关的信息。
如果该信息被公开，则可能对金融工具的价格或相关金融衍生品的价格产生
重大影响。可见，从逻辑的角度来看，非公开性、重大性、相关性和确切性
均属于内幕信息的认定标准，但各国的侧重点不同，其原因在于各国要么认
为所列举的要件已经包含了其他要件，要么认为其他未列举的要件是一种不
言而喻的前提。[②] 综合各国的立法例，证券内幕信息的认定标准应当包括三
个要件：非公开性、确切性和重大性。

（一）内幕信息的非公开性

内幕信息非公开（non-public）是指信息尚未被市场公众所得知。研究
内幕信息的未公开性，在实践上就是要明确信息公开与未公开的界限，换言
之，一旦明确了公开的内容，便易于判断未公开的内容。判断界限明确与否
需要考虑两个因素：内幕信息公开的主体和内幕信息公开的方式。

1. 内幕信息公开的主体

关于信息公开是否以上市公司为主体一直存在争论。一般而言，各国法
律均规定内幕信息的公开需由上市公司通过向证券监管机构或证券交易所申

---

① 井涛：《内幕交易规制论》，北京大学出版社 2007 年版，第 78—86 页。
② 胡光志：《内幕交易及其法律控制研究》，法律出版社 2002 年版，第 63 页。

报，或在法定媒体上通告或召开新闻会议等形式公开。但自从有效市场理论广为传播后①，则认为如果某内幕信息被一定数量的投资者知悉，则投资者的投资行为会使该信息在股价上反映出来，其他投资者从而也获悉该信息，所以此信息虽未经上市公司公开，但实际已在市场上公开，不再属于内幕信息。换言之，信息公开的主体实际上可以为投资者一方，上市公司为重要主体，但非唯一主体。

2. 内幕信息公开的方式

内幕信息公开的方式包括形式公开和实质公开。形式公开指信息只要按照法律规定的要求向社会进行公开即可，不考虑信息公开后是否真正进入了投资者领域，不在意信息传播的过程和结果。而实质公开指信息必须是有效公开，即不仅要求按照法律规定向社会公开，还要求信息最终为公众所知悉和占有，为市场所消化和吸收，追求信息确实进入投资者领域的效果。形式公开的范围、途径和效力，各国规定存在一定的差异。美国法律规定，信息通过以下几种机构或媒体传播才属公开：（1）道琼斯资讯系统；（2）路透经济新闻；（3）合众国际；（4）美联社；（5）在纽约市范围内普遍发售的一种以上报纸；（6）如果该公司的营业或股东的分布有地域性，则应该加上当地主要的新闻媒体。② 美国证券交易委员会认为，内幕人员利用重要信息进行证券交易必须采用合法和公认的渠道公开该信息，使其能够到达证券市场的大部分角落。在英国，则需要通过伦敦证券交易所下设的"公司公告办公室"（Company Announcements Office）发布信息。③

信息按照法定途径和形式公开后，内幕人员是否就可以高枕无忧地立即

---

① 有效市场理论认为某项信息一旦被相当数量的投资人知悉时，相关的股票价格便会很快产生变动，或涨或跌，从而反映证券市场对这项信息的感受，换言之，当某项信息对市场产生有效影响时，该消息才算公开。S. Sinai. Rumors, Possession v. Use, Fiduciary Duty and Other Current Insider Trading Considerations. The Business Lawyer, 2000, 55(2): 743–798.

② 于莹：《证券法中的民事责任》，中国法制出版社 2004 年版，第 210 页。

③ 杨亮：《内幕交易论》，北京大学出版社 2001 年版，第 190 页。

进行证券交易呢？答案是否定的。在美国和英国，信息通过法定的机构和媒体公开后，在没有被市场吸收和消化前，该信息在法律上仍属内幕信息。因为信息的散布与信息的吸收并非同步完成的，法律因此杜绝产生内幕人员利用其优先评价内幕信息的优势，在信息公布后立即进行证券交易而获益的情况。至于信息公布后需要一个多长的吸收和消化期限，各国立法及法院均未有定论，应综合分析信息本身的内容和性质、发行公司的规模及知名度、证券交易的活跃程度及交易方式、通信手段的技术水平及信息抵达普通投资者的速度、证券市场对信息的反应等因素，采取个案处理的方式解决。随着现代信息技术的发展和普及，信息公开和市场消化的速度都得到了较大的提升，以至于"信息公开—市场消化"这一传统的信息传递模式受到了挑战，市场消化如今可以独立于信息公开而进行，比如通过专业知识和技能从公开数据和资料中分析取得的未公开信息，理论界称之为"软消息"，它通常不能认定为内幕信息。

（二）内幕信息的确切性

欧盟及其成员国大多要求内幕信息应符合"确切性"（precise）的标准，即信息反映关于事物发展中的真实过程与动态，足以使投资者对相关证券价格走势作出判断。其确立的首要意义在于区分信息是否来自于信息源，这些信息源包括内幕人员[①]、盗取信息的外部人、证券管理部门等。一旦信息为非来自信息源的"谣言""猜测""假设"，表现为捏造事实、道听途说、捕风捉影或者妄加揣测，此类信息就因"血缘"问题而无法成为内幕信息；但若信息确实来自信息源，即使其为捏造的，也属于内幕信息。其次，确切

---

① 内幕人员通常分为三类：一是公司内幕人员，指上市公司董事、监事、经理、其他高级管理人员、从业人、代理人以及具有控制关系的股东，基于其在公司中的地位或其他关系而获取公司信息。二是市场内幕人员，指与公司有业务或合同关系，知悉公司内幕信息的会计师、律师、公司顾问、评估公司职员、证券承销商等。市场内幕人员又称临时内幕人员、准内幕人员。三是信息受领人，指从内幕信息知悉人处获取信息的人。信息受领人作为内幕人员的范围，有的国家规定以第一手消息的受领人为限，有的国家则不以第一手消息的受领人为限。

性标准对信息的内容也加以了甄别。一般来说，确切性是指信息可以描述关系到过去或即将发生的，与具体时间、地点、人物和企业相关联的事件，而不是一般经济情形的描述。一方面，像"据说一个公司发生了财务困难"这样的信息，由于太过抽象而不能构成内幕信息；另一方面，像"一个公司的损失至少达到 120000 美元"这样的信息，由于具备一定的确切程度，可以成为内幕信息。至于确切程度的要求，则取决于当事人的资格及其对发布经济信息的部门的了解程度。[1] 但是，确切程度的判定在实务操作中会存在一些偏差，因此英国法律在采用该标准的同时提出了具体性（specific）的标准。较之于确切性，具体性的范围更加宽泛，使内幕信息在认定上较易掌控，如信息涉及收购要约，"将要进行收购某公司"属于"具体的信息"，而"收购的价格"则属于"确定的信息"。[2] 换言之，涉及公司收购，英国法律典型意义上的确切性应是包括拟有价格的信息，虽然不要求该信息包含具体的数据，但至少应包含发生的具体事实及发生的日期，而具体性只要求得知收购及收购对象这一事实即可成立。应该说，内幕信息的确切性标准本身仍然有待于明确，但通过内幕信息的确切性对信息作区分以过滤冗余的信息，对提高内幕信息认定的有效性大有裨益。

（三）内幕信息的重大性

重大性（美国为 materiality，欧洲为 significant），是指对证券价格产生重大影响的可能性。如果说未公开性和确切性是对内幕信息质的限定，那么重大性就是对内幕信息量的限制。在证券法上，并非所有的未公开信息都能构成内幕信息，重大性标准是最后的把关。设立该标准必须保持以下两方面的平衡：一方面必须使内幕人员可以合理地判断何为重大信息，从而能够准确履行及时公开信息的义务；另一方面也应当充分考虑到投资者作出理性决

---

[1]　G. Wegen, H. D. Assmann. Insider Trading in Western Europe: Current Status. London: Graham & Trot man, 1994.

[2]　B. Hannigan. Insider Dealing. London: Sweet & Maxwell, 1994.

策的需要。各国对待这一标准的做法不尽相同，采取的形式有概括式、列举式和综合式。

1. 概括式

采取该种方式有两种判断准则，分别为理性投资者标准（主观标准）和价格敏感性标准（客观标准）。对于理性投资者标准的理解，美国联邦法院曾在其判例中解释：如果一个理性的投资者，在他进行投资时，可能认为这个被忽略的事实是重要的，那么它就是重要的。[1] 换句话说，这个被忽略的事实公开后，极有可能被理性的投资者看成是会改变自己所掌握的信息性质的信息，那么，这些信息就是重要的。价格敏感性标准是指信息公开前后，证券价格会发生非常明显的变化。价格敏感是针对信息公开时对投资人的投资决策判断可能产生的影响而言的，而不考虑该项信息所涉及的事情在以后能否真正实现[2]，欧盟是采取这种标准的典型。在证券市场中，各种信息的价值最终反映在证券价格上，因此分析证券价格的变化来确定某种内幕信息的重大程度不失为一种有效的手段。但总的来说，理性投资者标准涉及的因素和考虑的范围远比价格敏感性标准深刻与广泛。理性投资者在决策过程中会参照很多因素，如投资时的市场环境、公司的未来前景等；而价格敏感性标准衡量的仅是该信息公开后是否"可能会对证券价格产生重大影响"的问题，并不包括其他因素，而且会忽略以下情形：确实存在占用内幕信息进行投资的不法行为，导致证券价格在内幕信息公布前已经有了较为明显的变化，但在信息公布后，其价格不再有进一步的涨跌。因此，相对理性投资者标准，价格敏感性标准在面对纷繁复杂的市场条件下显得狭隘，不利于打击滥用内幕信息的违法行为。

---

[1] S. L. Sapp, L. Liddell, S. LLP. Insider Trading under the Federal Securities Laws: An Overview for a Diversified Financial Services Company Compliance Program, Presentation to the National Society of Compliance Professionals, April 3, 2000.

[2] 符启林：《中国证券交易法律制度研究》，法律出版社 2000 年版，第 345 页。

2. 列举式

重大性的概括式规定，由于其外延宽泛，能够适应日益发展和深化的市场，但鉴于难以把握尺度，日本放弃了该种抽象的概括方式，转而采取具体的列举方式来明确重大性的各种可能表现。日本立法针对庞大的金融市场，审时度势地于 2006 年推出了《金融商品交易法》，吸收合并了《金融期货交易法》《投资顾问业法》等法律，彻底修改了《证券交易法》，将"证券"的定义扩展为"金融商品"的概念，最大限度地将具有投资性的金融商品及投资服务作为法的规制对象，避免产生法律的真空地带，构筑了从销售、劝诱到资产管理、投资顾问的全方位的行业规制和行为规制的基本框架，从以往的纵向行业监管法制转变为以保护投资者为目的的横向金融法制。① 《金融商品交易法》对重大性事实的列举大致包括三类：一是有关业务决策的执行和终止的事实，如减少注册资本、兼并、新技术或新产品投放市场等；二是与公司决策无关的事实，如发生自然灾害、主要股东的变化等；三是有关公司业务成果或计划的事实，如销售的变化、公司的盈利等。②

3. 综合式

该模式综合了概括式的灵活和列举式的明确，兼具较广的适应性和较强的操作性，因此是最为合理的确立模式，为目前各国家或地区立法的趋势。我国台湾地区较早地采取了该种模式。如 2006 年修订的有关证券交易的第 157 条第 1 项规定："所称重大影响其股票之消息，指涉及公司之财务、业务或该证券之市场供求、公开收购，对其股票价格有重大影响，或对正当投资人之投资决定有重要影响之消息；其范围及公开方式等相关事项之办法，由主管机关定之。"在此基础上的施行细则第 7 条列举了 9 大类对股东权益或证券价格有重大影响的事项：（1）存款不足之退票、拒绝往来或其

---

① 郭锋、甘培忠：《推动金融体制改革，提升金融体系安全性——中国证券法学研究会访日代表团考察报告》，《中国证券报》2009 年 4 月 22 日。

② E. Gaillard (ed.). Insider Trading: The Laws of Europe, the United States and Japan. Deventer: Kluwer Law and Taxation Publisher, 1992.

他丧失债信情事者；（2）因诉讼、非讼、行政处分或行政争讼事件，对公司财务或业务有重大影响者；（3）严重减产或全部或部分停工、公司厂房或主要设备出租、全部或主要部分资产质押，对公司营业有影响者；（4）涉及公司的有关规定第 185 条第 1 项所定各款情事之一者；（5）法院依涉及公司的有关规定第 287 条第 1 项第 5 款规定其股票为禁止转让之裁定者；（6）董事长、总经理或三分之一以上董事发生变动者；（7）变更签证会计师者；（8）签订重要契约、改变业务计划之重要内容、完成新产品开发或收购他人企业者；（9）其他足以影响公司继续营运之重大情事者。

二、我国证券内幕信息认定的法定标准与困惑

我国尚无单独的反内幕交易法，有关内幕信息的规定在证券法和规范性文件中。1993 年，《股票发行与交易管理暂行条例》第 81 条第 14 项界定的内幕信息，是指有关发行人、证券经营机构、有收购意图的法人、证券监督管理机构、证券业自律性管理组织以及与其有密切联系的人员所知悉的尚未公开的可能影响股票市场价格的重大信息。我国现阶段规制内幕交易（内幕信息）的有《证券法》（2005 年）、《禁止证券欺诈行为暂行办法》（1993年，以下简称《办法》）、《上市公司信息披露管理办法》（2007 年）和《证券市场内幕交易行为认定指引（试行）》（2007 年，以下简称《指引》）。《证券法》第 75 条和《指引》第 7 条对内幕信息的规定相同：在证券交易活动中，涉及公司的经营、财务或对该公司证券的市场价格有重大影响的尚未公开的信息，为内幕消息。而《办法》第 5 条则规定：本办法所称内幕消息是指为内幕人员所知悉的、尚未公开的和可能影响证券市场价格的重大信息。可见，我国立法采取的内幕信息概念涵盖三大认定标准：非公开性、相关性和重大性。

内幕信息具体形态体现在《证券法》第 67 条和第 75 条规定的内容上，主要涉及公司的经营或财务，但不局限于这些信息。以下 18 项信息皆属内

幕信息：（1）公司的经营方针和经营范围的重大变化；（2）公司的重大投资行为和重大的购置财产的决定；（3）公司订立重要合同，可能对公司的资产、负债、权益和经营成果产生重要影响；（4）公司发生重大债务和未能清偿到期重大债务的违约情况；（5）公司发生重大亏损或者重大损失；（6）公司生产经营的外部条件发生重大变化；（7）公司的董事、三分之一以上监事或者经理发生变动；（8）持有公司百分之五以上股份的股东或实际控制人，其持有股份或者控制公司的情况发生较大变化；（9）公司减资、合并、分立、解散及申请破产的决定；（10）涉及公司的重大诉讼，股东大会、董事会决议被依法撤销或者宣告无效；（11）公司涉嫌犯罪被司法机关立案调查，公司董事、监事、高级管理人员涉嫌犯罪被司法机关采取强制措施；（12）公司分配股利或增资的计划；（13）公司股权结构的重大变化；（14）公司债务担保的重大变更；（15）公司营业用主要资产的抵押、出售或者报废一次超过该资产的百分之三十；（16）公司的董事、监事、高级管理人员的行为可能依法承担重大损害赔偿责任；（17）上市公司收购的有关方案；（18）国务院证券监督管理机构认定的对证券交易价格有显著影响的其他重要信息。《上市公司信息披露管理办法》就重大事件扩大范围，如发生大额赔偿责任；董事长或经理无法履行职责；公司依法进入破产程序，被责令关闭；公司涉嫌违法违规被有权机关调查，或者受到刑事处罚、重大行政处罚；公司董事、监事、高级管理人员涉嫌违法违纪被有权机关调查或者采取强制措施；新公布的法律、法规、规章、行业政策可能对公司产生重大影响；董事会就发行新股或其他再融资方案、股权激励方案形成相关决议；法院裁决禁止控股股东转让其所持股份；任一股东所持公司5%以上股份被质押、冻结、司法拍卖、托管、设定信托或者被依法限制表决权；主要资产被查封、扣押、冻结或被抵押、质押；主要或者全部业务陷入停顿；对外提供重大担保；获得大额政府补贴等可能对公司资产、负债、权益或者经营成果产生重大影响的额外收益；变更会计政策、会计估计；因前期已披露的信息存在差错、未按规定披露或虚假记载，被有关机关责令改正或者经董事会决定进行更正等。①

2007 年的《指引》针对内幕交易的内幕信息问题专设"内幕消息的认定"一章，对内幕消息的重大性、公开性及价格敏感期进行了规定。重大性总体包括重大事件和重要信息，包括上述的 18 项事件和信息、证监会因法律授权而规定的可能对上市公司证券交易价格产生较大影响的其他重大事件和认定的重要信息，以及对证券交易价格有显著影响的其他重要信息。《指引》规定的内幕信息公开，是指内幕信息在中国证监会指定的报刊、网站等媒体披露，或者被一般投资者能够接触到的全国性报刊、网站等媒体披露，或者被一般投资者广泛知悉和理解。《指引》规定的内幕信息价格敏感期为从内幕信息开始形成之日起，至内幕信息公开或者该信息对证券的交易价格不再有显著影响时止。总体而言，我国立法确定的内幕信息认定标准具备抽象的三大要件，并辅以具体的列举内容，表面上似乎无可挑剔，但结合近年来我国证券市场发生的几起重大的内幕交易案件，已确立的内幕信息认定标准在理论分析和实际操作中均存在困惑，值得商榷。②

首先，非公开性标准过于笼统而不明确。如未按法定的公开方式③而披露了信息是否构成公开？在"杭萧钢构案"中，杭萧钢构董事长就曾将内幕信息通过表彰大会讲话的方式披露给了员工，该种方式是否属于公开信息是该案争论的焦点之一。软信息即有关发行人或其股票的、带有主观分析或推测的信息，与内幕信息非常接近且被市场所接受。软信息在市场上流传能否推定为内幕消息已经公开？信息在以法定的方式公开后，未给市场消化吸收的时间，内幕人员是否就可高枕无忧地立即进行交易？此类问题尚不明确。

---

① 李有星：《中国证券非公开发行融资制度研究》，浙江大学出版社 2008 年版，第 237—238 页。
② 轰动一时的"琼民源案""董正青案"和"杭萧钢构案"等，均因法律缺乏对内幕信息的准确界定而存在广泛争议。
③ 我国《证券法》第 70 条规定："依法必须披露的信息，应当在国务院证券监督管理机构指定的媒体发布，同时将其置备于公司住所、证券交易所，供社会公众查阅。"

其次，确切性标准尚未确立。如投资者利用他人杜撰而非发行人杜撰的信息进行交易是否构成内幕交易，现无从定论，对于信息的确切程度也值得关注。备受瞩目的"杭萧钢构案"中，被利用的是并不完整的信息，而且当时正式的书面合同尚未签订，利用谈判的信息而非正式合同的信息可否归为内幕信息备受争论。[①] 一旦确立确切性标准，此类问题便能迎刃而解。最后，重大性标准比较模糊。《证券法》第75条规定的是对该公司证券的市场价格"有"重大影响的尚未公开的信息，而非"可能有"重大影响，这就会给某些内幕信息的认定造成困难。因为对内幕交易行为的查处总是事后进行的，如果某人利用内幕信息进行了内幕交易，但实际上并未引起证券价格的明显变化，若根据《证券法》的这一定义，就不能认定这则信息是内幕信息，进而也就不能认定此人的行为是内幕交易。其实，仅从《证券法》第75条本身的规定来看，也是矛盾的，其第2款所列举的8项内幕信息也仅仅只是可能引起证券价格重大波动的信息，而非必然引起证券价格重大波动的信息。在这一点上，《办法》第5条的规定更具科学性，即采用"可能影响证券市场价格的重大信息"定义。再者，我国立法中对于重大性标准具有明显的"二元性"特征，具体表现为以招股说明书为代表的理性投资者标准和以《证券法》第75条为代表的价格敏感性标准。由此可见，信息的重大性缺少一种严格的法律衡量标准，严谨性不足，在信息是否具有重大性的问题上有时难免无所适从。

三、我国证券内幕信息认定标准的重构

对证券内幕信息认定产生众多争议与困惑的根源在于证券立法的松散和缺漏，也包括对内幕信息认定三大要件的运用不当，因而对我国内幕信息认定标准进行重构是必要的。重构的目的在于最大地完善内幕信息概念的表述

[①] "杭萧钢构案"中被告人利用的信息未包括合同的全部条款，相对于整个内幕信息而言是不完整的。

方式，非公开性和确切性从质的角度来甄别内幕信息的内容，重大性则从量的角度取舍内幕信息的范围。这种界定既能保持法律的严谨性，又能追求司法的可行性。具体来说，我国内幕信息认定标准的重构应遵循以下几点。

（一）在非公开性的标准上采取形式公开结合实质公开的立法模式

内幕信息公开的方式包括形式公开和实质公开，对投资者形式公开固然重要，但实质公开意义更大，因此，立法应当确定内幕信息的公布应符合一定的法定形式并且要求适当的市场消化时间，采取形式公开结合实质公开的立法模式。我国《证券法》缺少规定，而2007年中国证监会的《证券市场内幕交易行为认定指引（试行）》对此作了尝试，但有所不足，其第11条规定：所称的内幕信息公开，是指内幕信息在证监会指定的报刊、网站等媒体披露，或者被一般投资者能够接触到的全国性报刊、网站等媒体披露，或者被一般投资者广泛知悉和理解。这条规定交代了信息的形式公开和实质公开方式在法律上都予以承认，前者包括"在证监会指定的报刊、网站等媒体披露，或者被一般投资者能够接触到的全国性报刊、网站等媒体披露"，后者包括"被一般投资者广泛知悉和理解"。不过遗憾的是，这两者之间并不是严格的递进关系，而是选择并列关系，形式公开可以不考虑实质效果，而要实现实质公开的"被一般投资者广泛知悉和理解"的效果，可以不考虑形式要求。鉴于后者实质公开的成本更高，由此产生的一个极易推断的后果便是内幕信息几乎全部仅以法定形式公开，因不存在强制的市场吸收和消化时间，内幕人员在法定形式公开后可以立即从事证券交易，仍然有机可乘。所以，这里的实质公开只是漂亮的摆设而已，无法产生预想的效果。

实质公开的判断关乎于证券信息从非公开状态到公开状态所跨越的时间，这个时间为内幕信息的价格敏感期。《证券法》没有这方面的规定，《指引》提出内幕信息的价格敏感期从内幕信息开始形成之日起，至内幕信息公开或者该信息对证券的交易价格不再有显著影响时止。显然，价格敏感期的长短与公开方式的选择有着极大的关联，采取实质公开方式，价格敏感期将在形式公开的基础上再加上一段合理的市场消化时间。在我国证券立法中，注重形式公开，不注重实质公开情况一直存在，以《证券法》为例，2005年修订的《证券法》第25条①规定：证券发行申请经核准，发行人应当依照法律、行政法规的规定，在证券公开发行前，公告公开发行募集文件，并将该文件置备于指定场所供公众查阅。发行证券的信息依法公开前，任何知情人不得公开或者泄露该信息。发行人不得在公告公开发行募集文件前发行证券。可见，该条款在信息公开与发行之间没有时间间隔规定，理论上，在公开发行信息的同时或稍微延迟后就可以发行证券，而不需要给投资者消化信息的时间。显然，一般投资者短期内无法消化复杂的涉及证券的专业知识信息，无法判断证券优劣；而那些内幕知情人、内幕信息的持有者，则有较长时间来消化信息，利用信息优势从事证券交易，从中谋利。虽然《股票发行与交易管理暂行条例》第19条规定，在获准公开发行股票后，发行人应当在承销期开始前2～5个工作日期间公布招股说明书，但对复杂的说明书，一般投资者是无法有效吸收并消化信息的。同理，《证券法》第53条规定，股票上市交易申请经证券交易所审核同意后，签订上市协议的公司应当在规定的期限内公告股票上市的有关文件，并将该文件置备于指定场所供公众查阅。在我国目前股票发行与上市联动的情况下，参与二级市场的投资者无法在短时间内消化形式公开的上市文件信息。可见，没有在法律上明确内幕信息公开的消化期标准缺陷较多。

信息公开的目标就是使广大的、不特定的投资者能够获得他们赖以评估公司价值的足够充分的信息，信息的充分公开是信息机制的必然要求②，等到投资者掌握了充足的必要的信息时，那些知道内幕的人手中的内幕信息也

---

① 此为1998年通过的《证券法》第17条，修改前后没有大的变化，特别是对信息消化期未作规定。
② 陈海鹰、朱卫明、叶建平：《泄露内幕信息罪、内幕交易罪的若干问题探析——由"杭萧钢构案"展开》，《法治研究》2008年第3期。

就失去了其作为内幕信息的优越性，从而使大家都站在了同一起跑线上，达到了信息占有的公平①。在非公开性标准中，被指定的法定媒体只有统一适用于证券一级市场和二级市场，其面向的对象才能尽可能地接近"广大的、不特定的投资者"。至于市场消化的时间，因为其"所需的时间是相对的，每一个案件都有其特定情况，人们只能根据公司的大小和影响、信息的性质和内容、传播的范围和速度等具体情况进行个别分析"②。法律不必也不可能规定市场消化的具体时间，但有必要确立市场消化的判定标准，对内幕信息的开始期、消化期、价格敏感期消失标准等作出规定。市场消化的衡量标准宜细化，并出台司法解释或给予参照案例，以指导判断信息是否已经在证券市场得到消化及消化程度。

（二）建立确切性标准，强调信息来源的重要性和信息内容的针对性

当前我国立法未确立确切性标准，因此证券内幕信息认定标准多少显得单薄，满足不了严厉打击内幕交易行为的需要。内幕信息的认定难度之一在于公司动态的经营信息要在特定的时点转换为必须保密不得泄露的信息或必须强制公开的信息，准确认定经营信息时点转化也就成了确切性的要求。我国《证券法》第67条规定的重大事件，其本身处于不断演化之中，在特定条件下从一般的经营信息转化为内幕信息。如公司之间交易合同的订立需要经过代理人接触、谈判、要约、承诺、文本签订等过程，信息很多，如何判断其中环节信息属于内幕信息成了难点；又如公司发生重大亏损或者重大损失，其结果即财务审核结论当然是内幕信息，但重大亏损通常是长期经营不利造成的，经营不利亏损事件是重大亏损的累积者，是造成最终重大亏损的原因之一，任何经营不利亏损的信息均有公开披露的必要，但何时确切地公开特定事件的亏损信息成了判断难点。因此，借鉴英国法律在采用确切性标

---

① 朱锦清：《证券法学》，北京大学出版社 2007 年版，第 108 页。

② 胡光志：《论证券内幕信息的构成要素》，《云南大学学报》（法学版）2002 年第 4 期。

准的同时提出具体性标准是必要的，认定该信息必须是具体的或确切的，具
体信息不必是确切信息，而确切信息必然是具体信息。目前比较混乱的证券
市场环境造成市场谣言和误传的泛滥，虚虚实实，假假真真，给内幕信息的
认定带来了比较严重的干扰。法律上的确切性标准便于准确区分谣言、误传
与内幕信息，区别内幕交易与非内幕交易，包括区别内幕交易与市场操纵行
为。依确切性标准判断，内幕信息来自信息内幕人员、盗取信息的外部人、
证券管理部门等信息源，而市场中无中生有、捕风捉影的信息则不是内幕信
息。但是，确切性并不等同于现实性和真实性，如已经确知有人正在与某一
上市公司进行谈判，则该信息就具有确切性，至于后来谈判是否成功，则并
非确切性所关注的；又如公司在信息披露过程中弄虚作假，某一投资者得知
该弄虚作假的信息后以此为"内幕信息"进行了交易，只要该上市公司后来
公开的信息仍然是弄虚作假的那些信息，则该投资者就不能以所知的信息是
虚假信息为由，主张不构成内幕交易。该标准可以合理解释"杭萧钢构案"
中的谈判信息是否属于内幕信息。在该案中，谈判信息中透露的合同条款只
是整个合同的一部分，确属不完整，但信息内容描述的是即将发生的，与具
体时间、地点、人物和企业相关联的事件，已具备相当的确切程度，所以归
为内幕信息无可厚非。因此，发生可能对上市公司证券及其衍生品种交易价
格产生较大影响的重大事件，投资者尚未得知时，上市公司应当立即披露，
说明事件的起因、目前的状态和可能产生的影响。证券立法有必要细化《证
券法》第 67 条第 2 款重大事件的确切信息时点的发布信息要求，以便统一
上市公司对经营信息、内幕信息发布临时公告的标准。

（三）明确重大性的理性投资者标准，解决信息判断的"二元性"矛盾

我国证券立法在重大性标准上存在明显的"二元性"特征，表现为信息
披露准则中采用的理性投资者标准和《证券法》中采用的价格敏感性标准。
信息披露准则明确要求发行人将一切对投资者进行投资判断有重大影响的信

息予以充分披露，以利于投资者更好地作出投资决策；《证券法》第75条信息的重大性以对"该公司证券的市场价格有重大影响"来描述。在市场有效、监管健全的证券市场中，投资决策和证券价格之间并不存在冲突或者对实际适用存在不同含义，它们仅仅是从两种角度关注和强调同一个问题，投资行为是传递信息并使之反映为证券市场价格的媒介。很显然，对证券价格有重大影响的信息总会影响投资者决策，而对投资者决策有重要意义的信息也总会影响证券价格。但目前我国证券市场的状态正从无效状态进入弱式有效状态，远未达到半强式有效状态。在这种环境中，证券只能反映历史性信息，而对当前信息的反应具有滞后性，用价格敏感性标准来衡量信息的重大性显然是不现实的，因为价格也许根本没有对信息作出应有的敏感反应。[1] 再者，理性投资者标准涉及的因素与考虑的范围远比证券价格深刻和广泛，能够与时俱进，随着证券市场的深化而深化。美国联邦法院在 TSC 工业股份有限公司诉 Northway 股份有限公司一案中对理性投资者标准有过经典阐述：如果"有一种实质性的可能让一个合理的股东认为一个信息在投资决策时是重要的"，那么这个信息就符合"重大性"标准。[2] 可以想象，一个股东在投资决策时需要参考的信息繁多，而证券价格只是所必须考虑的重要因素之一，其他诸如发行人未来前景、投资的市场环境等都是必须予以考虑但又无法包容在价格敏感性标准中的因素。基于以上分析，在现实背景下，理性投资者标准相对而言更具有实用性。《指引》第9条对"显著影响"有如下说明："显著影响指通常情况下，有关信息一旦公开，公司证券的交易价格在一段时期内与市场指数或相关分类指数发生显著偏离，或者致使大盘指数发生显著波动。前款所称显著偏离、显著波动，可以结合专家委员会和证券交易所的意见认定。"在这里，"显著影响"显然等同于重大性，证监会倾向于以价格敏感性标准来衡量重大性，而忽略了其他可能同样存在影响的合理因素，

---

[1] 齐斌：《证券市场信息披露法律监管》，法律出版社2000年版，第175页。
[2] TSC Industries, Inc. v. Norhway, Inc., 426 U.S.438 (1976).

似有不当，如采纳能够在现实背景下相对而言更具实用性的理性投资者标准，则有利于内幕信息的有效判断，有利于内幕交易问题的针对性解决。

论我国内幕交易损害赔偿计算方法的建构

李有星　杨　楠*

摘　要

内幕交易作为一种危害证券市场的行为，是各国证券法律监管的对象。目前我国的证券立法还未建立起切实可行的内幕交易民事赔偿制度，尤其是对民事赔偿损害的认定缺乏统一的方法，难以维护证券投资者在遭受内幕交易侵权时的损失。针对美国内幕交易民事赔偿的计算方法，以我国的司法现状为立足点，借鉴国外建立证券民事责任制度的基本理念和思路，建议我国应该以净损差额修正法为基础，建构我国内幕交易损害赔偿的计算方法。

关键词：内幕交易；损害赔偿；民事赔偿；净损差额修正法

★　本文原载于《时代法学》2012 年第 6 期。杨楠，浙江大学光华法学院研究生。

一、我国内幕交易损害赔偿计算方法的缺失现状

我国证券市场起步较晚，相关制度对危害证券市场行为的规制还不够完善。从 1990 年证券市场建立到 1999 年《证券法》颁布，我国对内幕交易基本采取行政处罚和刑事处罚相结合的方式。1990 年中国人民银行发布的《证券公司管理暂行办法》17 条规定，"证券公司不得从事操纵市场价格、内幕交易、欺诈和其他以影响市场行情从中渔利的行为和交易"[1]。1993 年 4 月 22 日，国务院颁布《股票发行与管理暂行条例》，其中第 81 条对内幕人员、内幕信息等重要概念进行了规定，第 72 条界定了禁止的内幕交易行为，同时第 77 条"违反本条例规定，给他人造成损失的，应当依法承担民事责任"对内幕交易的民事责任作了概括性规定，但过于抽象，缺乏可操作性。1999 年 7 月 1 日，我国施行的《证券法》规定了内幕交易的行政、刑事责任，却无任何民事责任的规定。2001 年 9 月，最高人民法院下发了《关于涉证券民事赔偿案件暂不予受理的通知》，阻断了证券侵权民事赔偿的道路。随后，最高人民法院先后发布《关于受理证券市场因虚假陈述引发的民事侵权纠纷案件有关问题的通知》《关于审理证券市场因虚假陈述引发的民事侵权纠纷案件有关问题的若干规定》，重新恢复了法院对证券民事赔偿案件的受理，在管辖法院、受案范围、损失计算、归责原则、举证责任等方面有了较大的进步，但却仅限于虚假陈述案件，对内幕交易并未提及。

2006 年 1 月，修订后的《证券法》明确了内幕交易、操纵市场以及虚假陈述行为的民事赔偿责任，从而填补了内幕交易民事法律责任的空白，有助于保护投资者的合法权益。[2]2009 年发布的最高人民法院《民事案件案由规定》中，将内幕交易赔偿纠纷列为人民法院受理民事案件的案由之一，在法律大环境上对民事索赔给予了必要的支持。但缺乏明确的法律指引，导致诉讼难以全面铺开。2012 年 5 月 22 日，最高人民法院、最高人民检察院《关

---

[1] 　符启林：《中国证券交易法律制度研究》，法律出版社 2000 年版，第 11 页。
[2] 　井涛：《内幕交易规制论》，北京大学出版社 2007 年版，第 78 页。

于办理内幕交易、泄露内幕信息刑事案件具体应用法律若干问题的解释》规定了对内幕信息知情人、泄露内幕信息定罪处罚标准等法律适用问题。这是第一个涉及内幕交易的司法解释，有效补充了证券法的不足，向着各方期待的"让阳光照在每一笔证券交易上"的目标推进了一大步。但遗憾的是，该解释将内幕交易共同犯罪人罚金控制在"获利或避免损失一倍以上五倍以下"，沿袭了一贯的"低门槛、轻处罚"特色，而且，有关民事赔偿的规定并未出现。

可见，目前我国法律对内幕交易民事赔偿规定仍过于笼统，相关司法解释尚未出台，投资者损失的计算缺乏具体的法律依据，想要精准计算出股民因内幕交易受损的金额的实际操作难度很高。加之内幕交易的复杂性、隐蔽性和手段的多样性，司法实践中投资者提起的民事赔偿诉讼多以失利告终。如南京中院审理的股民诉天山股份副总经理陈建良内幕交易民事赔偿案，原告最终无奈撤诉；北京一中院审理的股民诉大唐电信公司董事潘海深内幕交易民事赔偿案，原告败诉；广东省中山市原市长李启红内幕交易案经四律所联手组成的"中国反证券欺诈律师团"征集原告维权后，也因具体索赔缺乏法律规范不了了之；被誉为"内幕交易民事诉讼第一案"的股民诉黄光裕内幕交易民事赔偿案，自去年 3 月股民李岩第一次起诉至今，已过去一年多时间，但由于内幕交易民事赔偿司法解释至今未出台，该案长期处于搁置状态，严重挫伤了投资者维权的信心；而在 12 个交易日连续涨停，于 6 月 19 日被强行停牌的 *ST 金泰，飙升达 79.90%，其实际控制人黄俊钦也因内幕交易获罪，引发投资者新一轮的民事赔偿。

据资料显示，2008 年至 2011 年，证监会共获取内幕交易线索的案件 426 件，立案调查的只有 153 件。另据了解，截至 2011 年底，全国法院审结内幕交易、泄露内幕信息犯罪案件仅 22 件。[①] 可见，内幕交易的投资者保护

---

① 数据来源：《中国证券报》，http://finance.people.com.cn/stock/GB/17966157.html?prolongation ＝ 1，《证监会四年立案调查 153 件内幕交易案》。

机制尚处缺位，而损害赔偿范围的界定以及计算方法直接关系投资者最终能否以及可得到多大程度的补偿，可以说是证券民事赔偿制度的焦点和核心。因此，欲完善我国内幕交易民事赔偿制度，首先应就建构损害赔偿的计算方法进行深入探究。

二、美国内幕交易民事损害赔偿计算方法的类型

美国是世界上证券市场最为发达的国家，证券民事责任制度也最为完善，因而成为各国效仿借鉴的典范。就如何认定和计算内幕交易行为给投资者造成的损失，美国不论是 1933 年的《证券法》，还是 1934 年的《证券交易法》，均未明确民事损害赔偿的计算方法，各级法院只能依据既有判例与侵权行为法的法理来个案处理。美国联邦最高法院承认，根据 1934 年《证券交易法》第 10 节（b）和美国证券交易委员会 SEC 规则 10b-5 的立法宗旨，一般投资者享有默示的损害赔偿请求权。规则 10b-5 作为全方位的证券交易反欺诈条款，诸如内幕交易、虚假陈述、操纵市场的各种欺诈行为均可依据该规则起诉。在具体适用中，被援引最多的是涉及内幕交易的案件，因此该规则成为制裁董事和高管利用内幕信息，买卖公司股票不法行为的有力武器。时至今日，美国法关于 10b-5 规则民事责任范围的判例和法律仍在不断演进中，在实践中发展出证券欺诈行为损害赔偿计算方法的六种类型。

（一）净损差额赔偿法

净损差额赔偿法（Out-of-Pocket Measure）又称直接损失法，是普通法中确定侵权损害赔偿大小的传统方法。[1] 自第一个 10b-5 规则的民事诉讼开始，美国法院就将违反该规则的行为比照普通法上的侵权行为来处理，直接损失法也成为该类案件中最常采用的一种计算方法。

净损差额，指原告实际交易时的市价（price）与标的物的真实价值或实

---

[1] D. L. Ratner: Securities Regulation (4th ed.). West Publishing Co., 1992, p.143.

际价值（value）之间的差额。具体说来，对于受欺诈的买受者而言，是其所支付的购买价减去股票真实价值的差额；对于出卖者而言，是股票在出售时的真实价值减去所得到的股票价款的差额。该方法将被告的赔偿限缩于填补投资者的损失，而不及于期待利益，即使原告的损害仅仅局限于由于被告的欺诈行为导致的损害，从而排除了市场因素等系统性风险[1]导致的损失。例如，原告所持股票的真实价值为100元，但因内幕交易人提前知悉公司的利好信息进行内幕交易，致使原告以80元的价格将股票卖出，直接损失为20元。

该方法适用的关键在于，如何确定股票在交易时的真实价值（True Value）？股票的真实价值是指，在正常情况下，即不存在证券欺诈行为时，买受双方所意欲主张的公平价格。然而股票的公平价格又为何呢？一般而言，美国法院在处理该问题时，都借助经济学模型等知识作为辅助。传统上，经济学家采取市场价值法、公司盈利资本化法[2]、指数比较法（the comparable index approach）、事件研究法（the event study approach）[3]等方法来计算股票的真实价值。在10b-5规则项下的集团诉讼中，通常都要根据时间序列分别画出该股票的价格线和价值线，通过两者的对比来确定。

不过，上述方法都是建立在人为拟制的假设的基础上，通过构建市场模型来探求股票的真实价值线。市场模型假设如果被告及时公开公司重大信息，所有投资者对于股票的现金流量与风险评估都有着相同的看法与期待。但是，正是因为交易双方对股票的价值评价不同，股票才具有流动性。如果双方评价一致，交易就无法达成。可见，市场模型事实假设的合理性存在着很大争议。

实际上，将欺诈因素从影响股价走势的众因素中精确剥离是难以办到的，

---

[1] 除内幕信息之外，股价还受市场因素的影响，这属投资者无法分散的系统性风险。因此，法院在衡量原告损害的时候，必须审慎区别两种因素。如果股价下挫是由于被告欺诈行为导致，则被告应负赔偿责任；如果是由于市场因素导致，这显然属于投资者所必须面对的市场风险，根据"买者自负"原理，投资者需对自己的投资决策负责。

[2] 该法适用于非上市公司。

[3] 关于指数比较法与事件研究法的具体计算方法，涉及复杂的数学模型，参阅庄永丞：《证券交易法第二十条证券诈欺损害估算方法之省思》，《台大法学论丛》2005年第2期。

在未找到更准确、更理想的方法之前，法院不得不采取权宜之策，将不实消息更正日的市价视作交易当时股票的真实价值，作为证券欺诈损害计算的参考依据，具体到内幕交易行为，是将内幕信息公开之日作为探寻股票真实价格的基准日。

（二）净损差额修正法

尽管净损差额赔偿法在实践中获得了广泛的应用，但它还是无法精确地将欺诈因素从引起股价波动的其他因素中区分出来。由于该价格处于内幕信息刚刚公开之时，仍掺杂众多市场恐慌因素，会导致投资者损失被高估的不合理现象出现。美国也注意到了这一点，引入了"后续期间"（"look back" period）的概念，作为净损差额法的修正（Expedient Out of Pocket）。

该法将股票在新信息发布后一段"合理时间"所达到的"平均价格"作为计算基础，从而将可索赔的损失限定在欺诈而非其他市场因素所造成的范围之内。美国1995年的《私人证券诉讼改革法》第101节（b）在《证券交易法》中增加了第21节D（e），该项新内容规定了对损害的限制，原则性规定为：原告的损害赔偿请求范围不得超过其所支付的购买价（或得到的卖出价）与公司资讯揭露后起算90日内该证券的平均价格之间的差额。立法者认为，90日后内幕交易所造成的影响可以完全被市场消化吸收。同时，法条也做了例外规定：如果投资者在前述的内幕交易发生后的90日期限届满前，再进行买入或卖出的交易，其所得的损害赔偿不得超过其买入价（卖出价）与消息更正日（内幕信息公开日）至其再行买入或卖出日这段时间内该证券的平均价格之间的差额，即计算差额的平均价格变更为自公司揭露信息日起算至原告再交易日为止的平均价格 ①。

该法条规定了损害赔偿的最高限额，立法者希望借助90天的期限来过滤市场不理性的恐慌，以时间使市场充分消化内幕信息，再利用平均价格的

---

① 平均价格指以该证券每日收市价为基础计算得出的90日内的平均值。

方式，尽量降低股价波动的影响，以获取真实价格，进而限缩原告请求损害赔偿的范围。该政策也表明其默认了净损差额法以及净损差额修正法。不过，Section 21D（e）仍有所限制，用两个拟制案例予以说明。

案例一：假设原告原始股票购买价为 200 元，其真实价格为 100 元，内幕信息公开时股价下跌至 80 元，而 90 日之内的平均价格反弹至 150 元。则在 Section 21 D（e）生效之前，（即运用净损差额法计算），原告可得到 100 元（200–100=100）的损害赔偿；而当 Section 21 D（e）生效之后，依据净损差额修正法，原告损害赔偿应以不超过 50 元（200–150=50）的上限（Cap）为原则，因此原告只能请求 50 元的损害赔偿。在本例中，Section 21 D（e）限制了原告的损害赔偿请求权。

案例二：假设上例中的其他条件不变，90 日之内的平均价格反弹至 90 元。则在 Section 21 D（e）生效之前，原告仍可得到 100 元的损害赔偿；而当 Section 21 D（e）生效之后，依据净损差额修正法，原告损害赔偿应以不超过 110 元为上限。但由于真实价格为 100 元，因此 100 元与 110 元相比，仍以较低的 100 元作为原告的损害赔偿，在本例中，新法不发挥作用。

由上述两例可见，只有当 90 日之内均价介于 100 元与 200 元之间时，Section 21 D（e）才可发挥限制作用，原告的损害赔偿介于 0 元与 100 元之间。

进一步分析，Section 21 D（e）（1）所确定的股价反弹原则（the bounce–back rule）代表了美国立法采取"崩盘理论"（Crash Theories）[1]的主张，其实质在于，被告因更正误导性陈述、公开内幕信息后形成的市价，一部分受到证券欺诈行为的影响，另一部分则是市场投资者恐慌性抛售所致。计算被告向原告赔偿损失数额时，显然应将不可归因于被告欺诈行为的市场影响因素剔除，否则会不当扩大原告的损害，因此内幕信息公开当天的市价不应

---

[1] 崩盘理论主张股价崩盘主要是相较于拥有较佳资讯地位的机构投资者、证券分析师等人而言明显后知后觉的投资者（诸如一般散户）恐慌性抛出股票所致，而并非公司更正不实陈述或遗漏信息公开所致。

作为损害赔偿计算的基准价格。市场恢复理性需要时间，在市场经过一段时间的缓慢整理后，该信息被市场完全消化吸收，恐慌性因素消除，可以渐渐形成股票的真实价格。

当然，该法也并非尽善尽美，存在着如下局限。

首先，从技术操作层面来看，Section 21 D（e）所规定的实际购买价和平均交易价之间的差额仅仅是原告索赔的上限，而非固定的损失计算方法。所以，在更正信息发布后，若市价反弹，被告有可能减少赔偿责任，但若股价继续恶化，原告却不能扩大其索赔额度。例如前文例子，如果90日内平均价格继续下跌至60元，原告无权索赔140元（200-60=140），而仅能索赔100元。从此角度来看，该规定对于原被告在更正信息公布后股市风险的分配上是不对称的，仅有利于被告。华盛顿大学的Thompson教授认为，这种风险分配机制，与普通法的精神或证券法判例中蕴涵的有关原则不相符，也缺乏坚实的理论基础。[①]

其次，Section 21 D（e）的立法目的是将原告请求损害赔偿的范围限缩在与原告损害有因果关系的被告欺诈行为上，对于市场因素等其他经济因素造成的损失，原告不得请求赔偿。但是，90日之内平均价格的形成很难将恐慌因素完全剥离，反而可能因为时间差而介入其他的市场因素，干扰股价。如甲公司在内幕消息公开后30日时公开发布并购消息，这一利好将导致股价上扬，使原告的请求额减少。

而且，从法经济学的角度来看，90日的规定，为原被告的非正常交易都提供了强烈的诱因。对原告而言，若其在内幕信息公开90日内仍持有股票，如股票持续上涨，其可请求的损害赔偿数额逐日减少。原本打算持续持有股票的投资者为避免可请求数额减少，会在消息公布日竞相抛售股票，如此以来，更会加剧市场的崩盘，与立法者期望以时间来缓和市场非理性行为的初衷相悖。对于被告来说，会促使被告为减轻或免除赔偿责任，采用种种方式

---

① R. B. Thompson: "Simplicity and Certainty" in the Measure of Recovery Under Rule 10b-5.

拉升股价，甚至有可能再次发布不实利多消息来刺激股价上升。[1]

可见，净损差额修正法仅仅在净损差额之上设定了原告索赔的最高限额，并未从实质上解决美国证券欺诈计算方法的争议，也未能提供更精确的模型。反而，随着上述法律的修正，在证券市场上引发了新的冲击。

（三）毛损益法

毛损益法（Gross Income Loss），是以回复证券欺诈受害者至交易前的应有状态为原则（Rescissory Measure），以衡平法与被告的利得为理论基础，由法院赋予买卖契约撤销的法律效果，要求双方互相返还各自从对方取得的对价，使双方恢复订立契约前的境地。交易撤销最直接的后果是交易自始无效，一方返还价款，一方返还证券，即"退款返券"。

毛损益法以原告交易的实际价格与被告欺诈行为被揭露时交易价格的差额作为请求损害赔偿的主要依据，扩大了原告损害赔偿的范围，不过适用也存在一定限制。衡平法的救济方式要求原告有"一双干净的手"，即原告不存在其他可归责事由，诸如若被告内幕交易行为与原告起诉时间相距过久，原告则丧失衡平法救济之利益。[2]并且，主张撤销交易的权利是单方的，专属于原告。被告无权享有，以示对欺诈恶意的惩罚。[3]

（四）吐出非法利润法

从立法目的来看，10b-5规则具有阻却证券欺诈行为和赔偿受害人的双重功能，但净损差额赔偿法有时并不能有效体现这一宗旨。[4]例如，被告利用内幕消息从原告处以20元的价格买进真实价值为24元的股票，后又以29

---

[1]　Dickey & Mayer, supra note 21，at 1219.

[2]　American General Ins. Co. v. Equitable General Corp. ,493 F. Supp. 721（E. D. Va. 1980）.

[3]　R. B. Thompson："Simplicity and Certainty"in the Measure of Recovery Under Rule 10b-5. 转引自张明远：《证券投资损害诉讼救济论》，对外经济贸易大学2000年博士学位论文。

[4]　郭锋、程啸：《虚假陈述证券侵权赔偿》，法律出版社2003年版，第355页。

元的价格卖出。尽管他从该违法行为中获利 9 元，但根据净损差额赔偿法，被告仅应赔偿原告 4 元的损失，仍不当获利 5 元。如果允许被告保有该利益，被告仍有继续交易的诱因，很难遏制内幕交易行为，也很难说给予了原告充分的补偿。

　　基于这一考虑，美国联邦第二巡回法院在审理 Elkind v. Liggett ＆ Myers，Inc. 案 ① 中，引入了吐出非法利润（disgorgement of windfall profits）的救济方法。根据英美法之返还法（the law of restitution）的基本原理，"凡是一个人有意地以对原告作不法行为使自己得益，就应承担返还所得利润的义务……原告能追还的金额很可能高于他能要求补偿的损失" ②。因此，被告从该欺诈行为中所获得的全部额外利益都应属于返还的范围，尽管其数额可能会超过原告的实际损失。

　　该方法存在的基础在于，若当事人获得的某项利益源自其欺诈行为，被欺诈人享有该利益更具正当性，尽管有时对受害方来说，这可能是一笔意外之财（windfall）。例如，在 Janigan v. Taylor ③ 一案中，被告使用欺诈手段以 4 万美元的价格买走了原告所持股票，两年后，被告将股票卖出，共获益 70 万美元。针对原告要求返还额外利润的主张，被告以原告在当时不可能预见到这笔巨额所得为由提出抗辩。但法院指出："如果原告当时不将股票卖出，确实很难预料以后是否还会发生这一系列幸运的事件，原告本人能否实现这些利润也是未知的。但是，可以肯定地说，无论事先能否被预料到，被告通过欺诈手段谋得财产，并在事实上利用该财产获得的好处都可以认为是欺诈的直接后果。让受欺诈方享有这些利益要比让欺诈方享有更为合理。"该方法不仅容易计算，而且可以避免过度的赔偿，也能达到威慑目标。 ④

　　在适用方面，由于该法旨在防止被告获得不正当的额外利益，震慑证券

---

① Elkind v. Liggett ＆ Myers, Inc. ,635 F. 2d 156(2d Cir. 1980).

② 沈达明：《准合同法与返还法》，对外经济贸易大学出版社 1999 年版，第 191 页。

③ 344 F. 2d 781(1st Cir.). cert. Denied, 382 U.S. 879(1965).

④ 耿利航：《证券内幕交易民事功能质疑》，《法学研究》2010 年第 6 期。

欺诈行为，因此，该方法并不考虑原告是否在交易中受到损失，也不考虑被告支付的购买价是否超过了原告当初买入股票的价格，只要被告使用欺诈手段诱使原告向其转让股票并以更高的价格卖出，原告就有权请求返还非法利润。

（五）重新卖出价格法

重新卖出价格法（Resale Price Measure）仅适用于内幕交易中买方受欺诈的情形，计算方法为受害方支付的购买价减去发现或应当发现内幕人进行内幕交易后合理时间内（具体时间根据实际情况确定）的最低价格。如果原告在合理期间届满前将股票卖出，按照实际卖出价与原购买价之间的差额来确定损失大小。在一般情况下，重新卖出价格法所获得的补偿较之净损失赔偿额法更高。同样为了解决合理期间难以认定的问题，常常把起诉日的股价、审判期间的最低股价作为代替合理期间最低股价的价格。

此方法最大限度地维护了受害人利益。不过影响证券市场价格波动的因素众多，有可能在合理时间内由于其他非正常因素导致证券价格暴涨，严重高于内幕信息公开后市场可能的正常反应价格，过分加重内幕人的赔偿负担。因而，该方法被认为带有部分惩罚性质。

（六）补进法

与重新卖出价格法相对，补进法（Cover Measure）仅适用于内幕交易中卖方受欺诈的情形。受害人可获得的赔偿为发现或应该发现欺诈行为后一段合理时间内（具体时间根据实际情况确定），该证券所达到的最高价值。通常为此期间的最高市价，减去其出售证券所得，此外还包括差额利息损失。一般情况下，补进法可以获得较净差额损失法较高的补偿，前述的 Elkind 案就采用了该方法。同样，补进法在最大限度维护受害人利益的同时，也难以避免因其他因素导致证券价格暴跌，使内幕人为其他影响证券价格的因素买单的情况。

三、内幕交易损害赔偿计算方法设定的几点启示

（一）不同损害赔偿计算方法的优劣并存

综上所述，美国并没有明确的法律规定如何计算内幕交易产生的损失，传统法院主要参照侵权领域中的净损差额法来确定赔偿数额，即将损失限定在买卖价格与证券在交易当时的真实价值之间的差额。该方法适用范围全面，计算方式明确，贯彻的因果关系原则最为彻底。但正是因为该种方法缺乏可操作性，在实践中，法院又发展出例如毛损益法、恢复原状法、吐出非法所得法、补进法等其他辅助方法。上述各计算方法均具有一定的优缺点，同时，不同方法的计算结果都存在一定差异，在不同交易情况下这种差异可能还会发生相应变化，因此无法绝对地说适用哪种救济方式最为公平、准确，只能视具体交易情况而定。

其根本原因在于，计算投资者所受损失的参照点为如果不存在内幕交易，投资者将做何种决定。但是届时投资者可能会当即买卖股票，或者观望一段时间再进行操作，或者放弃买卖股票。上述方法正是基于投资者可能进行的不同操作而对应出不同的方法。比如，当原告会以不同价格进行交易时，采用净损差额赔偿法或其修正法较为合理；当其等一段时间再买卖股票，则应采取毛损益法；当原告不再买卖股票时，应采取吐出非法所得法等。原告自然会从利己角度出发，选择对自己最有利的方法提起诉讼。而法官则基于个案的角度，推测原告在无内幕交易时可能的行为决定采用的方法，来作出尽可能合理的判决。

（二）民事损害赔偿计算的两种不同逻辑思路

如何计算赔偿数额，其问题的实质在于，是否应将欺诈因素和其他因素的影响都包含在给予原告的救济中，对这个问题的不同回答，决定了两种不同的救济逻辑思路。一是证券欺诈损害赔偿的一般方法，即净损差额赔偿法

及其修正，将原告的赔偿范围仅限于欺诈所造成的损失，而将其他因素排除在外；二是证券欺诈损害赔偿的特殊方法如毛损益法、吐出非法利润法等，这些方法认为导致原告的损失除了欺诈行为之外，还应考虑其他因素的影响。而在投资者遭受的损失中，如何区别内幕信息导致的损失与市场风险导致的损失，或者说如何将导致损失的内幕信息与市场风险相分离，从而寻求一种原被告合理风险分配的手段，始终是美国司法界不遗余力探讨和解决的问题，也成为我国理论界与实务界深陷其中并引起广泛争议的难题。

（三）民事损害赔偿计算方法的适用冲突选择

根据英美法理论，毛损益法与吐出非法利润法并不受因果关系的限制，是在净损差额赔偿法之外发展出的新方法。其所对应的撤销交易、返还不当得利与损害赔偿有不同的特点。

撤销交易的主要功能为恢复原状，其结果是合同自始无效，相当于合同从未订立；损害赔偿的重点在于填补原告的损失；吐出非法利润认为不论原告损失如何，继续由被告享有非法所得的利益违背了法律的公平正义，因此强调剥夺被告的非法所得。即使原告不能确切地证明其遭受了损失，也可以主张返还法上的救济。撤销交易、返还不当得利与损害赔偿的适用具有排他性，投资者只能在承认交易效力并赔偿损失和撤销交易并恢复原状之间择一适用，以避免双重赔偿。

深入分析，净损差额赔偿法与毛损益法从本质上来看，都是将原告购买股票的实际价格与该股票的"公平价格"的差额作为损害赔偿请求额，其差别在于对公平价格的认定不同。净损差额赔偿法的公平价格，是指当初交易时的公平价格；而毛损益法的公平价格，是指被告欺诈行为被揭露当时的股票市价①或者揭露后合理区间内原告再出售②或者法院作出判决时③的市价④。对于原告交易时点后发生的投资损失，虽与被告的欺诈行为没有直接关系，但是被告本应自行承担这些投资风险，却通过欺诈手段将风险不正当地转移给原告。因而被告需要对后来发生的损失（subsequent loss or resulting loss）负责，恢复原告交易前的地位，将风险收回。

可见，二者最根本的区别在于，毛损益法将市场的部分风险转移给欺诈人承担，原告可以在撤销交易和损害赔偿之间自主选择：当股价下跌时，受欺诈的买方通常会主张撤销交易；当股价上涨时，则主张损害赔偿。例如，原告在被告误导下以 80 元的价格买入了价值 70 元的股票，若起诉时股价已跌至 50 元，要求赔偿直接损失 [最终结果为 50 +（80–70）=60 元] 显然不如主张撤销合同（最终结果为索回已支付的 80 元）更有利。不过，若起诉时的股价上涨至 90 元，原告会选择损害赔偿。

同样，赋予原告吐出非法利润法与净损差额赔偿法的选择权也为原告提供了获利空间。如果原告损失比较明显，就请求赔偿损失；如果被告利润比较明显，即可请求吐出非法所得。上述选择的结果是，被告承受了原告卖出股票后其他因素造成股价下跌的风险，而原告享受了股价上涨所带来的利益。

为避免受害人谋取更大利差，故意拖延起诉时间的道德风险，美国法院为平衡原被告利益，要求原告知悉内幕交易行为后，在合理时间内提起诉讼，只能择一行使，并且迅速向法院索赔，选择一种方法之后不得变更，避免原告故意拖延诉讼时间，观察市场的变化来选择方法。⑤

此外，按照毛损益法和吐出非法利润法来确定被告赔付责任时，并不受

① Esplin v. Hirchi, 402 F. 2d 94(10th Cir. 1968).

② Courtland v. Walston & Co., 340 F. Supp. 1076(S.D. N. Y1972); Sarlie v. E. L. Bruce Co., 265 F. Supp.371(S.D.N.Y 1967).

③ Gottlieb v. Sandia American Corp., 304 F. Supp. 980(E.D. Pa. 1969).

④ 在美国实务中，计算市价的时点不一而足，需法院或陪审团依据个案认定。

⑤ 郭锋：《金融发展中的证券法问题研究》，法律出版社 2010 年版，第 93 页。

净损差额修正法中最高额的限制。实际上，前两种方法本身已有各自的上限，即证券实际获得的不当利益，自不需其他限制，以免出现冲突。

（四）毛损益法与吐出非法利润法的适用限制

毛损益法与吐出非法利润法对应的撤销交易与返还不当得利这两种救济方式，不适用于上市公司。毛损益法得以适用的前提条件为，双方当事人之间需存在买卖契约关系，也就是类似于我国证券市场上存在的法人股协议转让的情形。[1] 例如在 Huddleston v. Herman & MacLean 案[2] 中，法院认为毛损益法适用于原告与被告私下知悉，或经纪商对客户负有诚信义务等情形。因此，在被告仅披露内幕信息而未参与交易，或者在匿名证券市场中从事交易的场合，原告难以援用此救济方法。[3]

而我国现行证券市场遵循"价格优先、时间优先"的原则，当买卖双方在交易价格和数量上取得一致即自动成交，原被告不存在私下知悉或者事前的合同约定，证券交易所的交易规则也不允许成交后撤销，因此该法很难适用于上市公司。

与毛损益法一样，吐出非法利润法也仅适用于诉讼双方存在直接交易关系的情形。[4] 在匿名证券市场中，由于无法确定有权的接受者，该法不得适用。

四、我国内幕交易损害赔偿计算方法的建构设想

同具有数百年历史的西方发达证券市场相比，仅仅只经历 20 年风雨的中国证券市场还非常稚嫩，对于证券犯罪民事赔偿的研究与司法运作尚处于起步阶段，需要广泛借鉴和吸收国外的立法与司法经验。

---

[1] Baumel v. Rosen, 396 U. S. 1037(1970). 转引自杨亮：《内幕交易论》，北京大学出版社 2001 年版，第 351 页。

[2] 640 F. 2d 534,554(5th Cir. 1981).

[3] 赵万一：《证券交易中的民事责任制度研究》，法律出版社 2008 年版，第 121 页。

[4] R. B. Thompson："Simplicity and Certainty"in the Measure of Recovery Under Rule 10b-5. 转引自张明远：《证券投资损害诉讼救济论》，对外经济贸易大学 2000 年博士学位论文。

（一）借鉴净损差额修正法作为主导方法

一般认为，损害赔偿的计算应适用简单和确定，风险分配和责任制度方面要明确立法选择。基于美国做法缺乏确定性的弊端，我国损害赔偿方法的构建应吸收各方法的优点，权衡双方利益，在法条中明文确定。

在美国内幕交易损害赔偿计算方法中，净损差额赔偿法是最传统、最常用的方法，优点为可以填补原告的真实损害，并且原告难以从中获取不可归因于欺诈的不当利益，从实际效果上至少剥夺了被告的获利可能。净损差额修正法引入 Section 21 D（e）规定了赔偿上限，提出了"后续期间"的概念，过滤市场恐慌因素的思路具有可操作性，值得借鉴。

因此，考虑将净损差额修正法作为主导来设定我国内幕交易民事赔偿的计算方法，其他方法作为有效补充。因为，其他方法确有特别的优势和不足。例如，净损差额赔偿法的困难在于真实价值难于计算，专家学者众说纷纭，莫衷一是。对于采取成文法的我国，花费大量时间、精力与金钱成本来估算一个拟定却不确定的"真实价格"不甚可取。毛损益法的优点为可以最大地保护投资者的利益，缺点在于被告可能会对原告的全部交易损失承担完全赔偿责任，会加重被告的负担；吐出非法利润法不受因果关系的限制，操作简单易行，可参考此法作为赔偿上限，但规则设计不够精细，并且欲将被告的非法所得在众原告之间合理分配仍需具体计算原告的损失。更重要的是，毛损益法和吐出非法利润法不适用于上市公司的规定极大限缩了两方法的适用范围。

（二）体现内幕交易民事损害赔偿的补偿与惩罚原则

民事责任多为财产责任，补偿功能是其最基本、最直接的功能。"侵害财产的责任范围以财产损害的后果为依据确定，依照价值规律和交换法则以及民法等价有偿原则，对财产损失应予全部赔偿。因而，侵害财产责任范围的确定，应以加害人对其违法行为所造成的财产损害的大小为依据，任何人造成他人财产的损害，都应以等量的财产作补偿，只有这样，才能真正填补受害人的损害，并能体现公平、正义的精神。"①"全面补偿"是行为人承担民事责任所应遵循的原则，也为现代国家所采用。前述的净损差额赔偿法及其修正即属于补偿性赔偿，内幕交易的民事赔偿责任首先要以补偿受害人的全部财产损害为标准。

台湾地区法院"违法者情节重大，法院还可依据善意从事相反买卖人的请求将赔偿责任限额提高至三倍"的这一规定被认为具有惩罚性赔偿的性质而被诸多学者诟病。诚然，惩罚性损害赔偿并非受害人的实际损失，而是基于抑制加害人侵权行为的目的，具有制裁性。但是民事赔偿并非绝对排除惩罚性赔偿制度，恰恰相反，该制度正由英美法系国家向大陆法系国家扩展和延伸。"民事责任所具之功能，除复原功能之外，尚有预防之功能及惩罚之功能，唯后两种之功能，并不彰显，因之殊少受到重视。"②在我国，惩罚原则首先在《消费者权益保护法》第 49 条产品质量责任方面适用，并在《合同法》第 113 条中得到进一步确认，随后的《食品安全法》《侵权责任法》也作出相关规定。惩罚原则同样应在内幕交易民事责任中得到贯彻。

首先，我国《消保法》规定惩罚性赔偿的目的就在于对居劣势的消费者倾斜保护，阻吓经营者的欺诈行为，弥补消费者损失。而在证券市场中，信息披露本身就具有滞后性与不全面性，大部分投资者缺乏专业的投资知识，处于信息不对称的劣势地位。内幕人滥用内幕信息欺诈投资者，严重危害了证券市场公平、公正、公开之原则与诚实信用之精神，使投资者丧失对市场的信心。另外，巨额赔偿往往会给内幕人造成很大的负担，可有效惩戒其违法行为。

其次，上述方法都排除了因欺诈行为给投资者带来的间接损失（consequential damage），即原告因欺诈行为可能发生的费用。例如调查预

① 张新宝：《侵权行为法》，浙江大学出版社 2008 年版，第 140 页。
② 曾世雄：《损害赔偿法原理》，中国政法大学出版社 2001 年版，第 8 页。

期交易的费用，欺诈交易迫使其付出的成本等[①]，因此"全面补偿"的补偿性原则也成为一句空话，原告损失不能得到合理救济。如果在此之外加上一个额外的赔偿数额，作为对种种不可确定的有形及无形损失的赔偿，更显公平。王利明教授也指出，惩罚性赔偿的首要功能是赔偿，"加害人的不法行为可能给受害人造成财产损失、精神痛苦或人身伤害。就这些损害的救济而言，惩罚性赔偿可以发挥一定的功能"[②]。

此外，从法经济学的角度，被告从内幕交易行为中所得收益很大，而投资者遭受的损失难以举证。投资者作为理性经济人，出于成本收益的考量，可能因担心不能证明损害的存在而承担败诉的风险，不愿提起历时长久的诉讼；即使胜诉，并不是太高的赔偿金也不能为其民事诉讼提供良好的诱因。在此情况下，惩罚性赔偿可鼓励受害人为获赔而提起诉讼，揭露不法行为，达到制裁的效果。[③]

基于以上三点理由，惩罚性赔偿在内幕交易领域存在适用的空间。鉴于我国刑事、行政法律法规的打击力度不足[④]，在民事责任领域更应适用惩罚性赔偿，以期促进原告积极向法院主张权利，遏制内幕交易。对于具体数额，鉴于我国实务理论界对惩罚性赔偿的运用尚存争议，可参照我国《消保法》，采取折中的做法，定为双倍赔偿较为妥当。

（三）设置内幕交易赔偿的最高限额

依据我国《证券法》《侵权行为法》的精神，从保护投资者的利益出发，应以受害者的损失为基准。[⑤]但因为在内幕交易发生的同时，必然也有其他

---

① 陈洁：《证券欺诈侵权损害赔偿研究》，北京大学出版社 2002 年版，第 72 页。

② 王利明：《惩罚性赔偿研究》，《中国社会科学》2000 年第 4 期。

③ M. Minzer & J. Nates & D. Axelrod, Damages in Tort Actions 39 40 (1994). 转引自张爱军：《对惩罚性赔偿之反对观点的评析》，《太原理工大学学报》2003 年第 2 期。

④ 2012 年 5 月 22 日新出台的《关于办理内幕交易、泄露内幕信息刑事案件具体应用法律若干问题的解释》代表了两院的最新立法动向，但仍被质疑行政处罚过轻而难以产生足够震慑力。

⑤ 我国《民法通则》第 117 条规定，侵权人应赔偿受害人的全部损失。

投资者与内幕人进行同方向的交易而获利。如果损害的计算只是把所有与内幕人同时从事反向交易的原告的损失加在一起，那么损失将远远超过内幕交易者所获利益，会不适当地加重被告的责任。

美国在计算赔偿额上限时，其实有两个标准，即以原告损失数额和被告非法所得或者避免的损失两者较低者为上限。[①] 考虑我国证券市场仍处于发育阶段的实际，确实有必要对当事人赔偿责任予以适当的限制，在保护投资者的同时，也要防止赔偿过巨产生的超量威慑和对社会经济发展造成的负面影响。因此，应将赔偿限制在被告获利的两倍范围内，防止异常股价波动导致的天文数字使被告无力承担。其实，将两倍于被告的非法所得作为上限也是平衡内幕交易人与投资者利益的结果。既可以阻止内幕交易的发生，又可以防止过度赔偿。

（四）确立实际损失计算方法

上述各方法的关键在于，确定股票的"公平价格"，而在效率资本市场机制运作的前提下，股票市价可以完全反映公司所有公开信息。如无内幕交易行为，"市价"应等于"公平价格"；由于内幕交易，致使"市价"与"公平价格"逐步分离；等到内幕信息逐步被公开后，市场又回复到信息公开状态，"市价"与"公平价格"再次合二为一。

我国台湾地区《证券交易法》第 157 条引入"市价"，设计了明确的计算公式，即被告应就"消息未公开前其买入或卖出该股票之价格，与消息公开后 10 个营业日收盘平均价格之差额限度内，对善意从事相反买卖之人负损害赔偿责任；其情节重大者，法院得依善意从事相反买卖之人之请求，将责任限额提高至三倍"[②]。可以看出，股票交易价格与消息公开后一定时间的平均价格之差包括了内幕信息未披露在内的各种因素对赔偿请求权人的影

---

① 尹林春：《内幕交易民事损害赔偿金额确定制度研究》，中国政法大学 2010 年硕士学位论文。

② 《台湾证券交易法》，引自法律快车 http://www.lawtime.cn/info/minfa/minfafagui/2010122857569.html。

响。"差额限度内"确定了范围区间，使法官在可行的情况下可以发挥自由裁量权，剔除其他因素对股票价格的影响，使赔偿额尽量接近实际损害。而三倍的责任限额，既带有惩罚的性质，也同时规定了请求权人所获赔偿的上限。台湾地区对赔偿金额的确定采用了相对合理且操作性强的计算方法，并利用最高限额赋予了法官认定赔偿数额时的裁量空间，使其可将多种因素的影响综合考虑。台湾地区的市场状况与大陆较为类似，值得借鉴。

因此，应以净损差额修正法为基础，结合上述各方法的优点，采用"市价"来探求股票的"公平价格"。如果投资者再行交易，损害赔偿的计算以投资者购买价格减去在合理期间内再出售股票的价格；若投资者在起诉时仍继续持有该股票，则应为投资者的购买价格减去内幕行为被揭露或内幕信息公布后一段时间内该证券的平均价格。内幕交易与虚假陈述对证券市场价格的影响存在共性，因此郭峰教授"以虚假陈述的揭露日或纠正日之后的一段合理的后续期间每个交易日的收盘平均价"[1] 作为平均价格的观点可同样适用于内幕交易。但我国证券市场受政策等因素影响较大，如单纯以平均价格来计算赔偿请求权人的损失，会导致内幕人承担不属于自己的责任，有悖公平。因此，采用科学易行的办法剔除系统风险的影响是必要的，有两种方法可供选择：（1）存在内幕交易以外的其他重要因素时，同行业除涉及内幕交易以外的其他股票的平均涨幅或者跌幅；（2）以往不存在其他重要因素时，同类重要信息对该股票或者该类股票价格的影响。[2] 虽然上述方法不能精确剔除包括系统性风险在内的其他因素，但可以尽量剥离对证券市场有重大影响的因素，尽可能接近"公平价格"。

对于如何确定合理的后续期间的问题，这取决于证券市场的大小、投资者专业程度、证券信息流动速度、证券流通速度等多种因素。由于目前国内学者都普遍认为内幕交易对证券的价格产生重大而显著的影响，但尚未发现

---

① 郭锋：《虚假陈述侵权的认定及赔偿》，《中国法学》2003 年第 2 期。

② 尹林春：《内幕交易民事损害赔偿金额确定制度研究》，中国政法大学 2010 年硕士学位论文。

有学者针对内幕交易进行实证研究，因此无法量化我国证券市场内幕交易究竟对证券价格产生多少影响，该影响需多久被市场消化，因此具体期间的确定并无绝对的标准，应由法官个案认定。

同时，除了实际交易的价格与当时证券的实际价值差额外，受害者的损失还包括可能的差额佣金损失、差额税金损失、差额利息损失和差额红利损失，这些项目可统称为投资差额损失[1]，均需累加计算。

五、结语

从证券法律走在世界最前列的美国来看，对于内幕交易民事损害赔偿额的确定，也经历了不断演进、深化的过程。对不同时期、不同案件采取不同计算方法，实质反映了立法者对因果关系原则的态度。其实，证券内幕交易损害赔偿额的确定并非完全以受害者的损失为基准，原告所获得赔偿数额与原告的损失有时并不一致。各国会根据当局对内幕交易的宽容程度来选择不同的计算方法，反映了国家的立法政策、法律体系与利益平衡的考量。[2] 我国应根据资本证券市场的实际选择适合自己的方法，随着具体情况的变化，法律亦需要不断调整，在保护投资者与惩戒违法者之间寻求新的平衡。

---

[1] 陶雨生、武峰：《证券市场内幕交易行为的民事赔偿问题研究》，http://blog.sina.com.cn/s/blog_50573291010096xg.html，最后访问日期：2012 年 5 月 6 日。

[2] 杨峰：《论我国内幕交易损害赔偿额之确定》，《暨南学报》2006 年第 6 期。

证券市场虚假陈述揭露日的再认识

李有星　潘　政 *

摘　要

证券市场虚假陈述揭露日，直接关系投资者的原告资格、胜诉权和损失赔偿等权益。揭露日的确定，在理论和司法实践多有争议。虚假陈述揭露日满足法定要件、能够相对确定地揭露虚假事实相关"信息真相"，揭示的内容应当具有指向性和相当的确定性。因此，可以从揭露信息的重大性、指向确定性、首次性、公开性和股价异常波动性等角度判断揭露日。揭露日的数量存在一个或数个，抽象性的被立案调查公告不宜认定为揭露日，揭露日与诱多型或诱空型虚假陈述无关。虚假陈述的揭露日认定，应着眼上市公司的公众投资者的整体利益考量，避免过度的"二次伤害"发生。

关键词：虚假陈述；信息真相；揭露日；投资者；确定性

---

* 本文原载于《投资者》2018 年第 2 期。潘政，浙江大学光华法学院博士研究生。本文系国家社科基金重点项目"互联网融资的法律制度创新构建研究"（15AFX020）部分成果。

引言

在我国的处理证券虚假陈述案件中，虚假陈述日、揭露日 [①] 和基准日是三个独创的时间点，其直接关系原告资格、胜诉权、赔偿范围和损失计算。其中，虚假陈述日争议较少，基准日也比较明确，但是揭露日最有争议。争议涉及揭露日的认定理论、认定标准以及揭露日的标志、揭露日的数量、股价异动与揭露日认定的关系、诱多型虚假陈述与诱空型虚假陈述对揭露日认定的影响等问题。[②] 下文以西藏龙薇文化传媒有限公司（以下简称龙薇传媒）收购上市公司祥源文化（原万家文化）的控制权案件为例（以下简称收购案）展开讨论。

一、收购案中虚假陈述揭露日的时点争议

2017 年 11 月 10 日祥源文化发布公告称，公司及相关当事人收到中国证监会《行政处罚及市场禁入事先告知书》，中国证监会认定龙薇传媒与祥源文化涉嫌信息披露违法。[③] 拟对赵薇夫妇、祥源文化以及相关责任人给予警告、罚款等措施，并拟对赵薇夫妇采取 5 年证券市场禁入措施。

中国证监会认定：2016 年 12 月 23 日万家文化（600576，现更名为祥源文化）的控股股东万好万家集团有限公司（以下简称万家集团）与龙薇传媒签订《股份转让协议》，拟向龙薇传媒转让其持有的 1.85 亿股万家文化无限

[①] 准确的表达应该是揭示日，包括揭露日和更正日，但从公众接受的方便性和司法裁判文书中所表达的术语看，对虚假陈述行为所掩盖的事实真相被他人揭露，或是自行公告更正的时点，统称为揭露日，而很少用揭示日。本文从广义理解揭露日，有时也可能混用，具体意思看文义理解。

[②] 2003 年 1 月 9 日，最高人民法院发布的《关于审理证券市场因虚假陈述引发的民事赔偿案件的若干规定》所设计的是诱多型虚假陈述，没有考虑在诱空型虚假陈述下的民事赔偿问题，原因是诱空型虚假陈述比较罕见，制定该规定时没有出现过案例。有关诱空型的虚假陈述不适用该规定，如机械适用结论是错误的。

[③] 本文写作时，以中国证监会的《行政处罚及市场禁入事先告知书》内容为准，信息源自公开资料，本文引用这些资料不代表对收购案当事人行为以及整个事实的正确与否的评价，2018 年 4 月 16 日，中国证监会官网发布《行政处罚决定书》认定事实没有变化。

售条件流通股，占万家文化已发行股份的29.135%。交易完成后，龙薇传媒将成为万家文化的控股股东。在控股权转让过程中，龙薇传媒通过万家文化在2017年1月12日、2017年2月16日公告中披露的信息存在虚假记载、误导性陈述及重大遗漏。具体为：（1）龙薇传媒在自身境内资金准备不足，相关金融机构融资尚待审批，存在极大不确定性的情况下，以空壳公司收购上市公司，且贸然予以公告，对市场和投资者产生严重误导。（2）龙薇传媒关于筹资计划和安排的信息披露存在虚假记载、重大遗漏。（3）龙薇传媒未及时披露与金融机构未达成融资合作的情况。（4）龙薇传媒对无法按期完成融资计划原因的披露存在重大遗漏。（5）龙薇传媒关于积极促使此次控股权转让交易顺利完成的信息披露存在虚假记载、误导性陈述。

在收购案的整个过程中，案件的实质性信息发布过程和揭露日争议情况见下表。

案件的实质性信息发布过程和揭露日争议情况

时间	事件	股价情况	备注
2016.11.28	停牌。公告签订《股份转让协议》及收购29.135%股份事项	18.83元	
2017.01.12	复牌	持续收涨，最高涨至25.00元，涨幅高达32.77%	虚假陈述日
2017.02.08	停牌。公告股东股份转让比例由29.135%变更为5%	20.13元	
2017.02.16	复牌	当日跌8.49%，次日跌6.89%。	虚假陈述日
2017.02.28	证监会以"涉嫌违反证券法律法规"对其立案调查		揭露日（争议）
2017.03.31	当事人签订《解除协议》	13.8元	
2017.04.01	公告《解除协议》，收购停止	次日下跌2.39%	揭露日（争议）
2017.11.10	公告证监会发布《行政处罚及市场禁入事先告知书》		揭露日

根据上表所列，假定监管机构认定的事实正确，有关虚假陈述揭露日的争议性认识是：（1）该事件涉及两个虚假陈述日，那么揭露日是两个时间，还是一个时间？（2）虚假陈述揭露日的认定原则和标准是什么？不同标准决定"收购案"中的揭露日日期的不同，2017年2月28日、2017年4月1日和2017年11月10日均存在可能。[1] 其中2017年11月10日因中国证监会对虚假陈述的基本事实作了披露，而且上市公司发布了公告，该日作为虚假陈述揭露日没有争议。但对其他两个时间（2017年2月28日、2017年4月1日）是否可以作为揭露日存在争议。（3）证券虚假陈述揭露日如何认定有利于保护个别投资者，有利于保护市场公众投资者或者说有利于公平对待市场参与者？

二、证券市场虚假陈述揭露日的理论认识

证券市场虚假陈述日之所以有争议，既有理论上的模糊不充分，也有法律规定的不完善，更有评判标准上的不统一。揭露日是与虚假陈述紧密联系在一起的，没有虚假陈述也就没有揭露和揭露日，揭露日与诱空型还是诱多型虚假陈述无关，揭露日也与股价涨或跌没有直接联系，揭露日就是客观上相对明确地揭示虚假陈述的"信息真相"的时间点。

（一）揭露日定位在虚假陈述的"信息真相"被揭露之时

在证券虚假陈述中，往往涉及多个可能构成揭露日的争议时点，如新闻报道之日、公司自行更正之日[2]、中国证监会立案调查或行政处罚公告之日等，这些时点可能或多或少地涉及真相或具有某种程度的警示意义。但通常而言，单个虚假陈述行为所涉及的信息，只有一个揭露日，在一次虚假陈述，

---

[1] 2017年2月28日是中国证监会对万家文化涉嫌违反证券法律法规为由的立案调查日标准，4月1日是该股权转让项目公告停止之日，11月10日是以公告中国证监会的《行政处罚及市场禁入事先告知书》日为标准。

[2] 也包括公司自行更正时采用的"挤牙膏式"的披露方式。

如发布的招股说明中可能涉及多个证券信息，在不同时点披露时，对应的披露时点构成多个披露日。比如，同一个虚假陈述行为涉及利润信息造假，同时包括重大资产处置造假和重大业务合同造假等。也就是说，一个虚假陈述行为涉及多个虚假信息，而有关利润造假信息、重大资产处置造假信息以及重大业务造假信息，分别在三个不同时间被揭露或自行更正，那么按照虚假陈述日与揭露日"一一对应"的原则处理。

我国对投资者因虚假陈述而造成的损失赔偿的因果关系，是建立在"欺诈市场理论"基础上的。"在一个公开有效的证券市场中，公司股票价格是由该公司有关的所有可获知的重大信息决定的。虚假陈述作为一种公开信息必然在相关的股票价格中得到反映。投资者信赖市场价格的趋势进行投资，而其所信赖的市场价格反映了虚假陈述的信息。所以投资者即使不是直接信赖虚假陈述而作出投资决策，也会受反映了虚假陈述的价格的影响而为投资。"[1]在诱多型的虚假陈述中，揭露日的"信息真相"揭示的主要意义在于，使市场知悉虚假陈述所掩盖或扭曲的事实和信息真相，从而能够结合已有的公开信息对股价作出重新评估，挤压出因虚假信息导致的人为灌水，使股价回复到真实价值。因此，应当将"市场据此能否知悉且实际知悉虚假陈述相关真相确定为一项检验标准"[2]。反之，如果从某一"更正公告"或"揭露报道"中，市场根本无法知悉先前陈述是虚假的事实，那么市场必然无法对股价作出重新评估，股价灌水被刺破或挤压的应有效果难以出现，股价难以回归真实价值位置。即便出现，也无法归结于虚假陈述的"信息真相"的揭露，而只能归结于市场的多因素组合，包括背后的内幕交易、操纵市场等因素。

（二）揭露日为"信息真相"揭示相对确定日

对于虚假陈述行为的揭露，无论是媒体的揭露，还是上市公司自身的更

---

① 李国光主编：《最高人民法院关于审理证券市场虚假陈述案件司法解释的理解与适用》，人民法院出版社 2015 年版，第 249 页。

② 杨祥：《论证券虚假陈述诉讼中揭示日的认定》，载郭锋主编：《证券法律评论》2015 年卷。

正，通常都不能准确地、全面地揭示"虚假陈述信息"的全部真相。事实上，虚假陈述被揭示常常有一个过程。例如，首先有媒体报道，然后有当事人自己的披露；媒体报道之后，交易所根据规则予以停牌（上市公司信息虚假的传言导致市场异常波动时，交易所亦得予以停牌）；当事人若否认媒体报道，监管机关可能立案稽查；稽查若认定虚假陈述行为存在，则监管机关会作出并公布处罚决定。也有未经媒体报道，当事人自己直接更正或监管机关直接立案稽查的情形。[1] 特别是有些上市公司，为避免股价异常波动，有意回避一次性揭示虚假陈述行为的事实真相，采用分解的"挤牙膏"式的更正信息。须对系列化的碎片信息集合、整理、加工，方能准确理解虚假陈述行为的事实真相。在真实的证券市场中，既存在对虚假陈述信息的敏感性，也存在虚假陈述行为被揭穿的过程性，还存在虚假陈述行为的信息泄露，提前被一部分人知道的情形。因此，实践中所看到的揭露日股票价格不会是诱多型的最高价，也不会是诱空型虚假陈述中的最低价。我们认为，虚假陈述揭露日不追求虚假陈述真相被完整揭示，不追求完整真相，只要是信息真相能够"相对确定"地被揭示即可。基于揭露日是让市场能够根据揭示日披露的真相信息，回溯虚假陈述信息并结合已有的公开可得信息，重新估量股票的价值，并对股价作出及时回应以避免或减少损失的时间点。因此，股价反映对比原则通常可以佐证虚假陈述揭露日的成立，但股价波动不是认定"揭露日"的检验标准。申言之，揭露日的检验标准就是公开揭示了虚假陈述行为的"信息真相"（包括相对确定和绝对确定），揭露日通常会引起该股票股价的异常波动，但没有发生异常波动也不影响揭露日的成立。

这种所谓的虚假陈述行为的"信息真相"被揭露，应当满足一定程度的"指向性"和"确定性"。一定程度的"指向性"，也可以理解为"针对性"，即"揭示日披露的信息只要大致指向某一虚假陈述行为即可，并不需要全面、准确而具体地揭示真相"，如"公司因年报中应收账款涉嫌造假被证监会立

---

[1]　张勇健：《论虚假陈述侵权行为的几个时间点》，《法律适用》2003 年第 4 期。

案调查"。[1] 指向性的具体标准是，应当在某种程度上向市场揭示案涉行为的欺诈性质，并且该披露必须至少可回溯到该虚假陈述的信息。一定程度的"确定性"，是指应当使市场投资者认为揭露的"信息真相"是确定真实的。这种确定性标准既是对揭露者的基本要求，也是对整个证券市场投资者保护的基本要求。这种标准意味着，相关主体不宜以揭露"虚假陈述行为"为由进行缺乏一定程度确定性的行为，以免影响市场和给投资者带来损失。因此，如"因涉嫌违反证券法律法规立案调查"的信息既缺乏指向性，也缺乏确定性，不宜认定为"揭露日"。在司法实践中，过度机械地解读了"监管机关有关立案稽查或决定处罚的消息，以这样的消息作为揭露日的标志是没有什么疑义的"[2] 这句话。一般而言，对决定处罚的信息发布日作为揭露日没有异议，但对监管机关的立案稽查日是否可以作为揭露日，要看其立案稽查的信息是否具备指向性和确定性而综合判断。

（三）揭露日是必须满足"法定要件"的时点

虚假陈述揭露日是总体保护投资者利益的具体化标准，因此，投资者受到保护抑或没有资格受到保护，完全取决于揭露日。揭露日的法定性十分重要，揭露日必须满足法定条件。

《关于审理证券市场因虚假陈述引发的民事赔偿案件的若干规定》第 20 条第 2 款、第 3 款规定："虚假陈述揭露日，是指虚假陈述在全国范围发行或者播放的报刊、电台、电视台等媒体上，首次被公开揭露之日。虚假陈述更正日，是指虚假陈述行为人在中国证券监督管理委员会指定披露证券市场信息的媒体上，自行公告更正虚假陈述并按规定履行停牌手续之日。"在此，虚假陈述揭露日和更正日的认定标准基本清晰，只是在如何满足这些标准的判断上产生争议。在司法实践中，人民法院通常将如下日期认定为揭露日：

---

[1]　杨祥：《论证券虚假陈述诉讼中揭示日的认定》，载郭锋主编：《证券法律评论》2015 年卷。

[2]　李国光主编：《最高人民法院关于审理证券市场虚假陈述案件司法解释的理解与适用》，人民法院出版社 2015 年版，第 256 页。

上市公司被立案调查公告日、处罚事先告知书公告日、收到处罚决定公告日、媒体揭露报道发布日、上市公司自我揭示日、收到监管措施决定公告日，等等。

有关揭露日认定应该满足的条件，可以参考日本《金融商品交易法》中的规定，在其第 21 条第 3 款中对认定揭露日必须具备的条件作了如下具体的规定：（1）揭露主体为"信息披露的义务人（上市公司）或对公司业务或财产在法律上有（管理或处分）权限的人"。（2）揭露内容必须为"公司披露的信息（文书）中是否存在虚假陈述，或是否遗漏了为避免一般投资者产生误解而有必要披露或有必要记载的重要事项"。（3）揭露的必要条件为"使揭露处于可被公众阅览，或能被不特定多数人获知的状态中"。[1]也就是说，虚假陈述揭露日的认定，应综合考虑揭露主体资格、揭露内容、揭露方式等方面，使指向确定性的虚假陈述信息被不特定多数人获知。也如有学者提出的揭露日应定义为"虚假陈述为市场和投资者广泛所知之日"[2]。

三、证券市场虚假陈述揭露日构成要件的认识

虚假陈述的揭露日的构成要件包括：揭露信息的重大性、指向确定性、首次性、公开性和股价异常波动性。

（一）揭露的虚假陈述信息具有重大性

虚假陈述揭露日标准之一，就是所揭露的虚假信息具有重大性，而不是一般的信息。证券市场中虚假陈述的信息是否重大非常重要，这不仅是证券民事赔偿诉讼中证明事实因果关系的必备要素，而且也决定了证券立法中强制性信息披露的要求。[3]证券信息重大性标准主要有美国的"理性投资人标准"和欧盟的"价格敏感性标准"。美国的信息重大性标准经由法院的各种判例而不断变化，在 1976 年的 "TSC 工业公司诉北路公司案"（TSC Industries,

① 梁爽：《日本证券虚假陈述责任法律适用对我国的启示》，《法学》2011 年第 1 期。
② 彭真明：《论注册会计师不实财务报告民事责任的认定》，《法学评论》2006 年第 4 期。
③ 郭锋：《从大庆联谊股东诉讼案谈中国证券民事赔偿制度的构建》，《法学杂志》2006 年第 1 期。

Inc.v. Northway，Inc.）中确立。其含义为："如果存在这样一种重大可能性，即一位理性的股东在决定如何投票的时候认为该事实是重要的，那么此项被遗漏之事实就属于重大事实。"[1]换言之，遗漏的事实从一个理性投资者看来，将会显著地改变可以获得的全部信息的含义，那么这一遗漏的事实就具有重大性。到了20世纪80年代，美国证券交易委员会采用综合信息披露制度，对1937年制定的规则C（Regulation C）作了重大修改，将信息重大性标准界定为"一个理性投资人在决定是否购买注册证券时会认为该信息是重要的实质可能性"，同时，法院也可能将某种信息被披露将会对相关股票的市场价格产生实质性影响的信息认定为重大信息。在欧盟，信息的重大性判断采用的是"价格敏感性标准"，即如果信息的披露可能影响相关股票的市场价格，其即具备重大性。因此，信息重大性的理解可以从两个层面：一是投资人决策影响层面，即如果该信息的披露将会实质性地影响投资人的投资交易决策，那么该信息具备重大性。二是从证券市场股票价格影响层面，即如果该信息的披露将会对相关股票的价格产生实质性的影响，那么该信息具备重大性。[2]

目前，在我国的证券立法中，采用的是价格敏感性标准，这一标准类同于欧盟的"价格敏感性标准"。[3]如现行《中华人民共和国证券法》第67条第1款规定："发生可能对上市公司股票交易价格产生较大影响的重大事件，投资者尚未得知时，上市公司应当立即将有关该重大事件的情况向国务院证券监督管理机构和证券交易所报送临时报告，并予公告，说明事件的起因、目前的状态和可能产生的法律后果。"该条所确立的重大事件包括：（1）公司的经营方针和经营范围的重大变化；（2）公司的重大投资行为和

---

[1] TSC Industries, Inc. v. Northway, Inc, See James D. Cox, Rober w. Hillman & Donald C. Langevoort, Securities Regulation, Cases and Materials, pp.52—53.

[2] 李国光主编：《最高人民法院关于审理证券市场虚假陈述案件司法解释的理解与适用》，人民法院出版社2015年版，第219—222页。

[3] 理论界建议应引入理性投资人标准。在虚假陈述民事纠纷案件处理的法院受理前置程序取消后，判断虚假陈述信息是否属于重大性时，采用理性投资人标准更为科学，价格敏感性影响因素太复杂。

重大的购置财产的决定；（3）公司订立重要合同，可能对公司的资产、负债、权益和经营成果产生重要影响……（12）国务院证券监督管理机构规定的其他事项。而公司招股说明书、公司中报、年报、临时性公告等内容基本上可以确定为重大性信息。《关于审理证券市场因虚假陈述引发的民事赔偿案件的若干规定》第 17 条规定，证券市场虚假陈述，是指信息披露义务人违反证券法律规定，在证券发行或者交易过程中，对重大事件作出违背事实真相的虚假记载、误导性陈述，或者在披露信息时发生重大遗漏、不正当披露信息的行为。

（二）揭露的虚假陈述信息具有指向确定性

无论是被他人揭露还是自身更正揭露，针对虚假陈述信息本身是必要的，即应当具有揭露虚假陈述行为"信息真相"的指向性和相对确定性。如果无法判断揭露的信息或更正的信息能够与虚假陈述信息具有直接联系，没有揭示虚假陈述行为的相关事实、警示投资风险，则不能认定为虚假陈述揭露日。比如典型的就是有关部门或监管机关对上市公司以"涉嫌违反证券法律法规被立案调查"这样的披露公告，由于没有具体的目标指向性，没有"信息真相"揭露的相对确定性，投资者无法对应地识别和判断公司从前何种行为、何种信息出现虚假陈述。在上海市第一中级人民法院审理的"大智慧案虚假陈述赔偿案"中，原告主张以立案调查公告日为揭露日，法院判决认为，该公告的内容仅提及"公司信息披露涉嫌违反证券法律规定"，并未指出信息披露涉嫌违法的具体表现和具体内容，故对于投资者而言，仅阅看该公告并不必然会将其与公司 2013 年年报建立联系，客观上不具备受到足够警示的条件，因此，该公告日不应作为揭露日。① 又如 2001 年 9 月 10 日公告称，"本公司正接受中国证监会调查，公司将积极主动配合本次调查。目前公司生产经营情况正常。敬请广大投资者注意投资风险"。这些公告用词含糊，没有明

---

① 参见上海市第一中级人民法院（2016）沪 01 民初 679 号民事判决书。

确向投资者传达其虚假陈述等实质性的信息，更没有自行更正虚假陈述，不能算是揭露日或更正日。

（三）揭露的虚假陈述信息具有首次性

《关于审理证券市场因虚假陈述引发的民事赔偿案件的若干规定》规定了虚假陈述在全国范围发行或者播放的报刊、电台、电视台等媒体上，首次被公开揭露之日为虚假陈述揭露日。因此，首次揭露重大的虚假信息是揭露日的构成要件。确立首次公开标准的意义在于解决多媒体多次揭露报道或虚假陈述行为人采用"挤牙膏式"披露虚假陈述信息的揭露日确定问题，强调了揭露日的"首次性"，以最大限度地把因虚假陈述行为被揭露导致股价下跌而产生的损失计入可索赔范围，从而起到保护证券投资者的作用。[1] 特别是最新的欺诈发行案件，呈现虚假陈述时间跨度长、虚假陈述所涉及财务造假多、虚假陈述次数多、虚假陈述后的自我更正次数多、媒体报道质疑的次数多、媒体公开揭露虚假陈述的次数多等特征。实践中，对于边界十分清晰的虚假陈述，并且十分清晰的揭露或更正通常少有争议。争议的是同一事件、持续陈述，以及多个"似是而非"的揭露报道，或有多个揭露报道或自我更正，此时，需要确定同一虚假陈述行为（虚假信息）按照首次被公开揭露之日（或更正日）确定为揭露日。总体而言，揭露日的选择是综合比较的结果，在符合法律规定的基本构成要件后，选择合法而且最合理的时点就可以定为揭露日。这个具备揭露日特征的也就是唯一的首次，首次意味着一个虚假陈述行为仅有一个揭露日，不同的虚假陈述行为存在不同时间的揭露日。虚假陈述行为应与虚假陈述内容一一对应，然后再单独确认不同虚假陈述所对应的各个时点。实践中，虚假陈述的行为主体可能会实施多个虚假陈述行为，这时只要各虚假陈述行为是独立的行为，相互之间并非包容关系（比如《招

---

[1] 张保生、朱媛媛：《证券虚假陈述揭露日的认定及判例分析》，正保法律教育网：http://www.chinalawedu.com/web/23182/jx1708188622.shtml，最后访问日期：2018 年 3 月 26 日。

股说明书》当中所做的一系列虚假陈述），那么就应当认定为多项不同的虚假陈述行为。在行为人同时实施多个虚假陈述的案件中，各项虚假陈述行为与其各自的实施日、揭露日等一一对应，都属于应予赔偿的情形。[①]

（四）揭露的虚假陈述信息具有公开性

日本《证券交易法》规定："公开是已采取行政命令所定的，使多数人能获知的措施，或已供公众阅览的状态。"而"行政命令所定的措施"，就是指通过下列所揭示的媒体中两个以上的新闻媒体予以公开：（1）以贩卖报纸为业并报道综合性新闻为主的全国性日报，及传达信息与上述报社为业的通信社；（2）全国性的产经日报社所发行的日报；（3）日本《广播协会及广播法》第2条第3款之3所规定的一般广播业者。[②]

在当时没有出现互联网、微信等技术情况下，《关于审理证券市场因虚假陈述引发的民事赔偿案件的若干规定》将虚假陈述公开要求在"全国范围发行或者播放的报刊、电台、电视台等媒体上"，这是因为全国性的媒体具有受众广、传播快、可信度高等特点，能够最大限度地起到揭露虚假信息、扩散、提醒投资者重新判断和作出买卖决策的警示作用。当然，这里具有公开性是必然的，例如书面的内部刊物、区域性刊物无法实现公开性要求的不能算为全国性发行刊物，即便出现揭露的内容也难以达到虚假陈述揭露日的公开标准。如生态农业的弄虚作假问题是由2001年10月26日出版的《金融内参》最早披露的。[③]但《金融内参》属内部刊物，这一日期不能作为"揭露日"。又如，"康芝药业虚假陈述案"的原告主张《21世纪网数字报》发布某篇报道的日期为揭露日，海口市中级人民法院判决认为，该媒体不符合

---

① 汤欣、杨祥：《虚假陈述损害赔偿的最新实践及法理检视——以万福生科与海联讯补偿方案为例》，《证券市场导报》2015年第3期。

② 廖升：《虚假陈述侵权责任之侵权行为认定》，《法学家》2017年第1期。

③ 王祖志：《试析证券民事赔偿司法解释的局限性》，《华东政法学院学报》2003年第3期。

"全国范围发行媒体"的要求而不予认定。[①] 在互联网时代,在网络虚拟世界中区域、全国性的概念需要重新考量,一些地方传媒发布的消息可以通过互联网等各种通信手段,迅速传至全国各地的投资者。一家非全国性媒体公开揭露某一虚假陈述行为,该报道又被各大门户网站、微信等工具广泛转载,发生相关证券价格的异常波动,则该地方媒体的报道亦可确定为揭露日。互联网时代的公开性、全国性标准,除基本要素外,可以考虑阅读量、点击率等大数据统计结果,比如 10 万次以上阅读量标准等。上市公司自身采用公告方式对虚假陈述事项进行更正的,必须在证券监管机构指定的信息披露网站或报刊(如《中国证券报》、《证券时报》、《证券日报》、《上海证券报》、上海交易所网站、深圳交易所网站、巨潮资讯网)上披露公告。这种公告满足揭露日的公开标准要求。

(五)被揭露的证券价格异常波动性

在司法实践中,人民法院通常也会将"揭露行为"是否对相关证券价格产生影响作为判断揭露日的标准之一,如果"揭露行为"发生后证券价格并无异常波动,就难以说明证券市场对该揭露行为有所反应,也就难以证明该揭露行为起到了足够的风险警示作用。

《关于审理证券市场因虚假陈述引发的民事赔偿案件的若干规定》没有将"导致证券价格异常波动"作为确定揭露日的条件。但实践中,如果虚假陈述被公开揭露,证券市场该股票价格异常波动是必然发生的,没有异常波动投资者就不会产生损失,投资者不会产生损失就不会形成索赔之诉。《关于审理证券市场因虚假陈述引发的民事赔偿案件的若干规定》是根据诱多虚假陈述对市场和投资人影响的模型,分析和确定了行为与损失之间的因果关系。由于目前证券市场上诱空虚假陈述极为罕见,而且未有一起受到行政处罚。因此,《关于审理证券市场因虚假陈述引发的民事赔偿案件的若干规定》

---

① 　参见海口市中级人民法院(2014)海中法民二初字第 77 号民事判决书。

没有诱空虚假陈述对市场和投资人影响的行为模型，无法确定该行为与投资人损失之间的因果关系。人民法院需要审查的是，影响价格走势的媒体关于上市公司或者其他责任人的虚假陈述的报道是否真实，如是，则虚假陈述行为成立，行为人即应承担相应的赔偿责任，如否，投资人向上市公司或其他责任人的索赔主张将不能得到支持。[①] 在"诱多型"虚假陈述中[②]，揭露日或更正日后的股价通常为"挤泡沫"的回归证券真实价值过程，理论上虚假陈述揭露日（更正日）到基准日期间被称为"价值回归期"。此后，投资者卖出股票或持有股票的损失视为投资者的自我扩大损失，责任自负。减损原则在《中华人民共和国合同法》第 119 条也有规定，即当事人一方违约后，另一方应当采取适当措施防止损失的扩大；没有采取适当措施致使损失扩大的，不得就扩大的损失要求赔偿。[③] 因此，媒体揭露行为的时日可否认定为虚假陈述揭示日，可与相关股票价格异动挂钩综合认定。"某提示揭露行为是否可以作为虚假陈述揭示日，可与相关股票是否停牌挂钩，其引起价格急剧波动导致其停牌的，则可以认定其揭露行为的时日为虚假陈述揭露日。"[④] 当然，也有学者提出，将虚假陈述揭露后证券价格是否显著下跌，下跌趋势所持续的时间是否较长，下跌时成交量是否显著放大等特征，作为判断揭露日的实质性标准。如果符合这些特征，则股价下跌趋势的生成日或股价下跌的转折时间点就是虚假陈述揭露日。[⑤] 如果市场出现诱空型虚假陈述并引发民事赔

[①] 李国光主编：《最高人民法院关于审理证券市场虚假陈述案件司法解释的理解与适用》，人民法院出版社 2015 年版，第 257 页。

[②] 在持续信息披露中也应当区别"诱多"和"诱空"的虚假陈述，制定不同的因果关系条件。"诱多"虚假陈述的目的在于诱使证券价格高于其实际价值。该虚假陈述被揭露的消息一经公布必然会导致证券价格向其真实价值回落，在虚假陈述实施之后、揭露之前高买，在虚假陈述揭露后低卖，必然给投资者造成损失。

[③] 贾纬：《审理证券市场虚假陈述民事赔偿案件的几个疑难问题》，《人民司法》2002 年第 5 期。

[④] 李国光主编：《最高人民法院关于审理证券市场虚假陈述案件司法解释的理解与适用》，人民法院出版社 2003 年版，第 264—265 页。

[⑤] 陈谊军、宣伟华：《试论我国证券民事责任制度之完善》，《政治与法律》2004 年第 6 期。

偿,受理案件的人民法院可以逐级请示,最高人民法院通过个案批复作出适用法律的解释。[①] 在某些情况下,股价没有出现异常波动也不影响满足法定要件的虚假陈述揭露日的成立。

四、证券市场虚假陈述揭露日争议的结论性认识

(一)虚假陈述行为与揭露日数量关系

1. 一次虚假陈述行为仅一个揭露日,没有第二个揭露日。在一次虚假陈述行为中,揭露日应确定为虚假陈述信息首次揭露日或更正日,因此,单次虚假陈述行为仅有一个揭露日。以"佛山照明案"为例,2012年7月6日佛山照明发布《关于收到广东证监局监管措施决定书的公告》,2012年11月5日,佛山照明董事会发布收到《中国证券监督管理委员会调查通知书》重大事项公告,内容如下:本公司于2012年11月2日收到《中国证券监督管理委员会调查通知书》,2013年3月6日佛山照明发布《关于收到中国证监会广东监管局行政处罚决定书的公告》。针对上述时间点,原告主张2012年7月6日为第一个揭露日,而后的2012年11月5日为第二个揭露日。

法院审理认为,虚假陈述揭露日是指陈述在全国范围发行或播放的报刊、电台、电视台等媒体上,首次被公开揭露日。2012年7月6日,佛山照明发布《关于收到广东证监局监管措施决定书的公告》,首次向投资者公布其因虚假陈述被行政处罚。而佛山照明于2012年11月5日发布重大事项公告,公告其收到《中国证券监督管理委员会调查通知书》,因涉嫌信息披露违法违规,中国证监会根据证券法的有关规定,决定对佛山照明立案调查。该公告是对佛山照明虚假陈述公开披露的延续,并非首次被公开揭露。原告主张2012年11月5日为第二个揭露日,没有事实和法律依据,二审法院不予支持。

2. 数个虚假陈述行为会出现数个揭露日。如果存在两个或以上不同的虚

[①] 宋晓明:《关注证券市场的发展变化,逐步完善证券侵权民事责任制度》,《人民司法》(应用)2007年第17期。

假陈述行为，就有两个或以上的揭露日。"大庆联谊案"就是一个典型例证。法院认为，该案存在两个虚假陈述行为与两个揭露日：欺诈上市虚假陈述表现在1997年4月26日公布的《招股说明书》和《上市公告》中，法院认定此虚假陈述行为的实施日为1997年4月26日。1997年年报虚假陈述表现在1998年3月23日公布的1997年年报，法院认定此虚假陈述行为的实施日为1998年3月23日。法院还认为，欺诈上市虚假陈述行为首次被披露日为2000年4月27日，因为该日《中国证券报》上公布了中国证监会对大庆联谊虚假陈述行为的处罚决定。而年报的揭露日则为1999年4月21日，大庆联谊于该日首次在《中国证券报》上对该公司1997年年报涉嫌虚假的问题进行了公告。法院认为该案存在欺诈上市和1997年年报虚假两个虚假陈述行为，并相应确立了两个不同的揭露日。案件中的欺诈上市虚假陈述的《招股说明书》《上市公告书》和1997年年报公告，是两个存在联系但有区别的虚假陈述行为。投资者索赔的损失被法院以"必须同时符合两个时间段"而锁定：买入时间——1997年4月26日以后买入的股票；卖出时间——2000年4月27日即公司公告中国证监会处罚决定有关内容日之后至基准日2000年6月23日卖出或仍持有的股票。[①] 通常，在数个虚假陈述行为出现时，按照虚假陈述实施日、揭露日或更正日、基准日分别一一对应处理。

3. 一次虚假陈述涉及数个虚假信息，数个虚假信息不同时点揭露（含更正），则形成数个揭露日。在一些情况下，同一次虚假陈述包含多个内容不同的虚假信息，特别是发行人的欺诈发行中的《招股说明书》，造假往往涉及多方面信息，因此，如果不是一次性揭示全部的虚假陈述涉及的"信息真相"，就会出现每次揭露或更正出现一个揭露日。也就是基本印证"挤牙膏式"的媒体揭露或自我更正，出现数个揭露日。

4. 同一虚假信息多次陈述、多次更正，可以形成多个虚假陈述日和对应的揭露日。这里的前提是虚假陈述行为人的自我更正行为揭露"信息真相"。

---

① 叶可：《大庆联谊虚假陈述案若干实体法律问题探析》，《金融法苑》2008年第1期。

《关于审理证券市场因虚假陈述引发的民事赔偿案件的若干规定》的虚假陈述更正日，是指虚假陈述行为人在中国证券监督管理委员会指定披露证券市场信息的媒体上，自行公告更正虚假陈述并按规定履行停牌手续之日。其满足的要件是：（1）虚假陈述行为人。其他主体不成立。（2）直接指向确定性的虚假陈述"信息真相"。如果没有指向确定的虚假陈述，而是模糊不清，不构成更正揭示，不成立更正揭露日。（3）对虚假陈述进行了确定性更正，可回溯原虚假陈述内容比对，得出正确的证券信息。（4）按照规定履行停牌手续，如果交易规则不需要停牌，则是否停牌不影响。（5）在证监会指定披露证券市场信息的媒体上公告，达到法定形式的公开。

（二）揭露日认定与诱多型或诱空型虚假陈述无关

证券市场虚假陈述有诱多型和诱空型虚假陈述两大类，但市场经常发生的虚假陈述属于诱多型性质。诱多型虚假陈述是指虚假陈述行为人故意违背事实真相，发布虚假的利多信息，或者隐瞒实质性的利空信息不予公布或未及时公布等，以使投资人在股价处于相对高位时，持有积极投资心态并进行"投资"追涨的行为。同理，诱空型虚假陈述是指虚假陈述行为人发布虚假的消极利空信息，或者隐瞒实质性的利好信息不予公布或未及时公布等，以使投资人在股价向下运行或处于相对低位时，因受其虚假陈述影响持有消极心态而卖出股票，在虚假陈述被揭露或者被更正后股价上涨而投资人遭受损失的行为。①

诱多型虚假陈述和诱空型虚假陈述，对股价走向的影响是相反的。在诱多型虚假陈述中，投资者之所以有权主张赔偿，是其买入的股票包含了虚假陈述导致的灌水并多支付了灌水价款，在真相揭示后，灌水被挤出，股价下跌到真实价值附近，投资者无法再行出售而获得灌水补偿，从而产生投资损

---

① 贾纬：《证券市场侵权民事责任之发轫——解析〈关于审理证券市场因虚假陈述引发的民事赔偿案件的若干规定〉》，《法律适用》2003 年第 3 期。

失。也就是说，其虚假陈述行为导致投资者高价买进低价卖出证券，造成了投资者损失。虚假陈述行为是造成投资者损失的原因，这是诱多型虚假陈述者应承担责任的主要原因。诱多型虚假陈述对股票价格的影响是实施日之后导致股票价格在虚假信息推动下不合理上涨或应跌不跌，但揭露日或更正日之后，因为真相被揭露，股票价格必然出现下跌。与此相反，在诱空型虚假陈述中，因为虚假陈述者的行为，使股票价格偏离其真实价值，导致股价本应上涨却没有上涨或者本不应下跌而大幅下跌，误导投资者以低于股票真实价值的相对低价卖出股票。当事实真相被揭露后，即揭露日或更正日之后，由于利好消息释放，股票价格通常不是应声下跌而是随之上涨。因此，不能用诱多型虚假陈述的因果关系分析路径，来套用诱空型虚假陈述因果关系分析。①

然而，虚假陈述揭露日本身与虚假陈述的诱多型或诱空型无关，揭露日所关注的是虚假陈述的"信息真相"是否已经被公开揭示，包括上市公司等信息披露义务主体的主动更正、说明事实真相，也包括媒体的公开报道等。只要符合实质性揭露虚假陈述、被投资者公开获悉以及达到警示功能的，就可以成为揭露日。甚至可以说，只要有相关的行为，或者虚假信息部分公开，不管这个信息是否已经完整肯定地公布出来，都可视为虚假信息已得到披露。②

（三）监管机关无指向的立案调查公告日不是揭露日

当事人自己予以披露，或监管机构作出处罚决定，其确定性高，具有最高的警示强度。因此，如果事先没有报道或传言，当事人自己公告的日期或监管机构处罚决定的日期应可认定为虚假陈述揭示日。③ 监管机构的行政处

---

① 冯果：《诱空型证券虚假陈述损害赔偿民事责任之认定》，《法律适用》2016 年第 13 期
② 吴伟央、普丽芬：《2009 年中国证券法治评述》，载黄红元、徐明主编：《证券法苑》2010 年第 2 卷。
③ 张勇健：《论虚假陈述侵权行为的几个时间点》，《法律适用》2003 年第 4 期。

罚决定公告日期成为揭露日没有争议①，但监管机构发出的立案调查通知等时点，能否成为虚假陈述揭露日或称揭示日，是近年争议较大的问题。监管机构对虚假陈述行为人的立案调查通知大体有三种情况：一是最笼统的，如因"涉嫌违反证券法律法规"而被立案调查。二是有一定指向性的，如因"涉嫌虚假陈述"被立案调查或"涉嫌信息披露违法违规"被立案调查。三是有具体指向性的，如因"涉嫌公司股东收购中信息披露违反证券法律法规"或"涉嫌2017年年报财务信息虚假陈述"被立案调查。我们认为第一种情况，缺乏具体指向性，从公开信息而言，监管机构也没有能够确定到底是不是真有虚假陈述行为，而是无目标地立案调查，对于司法实践中将该立案公告日确定为揭露日，争议很大。第二种情况，可以结合具体情况予以认定，有争议但可接受。第三种情况，完全可以认定，基本没有争议。

有关上述第二种情况，实践中最为常见，往往结合揭露日后引起的股价异动而予以认定。如以"大唐电信案"为例，大唐电信于2005年11月8日在《中国证券报》公告了公司接到中国证监会关于公司涉嫌虚假陈述立案调查通知的情况；2007年8月20日，中国证监会下达了《处罚告知书》；2008年5月26日，中国证监会作出了《行政处罚决定书》。原告认为，2007年8月20日，中国证监会的立案调查通知书只说大唐电信公司涉嫌虚假陈述，并不能算是真正的揭露，不能成立揭露日。被告认为虚假陈述的揭露日为中国证监会进行立案调查的公告发布之日，即2005年11月8日。法院认为，上市公司在《中国证券报》刊登因"涉嫌虚假陈述"被立案调查的公告日（2005年11月8日）为虚假陈述揭露日。②理由有：关于中国证监会调查的公告是第一次出现在全国流通的报纸上。虽然公告内容是中国证监会展开调查而不是最终的处罚决定，但这足以构成对于虚假陈述行为的揭露，因为调查是中

① 根据判例研究，人民法院通常将如下日期认定为揭露日：上市公司被立案调查公告日、处罚事先告知书公告日、收到处罚决定公告日、媒体揭露报道发布日、上市公司自我更正日、收到监管措施决定公告日，等等。
② 参见北京市第一中级人民法院（2009）一中民初字第5783号民事判决书。

国证监会正式发起的，这足以引起理性投资者的警觉，而且，在该公告之后，大唐电信的股价大幅跳水，表明该消息已经有效地传递到市场，并具有重大性影响。[①] 证券监管机构最终对大唐电信及其相关责任人作出行政处罚的结论性事实，与立案调查公告的内容前后呼应，完全相符，并且，立案调查公告已经明确写明"敬请投资者注意投资风险"。又如，在 2016 年年度上海法院金融商事审判十大典型案例的"顾某诉甲公司证券虚假陈述责任纠纷案"中，甲上市公司在 2008 年至 2011 年年度报告中存在虚增资产和利润总额，虚减成本等不实记载。其于 2013 年 1 月 26 日公布的《2012 年年度报告》中，将 2008 年至 2011 年隐瞒的所有亏损反映为 2012 年当年亏损。同日公布的《2012 年年度业绩预亏公告》亦作相同记载。甲公司于 2013 年 10 月 12 日公告其因"涉嫌信息披露违法违规"被上海市证监局立案调查。公告后的第一个交易日，甲公司的股票发生盘中跌停，收盘跌幅达 9.89%。2015 年 6 月 9 日，上海市证监局认定甲公司存在虚假陈述行为，并对其进行了行政处罚。上海市第二中级人民法院于 2016 年 8 月 26 日判决认为：2013 年 10 月 12 日，甲公司在中国证监会指定网站公布其收到上海市证监局对其信息披露违法违规的《调查通知书》。该公告足以达到在全国范围内揭示系争虚假陈述行为的效果，对投资者起到了警示作用，故应以该日作为虚假陈述揭露日。[②]

　　争议最大的是上述第一种情况，即公司公告因"涉嫌违反证券法律法规"被监管机关立案的公告日，确定为虚假陈述揭露日。按照虚假陈述日的判断标准，这种公告最缺乏的是虚假陈述"信息真相"的揭示，以及对虚假陈述事实的指向性、确定性不足。尽管这种"涉嫌违反证券法律法规"被立案调查的公告信息也可能导致股票价格异常波动，但这种波动无法归结于虚假陈述行为被揭露或者"相关真相"被揭示的结果。因为投资者公众根本无法知

---

① 黄辉：《中国证券虚假陈述民事赔偿制度：实证分析与政策建议》，载黄红元、徐明主编：《证券法苑》2013 年第 9 卷。

② 参见上海市第二中级人民法院（2015）沪二中民六（商）初字第 90 号民事判决书。

悉监管机关的"涉嫌违反证券法律法规"具体指的是什么，投资者如何回溯过去的虚假陈述信息而进行投资决策。

目前，在虚假陈述民事赔偿案件中，越来越多的法院感到以公司公告被中国证监会立案调查日期作为虚假陈述揭露日的牵强、不合理之处，开始转向以公告收到《事先告知书》的日期为揭露日。[①] 比如，上海市高级人民法院在"创兴资源虚假陈述民事赔偿案"中明确："法院认为，被告发布的关于收到中国证监会《调查通知书》中仅提及被告因涉嫌违反《证券法》及相关法规被中国证监会立案稽查，该公告不仅对本案被告虚假陈述行为的实质内容完全没有涉及，甚至也未能反映出被告被稽查的行为性质系涉嫌未按规定披露信息，故该公告的发布并不符合揭露的内容应与证券监督管理机构行政处罚决定书中认定的虚假陈述行为相一致的要求，该公告发布之日不应认定为虚假陈述揭露日。"[②] 同理，在"祥源文化股份有限公司的收购案"中，监管机关也是以公司"涉嫌违反证券法律法规"立案调查，公司有关因"涉嫌违反证券法律法规"被立案调查的公告日，应排除在虚假陈述揭露日之外。较为准确的虚假陈述揭露日应该是 2017 年 11 月 10 日因中国证监会《行政处罚及市场禁入事先告知书》对虚假陈述的基本事实作了披露，而且上市公司发布了公告，以该日作为虚假陈述揭露日没有争议。

（四）虚假陈述揭露日应着眼投资者整体权益的保护

在诱多型的证券市场虚假陈述中，合格的原告就是在虚假陈述实施日起到虚假陈述揭露日（更正日）买入股票的投资者，而且同时是在虚假陈述揭露日后卖出或继续持有的投资者。揭露日的确定直接决定基准日，决定投资者的赔偿额度。因此，不同的揭露日就有不同的合格原告范围和不同的赔偿

---

① 张子学：《公众公司应如何披露政府调查事项》，载黄红元、徐明主编：《证券法苑》2017 年第 22 卷。

② 金月：《立案稽查宣布日未必是虚假陈述揭露日　创兴资源案改变"揭露日"认定惯例》，《金陵晚报》2017 年 1 月 13 日。

金额，与投资该股票的所有投资者利益相关。同时，还要特别注意的是，在虚假陈述民事赔偿案件中，发起人、上市公司通常是共同被告，有的甚至是唯一被告，因为原告当事人宁可放弃对其他责任人的索赔而把所有赔偿责任让上市公司来承担，因为上市公司通常有能力赔偿。如果全部赔偿金都只由上市公司支付，那无异于用后来股东的钱去赔偿虚假陈述揭露时股东的损失；如果投资者持续持有股票，那就是用投资者自己的钱赔偿自己了。[①] 从实证看，在 2003 年至 2016 年的 33 起虚假陈述民事赔偿诉讼案件中，从已经裁判的情况看，8 起原告败诉，5 起由上市公司控股股东赔偿，有 13 起由上市公司作出赔偿。[②] 上市公司一旦承担巨额赔偿，就造成对上市公司全体股东或投资者的"二次伤害"，以损害现在和未来股东或投资者的利益满足过去上市公司投资者的利益。

从某种意义上说，虚假陈述揭露日是一个客观揭露虚假"信息真相"之日，让市场投资者知悉上市公司本来面目、对现行股价的证券进行合理的投资或出售。揭露日的确定是总体、抽象意义上保护投资者的利益，包括整个上市公司的公众利益。就某个具体的投资者而言，需要客观理解虚假陈述揭露日的认定要件，合理判断自己是否是虚假陈述行为的真正受害者。因此，对虚假陈述揭露日的判断，最好不要以保护投资者利益为由作出选择，而应从上市公司全体公众的利益出发考量法定要件的揭露日。揭露日的选择，要有利于解决诚信的投资者利益保护。

在公司欺诈发行上市的虚假陈述的先行赔付案例中，万福生科投资者补偿基金和海联讯投资者补偿基金的揭露日选择都是很有价值的。在万福生科案件中，2012 年 9 月 14 日、18 日，创业板上市公司万福生科先后被湖南证监局、中国证监会稽查总队立案调查，揭开了财务造假黑幕。2013 年 9 月 24 日，

---

① 汤欣、谢日曦：《从洪良国际案到证券民事赔偿》，载黄红元、徐明主编：《证券法苑》2014 年第 12 卷。

② 汤欣、陈旺：《虚假陈述民事司法的实践——回顾与思考》，载郭文英、徐明主编：《投资者》2018 年第 1 辑。

中国证监会发布（2013）47 号《行政处罚决定书》，称万福生科 IPO 招股说明书披露的 2008 年至 2010 年财务数据存在虚假记载，公司不符合公开发行股票的条件；另外，万福生科 2011 年年报、2012 年半年报存在虚假记载和重大遗漏；2012 年上半年停产事项也未履行及时报告、公告义务。此前的 2012 年 11 月 22 日、2013 年 3 月 15 日，万福生科已经因为财务造假而两度遭到深圳证券交易所公开谴责。在万福生科投资者损害补偿基金分配方案中，将该公司"首次公开发行信息披露日"作为虚假陈述实施日，将"被立案稽查公告日"视同虚假陈述揭露日，同时还认定"中报虚假陈述更正日"和"2008 年至 2011 年财务信息虚假陈述更正日"两个更正日为揭露日。[①]

五、结语

虚假陈述揭露日具有重要的法律地位，其在于揭示虚假陈述的"信息真相"，使证券市场公众回溯虚假陈述进行比对，通常在诱多型虚假陈述中引起股价的去泡沫、回归真实价值过程。揭露的虚假陈述信息，应当具有重大性、指向确定性、引发股价波动性和公开性。媒体揭露和虚假陈述行为人自我更正的揭露日法定要件有所不同，应当满足各自的要求，方可成立揭露日。在虚假陈述行为案件中，由于虚假陈述的内容复杂而揭露或更正的过程更为复杂，需要按照案件实际判断不同的揭露日。但虚假陈述日与揭露日总是对应的，对于没有任何指向信息的监管机构的立案公告日，不宜确定为揭露日，具有一定指向性的立案公告日，结合其他要素可以确定为揭露日。采用监管机构的类似《行政处罚的告知书》等基本事实清楚的"信息真相"揭示日为揭露日，相对确定而且公平对待上市公司的公众，有利于整体保护证券市场的投资者。虚假陈述的揭露日是客观中性的事实真相揭露认定日，只要合法、合理确定，都是抽象意义上保护投资者的举措。

---

① 汤欣、谢日曦：《从洪良国际案到证券民事赔偿》，载黄红元、徐明主编：《证券法苑》2014年第 12 卷。

　　基于上述的理解和分析，本文开篇提出的收购案的揭露日判断，公司有关因"涉嫌违反证券法律法规"被立案调查的公告日，应排除在虚假陈述揭露日之外，公司也没有发布过符合规定要求的虚假陈述更正公告，唯一的虚假陈述揭露日应该是 2017 年 11 月 10 日因中国证监会《行政处罚及市场禁入事先告知书》对虚假陈述的基本事实作了披露，而且上市公司发布了公告。

论我国证券法定范围引发的问题及其解决方案

李有星　杨　俊 *

摘　要

我国证券法没有证券定义并缺乏功能标准，法定列举了股票、公司债券及国务院认定的证券为其调整范围。证券法定范围的不足造成具有实质性功能的证券活动无法科学判定，企业难以借用股票和公司债券以外的权益证券融资，打击非法集资及非法证券活动的范围过于宽泛。借鉴引入美国证券法中的投资合同、证券私募和小额融资豁免制度，扩展我国的证券范围，赋予证券监管机构与法院证券认定裁量权，可解决我国证券定义不足造成的困境。

关键词：证券定义；功能标准；投资合同；证券私募；小额豁免

★　本文原载于《时代法学》2012 年第 4 期。杨俊，浙江大学光华法学院硕士研究生。本文系国家 211 工程第 3 期重点建设项目（203000-123210301）、浙江省社科规划项目（11YD30YB0）、光华基金项目"两岸中小企业融资法律制度比较研究"（2011GH03）成果之一。

　　随着我国资本市场投资主体与投资工具的增多，一群具有富裕现金流且具有投资欲望与投资经验的群体对投资工具的选择产生了困惑，困惑来源于一个似"简单"而又"复杂"的选择题。选择一，投资股市或楼市，但依据 2011 年的情形来看，收益率过低，甚至为负；选择二，投资目前正在蓬勃发展的新型投资工具，如一种消费与资本相结合的投资工具，承诺年收益30%。为什么说这道选择题简单，因为对大多数不具有证券法律知识的投资者来说，会选择第二种，第二种收益率高。但具有证券法知识的投资者经过深入思考，会发现第二种选择存在如下的风险：依据我国《证券法》第 2条[①]，消费资本化投资工具不属于证券范畴。既然不属于证券，那它到底如何定性，如何监管，有何法律依据，又会不会与当年的果园投资相似，在不久的将来也被划入非法集资中去？这种思考带来了一个结果：为风险考虑，该群体不投资第二种，造成这种投资工具的资金募集者只能通过提高投资回报、并转为向富裕而不具有法律知识或投资经验的人募集资金，这无疑增加了资本市场的风险。对于此类出现于实践，由我国证券法定范围引发的问题，我国至今还未有一个解决良方。

一、我国证券法定范围引发的问题

　　证券是记载着民事财产权利的特殊书证，多数国家和地区的证券法都对证券范围依照"功能标准"作出不完全列举。所谓功能标准是指按照某种权利证书是否符合证券的基本属性和功能来判断其应否归属于证券，而不是按照该证书是否被冠以证券之名而进行判断。[②]我国《证券法》不能给出证券定义或者说证券"功能标准"，致使判断证券上发生分歧，甚至实质意义上

---

① 《证券法》第 2 条第 1 款规定："在中华人民共和国境内，股票、公司债券和国务院依法认定的其他证券的发行和交易，适用本法；本法未规定的，适用《中华人民共和国公司法》和其他法律、行政法规的规定。"这是我国证券的法定范围。迄今为止，国务院尚未明确认定其他种类的证券。吴志攀：《金融法概论》（第 5 版），北京大学出版社 2011 年版，第 28 页。

② 叶林：《证券法》（第 3 版），中国人民大学出版社 2008 年版，第 12 页。

的证券无法认定为证券，而无法借助证券法律的调整，从而产生新型金融工具定性困难，无法科学判断企业的实质证券融资行为。企业难以借用股票和公司债券以外的权益证券融资，中小企业的证券融资渠道受限，并与非法集资相纠结，以至打击非法集资及非法证券活动的范围宽泛和偏差等等问题。

第一，实质性证券融资活动难以调整。中国不断发展与开放的金融市场创造出了令人眼花缭乱的金融工具，如果园投资合同、产权式酒店投资、地产投资券、矿产开采权投资、多方委托贷款以及一系列的资产证券化投资工具。上述投资的特点是投资者取得的不是股票、公司债券这种传统的凭证（证券），而是基于投资的合同、契约而取得他人经营的利益份额，也可以理解为依照投资合同确定的投资份额而分享他人经营的利益成果。诸如上述的创新型金融产品因为不符合证券法中规定的"股票和公司债券"以及国务院认定的证券，也没有相应的法律专门规制，而在出现之时无法定性，也就没有相应的监管。在现实生活中，中小企业融资不是借贷、股权融资，而是采用投资份额式融资，造成融资中的"实质性证券"融资但证券法不调整的局面。撇开新型企业融资、投资工具繁乱的名称，其都具有一个共同的特点，即都是一种以权利凭证换取货币金钱的实质意义上的"证券"融资行为。

第二，企业的"证券性"融资渠道明显受限。对于中小企业融资难的问题，许多言论将矛头指向银行对中小企业贷款的苛刻要求，而忽视了除银行贷款这条间接融资渠道外的另一条融资渠道——直接融资。对于这个问题，吴志攀教授早在 2003 年就提到："由于《证券法》适用范围和调整对象限制了市场证券的品种，限制了市场分层，使得中小企业不能利用证券市场融资。"[1]我国《证券法》规定公司可通过股票和公司债券融资，同时对股票和公司债券的公开发行进行了严格的准入限定[2]，这样以中小企业的规模就不可能以

---

[1] 吴志攀：《证券法适用范围的反思与展望》，《法商研究》2003 年第 2 期。

[2] 如公开发行证券，必须符合法律、行政法规规定的条件，并依法报经国务院证券监督管理机构或者国务院授权的部门核准；公开发行公司债券的股份有限公司的净资产不低于人民币 3000 万元，有限责任公司的净资产不低于人民币 6000 万元等等。

公开的方式在证券市场筹集资金了。同时，中小企业通过金融创新方式进行的融资又必须先由国务院认定为证券后方可进行，这无疑又是中小企业进行融资时的一道坎，无法逾越。也就是说，绝大多数公司企业无法以公开的方式利用"股票和公司债券"以及国务院认定的证券工具在证券市场融资。虽然，政府为解决中小企业融资难的问题不断努力，包括开放创业板，设立科技型中小企业技术创新基金和中小企业国际市场开拓基金，开放小额贷款公司的设立，但都还处于起步阶段，覆盖面有限。此外，《证券法》第10条还规定了企业可以以非公开的方式发行证券融资，但并没有相应地对非公开发行融资的一个"安全港"制度设计，且依据2007年《国务院办公厅关于依法惩处非法集资有关问题的通知》，未经批准公开、非公开发行股票、债券等也是非法集资的一个特征，因此企业的非公开发行融资就容易滑入非法集资的禁区，企业的融资与非法集资存在纠结的不正常联系也限制了企业的"证券性"融资。

第三，利用实质性证券融资合法性边界模糊。企业利用具有实质意义的权利凭证融资是常象，但在没有正确认识证券的范围或应当有的范围的情况下，国家无法真正提供合法与违法边界的界定标准，只有用非法集资和非法证券活动的大口袋管制打击。[①] 虽然，最高人民法院为区别非法集资与合法融资进行不断探索，并在2010年12月13日以法释［2010］18号《关于审理非法集资刑事案件具体应用法律若干问题的解释》（下称《非法集资解释》）中规定未向社会公开宣传，在亲友或者单位内部针对特定对象吸收资金的，不属于非法吸收或者变相吸收公众存款。然而该解释仍未就不特定对象给出一个标准化的参考依据，即使是针对单位内部的融资，如内部职工再向社会不特定人集资从而构成"传销金字塔"的集资方式，也可能会产生"非法集资"或者"非法证券活动"指控的可能。就是在美国，曾认为未经豁免向单位内部发行证券合法的惯例，也被1953年出现的SEC V. Ralston Purina Co.

---

① 李有星：《论非法集资的证券化趋势与新调整方案》，《政法论丛》2011年第2期。

案所颠覆。①因此,我国企业非法集资与利用证券合法融资之间边界仍很模糊。特别一提的是《非法集资解释》第2条列举的11种非法吸收资金的情形中,基本上都是采用实质意义上具备证券"功能标准"的证券融资行为。②但遗憾的是,此种行为无法由现行证券法调整,而是作为非法集资形态调整。

第四,缺乏实质证券"功能标准"的判断依据。在证券法明文规定证券种类和功能的基础上,如何认定某种证书是否属于证券,主要由法官根据功能标准作出个案判断,但如果证券法缺乏"功能标准",将致使法官判断的不可能。我国出现的多种形式的投资、融资关系中,虽然借助融资的工具名称不同(如股权、基金、林权证书等),其实质是利用符合"功能标准"的证券融资,但因我国缺乏"功能标准"认定的证券名称、标准和认定机构,因此无法往证券上考虑。美国著名证券法教程中提到了这样一段话:下列事物的共同性是什么?苏格兰威士忌,自行改善的跑道,化妆品,蚯蚓,河狸,麝鼠,兔子,灰鼠,渔船,真空吸尘器,一小块墓地,牛胚胎,灌制原版唱

---

① 该案中 Ralston Purina 是种子和谷物的制造与分销商,其每年向经过选择的雇员发行普通股。几年间,超过400名雇员购买了这些普通股,其中包括不少低职位的雇员。该案焦点是这种发行是否是非公开性的,是否可以适用1933年《证券法》第4(2)节规定的豁免向SEC注册。初审法院认为,Ralston Purina 的证券发行应该豁免注册,因为"Ralston Purina 进行的是内部发行,没有任何招揽行为,而且仅仅是向经管理层选择认为值得挽留或未来有升值空间的雇员销售有限的证券,因此不构成公开发行。美国联邦最高法院认为作为 Ralston Purina 证券出售对象的那些人"没有办法获取在注册中所需披露的那些信息的途径",而1933年《证券法》的立法目的是"通过促进投资决定所需信息的充分披露来保护投资者",因此该发行不适用注册豁免,也就形成非法证券活动。SEC v. Ralston Purina Co. 346 U. S. 119 (1953).

② 如(1)不具有房产销售的真实内容或者不以房产销售为主要目的,以返本销售、售后包租、约定回购、销售房产份额等方式吸收资金的;(2)以转让林权并代为管护等方式吸收资金的;(3)以代种植(养殖)、租种植(养殖)、联合种植(养殖)等方式吸收资金的;(4)不具有销售商品、提供服务的真实内容或者不以销售商品、提供服务为主要目的,以商品回购、寄存代售等方式吸收资金的;(5)不具有发行股票、债券的真实内容,以虚假转让股权、发售虚构债券等方式吸收资金的;(6)不具有募集基金的真实内容,以假借境外基金、发售虚构基金等方式吸收资金的;(7)不具有销售保险的真实内容,以假冒保险公司、伪造保险单据等方式吸收资金的;(8)以投资入股的方式吸收资金的;(9)以委托理财的方式吸收资金的;(10)利用民间"会""社"等组织吸收资金的;(11)其他非法吸收资金的行为。

片合同，动物饲养计划，诉讼共同基金和果树。答案是：基于功能判断，判决认定上述均为联邦或州证券法意义上的证券。证券法覆盖下的这些非常规投资范围如此巨大，可归因于"证券"广泛的法定概念。[①]

二、问题解决的可能路径——投资合同与证券注册豁免的启示

面对我国因证券定义而引起的问题，借鉴海外立法例从而获得启示实在有必要。美国证券法中的功能标准、投资合同以及私募、小额豁免制度等设计理念和具体制度值得借鉴。美国法认为证券范围宜宽不宜窄，一切其他法律未作调整的融资行为，《证券法》都应进行调整，这样就避免了在金融创新中的法律监管的缺失，又不妨害证券市场的自由创新。为此，美国在1933年《证券法》及1934年《证券交易法》中设计了一整套制度来规定证券活动。

美国早在1933年《证券法》第2条第1项中就以证券"功能标准"将投资合同明确作为证券的一种[②]，由证券法进行监管。但当时的《证券法》并没有给投资合同下过定义，投资合同更像是一个证券定义中的"兜底条款"。没有对投资合同的明确定义，公众也就难以识别自己所签订的投资合同是否属于证券法中的投资合同。投资合同的判定标准出现于 SEC v. W. J.

---

① 托马斯·李·哈森：《证券法》，张学安等译，中国政法大学出版社2003年版，第23页。

② 1933年《证券法》第2条第1项规定：本法所称证券，除依其情形另有他指外，指任何票据、股票、库存股份、债权、无担保债权、债务凭证、任何分享利润协议之参与或权益证书、担保信托凭证、公司成立前认股证明、可转让股份、投资合同、表决权信托证书、证券存托凭证、石油、天然气或其他矿权中部分未分割权利、或任何一般通常认为证券之权益或工具、或上述各种证券之权利参加分配书、临时权益凭证、收据、保证、权证认股证书、股份认购之权利。

Howey Co 案[①]。最高法院在该案[②]中宣称：《证券法》目的上的投资合同是指一个合同、交易或计划，一个人据此（1）将他的钱投资，（2）投资于共同事业，（3）受引导有获利期望，（4）利益仅仅来自发起人或第三人的努力。即投资合同的检测标准（Howey Test）是"一个人将他的钱投入共同事业并期待从发起人或第三人的努力中获得利润"[③]。有了投资合同的定义标准，"其他定义所不能涵盖的'证券'都可以设法联系到这里，根据'Howey Test'判定属于'投资合同'进而属于'证券'"[④]。Miriam R. Albert 认为，"之所以要定义这些投资合同是投资者需要企业在联邦证券法下登记的公开信息，知悉这些信息比他们自己参与企业运作更重要"[⑤]。

美国法规定的证券实际上可分为两类，一类是已经标准化（standardized）的证券，如股票、债券、票据等；另一类是可变的（variable）、非常规的（irregular）、不常见的（uncommon）证券，如投资合同；前者易于被认定为证券，而后者则需要经过再仔细的考察才能确定其性质。[⑥] 而"再仔细的考察"一般指使用豪威检验（Howey test）或风险资本检验（Rist Capital

---

① 在该案中，被告 Howey 公司将其所有的大片柑橘田以亩为单位划分为若干片，吸引公众投资者，并与投资人签订了"土地销售合同"和"服务合同"，其中约定，土地以保证契约的形式转让给投资人；服务合同期为 10 年，在合同期间 Howey 公司对橘子的播种、收割和销售拥有完整的决策权。卖方既无权进入橘园，也无权拥有任何产品。买卖双方对于土地和产品甚至不是联营，买方只是在收获季节收到一份表示他那一份收益的支票。果园的投资人（即买方）居住地距离橘园通常很远，大多不是当地人，以旅游者或居住在一家由 Howey 公司经营的旅馆中的住户为主；他们大多不具备播种、收割和销售橘子的设备和经营条件；他们接受合同的唯一理由是希望依赖 Howey 的经营带来利润。双方争议的焦点是"土地销售合同、保证契约、服务合同是否一起构成了《证券法》第 2（a）（1）所指的'投资合同'，因而属于证券法规范的'证券'"。

② 328 U.S.293,298-299,66S. Ct. 1100, 1102-1103,90L.Ed.1244（1946）.

③ SEC V. W. J. Howey Co.，328 U.S. 293（1946）.

④ 春华：《美国证券法"投资合同"的法律辨析》，《证券市场导报》2003 年第 4 期。

⑤ Miriam R. Albert. The Howey Test Turns 64: Are The Courts Grading This Thest On A Curve? William & Mary Business Law Review February, 2011.

⑥ SEC v. C. M Joiner Leasing Corporation, 320 U. S. 344（1943）.

Test）[①]来判断投资合同的经济实质。与美国法中的证券范围对比可知，我国只规定了标准化的证券，而对此类非标准化的证券，我国通常将其纳入非法集资的行列，因而产生了现有证券法框架下解决不了的问题。因此投资合同的引入，不仅是对现今已经本土化的似证券而被证券法排除在外的金融工具的一种全新阐释，也可以为公众辨明其集资行为是否为证券发行行为提供一个可资借鉴的标准。

设计了投资合同的美国证券法，为合理监管和有效减少监管压力，建立了包括豁免证券、小额融资豁免以及证券私募豁免在内的证券注册豁免制度，从而解决企业利用证券融资与监管有效的矛盾。证券注册豁免制度源于美国1933年《证券法》第3条豁免证券制度、第4条豁免交易制度，指符合法定豁免的证券不经注册也可进行交易。[②]之所以需要建立注册豁免制度，其逻辑也相当简单，若证券市场所有的交易都需注册，那么不仅监管机构将筋疲力竭，更重要的是这将使融资方的成本急剧上升，于证券融资不利。因而需对第5条"任何证券未经注册进行交易都是非法的"这一总括性规定进行限定。

1933年《证券法》第3条（a）第（2）至（11）款主要规定了以下种类的豁免证券：政府、银行、保险公司和合格的养老金计划发行的证券，短期商业票据，慈善机构发行的证券，建筑及贷款协会、农民合作组织及类似组织发行的证券，某些受联邦法律调整的普通承运人发行的证券，根据破产法由接收人和财产受托人发行的证书，保险单和年金合同，专与现有证券持有人交易发行的证券，司法或行政许可重组时所发行的证券，仅在州内发行的

[①] 风险资本检验（Rist Capital Test）确立的条件比 Howey Test 的条件更加宽泛。在 Sobiesk V. Traynor VS Silver Hills Country Club 案中，法庭认为"利润或期望的回报"不是构成证券的必要条件。但该标准目前只有加利福尼亚、俄亥俄、田纳西等少数州使用，且主要用于检测那些可转让的会员资格。刘敏：《作为公众投资工具的投资合同之法律适用研究》，《辽宁公安司法管理干部学院学报》2007年第4期。

[②] 李建伟、王卿人：《美国证券私募发行豁免规则的修正及启示》，《证券市场导报》2008年第9期。

证券。^① 其中第（2）至（8）款规定的豁免证券的豁免是整体性的，适用于发行与转售的各个环节。之所以作如此规定主要是其已被其他法律所调整，或发行人的性质特殊，证券风险较小。而第（9）至（11）款的豁免及第3条（b）（c）款、第4条（1）至（6）款的豁免在整体上是一次性的，若其被转售，则必须进行注册，当然若转售同样符合某种豁免要求除外。无论是第3条的豁免证券还是第4条的豁免交易都要受《证券法》中其他条款，如第12条（2）款有关招股书与通讯中虚假陈述及遗漏的民事责任、第17条反欺诈等条款的约束。^② 此外，援引"豁免交易"而不予进行证券注册的人在发生争议时，必须承担举证责任。^③

美国法中的小额豁免制度主要源于1933年《证券法》第3条（b）^④ 及由该条所赋予证券交易委员会的权利所制定的相关规则和条例。这些规则和条例主要有条例A为采用类似于登记发行时招股说明书的发行公告方式年发行总额不超过500万美元的豁免；条例D中的规则504规定的12个月内不超过100万美元的发行豁免；规则505规定的为不限数量的"授权投资者"12个月内发行不超过500万美元的豁免或为35个以下"非授权投资者"12个月内发行不超过500万美元的豁免；规则701规定的为不受1934年《证券交易法》定期报告要求约束及非依据1940年《投资公司法》登记（或要求登记）的投资公司的雇员股票补偿计划的豁免（每年从50万美元到500万美元）。国内有学者指出，小额发行之所以需要豁免，其原因之一在于，相

① 托马斯·李·哈森：《证券法》，张学安等译，中国政法大学出版社2003年版，第135—153页。
② Securities Act17（c）and introductory clauses to 3-4.
③ SEC v. Ralston Purina Co.，346 U. S. 119,126（1953）.
④ 美国1933年《证券法》第3条（b）规定证券交易委员会若认为因公开发行所涉及金额不大或公开发行受限制的特点，从维护公共利益和保护投资者的角度对发行证券执行本法规定并无必要，则可通过制定规则和条例并根据其中可能规定的条款和条件，不时增加本条中所规定的豁免证券的种类；但是，若向公众发售证券的发行总额超过500万美元，则该证券之发行不得依本款规定予以豁免。豁免的限额由1933年的10万美元提高到1980年的500万美元，1992年证券交易委员会建议国会将其再次提高到1000万美元。

比小额发行所获得的收益，核准的成本太高，不值得维持。[①] 因而，对于打算发行少量证券的发行人而言，《证券法》提供了如下选择：或依据第 3 条（b）款、A 条例或 D 条例中的规则 504、505 寻求小额发行豁免，或依据第 4 条（2）款及 D 条例中的规则 506 寻求私募发行豁免，若仅针对内部雇员还可寻求规则 701 的雇员股票补偿计划的豁免。

1933 年《证券法》第 4（2）条规定，"本法第 5 条不适用于与公开发行无关的发行人的交易"。这就是私募发行豁免制度最早的制定法渊源。私募发行豁免适用于对机构投资者的发行，因为他们经验丰富，不易被发行人欺骗，无需证券登记注册的保护。其次，该豁免还适用于向有限数量的有资格的个人发行，这类人与机构投资者相似，能够承受投资风险，也无需证券法的注册登记保护。此外，基于该条规定过于原则和抽象，SEC 在 1982 年发布了 D 条例。D 条例简化和统一了私募发行和小额发行豁免制度，组成了三种注册豁免规则，其中的规则 506 即专门规定私募发行环节的豁免[②]，为私募发行提供了一个"安全港"。在规则 506 下，私募对象仅有两种：一是授权投资人，包括一些投资人的关系人和规则 501 规定的 8 种投资人[③]；二

---

① 彭冰：《中国证券法学》（第 2 版），高等教育出版社 2007 年版，第 44 页。

② 李建伟、王岍人：《美国证券私募发行豁免规则的修正及启示》，《证券市场导报》2008 年第 9 期。

③ 投资人的关系人是指因亲属关系密切或法律利害关系与投资人相同。规则 501 规定的 8 种投资人指以下 8 种人：（1）银行（包括储贷协会）、保险公司、投资公司、商业发展公司、小企业投资公司、职工救济计划；依《证券交易法》第 15 条注册的经纪人、交易商；为雇员利益，由州、州分支机构及其代理机构或部门建立并维持的任何计划，该计划的总资产超过 500 万美元。（2）1940 年《投资顾问法》第 202 条（a）款 22 项所定义的"私人商业开发公司"。（3）《国内税收法典》第 501 条（c）款（3）项规定的组织，其总资产超过 500 万美元；总资产超过 500 万美元，非为获取发行证券的目的而设立的任何公司、马萨诸塞公司或类似的商业信托、合伙。（4）总资产超过 500 万美元，非为获取发行证券的目的而设立的一般信托机构，并同时满足一定条件，如其投资决定由规则 506（2）（五）规定的成熟人士作出。（5）其证券正在要约发售的发行人的任何董事、高级管理人员、一般合伙人，或者该发行人一般合伙人的任何董事、高级管理人员、一般合伙人。这里所说的"高级管理人员"包括"负责主要业务部门（如销售、行政或财务部门）的主管、副主管、执行决策职能的其他管理人员，及为发行人决策的其他人；附属公司的为发行人执行决策职能的高级管理人员"。（6）在购买证券时，个人净资产或与配偶共同的净资产超过 100 万美元的自然人。

是非授权投资人，但非授权投资人本身或其代表人具有商务或财务专业投资背景[①]。基于此，规则 506 为发行人合理相信"非授权投资人"不超过 35 人的证券发行提供豁免。郭雳认为，美国私募发行的核心在于豁免，而之所以可免于注册，在于其发行针对特定对象、采取特定方式、接受特定规范。[②]

三、解决证券法定范围问题的建议

理论上讲，证券是彰显权利的凭证，充当实质证券的种类很多。除了传统的股票、债券、投资基金份额、衍生证券外，还应包括票据、提单、保险单、存款单等。还有就是根本不出现"股票""公司债券"等名称但实际上具有证券功能的投资合同，投资人除支付金钱义务外坐等约定的投资收益。朱锦清教授将证券定义为"因投资于一项共同的风险事业而取得的主要通过他人的努力而赢利的凭证"，认为投资份额也应是证券的一种。[③]我国规定的股票、公司债券和国务院认定的证券为证券，受证券法调整。股票、公司债券的法律界定没有争议，但国务院对于一般中小企业的实质性证券融资的证券难以具体认定，这样一来，理想的逻辑周密性与现实证券融资的多样性认定的不可能性产生了矛盾。

显然，我国与美国对融资行为采取了不同的规制模式，美国通过扩展"证券"的概念，将融资行为纳入证券法的调整范围，而我国却将大量符合证券特征的投资工具排除在证券的范围之外。[④]目前，我国的集资行为呈现一种证券化的趋势，而我国认定的许多非法集资，其实也就是"美国式投资合同"。

[①] Rule 501 对"购买者代表"的认定明确进行规定，须同时满足如下条件：（1）代表人不是发行人的"关系人"；（2）具备足够的商务知识与经验，以至于对投资的潜在风险和收益能够进行评估；（3）购买者代表的身份经过书面确认；（4）在书面确认前，购买者代表需要向购买者书面披露其与发行人、发行人"关系人"之间是否存在重大关联性。

[②] 郭雳：《美国〈证券法〉注册豁免规定研究》，《金融法苑》2003 年第 6 期。

[③] 朱锦清：《证券法学》，法律出版社 2007 年版，第 37 页。

[④] 李有星、范俊浩：《非法集资中的不特定对象标准探析——证券私募视角的全新解读》，《浙江大学学报》（人文社会科学版）2011 年第 5 期。

因此，进一步来说，针对我国证券定义不明，《证券法》调整范围较小的情形，一个走出以上所述困境的较好的方法是借引美国投资合同，给出一个判断证券的标准（如此，可以涵盖目前自国外引入的新型金融工具），将符合投资合同的证券纳入《证券法》监管，并同时建立证券私募发行、小额豁免制度。这样的一种制度设计基于这样一个逻辑，首先让公众了解其投资的投资工具是否为证券，若是，则为该投资工具的发行提供选择：公开发行、私募发行或小额豁免发行。因为私募发行与小额豁免发行无需监管机构复杂繁琐的审核程序，这样就将大量的不需监管机构重点监管的证券发行行为以豁免（或备案）的方式排除，从而减轻了监管机构的监管压力；同时私募发行与小额豁免发行又为社会的证券发行行为提供了一个"安全港"设计，在"安全港"内的证券发行行为不受追究，这样合法证券发行行为、非法证券活动与非法集资之间的界限也就明朗了，从而也有利于打击真正的非法集资。

投资合同的评判标准在海外国家已相当成熟，在我国建立标准也没有难度。日本在 2006 年的《金融商品交易法》中引入了"集合投资计划份额"①，韩国在 2007 年的《资本市场统合法》中也引入了"投资合同证券"。这都说明了投资合同制度的可取之处。我国学者也曾专门对投资合同作过研究，认为将我国的产权式酒店、果园开发合同等类似投资合同的金融投资工具纳入证券监管较为合适。郭锋教授在第二届上证法治论坛中就明确提出：根据发达国家的经验，在《证券法》未来修订时，应该对"证券"的品种范围进行扩大。只要是符合投资契约特征的投资性金融商品，包括投资性的银行理财产品、投资性的保险产品，都应放到"证券"的概念中，实现对证券的

---

① 集合投资计划份额是一种与投资合同相似的制度，我国学者对投资合同也有类似的称法。朱锦清教授将无证券之名而有证券之实的、按份额大小计量的投资叫作投资份额，或叫作权益分享。朱锦清：《证券法学》，北京大学出版社 2007 年版，第 35 页。

全方位覆盖和监管。① 我们建议在《证券法》引入投资合同的基础上，将投资合同相关制度单独立法，并赋予证券监管机构与司法对证券产品争议的裁量权。具体在现有的《证券法》第 2 条第 1 款中的"股票、公司债券"后列举一项投资合同（即为"股票、公司债券、投资合同和国务院依法认定的证券"），将投资合同制度的相关规则以单行法出台，从而可实现证券法的基本调整功能。

在投资合同被《证券法》所确认后，相当多的金融投资工具就可以依据投资合同的判定标准进行判断以确认是否属于证券，但若对投资合同发生争议，其认定权可以归属于证券监管机构和司法审判机关。目前，国外对证券的认定问题存在一个趋势，即行政机关、证券监督机构、法院对证券的认定有着越来越大的自由裁量权。② 就我国来说，证监会是全国证券市场进行统一监管的机构，对相关事项进行补充立法与其监管职责一脉相承，符合其角色定位；同时随着证券市场的发展，证监会的市场监管经验日渐丰富，也更为了解市场，具有进行补充立法的能力和条件；作为国务院的下设机关，证监会能够依据证券市场的变化，更有效率地制定或调整部门规章，以适应市场快速发展和创新需求。因此，《证券法》可将证券确认权直接赋予证监会。此外基于法律、行政法规或部门规章都无法事先对证券作出完整的列举，为了判定某个权利凭证是否构成证券，也必须借助法院在个案中的裁判，而无法完全遵循立法者对证券种类的预设。③ 法院在个案中形成的对证券确认的裁判案例可由最高院以指导性案例的形式发布④，以避免同案不同判的情形；而对于证券确认中的疑难问题，最高法院还可以以司法解释的形式颁布于社

---

① 投资性的银行理财产品与保险产品其实质都是证券的一种形式，只是我国目前采用分业监管模式，而未被纳入《证券法》监管。证券时报网，《适时重构新股发行审核制》，http://epaper.stcn.com/paper/zqsb/html/2011-11/28/content_323713.html，最后访问日期：2011 年 11 月 28 日。
② 张育军：《投资者保护法律制度研究》，人民法院出版社 2006 年版，第 32 页。
③ 叶林：《证券法》（第 3 版），中国人民大学出版社 2008 年版，第 22 页。
④ 2011 年 12 月 21 日，最高人民法院颁布了第一批指导性案例，为我国建立案例指导制度画上了关键的一笔。

会进行阐明，赋予法院对证券定义的自由裁量权，可适应证券多样性的现实状况，也可避免形式判断带来的脱法现象，有助于保护投资者利益。

投资合同的证券法引入，必将引起企业融资渠道的扩展，若企业以证券方式融资都需经过审批，监管机构定力不从心。因此，建立类似美国证券法中的证券私募豁免与小额豁免等制度是必要的，而证券私募豁免制度建立的核心是确立私募融资的"安全港标准"。"安全港标准"涉及募集对象、数量、募集区域、信息披露以及转售制度等，而募集对象和数量是目前学界争议最大的问题。按照《证券法》第 10 条的理解，我国公司以非公开发行的方式向 200 以下的特定对象发行证券融资是无需向证监会申请核准的。但对于何为特定对象，为何是 200 人为限，《证券法》并未有说明。有学者借鉴台湾地区及美国律师协会报告中的标准，结合我国实践，将我国证券非公开发行的认购人分为三类：法律规定的合格机构投资者（成熟标准，能够理解投资风险，也可以体现为"富有"）；符合主管机关认定条件的自然人、法人或基金（财富标准，有能力承担投资损失）；证券非公开发行公司或其关联企业的董事、监事及高级管理人员（关系标准，包括但不限于亲属关系、朋友关系、雇佣关系或之前存在的业务关系）。[①] 对于合格机构投资者，及符合主管机关认定条件的法人，学界较为统一。而对于自然人的认定条件，目前

---

① 万勇：《非公开发行证券认购人资格研究》，《证券市场导报》2009 年第 8 期。大多数学者并没有将基金单独列出，基本是将其划入了合格机构投资者中。比如张旭娟将我国私募发行对象列为机构投资者、与发行人具有密切联系、打算长期持有发行人证券的法人及拥有一定资产数量的自然人、发行公司及关联公司的董事、经理及监事。张旭娟：《中国证券私募发行法律研究》，法律出版社 2006 年版，第 105 页。但并非所有基金都拥有财经专家，能够理解投资风险，因此，上述列法相对合理。

美国规则 506 以财富为标准确立规则正饱受质疑 [①]，包括美国在内的许多国家也正趋向于将认定条件严格化。此外，对于美国"非获许投资人"制度基于我国目前证券市场还不成熟的情况下，可暂时不作引入。

对于私募对象的数量，学者之间都倾向于对机构投资者数量不作限制，但对于非机构投资者的法人和自然人及关系人，学者之间主要有三种观点。郭雳认为，我国《证券法》将非公开发行的人数限制在 200 以下、《公司法》将发起人设定在 200 人以下的规定不尽合理，发起人首先可以找 199 人组建公司，再向 200 人以下的特定对象发行证券，此 399 人的范围不符"非公开发行"之实，认为人数标准在确立上还未有令人信服的结论，仍需研究。[②]张旭娟借鉴美国及我国台湾地区的做法以不超过 35 人为限。[③] 万勇 [④]、杨柏国 [⑤] 认为将私募证券认购人数统一定为 50 人较为合适。根据银监会 2007 年 3 月《信托公司集合资金信托计划管理办法》第 5 条、第 8 条设定的该类信托计划应遵循的私募发行规则，信托公司设立信托计划，委托人须为合格投资人，且投资单个信托计划的自然人不得超过 50 人，合格的机构投资者数量不受限制；同时，信托公司推介信托计划不得进行公开营销宣传。基于该规则在我国实践情况较好，50 人的标准可作为证券私募对象数量的参考。

---

① 美国一学者假设了典型的例子来印证目前获许投资者界定标准存在的问题。富家女希尔顿依据目前的界定标准肯定能够被 SEC 认为是有资格购买未受监管的对冲基金和其他私募投资工具的获许投资者，尽管她在这种高风险的金融投资领域的训练和成熟度非常有限。而另一方面，假定雪莉拥有哈佛 MBA 学位，而且是金融系统分析领域的博士，即使拥有傲人的教育经历，但雪莉却长期处于负债状态，仅拥有少量资产。如果雪莉想投资私募发行证券，SEC 的监管规定并不允许她这么做。因为，雪莉并不像希尔顿那样拥有足够的收入或净资产以符合"获许投资者"的标准。Wallis K. Finger, Unsophisticated Wealth: Reconsidering the SEC's "Accredited Investor" Definition under the 1933 Act, 86 Wash. U. L. Rev. 733（2009）. 以上两种情形下，投资者抗风险的能力都不够强，因而有学者建议，中国私募发行投资者的界定可以更加严格，除采用财富或收入为标准外，也应考虑投资者的智识与经验。

② 郭雳：《我国证券私募的立法完善与行为规制》，《政府法制》2010 年第 16 期。

③ 张旭娟：《中国证券私募发行法律制度研究》，法律出版社 2006 年版，第 101 页。

④ 万勇：《非公开发行证券认购人资格研究》，《证券市场导报》2009 年第 8 期。

⑤ 杨柏国：《中国私募证券法律规则研究》，华东政法大学 2011 年经济法博士学位论文。

对于小额豁免制度，中国证监会规划发展委员会原专业顾问委员卫光钦2011 年 4 月 12 日表示，在严守公开发行的审核底线下，可考虑建立我国的小额发行豁免机制，为中小企业的融资提供便利。[1] 我国在建立小额融资豁免制度中可以借鉴美国的 A 条例、规则 504、505、701，将小额融资的发行主体定为中小企业[2]，同时以不同的注册要求为企业提供不同额度的小额融资方式。对于融资额度较大的，采用类似于注册制的监管，如 A 条例；对融资额小的，尽量放宽监管力度，如规则 504。[3] 此外，鉴于美国小额发行多为州内监管，我国也可将小额发行的监管权赋予省级证监会。

我国《证券法》从 2005 年修改以来，经过六年的经验积累，应适时对证券品种作相应的扩充了，投资合同作为一个金融工具的概括性品种，纳入证券法的统一调整也已适时适势。对于证券私募发行我国已实际运行多年，而小额豁免发行也已有相应的探索，中小企业融资渠道狭隘、非法集资屡禁不止的时代及引言中提及的困惑，有望终结于投资合同、证券私募发行和小额豁免发行制度的建立。

---

① 卫光钦认为严守公开发行的审核底线在于公开发行涉及公众利益。卫光钦：《建立小额发行豁免机制》，《中国证券报》2011 年 4 月 12 日。
② 我国已有相应的对中小企业的分类标准。2011 年 6 月 18 日，工业和信息化部、国家统计局、国家发展和改革委员会、财政部联合印发了《关于印发中小企业划型标准规定的通知》。
③ 洪锦：《论我国证券小额发行豁免法律制度的建立——以美国小额发行豁免为例》，《湖北社会科学》2009 年第 4 期。

对赌协议的中国制度环境思考

李有星　冯泽良 *

摘　要

对赌协议是私募股权投资常用的契约工具，它的存在与我国企业估值困难、投资法律不完善和资本市场环境不佳等因素相关。因我国公司法、合同法未能提供有利于股权投资的制度选择和法律保障，投资者会通过离岸对赌规避我国国内法律规制，或者增加对赌主体以控制违约风险。我国法律制度对风险较大的私募股权投资的鼓励总体不足，为保障私募股权投资业的健康发展，建议公司法中应当允许有限责任公司设置优先股，合同法适用上应该结合商业习惯衡量对赌当事人的利益，还可以由行业协会制定示范合同规范。

关键词：私募股权；股权投资；对赌协议；制度环境；优先股；投资合同

★　本文原载于《浙江大学学报》（人文社科版）2014 年第 44 期。冯泽良，浙江大学光华法学院硕士研究生。本文系浙江省哲学社会科学规划项目（11YD30YB0）、温州市金融办重点招标项目（CTZB-F120822CWZ-1）的阶段性成果。

近年来，私募股权投资在我国呈现出朝气蓬勃的发展态势。一方面，大量境外私募股权基金进入我国市场从事投资业务，取得了丰厚的回报；另一方面，国内私募股权基金经过十多年的发展，开始在相关领域崭露头角。与此同时，我国的制度环境也在不断改善中。2005年股权分置改革启动、2006年中小板市场开启、2007年《合伙企业法》承认有限合伙等，均为私募股权基金提供了更好的投资环境。

对赌协议是私募股权投资经常使用的一种契约工具，又称为估值调整协议（valuation adjustment mechanism）。它是投资者与融资方在达成协议时对未来不确定情况的一种约定。如果约定的条件出现，投资方可以行使一种估值调整协议权利；如约定的条件不出现，融资方行使他的另一种权利。通常形式是，当企业业绩出色时，投资者支付更多的对价；当企业经营状况不理想时，投资者要求股权转换、回购或者补偿。因此，对赌协议实际上是期权的一种形式。[①] 尽管对赌协议在我国投资领域已得到广泛应用，但由于缺少明确的制度保障，该投资担保模式面临着诸多法律风险，遭遇发展瓶颈。

一、对赌协议产生的原因

经济形势的变化使投资者不得不关注影响目标公司价值的风险因素。投资者开始从法律角度在谈判中加入价值保护相关的特殊条款，如对赌条款。[②] 对赌协议主要运用于创业时期的风险投资，但有时候在成熟型企业、并购以及股权分置改革中，也可能出现对赌协议的身影。[③]

---

① 谢海霞：《对赌协议的法律性质探析》，《法学杂志》2010年第1期。

② J. Walker. "Private Equity and Venture Capital: Navigating a Difficult Market", in R. C. Brighton Jr., G.K. Gale & L. N. Salvi et al., Understanding Legal Trends in the Private Equity and Venture Capital Market, Eagan: Aspatore, 2011, pp.65–84.

③ 例如，摩根士丹利投资蒙牛属于创业投资，投资上海永乐电器公司则属于成熟企业投资。凯雷投资控股徐工集团属于并购投资，而华联综超的股权分置改革则属于对赌协议在股改中的运用。

（一）因企业估值困难而产生对赌协议

对目标公司业绩的预测是投资者估值、投资的主要依据。但由于各种各样的原因，目标公司的预期业绩与实际业绩之间可能存在一定差距，影响估值的准确性。对赌协议产生的最初目的就是调整企业估值。

1. 信息不对称。投资者与融资方之间存在信息不对称。在我国，融资企业的大股东往往兼任企业的经营者，控制企业的运作。与外部投资者相比，他们处于信息上的优势地位。因此，融资方可能在谈判过程中隐瞒部分信息，误导投资者高估企业价值。虽然投资者在投资前会对目标公司进行法律尽职调查、财务尽职调查、管理尽职调查以及资产评估，但这些获取信息的行动都需要付出高昂的成本。而且即便如此，也不能保证尽职调查中获得的信息是完整的。对赌协议向处于信息优势地位的融资方施加业绩压力，迫使其尽可能提供真实、准确、完整的资料，以免因虚假信息而对赌失败。与复杂繁冗的尽职调查相比，签订对赌协议所需的成本更低，效果更好。因此，对赌协议通过简单的权利义务分配，能够克服融资方在融资过程中隐瞒信息的道德风险，降低投资方获取信息的成本，减少整个融资过程的交易成本。此外，这种制度安排将同样掌握信息优势的管理层的利益与企业未来发展状况绑定，迫使他们留在目标公司，保证企业的持续发展。①

2. 定价方法不确定。签订投资合同之前，投融资双方都需要对目标企业进行估值。由于估值方法的多样性，即使投资者进行了尽职调查，且融资方完全披露相关信息，他们也可能在企业价值的问题上存在分歧。②基于理性人假设，投资者和融资方必然会选择对自己有利的方法进行估值。如果两者

① J. Egan, "New Venture Capital Strategies in a Changing Market," in J. J. Egan, M. Flynn & J. Hughes et al., Understanding Legal Trends in the Private Equity and Venture Capital Market, Eagan: Aspatore, 2013, pp.7—20.

② 国际上通行的价值计算方法主要包括收益法、成本法和市场法等，三类方法有各自不同的理论基础，且还可细分为更多的计算方法。林金腾编著：《私募股权投资和创业投资》，中山大学出版社 2011 年版，第 130—131 页。

未选择相同的方法，则极有可能对企业的价值产生不同意见；当然，即便选择了相同的估值方法，由于计算中某些参数带有一定的主观性，计算结果也会出现偏差。考虑实际情况的复杂性，投融资双方在企业定价问题上达成一致的可能性非常小，如果谈判时双方僵持不下，合作就可能破裂。因此，为了促进合作，实现双方利益的最大化，就必须在投资者与融资方的企业估值之间架起一座桥梁。双方可以约定，以未来一段时间的业绩为标准，如果企业业绩好于预期，则可以调整至较高的估值；如果业绩低于预期，则相应地调低企业估值，这与对赌协议的形式刚好一致。因此，在对赌协议的安排之下，投融资双方可以暂时搁置企业价值的问题，等到未来某一时间点再回过来评估企业。

（二）因不利的现实环境而产生对赌协议

完善的法律制度和成熟的资本市场是私募股权投资发展的重要条件。然而，我国法律制度不健全，资本市场又以银行为中心，没有一个流通性较好的股市，因此两个条件均不符合。[①] 这样的现实环境迫使投资者广泛运用对赌协议保障自己的投资。

1. 不利的法制环境。私募股权投资者属于财务投资者[②]，买入股权的目的是适时择机套现。因此，私募股权投资者不愿意过多参与公司的经营活动，但同时又希望公司取得良好的业绩，以帮助自己实现经济利益。在法律允许的情况下，私募股权投资者喜欢设置优先股，享有公司的大部分股权但不参与投票。然而，正是在优先股这个问题上，我国的法律制度存在巨大的障碍。《中华人民共和国公司法》（以下简称《公司法》）中的有限责任公司是以

---

① W. Shen. Face off: Is China a Preferred Regime for International Private Equity Investments? Decoding a "China Myth" from the Chinese Company Law Perspective. Connecticut Journal of International Law, 2010, 26(1): 89-160.

② 投资者可分为战略投资者与财务投资者。战略投资者是指出于战略利益而愿意长期持股并参与公司治理的投资者；而财务投资者是指以获利为目的，在适当时候进行套现的投资者。大部分私募股权投资者属于后者。

"同股同权"为原则构建的，虽然我国《公司法》没有明确禁止有限责任公司设置优先股，但也没有明确承认优先股的合法性。此外，我国《公司法》对有限责任公司优先股相关的投票权、分红权、协议回购权、股权期权等问题同样没有任何规定。因此，一般默认有限责任公司不能设置优先股。实践中常见的投资模式是，投资者投入一笔资金，其中一小部分计入注册资本并转换成股权，其余大部分则计入资本公积金。资本公积金一旦进入企业之后，就为所有投资者共享，不能任意支付给股东。所以在这种模式下，私募股权投资者的投资面临巨大的风险，需要采用对赌协议来弥补制度的不足。谈判过程中，私募股权投资者与原股东达成一些交易文件，附加传统的优先股所带有的部分权利，要求公司和原股东做出书面承诺，使部分优先权在契约责任下得以实现。[1] 对赌协议实际上成了投资者应对不利法制环境、保护自己投资的一种契约工具。

2. 不成熟的资本市场。深度流通的股票市场可以为企业提供大量的上市机会，保障财务投资者以该方式退出目标公司。过去，私募股权投资者将境外上市作为首选的退出方案。[2] 近年来，在国内企业境外上市的问题上相关部门态度反复，规制较多，限制了这些企业和投资者的出路，部分企业转而寻求在国内交易市场上市。[3] 但与美国等资本市场发达的国家或地区相比，我国股票交易市场并不活跃。上海证券交易所或深圳证券交易所的上市条件高，程序复杂，耗费时间久；地方股权交易所尚处于起步阶段，许多制度还不成熟，交易混乱。在这样的资本市场中，私募股权投资者无论投资成功还

---

① W. Shen. Face off: Is China a Preferred Regime for International Private Equity Investments? Decoding a "China Myth" from the Chinese Company Law Perspective, Connecticut Journal of International Law, 2010, 26(1): 89-160.

② 根据毕马威（KPMG）在 2008 年 4 月的调查，我国香港地区和美国纳斯达克是私募股权 IPO 退出的首选市场。KPMG, "Private Equity in China-Market Sentiment Survey", http://www.kpmg.com/CN/en/IssuesAndInsights/ArticlesPublications/Documents/pe-china-survey-0809.pdf, 2013-03-31.

③ 2006 年，国务院六部委联合发布《关于外国投资者并购境内企业的规定》，导致国内企业通过红筹模式境外上市的渠道受到限制，外资私募股权投资基金传统的退出模式变得困难。

是失败，均可能无法及时从被投资企业中退出。因此，投资者会在投资合同中设置一些条款，当约定的情况出现时，要求公司、原股东或管理层对投资者的股权进行回购。这样，对赌协议关于股权回购方面的约定就成了投资者退出投资的替代路径。

二、对赌协议与法律制度的互动

我国现有的资本市场和制度环境促进了对赌协议的发展，而面对各种制度的枷锁，投资者也在不断创新对赌协议的形式，以应对投资中可能出现的法律风险。从这个意义上讲，对赌协议与我国的法律制度正在不断的互动之中。

（一）离岸对赌规避境内法律

过去一段时间，大多数私募股权投资者热衷于"返程投资"的形式，即境外壳公司将资本注入境内企业，境内企业股东以境内企业的股权交换境外壳公司的股权，最后境内企业原股东成为壳公司的股东，壳公司成为境内企业的股东。[1] 这种设立离岸控股公司的投资形式有许多好处，例如避税、方便境外上市，以及规避境内法律等。离岸公司一般设在开曼群岛、英属维京群岛以及我国香港地区等，这些国家或地区属于普通法系，有健全的商法体系和完善的投资保障机制。大量有实力的私募股权投资者均来自普通法系国家或地区，熟悉相关法律制度，因此愿意在这些地方离岸操作。[2]

蒙牛与摩根士丹利等投资者之间的对赌就属于成功的离岸对赌。2002年6月，摩根士丹利等投资机构在开曼群岛注册了开曼公司（China Dairy

---

[1] 唐应茂：《私人企业为何去海外上市——我国法律对红筹模式海外上市的监管》，《政法论坛》2010年第4期。

[2] W. Shen. Face off: Is China a Preferred Regime for International Private Equity Investments? Decoding a "China Myth" from the Chinese Company Law Perspective. Connecticut Journal of International Law, 2010, 26(1): 89−160.

Holdings），同时通过开曼公司设立其全资子公司毛里求斯公司（China Dairy Mauritius Ltd.）。根据开曼群岛的公司法，投资者将开曼公司的股份分成两种：一股有 10 票投票权的 A 类股和一股仅 1 票投票权的 B 类股。同年 9 月，蒙牛乳业发起人在英属维尔京群岛注册成立金牛公司（Jinniu Milk Industry Ltd.），其投资人、业务联系人和雇员则注册成立了银牛公司（Yinniu Milk Industry Ltd.）。金牛公司和银牛公司各以 1 美元 / 股的价格收购开曼公司 A 类股 5102 股，摩根士丹利等投资机构出资 25973 万美元取得开曼公司 B 类股 48980 股。此后，开曼公司利用投资机构提供的资金购买了毛里求斯公司 98% 的股份，再由毛里求斯公司用该笔资金购买蒙牛乳业 66.7% 的股份。在完成公司治理结构的设计之后，蒙牛管理层与摩根士丹利等投资机构约定，如果蒙牛乳业一年内没有实现承诺的高速增长，则开曼公司与毛里求斯公司账面上的剩余投资现金将由投资方完全控制，投资方将拥有蒙牛 60.4% 的绝对股权，并可以更换蒙牛乳业管理层；如果蒙牛管理层实现了承诺，则投资方将同意蒙牛管理层的 A 类股以 1 拆 10 的比例无偿换取 B 类股。[①] 开曼公司的股权设置使投资者可以取得目标公司大部分的股权，却不实际控制公司，这一股权安排是后来双方对赌的基础。但在我国公司法的框架下，这种股权设置几乎是不可能完成的。因此，投资者大多偏爱"返程投资"，在允许优先股的国家或地区设立离岸公司进行对赌。

2005 年 10 月，国家外汇管理局发布《关于境内居民通过境外特殊目的公司境外融资及返程投资外汇管理有关问题的通知》，明确境内居民可以通过境外融资平台在国际资本市场进行融资活动。该通知曾一度被理解为国家对相关投资活动管制的放开。但 2006 年 8 月，国务院六部委出台《关于外国投资者并购境内企业的规定》，规定境内企业设立离岸公司并返程投资的，需报商务部审批；此类公司境外上市的，需经我国证监会批准。2008 年 8 月，

① 第一轮对赌成功后，蒙牛与摩根士丹利等投资机构又进行了第二轮对赌，本文不再介绍。邹菁：《私募股权基金的募集与运作》，法律出版社 2012 年版，第 125—127 页。

国家外汇管理局又出台《关于完善外商投资企业外汇资本金支付结汇管理有关业务操作问题的通知》，要求外资私募股权基金在华投资需根据单个项目走报批程序，获得审批后才能结汇。这些规制措施导致离岸操作的效率受到影响，限制了此类投资活动的发展。

（二）增加对赌主体，保障投资安全

对赌协议的主体为融资方和投资方。其中，融资方的构成比较复杂，可以包括目标企业、原股东以及管理层等。在我国，融资的民营企业大股东一般兼任经营者，因此他们在与投资者签订对赌协议时，可以以自己的股权为筹码进行对赌。[①] 现实中一些创业者自身的经济实力非常薄弱，却对风险投资趋之若鹜，盲目引入投资，导致对赌失败后无法支付巨额补偿；甚至有一些创业者在引入投资后立即套现退出，给投资者造成巨大损失。因此，风险投资者往往倾向于将尽可能多的主体纳入对赌机制中来，以约束融资方的行为，防止原股东和管理层的道德风险。

2007 年，江苏海富公司与甘肃世恒公司、世恒公司的唯一股东香港迪亚公司、迪亚公司实际控制人陆某共同签订了一份《增资协议书》。协议第 7 条第 2 项约定：众星公司（即世恒公司）2008 年净利润不低于 3000 万元人民币。如果众星公司 2008 年实际净利润完不成 3000 万元，海富公司有权要求众星公司予以补偿，如果众星公司未能履行补偿义务，海富公司有权要求迪亚公司履行补偿义务。补偿金额 =（1－2008 年实际净利润 /3000 万元）× 本次投资金额。该对赌协议为目标公司及其原股东均设定了契约责任。2008 年，世恒公司实际净利润总额仅为 26858.13 元，远低于《增资协议书》设定的目标。海富公司遂向法院提起诉讼，将世恒公司、迪亚公司以及陆某列为共同被告。这种增设对赌主体的做法并没有得到法院的认同。一审和二审中，该案对赌协议均被判无效，直到 2012 年 11 月最高人民法院再审时才部分认同

---

① 李岩：《对赌协议法律属性之探讨》，《金融法苑》2009 年 1 期。

对赌协议的效力。最高院判决认为，《增资协议书》第 7 条第 2 项中约定的补偿使海富公司的投资可以取得相对固定的受益，该收益脱离了世恒公司的经营业绩，损害了公司和公司债权人的利益，该部分条款无效。但《增资协议书》中，迪亚公司对海富公司的补偿承诺并不损害公司及公司债权人的利益，不违反法律法规的禁止性规定，是当事人的真实意思表示，合法有效。[1]即最高院肯定了投资者与目标公司原股东之间对赌的法律效力，但是否定了目标公司自己参与对赌的合法性。[2]因此，投资者试图通过协议无限扩展对赌主体的做法，同样遇到了法律障碍。

（三）对赌协议的法律保障有待提升

私募股权投资尤其是风险投资，是高风险、高收益的行业，其在世界范围内的失败率在 30% 以上。如果没有能够承受如此高风险的法律制度保障，这类投资就无法生存和发展。然而我国历来并不具备高风险、高收益的商业文化，法律制度对风险投资的接纳能力也非常有限。计划经济时期，国家通过其控制的国有银行和国有企业吸收风险并降低不确定性。改革开放以后，在企业层面，经营者对风险自担认识不足；法律与政策层面，规制措施并不鼓励风险偏好者。[3]

成文法律制度方面，2005 年的《公司法》、2006 年的《中华人民共和国合伙企业法》做出了一些调整，提高了我国法律制度对高风险的容忍度。[4]但整体而言，现有商事法律制度对风险的接纳仍然存在不足。例如，《公司法》没有承认有限责任公司优先股制度，导致对赌机制无法展开；国家对私募股

---

① 由于判决书缺乏详细的说理，目前尚不能肯定股东与公司之间所有对赌协议均无效，还是仅就本案的情形来讲为无效。本案被称为"对赌协议无效"第一案，对整个私募股权投资行业具有重要意义。
② 参见最高人民法院（2012）民提字第 11 号民事判决书。
③ H. Lu, Y. Tan, G. Chen. Venture Capital and the Law in China. Hong Kong Law Journal, 2007, 37(1): 229–271.
④ 调整措施主要表现在降低有限责任公司的注册资本要求、增加出资方式、允许设立一人有限责任公司、引入有限合伙企业等。

权投资规制较多，影响其运作效率。根据毕马威在 2008 年的调查，52% 的私募股权投资者认为监管发展（regulatory development）是私募股权投资行业面临的主要障碍。[①]

非成文制度方面，法官对争议问题做出裁决，其判决效果甚至可以等同于强制性规范，因而具有重要指导意义。但我国一直固守企业使用他人资金"非股即借"的法律逻辑，即投资者提供资金给公司企业使用，要么是投资入股成为股东，享有股东权益；要么是借款给公司企业成为债权人，而享有要求债务人还本付息的权利。法院在审理此类案件时，往往先对合同进行定性，然后根据合同性质判断合同中各类条款的有效性，以"名为投资、实为借贷""名为联营、实为借贷"等方式，否认"投资合同"的效力，实际否认通过契约安排的对赌方式。[②] 这种逻辑违背了私法领域意思自治的原则，不利于风险投资、股权投资者的权益保护，也说明我国在对赌协议的法律保障上有提升空间。

三、对赌协议制度供给的建议

现实制度束缚了对赌协议的运用，影响私募股权投资在我国的发展。在完善对赌协议的制度供给时，应当注意提供更灵活、更符合商业习惯的法律制度。公司法角度可以确立类别股制度，合同法适用方面应当尽可能尊重商业判断，此外还可以引导行业协会制定示范合同，为投融资双方提供指引。

（一）完善公司法律制度

《公司法》是我国商法中最重要的部门法之一，完善的公司法制度对良好商业环境的构建起着根本性作用。尽管我国《公司法》于 2005 年修订之

---

① KPMG, Private Equity in China-Market Sentiment Survey, http://www.kpmg.com/CN/en/IssuesAndInsights/ArticlesPublications/Documents/pe-china-survey-0809.pdf, 最后访问日期：2013 年 3 月 31 日。

② 彭冰：《"对赌协议"第一案分析》，《北京仲裁》2012 年第 3 期。

后在风险控制上有所放松，但与普通法系国家或地区相比仍存在差距。最突出的是我国《公司法》没有对有限责任公司能否设置优先股等问题做出明确规定。优先股是对赌协议的基础，在没有优先股制度的情况下，投资者只好将溢价投资计入资本公积金，结果投入了巨额资金却只能听由公司管理层肆意挥霍，始终不能控制公司或退出公司。如果法律允许优先股，则投融资双方可以约定优先股在一定条件下转化为普通股，一旦管理层未尽职履行义务，投资者可以控制公司并更换管理层。关于优先股的最大争议是"同股同价"，但在类别股制度下，优先股股东的权利和普通股股东的权利是不同的，即使以不同的价格购买，也不违反"同股同价"原则。① 实践中，不少投资者在离岸公司设置优先股，并没有出现什么问题。因此可以说，有限责任公司设置优先股的理论和实践障碍已被扫除。

经济发展的重要动力来自创新，相对宽松的制度环境可以减少束缚、鼓励创新。类别股制度为投融资双方提供了更多的选择余地，迎合不同类型投资者的风险偏好，方便投融资双方设置对赌条款，进而有利于商业发展。②实际上，2005 年的《创业投资企业管理暂行办法》第 15 条就已经对创业投资企业的优先股有所放开，只是表述上采用了"准股权"的说法。③《公司法》完全没有必要在优先股问题上继续束缚有限责任公司。完善公司法制度，可以建立类别股制度，明确允许有限责任公司依法创设不同类型的优先股，在董监事选任、否决权等方面对优先股做特殊规定，并且允许目标公司与投资者约定在一定条件下协议回购股权。

---

① 沈朝晖：《公司类别股的立法规制及修法建议——以类别股股东权的法律保护机制为中心》，《证券法苑》2011 年第 2 期。

② 于莹、潘林：《优先股制度与创业企业——以美国风险投资为背景的研究》，《当代法学》2011 年第 4 期。

③ 《创业投资企业管理暂行办法》第 15 条规定：经与被投资企业签订投资协议，创业投资企业可以以股权和优先股、可转换优先股等准股权方式对未上市企业进行投资。

（二）对投资合同的特殊保护

从合同法适用的角度，对赌协议是一种射幸合同，适用合同法规则，因此许多学者都从民法的思维出发论证对赌协议的合法性。[1] 应当注意的是，对赌协议不是一般的民事合同，而是需要特殊规则予以规范的投资类合同。典型的投资合同是投资者将资金投入普通企业并期望完全依赖投入企业、发起人股东或者其他人的努力而获得利润或约定回报利益。[2] 在这种合同的履行中，投资方一旦完成资金的交付义务就成为纯粹的权利人，期待着约定利益或利润的实现，因而投资合同是一种获取权益的证书。在美国，符合一定条件的"投资合同"属于"证券"的范畴，必须向证券和交易委员会（Securities and Exchange Commission）注册并履行信息披露义务。[3] 照搬美国模式不一定符合我国的国情，但至少可以说明，投资领域的合同应当得到法律的特殊关照。对赌协议中，虽然投融资双方指向的利益是共同的，但私募股权投资者通常不参与企业经营，能否获利只能取决于融资方的努力程度，这里恰恰存在着道德风险。如果企业管理层在融资后急于套现而非努力经营企业，则投资者将面临严重损失。因此，在衡量当事人的利益时，应当充分考虑企业引入投资的背景环境，通过合理的权利义务分配来约束投融资双方。

引入风险投资的企业往往处在一个"跳跃点"上，它急需一笔资金，如果该企业成功实现了目标，该笔资金相对企业价值来说只是一个较小的数额。[4] 企业到底价值如何、是否值得投资，需要投资者综合复杂的商业因素，

---

[1] 一些学者基于当事人意思表示是否真实、内容是否合法、是否违背公序良俗、是否损害社会公共利益、是否符合等价有偿等因素，判断对赌协议的合法性。也有学者指出，射幸合同不能从等价有偿的角度去衡量其公平性。崔建远：《合同法》，北京大学出版社 2012 年版，第 33 页。

[2] 李有星：《金融法教程》，浙江大学出版社 2009 年版，第 316—317 页。

[3] Securities and Exchange Commission v. W. J. Howey Co., 328U.S.293 (1946).

[4] M. Flynn, Adjusting to Investment Trends in a New Venture Capital Market, in J. J. Egan, M. Flynn & J. Hughes et al., Understanding Legal Trends in the Private Equity and Venture Capital Market, Eagan: Aspatore, 2013, pp.21−40.

依靠敏锐的眼光和专业的知识去判断。法官如果在事后基于合同文本约定的事项就对合同标的的价值做出判断，可能并不符合商业环境中的实际情况。在投资领域，风险越大，收益也越大。对赌协议涉及的投资的实际价值应该根据以下公式进行判断：实际投资价值 = 投入资金 × 风险 + 其他付出[1]。法官应当综合考察影响投资决策的因素，将自己置身于复杂多变的商业环境中，结合商业习惯衡量当事人的权利义务。

（三）制定风险投资示范合同

针对风险投资市场信息不对称、高风险、高不确定性等特点，美国创业风险投资协会（National Venture Capital Association）组织大批专家起草了一整套的创业风险投资示范合同。[2]这种标准化合同可以为投融资双方提供参考，降低投资谈判过程中的交易成本，控制法律风险，减少纠纷发生的概率。尽管对赌协议是根据个案进行设计的，在许多情况下无法提供统一的模板，但其涉及的主要法律问题依然可以通过示范合同明确。[3]美国投资条款清单的示范文本罗列了许多投资必备的条款，包括反摊薄条款、强制转换条款、回购权条款等。通过这些条款，合同起草者至少可以在某些有关股权设置的法律问题上得到指引。同时，示范合同并不是封闭的，针对不同的投资项目，投融资双方还可以在示范文本的基础上设计出新的合同条款。

提供示范合同带有正外部性，具备非竞争性和非排他性，属于公共产品，私人不愿意生产。为此，可以借鉴美国的做法，由行业协会制定这样一套示范合同。目前我国私募股权投资行业虽然发展迅速，但缺乏强有力的行业协

---

[1] 根据该公式，投资标的的风险越大，实际投资价值越大。同时，投资者为目标公司提供的其他支持，如重组指导、商业机会等，都应当计算在内。

[2] http://www.nvca.org/index.php?option=com_content&view=article&id=108&Itemid=136，最后访问日期：2013 年 3 月 31 日。

[3] 彭丁带：《美国风险投资合同及其对我国的启示》，《河北法学》2006 年第 11 期。

会引导。[①]建议由政府主管部门牵头，加强私募股权投资领域行业协会的建设，引导协会制定投资示范合同，供行业内部参考和交流。

---

① 我国私募基金行业协会的成立时间较晚，2011 年 3 月 21 日成立的深圳市私募基金协会是我国第一家以"私募基金"命名的行业协会，协会的行业引导作用有待加强。

论证券发行上市中保荐人职责制度的完善

李有星　　徐晓琼 *

摘　要

被称为"第一看门人"的保荐人对自己所承诺保荐的产品具有法定的担保责任，其保荐意见是投资者作出投资决策的参考依据，可见保荐人肩负着巨大的职责。我国现行法律规定证券发行上市中保荐人要承担辅导、调查、核查、推荐等职责，但是该制度规定存在着保荐人职责过于繁重、职责的界限模糊等缺陷。借鉴英国和我国香港地区保荐人职责的相关规定，本文试图对改进我国保荐人职责制度提出一些建议。

关键词：保荐人；保荐职责；单保制

＊　本文原载于《商业经济与管理》2008 年第 1 期。徐晓琼，浙江大学法学院硕士研究生。

在我国证券发行上市的法治进程中，我国股票发行审核制度曾先后实施过行政审批制、核准审批制和通道制等模式，但是这些模式都存在着很大的问题。为了提高上市公司的质量和股市的投资价值，提高投行业务的水平，增强券商的竞争能力，监管层于 2003 年在证券发行上市制度中引入了保荐人制度。从这几年保荐人制度的实施情况和规则分析上来看，保荐人职责制度尚有诸多方面需要完善。

一、保荐人制度及其职责的内容

2003 年 12 月 28 日中国证监会发布了《证券发行上市保荐制度暂行办法》（以下简称《暂行办法》），于 2004 年 2 月 1 日起正式施行。随后在 2006 年 1 月 1 日起实施的新《证券法》中也相应规定了证券发行上市保荐人制度。保荐机构和保荐代表人的责任从此有了具体明确的规定，对保荐机构和保荐代表人施行责任追究的监管机制也建立起来了。

保荐人制度是英、美、德等国以及我国香港地区运用在创业板市场上的一种证券发行上市制度。所谓保荐人（Sponsor），是指依照法律规定为上市公司申请上市承担推荐职责，并为上市公司上市后一段时间的信息披露行为向投资者承担担保责任的证券公司。保荐人制度就是由保荐人负责发行人的上市推荐和辅导，核实公司发行文件与上市文件中所载资料的真实、准确和完整，协助发行人建立严格的信息披露制度，并承担风险防范责任。在公司上市后的规定时间限制内，保荐人需继续协助公司建立规范的法人治理结构，督促公司遵守上市规定，完成招股计划中所提标准，并对上市公司的信息披露负连带责任。

保荐人制度旨在通过增强保荐机构和保荐代表人的责任和风险追究，增强投资银行机构和个人的诚信意识，提高发行人的质量，从而实现发行申请最终向注册制的过渡。[①] 因此，合理界定保荐人的职责是实施保荐人制度的关

---

① 陶理：《保荐上市登上中国资本市场的舞台》，《中国投资》2005 年第 8 期。

键。保荐人作用实质上类似于我国上市推荐人，但是与上市推荐人又有所不同。从职责来讲，保荐人应承担的职责远重于上市推荐人。保荐人要对企业进行上市前的实质性审查和上市后的持续辅导，使之符合目标市场上市规则的要求，保荐人在这过程中承担着完全的保荐责任。① 我国《暂行办法》规定，企业首次公开发行股票和上市公司再次公开发行证券均需保荐机构和保荐代表人保荐。保荐期间分为两个阶段，即尽职推荐阶段和持续督导阶段。从中国证监会正式受理公司申请文件到完成发行上市为尽职推荐阶段。证券发行上市以后，首次公开发行股票的，持续督导阶段的时间为上市当年剩余时间及其后两个完整的会计年度；上市公司再次公开发行证券的，持续督导阶段的时间为上市当年剩余时间及其后一个完整会计年度。在这两个阶段的保荐期间，保荐人的职责主要可以概括为以下几个方面。

1. 辅导职责。券商作为企业发行上市的总策划人，在发行上市前应履行上市辅导，确保发行人上市符合《公司法》《证券法》要求的条件；协助发行人制定资产重组方案和改制方案；辅导发行人建立规范、完善的公司法人治理结构；对董事进行必要的培训，确信其理解发行上市有关法律、法规和规则，理解作为公众公司规范运作、信息披露和履行承诺等方面的义务和责任，以履行上市规则中规定的上市公司董事义务。

2. 调查职责。券商有义务按照证券行业公认的业务标准和道德规范对企业发行、上市的有关重要事项和问题进行调查和核实。因此，保荐人要深入发行人企业的内部，对发行人的业务状况、财务状况、公司的治理结构等进行独立的调查。在公司上市后，对于公司的运作情况、募集基金的用途、公司的法人治理结构等等仍旧要承担调查和监督的职责。

3. 核查职责。保荐人在独立调查的基础上，要对发行人和其他专业中介机构提供的材料进行形式和实质的核查。若保荐机构所作的判断与中介机构的专业意见存在重大差异的，应当对有关事项进行调查复核，并可聘请其他

---

① 王力：《中小企业版上市与投资指南》，机械工业出版社 2005 年版，第 53 页。

中介机构提供服务。因此，保荐人应事前根据资信调查谨慎地选择专业性中介机构合作伙伴，在这过程中还需要对专业性中介机构进行必要的督导。如果保荐人没有履行尽职调查和尽职核查的责任，当出现信息披露不全面或者出现虚假陈述情况时，保荐人必须为此承担过错连带责任。

4. 推荐职责。保荐人尽职对发行人业务运作和财务状况进行独立调查，在此基础上对发行人和专业中介机构提供的材料进行全面核查后，要向证监会提供一份《证券发行推荐书》，并对此推荐书和发行人的申请文件负重大责任。通过赋予保荐人尽职推荐证券发行上市的职责，使得证券发行监管的审核前移，将减少各种变相违法违规发行证券的现象。①

5. 披露职责。保荐人要督促发行人披露可能存在的各项重大具有风险的因素；要对难以预测、不可控制等不确定性问题，如行业前景、盈利前景等，进行充分的披露和说明。在任何公告资料，比如上市材料、年报、半年报和季报公开披露之前，保荐人应该和上市公司一起审阅该公告资料的内容，使上市公司董事认识到信息披露的重要性，把所有对上市公司价值判断具有实质影响的信息全部披露给市场。② 最终，促使上市公司能够知晓并自觉遵守持续信息披露义务。

6. 持续督导职责。发行人公开发行并成为上市公司后，保荐人的角色就延伸到"持续督导者"的角色。这时保荐人仍然要履行上述的辅导、调查、核实等职责，促使上市公司信息披露义务的履行，提高上市公司的质量和诚信，保护投资者的利益。因此，可以说保荐人提供的是一种全程化的保荐服务。③

7. 担保职责。若保荐人所保荐的上市公司披露的信息存在着虚假记载、误导性陈述或者重大遗漏，致使投资者在交易中遭受损失，保荐人应当与发

---

① 叶林：《证券法》，中国人民大学出版社2006年版，第179页。
② 高庆福：《我国证券市场保荐人制度发展研究》，《经济体制改革》2004年第2期。
③ 崔明霞：《证券发行制度的革命性变革——从行政审批制到保荐人制度》，《团结》2004年第6期。

行人、上市公司承担连带责任。

二、保荐人职责制度存在的缺陷

保荐人制度本质上使保荐人在证券发行环节上担当了"第一看门人的角色"[①]。但是，保荐制度实施不久，就发生了江苏"琼花事件"[②]，该事件说明保荐人制度依然脆弱。此外，招商证券、华欧国际证券、光大证券、金信证券、上海证券的保荐代表人分别因为未尽勤勉、持续督导工作不足以及申请材料制作粗糙等原因被中国证监会进行谈话提醒。可见，保荐人违规事件还是频频发生，保荐人职责制度存在着缺陷。

（一）保荐人职责过于繁重

第一，保荐人在保荐公司发行上市过程中承担着尽职推荐和持续督导两个阶段的保荐职责，其中主要包括辅导职责、调查职责、核查职责、推荐职责、披露职责、持续督导职责以及担保职责。可见保荐人的职责涉及上市公司的法律、证券、金融、会计、管理等各方面的业务，这就需要素质更高、业务范围更广的专业性保荐人才。但是，我国首次对保荐人资格的认证没有达到真正的认证目的。2004年3月20日中国第一批保荐代表人参加能力考试，一些年轻的缺乏经验的青年人通过了考试，而一些经验丰富的代表人却没能通过考试。就江苏发生的琼花事件而言，其保荐人代表人竟称失职是因为"对国债的交易规则、交易方式不太清楚，不知道投资国债还可能造成重大损失"[③]。

---

① 张元珺、奚坚平：《我国保荐人制度探析》，《安徽警官职业学院学报》2004年第4期。
② 2004年6月3日，江苏琼花高科技股份有限公司股票（简称江苏琼花，深圳证券交易所股票代码002002）公开发行。7月，因为江苏琼花高科技股份有限责任公司在《首次发行股票上市公告书》中隐瞒了两项委托理财事项，深圳证券交易所对江苏琼花及其相关责任人予以公开谴责，创下深沪两市受到公开谴责的最快纪录。同时，主承销商和上市保荐人闽发证券的两位保荐代表人也受到了相应的处罚。
③ 李金一：《关于我国证券发行上市保荐制度缺陷的思考》，《金融会计》2005年第7期。

第二，保荐人要承担上市公司上市后的信用维护和相关的后续服务，为上市公司的信息披露行为承担法定的担保责任，即要为所保荐的上市公司披露虚假性、误导性、遗漏性信息而给投资者造成的损失承担赔偿责任。职责的繁重势必要求保荐人必须拥有必要的资产作为担保活动的物质基础。但是，《暂行办法》对保荐机构的要求比较单一，即没有明确保荐主体的最低资本金要求，也没有对保荐主体的内控体系要求作出详细的规定。

第三，保荐人承担繁多的职责，保荐人提供这样的"一条龙"服务，会弱化保荐人在证券发行和证券承销阶段的专业工作努力。保荐人必然会把有限的资源分布到对重大专业问题的分析和后期督导等责任问题上来，因此会造成保荐人工作的疏忽或者失职。

第四，在企业上市发行阶段以及上市后的一定会计年度内都由保荐人来承担责任，会产生道德风险的问题。如保荐人若在发行上市阶段存在着失误和不尽职的情况，使公司发布的信息没能充分地披露或者披露的材料不真实，在这种情况下如果公司上市了，保荐人就可能为了掩盖其存在的失误，不再去披露或者纠正信息。在"江苏琼花"事件中，如果没有新闻媒体的及时披露，作为主承销商和上市推荐人的闽发证券的两位保荐代表人是不可能主动披露"江苏琼花"存在的国债委托理财等重大风险事项。①

第五，根据《暂行办法》的规定，保荐代表人必须在两年内完成一个项目的发行，否则必须重新参加保荐代表人考试及重新履行保荐代表人的登记。为了保全自己保荐代表人的资格，保荐代表人在项目选择上可能就因为无奈而降低标准，从而引发较大的职业道德风险。

（二）保荐人职责的界限模糊

现行法律中关于保荐人职责的规定不仅对保荐人制度内部即保荐机构和保荐代表人职责的界定不清，而且对保荐人与中介机构、发行人等职责的规

---

① 骆祚炎：《香港保荐人规则的新变化及其启示》，《广东商学院学报》2005 年第 6 期。

定也有交叉的地方，使他们之间职责的界限相当模糊。

首先，保荐机构和保荐代表人的职责不清。我国实行的是"双重"保荐制，保荐机构和保荐代表人都要承担保荐职责。保荐代表人和保荐机构法律地位显然是不相同的，然而从目前有关制度设计来看两者法律责任却是"联坐"的或者仅仅处罚的是保荐代表人。从《暂行办法》第65条至69条等相关规定来看，当发行人违规时，中国证监会自确认之日起三个月内不再受理保荐机构的推荐，将相关保荐代表人从名单中去除；当发行人在持续督导阶段出现违规情形时，中国证监会自确认之日起三个月内不再受理相关保荐代表人具体负责的推荐。从这些规定中可以看到，所有的责任大都落在了保荐代表人的身上，而对保荐机构的处罚则没有相关的规定。这样使得保荐机构和保荐代表人的地位不平等，保荐代表人反而要承担更多更重的责任。

其次，保荐人和其他中介机构职责不清。虽然说保荐人起到了"第一看门人"的角色，但是在公司上市过程中还是需要很多专业性中介机构的介入，如律师事务所、会计事务所等等。根据《暂行办法》第65条规定，当公开发行募集文件等申请文件存在虚假记载、误导性陈述或者重大遗漏，中国证监会自确认之日起三个月内不再受理保荐机构的推荐。但相关文件出现上述情况的原因可能有很多种，所以应具体情况具体规定，明确划分保荐人和中介机构的责任，再根据保荐人责任的大小采取相应的处罚措施。再例如《暂行办法》第24条规定：保荐机构对发行人公开发行募集文件中有中介机构及其签名人员出具专业意见的内容，应当进行谨慎核查，对发行人提供的资料和披露的内容进行独立判断。保荐机构所作的判断与中介机构的专业意见存在重大差异的，应当对有关事项进行调查、复核，并可聘请其他中介机构提供专业服务。会计、审计、法律都是专业性很强的领域，而且其所出具的审计报告或者法律意见书等本身就具有法律效力，相关机构应对此承担法律责任。[①] 而要让保荐人对中介机构所出具的专业意见进行实质的核查，显然

---

① 任雁：《浅议保荐人制度》，《黑龙江对外经贸》2005年第9期。

使保荐人承担了一种过高的职责，而且不利于分清保荐人和这些中介机构职责的界限。

最后，保荐人与发行人之间的职责不清。保荐人在履行保荐职责的过程中最大职责在于督促发行人履行信息披露的义务，对其披露信息的真实性、及时性和完整性承担法定担保责任。事实上，保荐人与发行人之间存在着明显的信息不对称。一般保荐人不参加发行人的股东大会、董事会或者经理办公会，即便是参加了这些会议，也只是列席，没有表决权，不能对发行人各项具体事务作出决策。而承担信息披露义务的人是发行人，如果发行人提供给保荐人的原始资料本身就是不完整不准确的，或者作出决策后不告知保荐人，那么保荐人就要对其披露的不真实信息承担责任，而保荐人可能根本无从得知。因此，要分清两者之间的责任，以免发行人将自己应该承担的责任转嫁给保荐人。

三、相关国家或地区有关保荐人职责制度的规定及比较

采用保荐制度最典型的主要是英国和我国香港地区，我国制定的《暂行办法》主要以我国香港地区关于保荐制度的规定为摹本。因此，本文就围绕英国和我国香港地区保荐人职责制度的相关规定进行比较。

保荐人的职责就阶段而言可以分为尽职推荐阶段和持续督导阶段。就尽职推荐这个阶段来看，中国内地、香港地区和英国的证券市场的规定都大同小异。其主要的内容有：对发行人进行辅导，使高管人员熟知自身的责任和义务；协助发行人完善风险防范制度和法人治理结构；对发行人的各个方面进行独立的尽职调查以及审核发行人的申请材料；等等。但是英国伦敦证券交易所的上市规则中并没有规定保荐人需对发行人上市材料的真实性、准确性和完整性负连带责任。因为，英国的金融法规体系相对比较完善，保荐人审核上市材料的目的主要是减轻发审的压力，当发行人材料出现虚假的情况

时，责任追究主要是通过相关的法规来进行。[①]

从持续督导阶段的职责比较来看，香港联合交易所和英国伦敦证券交易所有着比较相似的规定，如保荐人充当交易所和上市公司之间主要的沟通渠道；定期检查发行人的营运表现以及财务状况；当企业实际运营情况和公司制定的盈利预测出现重大差异时，协助董事决定是否将这类情况加以公布；为上市公司提供持续的具体指导，使上市公司能够遵守交易所的持续信息披露规则。而中国内地要求保荐人督导发行人履行规范运作；有效执行并完善内控制度、保障关联交易公允性和合规性的制度；督导发行人履行信息披露义务；持续关注发行人募集资金的使用、投资项目的实施等承诺事项；持续关注发行人为他人提供担保；等等。中国内地之所以要对保荐人持续督导阶段的职责规定得更为繁重、更为具体，是考虑中国证券市场起步晚，上市公司违规事件常有发生，还有就是现在的中介机构诚信意识相对比较薄弱。

2004年10月19日，香港特别行政区及期货事务监察委员会与香港联合交易所有限公司联合公布《香港联交所证券上市规则》和《香港联交所创业板证券上市规则》，统称为《上市规则》，并分别完成了第82次和第19次修改，修改条款于2005年1月1日生效。这次修改的核心内容就是对保荐人制度进行改革。就保荐人的职责而言，其修改的内容主要体现为以下几个方面：（1）废除了保荐人的持续督导职责，将原来保荐人的职责一分为三，分别由保荐人、合规顾问和独立财务顾问来承担。保荐人承担对新上市申请人上市前的推荐和辅导职责，合规顾问承担发行人上市后的持续督导职责，独立财务顾问根据证券法的要求对发行人和拟发行人的重大交易和法律行为等方面的公允性和合规性进行审查，并按照指定的格式出具独立、客观、公正的专业意见。（2）增设详细的保荐人尽职调查应用指引。《主板上市规则》增设《第21项指引》，《创业板上市规则》增设了《第二项应用指引》，就保荐人首次上市申请进行尽职调查的职责和范围做了详细的规范。

---

① 姚小义、粟山：《保荐人制度比较研究》，《资本市场》2004年第8期。

随后，2005 年香港就保荐人制度又进行了新的一轮咨询和改革。在这些改革中，强调了保荐人商号和机构的作用；强调了保荐人商号、高级管理人员以及专业人员的工作经验；强调了保荐人的资格准则和最低资本规定；等等。这些对于中国内地保荐人制度的改革，都具有一定的借鉴价值。[①]

四、完善我国保荐人职责制度的建议

针对我国保荐人职责所存在的问题，同时借鉴证券市场比较成熟的相关国家和地区如英国、我国香港地区等关于保荐人职责制度的规定，对完善我国保荐人职责制度提出以下建议。

（一）保荐人职责应适当分离

我国保荐制度实行以后，公司的上市过分倚重保荐人，使得保荐人的职责过于繁重。因此，希望能通过引入"多重保荐"加大保荐人的保荐力度。[②] 我们可以借鉴香港保荐人的新政，引入类似于合规顾问和独立财务顾问等其他中介机构的角色，由保荐人承担公司上市的推荐职责，合规顾问承担持续督导职责，而独立财务顾问则承担提供咨询意见等职责。通过合规顾问和独立财务顾问与保荐人的协作，形成中介机构对发行人的监管合力，从而有利于中介机构的发展，提高上市公司的质量。

（二）保荐人制度应从"双保制"回归到"单保制"

目前我国实行的保荐人制度是"双保制"，即强调保荐机构和保荐代表人的职责，而保荐机构的职责和作用发挥又主要依靠于保荐代表人。《暂行办法》第六章规定的"监管措施和法律责任"也主要是规定了对保荐代表人的种种惩罚措施，而对保荐机构的惩罚措施却很少。但是，保荐代表人个人

---

① 刘朝晖：《香港保荐人制度的持续改革及对完善内地保荐制度的启示》，《特区经济》2006 年第 5 期。

② 何进：《我国证券市场保荐人制度完善问题》，《华东经济管理》2005 年第 10 期。

承担连带责任的能力是很有限的，如果保荐机构不承担责任，会给投资者造成很大的损害。因此，应借鉴香港保荐人制度的做法，即强调保荐人商号（或机构）的整体能力，强化保荐机构的法律责任，恢复保荐人制度"单保"的本来面目。这种回归可以使保荐人和保荐机构之间的职责明确，解决保荐机构"荐而不保""荐而难保"的难题。

（三）明确和细化保荐人的职责

明确和细化保荐人的职责有利于分配和衡量保荐人、中介机构、发行人之间的责任，以确保各司其职。保荐人承担的是一种法定的担保职责，但是这种职责的承担也应该分情况区别对待。对于专业的部分，如专业中介机构所出具的专业意见，保荐人只应承担补充性的担保责任。事实上，其他实行保荐制度的国家和地区也没有要求保荐人对中介机构出具的专业意见进行实质审查。[①] 因此，应具体情况具体规定，明确划分保荐人和中介机构的责任，再根据保荐人责任的大小采取相应的处罚措施。另外，还应扩大保荐人的职权范围，如赋予保荐人列席发行人的股东大会或者董事会的权利，允许保荐人对发行人的重大决策发表意见等，使保荐人对发行人承担的责任与其权利相平衡。

---

① 谈萧：《保护保荐人》，《法人》2006 年第 12 期。

论重大资产重组信息披露制度的完善

李有星　冯泽良 *

摘　要

上市公司重大资产重组信息对于投资者决策十分重要，而现实的信息披露存在着无法有效回应市场传闻、定期公告缺乏实质性内容、公告披露滞后于自媒体等怪相。重大资产重组信息披露制度不断在修正，但是由于各种主客观原因，依然存在披露义务主体范围过小、信息披露数量过多、法律责任设置不够以及配套机制不完善等缺陷。相关问题均可以从上市公司的公告中找到证据。为此，建议将重大资产重组中的定期公告改为分阶段公告；引入"简明性规则"，重点提示投资风险；对国有背景上市公司进行特别处理，追加有关决策机构为信息披露义务人；对自媒体披露信息进行规范，利用信息技术应对网络化挑战。

关键词：重大资产重组；信息披露；上市公司；定期公告；证券法

---

* 本文原载于《浙江大学学报》（人文社会科学版）2015 年第 3 期。冯泽良，浙江大学光华法学院硕士研究生。

资源配置在完全市场中效率最高，而信息完全是完全市场的必备要素。证券市场中，上市公司经营决策、收购兼并、人事变更等重要信息往往会对该公司证券的市场价格产生重大影响。上市公司重大资产重组是上市公司调整业务、实现战略目标的重要途径，对上市公司的价值影响颇大，一般都会引起股价的波动。因此，上市公司真实、准确、完整、及时地披露资产重组信息是证券市场的要求。然而，检索上市公司的公告后我们发现，现有信息披露制度的实践效果并不理想。

一、重大资产重组信息披露的怪相

（一）公告无法有效回应市场传闻

《上市公司重大资产重组管理办法》（以下简称《管理办法》）第 42 条第 2 款 [1] 规定："上市公司预计筹划中的重大资产重组事项难以保密或者已经泄露的，应当及时向证券交易所申请停牌，直至真实、准确、完整地披露相关信息。停牌期间，上市公司应当至少每周发布一次事件进展情况公告。"但由于各种各样的原因，上市公司并不能做到按该规定执行，或者怠于停牌，或者未及时披露信息，或者披露的进度赶不上媒体挖掘信息的进度。

2013 年 10 月 9 日，《上海证券报》刊载《解放、文新合并获批上海传媒业大整合开启》一文，报道称，上海解放报业集团将于 10 月 9 日召集处级以上干部开会，届时或宣布合并相关事宜。当天，上海新华传媒股份有限公司（600825.SH，上海解放报业集团的子公司，以下简称新华传媒）的股票涨停。但是，面对市场传言与新闻报道，新华传媒并没有选择停牌，而是于 10 月 10 日发布公告 [2] 澄清："经公司书面函证控股股东解放日报报业集团，控股股东解放日报报业集团回函表示：截至目前，没有接到解放日报报业集

---

[1] 根据 2014 年修订的《管理办法》引用，本次修订并未涉及本文所引法条的实质内容。

[2] 见上海证券交易所网站"信息披露"板块（http://www .sse.com .cn/disclosure/listedinfo/announcement/），本文所有上市公司公告均来自此处。

团与文汇新民报业集团合并获批的信息。"① 该信息披露虽然并没有否认自己有重组的可能性，但也没有明确向投资者表明重组意向，仅仅是轻描淡写的未"获批"。而在 4 天之后，也就是 10 月 14 日，新华传媒因重要事项未公告而停牌。紧接着，10 月 15 日，新华传媒公告接到控股股东解放日报报业集团函告："解放日报报业集团日前接到上级主管部门通知，正在筹划准备解放日报报业集团与相关报业集团整合事宜，目前有关部门正按照程序对拟任干部进行任职前公示。解放日报报业集团将待上述整合事宜经正式法定程序批准后履行告知义务。"② 事实上，停牌之前，股价已经开始出现波动。解放日报报业集团的资产重组是由上海市委市政府推动的，媒体通过无孔不入的消息渠道，在政府讨论过程中便获得了相关消息。而上市公司却要等待政府决定、国资委通知控股公司、控股公司函告之后，才能正式披露信息。这中间经过了很多环节，不仅耗时长，而且消息走漏的可能性极大。

（二）定期公告缺乏实质性内容

由于一些上市公司披露信息不自觉、不主动，监管部门强化硬性制度，提出了定期公告要求。③《管理办法》第 42 条第 2 款规定，上市公司的重大资产重组事项的相关信息，在停牌期间，应当至少每周发布一次事件进展情况公告。第 33 条规定："自完成相关批准程序之日起 60 日内，本次重大资产重组未实施完毕的，上市公司应当于期满后次一工作日将实施进展情况报告，并予以公告；此后每 30 日应当公告一次，直至实施完毕。"尽管这一

---

① 上海新华传媒股份有限公司董事会《上海新华传媒股份有限公司澄清公告》，2013 年 10 月 10 日，⑧ttp://static.s se.com .cn/disclosure/listedinfo/announcement/c/2013−10−09/600825_20131010_1.pdf，最后访问日期：2015 年 2 月 4 日。

② 上海新华传媒股份有限公司董事会《上海新华传媒股份有限公司公告》，2013 年 10 月 15 日，ht tp://static.s se.com .cn/disclosure/listedinfo/announcement/c/2013−10−14/600825_20131015_1.pdf，最后访问日期：2015 年 2 月 4 日。

③ 此处的"定期公告"指固定间隔时间披露重大资产重组进展的上市公司公告，并非季报、半年报以及年报。

制度有强制上市公司履行信息披露义务的积极意义，但现实效果并没有那么理想，许多公告不带有实质性信息。

例如，在浙江万好万家实业股份有限公司（600576.SH，以下简称万好万家）的一次资产重组中，多次发布内容雷同的公告。2013 年 8 月 6 日，万好万家《重大资产重组进展公告》称："截至本公告发布之日，相关各方就公司重组事宜，正在有序开展审计、评估、法律核查等各项工作。待上述工作全部完成后，公司将再次召开董事会审议本次重大资产重组的相关事项。关于本次重大资产重组可能涉及的有关重大风险因素及尚需履行的审批程序等均已在重组预案予以披露。"[①] 此后的 9 月、10 月、11 月、12 月初，万好万家连续发布《重大资产重组进展公告》，但内容与 8 月 6 日的公告如出一辙。直到 12 月 31 日，万好万家《股票停牌提示性公告》称："因重大事项存在不确定性，公司需要进一步核实相关事项，为保证公平信息披露，维护投资者利益，避免造成公司股价异常波动，经公司申请，本公司股票自 2013 年 12 月 31 日起停牌。"[②] 2014 年 1 月 6 日，万好万家《关于终止重大资产重组的公告》以及《关于终止重大资产重组的说明》确认终止本次重组，并解释了失败的原因。可见，之前每月一次的阶段性信息披露并没有给投资者太多帮助，最后重组失败的消息也来得非常突然。

令人惊讶的是，万好万家的案例并非证券市场的个例。以上交所上市公司为例，2014 年 2 月至 4 月，共有 35 家公司公告筹划重大资产重组事项（不含早于该时间公告，此间仍在筹划或实施的重大资产重组），除 1 家因较短时间内重组失败未涉及定期公告外，其余 34 家均在筹划阶段或实施阶段发

① 浙江万好万家实业股份有限公司董事会《浙江万好万家实业股份有限公司重大资产重组进展公告》，2013 年 8 月 6 日，http://static.se.com.cn/disclosure/listedinfo/announcement/c/2013-08-05/600576_20130806_1.pdf，最后访问日期：2015 年 2 月 4 日。

② 浙江万好万家实业股份有限公司董事会《浙江万好万家实业股份有限公司股票停牌提示性公告》，2013 年 12 月 31 日，http://static.se.com.cn/disclosure/listedinfo/announcement/c/2013-12-30/600576_20131231_3.pdf，最后访问日期：2015 年 2 月 4 日。

布过有关重组进展的定期公告。整理这 34 家上市公司的公告，我们发现全部存在 2 次或 2 次以上定期公告内容雷同的情况。一些上市公司即便前后公告内容有所变动，也仅为文字表述上的细微变化，不涉及实质信息的变更；情况较好的上市公司，在依据《管理办法》第 42 条的规定每周发布公告时偶尔会出现重复信息，而依据第 33 条每 30 日发布一次公告时则会更新有关信息。

（三）公告披露滞后于自媒体

近年来，随着信息技术的发展，信息传播的速度越来越快。由于人人网、微博、微信等社交网站或工具的普及，大量信息通过自媒体向周围散播，而上市公司的信息披露却无法跟上信息时代的节奏。2012 年 11 月 22 日，广州药业股份有限公司（600332.SH，以下简称广州药业）、广州白云山制药股份有限公司（000522.SZ，以下简称白云山 A）双双发布重大事项停牌公告，称中国证监会上市公司并购重组审核委员会将于近日审核有关资产重组方案。11 月 30 日，广州医药集团有限公司总经理在新浪微博上发布消息，热烈祝贺广药集团重大资产重组获证监会并购重组审核委员会无条件全票通过。[①]12 月 3 日，广州药业（600332.SH）与白云山 A（000522.SZ）复牌交易。尽管李楚源有关广药重组的微博信息发布在停牌期间并没有对股价产生重大影响，但信息披露滞后于自媒体的问题却开始引起人们的关注。SOHO 中国董事长在微博上透露杭萧钢构中标的消息，导致杭萧钢构股价放量上涨；中信证券分析师在微信群和朋友圈发布丽珠集团未公开的股权激励方案，被证监会立案调查。网络社交工具往往兼具一定的公开性和私密性，当事人通过其实施的部分行为很难在现有的法律框架内得到准确定性，是对现有制度的极大挑战。

---

① 《舆情：广药集团董事长微博屡泄消息"国产伟哥"再惹吐槽》，2014 年 7 月 31 日，http://stock.caijing.com.cn/20140731/3638469.shtml，最后访问日期：2015 年 2 月 4 日。

二、信息披露制度出现问题的原因分析

（一）上市公司的主观故意

信息披露制度未能奏效，原因可能是多种多样的，有些是信息披露制度先天不足，有些则是该制度移植中国时出现的水土不服。从主观角度看，一部分上市公司的实际控制人希望通过资产重组输送利益，因而未认真履行信息披露义务，导致了类似前述案例的发生。

实际控制人常见的行为包括内幕交易、操纵市场等。在内幕交易中，上市公司故意延迟披露信息，或者避重就轻，给有关利益群体提供足够的建仓时间。而在操纵市场的行为中，上市公司控制人进行暗箱操作，宣布公司将置入技术含量较高、未来能够给公司带来稳定现金流的资产，接着股价上涨套现，而重组活动则可能不了了之。在这些活动中，由于信息披露人主观上怀着不良动机，相关制度就成了其牟利的工具。针对这些行为，仅仅通过完善信息披露制度无法解决问题，还需要其他救济机制对投资者进行配套保护。例如，追究违规披露人的法律责任，以处罚、赔偿等方式震慑心怀不轨者，从而保障信息披露制度的良好运作。

（二）信息披露制度的客观缺陷

在证券市场的"三公"原则中，最重要的无疑是公开原则。① 投资者通过研究上市公司公开披露的财务信息、经营信息等做出相应的投资决策，并反映在上市公司的股价上。但是，过于严格而形式化的信息披露制度可能无法满足投资者的实际投资决策需要，且与信息披露制度的初衷背道而驰。

1.信息过多、过专业，不利于投资者做出决策。强制的信息披露制度有

---

① 王从容、李宁：《法学视角下的证券市场信息披露制度若干问题的分析》，《金融研究》2009年第3期。

一个基本假设，即面临投资选择时，信息越多越好。[①] 然而实践表明，有时强制的信息披露并不能帮助投资者做出科学的投资决策，尤其是对风险识别能力较弱的中小投资者而言，该制度起到的作用微乎其微。在互联网时代，信息披露成本相对较低，因此，信息披露的文件往往数量多、篇幅长、内容专业，这些都严重影响了中小投资者对证券信息的阅读和理解。[②] 相较于碎片化、即时性的人人、微博、微信等社交网络信息，人们显然更容易对后者产生兴趣。

2. 信息的重要性界定困难。证券法将资产重组信息披露的范围限定在"重大资产重组"，尽管现行的《管理办法》对其进行了界定，但实际情况远远复杂得多。比如，上市公司的资产重组虽未达到法定标准，却也可能对股价产生重要影响。证监会基于审慎监管要求，保留了对未达到重大资产重组的标准但存在可能损害上市公司或者投资者合法权益的重大问题的资产重组进行监管的权力。这样的保留设置从侧面凸显出资产重组信息重要性界定的困难。而在复杂的资产重组交易中，哪些信息应当披露，哪些可以不披露，很难细化。

3. 信息披露与商业秘密之间存在天然矛盾。上市公司为了在公开市场融资，不得不让渡部分权利，对公众披露部分重要的信息。[③] 在重大资产重组过程中，上市公司希望避免将没有完成交易的商务谈判暴露给公众，而投资者恰恰对这些潜在的交易极为感兴趣。[④] 但如果上市公司披露的信息过多，交易对手、竞争对手便可以轻松掌握其重组计划，从而在市场中占据主动位置。因此，为了维护上市公司及其股东的权益，监管上也不能对上市公司提

---

① O. Ben-Shahar, C. E. Schneider. The Failure of Mandated Disclosure. University of Pennsylvania Law Review, 2011, 159(3): 647-749.

② 武俊桥：《论证券信息披露简明性规则——以网络时代为背景》，《证券市场导报》2011 年第 11 期。

③ 汪青松：《强制披露制度的投资者保护功能反思》，《现代财经》（天津财经大学学报）2008 年第 6 期。

④ 杨署东：《中美股东权益救济制度比较研究》，知识产权出版社 2011 年版，第 249—250 页。

出太多要求。①

4.资产重组过程的复杂性与渐进性导致信息披露难度极大。上市公司重大资产重组从提出到筹划再到实施，有一个漫长的过程，期间重组活动存在较大的不确定性。因此，如果上市公司披露信息过早，最后重组夭折，可能导致部分新介入的投资者损失惨重；如果上市公司披露过晚，则可能滋生内幕交易等行为。但上市公司应当何时向外披露，却很难有一个明确的说法，应视具体情况而定。同时，资产重组过程中尽职调查、资产评估等事项较多，程序较复杂，每天都可能有重要的情况出现，也可能不出现，因此，信息披露难度较大、成本较高。

以上种种原因导致上市公司重大资产重组的信息披露制度，尤其是定期公告制度，流于形式。上市公司走过场地履行一下义务，监管者和投资者也没有给予太多关注。

三、监管机构在信息披露制度上的努力与不足

（一）现行的重大资产重组信息披露制度

我国证券市场起步时间比较晚，因此大量移植了国外的先进制度，但是部分制度出现了水土不服。为此，证券监管机构在一些问题上做了一定的努力，不断完善有关的监管制度。从 1998 年制定第一份规范性文件《关于上市公司置换资产变更主营业务若干问题的通知》到现在历经两次修订的《管理办法》，立法位阶得到提升，配套制度得到完善，重大资产重组的信息披露时间、程序、内容等要求也越来越严。

---

① Ben-Shahar 和 Schneider 教授明确排除了证券投资，因为他们认为此类活动具有专业性，不同于日常的一般消费。但考虑到我国国情，证券监管机构还是要求证券公司对投资者进行风险评估，但大部分评估活动却流于形式。许多散户既不具备风险识别能力，也难以承受证券市场的投资风险，然而还是获得了证券市场的投资机会。因此，对于这些投资者来说，信息过量、过专业等问题同样适 用。O. Ben-Shahar, C. E. Schneider. The Failure of Mandated Disclosure. University of Pennsylvania Law Review, 2011, 159(3): 659.

2008 年的《管理办法》（2011 年、2014 年修订）是我国首部关于重大资产重组的部门规章，吸收并完善了之前历次规范性文件中的信息披露制度。《管理办法》第 4 条规定："上市公司实施重大资产重组，有关各方必须及时、公平地披露或者提供信息，保证所披露或者提供信息的真实、准确、完整，不得有虚假记载、误导性陈述或者重大遗漏。"这是上市公司重大资产重组信息披露的原则。第 7 条规定："任何单位和个人对所知悉的重大资产重组信息在依法披露前负有保密义务。禁止任何单位和个人利用重大资产重组信息从事内幕交易、操纵证券市场等违法活动。"针对重大资产重组信息可能提前泄露的情况，《管理办法》第 16 条第 2 款规定："上市公司关于重大资产重组的董事会决议公告前，相关信息已在媒体上传播或者公司股票交易出现异常波动的，上市公司应当立即将有关计划、方案或者相关事项的现状以及相关进展情况和风险因素等予以公告，并按照有关信息披露规则办理其他相关事宜。"《管理办法》保留了之前几份规范性文件中的定期公告制度，第 42 条第 2 款规定了上市公司筹划重大资产重组期间的停牌及信息披露要求，第 33 条规定了重大资产重组实施期间的信息披露要求。《管理办法》第 42 条第 3 款规定："上市公司股票交易价格因重大资产重组的市场传闻发生异常波动时，上市公司应当及时向证券交易所申请停牌，核实有无影响上市公司股票交易价格的重组事项并予以澄清，不得以相关事项存在不确定性为由不履行信息披露义务。"在信息披露的内容方面，《管理办法》第 22 条规定上市公司应当在董事会做出重大资产重组决议后披露董事会决议及独立董事意见、重大资产重组预案，而"重大资产重组报告书、独立财务顾问报告、法律意见书以及重组涉及的审计报告、资产评估报告和经审核的盈利预测报告至迟应当与召开股东大会的通知同时公告"。

条文数量的由少变多，规定内容的由粗入细，反映了证监会在信息披露制度完善上的不懈努力。从规则的变迁情况看，现行的信息披露制度更加强调保护中小投资者。无论是重组实施前还是实施后，有关规则均已明确要求上市公司进行风险提示。同时，为了督促上市公司及时履行信息披露义务，规则索性设定了两个定期公告，一个是消息无法保密、预案公告之前的筹划阶段每周公告，另一个则是重组实施过程中的每30日公告。如此密集的信息披露要求旨在强制上市公司及时披露信息，保证投资者公平地分享和使用信息。

2014年以来，随着资本市场改革的深入，新的政策规定也在逐步推进和落实。3月，《国务院关于进一步优化企业兼并重组市场环境的意见》发布；5月，《国务院关于进一步促进资本市场健康发展的若干意见》发布。为落实两份文件的精神，中国证券监督管理委员会第52次主席办公会审议通过了新修订的《上市公司重大资产重组管理办法》，并于2014年11月1日正式实施。

（二）重大资产重组信息披露制度的不足

从新《管理办法》的条文看，这次修订落脚于"简政放权"，并没有对现行的重大资产重组信息披露制度进行太多调整。而本文开篇列举的尴尬情况也没有因为证券监管机构的种种努力而得到明显改善。究其原因，经过多次完善的信息披露制度尚存在以下不足。

1.信息披露主体设置范围过小。《管理办法》规定"相关信息披露义务人"应当公平地披露相关信息，但具体哪些主体是信息披露义务人，则比较模糊。一般而言，信息披露的主体包括发行人及其董事、监事、高级管理人员，以及参与证券活动的各中介机构。[1] 但鉴于我国上市公司中国有背景的公司较多，重组活动中经常出现党委及政府的身影，信息披露义务人的范围应适当扩大。目前并没有规定明确将党委、政府及国有资产管理委员会等机构作为信息披露义务人，从而导致了前述新华传媒案的尴尬情况。党委已经讨论了重组计划，媒体也已经曝光，但是上市公司却无法对外披露有关情况。

---

① 叶林：《证券法》，中国人民大学出版社2013年版，第192页。

2. 信息披露次数过多。根据《管理办法》第 33 条以及第 42 条第 2 款的规定，上市公司每周或每 30 日发布一次公告。这样的制度加重了信息披露人的信息制作负担、证券监管机构的信息监管负担以及投资者的信息阅读负担。更重要的是，如万好万家案所示，如此密集的公告并没有带给投资者太多的实质性信息，最后重组失败的消息出来时，大多数投资者依然没有丝毫的心理准备。信息披露没有区分具有重大变故或转折性信息与常规性进展信息的差异，没有从实质性变化以及对市场影响程度确定信息披露的频率。理论上，对于重组失败这一信息应当要求高频率发布预警公告，让投资者谨慎等待重组进展。而现在，此类定期公告无法帮助投资者优化投资决策。

3. 法律责任设置不够。一般而言，信息披露义务人违规披露的，按照《中华人民共和国证券法》（以下简称《证券法》）第 193 条处罚，对发行人、上市公司或者其他信息披露义务人"责令改正，给予警告，并处以三十万元以上六十万元以下的罚款"，"对直接负责的主管人员和其他直接责任人员给予警告，并处以三万元以上三十万元以下的罚款"。这样的处罚与巨大的收益不成正比，对信息披露义务人来讲惩戒力度并不算大。[1] 更何况，违规信息披露的主观过错很难认定，查处起来本来就很困难，因此，信息披露义务人的违法成本非常低。

4. 配套机制不够完善。尽管《证券法》第 69、76、77 条规定了虚假陈述、内幕交易和操纵市场的民事赔偿责任，但是目前最高人民法院仅就虚假陈述发布过司法解释，而且实践案例也非常少。关键原因在于法院实行了严格的前置原则，将民事赔偿建立在行政机关查处的基础之上，扭曲了责任追究的激励机制。[2] 此外，证券诉讼成本的高昂与集团诉讼的缺失导致中小投资者

---

[1] 吴国萍、黄政：《信息披露违规的行政处罚与民事赔偿——基于投资者保护视角》，《社会科学战线》2013 年第 8 期。

[2] 陈实：《证券市场的信息生产制度——一个品质考核的理论进路》，《北京大学学报》（哲学社会科学版）2011 年第 5 期。

索赔意愿不强，进一步助长了违规披露行为。[①] 而在美国，上市公司董事会须按照公司法及公司章程的规定实施资产重组，并按照证券法要求披露有关信息，否则便可能被起诉。强大的集团诉讼制度犹如"达摩克利斯之剑"一般悬在上市公司上方，提醒上市公司合规经营。

四、重大资产重组信息披露问题的解决

（一）将定期公告改为分阶段公告

上市公司的资产重组并不是一朝一夕可以完成的，从提出设想到最后完成重组，要经历非常长的一段时间。此间牵涉的人和部门很多，相关信息也不可能保密。现行制度为了督促上市公司及时披露有关信息，采取了定期公告制度。但是如万好万家案所示，该制度并未取得理想的效果。为此，建议在定期公告上进行适度修改，采取分阶段的信息披露制度。[②]

新《管理办法》简化了重大资产重组行为的行政审批，对相关信息披露提出了更高的要求。为此，建议将上市公司重大资产重组分为筹划阶段、实施阶段和完成阶段，每一阶段要求上市公司披露一次信息。与目前实施的定期公告制度相比，分阶段公告制度可以减轻信息披露各方的负担。当然，公告次数的减少并不意味着信息披露义务的减轻。相反，上市公司应该抓住每一阶段唯一的信息披露机会，提高公告质量，以免被诉。同时，如果重组过程中出现可能对股价产生重大影响的事件，特别是出现重组重大变故，如出现可能导致重组失败的情形或预见到可能重组失败的情形时，上市公司应当高频率披露，允许上市公司停牌并发布临时公告。

---

① 王从容、李宁：《法学视角下的证券市场信息披露制度若干问题的分析》，《金融研究》2009 年第 3 期。
② 李响玲、方俊：《完善上市公司重大资产重组制度》，《中国金融》2011 年第 16 期。

（二）调整信息披露的内容

信息披露是上市公司为向公众融资而不得不履行的义务，但如果披露的信息过多，又可能导致上市公司的商业秘密被竞争对手获知而在市场中处于被动地位。因此，上市公司披露重大资产重组活动应有一个度，不可能在公告中将资产重组的相关信息完全公开。

建议在信息披露制度中确立"简明性规则"，要求资产重组相关的公告简洁、及时。我国《证券法》第 67 条规定："发生可能对上市公司股票交易价格产生较大影响的重大事件，投资者尚未得知时，上市公司应当立即将有关该重大事件的情况向国务院证券监督管理机构和证券交易所报送临时报告，并予公告，说明事件的起因、目前的状态和可能产生的法律后果。"事实上，资产重组过程中许多细小的事项并不会对股价产生重要影响。因此，建议废除定期公告，要求上市公司仅在达成或修改重大协议、完成重要资产的收购或处置，以及其他会对股价产生重要影响的事件时，提交临时报告。证监会可以对上市公司公告设最高字数限制，并在规则中明确公告应使用通俗易懂的文字。[①] 对于简明公告中没有解释清楚的交易，要求上市公司通过投资者说明会或者季报、年报进行详细说明。

资产重组涉及的问题较多，具有不确定性，可能停止于中间任何一个环节，为此，上市公司披露此类信息时还应注意措辞，不能添油加醋，误导投资者盲目乐观。信息披露规则应当要求上市公司在每次公告中揭示风险，不能因为之前披露过就在后续公告中省略。公告披露的风险应当具有针对性，与正在筹划或实施的重组活动密切相关，而不能泛泛列举任何上市公司都可能面临的风险。同时，有关风险的提示应当放置在显著位置，并以加粗等方式着重提示，强调资产重组过程中的不确定性。

---

① 武俊桥：《论证券信息披露简明性规则——以网络时代为背景》，《证券市场导报》2011 年第 11 期。

（三）对国有背景上市公司进行特别规定

尽管在过去一段时间，我国上市公司重大资产重组的市场化程度已经明显提升，但在许多国有背景的上市公司中，政府部门依然无时无刻不在控制着其一言一行。有证券公司董事长指出，一些上市公司召开董事会时，大量监管机构及政府人员出席，导致了重大消息的泄露。[1] 鉴于国企重组中有关消息很难保密，我们必须改革现有的信息披露制度，使其适应中国的特殊环境。建议追加信息披露义务主体，把涉足上市公司资产重组事项的政府及国有资产管理委员会追加为信息披露义务人。

随着市场化改革的推进，政府与市场的关系会逐渐厘清，届时政府干涉上市公司资产重组的情况可能会减少。但由于国家或代表国家持股的法人是上市公司的实际控制人，因此，完全断绝两者之间的联系并不现实。为此，可以为可能进行重大资产重组的国有企业建立一个动态更新名单，一旦股价出现异动，即要求这些公司做出说明。[2] 这类公司提出行政许可申请时应提交额外的证据材料，说明其资产重组过程中的信息管理情况。新《管理办法》已授权证监会可以根据审慎监管原则责令上市公司补充披露相关信息、暂停交易、聘请独立财务顾问或者其他证券服务机构补充核查并披露专业意见，这也无疑将有助于证监会对特殊情况进行灵活处理。

（四）对自媒体等渠道发布信息进行规范

随着信息技术的发展，媒体形式越来越多样，尤其是自媒体，已经成为信息传播的重要渠道。在 2014 年 9 月 5 日的例行新闻发布会上，证监会已经明确禁止内幕消息知情人擅自发布未披露的信息，并要求上市公司做好网络媒体的信息管理工作。为进一步应对网络化的挑战，建议加强对信息披露

---

[1] 李蕾：《李剑阁炮轰官员"列席董事会"》，《新京报》2014 年 4 月 12 日。

[2] 中国证券监督委员会：《中国上市公司并购重组发展报告》，中国经济出版社 2009 年版，第83 页。

义务人的行为准则教育，追究私自散布消息者的法律责任。针对自媒体监管困难的现实困境，应调动广大投资者的热情，降低诉讼门槛，通过中小投资者监督信息披露义务人；加大惩戒力度，提高违规披露的违法成本。同时，规则制定机构应当结合当前的媒体发展状况，制定与自媒体发布即时信息有关的信息披露规则。强化日常信息监管，适时提出监管建议，及时纠正上市公司信息披露中出现的问题。[1] 规则执行机构要不断学习和利用前沿的信息技术，并应用于信息披露监管工作。

信息在证券市场中具有非常重要的作用。规范上市公司重大资产重组信息披露制度，对建设健康的证券市场、提高投资者的热情都有非常深远的意义。尽管证监会在完善重大资产重组信息披露制度上做了重大的努力，但从上市公司的公告中我们依然找到了诸多漏洞。为此，建议将重大资产重组中的定期公告改为分阶段公告；引入"简明性规则"，重点提示投资风险；对国有背景上市公司进行特别处理，追加有关决策机构为信息披露义务人；对自媒体披露信息进行规范，利用信息技术应对信息网络化的挑战。

---

[1] 危兆宾：《上市公司信息披露网络化的法律应对》，《江西社会科学》2012 年第 10 期。

上市公司协议收购信息披露制度的不足与完善

李有星　柯　达 *

摘　要

可保障中小投资者知情权、又可保证收购效率的上市公司协议收购制度，应将信息披露置于核心地位。现行信息披露制度定位不当、体系不顺，存在体系化亟待完备、协议收购特殊性尚未体现、事前和事后动态信息披露缺乏等诸多不足。应从《证券法》与《上市公司收购管理办法》的条文衔接、协议谈判到协议履行的动态信息披露机制、自愿披露与强制披露的结合三个方面优化协议收购信息披露法律体系，在披露主体、披露条件、披露期限等方面实现信息披露制度专门化，并完善协议收购信息披露民事责任制度。

关键词：上市公司协议收购；信息披露；中小投资者保护；知情权

＊　本文原载于《法律适用》2017 年第 17 期。柯达，浙江大学光华法学院 2016 级硕士研究生、北京大学 2018 级博士研究生。

　　我国《证券法》第 85 条规定了上市公司收购的几类方式：一、要约收购方式；二、协议收购方式；三、其他收购方式。在我国资本市场，协议收购是上市公司收购的主要方式之一，《证券法》、《上市公司收购管理办法》（以下简称《收购办法》）、《上市公司信息披露管理办法》（以下简称《信息披露办法》）及相关规范性文件，对上市公司协议收购法律制度及其中的信息披露制度作出了相应规定。回顾我国资本市场发展的初期阶段，协议收购对我国企业融资、资本市场发展发挥了巨大的推动作用，但协议收购的内在缺陷——缺乏公开透明，一直为人所诟病。由于信息披露不充分，近年来我国资本市场发生了数起"收购乌龙"事件，严重损害了众多中小投资者的合法权益。现有论著主要对上市公司协议收购法律制度作了基本的研究[①]，但是对其中的信息披露制度尚未有较为翔实的论述，少有论者对协议收购信息披露的主体、程序、内容等方面进行专门论述。即便对信息披露作出体系化论述，也未考虑到股权分置改革的完成、股票发行注册制改革的提出、《证券法》的修订等资本市场重要事件对协议收购信息披露制度的深刻影响。[②]本文从法律制度的定位和内在体系两个角度对现行上市公司协议收购信息披露制度的不足之处进行分析，并据此提出相应的信息披露制度完善路径，以期协议收购信息披露制度能充分保障中小投资者的合法权益，并使协议收购继续发挥推动我国资本市场发展的重要作用。

一、协议收购信息披露制度的定位纠偏

　　近年来在资本市场推进的一系列改革措施，使"公开"理念、投资者保护理念为证券法律体系带来了更为深远的影响，其不仅体现在股票发行及交易阶段，还体现在上市公司收购过程中。在发展多层次资本市场的政策驱动

---

① 通过中国知网搜索"上市公司协议收购"，可发现现有学术论文文献集中发表于 1996 年至 2006 年。搜索"上市公司收购"，可发现 2006 年至今的文献主题集中于要约收购、反收购、公司控制权等内容。
② 王艳：《完善协议收购中信息披露的措施》，《商业会计》2006 年第 15 期。

与投资者保护理念深入人心的现实背景下，信息披露制度应当在协议收购制度中处于核心地位。即在有效保障中小投资者知情权的基础上，发挥协议收购的程序简便、成功率高、成本低廉等优势。

长期以来，协议收购中的信息披露不被立法者重视，面对数起虚假收购、"乌龙收购"事件，监管者也只是事后通过问询等方式进行调查，并未进行严厉的制裁。1999 年《证券法》确立了上市公司协议收购制度，此后 2002 年与 2006 年修订后的《收购办法》分别细化了《证券法》中关于协议收购的规定，2002 年《收购办法》将"协议收购"一章置于"要约收购"之前，虽然 2006 年《收购办法》将其置后，但其中的实质性内容尚未作出较大幅度的修改。《收购办法》于 2008 年、2012 年、2014 年进行了修改，但只有 2014 年为了配合行政审批权力下放，才对协议收购制度的相关内容进行了修改。[①] 因此，现行协议收购信息披露制度基本定型于 2006 年即股权分置改革完成之前，已经不能适应新形势下协议收购日益复杂化的要求。此外，虽然《证券法》修订草案二审稿增加了投资者应当公告增持股份的资金来源等规定，但这些规定主要是规制近年来资本市场屡次发生的"野蛮人"恶意收购现象，[②] 与协议收购直接关系不大。结合我国资本市场发展的历史，可以看出，协议收购信息披露制度的匮乏有着特殊的历史原因，其目的是提升上市公司收购的效率。首先，在当时，新兴的资本市场仍处于转型之中，非流通国有股占主导地位，上市成为国有企业重要的融资途径，在要约收购面临诸多障碍的情况下，协议收购以收购费用低、收购程序简便、收购成功率高等优势成为多数收购者收购上市公司的主要方式。其次，不同于资本市场发达的英美等国，中国股票市场中的个人投资者数量在投资者总数中占了绝对多数比例，而如英美股票市场中，却是机构投资者占主导地位。"散户"的大量存

---

① 中国证券监督管理委员会：《证监会关于修改〈上市公司收购管理办法〉的说明》，http://www.gov.cn/zhuanti/2015-12/14/content_5023850.htm，最后访问日期：2017 年 4 月 28 日。

② 杨东：《新版〈证券法〉修订草案的四大亮点》，http://mt.sohu.com/20170331/n485800646.shtml，最后访问日期：2017 年 5 月 9 日。

在导致股市的强烈波动性，特别是 2015 年以来，股灾、熔断等事件导致个人投资者损失惨重，维护股市稳定在中国证券市场监管中显得格外重要。而协议收购对证券交易所的股票价格不直接产生影响，因此相对于要约收购而言，协议收购在一定意义上有利于股市的稳定。最后，企业间兼并重组得到国家政策层面的大力支持，[①] 而由于国家股和法人股仍占主导地位、反收购措施的合法性尚未明确等因素，要约收购的适用仍存在诸多困难，[②] 采取协议收购的方式能够减少兼并重组的费用，并提升兼并重组的效率。[③]

新形势下，证券监管的侧重点已从培育市场主体转向投资者保护，建立在鼓励兼并重组的政策导向基础之上的协议收购信息披露制度已然定位不当，这不仅导致协议收购无法充分保障中小投资者的合法权益，还引来了人们对于协议收购正当性的质疑。有学者认为，随着限售股解禁期的陆续到来，中国股市正在经历由"后股权分置改革"时代向"全流通"时代的历史性转变，[④] 上市公司股权会更加分散，大股东与小股东的利益会趋于一致；普通上市公司的盈利能力、治理水平会逐步提高，同时反收购数量会大为增加；[⑤] 协议收购推动国有股减持、助使上市国有企业兼并的使命已经完成，在全流通时代，应当限制协议收购的进行，一般情况下只能进行要约收购，满足特定条

---

① "兼并重组是企业加强资源整合、实现快速发展、提高竞争力的有效措施，是化解产能严重过剩矛盾、调整优化产业结构、提高发展质量效益的重要途径……"参见《国务院关于进一步优化企业兼并重组市场环境的意见》（国发〔2014〕14 号）。

② 要约收购需要大量资金，由于《收购办法》第 6 条的限制，国外普遍采用的换股、融资收购等在我国较难推行，国家对企业发行债券管控严格，而非国有上市公司向银行贷款进行收购亦存在不少困难。

③ 有学者研究得出，控制权转移时间与协议收购超额收益的关系是 U 型的，控制权转移时间越长，收购股东的财富损失就越大。赫项超：《协议收购中的控制权转移效应实证研究》，《山西财经大学学报》2010 年第 2 期。

④ 李东方：《上市公司监管法论》，中国政法大学出版社 2013 年版，第 502 页。

⑤ 曹晓路：《注册制背景下完善我国上市公司收购与反收购制度立法建议——从"万科股权之争"反思上市公司反收购决定权的归属》，郭锋主编：《证券法律评论》（2016 年卷），中国法制出版社 2016 年版，第 353 页。

件时才能进行协议收购。在国外，法律主要对信息披露较为严格的要约收购进行了规制，只有在特定情况下才允许进行协议收购。[1] 此外，有学者认为，协议收购价格与市场价格的反差使得交易价格不公平，而协议收购信息披露的匮乏，也给收购人利用协议收购规避要约收购创造了一定机会。[2] 更有甚者认为协议收购存在严重不公的现象，要求禁止协议收购。[3]

对于一个有效率的证券市场而言，证券价格能迅速对新的信息做出反应，是现代证券监管的基石。[4] 由于信息的变化能给证券价格带来直接影响，对信息的监管成为证券监管的重中之重。前不久全国人大常委会对《证券法》修订草案进行第二次审议，二审稿将现行证券法"证券交易"一章中的"持续信息披露"一节扩充为专章规定，并将相关规定予以修改完善，[5] 可见《证券法》对于"公开"的呼唤已经上升至前所未有的高度。如果缺乏充分的信息披露，协议收购就会完全演变为暗箱操作，从根本上违反"三公"原则，协议收购制度的现实合理性也就不复存在。根本而言，信息披露制度在协议收购制度处于核心地位，是保护目标上市公司中小投资者知情权的要求，以实现控制股东与中小投资者信息占有的公平。[6] 一方面，在协议收购中，存在着收购方与被收购方即目标上市公司之间的博弈，而目标公司中亦存在管理层[7]、控制股东[8]、中小投资者与普通职员之间的博弈。虽然在走向全流通背景下，控制股东与中小投资者的利益趋向于一致，但控制股东凭借其作为

---

[1]　Wai Yee Wan. The Validity of Deal Protection Devices Negotiated Acquisition or Merger Transactions under Anglo-American Law. Journal of Corporate Law Studies, 2010, 10(1): 179-217.

[2]　刘运宏、周凯：《上市公司市场化收购的公平与效率问题研究——以〈证券法〉修改为视角》，中国法制出版社2014年版，第117页。

[3]　熊锦秋：《吁请禁止上市公司股份协议收购》，《上海证券报》2014年8月22日。

[4]　艾利斯费伦：《公司金融法律原理》，罗培新译，北京大学出版社2014年版，第431页。

[5]　王比学：《〈证券法〉修订聚焦七大市场热点》，《人民日报（海外版）》2017年4月25日。

[6]　朱锦清：《证券法学》，北京大学出版社2011年版，第116页。

[7]　本文所称"管理层"包括公司的董事、监事和高级管理人员。

[8]　本文所称"控制股东"包括控股股东和实际控制人。

接受收购协议谈判的主体，可事先获得更多关于收购协议的信息，不可避免地产生了信息不对称现象。若缺乏有效的规制手段，在此情况下，控制股东可轻易向他人泄露该内幕信息，而在股票二级市场上就可能出现利用所得知的目标公司股份协议转让题材进行炒作，并抬升二级市场股价的行为。[1] 而二级市场上的投资者因为不能及时获得关于协议转让的信息，错失了购进该目标公司流通股票的机会。另一方面，由于股权分散、投机心理较强等因素，加上信息不对称的存在，中小投资者的投资能力总体上而言低于控制股东。中小投资者不能对控制股东形成强大的制约能力，不论是在决定上市公司重大事项还是收购协议谈判过程中，由于控制股东这一"把关人"的存在，中小投资者的意见不能及时地传递至收购人，只能选择用脚投票的方式行使自己的权利。而由于投机心理较强，中小投资者缺乏对上市公司的长远考虑，在对公司的了解、信息收集和信息分析能力方面亦不如控制股东。需要注意的是，保护中小投资者的知情权，不等于确保其知情。中小投资者自身需要有知情的意愿和知情的基本能力，信息披露应当在中小投资者具备知情意愿和基本的知情能力基础上对其作出保护。

二、现行协议收购信息披露制度的内在不足

包括信息披露制度在内，我国上市公司协议收购制度在监管理念、立法技术、制度设计等方面与国外发达资本市场相比都存在着较大差距，使协议收购不能满足日趋市场化、复杂化收购行为的需要。[2] 信息披露在协议收购中的重要性长期被立法者和监管者所轻视，造成了现行信息披露制度定位不当，定位不当进一步导致信息披露制度内在体系的不顺。具体而言，现行协议收购信息披露制度在体系化和专门化方面存在诸多不足，缺乏事中和事后的信息披露规则，不能有效发挥信息披露制度保障中小投资者知情权、维护

① 刘凯：《利益衡量之微观规范研究》，知识产权出版社 2016 年版，第 150 页。
② 郑彧：《上市公司收购法律制度的商法解读》，《环球法律评论》2013 年第 5 期。

资本市场稳健的作用。

（一）信息披露制度体系化亟待完备

首先，《证券法》与《收购办法》中关于协议收购信息披露的条文衔接不顺。《证券法》第 94 条规定达成收购协议后需在 3 日内公开收购协议，第 96 条规定持股达到 30% 时需强制发出要约，并公告上市公司收购报告书。而《收购办法》第 14 条、第 16 条、第 17 条分别规定了协议收购需公告的文件，即权益变动报告书、简式权益变动报告书、详式权益变动报告书。《收购办法》在没有得到《证券法》明文授权的情况下，对豁免情况下上市公司收购报告书中的内容要求作出了特殊规定，另外单独对协议收购中的权益变动作出信息披露要求[1]，明显僭越了上位法。此外，关于持股超 5% 的权益披露与"爬行规则"，《证券法》与《收购办法》亦存在冲突，监管部门对此尚无一致意见，给其监管执法造成了一定的困扰。[2] 其次，《收购办法》内部的条文衔接也存在问题。《收购办法》第 14 条规定，"持股拟达到或超过 5% 需公告权益变动报告书"，但是对该权益变动报告书的具体内容尚未作出规定。虽然《收购办法》第 16 条、第 17 条分别规定了简式权益变动报告书和详式权益变动报告书的内容，但其不包括"拟达到"的适用情形，也就是说如果通过协议收购，持股拟达到 5% 时的信息披露内容处于监管空白状态。再次，协议收购与强制要约收购信息披露制度的条文衔接亦需完善。如持股超过 30% 申请豁免，根据《收购办法》第 48 条之规定，需公告上市公司收购报告书摘要。《收购办法》规定的摘要内容与详式权益变动报告书中的内容有多处相同。如果收购人是在阶段性收购后持股达到 30%，对于同一种信

---

[1] 《上市公司收购管理办法》第 14 条第 1 款："通过协议转让方式，投资者及其一致行动人在一个上市公司中拥有权益的股份达到或者超过一个上市公司已发行股份的 5% 时，应当在该事实发生之日起 3 日内编制权益变动报告书，向中国证监会、证券交易所提交书面报告，通知该上市公司，并予公告。"

[2] 吴建忠：《上市公司权益披露规则与"慢走规则"——从〈证券法〉第 86 条和〈上市公司收购管理办法〉谈起》，《证券市场导报》2013 年第 1 期。

息却需要披露两次，无疑增加了收购人的披露成本，造成了诸多不便和资源浪费。此外，《收购办法》规定收购人持股超过 30% 即要披露上市公司收购报告书，而《证券法》中公告上市公司收购报告书的条件不仅要满足持股比例，而且收购人要有继续进行收购的意愿。

（二）协议收购特殊性尚未体现

如前所述，与要约收购信息披露制度相比，协议收购的信息披露的主体与形式更加复杂，其目标是在维持协议收购高效廉价的相对优势的同时，保护中小投资者的合法权益。但现行立法采取了与要约收购基本一致的信息披露要求，除了披露收购协议、持股"拟达到" 5% 需披露权益变动之外，协议收购与要约收购均要求披露简式与详式权益变动报告书、上市公司收购报告书，在披露主体、条件等方面均未有区别对待。

在披露主体方面，《收购办法》中并没有规定控制股东、目标公司管理层这两类利益相关者的信息披露义务。一方面，虽然管理层不需要像要约收购一样对收购人发出的条件进行详细分析[①]，除了客观上其所具备的丰富知识和经验使他能够提供这种帮助和指导之外，基于其忠实、勤勉义务，也必须公开其同控制股东与收购人就收购协议进行谈判和其他维护公司利益的相关信息，便于中小投资者了解管理层是否公平对待了控制股东与中小投资者。[②] 另一方面，由于控制股东与中小投资者实力差距较大，对处于弱势地位的中小投资者提供符合公平原则的保护机制是必要的。控制股东由于掌握了公司的控制权，对公司事务就拥有支配力和影响力。而拥有权力者极易受到滥用权力之诱惑，法律此时应当对其进行规制，这种规制必然体现于信息

[①] 《收购办法》第 8 条："被收购公司的董事、监事、高级管理人员对公司负有忠实义务和勤勉义务，应当公平对待收购本公司的所有收购人。被收购公司董事会针对收购所做出的决策及采取的措施，应当有利于维护公司及其股东的利益，不得滥用职权对收购设置不适当的障碍，不得利用公司资源向收购人提供任何形式的财务资助，不得损害公司及其股东的合法权益。"

[②] 陈忠谦：《上市公司收购》，法律出版社 2007 年版，第 45 页。

披露当中。此外，由于国家股、法人股仍占较大比例，国有上市公司基于政策负担而具有特殊的社会保障机能，[①] 其负有信息披露义务也是对职工、中小投资者与全社会负责的表现。

在披露条件方面，《收购办法》在强制要约前的协议收购阶段设定的5%、20%、30%三个权益披露分界点和5%爬行式收购分界点不甚合理。《收购办法》规定，在持股拟达到或者超过5%，就必须进行权益披露。而在现实收购中，协议收购人在收购前的持股比例往往已经超过5%，如果在持股5%左右就要披露，不利于目标公司的控制股东和管理层了解收购人在持股5%时的持股目的，有可能引发目标公司的股价波动，给收购人或目标公司股东带来较大影响。此外，持股超过30%便要进行强制要约收购并进行相应信息披露的规定，其实际效果并没有达到立法预期，即未产生预计的给少数股东出路和使其分享控制权溢价的效果，相反却减少了收购的发生数量，导致控制股东的权力巩固和控制转变，少数股东却不能分享控制权溢价。[②] 在协议收购中，持股超过30%便进行强制要约，更加不利于收购的进行和中小投资者利益的保护。至于爬行式收购分界点，在股权分置改革尚未进行、非流通股占上市公司股份多数比例的情况下，对于供不应求的流通股而言，少数大比例的交易就足以影响目标公司流通股的价格，所以监管层不允许通过证券交易所的竞价交易发动"突然袭击"式的恶意收购，但现在流通股已占到绝对优势的比例，5%的比例已然显得过低。

在披露期限方面，《收购办法》规定了达到上述三个权益披露分界点之日起3日内需披露相应文件，3天的"宽限期"对于协议收购而言显得有些过长。由于要约收购的只是收购人与目标公司股东双方，目标公司股东获取收购信息的时间和内容是完全平等的，在此情况下，收购人延迟几日进行权益披露对目标公司的中小投资者利益不会有太大影响。而协议收购是收购人

---

① 李路：《中国上市公司兼并与收购研究》，上海人民出版社2016年版，第43页。
② 傅穹：《上市公司收购与反收购的规则变迁》，《当代法学》2009年第3期。

与目标公司控制股东之间的协商过程，控制股东与中小投资者在获得收购信息时间和内容上存在必然的不平等现象。在走向全流通的背景下，如果"宽限期"过长，控制股东很有可能进行内幕交易、操纵市场等证券违法行为，给中小投资者的合法权益造成损害。

（三）事前和事后动态信息披露缺乏

协议收购信息披露的主要内容应当是与中小投资者自身利益相关的、不披露则可能会给其合法权益造成损害的信息，收购协议达成后的信息与中小投资者有关，收购协议谈判中、履行过程中的信息也与中小投资者有关。《证券法》《收购办法》只规定了协议收购达成后需进行信息披露，缺乏协议收购谈判过程中、收购协议履行过程中的信息披露。[①]

一方面，在收购协议谈判过程的信息需要披露。收购人寻找到合适的目标公司后，总是事先与目标公司的控制股东或者是管理层进行联系并展开谈判。此时对于收购人的持股计划、收购资金来源、收购用途等信息，控制股东和管理层能够事先知晓，而收购协议的谈判过程会持续较长时间，在谈判开始到谈判结束这一段时期内，控制股东或管理层有足够的机会利用已知的收购信息，通过公开市场交易、非法泄露内幕信息等方式攫取原本属于中小投资者的利益。[②] 如中小投资者能在协议谈判过程中便可获知收购人的相关信息，可有充足的时间考虑接下来的投资安排，即便此时控制股东与中小投资者在信息获取时间上仍存在一定时间差，但对中小投资者的影响也不会太大。

另一方面，在收购协议履行过程的信息亦需披露。不论是收购协议谈判过程中，还是收购协议履行、变更、解除过程中，相关信息不是一成不变的，

---

① 虽然《收购办法》规定了"拟达到"5%的权益披露要求，但认定"拟达到"的情形不明，使得该条规定缺乏可操作性。

② 李东方：《上市公司收购监管制度完善研究——兼评〈证券法〉修订草案第五章》，《政法论坛》2015年第6期。

而是在动态变化的，如收购人的履行能力较达成协议时发生下降、目标公司发生重大亏损、目标公司控制股东的股份又转卖给其他人。即使中小投资者通过收购协议、上市公司收购报告书获得了收购人的收购计划等信息，但由于影响收购协议履行的事由的存在，或者收购人与目标公司股东达成了新的合意，收购协议可能会发生主体、内容上的变动，这种变动也会给公开市场上目标公司的股票价格产生影响。[①] 如果中小投资者不能及时获得这些信息，其合法权益可能将会遭受一定损害。

三、协议收购信息披露制度的完善路径

要约收购所具有的强公开性使投资者的知情权得到了平等保护，但同时一定程度上牺牲了交易效率，增加了交易成本。协议收购以交易便捷低廉为最大优势，但交易隐蔽性的存在使得中小投资者的知情权不能得到充分的保障。若要在保障中小投资者知情权的基础上，发挥协议收购的优势，上市公司协议收购信息披露制度的完善必须采取比现有制度更为"宽进严出"的态度，在保障交易公平的基础上维持交易的效率，亦能在金融管制尚处严格的环境下增加收购数量、防止监管套利。[②] 总体而言，制度重构的路径分别为优化协议收购信息披露法律体系和实现协议收购信息披露制度专门化，并完善协议收购信息披露制度。

（一）优化协议收购信息披露法律体系

首先，厘清《证券法》与《收购办法》的条文安排。在《证券法》"上

---

① 龙薇传媒收购万家文化一案体现了收购协议履行对投资者的影响。2016 年 12 月 26 日，万家文化发布股份转让公告。在短短 4 个交易日内，其股价大涨 30%，但在接受上海证券交易所问询和证监会立案调查后，股价又迅速跌至"地板价"。马元月、刘凤茹：《涉嫌违反证券法律法规，万家文化遭证监会立案调查》，http://money.163.com/17/0228/05/CEBCFICM002580S6.html，最后访问日期：2017 年 4 月 15 日。

② Yedidia Z. Stern. Acquisition of Corporate Control by Numerous Privately Negotiated Transactions: A Proposal for the Resolution of Street Sweeps. Brooklyn Law Review, 1993, 58(4): 1195−1237.

市公司收购"一章中可规定协议收购过程中需要披露的文件、披露的条件与披露的期限，在《收购办法》"协议收购"一章中应单独规定协议收购过程中需披露文件的具体内容。其中，《证券法》在披露的文件、条件与期限方面可留下兜底条款，在特定情形下由证监会在《收购办法》中作例外规定。

其次，建立协议谈判到协议履行动态信息披露机制。在收购协议谈判初始阶段，一旦收购方与目标公司控制股东签订协议收购意向书，或者开始进行第一次正式谈判，收购方须在两日内公告协议收购意向书或者谈判说明，并披露以下内容：一是收购人的名称、住所；二是收购人关于收购的决定；三是被收购的上市公司名称；四是收购目的；五是公告协议收购意向书时持有被收购公司股份数占该公司已发行的股份总数的比例。需要注意的是，在谈判初始阶段，披露的目的是让中小投资者获知有收购人对目标公司有收购的意愿，让中小投资者对收购人有初步的了解，对之后的协议收购过程与结果有心理准备。此外，考虑到收购费用与时间成本，披露的内容不需要过于详细，不能妨碍协议谈判的正常进行，但仍然需要让中小投资者了解收购人的收购目的和已有持股份额，以便让其判断收购人的真实意图。

在收购协议谈判过程中，如果收购方与目标公司控制股东就收购数额、收购金额等收购协议核心条款达成一致，收购方须在达成一致之日起 2 日内公告协议的主要条款：一是收购数额；二是收购价格；三是收购期限。由于收购数额与收购价格往往同时达成一致，收购人可先披露数额与价格条款，收购期限可另行再次披露。在收购人与目标公司控制股东达成收购协议时，收购人便可按照《证券法》的规定公告收购协议。此外，在公告收购协议前，收购人应当向目标公司说明履行收购协议过程中可能产生的风险，以及为避免这些风险所采取的必要措施。在经目标公司管理层审查通过后，与收购协议同时进行公告。

在收购协议履行过程中，如果发生情事变更、不可抗力或收购双方约定的其他情形，收购人与目标公司控制股东就协议中某些主要条款的变更达成一致，如收购数额、收购支付方式等，收购人应当在达成一致之日起2日内披露变更的内容。如果双方变更的是非主要条款，则可由收购人自愿选择是否向目标公司中小投资者进行披露。如果出现收购人或目标公司控制股东履行不能的情形，如收购人财务困难无法支付、控制股东已将部分股份转让于他人，导致协议另一方有权解除协议或追究其违约责任的，收购人需在知晓该情形之日起2日内，将协议无法继续履行的信息向中小投资者披露。

再次，实现自愿披露与强制披露相结合。股权分置改革已提升了上市公司进行自愿性信息披露的水平，而现有的协议收购信息披露均为强制性披露，无对自愿性披露的激励措施。[1] 因此，可在规定强制性披露的基础上，在收购协议谈判初始阶段和收购协议谈判过程中鼓励收购人披露更多关于收购的信息。[2] 如在协议谈判过程中，收购人可披露其收购资金来源及支付方式、收购完成后续计划等等，以稳定中小投资者的信心。如收购人在协议谈判初始阶段或谈判过程中便自愿披露更多收购信息，监管部门可视具体情况，在豁免申请阶段中给予收购人更多的便利。

（二）实现协议收购信息披露制度专门化

第一，在披露主体方面实现专门化。除了确立收购人、目标公司的信息披露主体地位之外，也要确立目标公司控制股东与管理层的信息披露主体地位。目标公司管理层作为信息披露主体，应当在收购协议谈判过程中、审查收购人关于协议履行风险防范措施的过程中，尽到公司法上的忠实、勤勉义务，维护目标公司的利益，并就自身在参与上述两个活动过程中维护公司利益的情况披露于中小投资者。而目标公司控制股东作为信息披露主体，应当在收购协议谈判过程中避免损害中小投资者的利益，并就自身获知收购人发起谈判信息的时间进行披露；在协议达成后，应当披露前1年内与收购人及

① 张学勇：《股权分置改革、自愿性信息披露与公司治理》，《经济研究》2010年第4期。

② Matthew A Edwards. The Virtue of Mandatory Disclosure. Notre Dame Journal of Law, 2014, 28(1): 47-77.

其关联方之间达成的重大交易、前 6 个月内通过公开市场买卖目标公司股票的情况。在协议收购履行过程中，出现非控制股东原因致使协议履行不能时，控制股东应当及时将该信息进行披露。此外，如果一定期限内收购方存在事前信息披露前后不一致，监管部门可拒绝受理其申请收购的材料。[①]

第二，在披露条件、披露期限、披露内容方面实现专门化。一是将《证券法》《收购办法》中的 5%、20%、30% 三个权益披露分界点进行适当提升，降低协议收购信息披露的初始门槛，提高协议收购转化为强制要约的门槛，以便与强制要约收购有合理的衔接，并减少协议收购的披露成本。二是扩大强制要约收购信息披露豁免的情形，在《收购办法》第 62 条中增加"协议收购中，被收购公司控股股东与其他股东就股价差额补偿达成一致""协议收购中，收购人多次进行自愿性信息披露，中国证监会认为符合豁免条件的"。三是在披露期限方面，将《证券法》《收购办法》中的三个权益披露期限由 3 日缩短为 2 日，进一步减小目标公司控制股东利用协议收购信息进行内幕交易等证券违法行为的可能性。四是在披露内容方面，为了保证收购协议能够如期履行，收购人在各项披露文件中除了披露所需资金额、资金来源及资金保证或者其他支付安排之后，还需对后续的资金支付、收购人资金周转情况等涉及收购人持续性履行能力的事项进行披露。

（三）完善协议收购信息披露民事责任制度

完善的民事责任制度是对证券监管部门公共权力行使进行监督、同时增加信息传递互动功能的方式之一。[②]对于协议收购，现行《证券法》《收购办法》与最高院相关司法解释只规定了目标公司实行虚假陈述后，相关主体所要承担的民事责任。若中小投资者因收购人虚假收购、未及时得知收购协议未履行等信息而遭受损失，收购人无需因违反信息披露义务而承担相应的民事责

---

① 潘荣伟、王怀章、张露：《上市公司并购重组相关立法存在的问题及修改建议》，《证券法苑》2011 年第 2 期。

② 沈朝晖：《证券法的权力分配》，北京大学出版社 2016 年版，第 21 页。

任，其只需承担行政责任。对于收购人利用协议收购进行不当交易活动，如符合内幕交易、操纵证券市场的行为要件，也只能使其承担与内幕交易、操纵证券市场相关的民事责任。在确认了收购人、目标公司管理层的信息披露义务人地位之后，立法者应当完善相应的民事责任制度，进一步保障中小投资者的诉讼权利。在归责主体方面，根据收购人、目标公司控制股东、目标公司管理层信息披露义务程度的不同，可在《证券法》第69条之外，新增收购人和目标公司控制股东承担无过错责任、目标公司管理层承担过错推定责任的规定，即收购人或目标公司控制股东披露的信息存在虚假记载、误导性陈述或重大遗漏，致使中小股东遭受损失的，收购人或目标公司控制股东应承担赔偿责任；目标公司管理层应当与收购人或目标公司控制股东承担连带赔偿责任，但是能够证明自己没有过错的除外。

四、结语

"效率的购买必须以收入和财富上的不平等，以及与此相关的社会地位和权力上的不平等为成本。"[①] 对于证券法律制度而言，秉承公开、公平、公正的原则，实现有效的投资者保护才是最根本的目标。在实现有效投资者保护的基础上，提升协议收购的效率才更加具有正当性和合理性。在现行上市公司协议收购信息披露制度的约束下，目标公司的中小投资者往往只能得知收购协议签订的信息，对于收购协议谈判、履行等影响收购实现与否的信息无从知晓。协议收购信息披露制度的供给不足，使收购人、目标公司等主体极易勾结串通，制造"收购乌龙"事件以获取不法利益，给目标公司中小投资者的合法权益带来损害。在现行信息披露制度定位不当造成的体系化亟待完备、协议收购特殊性尚未体现、事前和事后动态信息披露缺乏等诸多不足的情况下，应从条文衔接、动态信息披露机制、自愿披露与强制披露的结合三个方面优化协议收购信息披露法律体系，并在披露主体、披露条件、

---

① 阿瑟·奥肯：《平等与效率：重大的抉择》，陈涛译，中国社会科学出版社2013年版，第35页。

披露期限等方面实现信息披露制度专门化，完善协议收购信息披露制度，使协议收购制度可在保障中小投资者知情权的基础上，发挥协议收购的诸多优势。

论证券纠纷调解机制的修改与完善

李有星　　王卓晖 *

摘　要

证券纠纷调解机制是非诉方式解决纠纷的一种途径，具有专业性强、权威度高、便捷高效、成本低廉的特点，在证券资本市场发达的国家普遍适用。美国金融业监管局（HNRA）和德国私人银行在证券纠纷调解上有着较为成熟的体制和运行机制，有着一整套调解的程序规则。我国需要在《证券法》修改中强化证券纠纷调解制度设计，在调解主体、受案范围、经费和程序等方面作出规定，建立适应我国证券市场特点的专业调解机制，为快速、有效地调解纠纷提供制度基础。

关键词： 证券法；证券纠纷；调解机制

★　本文原载于《证券法苑》2014 年第 12 卷。王卓晖，浙江大学光华法学院硕士研究生。

随着我国证券资本市场的发展，证券民事纠纷案件不断增加，解决证券纠纷的调解制度被提到重要位置。肖刚主席在 2013 年 11 月 29 日的第四届上证法治论坛上提出"研究建立证券纠纷调解制度，《证券法》修改是否可以考虑借鉴德国的做法，建立适应证券市场特点的证券调解制度"。证券纠纷调解是指在证券业协会、证券业的监督管理机构或其他组织和个人的主持下，以相关国家法律、法规及其他规范性文件为依据，对纠纷双方进行劝说和斡旋等方式促进他们互相谅解并自愿达成调解协议，从而消除纷争的活动。[①] 证券纠纷调解具有专业性强、权威度高、便捷高效、成本低廉的特点，更具有尊重投资者意愿、程序明晰、简便，具备保密性、人性化、和谐性等优越之处。

美国证券金融监管局（FINRA）有着较为成熟的调解机制，解决证券商与投资者之间的纠纷效果明显。近年来，我国本土也涌现了一些成功的证券纠纷调解成功案例。2014 年上半年，协会证券纠纷调解中心通过在线申请平台和处理投诉函方式共接收 48 起证券纠纷调解申请，受理其中 33 起符合受理条件的调解申请；在地方协会的配合下，成功调解 20 起纠纷。全国 36 家地方协会上半年自行受理 376 起纠纷申请，调解成功 356 起纠纷。[②] 这些都充分表明证券纠纷调解机制大有可为。本文从我国目前证券纠纷调解机制的现状分析入手，借鉴美国和德国的证券调解机制，对我国证券纠纷调解机制的修改与完善提出建议。

一、我国证券纠纷调解机制的现状

（一）我国证券纠纷调解机制运行的状况

我国 2005 年版的《证券法》第 176 条规定，证券业协会负责会员之间、

---

① 娄伟、杨荣新：《人民调解学概论》，法律出版社 1994 年版，第 1 页。

② 中国证券业协会证券纠纷调解中心：《三管齐下，完善证券纠纷调解机制》，《中国证券报》2014 年 1 月 2 日，http://www.cs.com.cn/app/ipad/ipad01/01/201401/t20140102_4267681.html。

投资者与会员之间的证券纠纷的调解。证券法确立了中国证券业协会为法定证券纠纷专业调解机构，但长期来就具体证券纠纷调解解决的细则没有出台，调解工作进展有限。2012年，起草公布《证券纠纷调解工作管理办法（试行）》《证券纠纷调解规则（试行）》《调解员管理办法（试行）》。这三大条例规定了组织架构、受理范围、来源经费、调解效力等实体问题，同时也规定了调解员的资格条件、聘用、行为规范、考核、培训等一系列程序问题。与此同时，证券业协会还成立了证券纠纷调解中心负责证券调解相关事宜。

证券法对证券协会授权，规定其负责具体落实证券纠纷调解机构的组建及运作，制定调整相应规则，证券纠纷调解的推广等工作。并且，我国设立了证券业协会调解专业委员会和调解中心，调解专业委员会扮演着决策机构的作用，制定基本制度，并负责调解员聘用等工作。而日常组织、外联、协调、调解员管理等工作则交给调解中心全面负责。2012年7月以来，协会在网站上设立了证券纠纷调解专区，建立了证券纠纷调解在线申请平台，及调解中心与地方协会协同工作的证券纠纷调解工作系统，并在全国范围内聘任了将近200名证券纠纷调解员，初步建立了一支覆盖全国的、专业化的调解员队伍。

目前的调解机制有如下特点：第一，受理范围广泛。包括会员与会员的纠纷，会员与投资者的纠纷，会员与其他利益相关者的纠纷。第二，对股民投资者倾向性保护的同时，不忽视证券公司的发展实际。第三，方式灵活。采用书面沟通、电话沟通、网络联系等非现场方式。第四，调解周期短，高效迅速。20个工作日调解完毕，遇到特殊情况经批准延长不得超过10个工作日。第五，设置了垂直双层的组织构架。中国证券协会成立了证券纠纷调解专业委员会和证券纠纷调解中心，各司其职，分工明确，为工作顺利展开提供了保障。第六，初步建立了"诉调对接""仲调对接""信调对接"的平台，提高了调解协议的执行力。

（二）我国证券纠纷调解机制的缺陷

我国证券纠纷解决机制存在以下不足。

其一，调解主体单一化。2012年出台的《中国证券业协会证券纠纷调解工作管理办法（试行）》中，中国证券协会成立了证券纠纷调解专业委员会和证券纠纷调解中心。这是对《证券法》中关于证券业协会调解职能的完善，然而依旧未能改变调解主体单一的现实。现行《证券法》以及相关法规对证券交易所和证监会是否具有调解职能并没有做出规定。基于证券交易所的职能和市场地位，以及其拥有的高素质人才、理论知识、实践经验等，其完全具备调解纠纷的能力。调解主体多元化才有利于真正发挥证券调解机制的作用。

其二，"对接机制"不成熟。在当下，只有经人民法院确认的调解协议和人民法院制作的具有给付内容的调解书才有强制执行力，而其他调解协议只有合同效力。但调解协议的效力与大众的认可度和调解功能实现密切相关，如何提高其执行力，值得在立法和实践中加以推敲。近年来，协会积极推进"诉调对接""仲调对接"和"信调对接"机制的建设，已经与北京市西城区人民法院签署了诉调对接合作协议，与北京仲裁委员会签署了仲调对接合作协议，并积极与证监会信访办研究信访工作与行业调解工作的对接途径，大力支持地方协会建立诉调、仲调和信调对接机制。但是，由于证券纠纷调解制度尚处初创阶段，在"对接"的运行流程、工作程序等方面，都还缺少成熟的具体工作制度。同时，由于调解协议不具有强制执行力，当事人申请法院确认和强制执行，面临不确定性。

其三，适用范围规定模糊。《中国证券业协会证券纠纷调解工作管理办法（试行）》第12、13条对于调解的受理范围做出了简单规范，然而对"涉案金额"欠缺明确规定，只是以"因案情复杂或涉案金额过高等原因，调解中心认为不适宜调解的"不予受理，一笔带过。证券调解制度的原则之一，即以受理小额争议案件为原则。针对证券纠纷涉及主体众多，赔偿金额也有大小差异的特点，应该尽快界定合适的证券纠纷"争议额"。

其四，调解程序较为简单。虽然《中国证券业协会证券纠纷调解规则（试行）》明确了调解人员在这各个阶段发挥的作用，但此规范较为笼统，缺乏针对性，对当事人意思自治方面也欠缺规范。

二、美国证券调解机制的实践与启示

面对如今我国证券市场纠纷调解机制存在的诸多弊端，从发达资本主义国家（地区）的相关制度构建中取经显得尤为重要。综观各个国家（地区）调解制度，各有特色和优势。美国金融监管局（FINRA）形成了完整的调解程序，德国建立了私人银行调查员机制，英国金融督察服务有限公司（FOS）提供一整套金融争议解决机制。日本、我国台湾、我国香港地区等均以各种方式建立了一套调解机制。[①]其中，无论是程序还是调解组织构建方面，美国的证券调解机制较为成熟，借鉴意义相对大一些。下文从其组织演变、具体流程、调解效力等若干方面探讨。

（一）美国证券调解机制发展演变

调解是美国解决证券纠纷的一种重要方式，主要以证券业自律组织为平台。美国金融业监管局（Financial Industry Regulatory Authority，FINRA）作为最大的证券业自律组织，主导美国证券调解服务市场。其前身为全国证券商协会（National Association of Securities Dealers，NASD）。[②]

ASD 开始推出调解的服务是在 1989 年，这是面对仲裁日益诉讼化而推出的，以此代替证券仲裁。NASD 最开始分别与美国仲裁协会和美国仲裁调解公司这两个外部争议解决机构进行合作。其中，NASD 的作用是推荐当事人到上述合作平台调解。尽管上述计划没有达到预期成果，但一定程度使业

---

① 陈小雁：《证券纠纷 ADR 研究——以美国、英国为例》，华东政法大学 2010 年硕士学位论文。

② Jay Folberg, Alison Taylor. Mediation: A Comprehensive Guide to Resolving Conflict without Litigation. San Francisco: Jossey-Bass, 1984.

界瞩目，当事人开始关注调解可以作为证券纠纷的一种可行途径。[①]

经美国证监会批准，1995年7月NASD修改其《仲裁程序规则》，增加有关调解规定。这加快了NASD的发展速度，绝大部分调解案件迅速流向了NASD。剩余少量的案件调解流向了纽约证券交易所（NYSE）、美国仲裁协会和其他一些争议解决机构。2007年7月30日，经SEC批准，NASD与NYSE通过合并会员监管业务，使二者合并为FINRA，即美国最大的非政府证券监管机构，这种重组解决了自律监管成本昂贵的问题。至此，FINRA也变成了美国甚至全世界最大的证券仲裁和调解机构。[②]

（二）FINRA调解规则的适用范围

虽然NASD和NYSE合并为FINRA，但并没有另行制定调解规则，仍然沿用原来NASD的《调解程序规则》（Mediation Code）。[③]关于其适用范围，《调解程序规则》第14101条规定，"本条规定适用于提交给FINRA调解的任何事项"。第14100条规定，"事项"指纠纷或争议。第10104条（b）款规定，假如所有当事人同意，任何根据《投资者争议仲裁程序规则》或者《证券商之间争议仲裁程序规则》，任何事项或争议，都可以根据本规则提交调解。虽然《调解程序规则》并没有就"事项"分类，但是在实践中，以当事人为标准分类，可以分为投资者与证券商之间、证券商相互间、证券商与其雇员间这三类。其中，最常见的是投资者与证券商之间的纠纷。

以调解请求事由为标准，典型的证券纠纷分为以下几类。第一，交易未获授权。第二，投资建议不妥当，即经纪人的建议未能实现投资人的目标。第三，投资组合单一。第四，违反信托义务。第五，经纪人过失，即由于经纪人未能尽到勤勉义务和合理的谨慎，因而导致的投资者损失。第六，实质性的疏漏，即投资者认为是经纪人在描述投资产品的误导和重要疏漏，经纪

---

①② Jill I. Cross. Securities Mediation: Dispute Resolution for the Individual Investor. Ohio State Journal on Dispute Resolution, 2006, 21(2): 378.

③ Mediation code 14104.

人应为此赔偿损失。[1]

（三）FINRA 证券调解的程序

在《调解程序规则》中没有具体规定，但是在实践中却存在一定的程序。其中包括以下步骤。

1. 提起调解

当事人无论是在仲裁程序之外申请调解，还是在仲裁程序中的任何一个阶段申请调解，都需要向调解主任呈递《提交调解协议》。调解工作人员会要求每一方当事人都在《提交调解协议》上签字，并仔细阅读《调解程序规则》。把经过各方签字的《提交调解协议》递交给调解主任时，才视为当事人将争议事项提交调解。不过，对于该争议事项是否满足调解条件，只有调解主任可以行使决定权。

2. 选定调解员

FINRA 与各方当事人沟通交流后，从调解员名册中提出建议名单，并提供这些调解员的背景信息，比如学历、职业、特长、经验、培训和证书等情况。当事人有权从这批名单中选择调解员，也可要求提供新的名单，当然在上述建议名单之外，甚至在调解员名册之外选定调解员。如果当事人没有选定调解员，FINRA 调解主任有权力代替其选择。

3. 调解排期

选定调解员后，工作人员开始帮助调解员和当事人确定调解的开庭时间。调解员、当事人及其代理人通过见面、召开电话会议或者视频会议类似方式，选择对大家都合适的调解场合。

4. 庭前准备

在开庭调解之前，当事人需要将他们认为有利于各方利益的资料交给调解员。调解员需要做到不向任何人透露有关材料、信息以及其他沟通情况。

---

[1]　刘晓春：《美国证券调解机制及其价值评析》，《海外金融法》2012 年第 1 期。

并且在调解结束时，可以归还相应的当事人这些资料，也可以加以销毁。

5. 开庭调解

开庭调解一般有两部分。一是"面对面调解"，即调解员和当事人都在现场调解。当事人开始对这个程序并不了解的情况下，调解员先进行解释，鼓励当事人参与并保守秘密，给当事人充分陈述的机会，使当事人保证致力于解决纠纷。二是"背靠背调解"，调解员与各方当事人分开会面。只有在当事人许可的情况下，调解员才可以透露单独会面的内容。调解员需要充分发挥其作用，帮助当事人分析利弊和风险，鼓励当事人畅所欲言，促进纠纷解决。[1]

6. 调解费用

调解的费用主要包括调解立案费和调解员的开支。FINRA 区分直接申请调解的立案收费和在仲裁程序中申请调解的立案收费。直接申请调解，当事人须在递交《提交调解协议》时直接缴纳立案费，针对不同类型当事人，有不同收费标准。在仲裁程序中申请调解，为了表示 FINRA 对调解的鼓励，应该下调收费标准。当事人列明调解员的费用开支，也可以各方平摊，当然当事人也可以另外约定一个分担比例。每方当事人，必须在第一次开庭调解前，就按照各自承担的份额，预存调解员报酬开支费用。如果当事人不按要求缴费，停止调解服务。[2]

7. 调解结案及效力

以下三种结果是调解最终可能出现的：（1）达成和解并同意履行书面和解协议；（2）当事人未能协商一致，宣布调解终止；（3）任何一方当事人或者调解员，无论因为任何原因而退出调解程序。关于和解协议的约束力，《提交调解协议》格式文本中规定"在签字的当事人许可，任何经调解而达

---

[1] 朱朝武：《调解立法研究》，中国政法大学出版社 2008 年版，第 32 页。

[2] Jay Folberg, Alison Taylor. Mediation: A Comprehensive Guide to Resolving Conflict without Litigation. San Francisco: Jossey-Bass, 1984.

成的和解协议均有约束力，可以强制执行"。美国调解、仲裁和诉讼是并行的，所以在美国调解协议不需要任何司法确认。在实践中，FINRA 作为美国影响力最大的证券业自律监管机构，有权对会员做出处罚，这在一定程度上能促进会员自动履行和解协议。

（四）美国证券调解机制的启示

了解美国 FINRA 的发展历史以及运作流程后，可获得以下启示。

第一，调解主体需要具备专业性、独立性、权威性。美国 HNRA 最终成形经历了漫长的演变过程，现在是最大的证券业自律组织，主导美国证券调解服务市场。调解员必须严格遴选才可以聘任，并且接受培训。由此可见，专业权威的调解组织才能胜任此项工作。在目前我国证券业发展的大背景下，证券业协会作为一个自律性组织，权威性需要进一步加强。同时，证券交易所相比于证券业协会，发展历史悠久并且权威性强，也应当发挥起调解的作用。

第二，调解程序须规范化，充分保证双方意思自治、保密性及高效性的特点。所谓意思自治，是指调解员在案件始终必须尊重当事人的意思，在双方都同意的情况下才可以启动调解程序。所谓保密性，根据《调解程序规则》，调解员和当事人不得将任何意见、建议在其他任何法律程序中，作为证据而引述或者使用，当然如果当事人同意或者法律明确规定则另当别论。对最终的调解结果，调解员不可以向任何第三人透露。所谓高效性，参照美国的实践，FINRA 规定案件当事人或者获得全权授权的代理人均有权参与调解，在出庭调解的情况下须积极参与，这样保证了其高效性。相比之下，我国目前关于调解程序的规定较为简单，需要在保证当事人权益的基础上，有针对性地细化。

第三，调解与仲裁相分离保证结果公平合理。最终如果调解没有达成一致意见则转入仲裁程序，这样保证了此项制度的最终效力。我国在程序建设上应当考虑调解与仲裁、调解与诉讼的对接问题，以保证调解结果的效力。

三、德国金融专业调解制度的特点与启示

（一）德国私人银行专业调解制度

1992 年，德国推出私人银行调查员程序，这是由德国银行联邦协会为其所属银行制定。该程序作为德国金融领域第一个庭外的调解程序，设立了一个专门的客户投诉处作为调查员机制的窗口。这样，金融纠纷通过调查员机制以非官方的方式迅速得到解决。该机制的设计初衷是保护普通金融消费者的利益，但也同时面向企业和金融专业人员，在信用支付或支付卡误用等情形发生争议时进行调解。

德国机制的调查员通常都是专职人员，由管理层推荐、银行协会董事会聘任，且在聘任之前，银行协会还会将候选人的姓名与工作经历告知消费者中心联邦协会和消费者协会，所聘任的人员往往之前都是资深法官或法律专业人士，素质较高，其人格和专业技能也在一定程度上保证了制度的公正性。

调查员程序依据的是私人银行程序章程，即银行自愿加入程序，并承认章程的约束力。德国的私人银行调查员程序结构严谨、影响广泛、社会效果良好，无论对于消费者还是银行都易于接受。

概括起来，德国金融专业调解制度有以下特点：（1）程序灵活，时间短。（2）保护消费者权益。对消费者免费，且调解书对消费者也没有必然约束力。（3）仅对 5000 欧元（合 47000 元人民币）以下的投诉标的具有约束力。银行不得向普通法院提起诉讼，而投诉人则可向普通法院提起诉讼。[①]

（二）德国专业调解制度的启示

第一，注重调解人员专业性。德国专业调解聘任的都是法律专业人士，使调解结果公正性很强。而目前我国调解员选拔培训机制不成熟，并且缺少

---

① 《境外金融专业调解》，《中国证券报》2012 年 12 月 18 日。

专职人员，无法保证调解质量。因此，我国可以考虑修改证券调解员管理规则，使具备专业技能的法官或律师等法律人有机会兼职证券调解员。并且对这类兼职调解员的专业法律人士给予一定的工资补贴。

第二，调解标的额有限制。德国私人银行的调解仅对5000欧元以下的投诉标的具有约束力。从目前各国实践来看，小额标的纠纷适用调解制度较为科学合理。然而我国目前证券调解管理工作办法中，没有对调解的"涉案金额"加以规定，应参照近些年实践和各国立法，尽快加以完善。

四、我国证券纠纷调解机制的完善建议

（一）赋予证券交易所证券纠纷调解职能

证券交易所作为重要的行业自律组织，其具有悠久的历史，较高的权威性，并且实践经验丰富，拥有高素质人才，同样具备调解纠纷的能力。建议修改《证券法》和相关行业自律规则，在证券交易所内部建立专业调解机构，解决会员之间以及会员与客户之间的民事纠纷，以此赋予证券交易所证券调解职能，实现调解主体多层次，避免证券纠纷调解主体单一化。

（二）明确受案范围之"涉案金额"

我国目前的调解工作管理办法中，对于受案"涉案金额"欠缺明确规定。参照德国私人银行调查员机制，"对于未超过5000欧元的投诉标的，调查员的调解对银行具有拘束力，银行同时也失去了向普通法院提起诉讼的职能，但投诉人有权向普通法院起诉"。我国台湾地区也有专门针对小额争议处理的流程。同时，我国的保险业也提出"小额争议调解机制"，在保监会的推动下大体上成功运行。综上，为保护中小投资者权益，证券协会有必要根据近些年的实践经验，划定较为明确的"涉案金额"，使进入调解的门槛更为明确清晰。

（三）建立我国证券纠纷调解基金

鉴于中国证券业协会是非营利性的社团法人，目前规定对投资者不收取任何费用，对会员可在测算的基础上收取少量的成本费，从而达到了保护投资者利益的目的。《中国证券业协会证券纠纷调解工作管理办法》第15条规定："证券纠纷调解工作经费由协会及其他来源提供。"为了形成纠纷调解机制长效保障机制，建议尽快建立中国证券纠纷调解基金，保障调解员因调解发生的调查费、差旅费、鉴定费、补贴费以及调解员培训费等。

（四）调解程序充分尊重当事人意思自治

在程序的完善方面，应当有选择地借鉴和参考美国的调解程序，充分尊重当事人的意思自治。

1. 申请调解

目前我国规定，调解由调解人单方提出即可。然而为保护投资者的意思自治，申请调解原则上应当由双方共同向调解中心提出，会员与投资者的纠纷可以由投资者提起。提起调解申请时需提交《调解申请书》，由调解中心制定格式文本。

2. 选定调解员

我国目前在"选择调解员"的规定未充分尊重当事人的意思，"当事人不同意调解中心指定或代为选定的调解员的，视为不同意调解，调解程序终结"，忽视了当事人的自主选择权。建议借鉴美国的模式，规定当事人有权从这批名单中选择调解员，也可要求提供新的名单，当然在上述建议名单之外，甚至在调解员名册之外选定调解员。

3. 正式调解

在调解过程中，调解员如何扮演好其应有的角色需要技术上的考量。我国可以参照美国金融监管局提出"背靠背调解"，处理比较复杂的纠纷，即由调解员分别与每一方当事人单独会面。这就给予了调解员机会，以帮助当事人审视自己在案件中的强项和弱项，客观分析风险，从而提出解决争议的方案。通过多个回合"背靠背调解"，调解员就能够发掘当事人的需求和解决纠纷的潜在利益，帮助当事人达成共识。

（五）完善调解员管理办法

借鉴德国私人银行调查专员制度，我国亟须建立一支专业的调解员队伍。建议修改《中国证券业协会调解员管理办法》，通过设置调解员名册，并选择部分经验丰富并具备证券专业知识的退休法官、律师、监管干部、行业专家和相关领域学者作为调解员。[①] 同时，在规则中，对调解工资、补贴等报酬的配套制度加以明确。

（六）多种方式增强调解效力

美国 FINRA 调解员达成的小额协议本身具有强制执行力。而我国和美国有着不同的法律传统，无法直接赋予调解协议强制执行力。提高调解在实践中的效力对于发挥调解的总体功能至关重要。为加强调解协议的执行力，我国证券调解机制可通过以下措施加以完善。

第一，通过修改自律规则加强执行效力。在自律规则中，要求会员和投资者遵守调解协议的内容，并明确规定违反调解协议应承担的责任，以此达到行业内部的自律性规范。

第二，继续推进"诉调对接""仲调对接""信调对接"等对接方式。目前我国证券业协会虽然在不同层面展开与仲裁委员会、法院以及信访局的合作，但是所签订框架协议毕竟效力有限。因此，建议将这些"对接方式"在立法和制度层面加以体现，明确对接的具体工作流程。

如可修改管理规则，明确对于证券调解协议，权利人可以依据《民事诉讼法》及相关司法解释的规定向有管辖权的基层人民法院申请支付令。申请

---

① 肖芳、李杰：《我国金融争议解决机制的多元化》，《北京仲裁》2012 年第 1 期。

支付令时，需提交申请书，申请书的内容应载明具体的请求，包括给付金钱或者有价证券的数量，还要将根据的事实证据载明，并将调解协议原件附在申请书里。同样，对于"仲调对接"和"信调对接"，依然可以通过修改法规，增强证券业协会与各机构合作的效果。

第三，加强证券业协会与公证机构的合作。证券纠纷调解协议符合公证机构受理范围，当事人可以向公证机构申请调解协议公证。《公证法》第37条规定，经过公证后的调解协议可以作为申请强制执行的文书。中国证监会、中国公证协会、中国证券业协会等可以共同下发文件，对证券民事纠纷调解协议的公证业务进行指导。

第四，直接发挥法院的确认作用。根据我国台湾地区的经验，《证券投资人及期货投资人保护法》规定，经调处机构将调解协议送达有管辖权的法院审查，经法院核定、确认的调处协议与民事判决有同等效力。台湾地区的做法在我国有相似的实践传统，可以借鉴，通过法院赋予调解强制执行力。由证券业协会、证监会、证券交易所调解后直接送交法院审查，法院成立独任庭对其进行实质审查，包括是否意思自治和违反强制性规定两方面内容。如果违反则退回，当事人也可以直接申请重新调解或者起诉。

公司资本金融与运作安全研究
——浙江省法学会金融法研究会 2008 年年会综述

李有星　冯　珊　肖彩霞　徐晨晨 *

＊　本文原载于《法治研究》2009 年第 1 期。冯珊，浙江大学光华法学院硕士研究生；肖彩霞，浙
江大学光华法学院硕士研究生；徐晨晨，浙江大学光华法学院硕士研究生。

浙江省法学会金融法学研究会 2008 年年会围绕"公司资本金融与运作安全研究"这一主题，就"金融危机与金融法律挑战""金融创新与法治互动关系""小额贷款公司相关法律问题""保险资金的运行安全问题""不良资产剥离的困境与出路探索""证券期货市场监管反思与对策""公司资本金融与税务处置"等问题展开专题讨论。大会研讨的主要观点综述如下。

一、金融危机与金融法律挑战

浙江省高级人民法院副院长童兆洪认为，当前国际金融危机的蔓延对于全球经济增长和稳定造成严重冲击。浙江省是全国的经济大省，也是我国外贸进出口最为活跃的省份之一。受外部经济环境持续转冷、人民币升值加快、国际市场原材料价格上涨等不利因素影响，我国经济增长面临下行风险。浙江省经济也面临一场转变经济发展方式、推进经济转型升级的攻坚战。要打赢这场攻坚战，必须发挥好金融的要素和金融法治的支撑作用。当前，各种金融风险日益显现，各类金融纠纷案件增长势头迅猛。2008 年上半年，浙江省各级法院受理金融纠纷案件达 4.92 万件，同比上升 59.43%。面对经济和金融形势变化带来的挑战，我们要积极研究新情况，解决新问题，在"个案金融风险的事后化解"和"潜在金融风险的引导规范"方面作出新的探索。为此，浙江省高院出台了《金融纠纷案件若干问题讨论纪要》，为金融审判中疑难问题的处理提供了指导性意见，对妥善公正审理金融不良债权转让案件，防止国有资产流失，明确了更为妥当的处理原则。针对美国发生的次贷危机，童院长指出，我们的金融法研究要有前瞻性，特别是对于金融改革过程中涌现出来的多层次、多领域、多样化的金融风险，要研究防范措施，研究金融衍生产品风险的防范和控制，为金融业的发展和监管的完善提供法律规制的有效途径。

浙江省高级人民法院民事审判第二庭庭长章恒筑博士就当前经济形势下商事审判工作的趋势及应对措施发言指出，受 2008 年开始的国家实施从紧货币政策等因素的影响，全省经济在总体平稳发展的形势下，也遇到了严峻的挑战。反映在审判工作中主要表现为三大趋势：金融案件大幅上升、民间借贷问题凸现和企业资金链断裂引发系统风险。这些新情况、新问题给商事审判提出了新的要求与挑战。我国《民事诉讼法》修改实施后，浙江省高院调整了民事案件级别管辖。特别是 2008 年以来，省高院民庭在案由分工上也作出了重大调整，首次将民间借贷案件划入商事案件范围，这是由全省民间借贷的特殊性决定的。浙江民间借贷案件不同于普通的消费借贷，具有很强的生产经营型借贷特征。同时，省高院民二庭自 2008 年以来开展了包括保险、破产、担保物权、民间借贷等内容在内的一系列金融审判调研，在总结前一阶段金融纠纷案件审判经验的基础上，对民间借贷、企业间借款合同、财产保险等审判实务的具体问题形成了指导性意见。

资金链断裂成为国内众多中小企业目前正面临的共同困境。针对当前部分企业资金链断裂引发系统风险的现实，章恒筑博士认为，对资金链断裂引发企业债务重大案件的集中管辖问题，要发挥好政府的主导作用，各级法院要在党委的领导下妥善审理和执行好相关案件。他还指出，由于外界对破产重整、和解程序缺乏了解，加之法院内部绩效考评体系不完备，新《破产法》实施过程中存在体制性障碍。我们在理解、贯彻《破产法》的同时，还应关注《公司法》的司法解释，司法解释规定了怠于清算的责任。法院应发挥导向作用，通过典型案例引导当事人主动走清算的道路，在破产程序中要充分运用破产重整和和解制度，尽可能地维持有发展前景的中小企业的生存。

美国金融危机是由许多过度行为引起的，法律应当对过度行为进行规制约束。浙江省银行业监督管理局城商处处长傅平江从银行监管部门的角度谈到金融业存在的四个方面问题。一是两个过度问题，即过度创新和过度负债。过度创新，美国银行是自由设立的，金融衍生产品自主开发并推向市场，风险很大。我国《银行业监督管理法》规定银行的设立、产品创新推出需要审批监管，因此安全有保障。过度负债，美国的个人、公司、投资银行负债累累，而资本充足率是保持金融稳定的一个非常重要的因素。二是两个太高问题，即杠杆率太高和回报率太高。杠杆率过高，高至 20 ~ 30 倍，主要因为投机。回报率太高，尤其是对短期、少数人而言，高薪酬导致了对短期利益（润）的追逐。三是两个脱离问题，即脱离实际和脱离实业。脱离实际，典型代表为抽象模型、虚拟交易。脱离实业，整个社会靠借贷等商业资本来维持。四是两个忽视问题，即忽视存款和忽视监管。傅处长认为在当前形势下，金融业的机遇大于挑战，法律和金融界人士要为金融的发展提供保障，为危机的处理提供保障。要以平和心情、务实态度从事金融业经营，金融危机、资金链断裂等很大程度上是因为开发的金融产品存在缺陷，由于行情的变化，缺陷金融产品的风险集中爆发。目前有关金融产品的法律规制规定不细，加上经营者道德责任的缺失，容易引发危机。对此，要通过社会金融法治环境治理、强调企业家的责任，以防范风险。我国银行监管机关在对中小企业融资发展的支持、农村市场的开发方面可能会出台一些新措施。在法律方面也应作相应的配套完善。在现有的监管模式下，针对目前金融业的问题，进行政策调整和配套法律的完善，即可实现我们的监管目标。

杭州市仲裁委副秘书长陈桓认为，美国金融危机引起了全球的关注，也同样引起法律人的思考。如企业资金链问题，目前房地产的不景气也与金融风暴紧密相联，导致了政府财政收入和银行贷款的下降，从而产生一系列连锁反应（尤以制造业出口为甚），引起金融纠纷增加。至于个体，近两年70% ~ 80%的股票亏损，严重影响了个人的收益。但我们必须看到这是危机也是挑战，经济纠纷的增加为法律工作者提供了更大的平台。当前金融机构贷款运作机制健全，而小额贷款公司、信托投资公司运作机制不健全，高利息等民间借贷问题凸现，在法律保障上亟需进一步规范，这些都需要我们提出对策和建议。目前，杭州市正着手建立金融仲裁院，这是继上海首家成立金融仲裁院的第二个城市，届时将为广大金融主体提供公正、及时、高效的仲裁服务。

二、金融创新与法治互动关系

　　浙江省金融法学研究会会长、浙江大学光华法学院教授李有星认为，人类存在经济、政治、道德和法律的四大思维模式，法律人思考金融危机不是简单地讨论危机的表面现象，而是要从规则、权利义务、责任、防范、救济角度展开，把握金融危机现象背后的法律规则。我们要思考美国的金融法治是否出了问题，为什么投资银行的雷曼兄弟破产，但该公司的股东投资回报巨大，该公司的高管们在短短的几年内暴富，如雷曼兄弟公司董事长兼首席执行官理查德·富尔德在 2000 年至 2007 年的 8 年间获得 3.5 亿美元薪酬与补助金。一个巨型的、集聚公众财富的公司资产到哪里去了，是怎么出去的？公司财富利益是通过何种特殊安排输送给了少数股东、公司高管人员或公司关系人？公司采用的关联交易、特别交易、洗钱、投资、担保等如何约束？金融性企业的高管和股东是否应当采用重责主义？在论述金融危机时，我们应该重新审视"金融是什么"这一基本命题，金融是一种未来权益性凭证与现实货币之间的交易。这种未来权益性凭证决定权益实现的风险。必须明白：首先，金融是一种商品，也是一种产品，需要法治。既然是产品，就有产品质量问题，产品的创设者就应当保证产品质量，从而来保护金融产品购买者的权益。现在金融危机问题就出在金融产品存在缺陷而没有及时纠正。2006年 6 月 14 日日本正式将《证券交易法》更名为《金融商品交易法》（2007年 9 月 30 日实施），在此，证券一词转变为商品，而且此法的出台直接导致了 4 部法律的废除和 89 项法律的修改。金融商品的经营者负有保证产品质量、保障金融产品安全和信息披露的绝对义务，在金融产品缺陷的赔偿之诉中，归责原则和举证责任也不同，对金融商品经营者采用无过失责任原则，被害人只要证明金融商品经营者违反了说明义务即可。其次，金融是一种财富再分配，需要法治。财富分配和再分配有多种方式，但金融性的财富再分配，如果规则存在缺陷和不足，将会引发贫富差距扩大、两极分化等社会问题。再者，金融是一种公共利益，需要法治。金融的公共利益在于公众资金和财富的集中、集合。公众的财富交由特定主体来经营，其经营的结果就涉及公共利益。公众性的投资混乱会使金融秩序和社会秩序混乱，最终损害公共利益和国家利益。金融事件平息都是以国家、政府巨额买单而结束的。一个公司法人主体的亏损，为什么要国家去填补救助，如美国政府出资7000亿美元救助，原因就在公司法人主体的行为涉及了公共利益。政府必须关注公共利益的救助。

李有星会长还谈到金融危机引发的法治模式之争，巴菲特与索罗斯的法治模式之争（保护长期投资的法律模式还是保护投机式的法律模式），商业银行与投资银行的法治模式之争（稳健盈利模式和投机盈利模式立法价值选择），保尔森与格林斯潘的法治模式之争（政府市场干预与自由放任法律模式）。目前我国虽然受到金融危机的影响较小，但是我们不应该以我们的金融开放程度和监管措施而沾沾自喜，这次金融危机对我国影响较小的一个重要原因是我国目前金融市场的开放程度不高，金融创新较少。李有星会长以高速公路和田间小路生动形象地比喻论证了我国金融市场与美国金融市场运作的安全性。他认为金融组织创新要严把市场准入关，包括小额贷款公司，金融组织法要进一步强化。金融商品的创设要信息对称，风险可控，规则约束。金融行为的约束规则要明晰，对金融组织体的投资、担保、关联交易要实行高管和独立董事的重责主义、股东的重责主义。金融监管有英国式的集中监管模式，中国式的分业监管、分法而治，还有澳大利亚式的金融机构与公众投资者分设监管的模式。金融监管重在解决利益冲突的监管。金融商品经营者和公众投资者利益冲突，单一的监管机关难以处理，分别设立监管经营者的监管机关和监管公众投资者的监管机关有合理性。

金融是一个具有活力和挑战性的命题，为何它会有安全上的问题呢？浙商银行副行长叶建清从金融与法的角度对这个问题进行了阐述，他认为其一是金融运作突破了法律的界限，其二是法律无法对金融运作形成约束。前者是法律的发展滞后，后者是金融创新的过度发展。他说金融创新是一把悬在头上的达摩克利斯之剑，掌控不好，就会成为金融危机的催化剂。控制金融危机的准绳是法律尤其是金融法，金融创新与法律演进应该是相生相伴、并驾齐驱的，好的法律法规能有效监管金融的运行。但当前我国与资产证券化相关的法律、法规还比较分散，各种规定存在较大的缺陷，如我国信托法对于信托财产的所有权界定不明确，《房屋登记办法》和《土地登记办法》对资产证券化抵押担保房产的变更登记缺乏明确的操作细则。资产证券化在我国的健康发展，迫切需要出台一部统一的具有操作性的证券法案。

中国证券监督管理委员会稽查局协调处夏建亭处长指出，我国资产证券化程度不高，法律规定不足，当前监管机构还面临行政审批和市场化等问题。针对公司融资、资本市场、证券期货市场的问题，监管部门会通过法治的手段解决存在的问题，资本市场中的虚假陈述、内幕交易和操纵证券等行为要重点加强防治。

杭州市检察院副检察长冯仁强从金融产品、金融创新和金融管制的关系阐述了金融法研究的重要性和迫切性。他认为，我国之所以能在金融风暴中保持良好势头，缘于经济结构调整，实行从紧的货币政策，落实科学发展观。面对目前部分企业资金链断裂的问题，风险控制与监管尤为重要，金融法的研究被提到了相当高度。金融法研究的基础首先要懂金融，目前无论是国外的次贷危机还是国内资金链断裂都与金融本身有着密切的关系。要了解金融产品的质量、特性和规则，才能更好地控制风险。

上海锦天城律师事务所姜丛华律师站在律师的角度提出了危机之下的对策与建议，他认为律师要从全新的角度去看待金融法律体系，要广泛参与到证券、金融行业中，大力推进金融界的法律服务。法律人要懂得金融规则，要提前介入，重在防范，而不能认为律师就是等金融出问题后收拾残局。要加大对金融法的研究，为金融创新提供风险分析报告、法律意见书，金融产品的推出需要立法、司法的通力合作，监管机构要为律师介入提供各种合作机会。金融产品的设计要各方面相互配合，要认识到金融关系的复杂性，不是一般的民商事法律关系。总而言之，律师要为企业资本运作提供法律框架设计和法律评估。

三、公司资本金融与运作安全

（一）小额贷款公司相关法律问题

浙江省银监局政策法规处副处长赵益洪发言指出，在小额贷款公司试点两年多之后，中国人民银行和银监会联合下发了《关于小额贷款公司试点的指导意见》。该《意见》的出台和浙江小额贷款公司的试点是有意义的，但也要慎重，特别是对此类具有金融性质的企业要加强准入及日常监管，防范贷款风险。中国建设银行浙江分行法律事务部副总经理杜军从实践角度对小额贷款公司涉及的法律问题进行了阐述，提出小额贷款公司的咨询业务极容易规避法律，另外小额贷款公司的资金运用还有可能存在假贷款真套用资金的情况，监管部门应该提出有针对性的制约措施。

李有星会长严格界定了小额贷款公司的法律性质，即属于非银行金融机构，因而小额贷款属于非银行金融业务的创新，其机构和业务监管应属于银监会。但目前的监管模式不适应金融企业的有效监管，可以说是金融产品创新的监管制度缺陷。小额贷款公司设立、日常业务运行、产品创新和市场退出均要监管。小额贷款公司的最大风险是公司过度负债，如向民间特定人巨额借贷形成负债。总之，凡有机会负债的金融性企业，在缺乏内部控制、有效外部监管的条件下，生存时间都不会长久。因为这种模式下的投资者不会做长期投资准备，而只是利用特殊金融性企业平台追逐投机性暴利，而后会主动退出。对小额贷款公司的贷款利率问题，他认为，国家保护民间借贷的合法利率，小额贷款公司对公民个人的借贷，可认定为民间借贷，利率在同类银行贷款4倍内受保护。但是，小额贷款公司向中小企业发放贷款，应视为企业与企业之间的贷款关系，不属于民间借贷范畴，其借款利率无法使用民间借贷利率规定，除非最高法院另作司法解释，否则4倍利率上限的规定应当认定为无效。

宁波大学法学院郑曙光教授从浙江扶持中小企业融资新政的视角，提出了中小企业融资模式的制度创新与路径选择。他指出，一方面我们应该看到小额贷款公司有其制度需求与运行的现实空间，究其原因在于，小额贷款公司迎合了小企业的需求，为民间资本进入正规的金融渠道创造了机会，为分散风险探索了新模式，并且有利于金融市场创新与金融组织制度创新。另一方面也应注意小额贷款公司天然的弊端，如企业法人的逐利性，极易偏离开办宗旨，而且筹集资金困难重重，风险控制任重而道远。

宁波大学赵意奋教授尖锐地提出，我国传统的商事立法和经济立法存在着强化立法干预和行政干预的烙印。小额贷款公司从设立开始，就由立法者划定了一个框框，对小额贷款公司的营业行为设定了诸多限制，困住了它飞翔的翅膀。小额贷款公司经营，应坚持公司自治，给予充分的空间，发挥公司管理者的智慧。政府监管不能代替公司自治，只有在监管与自由之间找到合适的平衡点，才能保障小额贷款公司的良好发展。

（二）保险资金的安全运行问题

浙江保监局统计此前的 9 个月，浙江省保险偿付亏损 34.8 亿元，比 2007 年同期增加亏损 20 亿元。目前保险风险主要来源于保险行业自身操作不规范和整个社会的诚信缺失。有学者曾尖锐地指出，保守估计保险赔付被诈骗的数额与保险赔付总额比例不低于 1%。一般的交通事故车辆损失赔付的过程中诸多环节都可能有虚假申报骗保的情形，如交警的事故责任证明、中介机构对财产损失的评估等。

浙江保监局法制处负责人陈沁谈到，目前的全球金融危机对国外保险公司影响较大，对我国保险公司的直接影响较小。原因主要是：其一，保险具有自身特性，其经营的内容和风险往往与自然灾害和责任事故联系在一起，与其他金融机构相比有缓冲作用。其二，我国目前保险资金运用的法律规制十分严格，投资渠道狭窄。其三，我国保险资金的创新比较滞后，保险产品创新质量不高，甚至存在缺陷和风险。其四，保险业开放程度不大。应当在保险资金运用和保险公司偿付能力方面加强监管，以此来防范风险。

杭州师范大学法学院屈洁认为，保险公司上市融资是增强国内保险公司资本实力和偿付能力的现实选择，然而，保险公司治理不严、股权转让的复杂性及金融监管不力、保险公司信息披露制度不健全、内部控制制度规范缺失等因素为保险公司上市带来风险。他强调细化与完善保险公司上市风险监管制度，建立有效的信息披露制度，提出完善披露主体制度，建立上市保险公司信用评级制度和规范的信息披露监督制度，进一步严格信息披露的责任追究制度。

（三）不良资产剥离的困境与出路探索

有经营就会有风险，有贷款就会有不良资产。东方资产管理公司戚建明站在资产管理公司的角度介绍了当前不良资产的市场环境和管理，并从实践角度提出了两个难题：一是不良资产的定价难，二是地方政府国资委的优先购买权如何来界定。对不良资产的定价在世界范围内是个难题，诉讼时效已过的不良资产诉讼时效为零，假如不良资产的最高值是 100 万元，平均价值是 50 万元，变现价值可以定 30 万元，也可以定 40 万元。哪个价格更合理？很难判断。价格合理性难于判断，过低的定价可能导致国有资产的流失，但回报率会增大，存在一定的寻租空间，潜规则在发生作用。国资委的优先购买权是在同等条件下享有的，条件不等的情况下怎样界定谁优先？为此，应该制定相应的法律法规予以明晰，以提供更好的不良资产剥离的运作平台。不良资产处置中也存在关联交易、利益输送等一些不良现象，导致国有资产的流失。不良资产处置需要公正、有效的法律规则。

（四）证券期货市场监管反思与对策

与会证券专家表示，金融危机向下传导，国际证券市场一度低迷。当前我国证券市场自身也仍然存在诸多问题，其原因在于政府监管承载过重，范围过宽，而监管法律不健全、投资者利益保护机制不完善以及证券自律监管机制不健全。为应对当前的金融危机和我国的金融创新，应当转变证券市场监管理念，强化市场机制，完善法律法规，明确各监管部门的职责，促进监管部门之间信息共享。与会专家还以中石油上市套牢的案例、银广厦案例等揭示了目前证券市场的新股发行制度、关联交易制度以及证券信息披露制度的欠缺，这些制度问题的解决迫在眉睫。

与会期货专家谈到，期货业属于我国新兴的金融行业，2006 年 9 月中国金融期货交易所的建立标志着我国金融衍生品市场的诞生。近两年来看，期货行业的投资回报率很高，越来越多的机构投资者参与其中。目前来看美国的金融危机没有对我国的期货行业造成严重影响，虽然 2008 年国庆节以后期货市场价格波动比较大，但不管是期货品种还是期货市场，不管是期货交易还是期货结算，都经受住了市场的考验。然而，也应当看到当前我国期货公司金融创新较少，内部监控程序不健全，越权交易、超限持仓、误导客户等违规操作现象严重。建立完善的内外部风险控制机制是保证我国期货公司成长和我国期货市场健康发展的当务之急。

（五）公司资本金融运作与税务处置

浙江省税务网首席税务师陈良照介绍了 2007 年浙江省税务稽查对偷税漏税企业进行行政处罚的情况，罚款金额达 1200 多万元。目前企业的违规问题主要有六个方面：一是银根紧缩，企业获得贷款难，寻找小额贷款公司引发一系列的问题；二是中小企业融资难，往往达不到商业银行的贷款资质要求，只能进行民间借贷；三是私募基金猖狂；四是并购方面的两种趋势，即并购好的企业来养企业，并购差的企业来抵税；五是违反大小非解禁的法律规制，一年之内人为制造解禁条件，搞虚假诉讼和大宗交易；六是假报表泛滥。如何应对和监管，是需要深入研究的重要课题。

我国证券市场法治化的难点与重点
——"证券市场法治理论与实践"研讨会综述

李有星　范俊浩　李龙政 *

＊　本文原载于《浙江社会科学》2012 年第 3 期。范俊浩，浙江大学光华法学院硕士研究生；李龙政，浙江大学光华法学院硕士研究生。本文系浙江省社科规划项目"浙江民间融资规范与引导法律对策研究"（11YD30YB0）、光华基金项目"两岸中小企业融资法律制度比较研究"（2011GH03）的部分成果。

浙江省法学会金融法学研究会于 2011 年 11 月 12 日召开 2011 年会暨"证券市场法治理论与实践"研讨会。会议主要学术观点如下。

一、创业板股票 IPO 规范与限售

在主板、中小板和创业板股票的首次公开发行（IPO）并上市条件值得关注。李有星教授等根据创业板开板以来至 2011 年 12 月 31 日的发行审核被否公司情况的统计，分析创业板市场上市公司的现实准入条件。发审委关注发行公司经营年限、资本规模、盈利记录等既存因素，更严审发行人类别、公司治理、信息披露、筹集资金投资项目、持续盈利能力、成长性等因素。拟上市公司要把握核心被否因素中的公司持续盈利能力等弹性指标，强化公司治理的独立性要求，规范信息披露行为。

针对创业板市场出现的发行价格高、市盈率高和股票价格高的"三高"现象，郑扬扬博士认为保荐人与承销商合一模式存在缺陷：主承销商与保荐人身份混同；承销团成员间的尽职调查标准与责任划分不明确；承销商民事责任模糊；法律责任的归责原则适用错误。建议创业板市场 IPO 中将承销与保荐职能相分离，明确承销团成员的尽职调查标准和责任，明确承销商民事责任，以无过错责任原则追究承销商责任。

针对创业板上市公司股东突击入股、保荐者直接投资等利益输送现象，以及机构投资者、网下认购者、大股东以及公司 IPO 前存在的股东的暴利解禁销售对证券市场的冲击，李有星教授主张延长网下认购者的限制卖出时间，由现在的自公司股票上市交易日起的 3 个月延长为 6 个月；公司 IPO 前存在的股东股票限制出售时间为自公司股票上市交易日起的 36 个月；而大股东和控制股东的股票限制时间为 72 个月。通过持有股票的限制销售时间和销售数量，可以破解证券市场存在的突击入股、暴利出售、市场联合操纵以及股市波动大的问题。

二、证券市场违法行为的预防与规制

（一）违规信息披露行为的防治对策

信息披露，又称信息公开，指在证券发行与流通等环节中，上市公司依照相关法律法规的要求，将与其发行的证券有关的一切真实信息向全体投资者公开，以便投资者做判断参考的法律行为。[①] 中国证监会浙江监管局副局长蒋潇华、谢定能提出不仅要注意事前、事中的信息披露监督，更要建立起事后违规的责任追究体制，构建一个以民事责任为主体，刑事责任和行政责任为辅助的法律责任体系。建议在刑事责任方面，延长法定刑期，增加罚金数额；在行政责任方面，采取"轻公司，重个人"的处罚原则，对有过错的个人加大处罚力度，建立与其违规收益相匹配的处罚数额和方式；在民事责任方面，完善个人责任追究制度，并结合证券侵权行为的特点，完善民事诉讼机制。

（二）内幕交易行为的规制措施

我国《证券法》及《刑法》都对内幕交易行为予以明确禁止，然而内幕交易却是屡禁不止，统计显示，2008 年至 2010 年，证券稽查部门共调查内幕交易案件 227 起，占新增案件的 40%，是 2005 年至 2007 年的三倍。

民事赔偿诉讼制度本身就是最好的公众证券监管方式。汪彩华教授认为黄光裕案折射了内幕交易民事责任追究的空白与不足。民事责任制度有助于遏制内幕交易，方便投资者参与对证券市场的监督，因此，提出应当从完善内幕信息概念，扩大内幕知情人范围，改变赔偿损失的计算方法，实行因果关系推定的举证规则，采取集团诉讼的模式等方面，构建与完善我国内幕交易民事责任机制。建议使用差价计算法来明确原告的损失。

黄金钟分析"杭萧钢构内幕交易案"显现的规制内幕交易犯罪行为方面

---

① 张总新：《上市公司信息披露质量与投资者保护研究》，中国金融出版社 2009 年版，第 28 页。

存在的缺陷。"杭萧钢构案"存在的争议焦点：一是本案涉及的信息是否属于内幕信息，二是被告人是否符合内幕交易罪的主体资格。我国《刑法》上"内幕人"的内涵不周延，应当扩大"内幕人"的主体范围，将《刑法》第180条的"内幕信息的知情人员和非法获取内幕信息的人员"直接修改为"知悉内幕的人员"。周宏伟认为利用未公开信息交易罪与内幕交易罪缺乏协调性，该罪的犯罪主体、未公开信息的范围、情节严重的标准等要件不明确。建议明确未公开信息的范围、犯罪主体，将泄露未公开信息也纳入该罪的规制范畴之中。并提出内幕信息应当具有实质性的特点，即公开后，会影响到投资者是否愿意以当前的价格购买或者出售该证券。

我国目前对内幕交易行为的行政处罚力度不够，可以借鉴美国《1998年内幕交易及证券欺诈制裁法》加强对内幕交易行为的制裁力度，如对自然人的可罚金额幅度提高至10万到100万美元，并允许对非自然人主体高达250万美元的罚款。[1]

（三）证券操纵、老鼠仓的治理

证券违法还包括证券操纵、老鼠仓等行为。王焕认为应当通过重视信息披露制度的建设，建立严格持股数量及其变动情况报告制度，上市公司大股东持有该公司相当数量证券，必须建立大股东报告期持股数量及其变动情况制度，这样社会大众就可以知道其交易情况，从而推测出大股东对公司财务状况的看法和态度，起到防止证券市场操纵行为的作用。[2] 建立和完善对中小投资者保护的预防制度，通过强化证券机构专业监管的独立性，明确监管目标，建立高效的证券市场监管体制，通过制定统一的证券交易法，完善操纵市场行为的法律责任制度。

郑笑笑认为应当通过树立社会责任本位原则，加大立法处罚力度，加强

---

① 毛玲玲：《中美证券内幕交易规则的比较和借鉴》，《法学》2007年第7期。

② 郭茂佳：《当前股票市场若干热点问题的思考》，《中南财经大学学报》2001年第3期。

信息联动公开，制定完善有效的内控制度，畅通合理投资渠道，来规制老鼠仓行为。周连伟认为应通过允许证券从业人员个人参与证券交易活动等措施，加强有效监管来防治老鼠仓行为。

三、证券民事赔偿诉讼与司法重整措施

（一）证券民事赔偿诉讼机制的完善

我国《证券法》规定，因虚假陈述、内幕交易、操作市场、欺诈行为等给投资者造成损失的，行为人应当依法承担赔偿责任。然而，这些证券赔偿条款在实际操作过程中却正遭遇到诸如前置程序复杂、诉讼方式、管辖权争议等诉讼机制上的障碍。

杨楠认为我国证券民事赔偿诉讼缺乏操作性，缺乏完整的诉讼程序，使投资者在私权救济的程序方面的诉权得不到保障。并提出引入集团诉讼代位权诉讼制度，确定内幕交易损害赔偿权利人范围、内幕交易损害赔偿义务主体，采取举证责任倒置规则，确立损害赔偿数额的具体标准等措施。罗栩认为证券民事赔偿纠纷具有"小额多数"，数以千万计的投资者均参加诉讼并不现实，建议建立专门的诉讼中介机构，通过改进诉讼代表人产生方式，发挥律师在代表人诉讼中的作用，扩大诉讼代表人的诉讼权限，加强法院在代表人诉讼中的管理职权，来重构证券赔偿的群体性诉讼模式。

就证券赔偿诉讼的实践案例，杭州中院自2007年5月受理杭萧钢构虚假陈述系列案件以来，共受理证券虚假陈述案件共计413件，涉及6家上市公司（分别为杭萧钢构、航天通信、粤美雅、中捷股份、华盛达、数源科技），案件标的金额总计4671万元。陈剑提出法院审案要考虑上市公司承担赔偿责任必然影响公司股票新的持有人利益，要平衡上市公司新股东与旧股东（也就是赔偿责任请求人）之间的权益，同时充分考虑证券市场系统性风险造成的损失。如杭萧钢构案调解原告按照82%比例获得赔偿金额，案件受理费各半负担。另外，法院分别以原告诉讼请求71%和70%的现金一次性清偿比

例调解了中捷股份虚假陈述案和华盛达虚假陈述案。侵权责任因果关系可以区分为侵权成立的因果关系与侵害范围的因果关系。侵权成立的因果关系已经在前置程序中解决，侵害范围的因果关系是否成立很大程度上取决于人民法院对于现行司法解释的认定。

（二）上市公司司法重整制度的构建

司法重整程序指经利害关系人的申请，在审判机关的主持和利害关系人的参与下，对不能支付到期债务陷入财务困难而又有再生希望的企业，进行生产经营的整顿和债权债务的清理的一种旨在使其摆脱困境、挽救其生存的积极的特殊法律程序。[①] 李龙政提出，司法破产重整制度为我国处于困境中的上市公司的重组提供了明确的法律依据，挽救了不少濒于破产清算边缘的上市公司。现阶段破产重整过程中还存在着诸如公司治理不到位，信息披露制度不完善，上市公司是否需要停牌无明确规定，重整中融资措施的特殊规定缺位，对法院强制批准重整计划草案的条件无细化规定等问题。

浙江省高级法院民二庭章恒筑庭长提出对诚实的破产人实行司法重整，予以某种程度的包容，这有利于整个社会的创新。通过法律的机制，让不诚信的债务人在衣食住行等各方面受到一定的限制，也符合法律的正义理念。企业通过重整程序，集中谈判，发现企业价值，比孤立地执行个别债权人要好得多。假如一家铁路公司负债濒临倒闭，各个债权人各自分走一段铁轨并贩卖，是无法得到多少收益的，但如果这些债权人将这些铁轨仍然连接在一起，则这段铁路就可以产生更大的价值。司法重整程序在浙江这样金融市场发达的省份有其特殊的存在价值。实施司法重整程序要强调市场化走向，发挥债权人自治，通过市场手段来推进企业重整。

[①] 傅高煌、何能高：《构建司法重整程序的几点理性思考》，《西南政法大学学报》2003 年第 1 期。

四、上市公司治理中的问题

上市公司治理问题，主要涉及独立董事权利保护、中小股东权利保护、股权激励等。

（一）独立董事制度的推行落实

温州中级法院曹启东庭长认为独立董事制度中的"重大关联交易"的审查权、提议召开董事会和股东大会等特别权利的落实还不足。保障独立董事独立行权还必须在董事会中配比足够的人数，独立董事必须在董事会中占有更大的比例甚至超过一半才能保证其声音不会被非独立董事所吞没；独立董事人数上的优势不仅仅应体现在董事会中，也要在其下设的专门委员会中得到保证。要解决如乐山电力公司独立董事聘请会计师事务所对公司财务进行审查却被拒绝等问题，张启龙提出建立报酬激励和持股激励机制以弥补独立董事"声誉"动力机制的不足，引进"经营判断规则"和独立董事责任保险制度。"经营判断规则"是董事是否行使忠实和注意义务的一系列规则，独立董事责任保险制度是独立董事向公司承担民事责任为标的的一种保险。独立董事赔偿能力将得到增强，从而促使其积极行权。

马永双指出独立董事制度争议颇大，利弊共存。独立董事制度是完善上市公司法人治理结构的治标之举，不是解决上市公司治理的根本出路，而且本身存在如独立性缺失、发表意见针对性差、成为董事会错误决议的遮蔽者、权力本身缺乏监督等问题。要完善独立董事对于上市公司控股股东、董事、高级管理人员关联交易的监督和审查制度。

（二）中小股东权益的保护机制建设

股东之间的主要矛盾将由股权流动性冲突转为股份优势、资金优势和信息优势上的冲突。王乐提出中小股东面临四大挑战，即分类表决制等保护性规则失效对保障中小股东的知情权、话语权及参与公司事务管理权等构成挑战；控股股东自利模式转变对保障中小股东的公平交易权构成挑战；股权激励机制对防范其通过盈余管理、选择性信息披露、内幕交易、内部人控制、侵占上市公司构成挑战；上市公司并购日趋活跃对防范虚假、恶意收购行为对中小股东权益造成损害构成挑战。建议引入"股东实质平等"原则，改变现存的资本多数决表决形式，增强中小股东行权便利性和诉讼便利性，增强信息披露公平性来应对挑战。张茹提出引入表决权信托制度来保护中小股东的权益。表决权信托是指一个股东或数个股东根据协议将其持有股份的法律上权利，主要是股份的表决权，转让给一个或者多个受托人，后者为实现一定的合法目的而在协议约定或法律确定的期限内持有该股份并行使表决权的一种信托。中小股东利用表决权信托，把其表决权集中起来，根据中小股东的意愿统一行使表决权，从而获得与大股东对抗的能力。同样的，这对于保护公司兼并后的中小股东利益也是有效的。

另外，会议还就证券法视角下的民间融资困局与破解研讨，提出民间金融需要得到一个法律承认的社会地位，尽快制订完善相关法律法规，有条件承认企业间借贷的合法性，并具体从贷款额度、期限、利息、担保、登记以及资金来源等方面作出特别规定。确定投资份额合同属于证券的标准，可以将时下相当多的实质上属于证券发行的投资合同，如产权式酒店等纳入证券法的监管。[①] 引入投资合同证券后，依"功能标准"判断是否属于证券，并通过建立证券私募融资豁免和小额融资豁免制度，为中小企业民间融资和监管提供制度保障。

---

① 门宏伟：《产权式酒店投资方式分析》，《辽宁经济》2010 年第 4 期。

解读证券法治理论，反思金融司法实践
——"证券市场法治理论与实践"研讨会综述

李有星　　范俊浩　　李龙政 *

摘　要

"证券市场法治理论与实践"研讨会，从中国资本市场所存在的种种实际问题出发，重点探讨了证券市场首次公开发行制度的完善、违法行为的预防与规制、证券赔偿诉讼与司法重整机制的优化、上市公司治理制度的构建、民间融资困局的破解等问题，并提供了与会专家学者针对上述问题所提出的解决方案，对证券法治理论进行了全面解读，对金融司法实践展开了深入反思。

关键词：信息披露；内幕交易；赔偿诉讼；司法重整；公司治理；民间融资

＊　本文原载于《法治研究》2012 年第 6 期。范俊浩，浙江大学光华法学院硕士研究生；李龙政，浙江大学光华法学院硕士研究生。本文系浙江省社科规划项目"浙江民间融资规范与引导法律对策研究"（项目编号：11YD30YB0）、光华基金项目"两岸中小企业融资法律制度比较研究"（项目编号：2011GH03）的阶段性成果。

由浙江省法学会金融法学研究会组织的"证券市场法治理论与实践"研讨会就当前证券市场的理论和实践问题展开了广泛而深入的研讨，取得了丰硕的理论成果。现将大会主要学术观点综述如下。

一、证券市场首次公开发行制度的完善

创业板自 2009 年 10 月 23 日开板以来，就发挥着支持和促进国家战略新兴产业发展的重要作用，为有潜力的中小企业的发展壮大提供了有力的资金支持。但是不能否认的是，作为一项新兴的制度，我国的创业板市场在制度的具体构建上与金融实践还不能完全契合，大量企业对其内在运行机理还不十分理解，对相关规定的适用存在着许多误区。为此，李有星教授根据对 2009 年创业板开板以来至 2010 年 12 月 31 日的发行审核情况的统计，重点就公司创业板市场上市的准入条件进行了分析，提出了法定硬性条件和法定软性条件的区分模式，有效地梳理了纷繁复杂的创业板市场准入条件，为金融实践提供了极富参考价值的理论模型。在李有星教授看来，所谓法定硬性条件，是指公司经营年限、资本规模、盈利记录等因素。而法定软性条件则是指发行人类别、公司治理、信息披露、筹集资金投资项目、持续盈利能力、成长性等因素。在这些准入条件中，创业板拟上市公司应当重点把握公司持续盈利能力等软条件指标，强化公司治理的独立性要求，规范信息披露行为，因为这些因素正是拟上市公司进入创业板的最主要的被否定因素。[1] 而信息披露作为核心内容之一，创业板上市公司往往做得不足，应使所有影响投资者作出买卖决定的信息均得到披露。[2]

郑扬扬则将研究视角投向了创业板首次公开发行中的证券承销商行为。我国创业板市场对承销商行为的规范多采用保荐人的标准，而这一规制模式存在四方面的缺陷：（1）主承销商与保荐人身份混同。（2）承销团成员间

---

[1] 李有星、励少丹：《公司创业板市场上市准入条件解析——以未通过发行审核案例为视角》，《证券市场法治理论与实践研讨会论文集》（内部刊物）2011 年版。

[2] 史美伦：《公司信息披露应重点突出、浅白易懂》，《证券日报》2002 年 12 月 18 日。

的尽职调查标准与责任划分不明确。（3）承销商民事责任模糊。（4）法律责任的归责原则适用错误。郑扬扬通过借鉴美国、英国、香港等国家和地区规范承销商行为的制度规定，如美国《1988年内幕交易及证券欺诈制裁法》加强了对内幕交易行为的制裁力度，将对自然人的可罚金额幅度提高至10万至100万美元，并允许对非自然人主体高达250万美元的罚款，[1] 建议我国创业板市场在首次公开发行中将承销与保荐职能相分离，明确承销团成员的尽职调查标准和责任，明确承销商民事责任，以无过错责任原则追究承销商责任。[2] 在这一问题上，王艳涛另辟蹊径，从完善我国创业板核心技术信息披露制度的视角出发，认为核心技术信息披露制度存在着法律体系不完善，监管不力，对公司治理水平的监管不到位的制度性缺陷。他借鉴美国纳斯达克市场核心信息披露制度，提出在法律赋予证券部门权威方面，应参照美国证券法"可以自行进行它认为必要的调查，以决定任何个人是否曾经违反、正在违反或将要违反本法的任何规定和其下的规则或者规章，在特殊情况下能够采取紧急措施的权利"，保证证券监管部门的权威性与实际操作的能力。[3]

二、证券市场违法行为的预防与规制

除了关注创业板市场首次公开发行制度中存在的种种问题，近年来愈演愈烈的各类证券市场违法行为也引起了与会专家学者的注意。浙江省证监局副局长蒋潇华认为，《证券法》在我国运行已经6年，其对于市场有着重要意义，融资额已达8200亿元，市值已过万亿元，参与市场投资的人数已达583万户。然而当前资本市场的权利义务并不完全匹配，违法成本过小，其违法责任追究也存在较大难度，民事诉讼机制因为不够完善而很难提起对于

---

[1] 毛玲玲：《中美证券内幕交易规制的比较和借鉴》，《法学》2007年第7期。

[2] 郑扬扬：《我国创业板首次公开发行中规范证券承销商行为制度研究》，《证券市场法治理论与实践研讨会论文集》（内部刊物）2011年版。

[3] 王艳涛：《完善我国创业板核心技术信息披露制度的研究》，《证券市场法治理论与实践研讨会论文集》（内部刊物）2011年版。

证券市场侵权的诉讼。丽水市法学会副会长蒋金明认为，现代金融是法治金融，其高风险性就要求金融体制必须尽快完善。当前金融法学研究主要着重两大方面，第一是对于金融法律政策的及时修订和更新；第二是金融法学研究不能离开当前实际，必须与行政、司法等监管机关多交流、多沟通。

（一）违规信息披露行为的防治对策

中国的证券市场经过多年发展已建立起较为完整的信息披露体系，但是上市公司在信息披露中仍存在不少违规行为：如散布虚假信息、隐匿真实信息、欺诈投资者、转嫁商业风险等。

针对这一问题，卓柳军提出，我国证券市场存在信息披露有效性不高的现象，是因为以下两方面的原因：一是我国上市公司治理结构不完善，股权结构仍是国有股一股独大，董事会被内部人控制，监事会缺乏独立性；二是信息披露监管体系不健全，证券监管部门监管不力，会计事务所对上市公司的审计监督不严格。为了解决这些问题，他建议完善现有的公司治理结构，建立现代企业制度，改变国有股一股独大的局面，加强公司的内部治理，以期能遏制违规信息披露行为的发展势头。[①] 范洪森也认为信息披露质量不高是我国上市公司信息披露制度现存的最大问题，除此以外，信息披露制度还存在着法律规定缺乏可操作性以及责任体系发展不均衡两方面的原因，他提出，信息的充分与及时获得可以改变对证券不确定性和风险的评估，对证券市场的价格发现有着决定性的意义。[②] 唯有明确上市公司信息披露所应遵循的真实性、全面性、准确性和及时性原则，完善法律规定，健全和严格信息披露的法律责任，加强诚信教育，营造诚实守信的社会环境，方能有效地解决上述问题。

蒋潇华也认为，信息违规披露问题已经成为我国资本市场的顽疾，为了

---

① 卓柳军：《浅谈证券市场监管中信息披露制度的完善》，《证券市场法治理论与实践研讨会论文集》（内部刊物）2011 年版。

② 肖华：《中国证券市场信息披露伦理研究》，中国经济出版社 2008 年版，第 49 页。

解决这一问题，不仅要注意事前、事中的监督，更要建立起事后违规的责任追究体制，构建一个以民事责任为主体，刑事责任和行政责任为辅助的法律责任体系。现有的责任追究体制无论是在刑事法律制度，还是在行政和民事法律制度方面都存在着巨大的制度缺陷。因此，他建议在刑事责任方面，加大刑罚处罚力度，延长法定刑期，增加罚金数额；在行政责任方面，采取"轻公司，重个人"的处罚原则，对有过错的个人加大处罚力度，建立与其违规收益相匹配的处罚数额和方式；在民事责任方面，完善个人责任追究制度，并结合证券侵权行为的特点，完善民事诉讼机制。[①]

（二）内幕交易行为的规制措施

我国《证券法》及《刑法》都对内幕交易行为予以明确禁止，然而内幕交易却是屡禁不止，统计显示，2008 年至 2010 年，证券稽查部门共调查内幕交易案件 227 起，占新增案件的 40%，是 2005 年至 2007 年的 3 倍。这一显著的增长趋势迫使证券市场监管者不得不直面如何规制内幕交易行为的问题。

与会专家学者在这一问题上建言献策，提出了不少极具操作价值及可行性的方案。汪彩华深入剖析了黄光裕案中存在的法律问题，认为这一案件折射了内幕交易民事责任追究的空白与不足。民事责任制度是保护投资者合法权益的必然选择，建立这一制度有益于证券市场的健康发展，有助于遏制内幕交易，方便投资者参与对证券市场的监督。因此，她提出应当从完善内幕信息概念、扩大内幕知情人范围、限缩原告范围、改变赔偿损失的计算方法、实行因果关系推定的举证规则、采取集团诉讼的模式等方面构建与完善我国内幕交易民事责任机制。[②]商银权也认为《证券法》对证券内幕交易损害赔

---

① 蒋潇华、谢定能：《上市公司信息披露违规责任追究机制初探》，《证券市场法治理论与实践研讨会论文集》（内部刊物）2011 年版。

② 汪彩华、刘晓敏：《内幕交易民事责任制度探究——由黄光裕案引发的思考》，《证券市场法治理论与实践研讨会论文集》（内部刊物）2011 年版。

偿责任的规定太过原则和概括，缺乏可操作性，他建议使用差价计算法来明确原告的损失，这一方法对损害的计算采取了一个确定的公式，同时又考虑到了证券市场行情的千变万化，值得我国借鉴和采纳。① 当然，计算损失大小，归根结底还是一个法律问题，而非数学问题，虽然计算损失大小应尽量与数学原则相符合，但于特别情形下为顾及其为社会科学，并无绝对与数学原则一致之必要。②

　　在刑事法律的完善方面，黄金钟以"杭萧钢构内幕交易案"为样本，展现了我国刑事法律在规制内幕交易犯罪行为方面所存在的缺陷。在他看来，"杭萧钢构案"存在着两方面的争议焦点：一是本案涉及的信息是否属于内幕信息；二是被告人是否符合内幕交易罪的主体资格。经过分析论证，黄金钟释明了这两方面的问题，且认为我国《刑法》上"内幕人"的内涵不周延，应当扩大"内幕人"的主体范围，将《刑法》第180条的"内幕信息的知情人员和非法获取内幕信息的人员"直接修改为"知悉内幕的人员"。③ 周宏伟则从《刑法修正案（七）》增加的利用未公开信息交易罪切入，认为这一罪名与内幕交易罪缺乏应有的协调性，其自身也缺乏应有的周延性。该罪的犯罪主体、未公开信息的范围、情节严重的标准等要件的不明确可能会给司法实践带来一定的困难，他建议通过司法解释明确未公开信息的范围、犯罪主体，并将泄露未公开信息也纳入该罪的规制范畴之中。④ 并提出内幕信息应当具有实质性的特点，即公开后，会影响到投资者是否愿意以当前的价格购买或者出售该证券，就是说应当以该信息是否影响包括"投机"和"保守"

---

① 商银权：《简论我国内幕交易民事赔偿制度完善》，《证券市场法治理论与实践研讨会论文集》（内部刊物）2011年版。

② 曾世雄：《损害赔偿法原理》，中国政法大学出版社2001年版，第168页。

③ 黄金钟：《内幕交易罪疑难问题探析——由"杭萧钢构内幕交易案"切入》，《证券市场法治理论与实践研讨会论文集》（内部刊物）2011年版。

④ 周宏伟：《利用未公开信息交易罪疑难问题探析》，《证券市场法治理论与实践研讨会论文集》（内部刊物）2011年版。

投资者的合理判断为标准。[1]

（三）其他证券市场违法行为的治理手段

除了对违规信息披露行为和内幕交易行为的关注以外，与会的专家学者还将目光投向了其他证券违法行为。王焕就对证券市场操纵行为进行了考察，认为应当通过重视信息披露制度的建设，建立严格持股数量及其变动情况报告制度，上市公司大股东持有该公司相当数量证券，必须建立大股东报告期持股数量及其变动情况制度，这样社会大众就可以知道其交易情况，推测出大股东对公司财务状况的看法和态度，从而起到防止证券市场操纵行为的作用。[2] 建立和完善对中小投资者保护的制度保障来完善预防制度；通过强化证券机构专业监管的独立性，明确监管目标，建立高效的证券市场监管体制来完善证券监管制度；通过制定统一的证券交易法，完善操纵市场行为的法律责任制度来完善有关证券市场操纵行为的法律制度。[3]

郑笑笑则专门就老鼠仓行为进行了研究，提出老鼠仓行为肇因于经济利益驱动，法律规制薄弱，有效监管匮乏，内控运转无力。并认为应当通过树立社会责任本位原则，加大立法处罚力度，加强信息联动公开，制定完善有效的内控制度，畅通合理投资渠道来规制老鼠仓行为。[4] 而周连伟则认为，采取改进证监会监管措施，创新监管手段，创新激励机制，允许证券从业人员个人参与证券交易活动等措施，也能对防治老鼠仓行为起到一定的推动作用。[5]

---

① 顾肖荣、张国炎：《证券期货犯罪比较研究》，法律出版社 2003 年版，第 277 页。

② 郭茂佳：《当前股票市场若干热点问题的思考》，《中南财经大学学报》2001 年第 3 期。

③ 王焕、李二涛、俞丽：《我国证券市场操纵行为法律规制：现状、反思与完善》，《证券市场法治理论与实践研讨会论文集》（内部刊物）2011 年版。

④ 郑笑笑：《浅析老鼠仓行为的法律规制》，《证券市场法治理论与实践研讨会论文集》（内部刊物）2011 年版。

⑤ 周连伟：《浅析基金"老鼠仓"的危害、成因及防治措施》，《证券市场法治理论与实践研讨会论文集》（内部刊物）2011 年版。

三、证券赔偿诉讼与司法重整探讨

目前，在证券法研究领域，证券赔偿诉讼机制和上市公司司法重整制度颇受关注。这两项制度在司法实践之中有着无可替代的巨大效用，但是关于其法律规定却十分简单笼统，司法机关在具体审判案件时往往无所适从。这严重限制了证券赔偿诉讼和上市公司司法重整制度作用的发挥，妨碍了我国证券市场的健康发展。完善上述两项制度，令其效用得到充分的发挥已成为完善我国证券法律制度的当务之急。

（一）证券赔偿诉讼机制的完善

根据《证券法》规定，因内幕交易、操作市场、欺诈行为等给投资者造成损失的，行为人应当依法承担赔偿责任。然而，这些证券赔偿条款在实际操作过程中却正遭遇到诸如前置程序复杂、诉讼方式不适应现实需求、难以起诉境外上市公司股东、管辖权重叠等诉讼机制上的障碍。如何有效解决这些问题成为与会专家学者十分关心的一个问题。

杨楠从我国内幕交易的民事赔偿责任规定切入，认为这些规定很不具体，致使证券内幕交易民事赔偿诉讼在司法实践中缺乏可操作性。现阶段有关内幕交易民事责任诉讼制度缺乏完整的诉讼程序，使投资者在私权救济程序方面的诉权得不到保障。她通过借鉴美国、日本等国的民事赔偿法律制度设计经验，提出应当通过设置前置程序，全面引入集团诉讼代位权诉讼制度，认定内幕交易损害赔偿权利人范围，确定内幕交易损害赔偿义务主体，采取举证责任倒置规则，确立损害赔偿数额的具体标准等措施，来完善我国的内幕交易民事赔偿制度。罗栩则引用学者观点提出，由于证券法上的民事侵权赔偿纠纷往往具有"小额多数"的特征，加上我国现行的证券赔偿诉讼模式固有的缺陷，导致实践中证券赔偿的诉讼救济难以适应保护投资者利益的要求。因此，她建议通过改进诉讼代表人产生方式，发挥律师在代表人诉讼中的作用，扩大诉讼代表人的诉讼权限，加强法院在代表人诉讼中的管理职权等方式，来重构证券赔偿的群体性诉讼模式。[①]

除了理论层面的阐释以外，还有不少司法工作者结合具体的司法实践经验对如何完善证券赔偿诉讼机制提出了建议。陈剑提出，杭州市中级人民法院在处理杭萧钢构案的过程中曾在赔偿问题上遇到过困难。当时法院考虑到上市公司承担赔偿责任必然影响到公司股票新的持有人，为了更好地平衡上市公司新股东与旧股东（也就是赔偿责任请求人）之间的权益，待诉讼时效届满后才统一处理。原告方一开始对此不是很理解，通过媒体给法院审理工作施加了大量压力，经过沟通，原告方也认识到如果引发诉讼潮有可能影响到公司的正常经营，对于原告赔偿责任的最终实现也会有不利影响。因此，审理进程中原告方也以出具庭外和解申请书的形式表示愿意等待诉讼时效期间届满后由法院统一处理。杭萧钢构案最终调解结果是在股民诉讼请求基础上按照82%比例以现金形式支付赔偿金额，案件受理费各半负担，是全国该类型案件调解比例最高的，被媒体评选为全国当年证券市场十大案例。得益于杭萧钢构案的成功处理经验，杭州市中级人民法院又分别以原告诉讼请求71%和70%的现金一次性清偿比例调解了中捷股份虚假陈述案和华盛达虚假陈述案。这些处理证券赔偿诉讼的实践经验为进一步完善相关的法律体制提供了宝贵的参考依据。

（二）上市公司司法重整制度的构建

自《中华人民共和国企业破产法》（以下简称《企业破产法》）颁布实施以来，我国已有多家上市公司通过司法重整程序获得了新生，但由于我国现行法律体系中缺少对上市公司司法重整的专门性规定，也缺乏与公司法、证券法等相关法律的协调，这使得上市公司的重整之路依然困难重重。

李龙政引用学者的观点提出，司法破产重整制度为我国处于困境中的上市公司的重组提供了明确的法律依据，挽救了不少濒于破产清算边缘的上

---

① 张李恩迪、吴爱民、赵愚：《我国证券赔偿群体性诉讼模式的重构》，《政府法制》2009年第7期。

市公司。浙江海纳和河北沧化的案例是我国资本市场上典型的上市公司重整实例，这两个上市公司均是通过破产重整程序实现了企业的再生，对我国上市公司重整程序的运用具有一定的示范效应，为众多处于困境中的上市公司所仿效。同时，李龙政认为现阶段破产重整过程中还存在着诸如公司治理不到位、信息披露制度不完善、上市公司是否需要停牌无明确规定、重整中融资措施的特殊规定缺位、对法院强制批准重整计划草案的条件无细化规定等问题。①

　　浙江省高院民二庭庭长章恒筑认为，按照现有的国际破产法理念，对诚实的破产人实行司法重整，予以某种程度的包容，这有利于整个社会的创新。另外，通过法律的机制，让不诚信的债务人在衣食住行等各方面受到一定的限制，也符合法律的正义理念。此外，他还提出，企业通过重整程序，集中谈判，发现企业价值，比孤立地执行个别债权人要好得多。比如：一家铁路公司负债濒临倒闭，各个债权人各自分得一段铁轨并贩卖，是无法得到多少收益的，但如果这些债权人将这些铁轨仍然连接在一起，则这段铁路就可以产生更大的价值。因此，司法重整程序在浙江这样金融市场发达的省份有其特殊的存在价值，浙江省高院近期公布的《浙江法院司法重整报告》及相关的十大典型案例的介绍就印证了这一点。章恒筑强调，在实施司法重整程序的过程中，我们必须强调市场化走向，在破产案件处理中，发挥债权人自治，通过市场手段来推进企业重整，以这样的思想来指导法院的相关司法实践。

四、上市公司治理问题研讨

　　公司治理事关公司权力的配置，指导和控制经营者的行为，为公司中长期的目标和计划奠定基础。2002 年 1 月，中国证监会和国家经贸委联合发布了《上市公司治理准则》，它是评判和衡量我国上市公司治理结构的主要标

---

① 李慧荣：《略论我国上市公司重整法律制度之完善》，《南京工业大学学报》（社会科学版）2009 年第 3 期。

准。2007 年 3 月中国证监会又发布了《开展加强上市公司治理专项活动有关事项的通知》，在上市公司中发起了上市公司治理专项活动，以推动上市公司治理水平的提高。在此背景下，大会专题研讨了上市公司治理问题，主要涉及独立董事权利保护、中小股东权利保护、股权激励等。

（一）独立董事制度的推行落实

独立性是独立董事制度的灵魂，而独立性的基础在于赋权的独立性，即独立董事在产生之日起就是独立的。独立董事的产生机制则是确保独立董事人格独立性和行权独立性的关键性环节。[①] 曹启东提出从 2001 年我国正式引进独立董事制度的 10 年间，独立董事实际履行责任、行使职权过程中仍然普遍存在独立性不强、积极性不高的缺陷，这与引进该制度的初衷极不相符。保证独立董事行权的关键在于寻求其独立性和积极性的平衡点，从而进行制度重构。具体来说，要保证独立董事行权独立性就应赋予其特别的职权。尽管在中国证监会 2001 年 8 月 16 日发布的《关于在上市公司建立独立董事制度的指导意见》（以下简称《指导意见》）中规定了诸如"重大关联交易"的审查权、提议召开董事会和股东大会等特别权利，但是将之落实还有待努力。保障独立董事独立行权还必须在董事会中配比足够的人数，独立董事必须在董事会中占有更大的比例甚至超过一半才能保证其声音不会被非独立董事所吞没；独立董事人数上的优势不仅仅应体现在董事会中，也要在其下设的专门委员会中得到保证。另外，尽管《指导意见》规定了不得干预独立董事行权，但是之后法律救济条款却迟迟不能跟上，如"乐电事件"中，乐山电力独立董事聘请会计师事务所对公司财务进行审查却被拒绝就是最好的例子。[②] 张启龙认为对于独立董事积极性的保护要从两方面来考虑。首先，要建立激励机制，这也是保证独立董事能自觉行使职权的重点，能够大大弥补

---

① 周友苏：《证券法通论》，四川人民出版社 1999 年版，第 306 页。
② 李明良：《从乐电事件看独立董事制度的法律重构》，《上海证券报》2004 年 3 月 25 日。

"声誉"动力机制的不足。具体来说，可供实行的方案有报酬激励和持股激励两种。其次，引进西方"经营判断规则"和独立董事责任保险制度，以保证当独立董事由于行权失误造成公司损失时，其不至于因为被要求承担的赔偿责任过于严苛而消极行权。"经营判断规则"指关于就包括独立董事在内的董事是否行使忠实和注意义务的一系列规则，独立董事责任保险制度指独立董事向公司承担民事责任为标的的一种保险。通过实行上述风险转嫁措施，独立董事赔偿能力将得到增强，从而促使其积极行权。[①]

与上述观点基本肯定独立董事制度的立场不同，马永双批判性地指出，独立董事制度虽然产生和实践的时间较短，但争议颇大，利弊共存。事实证明，该制度对英美公司治理起到了积极作用，然而从根本上看，独立董事制度是完善上市公司法人治理结构的治标之举，不是解决上市公司治理的根本出路，加之本身存在的如独立性缺失、发表意见针对性差、成为董事会错误决议的遮蔽者、权力本身缺乏监督等问题，我们应当清醒认识到其存在弊端。例如《指导意见》有关于董事会提议独立董事的机制，这极易造成独立董事丧失独立性，这是不言而喻的，有违公司法的初衷；由监事会提名独立董事，这并非其法定职权，也于法理不通。[②] 当前立法重心应当在于完善独立董事对于上市公司控股股东、董事、高级管理人员关联交易的监督和审查。[③]

（二）中小股东权益的保护机制建设

中小股东权益保护是证券监管部门的重要职责，也是资本市场成熟程度的主要标志，大股东与中小股东的矛盾冲突始终存在。进入后股权分置时期，随着市场机制的强化和市场运行规则的改变，上市公司原有制衡机制将面临

---

① 张启龙、曹启东、陈静：《独立董事行为问题刍议》，《证券市场法治理论与实践研讨会论文集》（内部刊物）2011 年版。

② 文杰：《试论我国独立董事制度的法律问题及对策》，《浙江社会科学》2002 年第 4 期。

③ 马永双：《独立董事制度的利弊及立法建议》，《证券市场法治理论与实践研讨会论文集》（内部刊物）2011 年版。

调整，股东之间的主要矛盾将由股权流动性冲突转为股份优势、资金优势和信息优势上的冲突，这些变化必然给中小股东权益保护带来新的困境。

王乐认为当前中小股东面临四大挑战，即分类表决制等保护性规则失效对保障中小股东的知情权、话语权及参与公司事务管理权等构成挑战；控股股东自利模式转变对保障中小股东的公平交易权构成挑战；股权激励机制实施在增强管理层积极性和归属感的同时，也对防范其通过盈余管理、选择性信息披露、内幕交易等手段，强化内部人控制、侵占上市公司和中小股东利益提出挑战；上市公司并购日趋活跃对防范虚假、恶意收购行为对中小股东权益造成损害提出挑战。王乐建议目前可以引入"股东实质平等"原则，改变现存的资本多数决表决形式，增强中小股东行权便利性和诉讼便利性，增强信息披露公平性来应对挑战。[1] 张茹则从表决权信托出发，提出引入这项制度来保护中小股东的权益。表决权信托是指一个股东或数个股东根据协议将其持有股份的法律上权利，主要是股份的表决权，转让给一个或者多个受托人，后者为实现一定的合法目的而在协议约定或法律确定的期限内持有该股份并行使表决权的一种信托。中小股东利用表决权信托，把其表决权集中起来，根据中小股东的意愿统一行使表决权，从而获得与大股东对抗的能力。同样的，这对于保护公司兼并后的中小股东利益也是有效的。[2] 这需要根据表决权的特性，在特别法中加以规定。例如，我国台湾地区"企业并购法"中就对表决权信托作出了明文规定。[3]

五、证券法视角下的民间融资困局

本研究会上一届年会针对民间融资问题就有过热烈的讨论，今年则更是

---

[1] 王乐：《关于后股权分置时期中小股东权益的法律保护探讨》，《证券市场法治理论与实践研讨会论文集》（内部刊物）2011 年版。

[2] 张茹：《表决权信托的功能及构建》，《证券市场法治理论与实践研讨会论文集》（内部刊物）2011 年版。

[3] 王文宇：《表决权契约与表决权信托》，《法令月刊》2002 年第 2 期。

从证券法理论出发，对浙江的民间融资困局进行了更为深入的剖析。

（一）破解民间融资困局的民商事法律手段

浙江省法学会副会长牛太升提出，当前我们面临的重要任务就是建立一个区域性、多元性并且机制完善的民间资本市场。国际金融危机促使我国金融制度转型升级，民间金融制度继续完善，其合法性、规范性、国民性都需要得到制度的保障。当下，应当更加注重民商事法律对于金融市场的调整；而刑事法律制度不应管得过宽，其重点应当在于对某些重点金融犯罪的深入研究。当前，民间金融需要得到一个法律承认的社会地位，基于此，才能在浙江地区乃至更多的东部较发达地区建立起以中小企业为服务对象的区域性金融市场，一个民间金融财富的管理中心。

陈正江和朱明认为，"融资难、资本市场融资更难"是困扰民营经济转型升级的主要外部因素，我国的宪法与民事基本法均已确认作为国民经济重要组成部分的民营经济的法律地位，但是现行资本市场法律体系仍是一个以服务国有企业直接融资为主要目的、以高准入门槛限制民营经济进入的政策环境，这就阻碍了民营经济的再发展。为此，应当坚持资本市场多元化的发展方向，以市场分流缓解国有经济与民营经济的融资竞争压力。同时，以资本市场风险监管为核心，建立起一个完善的民营经济融资法律保障体系。对于民间资本市场的监管，修订后的《证券法》对金融监管部门的监管权规定大大增加，并有多款关于如何保护投资者利益的规定，这都将有利于多层次的资本市场体系的形成。[①]

杨俊认为我国现行证券法的定义过于狭窄，对不断涌现的新型投资形式没有明确规定，这也一定程度上导致了很多融资行为被认定为非法集资。确定投资合同属于证券的标准，将投资合同纳入证券监管后，相当于在很大层

---

① 陈正江、朱明：《以资本市场的法律变革推动民营经济再发展》，《证券市场法治理论与实践研讨会论文集》（内部刊物）2011 年版。

面上拓宽了证券的范畴，可以将时下相当多的实质上属于证券发行的投资合同，如产权式酒店等纳入证券法的监管，[①] 通过证券法对证券发行事前的登记及信息披露等方式进行有效的监督，这么做一方面有利于解决投资合同监管难的问题，另一方面也弥补了其他法律在调整这些特殊合同时的不足。[②] 叶军认为，中小企业贷款存在金额小、笔数多、贷款成本高、风险大等特点，加上企业贷款核销呆账坏账政策不到位，严重影响银行拓展中小企业信贷业务。同时，我国银行国有制度和问责机制，使中小企业在融资时处于特别不利的地位——比如出现信用风险，贷款给中小企业的决策人要承担比贷款给国有企业出现信用风险时更大的责任。这都导致了中小企业被迫走向民间借贷。要解决目前的情况，必须依照公司法和证券法的基本原理，还给中小企业符合市场经济运行机制要求的直接融资权，扩大柜台交易市场。[③]

（二）规制非法集资行为的刑事立法完善

浙江省银监局副局长傅平江认为，当前对于民间融资活动中存在的非法集资行为在立法上存在立法缺失、法律规定的相互冲突，导致依法监管、依法投资、依法融资的困难。一旦遇到难以解决的融资问题，都往往归到刑事法律管辖范围。这就要求我们严格运用刑事法律，加紧修订相关金融刑事法律制度，对于合法借贷行为予以阳光化，适度放宽企业间借贷行为的禁止力度。当下，另外一个重点就是立法上对于资本金融市场消费者的法律保护，无论刑事还是民事立法，都要对处于弱势的金融投资者予以制度上的保护，建立防火墙制度，避免其误入刑事犯罪的歧途。

非法集资行为在《刑法》上主要涉及集资诈骗罪和非法吸收公众存款罪

---

① 门宏伟：《产权式酒店投资方式分析》，《辽宁经济》2010 年第 4 期。

② 杨俊：《论我国证券定义的扩张——将投资合同纳入证券定义的探讨》，《证券市场法治理论与实践研讨会论文集》（内部刊物）2011 年版。

③ 叶军：《浅析金融危机中我国中小企业融资问题》，《证券市场法治理论与实践研讨会论文集》（内部刊物）2011 年版。

两大罪名。范俊浩认为非法集资是现行法上一个十分模糊的概念，它使用率极高却又具有多种含义，有认为非法集资就是指涉及各种形式的未经金融监管机关批准而筹集公众资金的活动。[①]从立法演进的角度来看，非法集资有广义和狭义之分，狭义的非法集资是一种不同于非法吸收公众存款，包括集资诈骗的不法融资行为。根据法律规定，非法集资具有未经有关监管部门批准而违规筹资、承诺在一定期限内给予出资人各种形式的投资回报、以合法形式掩盖非法目的三大特征，但这不足以将其与合法的民间融资区分开来。为了进一步明确两者之间的界限，参考美国证券法的立法经验，由证券法来调整非法集资行为是当下最佳的选择。

周宏伟从吴英案、杜益敏案出发，对集资诈骗罪中"占有故意"的推定展开比较，认为判断是否构成集资诈骗罪中的"占有故意"，应当考虑被告初始资金状况、资金来源状况、资金使用情况、账目状况、亏损和事后偿还情况等因素。李建华和雷秀萍认为在非法吸收公众存款罪单位犯罪的认定上要从构成要件出发，从单位主体资格、单位意志、单位行为和单位利益四个方面进行判断。其中，利益归属单位是认定非法集资单位犯罪的关键，同时也可作为推定单位意志的辅助条件，办案中要注意贯彻惩办少数、教育多数的刑事政策，将单位犯罪的主管人员和起主要作用、积极主动的实行犯纳入治罪范围。[②]鲁冠南和蒋娜认为当前对集资诈骗罪司法认定存在两种不良倾向，一是将民事纠纷作为刑事案件来对待，如企业主由于生产经营的需要而向特定的人群集资，后因经营不善而不能兑现承诺的利息、红利，甚至还本都存在困难。此时由于涉案的对象众多，社会影响大，有些地方容易以影响社会稳定而将此当作刑事案件来对待。二是将集资诈骗犯罪作为非法吸收公众存款犯罪来对待，因为两者存在的区别主要在于主观方面，故一般难以用

[①] 刘燕：《发现金融监管的制度逻辑——对孙大午案件的一个点评》，《法学家》2004年第3期。
[②] 李建华、雷秀萍：《非法吸收公众存款单位犯罪的认定》，《证券市场法治理论与实践研讨会论文集》（内部刊物）2011年版。

证据的形式来证明。在当前金融危机的形势下，这种处理有时甚至被披上了保护企业的外衣。[①]

六、结语

我国的证券市场从无到有、从小到大，经过数十年的发展。丽水市人民政府副秘书长刘志伟认为，证券市场已经成为社会主义市场经济体系的重要组成部分和全球新兴市场的重要代表，它的建立、运行和发展离不开法治的支持和保障。本次大会的讨论对于整个浙江省证券市场的理论研究和实践及其法治建设都有重要意义。正所谓法治强则市场兴、法治弱则市场衰，作为一项新兴的产业，证券市场在运行过程中存在着诸如创业板首次公开发行制度的完善、证券违法行为的预防与规制、上市公司治理制度的构建、民间融资问题的破解等各种纷繁复杂的问题，而这些问题的解决必须依靠我国证券金融法律制度的改革与发展。随着健全司法制度的建立和良好司法环境的形成，我国的资本市场必将迎来进一步的发展和壮大，成长为对世界经济举足轻重的国际金融中心之一。

[①] 鲁冠南、蒋娜：《集资诈骗罪司法问题分析》，《证券市场法治理论与实践研讨会论文集》（内部刊物）2011 年版。

李有星　著

金融法研究 II

ZHEJIANG UNIVERSITY PRESS
浙江大学出版社
·杭州·

目　录
CONTENTS

金融与民间金融治理

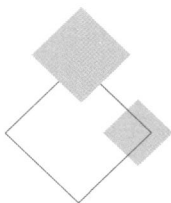

CONTENTS

互联网金融法治与金融科技

金融刑事法治

金融与民间金融治理

论政府竞争视角下的地方金融监管权配置

李有星　柯　达*

摘　要

政府竞争理论表明，在央地权力得到合理配置以及地方政府官员获取私人利益动机得到抑制的前提下，地方政府通过制定并实施具有可持续性、符合法治基本要求的法律制度进行竞争，可促进本地经济的发展与基本公共服务的改善。我国地方金融监管已突出表现为地方政府间的监管竞争，因此地方金融监管权配置的现存问题，可通过对监管竞争的合理规制加以解决。我国地方金融监管权配置存在基础性法律未成体系、竞争性法律缺乏顶层式的协调机制、规制性法律可操作性较弱等不足之处。为实现我国地方金融监管权的合理配置，应推进中央与地方金融监管分权法治化，建立中央层面的地方金融监管协调制度，并推进地方金融监管机构的相对独立化。

关键词： 地方金融监管；地方政府竞争；监管竞争；监管协调

＊　本文原载于《浙江社会科学》2018 年第 9 期。柯达，浙江大学光华法学院 2016 级硕士研究生，北京大学法学院 2018 级博士研究生。本文系浙江省哲学社会科学规划优势学科重大项目"我国民间金融市场治理的法律制度构建及完善"（14YSXK01ZD）及子项目"民间金融市场主体的法律制度构建及完善""民间金融市场行为法律制度构建及完善""民间金融市场监管的法律制度建构及完善""民间金融市场信用体系的法律制度构建及完善""民间金融市场风险防范与处置的法律制度建构及完善"、中央高校基本科研业务费专项资金资助项目"智能金融安全法律问题研究"（ZDJCXK2018）、人工智能与法学专项课题资助课题"智能化网络借贷安全问题法律研究"（18ZDFX008）的阶段性成果。

引言

地方金融监管权配置，是指法律、法规、规章及规范性文件对小额贷款公司、典当行、P2P 网贷平台等民间金融机构的监管主体与相应监管权限进行分配界定。近年来，民间金融机构推出的现金贷、互联网资管等业务体现了地方性金融业态发展的巨大潜力，而其暴露出的巨大风险也凸显了完善地方金融立法与地方金融监管体制、优化地方金融监管权配置的必要性。由于受多方面因素的影响，我国地方金融监管正面临监管权能扩张与监管竞争加剧的双重态势。一方面，随着 2005 年《典当管理办法》的颁布施行，地方政府对民间金融机构的监管开始有法可依，此后由地方政府进行监管的民间金融机构开始逐渐增加。2017 年全国金融工作会议、2018 年宪法修正案，均强调要在保证中央权威的前提下，充分发挥地方的积极性，地方金融监管权的正当性渐获认可。另一方面，在区域主义与全球主义激烈博弈的时代背景下，受到政绩考核等因素的影响，地方政府之间进行着包括环境、教育、医疗等方面在内的经济发展竞争。而集权力资源与战略资源于一身、可跨期配置其他资源以快速发展经济的金融资源，更是受到了地方政府之间的激烈角逐。地方政府可通过产业促进、日常监督管理与风险处置、发行地方债等方式进行金融资源的竞争，而通过日常监督管理进行的竞争即监管竞争成为最普遍、最常态化的竞争方式。

在地方政府负担地方经济发展与地方金融监管双重职责的前提下，地方金融监管的运作，实质上已演化为地方金融监管的竞争，监管竞争成为地方金融监管最突出的表现。然而，在监管权能扩张与监管竞争加剧的双重背景下，我国近年来的地方金融立法一直忽视了政府竞争对地方金融监管的影响。良性的地方金融监管竞争为地方政府吸收优质金融资源提供了重要帮助，但监管竞争过度与监管竞争过少并存、监管让位于地方经济发展等"朝底竞争"现象造成了央地监管冲突、监管竞争与监管协调无法平衡等监管权配置困境，一定程度上损害了地方金融监管的有效性。在此情况下，需要将政府竞争或府的统一领导安排。其次，"竞争型政府"及之后衍生的"制度竞争""监管竞争"以及"法治竞争"表明，政府之间的良性竞争可促进本地经济的发展以及基本公共产品和服务的改善，但这种竞争应当通过制定并实施具有可持续性、符合法治基本要求的法律制度来实现，这样才能让地方政府的竞争更有效率，并遏制"朝底竞争"现象的出现。因此，实现地方金融监管权的优化配置，应当引导地方政府实现从"金融资源竞争"转向"金融法治竞争"的转变，即建立健全的金融基础设施、透明的金融制度规则和公正的金融司法体制。最后，正如"地方政府公司主义"所言，地方政府之间进行竞争，不仅仅是将维护本地公共利益作为基本出发点，其中还包含了地方政府及其官员的经济利益和政治利益，如地方政府官员将追求经济、政治利益置于公共利益之上，那么地方政府之间就容易出现非可持续性竞争甚至恶性竞争，最终将损害公共利益。因此，实现地方金融监管权的优化配置，需要从内部和外部两个方面，抑制地方政府官员获取经济政治利益的动机。如此一来，才能改变监管竞争在人们心目中的"竞次""监管套利"等刻板印象。

（二）地方金融监管竞争概念的提出

如上文所言，服从中央层面的分权安排、引导地方政府向"金融法治竞争"转变，以及抑制地方政府官员获取政治经济利益的动机，地方金融监管权的配置便可得到进一步优化。地方政府欲通过金融监管手段获取更多金融资源，以促进本地经济发展和优化公共服务，也必须满足上述条件。基于此，理想状态下的地方金融监管竞争，应当是指地方政府基于本地经济发展、提高本地经济竞争力的需要，通过监管规则或细则的制定、执行与风险处置，为民间金融机构或金融业态的发展创造良好的监管环境。

现实中，地方金融监管竞争可体现为立法竞争与执法竞争、临时性竞争与常态化竞争。一方面，地方金融监管机构根据本省实际，在市场准入、日常监督管理、经营行为等方面制定常态化监管规则。此外，对于新型金融业态实施类似于"监管沙盒"式的监管,对于符合沙盒测试标准的企业,在法定权限范围内单独制定监管规则。① 另一方面,地方金融监管机构根据监管规则实行常态化现场检查或非现场监管,对于民间金融机构或其他金融行为主体依法作出行政行为。此外,地方金融监管机构配合本省出台的扶持金融产业的需要,直接给予特定金融产业遵循已有监管规则的豁免,如我国多地兴起建设区域性乃至全国性金融中心,地方政府及地方金融监管机构便会出台一系列让利措施吸引外地金融机构入驻。②

二、政府竞争视角下地方金融监管权配置的现状与不足

地方金融监管权的配置通过法律法规以及规范性文件实现,结合政府竞争的视角,目前与地方金融监管权配置有关的法律可分为基础性法律、竞争性法律以及规制性法律,基础性法律为直接体现地方金融监管权分配的原生性法律,竞争性法律与规制性法律为体现地方政府竞争的衍生性法律。

(一)地方金融监管权配置的现状

1.基础性法律现状

地方金融监管竞争的基础性法律,实质为央地金融监管分权的法律,基础性法律明确了地方政府金融监管的主体、对象与监管权限。在宪法与法律层面,根据《宪法》规定,央地职权划分,遵循中央统一领导、充分发挥地方主动性与积极性的原则。③ 根据《立法法》规定,"金融的基本制度"只能制定法律,但也可授权国务院作出行政法规级别的规定;省级人大可根据本行政区域的具体情况和实际需要制定地方性法规。④ 在行政法规、国务院

① 李有星、柯达:《我国监管沙盒的法律制度构建研究》,《金融监管研究》2017年第10期。
② 胡经生:《关于完善中央与地方金融监管职责与风险处置体系的思考》,《证券市场导报》2017年第7期。
③ 《宪法》第五条。
④ 《立法法》第八条、第九条、第七十二条以及第七十三条。

决定、规范性文件层面，地方政府拥有在融资担保公司、非法集资处置、整治互联网金融风险等方面的监管权限。[①]在部门规章及部门规范性文件方面，目前省级政府对典当行、小额贷款公司、融资性担保公司、融资租赁企业、区域性股权市场、网络借贷信息中介机构、商业保理公司、农村资金互助社、地方资产管理公司等民间金融机构拥有全部或部分监管权。[②]

2. 竞争性法律现状

地方金融监管竞争的竞争型法律，实质为地方政府针对民间金融机构颁布施行的监管规定或实施细则，竞争性法律体现了地方政府进行金融监管的差异性。目前，已有数个省份通过地方性法规或规范性文件的方式确立了本省在特定金融领域的监管权。[③]而针对特定民间金融机构的监管，则以小额贷款公司和P2P网贷平台为代表。在小额贷款公司监管方面，自从银保监会、人民银行授权地方政府进行试点以来，大多数省级政府均出台了本省的试点规范性文件，如《北京市小贷公司试点监督管理暂行办法（试行）》《重庆市小贷公司试点管理暂行办法》，一些省份在摸索总结本地对小贷公司监管的基础上，颁布施行了小贷公司日常监管的政府规章或规范性文件，如《浙江省小贷公司日常监管暂行办法》《上海市小贷公司监管办法》。在P2P网贷平台监管方面，截至2018年4月末，包括浙江、广东、深圳、北京、上海等15个省市公开发布P2P网贷平台备案登记细则正式稿或征求意见稿。

---

① 2018年颁布施行的《中共中央关于深化党和国家机构改革的决定》（以下简称《机构改革决定》）、2017年颁布施行的《融资担保公司监督管理条例》、2016年颁布施行的《国务院关于推进中央与地方财政事权和支出责任划分改革的指导意见》（以下简称《财政事权划分意见》）、2015年颁布施行的《国务院关于进一步做好防范和处置非法集资工作的意见》以及2016年颁布施行的《互联网金融风险专项整治工作实施方案》。

② 《典当行管理办法》第四条、第十六条、第四十九条；《融资性担保公司管理暂行办法》第七条；《融资租赁企业监督管理办法》第六条、第二十四条；《区域性股权市场监督管理试行办法》第五条、第六条、第四十七条；《P2P暂行办法》第二条、第四条、第四十五条。

③ 如《温州市民间融资管理条例》确立了温州市政府及其金融管理部门对温州市域内民间借贷的监管权，《河北省地方金融监督管理条例》与《山东省地方金融条例》将现有的中央赋予省级政府对特定金融领域的监管权进行地方性法规式的确认。

其中，厦门与新疆的备案登记细则为已经生效施行的法律规范，其他省市的备案登记细则虽然均为征求意见稿，但在互联网风险专项整治验收工作中，各地的征求意见稿事实上已经发挥了一定程度的法律效力。后因各地 P2P 网贷平台登记细则规定差异过大、冲突过多而事实终止，并由中央统一出台登记细则。

3. 规制性法律现状

地方金融监管竞争的规制性法律，实质为规制地方政府进行金融监管竞争的法律，规制性法律体现了地方金融监管权配置中对政府竞争的约束。在法律层面，一方面，《反垄断法》明确了行政垄断的表现形式和法律责任。[①]另一方面，《商业银行法》《银行业监督管理法》明确规定，商业银行依法开展业务、银行业监督管理机构依法履行监管职责，均不受地方政府和个人的干涉。[②]

在国务院出台的规范性文件层面，首先，在公平竞争审查方面，国务院颁布施行的《在市场体系建设中建立公平竞争审查制度的意见》规定，对涉及市场主体经济活动特定规范性文件施行公平竞争审查。其次，在地方政府融资平台方面，国务院颁布施行的《加强地方政府融资平台公司管理有关问题的通知》明确了省级政府对融资平台的管理职责，以减少地方金融风险。最后，在地方政府性债务方面，国务院颁布施行的《加强地方政府性债务管理的意见》规定，赋予地方政府依法适度举债权限，建立规范的地方政府举债融资机制，同时对地方政府债务实行规模控制和预算管理。

（二）我国地方金融监管权配置的不足

1. 基础性法律未成体系

基础性法律的非体系化表现为央地金融监管权责分配的非体系化与地方

---

① 《反垄断法》第八条、第三十二条。
② 《商业银行法》第四条，《银行业监督管理法》第五条。

政府金融监管职权的非体系化。第一，央地金融监管权责分配的非体系化突出表现为中央与地方金融监管事权划分尚未实现法治化，我国目前仅以出台规范性文件的方式而非系统的立法方式对地方金融监管权进行界定，法律层级较低且内容不系统、不全面。《立法法》规定金融的基本制度只能由法律或行政法规制定，而在现有的法律或行政法规中，地方政府对民间金融机构有何种监管权限并不明确。此外，虽然《财政事权划分意见》明确了中央与地方财政独立事权与共同事权的界限，但其划定标准并非从行业角度划分，而是从基本公共服务及事权影响力角度划分，该标准不能明确地对具有信息、资金跨区域流动特征的金融行业作出明确划分。央地金融监管权责分配的非体系化，导致了非法治化"放权—收权—放权"的恶性循环。伴随着市场化的发展，我国中央与地方的金融监管事权关系既呈现出总体性的权力下放趋势，但又经常表现出因为中央收权导致的央地博弈状态。[1]如在国内外经济形势整体不稳、国内互联网金融风险日渐滋生的情况下，中央政府会趋向于收权，通过行政指令的方式要求各个地方政府严格控制民间金融机构的新设数量，加强对现有民间金融机构的监管，并要求其他中央金融监管派驻机构予以监督。这种基于"社会稳定"考量的监管收权，使得社会公众无法形成稳定的金融监管预期，进一步加深了监管重复、监管套利以及机会主义的政绩观。[2]

第二，地方政府金融监管职权的非体系化表现为监管机构的非独立性与权责不一。一是地方金融监管机构的非独立性包括横向与纵向的非独立性，即"融资"与"监管"的糅合，以及未实现人、财、物垂直统一管理。"融资"与"监管"的合一，表明地方政府的融资诉求高于地方金融监管目标的实现，使得地方政府可轻易通过地方金融监管的立法与执法，实现对金融资源的争

① 黄韬著：《中央与地方事权分配机制——历史、现状及法治化路径》，格致出版社2015年版，第23页。
② 苏力：《当代中国的中央与地方分权——重读毛泽东〈论十大关系〉第五节》，《中国社会科学》2004年第2期。

夺以促进地方经济增长。而地方金融监管机构却无法按照其自身意愿审慎有效地对民间金融机构实行监管，因此在此基础上进行的地方金融监管竞争必然是低效率且不可持续的。二是地方金融监管机构权责不一致，这表现为财权与事权的不一致、监管立法权与监管执行权的不一致、日常监管与风险处置责任的不一致。如我国央地财权分配基本实现了法定化，但事权的随意下放或上收，使得地方金融监管机构缺乏足够的财政资金与人力资源以应对规模日益庞大的地方金融业态。[①] 地方政府监管立法权与监管执行权的不一致，使得地方政府无法根据地方的特殊情况，作出差异性的监管措施，监管的针对性与有效性受到限制。而在民间金融领域日常监管与风险处置责任的不一致，减小了地方金融监管机构的监管激励，加大了其与中央金融监管派驻机构进行协调的成本。在此情况下，若发生区域金融风险，相关信息传递至中央金融监管机构便会迟延，而地方金融监管机构因职权有限而在风险处置中显得力不从心。[②]

2. 竞争性法律缺乏顶层式的协调机制

从竞争性法律的现状可以看出，在各地竞争性法律之外，尚未建立起顶层式的协调机制。在缺乏中央政府层级的地方金融监管协调机构的情况下，各个地方政府在进行监管立法与执法时，无法产生有效激励促使其与其他地方政府在监管对象信息共享、区域金融风险防范等方面的监管协作。虽然地方政府在进行金融监管竞争以本地公共利益为重，但与其他地区的地方金融监管机构就跨区域经营的民间金融机构实施监管协作，间接对本地的监管竞争产生了外部监督，一定程度上有利于提升本地的监管水平，比没有进行监管协作的地方政府更具有竞争上的优势。而一些地方政府可能仅注重短期利益，希望在短时间内消除本地金融风险，从而拒绝与其他地方政府进行协调

---

① 财权与事权的不一致一定程度上可以推断出，我国并非严格意义上的单一制国家结构。迷信中国是大一统集权国家的人，往往会忽略各个地方政府的能量以及作用，财权与事权的不对等必然使得地方自谋财路。徐瑾：《白银帝国》，中信出版社 2017 年版，第 240 页。
② 蓝寿荣：《论金融法的市场适应性》，《政法论丛》2017 年第 5 期。

合作，如对涉嫌非法集资的民间金融案件一律按刑事案件进行属地管辖处理，不考虑其他地区投资者的损益。在缺乏强制性的区域金融协调机制的情况下，一方面，地方政府有更多机会制定涉及地方保护主义的金融监管制度，阻碍本地民间金融机构的自由迁出或者阻碍本地民间金融机构开展跨区域金融服务；另一方面，地方政府可能会为了短期内社会稳定的需要，在已有金融监管法律法规的情况下，突破上位法的规定，设立一些隐性门槛，阻碍具有发展潜力但短期来看不符合地方政府需求的民间金融机构进入相关地方金融市场。①

3. 规制性法律的可操作性较弱

如前所述，对于地方金融监管竞争的直接法律规制，目前主要通过反行政垄断及相配套的公平竞争审查制度、银行法中的禁止干预、控制地方政府债务与融资平台建设等方式实现。虽然这些法律制度对规制地方金融监管竞争起到了一定作用，但由于缺乏可操作性，不能从根本上解决地方金融监管竞争中的负面问题。如需加强可操作性，则应通过提升地方金融监管机构的独立性来解决。

其一，银行法中的禁止干预规定不具备强制力，因此缺乏可操作性。虽然《商业银行法》与《银行业监督管理法》要求地方政府不得干预商业银行的合法经营以及地方银保监局的合法监管，但这两部法律均未规定如果地方政府进行不正当干预应当承担何种法律责任。此外，部分商业银行特别是城市商业银行与农村商业银行分支行内部党委同时受到同级政府党委以及上一级总分行的领导，且地方政府拥有分支行的人事任免权。在城市商业银行、农村商业银行作出日常经营决策时，或多或少会受到地方政府的影响甚至不当干预，这种影响或干预无法通过法律中的宣示性规定来解决。

---

① 有学者将中央与地方不一致的规定分为"冲突性"规则与"扩展性"规则，"扩展性"规则反映了地方政府出于私利而采取的"寻租性"行为，"扩展性"规则的大量存在，限制了阿里小贷这一事例的普适性。唐应茂：《中央和地方关系视角下的金融监管——从阿里小贷谈起》，《云南社会科学》2017年第5期。

其二，《反垄断法》中的行政垄断制度不具备强制力，公平竞争审查制度未考虑金融监管的特殊性，因此缺乏可操作性。一方面，《反垄断法》中对于实施行政垄断的地方政府规定的"上级机关责令改正并处分 + 反垄断执法机构对上级机关提出建议"的规制方式缺乏外部强制力，并不能阻碍地方政府进行地方保护主义式的金融监管竞争。此外，在现有行政管理体制下，在《反垄断法》中规定行政垄断不仅无助于消除行政垄断，还会进一步增加政府对经济的非市场化干预，扩大政府的寻租空间。[1] 另一方面，现有的公平竞争审查制度虽然在事前规制了行政机关的行政垄断行为，但并未考虑到金融资源具有跨区域流动的特征，对于因跨区域经营而同时接受两个或两个以上地方政府监管的民间金融机构，则应当对涉及相关民间金融机构的地方政府监管规定同时进行审查。[2]

其三，加强地方政府性债务与地方政府融资平台公司管理的规定，无法从根本上解决地方政府的融资需求，因而也缺乏可操作性。地方政府债务与地方政府融资平台的出现与发展，是地方政府财权与事权不匹配，以及政府官员绩效考评与晋升压力导致的发展建设资金紧缺的直接结果。[3] 国务院出台的两个规范性文件允许地方政府拥有适度的举债权限以及合法融资平台的承认，虽然有利于缓解地方政府进行金融监管的恶性竞争，但由于地方金融监管机构的独立性问题，仍然不能从根本上解决地方政府通过地方保护以及降低监管要求等短视行为进行地区间的竞争。

---

[1] 李昌麒、岳彩申主编：《经济法学》，法律出版社 2013 年版，第 459 页。

[2] 王先林：《公平竞争审查制度与我国反垄断战略》，《中国市场监管研究》2016 年第 12 期。

[3] Fjoralba Caka. State Aid Given by Local Government Which Distorts Competition. European Journal of Law Reform, 2012, (1): 113-130.

三、政府竞争视角下地方金融监管权配置的完善路径

（一）推进中央与地方金融监管分权法治化

针对基础性法律中存在的央地金融监管权责分配的非体系化以及地方金融监管机构的权责不一问题，需要实现中央与地方金融监管分权法治化。具体而言，应当通过法律或行政法规的形式明确央地金融监管权限，以业务范围与业务金额作为央地金融监管分权的划分标准，并保证地方政府金融监管的权责一致。

1. 通过法律或行政法规的形式明确央地金融监管权限

从立法层级看，央地金融监管权的配置应当通过法律或行政法规的制定来实现。一方面，通过法律或行政法规配置央地金融监管权可实现权力配置的常态化，使得地方政府实施金融监管竞争具有可预期性，这也符合单一制国家的立法现状。[①] 另一方面，这也符合《立法法》规定的金融基本制度只能制定法律或授权国务院制定行政法规。毫无疑问的是，中央与地方金融监管权的配置属于金融领域的基本制度，应当由法律或行政法规进行确认。[②]

由于诸多原因的存在，通过法律或行政法规的形式明确央地金融监管权限并非一蹴而就，改革存在诸多困难，因此可通过"分步走"的方式进行权力配置。[③] 我国金融业分业经营、分业监管的全国集中统一监管体制形成已有近二十年之久，对地方金融监管权的确认也是近几年才出现，如进行制度化的央地权力配置，必然涉及中央部委与地方政府既得利益分配问题，如一步到位制定法律，必然会引发中央部委与地方政府的激烈博弈，短期内对金

---

① 胡萧力：《财政分权与我国地方政府角色的再认识——地方化与辅助性原则的视角》，《东方法学》2017 年第 5 期。

② 因此，地方人大或政府通过制定地方性法规或地方政府规章的形式自行确认地方金融监管权的范围、权能等内容，便存在着违宪的风险。

③ 正因为如此，我国中央与地方事权划分改革并不是一步到位，而是先从财政事权与支出责任上切入。

融市场的稳定会造成不利的影响。此外，权力重新配置需要花费时间、资源等诸多成本，如仅制定法律，权力重新配置的成本必然会大幅提升。因此，"分步走"式权力配置是较为稳妥的方法。"分步走"可从中央金融监管机构联合制定规范性文件开始，到国务院决定或国务院制定规范性文件、再制定行政法规，最终制定央地金融监管分权相关的法律。

2. 以业务范围与业务金额作为央地金融监管分权的划分标准

从划分标准看，可在《财政事权划分意见》对央地财政事权划分的基础上，完善金融监管领域的央地事权划分。虽然《财政事权划分意见》没有直接说明金融监管领域的划分标准，但其所认定的"直接面向基层、量大面广、由地方提供更方便有效"的原则，是目前最能体现《宪法》所规定的"央地职权划分，遵循中央统一领导，充分发挥地方主动性、积极性的原则"，最为符合"公共物品的接近性原则"。

《财政事权划分意见》认定的"直接面向基层、量大面广、由地方提供更方便有效"的原则，需要在金融监管领域中进一步明确。结合我国实际，地方金融监管事权的划分标准应当确定业务范围与业务金额，业务范围对应"直接面向基层、由地方提供更方便有效"，业务金额对应"量大面广"。关于业务范围，省级政府有权监管经营范围限于本省或本省与其他一省的民间金融机构，以及限于本省或本省与其他一省的跨省金融活动，如 A 省 P2P 网贷借款人与 B 省 P2P 网贷出借人进行的民间借贷活动。这是因为对于经营范围在本省的金融机构或在本省进行的金融活动，地方政府更具有信息优势与人力优势，地方政府进行监管的成本较小，且基于民间金融机构资金来源主要是自有资金的缘故，风险扩散性不强，地方政府的监管力量能够有效应对。[①] 如相关金融机构发生破产引发群体性事件，地方政府也能较为快速地进行处置。此外，将跨省金融活动限于本省与其他一省，是因为监管协调的成本较小，对于金融监管竞争而言更具有优势。关于业务金额，可限定某一

---

① 桂祥：《我国金融监管纵向变迁与地方金融监管创新研究》，《西南金融》2017 年第 4 期。

金额标准以下的金融活动由省级政府实行监管，该金额标准并非全国统一，而是由法律或行政法规制定最高金额标准后，中央负责地方金融监管协调的机构可依据各省实际进行差异性调整。[①]

3. 实现地方政府金融监管的权责一致

其一，实现财权与事权的一致。在现有央地财政体制不变的情况下，一方面可通过财政转移支付法治化等方式，确立中央政府对地方政府的定期财政补偿机制。另一方面，允许地方政府适量发行地方政府债务，同时在相关法律完备的前提之下，允许地方政府通过融资平台公司的设立运营获得投资建设资金。如此一来，政府与市场的负担均可得到减轻。其二，实现监管立法权与监管执行权的一致。金融活动的快速性与创新性要求金融监管具有前瞻性，为减少执法信息反馈与立法信息汇集之间的信息不对称现象，需要确保金融监管的立法权与执行权的一致。对于完全应当由地方政府实施金融监管的民间金融机构或金融业态，应当在中央政府制定原则式规定的前提下，予以地方政府充分的金融监管立法权。对于需要多个省份的地方金融监管机构协调监管以及由央地共同监管的民间金融机构或金融业态，应当在中央政府制定监管基本条款的前提下，允许地方政府在某些条款如准入条件、监管程度等方面制定实施细则。其三，实现日常监管与风险处置责任的一致。一方面，逐渐减少地方政府对于国有商业银行、证券公司以及保险公司等正规金融机构的风险处置责任，明确正规金融机构的风险处置责任以中央金融监管派驻机构主导、地方政府协助的制度安排。另一方面，给予地方政府对涉嫌非法集资行为充分的监管权，对于区域内的民间集资行为有权实施日常监管，对不涉及刑事犯罪的非法集资行为有权实施行政处罚等行政行为，实现非法集资领域监督管理与风险处置责任的一致。

[①] 董世坤：《中央与地方金融权力关系的变迁》，《湖北大学学报》（哲学社会科学版）2014年第3期。

（二）建立中央层面的地方金融监管协调制度

针对竞争性法律缺乏顶层式的协调机制所导致的地方金融监管协作缺失，应当建立中央层面的地方金融监管协调制度。之所以建立中央层面而不是由各省级政府之间平级监管协调，是基于我国是单一制国家政体的现实，以及提升监管协调效率的需要。

1. 实施中央层面的地方金融监管立法协调

为对地方金融监管实施中央层面的立法协调，应当在中央政府层面设立地方金融监管协调机构，对各省政府及其下属的地方金融监管机构出台的涉金融监管规范性文件实施"备案审查"。当该规范性文件出台之前，地方政府应当在一定期限内将该规范性文件报送至中央政府的监管协调机构进行备案。如该监管机构认为报送备案的规范性文件不利于地方金融的有序监管竞争，其可以对地方政府提出修改建议并向社会公开，但最终仍由地方政府自主决定是否进行修改。2017 年 11 月，国务院金融稳定发展委员会成立，根据目前公开的信息，其具有"指导"地方金融监管的职责。[①]结合目前实际，可通过设立法律或行政法规的方式，明确国务院金稳会的地方金融监管立法协调职责，对地方金融监管规范性文件实施备案审查。[②]

通过"备案审查"的方式对地方金融监管立法进行协调，既不同于《立法法》以及各省地方性法规、地方政府规章规定的规范性文件备案审查，又不同于公平竞争审查制度。一方面，《立法法》以及其他行政程序类法律所称的备案审查，是从合宪性的角度出发，保证下位法对上位法的遵循，维护

---

① 国务院金融稳定发展委员会明确了五方面主要职责：一是落实党中央、国务院关于金融工作的决策部署……五是指导地方金融改革发展与监管，对金融管理部门和地方政府进行业务监督和履职问责等。新浪财经：《国务院金融稳定发展委员会正式成立明确 5 项主要职责》，http://finance.sina.com.cn/china/gncj/2017-11-08/docifynshev4607567.shtml，最后访问日期：2018 年 6 月 10 日。

② 另有学者认为，可建立金融稳定发展委员会与地方金融监管部门的纵向工作关系，实现中央和地方两级监管部门的统筹协调。王冲：《地方金融监管体制改革现状、问题与制度设计》，《金融监管研究》2017 年第 11 期。

宪法法律的权威性。而采用备案审查的方式对地方金融监管立法实施协调，是为了避免地方政府进行恶性的金融监管竞争，维护区域内与跨区域金融市场主体的合法权益。另一方面，公平竞争审查制度在政策目标之间的价值对比分析，目的是在众多公共政策目标中优先保护市场竞争。[①] 而对地方金融监管的规范性文件的审查不是为了维护市场竞争，而是促进良性的政府竞争。

2. 实施中央层面的地方金融监管执法协调

为对地方金融监管实施中央层面的执法协调，应当允许各省级政府先自主进行监管协调工作，协调的方式可以是定期的区域监管协作交流，也可以是不定期的同时也是制度化的应急监管协作机制。如自主的监管协调不能达成一致，再由中央政府设立的地方金融监管协调机构出面进行监管执法的协调。如针对跨区域经营、投资者分布于两省的民间金融机构监管，两省的地方金融监管机构可事先确定此类民间金融机构的监管协作的具体程序，也可在该类民间金融机构风险外溢时，临时进行风险处置上的磋商。赋予省级政府进行自主协调的优先权力，是因为金融风险具有快速传导特征以及金融监管的强时效性。省级政府凭借信息优势，能先于中央政府获取区域金融风险信息，在保证省级政府接受一定程度监督的前提之下，省级政府在获取相关金融风险信息后能迅速与其他省级政府进行监管协调合作，以尽早化解区域金融风险。

（三）推进地方金融监管机构的相对独立化

规制性法律缺乏可操作性，根本原因在于地方金融监管机构缺乏相对独立性。为保障地方金融监管的权责一致，提升规制性法律的可操作性，并基于金融监管客观、高效的本质要求，实现地方金融监管机构的相对独立化势在必行。[②] 应建立省级政府下设的地方金融监管局，实行地方金融监管权力

---

① 向立力：《中国公平竞争审查制度的理论梳理：制度基础与机制完善》，《法治研究》2017年第3期。

② 李有星、王琳：《地方金融监管机构的主体属性与职能定位》，《金融法苑》2015年第1辑。

的集中化，并接受省级政府的领导与中央政府协调机构的监督。

1. 确立地方金融监管的权力集中化与管理垂直化

在横向独立方面，应当将各个民间金融机构和金融业态的监管权集中于地方金融监管局行使。目前，民间金融机构和金融业态的监管权较为分散，如典当行、融资性担保公司归属省商务部门监管，小额贷款公司归属省金融办监管。为提升地方金融监管的协同性与专业性，可由地方金融监管局统一对地方金融组织实施监管；如涉及其他政府部门的行政事务，可由该政府部门提供监管协助。考虑到权力重新配置的难易程度，可先将原归属于地方政府金融办监管的地方金融组织，如P2P网贷平台、小额贷款公司以及农村资金互助社划归地方金融监管局进行监管，再逐步将已归属其他政府部门监管的地方金融组织如典当行等转移至地方金融监管局监管。此外，剥离地方金融监管机构的融资职能，在地方政府中另设下属部门负责地方政府的融资事宜。

在纵向独立方面，需要实现县级以上地方金融监管局的垂直管理而非属地管理，县级、设区市级的地方金融监管局仅接受省一级地方金融监管局的领导。一方面，金融监管具有高度的专业性，实施省级以下"人、财、物"的垂直管理，可以保证金融监管的专业性受到的干预更小，更加有利于上下级地方金融监管机构之间的人员交流。另一方面，实施垂直管理可在一定程度上强化地方金融监管的权威性，减小县级与设区市级政府对地方金融监管抵触的可能性。① 如采用地方政府属地管理的方式，将更加有可能导致地方保护主义的发生，以及引发区域性金融风险。

2. 确立省级政府"发展式"领导与国务院金稳会的"监管式"监督

虽然地方金融监管需要实现权力集中化与管理垂直化，但这并不意味着

① 此做法也符合《中共中央关于深化党和国家机构改革的决定》中的相关表述："……（四）规范垂直管理体制和地方分级管理体制。理顺和明确权责关系，属于中央事权、由中央负责的事项，中央设立垂直机构实行规范管理，健全垂直管理机构和地方协作配合机制。属于中央和地方协同管理、需要地方负责的事项，实行分级管理，中央加强指导、协调、监督……"

地方金融监管机构已完全实现了独立化。一方面，省级地方金融监管机构仍然要接受省级政府的"发展性"领导。作为一省区域内各级政府的代表，省级政府为经济发展需要进行金融监管竞争，作为地方政府的下属部门，省级地方金融监管局在剥离地方融资职能的前提下，应当基于监管竞争的需求，再结合自身的金融监管专业判断，制定出符合监管竞争需求同时能实现金融监管目的的监管规则并予以严格执行。因此，部分学者提出的关于剥离地方金融监管机构的金融服务发展职能的建议并不可取。① 另一方面，省级地方金融监管机构需要接受国务院金融稳定发展委员会的"监管性"监督。除了前文提及的立法协调与执法协调职能外，国务院金融稳定发展委员会可根据实际需要设立派出机构，对省级地方金融监管机构进行巡回式督察。此外，省级地方金融监管机构在履行防控区域性金融风险的职责时，需要接受国务院金融稳定发展委员会的监督。②

结论

包括"用脚投票"论、"竞争型政府"论以及"地方政府公司主义"在内的政府竞争理论表明，服从中央层面的分权安排、引导地方政府向"金融法治竞争"转变，以及抑制地方政府官员的政治经济利益，地方金融监管权的配置便可得到进一步优化。在此基础上，地方政府可通过良性监管竞争为民间金融机构或金融业态的发展创造良好的监管环境。我国地方金融监管权配置存在着基础性法律未成体系、竞争性法律缺乏顶层式的协调机制、规制性法律的可操作性较弱等诸多问题。基于此，针对基础性法律，应实现中央与地方金融监管分权法治化，通过法律或行政法规的形式明确央地金融监管权限，以业务范围与业务金额作为央地金融监管分权的划分标准，并实现地方政府金融监管的权责一致。针对竞争性法律，应建立中央层面的地方金融

---

① 刘志伟：《地方金融监管权的理性归位》，《法律科学》2016 年第 5 期。
② 李安安：《刍议区域性股权市场监管中的央地权力配置》，《银行家》2017 年第 12 期。

监管协调制度，实施中央层面的地方金融监管立法与执法协调。针对规制性法律，应实现地方金融监管机构的相对独立化，确立地方金融监管的横向集权化与管理垂直化，以及地方金融监管的"发展性"领导与"监管性"监督。

地方金融监管机构的主体属性与职能定位

李有星　王　琳*

摘　要

地方金融监管机构并非法定机构，在发展过程中易陷入法律地位不明确、职能定位不清晰、权责不对等的尴尬处境。因此，其主体属性应遵循行政性事业单位改革方向，统一划归行政机关序列或整合相关行政职权。同时，保持金融监管本质所要求的独立性，避免过度行政干预，使其拥有不同于一般行政机关的运作方式。在职能定位方面，应在统筹监管协调的思路下，构建相对独立的职能，拥有不同于中央金融监管机构和地方政府其他内设机构的监管对象、监管区域和监管职权。以相对独立性为基本理念不仅有助于实现从干预主义向监管治理的转变，也有助于厘清政府与市场、中央与地方金融监管体系之间的关系。

关键词：地方金融监管机构；主体属性；职能定位；独立性；监管协调

＊　本文原载于《金融法苑》2015 年第 90 辑。王琳，浙江大学光华法学院博士研究生。本文系浙江省社科规划重大课题"民间金融市场治理的法律制度建构及完善"（14YSXK01ZD）、温州大学金融综合改革协同创新中心资助项目"民间金融监管协调机制的模式创新研究"的阶段性成果。

当前，地方政府大多成立了金融办（金融服务局、金融监管局）①作为地方政府金融管理、服务的专门主体，同时还赋予多个部门承担具体的金融管理职能。②地方金融办作为地方金融创新与金融体制改革背景下的产物，其设立的初衷一方面源于 2002 年以前人民银行监管体制调整导致的地方金融监管的缺失，另一方面是基于地方新型金融行业发展对于专门性监管机构的需要。③而随着地方政府金融风险处置责任的确立，以及中央金融监管体系在地方（尤其是市县级）面临的监管尴尬，金融办面临新一轮"实体化改革"与"扩权潮起"。④

一、主体属性的正本清源

（一）地方金融监管机构主体属性的分析

当前，各地金融监管机构的名称、组织形式尚未统一，主体属性亦未明确。全国多地成立的金融服务办公室，性质为政府组成部门或直属事业单位。市县级的金融办往往以事业单位形式存在。⑤然而事业单位设立的初衷是提供公共服务，因而其并不当然享有行政职权。其行使行政职权的合法性基础只能源于两个途径：一是来自授权；二是来自委托。前者只有法律、法规对其授权，使之成为"法律、法规授权组织"，从而仅在授权范围内具备行政主

---

① 地方金融监管机构有多重含义，但目前最有价值的界定应为与国家金融监管机构相对应的非隶属于国家金融监管机构的地方政府下属机构，目前主要是金融办，本文以金融办为主要论述对象。

② 如省级信用联社受省政府委托对农村信用社行使管理指导、协调和服务的职能，经贸委负责管理典当行监管等。

③ 程方泽：《地方金融办监管职能探讨》，《时代金融》2011 年第 7 期。

④ 刘永刚、魏华：《金融办秘史》，《中国经济周刊》2012 年第 2 期。

⑤ 孙天琦、钱皓、陈军：《对部分省（市、区）设立金融服务办公室的调查与思考》，《西安金融》2006 年第 11 期。

体资格。目前，很多地区通过地方"三定方案"^① 为地方金融监管机构定职权、编制、机构。殊不知，此番安排会使其陷入法律定位不清的尴尬境地。规范性文件往往稳定性不足，影响监管机构整体职能定位，对相对人的合理预期亦造成不利影响。若依据委托，行政领域的委托仅类似于民法中的"代理权"，接受委托的事业单位并不能以自己名义行使行政职权，承担责任。因此笔者认为，这样的设置不仅会导致地方金融监管机构设立及职权行使的合法性备受争议，也会因权责不一而引致监管效力减损的风险。

（二）地方金融监管机构主体属性定位

具体而言，其主体定位应包括两个维度：第一是还原行政机关的属性，主要是基于对其合法拥有职权的现实考量。第二是在前者的基础上确保其享有一定的独立性，这是基于监管客观、高效的本质要求。一方面，监管作为将公共资源集中配置的一种较为隐蔽的方式，效率理念往往会被忽视。然而，实现资源高效配置的基础与前提都是要求权责的统一。从目前地方实践来看，这显然与事业单位这一定位有所出入。另一方面，金融行业的风险性、创新性、专业性等特征也必然要求监管机构具备足够的"实权"乃至一定的自由裁量权来完成监管职责。然而，若是定位为事业单位，必会为其职权行使造成诸多障碍。例如《中华人民共和国行政强制法》明确规定接受委托的事业单位不得行使行政强制措施。诸如此类的限制会在很大程度上影响其执法的权限与范围。因此，根据《中共中央、国务院关于分类推进事业单位改革的指导意见》，不妨尽早将地方金融监管机构这类行政性事业单位划归为行政机构以正其名、定其职、确其责。如若暂时不能摒弃事业单位的属性，也要

---

① "三定方案"，定机构（单位的性质，如行政、事业等），定职能（单位有些什么权力和职责），定编制（单位各种编制的人数、内设机构、领导职数等）。定机构：确定行使职责的部门，包括名称、性质（行政或事业）、经费（全供、差供、自收自支）等。

尽早通过法律、法规对其授权，避免因为规范性文件而造成的合法性质疑。[①]
如 2009 年北京金融办实体化为金融局，有效减少寄居在市政府办公厅下职权
不够、监管缺乏实效的尴尬处境。当金融办实体化之后，可以进一步促进与
银监局、保监局、证监局的合并，成立统一的金融监管机构。[②]

二、职能定位的核心——确保相对独立性

（一）地方金融监管机构职能定位的现状分析

我国长期存在政事不分、行政力量过度干预的情况，金融监管领域概莫
能外。然而参照巴塞尔委员会提出的《有效监管的核心原则》，监管主体的
独立性是基础性原则。[③] 显然，单纯的依附性关系与行政化干预手段无法实
现监管的高效。综观各地监管机构的职权，从职能的初始设定到后续行使都
缺乏必要的独立性，如此极易使其在地方金融格局中陷入定位不清的困境，
难以厘清与中央金融监管机构、政府部门以及与相关市场主体、行业协会之
间的权责划分问题。[④] 具体来说，主要存在以下问题。

第一，地方金融监管与中央金融监管的权责边界始终不清晰，使得监管
空白、监管套利频现。例如，民间金融领域仍存在大量监管空白，相应监管
措施付之阙如。而对类似于 P2P 这样的主体缺乏必要监管治理的结果往往是
风险积聚，使得公安机关处于风险监管的第一线。此时"非法集资"等刑法
规制手段就如同"达摩克利斯之剑"一般悬于金融市场，在涉众性较广的情
况下，刑法的谦抑性是极易被忽视的。第二，部分地区所有者与监管者混同
的现象，为金融市场的充分竞争埋下制度的隐患。例如山东省东营市金融办

① 方流芳：《从法律视角看中国事业单位改革——事业单位"法人化"批判》，《比较法研究》
2007 年第 3 期。

② 杨东：《金融服务统合法论》，法律出版社 2013 年版，第 574 页。

③ 徐孟洲：《金融监管法研究》，中国法制出版社 2008 年版，第 34 页。

④ 孙晋：《经济法视角下政府经济权力边界的审读——以政府职能转变为考察中心》，《武汉大
学学报》2014 年第 3 期。

的直接融资的职能往往容易使其成为政府"促进地区经济发展"宏观政策下干预市场主体的工具。而上海市金融办充当金融国资委的职能定位亦是令人担忧。[①] 第三，地方金融监管机构缺乏实权，必然影响实践中的监管效率。形成这种情况的根源，一方面是基于法律的障碍，缺少法律法规对地方金融监管机构授权，大多数地方尚未制定系统的地方性法规，对其职权的规定通常散见于规章抑或一些规范性文件之中，效力位阶较低，使得部分金融监管职能"有名无实"。另一方面如果恰为事业单位，想以自己的名义行使行政职权，就必须有法律法规明确授权，而其职权行使的合法性则备受质疑。

上述问题的根源在于独立性的欠缺。从中央相关立法和各地政府文件职能表述来看，往往以"协助、协调、配合"等字眼论述其职能，其独立性欠缺可见一斑。地方金融监管机构作为政府的内设机构，时常受制于政府的多重目标函数，而缺乏独立运作机制的后果往往有行政干预过度的风险。

（二）国际发展潮流比较与借鉴——独立规制机构

囿于当前市场经济的发展水平和相应制度环境尚未完善的大背景，地方金融监管机构的改革应在世界独立规制机构的潮流指引下实现逐步渐进式改革。具体而论，应处于行政序列中并保持一定程度的独立性，包括相对独立的不同于一般行政机关的组织规范、运作方式、治理结构等。[②] 如此，既能确保地方金融监管机构在当前的体制下行使职权拥有合法性基础，又能减少行政的不当干预。待未来时机成熟，地方金融监管机构也可考虑逐步脱离行政序列，发展成为完全意义上的独立规制机构，这不仅是世界潮流的大势所趋，更是社会事务日益复杂专业化对公共机构发展的现实诉求。

1. 独立规制机构的发展源流。所谓的独立规制机构并非完全独立于行政分支，而是指它因成员的身份保障、决策程序，职能运作、管理架构等方面

---

① 杨子强：《完善地方金融监管体制》，《中国金融》2014 年第 5 期。
② 王建文：《中国证监会的主体属性与职能定位：解读与反思》，《法学杂志》2009 年第 12 期。

相对于传统行政部门有更大的独立性。[1] 关于独立规制机构的优势，有学者指出其独立性、专业性对于进行公正、客观的规制具有重大的意义，它通过与被规制方保持深层次沟通联系，增加规制决策的灵活性与可接受性。[2] 亦有学者提出，与置于部门内部的机构相比，它的可问责性、透明度增强，无疑是一种机构改革的进步。[3] 目前，世界上大多数国家的金融监管机构发展趋势大都是设立独立规制机构，且逐步呈现出脱离行政体系的特征。除了俄罗斯联邦金融市场服务管理局、日本金融厅是政府部门外，其他诸如美国证券交易委员会、英国金融服务局等机构都已脱离行政部门，向独立规制机构发展。[4] 那么，独立规制机构对于中国监管机构有何值得借鉴之处？

2. 独立性保障。监管的本质要求其具有独立性特征。一定程度的独立是监管保持中立性、高效性、专业性的基础与前提，[5] 也是避免其轻易陷入任何一方博弈阵营的有效途径。监管机构的独立性不妨从以下几个方面予以保障。

一是奠定法律基础。世界范围的实证研究表明，在监管机构最有效、最可信的地区，它们的独立性和功能都是基于明确的法令。[6] 以美国独立规制机构的发展经历来看，其从诞生到职权变动都是"法律先行"。独立规制机构不仅由国会依法设立，而且在授权法律中规定了职责权限、成员的身份保障、决策程序及问责机制等。然而，中国规制机构的产生与发展依然充满了"即

---

① 宋华琳：《美国行政法上的独立规制机构》，《清华法学》2010年第6期。

② Lisa Schultz Bressman, Robert B. Thompson. The Future of Agency Independence. Vanderbilt Law Review, 2010, 63(3): 615.

③ 陈伟：《OECD国家的监管政策——从干预主义到监管治理》，法律出版社2006年版，第115页。

④ 向祖荣：《论证券监管机构的法律定位》，《证券市场导报》2012年第9期。

⑤ Stavros Gadinis. From Independence to Politics in Financial Regulation. California Law Review, 2013, 101(2):261.

⑥ Lisa Schultz Bressman, Robert B. Thompson. The Future of Agency Independence. Vanderbilt Law Review, 2010, 63(3): 615, 转引自宋华琳：《美国行政法上的独立规制机构》，《清华法学》2010年第6期。

兴设立"的色彩，无论中央还是地方大都以"三定方案"来设立、变更机构。法律常常滞后于机构变革，成为对规制机构实际权力和实际运行程序的事后追认手段。[①]

二是完整系统的规制职权。一方面，地方金融监管机构缺乏必要的监管职权，诸如现场调查权、发布禁止令等权力的缺乏必然使其职权的行使显得苍白无力。另一方面，与中央金融监管机构之间尚未廓清职权界限，存在监管真空与重复。因此亟须通过法律确立各自独立的监管对象，赋予相应必要的职权，既要防止权力分割"碎片化"，又要避免因扯皮推诿而导致监管效率低下。

三是充分的任职保障。成员往往由政府主管部门任命抑或派遣，行政依赖性较强且内部运行存在官僚化风险。作为经济规制机构若受到过多的政治影响，必然偏离经济调节的根本目标——效益，与监管初衷背道而驰。因此，为了保障成员的相对稳定性以及决策的公平性，规制机构工作人员特别是负责人应享有任职与薪酬保障。[②]

四是完善程序正义。我国目前尚无完备的行政程序法律，程序正义的理念也比较薄弱。因此应借鉴国外在运行程序方面的经验，完善成本收益分析程序、风险评估程序、影响评估制度，同时在引进契约规制、信息披露、行业禁入等新型规制手段时，尽量从实体和程序多元角度规范这些举措。因为程序并非仅为权力行使而设，它更是防止权力滥用的防线。

三、地方金融监管机构职能建构的重点方向

《中共中央国务院关于分类推进事业单位改革的指导意见》在划分事业单位类别的基础上，明确提出对承担行政职能的逐步将其行政职能划归行政机构或转为行政机构。[③]同时，随着地方政府对地方金融风险处置责任的承担，

---

① 向祖荣：《论证券监管机构的法律定位》，《证券市场导报》2012年第9期。
② 周汉华：《政府监管与行政法》，北京大学出版社2007年版，第13页。
③ 罗重谱：《中国事业单位分类改革轨迹及走向判断》，《改革》2012年第4期。

地方金融监管机构未来必定会承担较多的行政决策、行政执行和行政监督职能。因此，地方金融监管机构的职能不能仅仅止步于地方政府的"金融智囊"，而应拥有相对独立的职能。以独立性为制度设计的基点，可以使地方金融监管机构的主体属性与职能定位趋于协调一致与逻辑自洽，从而实现准立法权、准司法权等职权。①

独立性并非仅指机构独立，更重要的是职能的独立，意指一种相对独立性。之所以强调"相对"，是地方金融事务的治理恰恰是需要通过监管协调实现的。独立性在具体职能的设置上应体现为"和而不同"，既强调与其他监管机构之间的差异性，又不能忽视地方金融监管体系的整体协调性（如工作协同、信息共享等）。从而，监管主体之间职能分配各有侧重，统分结合。一方面，不仅强调在"一行三会"垂直监管体系下的协调配合作用，还应具备相对独立的监管范围、监管职权、监管对象。另一方面，不仅要求与政府其他部门的协调配合，更要求避免过度采取行政干预手段，而是偏重于金融管理与服务职能。其职能的相对独立性需要在妥善处理与中央金融监管机构、地方政府其他部门以及市场主体之间的关系中逐步明晰。

首先，地方金融监管机构职能的建构应以鼓励创新为核心理念。相较中央金融监管部门以规范为核心的宏观审慎监管，地方金融监管部门更应重视以发展为中心的监管职能。以发展为中心事实上体现的是一种从偏重管理到偏重服务的监管理念的转变。对于新兴转轨的市场经济国家，重点是要扭转全面统制经济的思维惯性，赋予市场主体创新与发展的空间。② 监管机构应该居于"适时护航"的身份，充分把握适度监管原则并尊重私人契约治理机制。对于方兴未艾的"小金融"，监管者尤其应该给予其发展空间。③

其次，在处理与中央金融监管机构的关系中，应加强对民间金融的管理

---

① 徐孟洲：《金融监管法研究》，中国法制出版社 2008 年版，第 226 页。
② 单飞跃、吴好胜：《地方金融管理法律问题研究》，《法治研究》2013 年第 6 期。
③ 吴志攀：《支持"小金融"》，《金融法苑》2014 年第 2 期。

职能。民间金融是自下而上的诱致性变革，而地方金融监管机构更具人缘、地缘优势，能够减少信息不对称带来的监管风险。此前，《国务院办公厅关于加强影子银行监管有关问题的通知》也强调了"谁批设机构，谁负责风险处置的原则"。除法律明确规定专属于中央金融监管体制管辖的事项外，对于地方其他的金融事务，都应该赋予地方金融监管机构以一定的管理权限。地方金融监管机构应该具有独立的监管对象、重点监管的地域，并拥有独立的职权以有效弥补中央监管体制下的监管空白。其主要监管对象应为一些新兴金融机构或准金融机构，如小额贷款公司、融资性担保公司、PR、VC 等。它们不接受公众存款，产生系统性金融风险的可能性相对较小。[1] 监管地域应重点关注目前"一行三会"未能有效监管的地市级以下区域，尤其应该重点关注县级以下行政区域。[2] 另外，地方金融监管机构在对民间金融的管理过程中应尊重市场选择，注重监管的科学性与专业性。对市场主体而言，"法无禁止即自由"。对于民间融资主体的市场准入应适当放宽，采取"宽进严管"的监管方式。[3] 政府发挥选择功能的基本方式是制定一系列的"准入—禁入"规则，然而这类规则越少，市场的自主性越强。[4] 而监管的科学性与专业性表面上影响监管效益，最终会转化为对主体权利义务的影响。例如浙江省对小额贷款公司设立"支农支小，小额分散"的要求，然而现实情况是绝大多数公司都存在大额拆分、名义借款人与实际借款人不一的情形。这需要监管机构进一步考量"小额"基准的科学性以及资金监管的有效性，因为长期规避政策的结果必然是损害投资主体的利益与整个金融市场的秩序。

再次，在处理与地方政府其他部门之间的关系时，应完善事前—事中—

---

[1]　蓝虹、穆争社：《论完善地方金融管理的边界、组织架构及权责制衡机制》，《上海金融》2014 年第 2 期。

[2]　目前中央监管力量主要集中在省级以上，保监会只在部分地级市设有分支机构，证监会则设有地市级以下的分支机构，在县级行政区域只有中国人民银行、银监会设有分支机构和办事处，证监会、保监会目前尚无县级以下分支机构。县级以下行政区域，"一行三会"的监管力量有限，未完全覆盖。

[3]　新华网：http://news.xinhuanet.com/legal/，最后访问时间：2014 年 11 月 16 日。

[4]　陈苏：《商法机制中政府与市场的功能定位》，《中国法学》2014 年第 5 期。

事后的过程监管中相应主导性职能及相互配合机制。针对不同的监管对象，只有确立主导机构才可以减少现实中"九龙治水"却"群龙无首"的监管困境，避免互相推诿与监管重复。地方金融监管机构与地方其他部门之间应形成合力，并正确处理行政处罚、经济处罚和刑事处罚的关系。涉及行政与刑事制度的对接时，不妨赋予地方监管机构一定的自主决定权，以其审查权力作为潜在的前置程序，并逐步完善移送制度。如《中华人民共和国反洗钱法》第十条规定，国务院反洗钱行政主管部门或其省一级派出机构发现可疑交易活动，可以向金融机构进行调查。第二十六条，经调查仍不能排除洗钱嫌疑的，应当立即向有管辖权的侦查机关报案……侦查机关认为不需要继续冻结的，应当立即通知国务院反洗钱行政主管部门，由国务院反洗钱行政主管部门通知金融机构解除冻结。而《浙江省公安经侦和税务稽查部门联络协作工作规定》亦规定，税务机关对需要移送的案件，应从严进行审核把关，然后决定是否移送。

最后，在处理与自律性市场主体的关系时，应注重非行政性职能的强化，培育、引导行业自律团体与金融市场中介机构。"市场在资源配置中起决定性作用"，要求监管机构尊重市场规律，转变监管理念，体现"限定政府，余外市场"的模式。市场能够自主决定的事情交由市场主体及自律主体决定。[1]以主体自治的方式完成监管往往是更为高效的监管方式，也是提高行业整体应对风险能力、避免病态的监管依赖文化的有效途径。《温州市民间融资管理条例实施条例》即体现培育市场主体承接政府部分监管职能。监管机构通过对服务主体的实际运作予以指导，确保其更好地为民间融资市场服务。例如，民间融资公共服务机构受地方金融管理部门的委托，从事民间综合利率指数发布、民间借贷备案等职责。如此，通过间接的监管引导使民间资本自愿进入法律预设的体系。监管机构通过加强对地方信用服务行业的培育与规范，可以加快完善信用信息公示系统，推动信用体系向民间金融的开放。[2]

---

[1] 陈苏：《商法机制中政府与市场的功能定位》，《中国法学》2014 年第 5 期。

[2] 李有星、李杭敏：《论地方信用体系建设的模式及其优化》，《浙江金融》2014 年第 6 期。

而地方金融的创新，特别是"小金融"，行业协会的自律规则更加具体有效。[①]
监管机构只需在初期保证适度的引导并注意与其保持适度距离，通过监督指
导行业协会完成市场调控功能也能促使直接调控向间接调控的转变。另外，
也需强化自律团体在地方信用体系建设中的作用。地方信用体系建设应该是
政府主导，市场积极参与的混合模式。依靠行业自律机构对成员资质、资格
作出备案、分级，从而对行业的规范化形成信用约束。[②]

四、结语

名不正则言不顺，言不顺则事不成。地方金融监管机构法律地位不明确、
职能定位不清晰的现状违背了权责对等原则，并对监管效力造成了不利影响。
通过厘清其法律定位，并以相对独立性为基点进行相关职能构建，是保障金
融监管公正、客观、高效的有效路径。而从金融监管机构的独立化、专业化
发展趋势恰能管窥政府职能的逐步转型，通过恰当地把握"适度""距离"
的理念，突破政府对市场过度干预的思维范式，可以进一步理顺政府在市场
经济中的定位。

具体而言，主体属性方面，通过摒弃地方金融监管机构事业单位的属性，
统一划归行政机关序列，可以为其职权行使确立合法性与正当性基础。在前
者基础上，尽量从组织规范、人事任免、经费预算、职权运行等方面确保其
拥有一定的独立性，使其拥有不同于一般行政机关的运作方式，避免行政干
预过度而偏离经济监管本质与市场运行规律。职能定位方面，应更灵活地看
待独立性的内涵。既强调相对独立的监管范围、监管职权与监管对象，也强
调地方金融生态环境下的监管协调职能。即形成与中央金融监管机构、地方
政府其他部门以及市场自律主体之间分工协作、统分结合的合作监管（co-
regulation）体系。

---

① 吴志攀：《支持"小金融"》，《金融法苑》2014 年第 2 期。
② 岳彩申、袁林、陈蓉：《民间借贷制度创新的思路和要点》，《经济法论丛》2009 年第 1 期。

论温州金改的制度创新及其完善
——以我国首部地方性金融法规为视角

李有星　陈　飞*

摘　要

温州金改的重点在于建立规范和促进民间融资发展的长效机制，实现民间融资制度的创新。《温州市民间融资管理条例》是温州金改最为核心的制度创新，其涉及民间融资的地方监管、备案登记、私募工具以及信息服务等多个方面的创新举措。因立法空间的束缚，温州金改无法摆脱其制度创新中的局限性。对地方金改不能报以一蹴而就的想法，而是要自下而上逐步改革现有的民间融资制度压制，为从国家层面改革相关法律制度奠定基础。

关键词：温州金改；民间融资；双层金融监督模式；定向债券融资；定向集合资金

★　本文原载于《社会科学研究》2015 年第 6 期。陈飞，浙江大学光华法学院博士研究生。本文系浙江省社科规划重大课题"民间金融市场治理的法律制度建构及完善"（14YSXK01ZD）、国家社会科学基金重点项目"互联网融资法律制度创新构建研究"（15AFX020）、温州大学金融综合改革协同创新中心资助项目"民间金融监管协调机制的模式创新研究"的阶段性成果。

2012年3月28日，国务院常务会议决定设立温州市金融综合改革试验区，批准实施《浙江省温州市金融综合改革试验区总体方案》(下文简称《方案》)，引导民间融资规范发展，提升金融服务实体经济能力，为全国金融改革提供经验。有别于国内其他区域性金融改革，温州金改的首要任务是探索民间融资问题的解决之道。从根源上讲，民间融资的很多问题都是制度性问题，根据历次改革的经验分析，缺乏制度保障的改革很难获得长期效益。温州金改的重点在于建立规范和促进民间融资发展的长效机制，实现民间融资制度的创新。[①]

作为我国首部地方性金融法规，《温州市民间融资管理条例》(下文简称《条例》) 及其配套细则《温州市民间融资管理条例实施细则》(下文简称《细则》) 的出台是温州金改最为核心的制度创新，是对民间融资治理路径的有益探索。[②]《条例》及《细则》涉及民间融资的地方监管、备案登记、私募工具以及信息服务等多个方面的创新举措，总结其中的经验与教训，兴利除弊，不仅对温州金改的持续推进具有重要意义，而且对我国其他地区的民间融资治理也具有宝贵的借鉴价值。

一、民间融资的地方监管制度创新及完善

从民间融资产生和发展的历程来看，其起源于民间，根植于地方，呈多元化发展态势。为因地制宜，较好地规范民间融资的发展，民间融资的监管应贴"地气"，不宜采取类似对传统金融的集中式统一监管模式，监管权限应该逐步下放到地方政府。监管权"下沉"是必然的趋势，但会是一个渐进的过程，事实亦如此。1996年，国务院将化解农村合作基金会债务风险的责任赋予地方政府。2004年，国务院将农村信用社管理权赋予地方政府。2006

---

① 岳彩申：《温州金改：三大制度创新受关注》，《证券日报》2012年8月30日。

② 2013年11月22日，浙江省十二届人大常委会第六次会议正式通过《温州市民间融资管理条例》。2014年2月28日，《温州市民间融资管理条例实施细则》经温州市人民政府第35次常务会议审议通过，与《温州市民间融资管理条例》一并于2014年3月1日正式实施。

年后，国务院两次下文将金融风险处置工作职责赋予地方政府。2008 年，央行和银监会将小额贷款公司的准入和监管权赋予地方政府。2009 年，国务院将融资性担保公司的准入及监管权赋予地方政府。2013 年，国务院明确提出逐一落实各类影子银行主体的监督管理责任，建立中央和地方统分结合的监督管理体系。伴随着地方金融活动的日益活跃，地方政府对地方金融的管理日益频繁，地方政府已逐步在地方金融治理中扮演越来越重要的角色，中央与地方分层管理的金融监管模式已初见端倪，民间融资监管的地方化趋势日益明朗。

温州金改中，民间融资地方监管制度的创新源于国务院《方案》，《方案》第 11 和 12 条明确提出"要完善地方金融管理体制，清晰界定地方金融管理的职责边界"。《条例》的出台从法律上真正赋予了温州地方金融监管权。《条例》第 4 条明确规定温州市地方政府依法履行本地区地方金融监督管理职责；第 5 条规定地方金融管理部门负责指导、监督、管理辖区内民间融资活动；并且于第 6 章规定了相关罚则。《细则》第 3 条进一步确认政府金融工作办公室负责本行政区域内的民间融资活动的指导、监督和管理等工作。可以说，《条例》及《细则》事实上构建了民间融资的地方监管制度，并确立了金融办在其中的主导地位。

良好金融监管的前提是监管主体的权责明确。权责明确是指权力与责任在政府部门间配置清晰，"权责不清"是当前民间融资监管重叠、监管空白问题的根源所在。"一行三会"驻地机构、地方金融办、商务部门、工商管理部门、发改委、经信委甚至财政局都不同程度介入民间融资的监管领域，各地方政策不一，格局不一，甚至有些地方，同机构每年的监管主体都在变化，导致民间金融机构监管环境复杂，很难跨地域生存发展。《条例》及《细则》初步在温州确立了民间融资的地方监管框架，赋予地方政府对民间融资的监管权，但它们并未解决中央与地方之间、地方政府部门之间的权责界线划分以及协调问题。事实上，由于立法空间的限度，《条例》作为地方性法规也不可能解决涉及中央层面的监管问题，这也是温州金改必然的局限性。金融具有系统性、整体性，牵一发而动全身，通过局部力量在局部区域进行局部性金融改革，效果必然是大打折扣的，甚至徒劳。当然，这不是在贬低地方性区域金融改革的意义，地方金改不只是为解决本地区问题，也是为全国层面金融体制改革服务的，其试验探索中的经验与教训本身就具有宝贵的借鉴价值，其终极目的是将探索成功的制度或成熟的经验提升到全国性的立法。

总结《条例》和《细则》在制定和实践中的经验，从全国层面考虑，采取中央与地方统分结合的双层金融监管模式（如下图）是将民间融资监管纳入监管体系的最佳路径。根据双层监管模式的设计，在中央层面"一行三会"负责对正规金融体系的监管。在地方层面，由地方政府负责对民间金融的监管，其中金融办起核心作用，其他相关地方政府部门（如工商管理部门、商务部门、经信委等）则可根据各自职责，对所分管的民间金融活动实施日常监管。中央层面以条条为主，主要负责：重大金融立法、国家金融发展政策与战略、金融宏观调控、国家金融标准、全国信用体系建设、全国性金融机构的监管、系统性和跨地区金融风险防控、加强对各地金融工作的指导和协调、地方金融监管人才的培训和输送。地方层面以块块为主，主要负责：省级以下的金融管理，贯彻落实国家金融方针政策、配合中央监管部门工作、本地金融立法、金融发展政策与规划、地方性金融机构的监管（如小贷公司、融资担保公司、典当行、地方产权股权交易所、村镇银行、农村资金互助社、融资租赁公司、金融消费公司、农村信用社、区域性保险公司和信托公司等）、本地区金融风险防控、金融聚集区与金融功能区建设、金融生态环境建设、金融人才的集聚与开发、民间金融的培育和发展。[①] 鉴于现状和可行性，传统机构型监管在中央层面宜持续采用；在地方层面，地方政府宜采取功能型监管与目标型监管相结合的监管体制对民间金融实施监管。

---

① 张幼林：《健全中央与地方金融管理体制的对策》，《金融时报》2014 年 9 月 1 日。

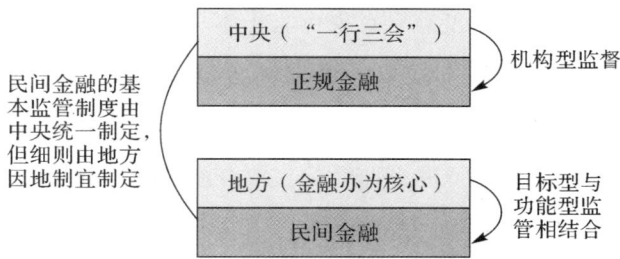

中央与地方统分结合的双层金融监管模式

目前，国际上对金融监管体制并没有统一的概念界定。Mayes & Wood 认为，金融监管体制涵盖监管的目标、监管主体以及随着金融机构或监管文化的变化而变化的监管架构等内容。Goodhart 根据金融监管体制的特征，将其分为三类：机构型、功能型和目标型。作为最富历史的传统监管模式，机构型监管是从金融机构的牌照类型及法律属性的角度出发对监管机构进行划分。随着金融混业化经营的发展，机构型监管的监管重叠与空白问题日益显现。20世纪 90年代，美国学者罗伯特·莫顿（Robert Merton）和兹维·博迪（Zvi Bodie）系统地提出了基于功能观点的金融体系改革理论，认为金融体系的功能相对于金融机构来说更具稳定性，随着现代融资技术的进步，金融机构的业务种类界限会变得越来越模糊，因此现在的对策是抛弃传统以"机构类别"的概念区别金融市场，而改从"功能层面"来划分各种金融活动类型，作为相关规范的基础。[①] 美国从《1933年格拉斯－斯蒂格尔法》到《1999年金融服务现代化法》，金融监管体制经历了从"机构型监管"到"功能型监管"的革命性变化。目标型监管也可称为双峰型监管。双峰型监管模式中包含了两类监管机构：通过审慎监管来维护整个金融体系安全稳健的第一类机构和通过行为监管来维护消费者权益的第二类机构。[②] 目前大多数国家采用

---

① Robert C. Merton. A Functional Perspective of Financial Intermediation. Financial Management, 1995, 24(2): 23-41.

② 张晓朴，卢钊：《金融监管体制选择：国际比较、良好原则与借鉴》，《国际金融研究》2012 年第 9 期。

机构型监管，并结合功能型监管对现行监管体系进行革新改良，部分国家已
开始向目标监管迈进，特别是 2008 年金融危机爆发后，美英在深刻反思现
行金融监管体制弊端的基础上，倾向于建立目标监管或双峰监管模式的监管
架构。金融危机前，采用双峰型监管的主要有澳大利亚和荷兰等国。金融危
机后，美国通过《多德－弗兰克法案》在美联储内部建立了消费者金融保护
局（CFPB），美国已迈出向目标监管模式过渡的关键一步。与美国的局部
调整不同，英国对国内金融监管架构进行了彻底改革，采纳了目标监管模式，
建立"双峰"监管模型，具体包括三个部分：一是在英格兰银行内部建立金
融政策委员会（FPC），负责从整体上维护金融稳定和宏观审慎监管；二是
建立审慎监管局（PRA），作为英格兰银行的附属机构，接管 FSA 的微观审
慎监管职能；三是建立金融行为监管局(FCA)，接管 FSA 的消费者保护职能。①

　　温州在全国率先成立了地方金融管理局，行使金融检查与处罚等职权，
与地方金融办初步形成了"准双峰"地方监管体系，目标型监管初露端倪。
这一做法值得借鉴，地方政府在金融监管负责部门的设置上可参考目标型监
管体制，设置地方金融管理办公室和地方金融监管局，分别负责民间金融的
审慎监管和行为监管。负有审慎监管职责的金融办侧重负责民间金融机构的
准入审批以及系统性民间金融风险的防范，负责行为监管的金融监管局侧重
负责金融消费者保护以及民间金融业务行为的合规性监管。由于民间金融组
织形态复杂多样，创新层出不穷，传统机构型监管方式无法适应民间金融的
动态创新和发展，民间金融行为合规性监管应逐步采取功能型行为监管，以
适应民间金融多变的状况，功能型监管关注的焦点是产品，而不是静态的机
构的性质。② 从法律上看，作为吸收资金的融资行为所运用的工具无非四类：
股、合伙、债及信托，民间金融也不例外。功能型行为监管就是依行为法律

① 李仁真、周忆：《金融消费者保护与国际金融监管法制的变革》，《武汉大学学报》（哲学社
会科学版）2013 年第 6 期。

② Heidi Mandanis Schooner, Michael Taylor. United Kingdom and United States Responses to the
Regulatory Challenges of Modern Financial Markets. Texas International Law Journal, 2003, 38:323.

性质将民间金融行为分为四类分别监管，它们分别是：股行为、合伙行为、债行为以及信托行为。

二、民间融资的备案登记制度创新及完善

民间融资具有市民社会习俗和公民私权的特征，不宜被过度管理，应该得到合理的尊重。遵循这一理念，《条例》构建了"轻触式监管"的创新性制度——民间借贷备案制度，仅对大金额、所涉人数多、有较大外部性的融资行为提出备案要求，其规定单笔借款金额300万元以上的、借款余额1000万元以上的以及向30人以上特定对象借款的三种情况，要强制在民间借贷中心登记备案。[①] 备案登记制度并未强制要求所有的借贷行为备案，而是有所区分，对金额小、涉众面少的借贷行为采取自愿原则，豁免强制备案，这种轻触式监管方式充分尊重了民间借贷的习俗性与私权性。

但正如一个硬币有正反两面，轻触式的备案登记制度也有亟待完善的地方。民间借贷登记难落地的消息，最近出现在多家媒体的报道中，有报道引用数据称"温州依然有高达九成的民间融资未能纳入登记体系"，而后又有财经评论员表示"温州民间借贷正规化尝试的努力基本失败"。[②] 虽无法确认报道数据的准确性，但至少可以肯定的是应备案而未备案的民间借贷大比例存在。长期以来民间借贷是在私下进行，让其短时间内浮上水面将信息披露并不简单，备案登记制度的推广确实需要一定的时间成本，但造成借贷双方备案登记积极性不高的因素主要仍是内因。首先，备案制度本身不足，如强制备案的标准过高、备案制度的审查方式不清晰、跨地区间民间借贷备案制度不明确。其次，备案制度外部性吸引力不够，如备案无法排除非法集资

---

① 《条例》第14条规定，民间借贷具有下列情形之一的，借款人应当自合同签订之日起15日内，将合同副本报送地方金融管理部门或者其委托的民间融资公共服务机构备案：单笔借款金额300万元以上的；借款余额1000万元以上的；向30人以上特定对象借款的。

② 邹雯雯：《民间借贷备案量的大小之辩》，资料来源：温州网，http://news.66wz.com/system/2015/01/06/104320886.shtml，最后访问日期：2015年5月7日。

犯罪的可能，备案可能面临所得税问题等。针对制度本身问题，建议进一步完善《条例》中备案登记制度的设计，如设置可调节、市场化的备案金额标准，确定形式审查为备案审查方式，细化跨地区借贷行为的备案制度。对于外部性问题，尽管《关于贯彻实施〈温州市民间融资管理条例〉的纪要》提出"要准确把握合法民间融资与非法集资行为的界限，并将民间借贷备案登记情况作为区分罪与非罪的重要依据"①，但从理论上讲，百分百排除非法集资犯罪是绝无可能的。但在税收方面可以有所改善，可随"营改增"在金融行业的实施，尝试对备案的民间借贷利息收入按金融行业增值税税率进行征收，而对未备案的民间借贷按《个人所得税法》规定征收个人所得税。按正常状况测算，一低一高的税率情况②，必然会提高备案的积极性。

另外，《条例》创设了民间融资公共服务机构③，为民间借贷备案提供便利。用市场化的手段施以监管，值得肯定，但《条例》对民间融资公共服务机构的定位模糊不清，容易致使民间融资公共服务机构的运作陷入两难。如定位于非营利性，公共服务机构将难以生存，除非政府给予财政补贴；如定位为营利性，民间融资公共服务机构容易脱离原有公共服务本位，异化为逐利工具，可能影响其行为的公正性，从而产生金融风险。有观点认为，从设立初衷和运营现状来看，民间融资公共服务机构应当逐渐发展成为集提供公共服务和营利服务为一体的综合性服务平台，应定位为提供非营利性公共

---

① 2014年3月13日，温州市中级人民法院出台了《关于贯彻实施〈温州市民间融资管理条例〉的纪要》，从司法层面进一步强化大额民间借贷备案登记制度的强制性和法律效力。

② 虽金融行业的增值税税率尚待确定，但目前增值税税率最高档为17%，按通常情况测算，民间借贷的利息收入按金融行业增值税税率征收的税金会低于按个人所得税税率征收的金额。

③ 《条例》第8条规定，在温州市行政区域内设立的民间融资公共服务机构，可以从事民间融资见证、从业人员培训、理财咨询、权益转让服务等活动，并应当为公证处、担保公司、律师事务所、会计师事务所等民间融资配套服务机构入驻提供便利条件。民间融资公共服务机构可以接受地方金融管理部门委托，从事下列活动：发布民间融资综合利率指数等相关信息；收集、统计民间融资信息，对民间融资进行风险监测、评估；建立民间融资信用档案，跟踪分析民间融资的资金使用和履约情况；受理本条例规定的民间借贷备案；地方金融管理部门委托的其他事项。

服务、兼具营利性衍生服务的企业化运营法人，对其提供的公共服务，政府应提供资金补贴。在营利与非营利间折中而行，看似可行，但其实也难以奏效，因为在同一公共服务机构法人下非营利和营利业务很难隔断，道德风险容易滋生。在温州之外其他地区设立的民间融资公共服务机构模式暴露的风险问题就是最好例证，比如某地区的"投融资平台"模式。保持民间融资公共服务机构的中立性和公正性是首要的，否则"歪曲"的备案制度毫无意义。《条例》应明确民间融资公共服务机构的非营利性定位，并规定地方政府的财政补贴安排。除政府提供财政支持外，民间融资公共服务机构本身也应开源节流，比如条件成熟时对一定超大金额的借贷实行比例收费，进一步推广互联网备案登记等。

三、民间融资的私募制度创新及完善

《条例》创设了两种私募工具及对应的制度——定向债券融资和定向集合资金，意在通过工具创新来疏通民间资本与实体经济间的渠道。私募金融的发展有助于引导民间资金有一个规范的、合理的出口，它们在解决"两多两难"问题、助推实体经济发展等方面将发挥积极作用。

定向债券融资是面向实体企业的一种金融工具，从本质属性上看，定向债券属于私募债的范畴。私募债作为证券之一，承载着约定的权利义务，是为了降低交易费用而对债权债务关系进行的格式化设计，但格式化并未改变发行人和持有人之间债权债务法律关系的本质。广大中小企业可以通过发行定向债来进行直接融资，为企业开辟了新的融资渠道。与沪深交易所的中小企业私募债相比[1]，定向债发行登记手续简单，门槛较低，这是全面深化改革背景下政府转变职能、简政放权的充分体现。在发行方式上，为了减轻企业负担并符合定向债券的"定向"特征，《细则》特别规定了，企业可以进

---

① 经证监会批准，上海证券交易所和深圳证券交易所于 2012 年 5 月，分别发布实施《上海证券交易所中小企业私募债券业务试点办法》和《深圳证券交易所中小企业私募债券业务试点办法》，旨在规范中小企业私募债券业务，拓宽中小微型企业融资渠道，服务实体经济发展。

行自办发行，也可以选择具备一定资质的承销商进行债券发行。这两种方式为发债企业提供了一定的灵活性，当发债企业已经有相对明确的投资人时，可以采用自办发行的模式来发行债券，进一步简化发债流程，并可节约企业中介费用；当发债企业没有明确的债券投资人时，可以通过聘请承销商的方式来进行债券发行，通过中介机构的销售能力和销售渠道来提高定向债融资的成功率。定向债发行过程中，政府部门充分转变职能，不再设置审核审批流程，极大地简化了企业发债流程。但对发债企业来说，未经政府审核或审批，也表明政府相关部门对于发债企业发行的债券存在的风险未做任何实质性判断，对于广大债券投资者来说，投资定向债的过程，便是一个对定向债工具进行风险估计并完成风险定价的过程。[①] 任何事物都具有正反两面。定向债一方面降低融资方的融资门槛，但另一方面必然增加投资者的投资风险。即使《条例》对投资有合格投资者的要求[②]，但由于合格投资者制度在实践中容易流于形式，且操作性差，投资人利益保护应成为监管的重点所在。保护投资人利益，不仅要细化《条例》及《细则》中的合格投资者制度，而且要加强对信息披露的监管。定向债的私募属性并不能排除发行方向投资者准确及时披露信息的义务。各类应披露未披露、错误披露甚至是恶意欺骗投资者的违法违规现象应是监管部门打击的重点对象，以维护定向债市场的良性秩序。

定向集合资金是一种类信托工具，本质上构建的是一种类信托机制。《条文》虽未明确界定其法律性质，但从合格投资者、财产独立性和风险隔离等制度安排上分析，定向集合资金具有信托的法律特征，其运行机理与信托原理基本契合。虽与《私募投资基金监督管理暂行办法》中私募股权投资存在差异，但从定向集合资金制度中却不难看到信托契约型私募股权的"身影"，

---

① 顾威：《定向债开辟融资新渠道》，《浙江日报》2014 年 4 月 8 日。

② 《条例》第 24 条规定，具备相应风险识别和承担能力，且自有金融资产 30 万元以上的自然人或者净资产 100 万元以上的企业和其他组织，为定向债券融资和定向集合资金的合格投资者。

管理定向集合资金的民间资金管理企业扮演的就是基金管理人的角色。定向集合资金以地方性法规为法律依据，地方政府为监管主体，为此，其甚至可称为地方版的私募股权投资制度。从整体上看，定向集合资金是私募股权投资基金的"宽松版"，合格投资者要求、投资方式要求等都要更为宽松。当然，它们之间显著不同的是投资工具的使用不同，定向集合资金可以运用债权工具对企业投资，私募股权基金则不能。在实践中定向集合资金制度也存在一定的问题。首先，资金投向规范不清晰。这极易导致资金投向偏离实业，违背定向集合资金服务实体经济的初衷。其次，财产独立性缺乏保障。由于缺乏会计、税收制度方面的协同安排，定向集合资金的财产独立性很难在实践中得到切实落实。因此，应进一步完善定向集合资金制度。首先，明晰募集资金的投向。对资金投向于"特定的生产经营项目"的内容，宜对《条例》采取缩小性解释的方法，规定"投资于特定的生产经营项目是指直接投资于单一法人自身的生产经营性项目"。其次，完善财产独立的制度保障。借鉴证券投资基金的做法，建议由地方出台类似《证券投资基金会计核算业务指引》的规范定向集合资金会计处理的相关文件，以规定定向集合资金及其管理人的会计信息处理，确立定向集合资金为会计核算主体，在会计核算方面彻底落实《条例》中有关定向集合资金的财产独立原则。[1]

四、民间融资的信息服务制度创新及完善

随着互联网信息技术与金融的融合创新，民间融资的线上模式（P2P借贷、众筹等）异常活跃，大有借道互联网逐渐成为互联网金融主角之势。目前，P2P等互联网融资平台已屡现兑付危机、倒闭、卷款跑路现象，给民间融资监管带来新挑战。《条例》虽未专门对P2P借贷、众筹等借道于互联网的新兴民间融资行为作出制度安排，但其第7条中有关从事资金撮合等业务的民

---

[1] 陈飞：《类信托"定向集合资金"：创新、风险与监管》，《中国商法年刊》2014年。

间融资信息服务企业之规定为互联网融资平台监管提供了切入点。①《细则》以此为基础在其第 39 条将信贷服务中介企业（P2P）、理财信息服务企业、众筹融资服务企业等在内的非金融企业都纳入民间融资信息服务企业范畴之内，把互联网融资平台定性为从事资金撮合服务的民间融资信息服务平台。尽管存在诸多不足之处，比如有观点认为，鉴于众筹、P2P 的概念尚模糊不清，合法与否尚有争议，在未明确概念的前提下直接引入这些名词似乎有所不妥②，但《细则》将 P2P 借贷和众筹等互联网融资平台界定为提供资金撮合服务的民间融资信息服务中介却是十分重要的创新之举。《条例》与《细则》互动所构建的民间融资信息服务制度为规制互联网融资平台的经营行为提供了框架性的法律依据。

是否将 P2P 等互联网融资平台界定为信息服务中介加以监管，学界存在分歧。譬如，有观点认为，P2P 网贷在中国的现实环境中形成了多种多样的商业模式，仅用信息中介并不能完全概括，其监管模式不能削足适履，简单套用国外 P2P 网贷的信息中介监管模式，其中主要涉及 P2P 网贷中的担保问题。没有任何担保的 P2P 平台属信息中介没有争议，如涉及担保，就要区别待之。平台自身或其关联方承担担保应被禁止，但如果担保来自独立于 P2P平台的第三方，则应该被允许，在此情况下 P2P 网贷平台和第三方担保机构一起构成了信用中介。③ 诚然，从整体上看，P2P 平台与独立第三方担保机构的"捆绑体"确是信用中介，但如果将第三方担保机构撤除，P2P 网贷平台其实仍不能脱离信息中介的范畴。既然第三方担保机构是独立存在的法人，将之排除在外来观察 P2P 网贷平台的属性也是合情合理的。至于监管，可分

---

① 《条例》第 7 条规定，在温州市行政区域内设立的从事资金撮合、理财产品推介等业务的民间融资信息服务企业，应当自工商注册登记之日起十五日内，持营业执照副本向温州市地方金融管理部门备案。民间融资信息服务企业开展业务，应当保证其提供的信息真实、准确、完整，并向民间融资当事人提示风险。

② 张和平：《民间融资监管开启"温州范式"》，《经济参考报》2014 年 2 月 26 日。

③ 彭冰：《P2P 网贷监管模式研究》，《金融法苑》2014 年第 89 期。

别对待。参与 P2P 平台业务担保的独立第三方，可按融资性担保公司的监管制度施以监管^①，而 P2P 网贷平台则可另起炉灶加以规制，二者分开监管，泾渭分明，并未使问题复杂化，也未带来额外的风险或监管负担。P2P 如此，众筹亦如此，只不过股权性质的众筹应禁止任何形式的担保，独立第三方性质的担保也不例外。由此可见，《条例》及《细则》将互联网融资平台定位为从事资金撮合服务的民间融资信息服务中介是恰当的。

目前民间融资线上模式的核心风险问题就是脱离融资信息服务中介的原有定位，异化为信用中介，进而在法律上可能触碰非法集资的红线。例如，在运营模式上，我国的 P2P 网贷平台与国外单纯作为信息中介平台的 P2P 公司有很大不同，其多数参与到了借贷双方的交易过程中。学界将这一现象称为"P2P 平台的中国式变形"。《条例》及《细则》虽定位恰当，但由于过于粗放，有关民间融资信息服务的内容仅限于备案与信息披露两方面的框架性要求，并不能很好发挥其规制互联网融资平台经营活动的作用。比如，信息服务中介的定位原则其实就涵盖了"严禁资金池，平台自身或关联方不参与担保，资金进行第三方托管"等内在要求，但由于缺乏具体规则的明示，该基础性原则的规制效用并未得到充分的释放。为此，《条例》及《细则》需进一步细化与完善。然而，细化与完善该制度又面临相当困难。互联网金融已经被纳入中央层面的监管议程，按照基本确定的监管思路，P2P、众筹分别归口银监会和证监会，相应监管规范也正在酝酿当中，在监管措施尚不明朗之时，包括修法在内的地方性立法活动很难展开，地方性的立法很可能与以后中央监管层面的规章相冲突，何况地方立法活动也有时间过长和程序复杂的问题，无法满足互联网金融发展的现实需求。因此，《条例》或《细则》在此方面的修订应审慎开展。

---

① 2010 年 3 月 8 日，银监会、发改委、工信部、财政部、商务部、人民银行、工商局为加强对融资性担保公司的监督管理，规范融资性担保行为，促进融资性担保行业健康发展，颁布了《融资性担保公司管理暂行办法》。

　　目前对于地方政府来说最好的办法是先从行业自律角度着手，引导互联网金融行业制定自律规则，自我规范，从而达到自我约束的目的。自律规则是一种软法，软法是指产业的发展需要有社会组织，发挥社会组织作用，引导企业形成产品的规则、企业的规则标准流程，提炼出来形成行业标准、形成行业惯例和公约，现代法学认为这也是一种立法。在互联网金融领域加强社会组织、行业自律组织建设和软法治理能够起到更灵活有效的作用。[①]自律应基于信息服务中介的定位，涵盖如下核心原则：一是禁止资金池模式；二是禁止平台自身或关联方担保；三是要求资金第三方托管；四是落实实名制与信息披露；五是信息安全保护；六是坚持小额化、普惠金融方向。

五、结语

　　中国改革开放 40 余年，并非是按照某一先验的社会工程蓝图进行的理性设计，而是在复杂的内外约束条件下，在原有的路径障碍的压力下[②]，通过渐次的、局部的试验来实现的，是一种渐进式的改革与制度变迁。这些围绕经济问题、社会发展问题进行的试验，多数是在地方政府引领下以点带面的情况下逐渐完成的，金融改革领域同样不例外。[③]温州金改是由地方引领的，在地方区域内开展的有关民间融资制度创新的试验活动。是试验，就意味着可能错误，何况因立法空间的束缚，金改也无法摆脱其制度创新中的局限性。为此，对地方金改不能抱以一蹴而就的想法，而是要在脚踏实地中积累经验，吸取教训，自下而上逐步改革现有的民间融资制度压制，为从国家层面改革相关法律制度奠定基础。

---

① 黄震：《互联网金融亟待法治化规范》，《中国法律》2014 年第 3 期。
② 萧功秦：《中国的大转型：从发展政治学看中国变革》，新星出版社 2008 年版，第 225 页。
③ 汪丽丽：《非正式金融法律规制研究》，法律出版社 2013 年版，第 269 页。

论地方金融法制环境建设的创新

李有星　金幼芳　李　念 *

摘　要

地方金融的发展需要相应金融法制环境的保障，地方金融法制环境建设的创新在于充分发挥地方人大的立法权，制定地方性金融法规，创新性开展互联网金融领域的制度建设，构建良好的金融司法环境，妥善安排刑民交叉的金融司法制度，妥善安排金融监管体制与机制，科学适用破产重整等制度防范和化解金融风险。

关键词：地方金融；法制环境；司法环境；互联网金融；制度创新

★　本文原载于《浙江金融》2014 年第 4 期。金幼芳，浙江大学光华法学院博士研究生；李念，浙江大学竺可桢学院学生。本文系浙江省金融研究院重点招标项目"浙江金融法制环境建设研究"（ZD13003）阶段性成果。

2013 年 12 月，浙江省金融法学研究会召开"地方金融法制环境建设：暨温州市民间融资管理条例出台研讨会"，会议主要学术观点综述如下。

一、金融改革的法制环境建设的创新

浙江省法学研究会牛太升副会长提出，以往金融制度过度依赖国家层面的制定，法律、行政法规、部门规章、司法解释等注重正规金融的调整，缺乏对民间金融、地方金融的关注和调节。要充分利用金改和地方的立法资源，在可立法权限内，在上位法没有规定的情况下，根据地方实际情况制定相关的地方性法规，自下而上地进行民间金融制度的创新，完善地方金融法制环境的建设。

浙江省银监局陈志法处长认为地方金融法制创新需处理好：一是从整个金融体系角度，加强推动民间金融的规范与引导，所涉及的内容非常宽泛。二是在金融服务功能上要增强与地方的黏合度。三是理顺金融的内部结构，推动各类金融实体均衡、补充发展，体现主导的、补充的、辅助的各类多层次发展。四是金融发展的保障更多的是诚信环境建设，法制环境很重要。五是地方金融法制环境的提升和各个金融监管部门之间的协调。

李有星教授认为金融改革的法律制度趋势是：（1）地方金融立法将逐步填补国家金融立法空白。（2）确立地方金融服务管理制度体系。构建地方金融管理体制与机制，扩大地方金融管理职能。如设立地方金融管理局等。（3）调整各类由地方监管的准金融经营组织。"影子银行"类组织设立、运行、管理制度大量出台。（4）调整地方金融产品交易场所的制度。地方金融发展中有动力和条件开展地方股权交易所（中心）、民间融资服务中心、金融商品交易中心等，制度的调整有需求。（5）民间借贷、私募融资合法性范围扩大，融资安全港制度确立。此外，信息披露、风险防范与处置、法律责任制度进一步完善。

金幼芳等认为，2013 年 11 月 22 日浙江省人大常委会通过的《温州市民间融资管理条例》法制创新有：确立了地方政府金融监管体制和机制；创设了民间融资公共服务机构、民间融资信息服务组织、民间资本管理机构三类主题，填补民间金融服务空白；开辟了民间融资备案登记合法性的程序性路径，建立民间融资安全港制度；规范了民间融资的借贷、私募债券、私募集合资金的三种方式，以利于中小微企业融资便利化，开展民间融资；确立中小微企业民间融资权取得制度，即地方金融管理部门有权赋予经过备案的中小企业开展私募融资；确立了民间融资强制备案、备案豁免和自愿备案制度；建立了民间融资领域的协调监管机制和信息共享机制；为互联网金融规范化运营确立了基础制度；建立了民间融资风险防范和处置的基本制度。

二、互联网金融法制环境建设的创新

互联网金融主要表现为三种类型，一是银行利用互联网技术来延展支付业务类型，如网络银行；二是网上借贷平台，又被称作 P2P 网络信贷平台公司；三是第三方支付和基于第三方支付衍生出的网络金融平台。国内互联网金融交易规范具有一定的基础，如《民法通则》《合同法》《电子签名法》《物权法》《担保法》等。

李杭敏博士认为互联网金融存在着一些制度性问题：一是互联网金融缺乏针对性法律规范。互联网金融涉及的部门有人民银行、银监会、工信部等，但没有针对性规定主管和各部门职责的法律规范。二是部分制度规范已经不适应互联网金融的监管要求。三是网络借贷平台业务异化，违规业务缺乏监管。P2P 网络借贷平台直接介入借贷，吸收资金和发放贷款，开展资金池、信用担保、资金理财、资产证券化等金融业务，因规范法律缺位，准入门槛较低，平台经营状况不透明，违规业务缺乏监管，易滋生欺诈、骗贷等行为。

李念认为互联网监管模式有分散式和统一式两种。美国目前 P2P 借贷的监管体系由多个监管机构组成，许多联邦和州层面的监管机构都对 P2P 借贷行使监管权。这些监管机构包括消费者金融保护局、联邦贸易委员会、司法部、证监会、各种联邦银行监管机构以及各州对应的相关部门。英国 2014 年起将由金融市场行为监管局对其进行监管。我国除第三方支付已被正式纳入央行监管体系外，P2P 借贷和众筹融资缺乏监管。建议在国家层面，国务院确定一个部门主管，如人民银行或银监会，重点制定指导性的相对统一的业务监管规则；在地方层面，由地方政府金融管理部门行使监管。根据不同经营模式，对互联网金融实行差异性、包容性、原则导向性的监管。避免复杂、低效率、抑制创新能力的规则性监管，在维护互联网金融的市场活力与做好风险控制之间实现平衡。重点关注 P2P 网络平台的市场准入、业务活动、资金安全、信息披露等，明确中介性质的提供交易信息和收取佣金、撮合交易等范围，监管开展资金池、金融担保、金融理财、资产证券化、非法吸收资金等行为。

陈飞认为要构建互联网金融的法律安全港湾。（1）构建"会员邀请"机制，避免不特定性。会员邀请制度包括三个步骤，即会员注册、会员筛选和会员邀请。（2）构建"资金第三方托管"机制，避免集合资金。防范借贷平台公司挪用客户资金或者卷款"跑路"的风险。（3）构建"简易信息披露"机制，保护投资人权益。（4）构建"信息安全保护"机制，保护合法权益。互联网融资平台作为信息的交互平台，存在大量身份和交易数据，要保护参与个人的隐私或企业的商业秘密。

三、金融司法环境建设的创新

浙江省高级法院的章恒筑庭长指出：2013 年浙江借贷类案件达 11 万多件，借贷专业化程度高，影子银行、互联网金融类纠纷明显增长。司法上对企业之间的自有资金的临时调剂性借贷的效力予以确认，但对担保公司的民间借贷合同确认为无效。对民事借贷和商事借贷作区别性对待，民间借贷中的大额借贷行为是商事借贷行为，商事行为应受监管。为推进备案登记制度，从法院角度可以考虑：（1）发挥金融审判庭的专业效率。经备案的借贷案件由金融庭快速审判，并对接快速执行机制。（2）涉嫌非法集资的甄别程序。当事人提交的大额借贷备案证明是借贷合法性的重要证据，对没有备案的大额借贷涉嫌非法集资等违法行为的，告知当事人取得备案证明材料，或移送有关部门处理。（3）债权公证的执行。经过备案的借贷债权，经过公证申请，法院直接执行。（4）担保物权执行特别程序。经备案的借贷有担保物权的，可以经过特别程序执行，降低诉讼成本，提高执行效率。

王金华提出：在金融司法领域，过度强化刑事打击思维，过度照顾刑事被害人的利益，忽视了商事债权人的合法权益。实践中，常见的情形是真实意思表示的担保人，试图通过刑事手段，指控银行金融机构被诈骗、被担保人贷款诈骗、票据诈骗、非法集资等，采用先刑后民，主张被担保人有刑事犯罪而免除自己的担保责任。这种滥用刑事阻断权来推卸真实担保责任的不诚信行为，造成了不良的金融法制环境。

温州中院的曹启东庭长等提出：妥善处理民刑交叉案件。民刑交叉案件非常复杂，法院应审慎把握此类案件的实体处理。民间借贷纠纷和涉嫌非法集资等犯罪可以分别处理的，生效刑事判决认定的民间借贷事实，对尚未审结的民间借贷纠纷案件的事实认定具有拘束力。民事判决、调解书生效后，民间借贷当事人及相关人员的行为因涉嫌非法集资等犯罪被职能机关查处的，不宜轻易受理对生效民事案件的再审申请和提起审判监督程序推翻生效民事案件对借贷合同效力的确认。对已经提起的涉及担保人民事责任的再审申请和适用审判监督程序的案件，要区分刑事被告人本人担保与第三人担保、担保合同是否存在无效事由等情形，在考量债务人、担保人、债权人各自过错的基础上，确定担保人应当承担的责任。一些重大的、典型的案件，可以作为指导案件进行发布，为公众提供可预期的司法裁判标准。

浙江省公安厅经侦总队丁平练指出：金融犯罪已经从传统的货币、结算、信贷、信用证等金融业务拓展到诸多新兴业务，新类型、网络化的金融犯罪手段不断出现，金融犯罪复杂性与金融活动多样性基本同步发展，表现形式日益复杂，犯罪与民事纠纷、行政违法相互交织，司法机关甄别难度日益加大，需要专业研究做好新型金融犯罪预判和准确打击。进一步明确民间资本用于实体经济原则上不认定为犯罪，同时对司法实践中出现的涉及刑民交织重大问题进行进一步规范，包括对第三方担保案件的处置等。

四、金融风险防范与处置法制环境建设的创新

吕贞笑等提出防范与处置风险的制度。（1）主管性。地方政府和地方金融管理部门对本辖区的金融安全负责，有职责做好金融风险防范与处置工作。（2）信息共享地方金融管理部门和工商行政管理、经济和信息化、商务等有关部门以及驻地的国家金融监督管理派出机构，建立民间金融监督管理信息共享机制。（3）企业内控和行业自律。（4）业务约束。民间金融当事人和担保公司、投资咨询公司、典当行、寄售行等机构，不得非法吸收或者变相吸收公众资金，不得违法发放贷款。（5）风险提示与预警。主管部门发现本行政区域内民间金融当事人存在风险隐患的，可以采取约谈、风险提示、责令纠正、公布名录等措施揭示风险。发现本行政区域内民间金融可能存在系统性、区域性风险隐患的，应当发出风险预警信息。（6）依法查处。风险防范有力手段是查处和关闭风险源。（7）风险处置。地方政府制定民间金融突发事件应急预案采取应急处置措施，及时化解系统性、区域性民间金融风险。

章恒筑提出利用司法破产制度预防和化解金融财务风险的观点。认为破产法不仅是规范企业破产的程序法，也是金融风险防范与处置的保障法。法院担当企业金融债权资产的衡平、指挥、监督、协调处置等重要角色。民间借贷纠纷不是单纯靠审理能够解决的，需要综合运用经济、行政、法律手段。以法制思维强调企业的财务危机风险尽可能用破产的平台来解决，对破产企业的老板也运用相关的政策实现企业减少损失。本省《关于有效化解企业资金链担保风险、加快银行不良资产处置的意见》体现破产对风险防范与处置

的法制思维。要加大税收支持力度，将破产案件有关裁定书纳入呆坏账核销依据范围。法院裁定能影响银行核销不良资产或者在很大程度上作为核销依据，成为银行资产保全与风险控制的手段。

为防范金融风险，要治理银行过度授信问题，民间借贷危机与金融授信过度相关。工商银行浙江分行魏洋提出，省银行业协会要在银行授信开展自律约束，建立"企业授信总额联合管理"制度。制度包括"一个核心，两个总额，三个方法，四个步骤"。所谓"一个核心"是商法的契约理念来刚性地约束银行不对一家企业过度授信。"两个总额"指企业授信总额的控制，由主办行与企业确定一年授信额度，主办银行以外会办银行不超过三家银行总额。"三个方法"指，一是契约方法，会办银行之间也要签一个自律协议，引入合同违约责任约束。二是主办行的制度。三是公示公信的方式，依托银监会的客户风险监测预警系统公示主办行和会办行信息，银行要对这家企业进行授信的话，先登录查阅排名。"四个步骤"指开始试点，先增量后存量试点，制定时间表，权责保障机制。

浙江金融法制环境建设的现状、问题及对策

李有星　　金幼芳 *

摘　要

金融的发展需要良好的法制环境，在国家法律既定的情况下，地方金融活力、发展和创新取决于地方金融法制状况。浙江经济发达，要实现地方金融和民间金融的规范有序发展，则需要大力开展金融法制环境建设。即加强地方立法，创新性开展民间融资、互联网金融等领域的制度建设，构建良好的金融司法环境，合理安排刑民交叉的金融司法制度，科学适用破产重整等制度防范和化解金融风险，强化信用、法治文化建设等。

关键词：地方金融；法制环境；现状；问题；对策

★　本文原载于《法治研究》2014 年第 6 期。金幼芳，浙江大学光华法学院博士研究生。本文系浙江省金融研究院重点招标项目"浙江金融法制环境建设研究"（ZD13003）的课题成果。

"十二五"以来，浙江省积极开展地方金融改革试点工作，温州金融综合改革试验区、丽水农村金融改革试点、义乌国家贸易综合改革试点、台州小微企业金融服务改革创新试验区等建设均走在了全国前列。浙江省地方政府结合当地金融特点，制定了一系列政策及规范性文件，公检法及金融监管机构因地制宜地发布了大量指导性文件。全国首部调整民间融资的地方性法规《温州市民间融资管理条例》率先在浙江省通过实施。总体上看，浙江省已经基本形成了适应社会主义市场经济和当地金融发展的法制环境。然而，地方金融法制环境建设仍存在挑战，如调整民间金融法律规范缺乏、基层监管主体缺位、信用体系不够完善、中小企业融资困难、金融服务覆盖面不足、非法集资等金融犯罪不断出现。面对着大量出现的互联网金融、各种新型的金融机构，尚缺乏有针对性的对策和措施。对此，有必要针对性就金融法制环境建设提出对策。

一、浙江金融法制环境建设的现状

浙江金融业发展迅速，民间资本参与比重亦不断增加，金融市场建设成果喜人，在金融法制环境建设中取得了令人瞩目的成就。

（一）金融法制基本形成

金融法律制度通常包括维系金融市场正常运作的金融监管法律规范、各种涉及金融领域的民商事法律规范和打击金融犯罪的刑事法律规范。[1] 目前，我国金融领域已经形成了人大立法为主，行政法规、地方性法规、政府规章、司法解释为辅的金融法律体系。在地方层面，浙江省政府结合地方金融特点，出台了一系列指导意见和实施意见等地方规范性文件，引导地方金融发展。公检法以及"一行三会"等有关机关也因地制宜发布了大量指导文件，对规范浙江省金融活动具有重要意义。2013 年 11 月 22 日，浙江省人大常委会通

---

[1]　朱明、陈正江：《"法治浙江"与浙江金融发展的法制保障》，《浙江金融》2008 年第 12 期。

过的《温州民间融资管理条例》为我国首部规范民间融资的地方性法规。

（二）金融监管基本覆盖

我国的正规金融体系由"一行三会"实施"分业经营、分业监管"。中国人民银行的主要职责是制定和执行货币政策，防范和化解金融风险，维护金融稳定；银监会、证监会和保监会则分别对银行业、证券业和保险业实施相关监管。目前，浙江正规金融的监管体系已经基本覆盖省内相关行业，专项检查和现场检查的监管力度也不断加大。通过这些措施，提高了监管效果，有效防范和化解了各类金融风险，为切实保护广大存款人和金融消费者利益、保证宏观调控的顺利实施和维护金融稳定发挥了重要作用。

（三）金融司法日益重要

近年来，司法在金融纠纷处理中扮演的角色日益重要。2012年前三季度，浙江法院金融纠纷收案 30127 件，上升 30.69%，其中金融借款、小额贷款和担保追偿权等金融借款纠纷案件 23233 件，上升 50.84%。[1]2013 年全年，就民间借贷案件全省达到 11.5 万余件。[2]浙江司法体系高度重视金融债权的处置，并在这方面积累了丰富的经验。浙江法院注重金融债权保护，提高司法送达效率，拓宽金融债权转让渠道，加强不良贷款核销处置程序与司法程序的对接，谨慎处理刑民交叉问题。同时，法院以司法能动推动企业破产重整制度，积极探索"市场导向、司法主导、简易审理、执破结合"的企业市场化破产的新路。

---

① 余建华、孟焕良：《浙江高院护航温州金融改革试点》，人民法院网，http://www.chinacourt.org/article/detail/2012/10/id/670907.shtml，最后访问日期：2013 年 10 月 8 日。

② 浙江省法院系统集中开展银行不良资产处置核销专项活动，审结金融纠纷案件 4.5 万件，同比上升 15.8%，结案标的额 845.1 亿元；执结银行为申请人的金融债权案件 2.02 万件，标的额 362.4 亿元；妥善审结民间借贷案件 11.5 万件，同比上升 3.7%，结案标的额 613.6 亿元，有效防范了区域性金融风险。齐奇：《浙江省高级人民法院工作报告》（2014），《浙江日报》2014 年 1 月 24 日。

（四）金融法治观念渐入人心

浙江在金融改革试点过程中，解放思想，有序引导民间金融与正规金融规范发展。在我国金融市场仍处于培育成长阶段、消费者金融知识基础仍相对薄弱的条件下，浙江的金融机构能够主动利用自身的专业知识和丰富的资源，多角度、多形式地向金融消费者普及相关金融知识，增强金融消费者识别和防范金融风险的能力，提升消费者参与金融的广度和深度。

二、浙江金融法制环境建设的问题

浙江金融法制环境建设的成就有目共睹，但是随着时间的推移，有一些新问题需要引起我们的重视。尤其是 2008 年金融危机以来，以温州为代表的地区暴露出大量民间借贷纠纷，严重影响了社会和经济秩序的稳定。

（一）金融法制仍不完善

尽管我国的金融法律体系已经基本形成，但是仍然存在不少漏洞，部分法律规定严重落后于市场实践和金融创新。[1] 总结而言，我国金融法制的缺陷主要有以下几点：一是金融立法侧重事前准入，缺少事后处置。出现危机时，往往会对社会造成巨大冲击。同时，较高的准入条件也制约了民营资本进入金融领域。二是缺少符合地方特点的金融法律制度。基本金融制度立法权保留在中央，实践中部分国家法律在地方出现水土不服的问题，不能适应地方金融发展的需要。三是金融法律规定比较原则，缺少配套规范和实施细则，操作性不强。四是金融部门法律之间缺乏协调性，未能形成一个统一的有机体，制度的不确定因素较多。

金融刑事审判中出现了大量争议性案件，这些案件往往存在民刑交叉，罪与非罪界限模糊。以民间借贷为例，一旦"老板"跑路或失踪，民众往往会认为自己被诈骗了，因此希望在挽回自己财产损失的同时，能追究"老板"

---

[1] 张学森：《上海国际金融中心建设的法制环境优化》，《社会科学家》2012 年第 3 期。

的刑事责任。法院面对激增的相关诉讼，亦呈现出将民间借贷认定为非法吸收公众存款或者集资诈骗等金融犯罪的倾向。[①]原本正常的借贷行为，因为"老板"的跑路而被扣上了"非法占有"的目的，许多个案完全抹杀了合法民间借贷与金融犯罪行为之间的差异。尽管浙江省有关部门曾试图避免将此类活动列入犯罪进行打击，但是效果并不理想。[②]原因在于，从周转困难借入资金，到后来借新还旧，直至非法占有为目的的借入，有一个漫长的转变过程。这个变化主要存在于当事人的主观心理中，外界很难分辨。

（二）金融监管尚存漏洞

"一行三会"的"分业监管"模式基本覆盖了浙江省的正规金融行业，但是不能有效深入各个领域。从地域范围看，驻浙金融监管部门中仅人民银行和银监会的垂直监管能物理延伸到浙江省内 58 个县级区域，证监会和保监会都只能到省会城市杭州和国家计划单列市宁波，这一监管结构体系客观上造成了金融监管随行政级别降低而逐级弱化的现象。从行业角度看，大量金融机构向着集团化、多元化方向发展，而"分业监管"模式无法全面、协调地监管此类集团的业务活动。另外，地方金融管理较为薄弱，难以适应村镇银行、小额贷款公司、农村资金互助社、融资性担保公司、典当行等地方性民间金融机构的发展。[③]以民间借贷为代表的民间金融，长时间游离在监管体系之外。目前打击和处置非法集资活动多侧重事后打击，忽视正面引导的作用。

---

① 梁亚：《"民间借贷"的法律边界——以温州"跑路潮"为背景》，《南方金融》2012 年第 1 期。
② 2008 年浙江省高级人民法院、浙江省人民检察院、浙江省公安厅在省政法委的协调下联合发布《关于当前办理集资类刑事案件适用法律若干问题的会议纪要》，其中第 2 条规定："为生产经营所需，以承诺还本分红或者付息的方法，向相对固定的人员（一定范围内的人员如职工、亲友等）筹集资金，主要用于合法的生产经营活动，因经营亏损或者资金周转困难而未能及时兑付本息引发纠纷的，应当作为民间借贷纠纷处理。对此类案件，不能仅仅因为借款人或借款单位负责人出走，就认定为非法吸收公众存款犯罪或者集资诈骗罪。"
③ 单飞跃、吴好胜：《地方金融管理法律问题研究》，《法治研究》2013 年第 6 期。

金融消费发展的同时，金融消费者与金融机构间的纠纷呈现逐步增多的趋势，金融消费者的安全交易权、知情权、公平交易权、隐私权及求偿权等屡遭侵犯。从银行角度看，银行业务搭售、ATM机吞吐假币、网上消费无保障、金融经营者随意变更合同、强制订立格式合同或霸王条款等现象屡见不鲜；从保险合同角度看，保险理赔障碍重重，拖延赔付、不赔少赔，投保时片面宣传，只谈收益、不谈风险，诱骗消费者等事件层出不穷；从证券投资角度看，证券公司职员挪用客户资金、单方承诺收益比例、全权代理客户操作账户、利用虚假信息诱导消费者买卖证券等非法行为屡禁不止。

征信体系方面，部门分割、行业垄断问题比较突出，制约了联合征信系统的建立和完善，使信用信息征集和共享机制难以真正形成。除了政府部门间的信用信息缺乏深度合作外，当前地方金融信用建设最大的困难在于正规金融系统与民间金融方面的信用信息缺乏交流。由于人民银行对跨行业数据信息交换不积极，银行方面不向系统外提供金融信用信息。浙江省公共信用信息平台原来是与人行联网的，但2006年9月开始，人行总行下令关闭与地方数据库的链接，导致现在浙江地方数据库只能向人行单向开放。

（三）金融主体制度不够健全

尽管浙江省金融业总体发展迅速，但中小金融机构业务规模偏小、民营资本进入金融业的深度和广度不够等问题仍然比较突出。民营金融机构在为中小企业提供融资支持方面具有天然优势，能够有效缓解中小企业资金紧张的困境。然而，由于缺少政策、法律的支持，民营金融机构在金融市场竞争中处于不利地位，无法发挥其独特的优势。

有关部门在处理金融犯罪过程中，过度照顾刑事被害人的利益，忽视了债权人的合法权益。吴英案中，本色集团的法人人格被否定，所有行为都被认定为吴英的个人行为。刑事被害人的一部分损失以赃款形式追回，而本色集团债权人的合法民事债权却没有得到任何保障。实践中，常见的情形是担保人抢在债权人主张民事债权之前向公安机关报案，主张债务人的集资行为违反刑法规定而无效，以免除自己的担保责任。

（四）地方融资渠道缺少制度保障

由于多层次资本市场体系还不完善，目前还存在结构性缺陷，市场呈现"倒金字塔"型结构，各板块发展不协调。股票市场缺乏层次，不能适应企业不同发展阶段的不同要求，资源严重错配。新三板存在限制，规模偏小，与其承担的功能不匹配。针对中小企业融资的大量制度安排出现在政府规章或规范性文件中，法律效力较低，缺乏稳定性，增加了中小企业的融资成本和风险。另外，由于法律限制较多，民营企业和民间资本之间仍然缺乏稳定有效的渠道和桥梁。实践中，大量企业间的资金拆借，游走在法律的边缘。此外，动产抵押制度不够细化，担保物权价值被低估，应收账款公示效力有限等，也在很大程度上制约了中小企业的融资活动。

地方债务问题上，金融风险正在不断积累、酝酿、扩散。此外，地方政府隐性担保或有债务风险凸现，受制于自身财力及《预算法》约束，地方政府主要通过投融资平台筹集资金，用于城市建设。此类投融资平台存在不少问题：一是部分地方政府投融资平台过度负债，债务偿还存在较大的不确定性。二是地方政府投融资平台缺乏统一管理，难以掌握地方政府真实负债情况。三是部分地方政府投融资平台公司运作不规范，缺乏可持续发展能力。四是地方政府投融资平台融资主要依赖银行贷款，银行贷款风险较为集中。同时，地方政府高度依赖土地财政和土地金融。但是随着房地产市场调控力度的加大，土地出让收入降低，造成不少地方政府财政出现困难。

三、浙江金融法制环境建设的对策

（一）加强地方金融立法

国家层面的金融领域立法难以有效解决浙江省中小微企业多、民间资金多，企业融资难、融资贵、融资险、民间投资难，以及民间融资规范、阳光化严重缺乏和监管主体缺位、信息不灵等问题。根据《立法法》《地方各级人民代表大会和地方各级人民政府组织法》和《浙江省地方立法条例》的有关规定，地方可以根据地方实际，在不与宪法、法律、行政法规相抵触的情况下，制定地方法规或者规章。浙江金融具有地方的鲜明特点，其发展走在国内前端。我国目前的立法无法涵盖其地方特征，某种程度上已经具有一定的滞后性，比如民间金融的规制、地方金融管理权的界限究竟如何分割。因此，浙江完全可以在上位法没有明确规制的前提下，根据地方实际情况制定相关的地方法律制度，自下而上地进行金融改革与创新，从而完善浙江金融法制环境的建设。

（二）构建网状金融监管体系

1.构建地方金融监管体系。中央和地方金融管理权力协调配置是地方金融管理法治化的关键所在。基于"一行三会"自上而下垂直金融监管的不足，需要建立起地方金融管理体系。通过立法，厘清地方金融监管权责边界，完善地方金融监管协调机制，夯实基层金融监管，形成地方政府与"一行三会"协调配合的网状监管体系。针对地方性民间金融（非国家正规金融），宜建立以地方金融办为"总牵头人"的地方金融监管协调机制。作为牵头人的地方政府，应当做好以下工作：一是建立地方政府金融办与"一行三会"总部及其地方派出机构的日常工作协调机制，及时掌握地方金融业日常运行情况；二是建立地方政府金融办与"一行三会"总部及其地方派出机构的紧急协调和磋商制度，对突发金融风险事件，规定启动程序或响应机制，明确责任部门和人员；三是建立地方金融信息共享平台，制定合理的共享机制或程序，明确金融信息数据的传递时间、报送口径和范围、保密要求等事宜；四是完善地方征信体系，将地方民间金融信用数据纳入到人行的征信系统中，进一步扩大现有征信系统的采信范围。对于明确归"一行三会"监管的业务内容，地方政府金融办应利用"网点"优势做好服务和协调工作，帮助中央金融监管垂直体系发挥监管导向作用。

2. 逐步构建互联网金融的监管制度。互联网金融目前还远未定型，发展方向和模式仍有待观察。鉴于发展初期的现状，金融监管部门实施监管时，应对其出现的一些问题适当保持一定的容忍度和弹性，并采取原则导向监管方式，在保障金融系统性风险安全可控的前提下，支持金融创新，促进新金融的稳步发展。互联网金融作为后来的"搅局者"，与既存的法律体系或金融监管环境存在排斥，另外由于其天然的涉众性，容易引发风险。民间借贷、民间集资的网络版业务，形成对民间融资（借贷、私募）、非法集资现存法律制度的挑战，即对传统的"公开宣传、公众、不特定人、高利引诱"等形成挑战。要原则性监管与规则性监管相结合，在维护互联网金融的市场活力与做好风险控制之间实现平衡。监管内容重点在于 P2P 网络平台的市场准入、业务活动、资金安全、信息披露等，将其业务规范在提供交易信息、收取佣金和撮合交易等范围，防范网络借贷平台的业务异化行为，如非法开展资金池、金融担保、金融理财、资产证券化等特殊业务。针对除支付以外的网络借贷、众筹等新型金融业务，应当在现有法律框架下，规范民间借贷服务中介的行为，[①] 厘清互联网金融的合法边界，构建互联网金融的法律安全港湾。一是实行"会员邀请"制度，避免不特定性。二是实行"资金第三方托管"制度，避免非法集资。三是建立信息披露与反欺诈制度，规避互联网金融的风险，构建省内互联网金融健康发展的制度保障。此外，需要重点关注互联网金融活动中的金融风险和消费者权益保护。[②]

（三）推动金融司法工作

1. 妥善处理民刑交叉案件。民刑交叉案件非常复杂，法院应审慎把握此

---

① 李有星、金幼芳：《民间借贷服务中介的法律治理探讨》，《法治研究》2013 年第 6 期。
② 李有星、陈飞、金幼芳：《互联网金融监管的探析》，《浙江大学学报》（人文社科版）2014年第 4 期。

类案件的实体处理。总的思路是民间借贷纠纷和涉嫌非法集资等犯罪可以分别处理的，生效刑事判决认定的民间借贷事实，对尚未审结的民间借贷纠纷案件的事实认定具有拘束力。民事判决、调解书生效后，民间借贷当事人及相关人员的行为因涉嫌非法集资等犯罪被职能机关查处的（包括人民法院作出的生效刑事判决），不宜轻易受理对生效民事案件的再审申请和提起审判监督程序推翻生效民事案件对借贷合同效力的确认。对已经提起的涉及担保人民事责任的再审申请和适用审判监督程序的案件，要区分刑事被告人本人担保与第三人担保、担保合同是否存在无效事由等情形，在考量债务人、担保人、债权人各自过错的基础上，按照《担保法》第 5 条、最高人民法院《关于适用〈中华人民共和国担保法〉若干问题的解释》第 8 条的规定，确定担保人应当承担的责任①，从而妥善处理民间借贷纠纷案件，服务金融改革大局。一些重大的、典型的案件，可以作为省内司法机关的指导案件进行发布，为公众提供可预期的司法裁判标准。

2. 司法能动推动破产重整。法院既是重整案件的审理者，又是重整程序的监督者，担当衡平、指挥、监督、协调等重要角色。②在我国破产重整制度尚不健全的情况下，浙江省内各级法院应发挥自己的能动性，积极促成企业重整成功，实现债务人及其债权人、出资人、职工、关联企业等各方主体利益共赢。首先，在我国管理人制度尚不完善的情况下，法院应充分发挥主观能动性，对管理人的选任严格把握。由法院直接指定律师团或清算组或其他中介机构为管理人，并引入竞争机制选任管理人。其次，重整案件审理过程中，法院主动与当地党委、政府加强沟通协调，做好相关债权人、职工的稳定工作。

3. 积极发展金融仲裁。适当扩大仲裁的范围，不应仅局限于原来的金融

① 《浙江省高级人民法院关于服务金融改革大局依法妥善审理民间借贷纠纷案件的若干意见》。

② 丛峰：《论破产重整程序中司法权的能动选择》，《探索社会主义司法规律与完善民商事法律制度研究——全国法院第 23 届学术讨论会获奖论文集》（下），第 1340—1341 页，2011 年 12 月 26 日（四川成都）全国法院系统第 23 届学术讨论会。

领域里的纠纷，如金融领域涉及企业破产等内容的，也应一并纳入仲裁的范围，最大限度地维护金融当事人的合法权益。此外，还要缩短审理期限，提高仲裁效力。例如，温州仲裁委员会在成立温州金融仲裁院的基础上，对《温州仲裁委员会金融仲裁规则》的内容进行了细化，建立仲裁金融综合改革快捷绿色通道。金融仲裁案件在受理、送达、组庭、举证、审理等方面的期限，要分别比普通仲裁案件缩短 3 天、5 天、10 天、20 天、60 天，提速幅度至少在 50% 以上。针对标的 100 万元以下的金融案件，适用简易程序，由一名仲裁员独任审理。同时仲裁实行"一裁终局"，案件组庭后一至两个月左右就能够结案，可为当事人节省时间成本。[①] 其他地方也可以此为借鉴，适当简化审理程序，缩短审理期限，及时化解金融纠纷。

（四）健全地方金融主体制度

1. 保障民营金融机构发展。允许民间资本依法进入金融领域组建中小金融机构，向民间资本放开金融领域。对于目前已经存在的非正规金融，要引导它们向规范化、合法化、机构化金融转变。首先，完善民营金融机构的市场准入机制。政府要降低金融准入门槛，允许那些股东人数、资本金、经营者资格及其他条件达到法律规定标准的规模较大的私人钱庄、金融合会等，进行注册、登记，按正规金融的要求规范管理和监督，使其转变为正规的金融机构。其次，完善民营金融机构的市场退出机制。对于不可救助和问题严重的中小金融机构，政府可以引导、鼓励其他有实力、有需求的金融机构按照市场原则全额收购其股份，并承接原中小金融机构的全部资产和合法负债，同时给它一定的税收减免优惠，使它在收购兼并后得以发展壮大。对于资不抵债、财务亏损的中小金融机构，地方政府和金融监管当局就要依法对其破产或撤销，通过成立中小金融机构资产管理公司来接受和管理这类中小金融

---

① 潘颖颖：《温州金融仲裁案件审理简化》，《温州日报》2012 年 8 月 28 日。

机构市场退出的托管和重组工作。①

2. 推动地方金融资产交易市场建设。推动地方金融资产交易市场的健康发展，更好地服务浙江本土经济的快速发展，引导证券公司规范参与金融资产交易市场的相关业务，更好地为企业特别是中小微企业提供股权交易和融资服务。在尊重地方产权交易机构交易股权这一现行做法的基础上，整合地方产权交易机构和地方股权交易机构两大板块，成立地方金融资产交易中心。政府作为监管机构，采取自律监管与政府监管相结合的监管模式，并与地方证监局形成良好的信息共享模式，及时向证监局汇报有关情况，证监局又与证监会形成良好的信息汇报工作，反馈交易中心运行情况及浙江地方的资本市场动态。同时，建立动态的信息披露机制与市场准入、退出机制，为交易中心构建有序的交易机制。

3. 重视金融消费者保护。浙江省应积极组建专门的金融消费者保护机构，与"一行三会"地方监管部门沟通协调，独立受理金融消费投诉；研究国内外金融领域消费者保护情况，制定浙江省金融机构消费者权益保护总体战略、政策法规，并对监管政策制定和执行中对消费者权益保护的充分性和有效性进行评估；协调推动建立并完善金融消费者服务、教育和保护机制，建立并完善投诉受理及相关处理的运行机制；统筹策划、组织开展金融消费者宣传教育工作；组织开展金融消费者权益保护实施情况的监督检查，依法纠正和处罚不当行为。为督促金融机构规范化经营，浙江省可以制定金融消费者保护工作考核评价办法，探索建立金融消费者保护评估体系。② 从省级层面将金融机构金融消费者保护工作情况纳入全省金融机构综合评价体系中，引导金融机构加强金融消费者保护。

---

① 陈时兴：《浙江中小金融机构发展动因、模式与对策研究》，《浙江学刊》2007 年第 3 期。

② 郭新明：《金融消费者保护体系建设：陕西探索》，《西部金融》2013 年第 1 期。

（五）保障地方民间融资渠道

1. 建立民间融资备案豁免制度。推动民间融资的登记备案制度，通过法律法规赋予备案登记机构行政主体资格、行政职权和行政责任。为了明确民间融资备案登记机构的权力来源，省政府可以以规章方式明确授权民间融资服务机构进行民间融资备案登记管理，或者由省金融办牵头设立省民间融资服务中心作为其所属机构。同时，相关法律法规须明确备案登记的义务主体、备案环节以及区分民间融资备案与否的法律后果。[①] 通过备案制度，可以监管借贷的合法性、借贷金额的大小、借贷资金来源、借贷利率、借贷期限等。对于备案的融资行为，应当建设有效的民间融资"安全港"，赋予当事人纠纷处理时证据上的优先效力，以及涉嫌违法时一定的豁免权限。

2. 加强对高利贷行为的规制。2010年国家实行通货紧缩政策以后，浙江中小企业贷款需求泛滥，但是民间资金相对稀缺，因此在浙江民间借贷市场里借款人处于优势地位，不断将借贷利率推高。高额的利率无疑增加了中小企业的融资压力，并且扰乱了国家正常的金融秩序。然而，我国法律对高利贷行为的规制几乎处于空白状态，通常只能以非法经营罪进行规制。为此，我们应当参考各地立法经验，考虑目前民间借贷的实际利率水平，设定一个明确的年利率作为追究高利贷放贷人行政或刑事责任的标准，规制高利贷活动。

3. 规范地方政府债务。目前，地方政府债务管理严重滞后于发展的需要，潜藏着巨大的风险。浙江应当通过制度创新纠正现行体制的内在缺陷，完善地方政府性债务管理框架。疏导存量债务，控制新增债务风险，疏控并举，探索建立动态监控和预警机制。同时，加强对地方政府融资平台公司的管理，制定管理办法，积极开展平台贷款的证券化工作。地方政府应当进一步改革融资体制，摆脱土地财政，加快金融创新，通过规范化、市场化的融资渠道，

---

① 李有星、张佳颖：《论民间融资备案登记的难点及其解决》，《法治研究》2012年第10期。

满足地方融资需求。

（六）加强地方金融风险防控

1. 建立政府主导的风控机制。浙江省应当设立风险处置领导小组，小组成员由金融办以及其他相关部门代表参加，紧急制定处置方案，明确职责分工、预防预警、应急响应和后期处置等内容。各部门代表在本部门职责范围内提出相当的处置意见，汇总成为风险处置纲领性文件。在风险防范和处置过程中，有关机构应当协同配合，完善信息披露制度，及时监测、统计、分析地方金融的运行状况，加强对存在风险的金融机构的管理和监督检查。

2. 强化对金融机构的风险管理。省金融办应牵头制定地方金融机构风险防范和改制重组方案，建立重大事项报告制度、金融机构联络员制度和地方金融风险专项调查制度。从公司内部治理的角度，在完善公司法人治理结构、建立资本补充渠道和对外信息披露机制的同时，加强地方金融机构高管人员的道德操守教育，防止道德性风险。另外要加强横跨银行、证券、保险金融风险防范的综合协调机制。政府加大对地方金融机构的政策扶持力度，重视对金融机构的扶持、培育和引进，支持地方金融机构改革重组、化解风险和历史包袱，切实帮助金融机构解决改革发展中的问题。

（七）加强金融犯罪预判工作

金融全球化、电子化在给金融业带来交易便捷的同时带来了更高的风险，金融犯罪已经从传统的货币、结算、信贷、信用证等金融业务拓展到诸多新兴业务，新类型的金融犯罪手段不断出现，对国家金融管制秩序的冲击不断加大。金融犯罪复杂性与金融活动多样性基本同步发展，表现形式日益复杂，犯罪与民事纠纷、行政违法相互交织，司法机关甄别难度日益加大。因此，对于新型金融犯罪，浙江政府可以牵头有关部门及研究机构，做好研究预判，保持理论的前瞻性和实践的针对性。

（八）推进金融法治文化建设

推进金融法治文化建设，首先应在地方立法、司法及监管过程中突破传统思维，保护金融创新。根据党的十八大精神，发展普惠金融，要让普通群众分享金融改革的成果。浙江省应当加强在全社会的法治宣传教育，切实提高人民群众的金融法律知识水平，增强金融风险防范能力，促进金融秩序稳定和经济持续平稳较快发展。主要从以下几个方面入手：第一，提升金融法治理念。强化金融市场中的金融公平理念，构建金融信用理念，政府在监管过程中要树立"服务性监管"的理念。第二，各部门合作推进金融法治宣传工作。政府与企业之间开展合作，并加强与金融监管部门的工作联系，同时注重发挥银行、保险、证券民间借贷服务机构等力量，加强协调、各司其职、各负其责，采取扎实有效的措施，形成工作合力，共同做好金融法治宣传工作。第三，培养省内金融法律人才。加强从业人员金融知识学习，转变高校的金融法治教育模式，培养复合型金融法律人才。

（九）构建社会信用生态环境

浙江省应当将民间借贷纳入征信体系，通过相互了解对方的信用、资金等情况，为借贷双方交易提供参考，提高民间借贷的效率，减少民间借贷的盲目性。依托地方金融改革试点的历史机遇，浙江省可在民间融资管理制度的基础上设立相应民间金融信用管理制度，包括民间金融征信制度、金融信用评级制度以及信用风险防范机制。具体而言，应当完善省内地方金融征信制度及金融信用评级制度、加快省内金融信用服务业发展、加强省内金融信用监督与失信惩戒机制、发挥行业协会自我监督与协调管理的作用，从而构建良好的浙江省社会信用生态环境。

民间融资的含义、类型及其法律特征

李有星　张传业 *

摘　要

在传统概念中，民间融资容易与非法集资、地下钱庄、放高利贷等负面内容相联系，民间融资与合法、违法以及非法集资的概念之间尚存在模糊区域。科学界定民间融资的含义、类型和特征等问题，对于指导政府制定符合实际的民间融资相关规则、规范引导民间融资都有重要意义。

关键词：民间融资；民间借贷；类型；法律特征

＊　本文原载于《山西青年管理干部学院学报》2011 年第 3 期。张传业，浙江大学光华法学院法律硕士研究生。本文系教育部 211 工程第三期建设项目"转型期法治理论、制度与实证研究"、"民间融资监管的研究"（2010NC08）、"我国企业融资创新及其法律风险防治"（2009NH02）等课题的部分成果。

民间融资作为我国金融体系的一个组成部分，已经成为正规金融融资方式的有益补充，在我国整个金融体系中占有巨大的份额，在促进国民经济迅速发展方面发挥着重要的作用。然而，一方面，国家对民间融资长期以来实行较为严格的金融管制，对民间融资尚缺乏系统的监管设计，缺乏有效的监管机构和监管措施；另一方面，民间融资处于隐蔽、分散状态，导致国家难以对其进行有效的监管。随着国家经济的发展和现实需要，民间融资合法化、阳光化，成为国内民间融资研究的热点和基点。在理论上如何界定民间融资及民间融资的类型和特征，成了制定民间融资规范必须解决的问题。

一、民间融资的界定

中国人民银行认为，民间融资是相对于国家依法批准设立的金融机构的资金往来而言的，泛指非金融机构的自然人、企业以及其他经济主体（财政除外）之间以货币资金为标的的价值转移及本息支付。[1] 世界银行认为，非正规金融可以被定义为那些没有被中央银行监管当局所控制的金融活动。即在发展中国家，那些为非法人部门（如小农户、生产者、零售商等）提供贷款的专业放款人、典当商、商人等，就是非正式金融。[2] 国外普遍将民间融资定义为在政府批准并进行监管的金融活动（正规金融）之外所存在的游离于现行制度法规边缘的金融行为，将民间融资界定为"非正规金融（informal finance）"。德国的 Heiko Schrader 认为，金融市场（而非机构）如果掌握在国家信用体系和相关金融法规控制之下，就是正规金融；反之，即为非正规金融。[3] Kropp 等认为，对正规金融机构而言，国家或政府通常会建立中央银行来进行调控，而那些在此调控以外的金融市场则被定义为非正规金

---

[1]　黄孟复：《中国中小企业融资状况调查》，中国财政经济出版社 2010 版，第 276 页。

[2]　World Bank. Informal financial markets and financial intermediation in four African countries. Finding: Africa Region, January 1997, No.97.

[3]　Heiko Scharrader, Informal Finance and Intermediation, Working Paper, No.252, UB&SDRC, Germany, ISSN.1936-3408.

融。①Anders Isaksson 认为，非正规金融部门就是某些经济部门的金融活动没有受到国家的官方监管和控制。②

学者们普遍认同民间融资是处于政府政策管制之外的、与正规金融相对应的、以营利为目的的一种融资活动，分歧在于，它是包含部分非法融资形式在内（也即民间融资是不是当然的合法行为），还是仅为中性的经济行为、资金融通行为。我们认为，民间融资本身是一种以货币资金标的的私人交易的中性行为，但由于选择的交易对象不同，交易目的、交易方式不同，履行的程序和采取的交易手段不同，有些民间融资符合合法属性，有些符合非法、违法属性，因此，民间融资概念中应当包含可能出现的非法融资形式，只有符合规范要求的民间融资才是合法的、受保护的。规范要求包括程序规范、信息规范、宣传规范、对象规范、利率规范、融资规模规范和融资资金用途的规范。

结合民间融资现有的实际情况，本文将民间融资定义为：在国家依法批准设立的金融机构之外，未由专门法律调整的，出资人与受资人之间以货币资金为标的的价值转移及以本息支付为形式的融资行为。理解民间融资定义需要注意以下几点。

（1）民间性。在本文采用的定义中，民间性是指相对于国家依法批准设立的金融机构而言的，泛指非金融机构的自然人、法人以及其他经济主体（财政除外）之间的行为，为了抽象概况，采用出资人、受资人的提法，可以更宽泛地容纳包括自然人、法人以及其他经济主体在内，但不限于此。

（2）融资行为。融资行为是指出资人与受资人之间以货币资金为标的的价值转移及以本息支付为形式的行为，通常可以采取借贷、票据融资、有价证券融资、私募集资等形式进行，具有主体的广泛性和手段的复杂多样性等

---

① E. Kropp, et al.. Linking Self-help Groups and Banks in Developing Countries. Eschborn：GTZ-VERLAG, 1989.

② Anders Isaksson. The Importance of Informal Finance in Kenyan Manufacturing. SIN Working Paper Series, 2002(5).

特征。

（3）本息支付。以本息支付为形式，是民间融资的重要特征，有的以基金、股权、投资、会员等名义进行的融资、集资，所出具承诺回报、分红等也体现为借贷型的本息支付形式。表现为借贷性的本金归还和高利息支付方式。

（4）未由专门法律调整的融资。民间融资范围很广，包括公司发行的债券、公司上市、股权私募融资等等。只是某些民间融资依照相关法律规定进行，已经由专门法调整。基于受专门法律调整的民间融资，本文将不再作专门的讨论，也不将此类融资纳入讨论的民间融资范畴。

（5）概念的中性。民间融资本身是中性的经济金融行为，即对民间融资本身不要求其具有合法性要件。民间融资作为一种融资形式，既包括国家法律明确予以认可的（即合法形式，比如私人之间调剂余缺的借贷），也包括违法形式的民间融资（比如非法集资），但更多的是游离于合法与违法之间的灰色地带的民间融资。民间融资行为是否应得到法律保护，要依据其发生融资交易的主体、程序、目的、方式、利率等要素来综合确定，民间融资中采用非法方式的，可以构成非法集资犯罪。

二、民间融资的类型

世界银行认为非正规金融可以分为以下三类：一是既非信贷机构，也非储蓄机构从事的融资行为；二是在借贷双方之间提供的完全中介服务（World Bank，1997）[①]；三是专门处理个人或企业关系的金融交易。中国人民银行根据交易主体、融资用途与利率水平的不同，将民间融资分为四种类型：一是低利率的互助式借贷。融资主体主要为自然人，融资双方关系密切，融资主要用于应付短期生活急需，融资规模小且大多不计利息或利息低微，即民间常见的"帮困济贫"借贷。二是利率水平较高的信用借贷。融资主体主要是个体及民营中小企业，以关系、信誉为基础，多用于生产性周转需要，融

---

① 姜旭朝、丁昌锋：《民间金融理论分析：范畴、比较与制度变迁》，《金融研究》2004 年第 8 期。

资利率水平主要依据借款人实力、信用情况商定或随行就市，这种以信用交易为特征的利率水平较高的借贷是民间融资的最主要方式。三是不规范的中介借贷。包括借助于正规中介机构的融资行为和以非正规中介组织为依托进行民间融资。近年来，地下钱庄、基金会、标会、银背等非法融资机构大大减少，但相继又出现固定的资金运作规则，整个融资模式类似于银行信贷的信息咨询公司、乡镇企业投资公司等新型的民间借贷组织，甚至出现专门为借贷双方担保的经纪人。四是变相的企业内部集资。由于缺乏系统、正规、运作成熟的创业投资基金，许多中小民营企业、个体工商户常以保证金、职工集资、合股经营、吸纳外地资金入股等形式直接从民间筹集资金，用以维持或扩大生产经营规模。

民间融资的类型主要有股权融资和债权融资两种。股权融资因为涉及注册公司和公司利润分红，有公司法和公司章程的规范依据，一般比较标准化和规范化；债权融资则很容易走入高利贷或非法集资的误区。本文采取列举与概括的方式对民间融资的类型进行分类。

（1）民间直接借贷。直接借贷泛指社会上自发的、分散的、一对一的借贷，是民间金融最原始和最普遍的形式，其主要用途是解决家庭困难或用于生活消费、小本生产、小本经营，也有部分企业资金周转临时急需。这种借贷方式由于灵活、方便，分布范围比较广，通常单笔金额较小，但总体规模较大。[1]根据借贷主体的需求不同，民间直接借贷可以分为生活性资金借贷和生产性资金借贷两种。生活性资金借贷一般存在于个人之间，主要是基于血缘、地缘或是朋友关系而发生的一种资金借贷关系。生产性资金的借贷主要发生在个人与企业之间、企业与企业之间，一般是为了生产周转的需要，借贷的周期有长有短，在一些特殊的行业还存在比较明显的季节性特点。根据借贷主体的身份不同，民间直接借贷可以分为个人之间借贷、个人与企业之间借贷、企业之间借贷。对于企业间借贷，尽管《民法通则》《合同法》等法律、行

---

[1]　中国人民银行杭州中心支行：《浙江省民间金融研究报告》，《浙江金融研究报告》2006年第1期。

政法规均未对其合法性及效力问题作出明确规定，但历来的政策特别是部门规章对其合法效力是不予认可的。[1] 有法院认为企业间临时资金调剂性借贷可以不作无效处理。

（2）企业内部集资（集股）。企业内部集资是指生产性企业为了加强企业内部集资管理，把企业内部集资活动引向健康发展的轨道，在自身的生产资金短缺时，在本单位内部职工中以债券等形式筹集资金的借贷行为。企业为避开"非法集资"嫌疑，不少集资名义上以集股方式进行，或称之为股权性集资。在宏观调控的紧缩态势下，企业集资的范围和规模均有扩大迹象。由于"未向社会公开宣传，在亲友或者单位内部针对特定对象吸收资金的，不属于非法吸收或者变相吸收公众存款"的司法解释的施行，公司企业、单位内部集资方式会很普遍。

（3）典当融资。在现有的金融体系中，国家赋予了典当业合法的经营地位。根据商务部、公安部颁布，2005年4月1日起施行的《典当管理办法》规定，所谓典当，是指当户将其动产、财产权利作为当物质押或者将其房地产作为当物抵押给典当行，交付一定比例费用，取得当金，并在约定期限内支付当金利息、偿还当金、赎回当物的行为。在实践中，由于大多数民间融资活动现在尚未得到法律的认可，为了规避法律的限制，一些民间金融组织常常以经营典当为名，从事纯粹的民间借贷业务，甚至与基金会等组织联手从事民间融资业务。

（4）合会（抬会、标会）融资。合会是一种集储蓄和信贷于一体的古老的互助性融资形式。合会一般由一个自然人作为会首，出于某种目的，组织起有限数量的人员，每人每期拿出约定数额的会钱，每期有一个人能得到集中在一起的全部当期会钱（包括其他成员支付的利息），并分期支付相应的利息。谁在哪一期收到会钱，由抽签或者对利息进行投标等方式来确定。

（5）基金类融资。基金类融资是一种常见的融资方式。我国存在许多合

---

[1] 龙翼飞、杨建文：《企业间借贷合同的效力认定及责任承担》，《现代法学》2008年第2期。

法的基金形态，如证券投资基金、信托投资基金等等，但同时存在着基金规范不足的问题，特别是各类私募基金。现在，存在着以各种名目设立基金，基金设立过程未经有关有权机构批准、核准，基金运作缺乏规则，基金收益受损缺乏约束等现象，在缺乏规则的情形下，民间基金融资成为非法集资的重要组成部分。

（6）证券性融资和票据贴现融资，有价证券融资表现为利用存单、公司债券、股票等进行融资。这些股票、存单、债券等，主要是借款人用于抵押、质押贷款，部分借贷人之间还要收取一定的差额利息或手续费。这种行为是当前较为流行的一种方式，在当前的民间融资中具有一定的典型性。证券性融资通常未经依法核准，擅自发行证券，或以发行证券为幌子吸收公众资金。

民间票据贴现指企业以未到期的银行承兑汇票向另一家企业贴现，这是在金融机构外进行的票据流通和转让。根据我国《票据法》和《商业银行法》的有关规定，我国是禁止从事民间票据贴现业务的。但是，由于金融机构的"贴现"门槛高、风险管理和内部控制意识强，而民间票据贴现简单、方便、灵活、民间资本充足，使得民间票据贴现在各地悄然兴起，尤其受中小企业的青睐。民间票据贴现不但为企业提供了一个新的融资渠道，也活跃了票据贴现市场。

（7）权益性融资。利用房产权益、土地使用权权益、林权权益、股权权益、基金权益、保险单权益、知识产权权益、采矿权益、股份认购权益、收费权益、债权权益等等各种动产和不动产权益开展民间融资。

（8）其他形式融资。除上述明确列举的民间融资类型以外，其他在国家依法批准设立的金融机构之外、未由专门法律调整的，出资人与受资人之间以货币资金为标的的价值转移及本息支付为形式的行为，也包括在本文的研究范围之内。

三、民间融资的法律特征

民间融资法律特征主要指民间融资特有并以法律意义表现的形态。

（1）民间融资主体和方式多样复杂。民间融资主体多、方式呈现多样化，不再仅仅是以直接借贷为唯一方式。主要表现为载体及组织形式多样化，包括融资中介、"银背"、私人钱庄、民间集资、商业融资、民间票据市场、民间合会和农村合作基金会等。据不完全统计，浙江省某市有典当行 14 家、担保公司 111 家（经工商注册登记）、寄售行 506 家（经工商注册登记），几乎均有民间借贷行为。与此同时，依托这些民间借贷组织，大量"资金掮客"活跃其中，形成了一个层级分明、分工有序的短期民间融资市场，融资规模不断扩大。[①] 这些民间借贷组织往往打着"投资理财"的旗号来吸引民间资本的投入，再以帮助企业解决资金需求的名义高利向外借款，从中赚取高额利差。

（2）民间融资利率高与借贷额度期限相关。民间融资利率要远远高于正规金融的贷款利率，甚至远高于同期银行贷款的基准利率的 4 倍。[②] 民间融资利率也会产生波动，决定利率波动因素在于资金供求双方供需关系的变化：如果供过于求，利率就会下降；反之，利率就会上升。民间借贷的利率通常是借贷的时间长利率低、时间短利率高，特别是短期银行转贷的调头的资金利率会高。如支付周利息为 2%~4%、月息 5%~10% 等。自 2010 年下半年以来，民间融资利率提高，一般为年息 15% 以上，而"短期融资""贷款置换"式暂时性融资的平均融资利率为月息 3%~5%，最高出现月息 10% 以上的情况。据杭州调研材料反映，该地民间融资利率水平较高，利率一般在 10%~20%，有的高达年率 35%，一般以天计算利率，低的为每天 0.2%，高的可以达每天 0.4%~0.5%；以月利率计算的，一般为 4 分至 5 分，高的达到 9 分至 10 分，大额民间融资利率相对低，小额民间融资利率相对高。

（3）融资担保方式简便且以信用借贷为主。其一，民间融资双方达成融资契约，办理手续简单，办理时间短，可以真正解决急用资金，实现资金的

---

① 盛文军：《宏观调控背景下浙江省民间融资新变化》，《浙江金融》2008 年第 3 期。

② 王江、程红萍：《非正规金融利率形成的因素分析》，《黄冈职业技术学院学报》2004 年第 4 期。

"及时雨"功能。正因为能够帮助急需资金者解决问题，融入方愿意承担远远高于正规借贷的利率。其二，借贷担保要求多样化。担保要求多样化是指借贷双方就双方可接受的方式提供担保，比正规金融的担保种类和担保手续灵活得多。如房产担保，双方商定只要将房产权证放在资金提供方就可以，无需办理真正的抵押手续。总之，双方商定即可满足担保，借贷期限灵活，长短期均可。民间借贷大多采取信用借贷方式，借贷中采用各种担保措施，如保证、抵押、质押等方式。

（4）民间融资行为边界争议多。民间融资常常与非法集资纠缠在一起，有时发生概念界定上的争议，如对公开宣传、亲友、不特定人、资金临时调剂、生产经营、资金捐客等等概念上的具体判断有争议。再如，非法集资的非法吸收公众存款必须同时具备四要件，其中的公开性要求是"通过媒体、推介会、传单、手机短信等途径向社会公开宣传"，借助媒体、网站、通讯等具有载体性质的、出自集资人或其代理人的宣传行为，由于其有共同的目的和意思联络，这种宣传认定是公开宣传没有争议，但对口口相传式借贷是否属于公开宣传则有较大争议。

（5）民间融资借贷高利率调整困难。现行法律规则在立法定位上是规范民间融资的融入方，还是融出方（放债方、放贷方），或是同时调整规范双方仍不确定。有的是主要调整融入人、集资人，保护放债人，如打击非法集资就是打击融入方，保护放债方，最终导致放债时不计后果，不能实现收债时就找政府的局面。有的是调整放债人，但对放债行为又缺乏市场化的体制与机制，最终就是限制放债人的资金配置行为和投资理财行为，法律上表述为任何人不得从事金融贷款业务，超出4倍同期银行贷款利率无效，法律不予保护，以及套用银行资金构成非法转贷罪等等。应当制定放债人条例，来规范放债行为，维护民间融资市场放债秩序。我国目前借贷的高利率超出银行同期贷款利率的4倍，实践中难以规制。法律规定，借贷约定超出4倍部分无效，但不反对当事人自愿主动履行，更没有法律规定高利贷为违法或要承担相应法律责任。虽然中国人民银行2002年的通知中涉及打击高利贷行为，但其在实践中并没有落到实处，民间高利贷款现象仍普遍存在。

（6）民间融资中非法集资入罪标准低。依据2011年1月4日施行的《最高人民法院关于审理非法集资刑事案件具体应用法律若干问题的解释》第3条规定，个人非法吸收或者变相吸收公众存款应当依法追究刑事责任标准是数额在20万元以上的，单位数额在100万元以上的；个人非法吸收或者变相吸收公众存款对象30人以上的，单位非法吸收或者变相吸收公众存款对象150人以上的；个人非法吸收或者变相吸收公众存款，给存款人造成直接经济损失数额在10万元以上的，单位非法吸收或者变相吸收公众存款，给存款人造成直接经济损失数额在50万元以上的；以及造成恶劣社会影响或者其他严重后果的。这种标准，要么因为突破的太多而无法严格执行，要么就是被规避。

（7）民间融资规范执行差，存在法律盲区。如最高人民法院《关于审理联营合同纠纷案件若干问题的解答》规定，"除本金可以返还外，对出资方已经取得或者约定取得的利息应予收缴，对另一方则应处以相当于银行利息的罚款"。《贷款通则》第73条规定，"企业之间擅自办理借贷或者变相借贷的，由中国人民银行对出借方按违规收入处以1倍以上至5倍以下罚款，并由中国人民银行予以取缔"等规定，但现实中，这些条款基本不执行，没有因为企业之间借贷而受到人民银行处罚的。又如《非法金融机构和非法金融业务活动取缔办法》第22条规定设立非法金融机构或者从事非法金融业务活动，构成犯罪的，依法追究刑事责任；尚不构成犯罪的，由中国人民银行没收非法所得，并处非法所得1倍以上5倍以下的罚款；没有非法所得的，处10万元以上50万元以下的罚款。在实践中，大多数的非法集资都是直接适用非法吸收公众存款罪直接定罪处罚的，行政机关在其中发挥的作用甚少。其中，对于民间中介借贷、企业内部集资、融资租赁、私募基金等机构融资行为，更是处于无人监管的状态。

民间融资法律责任之完善

李有星 杨 俊 罗 栩 *

摘 要

民间融资法律责任在我国现行民间融资法律体系中存在不足，民事责任缺乏明确的规定，行政干预预警机制缺失及行政责任未落实，以非法吸收公众存款罪、集资诈骗罪为代表的刑事责任过度强化。作为调控民间融资行为的法律责任规则与民间融资的现实需求明显不适应，亟需建立科学合理的民间融资法律责任体系。需要明确民间融资的民事责任，强化民间融资引导与规范性的行政责任，弱化民间融资刑事责任。

关键词：民间融资；法律责任；民事责任；行政责任；刑事责任

* 本文原载于《法制与经济》2011 年第 5 期。杨俊，浙江大学光华法学院硕士研究生；罗栩，浙江大学光华法学院硕士研究生。

　　民间融资的发展及民间融资行为的规范有赖于完善的法律责任体系与合理的法律责任。我国现行法律有关民间融资行为的法律责任规定存在缺陷，民事责任不足，行政责任虚化，过分强调刑事责任对民间融资行为的规范与引导作用。缺乏基础的民事责任和行政责任规则的民间融资畸形发展，与非法集资相生相伴，因合法融资起点而成为罪犯为终点的案例不计其数。[①] 民间借贷的最高法院的罚没规定[②] 可以不执行，集资诈骗者事先没有任何行政干预、警告与处罚。[③] 民间融资行为的科学规范应建立于民事责任、行政责任和刑事责任三者的综合调整基础之上，因此有必要革旧鼎新，对我国现行民间融资法律责任体系进行相应的完善。

一、民间融资的法律责任立法现状

　　民间融资[④] 在国外的文献中，多被称为"非正规金融（Informal Finance）"。世界银行（1997）将其定义为那些未被中央银行监管当局所控制的金融活动。

　　法律责任是与法律义务相关的概念，体现的是一种补偿、赔偿或惩罚机制，是由特定的法律事实引起的损害并由此产生的特殊义务。法律责任可分为民事责任、行政责任、刑事责任和违宪责任。民间融资的法律责任指的

---

① 如吴英案、孙大午案、因集资诈骗罪被判死刑的杜益敏案等等，开始集资时应属于合法的民间融资、民间借贷，后演变为犯罪。

② 见最高人民法院《关于审理联营合同纠纷案件若干问题的解答》的通知（1990年11月12日）：……（二）企业法人、事业法人作为联营一方向联营体投资，但不参加共同经营，也不承担联营的风险责任，不论盈亏均按期收回本息，或者按期收取固定利润的，是名为联营，实为借贷，违反了有关金融法规，应当确认合同无效。除本金可以返还外，对出资方已经取得或者约定取得的利息应予收缴，对另一方则应处以相当于银行利息的罚款。

③ 《贷款通则》第73条中有关企业借贷的处罚规则是："行政部门、企事业单位、股份合作经济组织、供销合作社、农村合作基金会和其他基金会擅自发放贷款的；企业之间擅自办理借贷或者变相借贷的，由中国人民银行对出借方按违规收入处以1倍以上至5倍以下罚款，并由中国人民银行予以取缔。"但从没有落实执行过。

④ 国内学者多采用民间金融这一概念来表示民间融资，多指在国家法定金融机构外的融资形式。

是民间融资的主体违反了法律法规关于民间融资的义务时所应承担的民事责任、行政责任和刑事责任。

现行法律对民间融资法律责任的规定分散于多部法律、行政法规与司法解释之中。其具体条文见下表。

我国现行法律中有关民间融资法律责任一览表

民间融资 的民事责任	《民法通则》第 106 条、第 117 条、第 134 条； 《合同法》第 107 条、第 207 条； 《关于对企业借贷合同借款方逾期不归还借款应如何处理的批复》； 《人民法院关于审理借贷案件的若干意见》第 10 条、第 11 条。
民间融资 的行政责任	《商业银行法》第 83 条； 《证券法》第 175 条； 《贷款通则》第 73 条； 《非法金融机构和非法金融业务活动取缔办法》第 22 条。
民间融资 的刑事责任	《非法金融机构和非法金融业务活动取缔办法》第 22 条； 《商业银行法》第 81 条，第 82 条； 《最高人民法院关于审理非法集资刑事案件具体应用法律若干问题的解释》第 7 条； 《刑法》第 176 条（非法吸收公众存款罪）、第 179 条（擅自发行股票、公司、企业债券罪）、第 192 条（集资诈骗罪）。

由以上的法律法规对民间融资法律责任规定可以看出，"最高人民法院通过对借贷纠纷发布的若干司法解释，如《关于人民法院审理借贷案件的若干意见》（1991）等，只承认公民之间以及公民与企业或组织间的融资为合法的民间借贷，适用自愿、协商的民法原则，把企业之间的融资视为金融监管框架内的行为。这些司法解释与《民法通则》《合同法》的原则性规定一起，完成了对民间融资行为的民事责任体系的构造"。此外，通过对未经批准的民间融资进行行政制裁或刑事制裁，形成了非法民间融资行政和刑事责任体系，与民事责任一起构成了民间融资责任体系结构。

民事责任、行政责任、刑事责任以不同的作用内容，实现对各种性质的法律越轨行为的控制。根据交易费用的理论，任何行为都会引发一定的交易成本（包括谈判成本、缔约成本、监督成本和惩罚违约成本），对于符合意思自治的合法的民事行为，行为的交易成本能够被双方所获得的利益所吸收，民事责任体系就能够对行为人之间发生的违约和侵权所造成的损失进行补偿或赔偿的形式解决问题。而一旦行为人的行为超出了相对人的范畴，侵犯了社会或他人的合法利益，造成了严重的损害，产生了"社会成本"时，单纯的民事责任就难以弥补社会的损失，这时就要动用行政或刑事责任。正如张守文在《经济法责任理论之拓扑》中阐述的"但是更多的社会交往，尤其是具有扩散性的融资行为等，所耗散的'私人成本'单纯运用私法制度无法计算和有效补偿，或者相关行为给诸多的私人主体乃至整个社会秩序造成损害，即发生了'社会成本'"。因此，过去以刑为主的民间融资法律责任体系存在一定的合理之处，然而在民间融资快速发展的今天，过去的法律责任体系的弊端逐渐暴露出来，成为民间融资发展的阻碍。

二、现行民间融资法律责任规范的缺陷

我国现行法律对民间融资法律责任的规定不足之处主要体现在以下几个方面。

（一）民事责任缺乏明确的规定

我国法律对民间融资民事责任的规定过于笼统，对于民间融资纠纷中民事责任的承担方式没有具体规定，只能参照民法通则和合同法的相关责任条款，而在实践中如民间借贷纠纷民事责任通常诉诸法院所能得到的结果也不过是还本付息。"投资大众所关心的是能否获得投资利润，亦即仅从经济观点着眼；追究违法者的刑事责任或者行政责任，对受害者而言，并无所增益（cold comfort）。"民间融资中融资双方最关心的是其经济利益一旦受损，应怎样得到补偿，因此作为私权救济的主要手段，民事责任应是民间融资纠纷中最常用的责任承担方式，而现行法律对民间融资民事责任承担方式的规定严重缺失，除《合同法》第 207 条外，甚少对民间融资纠纷中如何适用民

事责任作出规定，阻碍了民事责任作用的发挥。加上"民间融资大多采用口头协议、借条、便条等不规范方式运作，对借款的期限、利率、归还方式等要素规定不详或没有规定，导致一旦出现问题无法受到法律的有效保护"，因此有必要对民间融资民事责任作出更为明确的规定。

（二）行政责任适用受限

民间融资法律责任中的行政责任未能很好地发挥其应有的预警作用，使得民间融资一旦发生纠纷，通常跳过了行政责任这一环，而直接适用了刑事责任。如果说政府行政功能在起作用的话，我们看到的不是政府有关机关对民间融资者的服务、咨询以及干预、训诫、警告、责令停止、行政处罚等措施，而是以非法集资为由的行政查处，尤其动用公安的力量立案处理，也就是所谓处理非法集资活动。如果能够事先防控、行政干预，也许许多的集资者就会提早结束集资活动，那些资金的出借方就会停止自己的供应资金的行为。众所周知，刑事责任是最严厉的制裁，其产生的后果通常包含了对人身的强制。刑事责任对人身强大的强制性使融资人恐惧。得不到政府行政功能预警的融资行为一旦被认为是非法集资，等待集资者的将是刑法的严厉制裁，所以集资者实际上考虑再三，或是在无办法时才进行民间融资，希望渡过资金难关，没有想到的是集资往往走向犯罪。

（三）刑事责任过分强化

"刑事责任的'高强度'，反映了政府对民间融资'犯罪'倾向的高度警惕和严厉态度。当然，这种惩罚的强度也受到'发现概率'和'追究能动性'的影响；与此同时，广泛存在的行政管制则大大压迫了民间融资的自治空间，将法律责任覆盖到金融活动的广泛领域和环节中，也将自主融资压迫到狭小的角落里。"此外，民间融资刑事责任过于强化还表现在从严打击的刑事政策以及民间融资刑事罪的扩张适用。因为现有的刑法罪名体系在民间融资的规制上的分类不够细，无法涵盖民间融资过程中的各种不当行为，如以虚假陈述、虚构资金用途等方式，通过高额的资金回报为诱饵吸收资金的行为，并非"以非法占有为目的"，不能直接纳入集资诈骗罪中，也不是吸收资金放贷的非法吸收公众存款罪。

（四）法律责任的设计逻辑与角度不当

在我国民间融资法律责任中，更多的是资金融入方的责任，这存在着构建民间融资法律责任体系的角度与逻辑的问题。比如《商业银行法》第81条规定，《证券法》第175条规定及刑法中的非法吸收公众存款罪都是对资金融入方的法律责任规定，在很多的实践案例中也可以发现此类问题，比如孙大午案，惩罚的也就是孙大午这个融资者，而不问资金融出方是否有错。其实民间融资涉及民间融资双方的利益，民间融资主体双方都有遵循相关法律的义务，民间融资主体除民间融资的中介[①]外，可以分为资金融入方（融资者）和资金融出方，而当前我国法律多对资金融入方提出义务，对资金融出方除了依《合同法》的相关规定和《人民法院关于审理借贷案件的若干意见》第十条、第十一条规定外，几乎没有什么更严厉的法律责任了。这容易造成民间融资双方权利义务的不平等，不能从资金来源的角度来规定法律责任，是我国非法集资和高利贷屡禁不止的重要原因之一。

三、完善民间融资法律责任的设想

不合理的民间融资法律责任设计，不仅无法体现司法公正，阻碍了我国民间融资自身的发展，也严重影响了我国建设社会主义法治国家的进程，因此，完善民间融资法律责任体系势在必行。

（一）明确民间融资的民事责任

"民事责任乃某人对于他人之权利或利益，不法地加以侵害，而应受民

---

① 如吴英案中林卫平等资金掮客。

事上的制裁。"我国现行法律只有民事责任的原则性规定，并没有关于民间融资纠纷中如何承担民事责任的规定，而民事责任之所以重要，在于民事责任的救济方式作用的发挥。因此明确民间融资的民事责任，就应肯定支付违约金和损失赔偿可以作为民间融资民事责任的承担方式。① "我国立法对违约金双重属性的折中认可，决定了当事人在合同中约定违约金条款的合法性，并且允许当事人约定惩罚性的违约金。在民间借贷合同中，应当允许当事人就逾期还款约定违约金，作为承担责任的一种方式。"明确了违约金的适用可以减少民间融资违约风险，利于民事责任补偿作用的发挥。美国第九巡回法院指出："我们想不出有什么会比允许受证券欺诈的出售者或购买者向联邦法院寻求损失赔偿，更能打击确立的商业市场之外和违反政府规章的交易，能更确定地阻止证券交易中的欺诈行为。"相同道理，民间融资市场中的损害赔偿也应能产生像是证券市场中损失赔偿所起的作用。《民法通则》第 112 条与《合同法》第 113 条对损失赔偿计算方式作了明确规定，若民间融资民事责任中能加入类似《证券法》第 79 条中承担损失赔偿民事责任的明确规定的条文，对于发挥损失赔偿在民间融资中的作用大有裨益。此外，明确民间融资民事责任的承担方式在一定程度上可以强化民事责任的适用，减少民间融资主体的违法作为。

（二）强化民间融资预警机制的行政责任

"行政责任就是在行政管理过程中，具有行政责任能力的行政相对人实施了不履行行政法上的义务和破坏行政管理秩序等的行政违法行为，由相应的作为行政主体的行政机关或法律法规授权组织所依法科处的一种负担。"行政责任一个重要功能之一即在于预防犯罪。"行政违法和犯罪虽然有量和

---

① 比如对借款方来说，资金若不能按时到位可能就会引起其应得利益的减少或损失的增加；对贷款方来说，若借款人不还款，其资金链可能就会出现问题，后果严重。而在实践中法院判决借贷纠纷通常不过是还本付息，难以阻止违约的发生，若是规定了支付违约金和损失赔偿后，就可以补偿受害方的损失，也可以减少民间借贷违约的发生。

质的差别，行政责任和刑事责任也不一样，但二者并没有不可以逾越的鸿沟。行政违法继续发展就可能成为犯罪。"我国现行法律虽然对民间融资规定了很多行政责任，但在实践中通常未能真正实现。在这之中，一个重要原因是"金融监管、工商行政和公安机关等管理部门社会职能的缺失，不作为或乱作为致使受害者难以获得足够的事先警示和事后救济，客观上是对这种犯罪的纵容"。因此，在强化行政责任的同时，另一重要任务即是对民间融资监管及规范化引导的强化。如何监管及引导，一方面从"治标"的角度，加大打击力度，逐步取缔"无法合法化"的地下金融机构，另一方面从"治本"的角度出发，对在民间长期存在的、对金融秩序扰乱不明显的地下金融机构逐步让其"经营合法化""活动地上化"。民间行政责任之所以无法发挥作用，政府被动作为是主要原因。当集资者资金链断裂，集资行为浮出水面时，政府才进行打击。政府对民间融资中介机构的作为主动化，利用政府监管的手段逐步改善民间融资的中介机构，使得非法集资渠道减少。[①]

（三）弱化刑事责任

过去的责任体系对民间融资的规制之严，使得民间融资被限制在很小的空间内，中小企业能够进行融资的渠道非常有限，而一旦进行民间融资就可能承担刑事责任，刑事责任通常又不足以补偿社会的损失，这就造成了一个恶性循环，越来越多的中小企业因融资问题或链而走险逃避法律，或破产倒闭。"我国现行金融法律规范中的义务性规则与权力性规则在资源配置上本来就很不平衡，如果金融法律责任所占利益空间再继续扩张，不仅法的正义价值会受到破坏，法的利益价值同样也得不到保证。当主体感到利益平衡受到损害时，在主体付出的法律责任代价小于因主体违法而换来的收益时，主体往往就会做出挑战现有法律规则的选择，从而使得现行规则的效力适得其

---

① 如吴英案中，吴英的资金基本来自林卫平等 7 名资金掮客，这 7 名资金掮客就如地下金融机构，如果他们的资金借贷合法了，那么吴英的非法集资就难以产生。参见《吴英非法集资链条大白天下》，《第一财经日报》2009 年 4 月 7 日。

反，南辕北辙。""法律是一种规则，是一种稳定可靠的预期，它用来降低市场经济中发生的费用，以达到效益和效率最大化。"然而现行法律责任的规定却不能达到上述的目的，使得民间融资的法律责任在实践中的适用不停地遭到质疑。刘媛媛认为像非法吸收公众存款罪之类的金融犯罪，并没有很强的违反社会伦理性，是行政犯的一种，即是由于法律的规定导致的行为人犯罪，他们犯罪时或许存在一个良好的动机，由于动机的实现在现存制度的约束下无法达成，才铤而走险。因此，仅仅依靠刑法的制裁难以减少和杜绝此类犯罪，防范此类犯罪，根本而言要从制度上着手，从金融法律制度上作深层次的考察。因此弱化刑事责任就不应一味地打击民间集资，更不能扩张刑事罪的适用范围。融资本质上是一种市场行为，是资金供求双方在市场中博弈的过程。民间融资法律责任更多地应体现为一种民事责任，而非刑事责任，讲求对民间融资向合法的方向进行引导，是开源，而非节流。

（四）从资金融出方角度设计法律责任

借鉴香港特别行政区《放债人条例》，从资金融出方角度对民间融资法律责任进行规定可以打开当前民间融资的困局。我国民间融资高利率行为以及民间非法集资屡禁不止的一个重要原因，在于我国法律多是站在融资者角度来规定资金融入方的法律责任，对资金融出方规定的法律责任过少。比如《人民法院审理借贷案件的若干意见》第 6 条规定民间借贷的利率可以适当高于银行的利率，各地人民法院可根据本地区的实际情况具体掌握，但最高不得超过银行同类贷款利率的四倍（包含利率本数）。超出此限度的，超出部分的利息不予保护。由此条可知，只是不保护高利贷，而未规定高利贷非法，那么民间融资合同上规定 4 倍以下的利率，在实践操作中远高于 4 倍的利率怎么能够禁止？而香港《放债人条例》第 163 章第 24 条第 1 款规定任何人（不论是否放债人）以超过年息百分之六十的实际利率贷出款项或要约贷出款项，即属犯罪。第 24 条 a 项规定一经循简易程序定罪，可处罚款 $ 500000 及监禁 2 年；b 项规定一经公诉程序定罪，可处罚款 $ 5000000 及监禁 10 年。从该条款可以看出，《放债人条例》直接规定了高利贷即是犯罪行为，而高额的罚款和监禁即是对该行为的制裁。这样就规制了资金融出方，从资金来源角度限制高利贷的产生。逻辑的重要性在于不同的思维逻辑产生截然不同的结果，立法的逻辑应同时关注当事人双方，而不应只偏重一方，因为责任的产生有时候是双方的同时作用。试想如果我们对放债人角度规定其不得对哪些融资者进行放贷，那么就从资金来源地角度切断了非法集资的途径。

四、结语

民间融资法律责任存在的缺陷阻碍了民间融资的自由发展，完善民间融资法律责任体系势在必行，改变民间融资法律责任设计的角度，明确民事责任，弱化刑事责任，发挥行政责任应有的作用，应成为当前完善民间融资法律责任体系的重要线索。此外，民间融资的形式多种多样，而相应的法律责任设计还难以应付实际的需要，因此，应加快民间融资的相关立法进程，从而规范民间融资的发展。

民间金融监管协调机制的温州模式研究

李有星 *

摘　要

我国民间金融、互联网金融发展迅速，但因国家采用分业监管的模式，民间金融缺乏监管及监管协调机制。无论是正规金融领域，还是民间金融领域，建立金融监管协调机制意义重大。民间金融监管协调机制的重点是：中央和地方监管分工的协调、地方政府与驻地国家金融监管派出机构的协调、地方政府各部门之间的协调、地方金融监管部门与其他执法司法部门的协调，以及行业自律、信息共享、联合执法检查、风险防范处置等的协调。温州通过地方性法规已经确立了民间金融监管及其监管协调机制等制度。

关键词：民间金融；互联网金融；分业监管；监管空白；监管协调

★　本文原载于《社会科学》2015 年第 4 期。本文系浙江省社科规划优势学科重大课题"民间金融市场治理的法律制度建构及完善"（项目编号：14YSXK01ZD）的阶段性成果。

　　我国长期来实行分业经营、分业监管的格局，随着金融控股集团、互联网金融、民间金融等新金融的迅速发展，在不改变国家金融管理体制的情况下，亟需做的就是建立和完善金融监管协调机制。对于民间金融，已不再是应否允许其存在的讨论，而是要解决其如何规范发展、如何监管及其监管协调的问题。民间金融参与主体广、行为复杂、监管缺失，调整的法律制度缺乏。相应的是民间金融市场秩序混乱，非法集资、金融欺诈等不断发生，金融风险不断聚集，风险时有暴露。互联网金融的 P2P 借贷、众筹、理财等异常活跃，催生对民间金融监管、互联网金融监管常态化制度建设的进程。就民间金融监管及其监管协调机制的问题，《温州市民间融资管理条例》对此作了较好的制度安排，创造出了特色的民间金融监管协调机制的温州模式。

一、民间金融监管及其协调机制的提出

　　我国没有民间金融的确切定义，但存在实质的民间金融。在国内外研究中，所谓的民间金融，又称非正规金融，通指没有被中央银行监管当局所控制和监管的金融活动。中国人民银行对民间金融没有作出界定，但界定了民间金融的主要形态——民间融资，认为民间融资是相对于国家依法批准设立的金融机构的资金往来而言的，泛指非金融机构的自然人、企业以及其他经济主体（财政除外）之间以货币资金为标的的价值转移及本息支付。因此，可以概括认为民间金融通常是指游离于正规金融监管体系之外的金融活动，包括民间借贷但不限于民间借贷，还包括定向债券融资、定向资金集合、私募基金、票据直接交付、应急转贷、委托理财、融资租赁、典当、融资担保、证券配资、合会、资产管理、并购融资、集合投资计划[1] 等融资形态。[2]

　　我们现在通常说的缺乏民间金融的法律制度，主要是指缺乏承认民间金融合法化的市场准入制度、合法经营的业务制度、民间金融的诚信制度、民

---

① 杨东：《市场型间接金融：集合投资计划统合规制论》，《中国法学》2013 年第 2 期。
② 李有星：《民间融资规范与引导对策研究：以浙江为例》，《金融法律评论》（第 3 卷），中国法制出版社 2012 年版，第 32 页。

间金融的程序制度，以及民间金融中的反欺诈、内幕交易、操纵等制度，包括民间金融主体的市场退出制度。在互联网金融时代，归根到底还是缺乏非网络形态下的民间金融管理制度，由于缺乏基础性的民间金融法律制度，当民间金融行为在线上的互联网运作时候，显得更加没有约束。以往"民间金融合法化"命题的提出源于我国民间金融不仅从来没有得到正式承认，而且还一直是打击对象。简言之，源于民间金融的"非法性"认识。[①] 现在面临的是民间金融在合法化基础上的如何规范发展，特别面对着从事民间金融行为的主体缺乏市场准入标准、市场行为标准、市场风险、信息披露标准、市场退出标准的时候，正常的反应是加强监管及其监管协调。可是金融监管必须得到法律的明确授权，我国也不例外，遗憾的是法律仅仅授权给"一行三会"，而且均是正规金融领域的金融机构或金融业务的监管，根本不涉及民间金融领域的监管。

民间金融监管涉及中央到地方的金融监管机构的纵向监管以及各民间金融行业间横向监管的双重问题。在金融创新积极发展的背景下，在新型小微金融、互联网金融领域以及传统的民间融资领域，中央和地方、"一行三会"与地方金融监管机构之间均存在着监管职责不清晰、监管协作不通畅等问题，监管真空和监管套利由此出现，并有可能危及地方金融的稳健运行。因此建立有效的民间金融监管协调机制成为亟待解决的法律问题。国务院办公厅《关于加强影子银行监管有关问题的通知》也初步涉及中央和地方民间金融的监管协调机制，指出要加强监督管理协调，重点对跨行业、跨市场的交叉性金融业务监管进行协调。

民间金融监管协调合作可以改善信息不对称状况，加强地方金融监管机构与中央金融监管机构的沟通协调，有利于金融监管机构之间的协调合作，有利于影子银行的监管，有利于互联网金融的监管，有利于维护区域金融安全稳定。民间金融业也是高风险行业，金融风险具有突发性强、波及面广、

---

① 高晋康：《民间金融法制化的界限与路径选择》，《中国法学》2008 年第 4 期。

危害性大的特点。民间金融其实与银行、证券、保险等均存在着各种联系、相互传导的机会和通道，无论其中哪一部分发生金融风险，都会以某种方式波及、蔓延到其他领域。特别是互联网金融的涉众性放大了民间融资的风险，既包括向非法集资演变的法律风险，又包括信用风险传导范围的扩张、传导效率的提升。加强民间金融监管及其协调合作，共同磋商、及时处理金融监管中出现的问题，对于防范和化解区域性、局部性金融风险，维护金融安全十分重要。[①]

二、民间金融监管协调现存的基础条件

（一）分业监管下的民间金融监管真空

目前，我国金融监管体制是分业经营、分业监管模式。这种监管体制和监管模式给民间金融留出了巨大的生存和发展空间。民间的影子银行出现和运行也有金融体制和监管体制不足的因素。按照国务院的规定，我国影子银行主要包括三类：（1）不持有金融牌照，完全无监督的信用中介机构，包括新型网络金融公司、第三方理财机构等；（2）不持有金融牌照，存在监管不足的信用中介机构，包括融资性担保公司、小额贷款公司等；（3）机构持有金融牌照，但存在监管不足或规避监管的业务，包括货币市场基金、资产证券化、部分理财业务等。[②] 有学者提出中国影子银行体系包括：非保本类银行理财产品、未贴现银行承兑汇票、国企委托贷款、信托业务（包括信托贷款、扣除证券投资信托）、小额贷款公司、典当行和互联网金融公司。[③]分业监管体制给民间金融以及非传统的金融业务领域留有监管真空，对有些金融业务谁也不监管，谁也管不了，监管部门协调难度大，监管成本高。[④]

---

① 　张强、王忠生：《我国分业监管协调合作的制度安排思考》，《金融与保险》2005 年第 4 期。

② 　国务院办公厅《关于加强影子银行监管有关问题的通知》。

③ 　李俊霞、刘军：《中国影子银行体系的风险评估与监管建议》，《经济学动态》2014 年第 5 期。

④ 　黄盛华：《金融分业监管亟待建立有效协调机制》，《体制改革》2006 年第 6 期。

分业监管的结果是民间金融缺乏中央层面的监管者，而地方政府层面监管无法可依。中央层面、地方层面均无法协调监管民间金融问题。

（二）互联网金融的监管不足

互联网金融的发展正在悄然改变整个金融体系的竞争格局，使银行、证券、保险业务之间的界限更加模糊，超过了现有混业经营的界限，甚至混淆了金融与非金融的界限，这些因素使得单体风险与系统性风险进一步交织在一起，风险的跨业、跨境、跨机构、跨市场传染使防范风险的任务更为艰巨。[1]针对大数据时代的互联网金融，金融监管机构需要大联合，合作协调以适应监管需要，互联网企业向传统金融的渗透来势汹汹，传统金融业不改变就会被改变。[2]我国金融监管层针对互联网金融出台了一些监管政策，然而，就监管实际效果看，监管层缺乏有效预判和监管措施，造成监管滞后，且缺乏有效的监管协调合作机制。"余额宝"出现时，银行存款的大转移对银行业冲击最大，但银行业监管机构缺乏应急措施，而能够监管"余额宝"的居然是基金监管者。因此，互联网金融监管需要"牵头人"制度，通过互联网金融监管协调机制，实现对互联网金融跨界业务的监管和调节。美国1933年的《证券法》其实是一部证券融资法，而证券范围定义十分宽泛，不仅包括股权，还包含一些权益性质的债权。[3]互联网金融采用的向公众提供的金融工具基本上可以归入证券法的调整范畴，美国监管当局（SEC）能够对P2P网贷、众筹等迅速作出监管反应，继而开展规范化监管，合理有序地发展互联网金融市场。美国SEC在2008年认定Prosper向投资者分销债权凭证实际上是一种发行证券的行为，应受SEC的监管。[4]美国证监会通过对"证券"

---

① 王兆星：《金融监管的再定位》，《中国金融》2014年第13期。

② 翟伟丽：《大数据时代的金融体系重构与资本市场变革》，《证券市场导报》2014年第2期。

③ The definition of security includes, among other things, "notes", "bonds", "debentures", and "evidence of indebtedness". Securities Act 2(a)(1), 15 U.S.C. 77b(a)(1)(2010).

④ Securities Act Release No.8984, In the Matter of Prosper Markerplace, Inc., Nov.24, 2008.

含义的解释，将开展 P2P 业务的 Prosper 公司纳入监管范畴，虽然证监会的行为招致非议 ①，但毕竟 P2P 网贷行业有了监管主体和规范发展的基础。而另一种股权众筹的行为也归入了 SEC 的监管，这样一来，美国对于互联网金融的融资理财方面基本实现了监管覆盖。而我国却将大量符合证券特征的投资合同等融资工具排除在证券的范围之外 ②，目前的互联网金融行业是在"无门槛、无标准、无监管"的状况下开展的。从某种意义上讲，现有的互联网金融创新有的是钻了监管的漏洞，从事一些网络金融业务，这是不规范的，是对现有的金融法律规定和监管体制发起的挑战。2014 年 4 月，中国人民银行牵头组建的中国互联网金融协会已正式获得国务院批复，并初步明确人民银行、证监会、银监会分别监管互联网金融的第三方支付、P2P、众筹。总之，对于互联网金融的监管缺乏，相应的监管协调就更加困难。

（三）民间金融监管缺乏法律授权依据

国家对金融的监管，也包括对民间金融、互联网金融的监管，需要有基本的法律制度作为保障，以确保金融监管机构实现"依法行政、依法监管"。目前为止，国家层面的法律、法规仅仅局限在授权"一行三会"等机构对正规金融机构和业务的监管，而没有涉及对民间金融机构及其业务的监管。我国《中国人民银行法》《商业银行法》《银行业监督管理法》《证券法》《信托法》《证券投资基金法》《保险法》明确授权中国人民银行、中国银行业监督管理委员会、中国证券业监督管理委员会、中国保险业监督管理委员会的金融监督管理职责和监督手段。除此以外，没有法律直接规定、法规授权给其他机构行使金融监管的职责和手段。对应予"一行三会"所管辖范围内的业务，采用分业经营、分业监管的模式，其结果是监管协调机制缺乏，监管空白出现。《中国人民银行法》第 9 条规定，"国务院建立金融监督管理

---

① Andrew Verstein. The Misregulation of Person-to-Person Lending. UC Davis Law Review, 2011, 45(2): 445-530.

② 杨科：《对中国互联网金融问题的反思与健康发展建议》，《中国金融家》2014 年第 5 期。

协调机制，具体办法由国务院规定"。但迄今为止，国家中央层面的金融监管协调机制尚未真正建立，国务院没有以行政法规确定金融监管协调制度。按照"依法行政"的思路，国家中央层面的"一行三会"在没有新的法律、法规规定出台之前，无法对民间金融的行为主体进行监管，更谈不上监管协调。而地方政府及政府各部门，对民间金融的监督管理更是缺乏法律、法规的依据。

（四）部门规章规定的民间金融分散性监管现状

我国民间金融缺乏法律授权的统一监管，民间金融的部分具体业务形态，如典当、融资性担保、小额贷款、私募债券、私募股基金等，分散在不同部门监管。当前，对民间金融的监管在横向或纵向维度上都存在一定的问题。前者指各地方金融办、中小企业局、银监局、证监局、发改委、经信局甚至财政局都不同程度介入民间金融的监管领域，各地方政策不一，格局不一，甚至有些县市，同机构每年的监管主体都在变化，最终使得民间融资机构很难跨地域生存发展。后者是指财政部、工信部和商务部尚未统一省、地市、县区三级相关部门的监管标准，监管数据不能共享，由此导致民间金融企业多次进行数据报送，在一定程度上耗费了企业的人力物力，也影响了监管的效率。以杭州地区为例，当下民间金融监管权分配关系可以在下表中得到直观展示。

民间金融监管权分配关系表 [①]

民间金融机构	准入管理	日常监管		违规执法机构
		垂直金融监管机构	地方金融监管机构	
P2P/P2B	无	无	无	无
私募债发行机构	沪深交所/股交中心	证监会	无	证监会
小额贷款公司	省级金融办	银监会、人行	县级工商局 [①]	银监会、人行
融资性担保公司	省级中小企业局/省级金融办（以5000万元注册资本为分界线分级审批）	无 [②]	县级工商局、经信委、发改委、金融办	省级中小企业局、省级金融办
典当行	各级商务部门	无	地方贸易局/商务局	省级商务主管部门
私募股权基金	沪深交所/股交中心	证监会	省级发改委	证监会
民间资本管理公司	省级金融办	无	地方金融办	无
民间融资服务公司	省级金融办	无	地方金融办	无
民间金融信息服务公司	省级金融办	无	地方金融办	无
众筹机构	监管空白			
合会/标会	监管空白			

---

① 根据《浙江省小额贷款公司融资监管暂行办法》的规定，对于存在非法集资以及非法吸收公众存款等严重违规、危害地区金融稳定与安全的融资行为的小额贷款公司，根据工商部门的提请，县（市、区）人民政府有权采取措施。所以，对小贷公司的融资监管，目前实质上是由工商部门这个"非金融部门"履行着。融资性担保机构属于地方金融，实行属地管辖。虽然银监会牵头了部际联席会议，但在实践中，并不直接参与对融资性担保公司的监管。

三、民间金融监管协调定位与协调范畴

（一）民间融资监管协调的基本定位

在正规金融领域，不论在单一监管模式或多头的功能性监管模式下，均存在金融监管协调机制的必要。在单一监管模式下，金融监管协调机制主要是指综合金融监管机构与中央银行之间的协调。监管机构同中央银行之间的信息共享和工作协调更显重要。[1] 在功能性监管模式下的协调机制则是指牵头监管者与功能监管者之间以及功能监管者相互之间的协调机制。这种协调机制可以从四个方面来描述，即信息共享、事前协商、相互遵守监管规章和建立冲突解决机制。[2]

我国《银行业监督管理法》和《人民银行法》规定，我国法定的金融监管协调机制有两种：一是人民银行、银监会、证监会和保监会之间的监管协调机制，集中于信息共享；二是由国务院确立组建，涉及各金融监管主体在行使职能时的配合协调乃至争端的解决。早在 2004 年 9 月，银监会、证监会和保监会达成《在金融监管方面分工合作的备忘录》，但因金融监管协调仅限于三会不定期召开的监管联席会议，停留在政策层面，不是法定机制，内容也以"务虚"为主，实际收效甚微。随着 2013 年 8 月 15 日，国务院批复（国函〔2013〕91 号），同意建立由人民银行牵头的金融监管协调部际联席会议制度。其职责和任务包括：货币政策与金融监管政策之间的协调；金融监管政策、法律法规之间的协调；维护金融稳定和防范化解区域性系统性金融风险的协调；交叉性金融产品、跨市场金融创新的协调；金融信息共享和金融业综合统计体系的协调；国务院交办的其他事项。联席会议由人民银行牵头，成员单位包括银监会、证监会、保监会、外汇局，必要时可邀请发展改革委、财政部等有关部门参加。

---

[1]　洪艳蓉：《银行监管的海外经验概述与借鉴》，《证券市场导报》2003 年第 10 期。

[2]　伏军：《我国金融监管合作架构：回顾与展望》，《金融法苑》2004 年第 10 期。

依据对正规金融监管协调机制的理解，目前我国的民间金融监管协调机制的基本定位是：（1）立法明确监管职责和监管协调合作机制。通过立法明确民间金融的地方政府监管职责，并确立地方与中央的协调、地方政府各部门之间的协调，以及地方金融监管机构与驻地中央监管分支机构之间的协调。（2）确立民间金融的牵头监管机构和牵头机制。牵头监管就是在众多的监管争议主体中明确主导监管者，明确监管总牵头人、监管分工和监管职责，解决监管真空或盲点问题。特别是针对民间金融中出现的影子银行、互联网金融中的新的交叉或边缘业务，明确一个监管机构为牵头监管者，有效协调各监管机构的监管行动，并重点负责对该类机构或业务的监管。（3）联合检查执法行动。针对各类投资公司、担保公司、典当行、财务咨询公司、小贷公司、资本管理公司、证券配资公司、电子商务信息公司、互联网金融公司等等，其经营业务非常复杂，需要在地方金融监管部门的牵头下，开展以工商、公安、商务、发改委、税务等部门，以及中央金融监管机构驻地分支机构共同参与的联合检查执法活动。（4）多方信息共享的机制。信息共享机制是分业监管协调机制最基础的内容。为避免监管重复和出现监管缺位，需要各个监管机构根据各自职能分工，分别向其监管对象收集信息和数据，并负责统一汇总、编制各类金融机构的数据和报表。[1] 由于民间金融涉及主管的部门很多，相互之间所掌握被监管主体的信息角度不同，综合反映企业经营和财务状况有关的信息，以及民间金融趋势性资金流向、规模等信息，需要建立共享机制。（5）协调防范和处置金融风险。建立有效识别、监测、预警、处置单体风险和系统性风险的制度安排，切实守住防范系统性和区域性金融风险的底线。[2]（6）民间金融消费者、投资者的教育、投诉和纠纷解决的协调。地方金融监管机构与公安、工商、法院等之间的执法协调机制。协调机制可以设立主管与协管、主管前置、授权管理等制度。合力协

---

① 宋清华：《金融监管协调机制：国际经验与中国的选择》，《武汉金融》2007 年第 12 期。

② 王兆星：《金融监管的再定位》，《中国金融》2014 年第 13 期。

调监管是民间金融市场监管的本质属性。[①]

（二）民间金融监管协调的范畴

1. 中央与地方的分工与协调

在实践中，由于各地金融改革进程不一，目前民间金融主要的监管职责由地方承担。这有利于各地充分发挥当地特色，根据当地市场发育情况进行针对性监管，但是也存在两方面的问题。第一，地方金融管理体制中，权力博弈与行政掣肘同在，监管真空与职能重叠并存。尽管地方政府已成为影响金融发展路径和效率的显著因素，但其金融管理实践中还存在着诸如金融协调部门职能边界模糊、隐性干预大于显性管理、地方政府信用过度透支等问题，带来了削弱货币政策执行效果、影响金融稳定、损害金融市场效率等多方面的负面作用。[②] 第二，互联网金融企业、跨地域经营的民间金融机构，在各地各自为政的监管政策下难以高效率地经营。尤其是对于互联网金融企业，面对同一市场客户群，却面临宽严不一的监管政策，导致市场竞争不公平，制度逼迫处于监管劣势地位的互联网金融企业转入灰色经营，风险由此集聚。

随着金融创新的不断推进，银行、证券和保险领域的产品及服务不再有截然的分野，兼具银行、证券、保险属性的金融"混血"产品不断问世，并且渐成流行之势。分业监管、多头多层监管的制度设计，就不可避免地存在监管重叠和监管真空之情形。[③] 我们今天所说的民间金融，实际上已经相当于美国次贷危机发生前的现状，由于过分强调分业监管、联邦和州的分层监管，如 2005 年美国在联邦和各州层级，总共拥有 115 个金融监管机构从事金融监管，而且当时国会还在考虑增设监管机构。[④] 监管真空、重叠导致如

---

① 李有星：《民间金融市场治理的法治逻辑与制度取向》，《社科动态》2014 年第 11 期。

② 张雪兰、何德旭：《关于完善我国地方政府金融管理体制的思考》，《财贸经济》2011 年第 7 期。

③ Roberta Romano. Empowering Investors: A Market Approach to Securities Regulation. Yale Law Journal, 1998, 107(8): 2359-2430.

④ Elizabeth Brown. E Pluribus Unum-Out of Many, One：Why the United States Needs a Single Financial Services Agency. University of Miami Business Law Review, 2005, 14(1): 28-39.

像 CDO（债务担保证券）、CDS（信用违约掉期）这样的金融衍生产品，到底该由美联储、储蓄管理局还是证券交易委员会来监管？法律并没有明确，以至于临事缺乏监管者。对特殊目的实体、投资银行明确应受 SEC 和各州证券监管部门监管，然而，这些监管机构对信用评级机构却基本上不进行监管。[①]最后导致金融风险集聚，酿成金融危机。试想，如果监管者有很适当的协调机制，在这个机制中，联邦和各州金融服务监管者能够分享信息，评估风险在不同部门之间传递的可能性，即可协调和完善法规以应对风险。[②]我国现在民间金融的经营业务、衍生品种最多，打着"法无禁止则可为"的旗号，跨界开展金融活动。而监管部门以不属于、无权监管的理由，置之不管。地方金融监管部门大有积极介入监管之势，如不认真处理，长期的民间金融的监管空白会酝酿巨大的金融危机。

中央和地方的协调可见于两个层面：一是针对互联网金融和跨地域经营民间金融企业，由中央机构统一监管，数据采集也统一使用工业与信息化部统一开发的 ERP 软件；二是针对区域性经营的民间金融企业和点对点封闭式运作的企业，由地方制定适合当地市场环境的监管标准和监管方式，中央可共享数据，不干涉监管。对于民间金融企业经营范围划分有争议或综合经营难以划分的，应当建立对话协商机制，根据业务实质和指向市场群体的范围进行综合判断。

2. 地方政府与"一行三会"驻地机构的分工与协调

在"一行三会"驻地机构与地方政府的分工上，应以"驻地机构监管金融风险、地方政府引导市场发育、政府金融办协调监管冲突"的基本思路，由此发挥各自长处。防范金融犯罪、评估政策效果、监测市场风险三项监管职能，因其专业性强、与宏观货币政策耦合面广，不适合由地方政府负责，

---

① Vikas Bajaj, Julie Creswell. A Warning on Insurers Frays Nerves. New York Times, Jan. 31, 2008.

② Elizabeth Brown. E Pluribus Unum—Out of Many, One: Why the United States Needs a Single Financial Services Agency. University of Miami Business Law Review, 2005. 14(1): 28–39.

应交由"一行三会"驻地机构在各自体系框架内进行监管，地方政府经信局协助采集数据；引导市场发育的职责因其涉及民间金融服务对象的不同行业分布，由地方政府各机构分头引导，政府统筹协调，采用补贴、扶持等"软监管"手段进行引导能取得最大的效果。在监管过程中，产生权责争议或民间金融业务范围难以划分时，由政府金融办与其进行协调对话。

3. 地方金融监管部门与政府其他部门的分工与协作

目前，地方金融行业的监管职能虽然各地规定不一，但分散于多个部门却是普遍现象。如金融办负责对小额贷款公司、融资性担保公司设立的审核报批和监督管理，对民间资本管理公司、民间借贷服务中心、资金互助专业合作社进行审批和监督管理；商务局负责对典当、融资租赁公司设立的审核报批和监督管理；发改委负责对股权投资基金设立的备案报批和管理等。职能的分散不利于相关政策制定、经营数据统计以及管理服务创新，不利于地方金融资源的统一管理。

在监管实践中，金融办应当担负起协调政府各部门金融监管职责和非监管性工作职责的任务。在地方政府行政框架内，各厅（局）应针对性地对自身所联系的业务领域内所发生的民间金融服务进行管理、支持、引导，如商务局（贸易局）对涉及商贸流通企业的金融服务业务和涉及物权交易的民间金融服务进行管理和引导，发改委对涉及工程建设项目、民生项目的民间金融服务进行管理和指导等，而不是以机构类型为单一导向，介入审批、数据采集等环节。数据的采集分析应全部交由经信局负责，各厅（局）在同一数据库中分拣所需数据。另外，地方政府各厅局确需对民间金融机构进行现场检查的，应由金融办与行业协会、民间金融机构进行协调，并尽量避免对属于"一行三会"监管范围的内容进行重复监管。

4. 监管机关与公安司法机关的协调机制

民间金融行为约束受正规金融的业务、非法集资、非法证券活动、非法金融机构和非法金融业务规则约束。在现行的金融法制环境下，民间金融领域一直处于合法与非法的纠结中，法律从民事角度保护借贷关系，但没有构建起民间借贷、民间融资的安全港制度，民间借贷等融资行为也缺乏政府的行政性调节和干预，在不出现不能偿还债务、不发生金融风险的情况下，政府对存在的民间借贷现象视而不见，等到出现不能偿还等严重后果时，政府动用"公检法、政法委"的力量，以刑事犯罪的打击力度惩治借款者。从这个意义上说，凡开展民间融资的集资者时时受到"非法集资"的威胁。非法集资这一概念片面强调融资者一方在不法民间借贷中的责任，对以谋求高利贷收益的出资方予以无条件的保护。[1] 在当今的民间借贷中，巨额的借贷通常与企业生产经营活动相联系，对于商事活动的民间金融性质的借贷，目前法律显然缺乏有效的调整。在民间借贷判断上，应当赋予民间金融监管机构前置判断权，只有民间金融监管机构判断认定超出合法民间借贷范畴的，才移交公安等机关处理。另外，对民刑交叉案件的定性和处理上，也需要地方金融监管机构与公安、司法机关协调的机制。

四、温州金改中民间金融监管协调机制的确立

金融监管协调机制一般包括三方面的制度安排。第一是法律规定协调制度框架；第二是机构间签署谅解备忘录，对在法律中难以细化的协调、合作事宜等作出细化规定；第三是就操作性事项作出安排，以便协调机制实际可运作。国务院确立的温州金改赋予温州民间金融的地方立法机会，国内首部民间金融性地方性法规《温州市民间融资管理条例》（下简称《条例》）于2013年11月22日通过，确立了我国首个地区的民间金融（互联网金融）监管及监管协调制度。在此基础上，温州制定了《温州市民间融资管理条例实施细则》（下简称《细则》）。

---

[1] 李有星、范俊浩：《论非法集资概念的逻辑演进及展望》，《社会科学》2012年第10期。

（一）民间金融监管及协调机制的立法定调

国务院"十二五"规划明确提出完善地方政府金融管理体制。国务院"温州金改方案"中也明确提出要完善地方金融管理体制，明晰界定地方金融管理的职责边界。十八届三中全会提出，完善监管协调机制，界定中央和地方金融监管职责和风险处置责任。中央与地方分层管理的金融监管模式已初见端倪，民间金融监管的地方化趋势日益明显。建立与民间金融相适应的地方金融管理局成为必然。

监管重叠、监管空白并存是当下民间金融监管存在的核心问题。地方金融办、工商行政管理局、中小企业局、商务部门、经信委甚至财政局都不同程度介入民间金融的监管领域，各地方政策不一，格局不一，甚至有些县市，同机构每年的监管主体都在变化，导致民间金融机构监管环境复杂，很难跨地域生存发展。民间金融组织形态复杂多样，创新层出不穷，传统主体机构监管方式已无法适应民间金融的动态创新和发展。为此，需要地方民间金融的统一监管机构，这个机构就是地方金融管理局。明确地方金融管理部门负责指导、监督、管理本行政区域内的民间融资，其他有关部门依照各自职责负责相关工作。在地方金融统一归口监管的基础上，对民间金融开展功能性行为监管。功能性行为监管就是依行为性质将民间金融分为四类分别监管：第一类是经营债权的金融行为；第二类是经营股权的金融行为（包含合伙份额）；第三类是经营类信托的金融行为；第四类是经营或有负债的金融行为。

民间金融监管及其协调机制制度建设包括：（1）建立金融办与"一行三会"驻温机构的日常工作协调机制、紧急协调磋商机制，对突发金融风险事件，规定启动程序或响应机制，明确责任部门和人员。（2）建立温州金融信息共享平台，制定合理的共享机制或程序，明确金融信息数据的传递单位、时间、报送口径和范围、保密要求等事宜。（3）建立现场检查和非现场检查的协调机制，联合执法检查，避免检查重复或检查空白，提高工作效能。（4）建立地方金融主管机关与政府、工商、公安、商务、财政、法院等之间的执法协调机制。同时，要充分发挥民间金融的自律组织、行业协会的建设，发挥市场主体的自律功能。要提升地方政府的金融风险防范和处置能力。在风险防范和处置过程中，有关机构应当完善信息披露制度，及时监测、统计、分析地方金融的运行状况，加强对存在风险的金融机构的管理和监督检查。

（二）民间金融监管协调机制的基本内容

1. 地方政府与中央金融监管派出机构之间的协调

《条例》第4条规定，温州市人民政府和辖区内县级人民政府依法履行本行政区域内地方金融监督管理职责，建立民间融资服务、监督管理和风险监测、处置机制以及与驻温州的国家金融监督管理派出机构的沟通协调机制，制定支持政策和配套措施，鼓励和引导民间资金重点投向实体经济，优化民间融资环境。《细则》第2条规定，温州市人民政府和辖区内县级人民政府地方金融监管工作协调小组，应当建立地方金融监管协调机制，负责沟通、协调民间融资服务、监督管理和风险监测、处置等工作。在此，明确了地方政府的地方金融监管职责，要求地方政府建立"与驻温州的国家金融监督管理派出机构的沟通协调机制"。另外，也涉及指导、支持及依法履行职责规定。《条例》第5条第2款规定，驻温州的国家金融监督管理派出机构，依法指导地方金融管理部门民间融资监督管理工作。《细则》第32条对涉嫌非法集资等民间融资的违法行为，驻温州的国家金融监督管理派出机构应当依法检查涉事企业或者个人银行账户、信用等信息，并及时将检查结果反馈给温州市人民政府金融工作办公室。

2. 地方金融监管部门（主管）与政府其他部门的协调

《条例》第5条规定，温州市人民政府和辖区内县级人民政府地方金融管理部门负责指导、监督、管理本行政区域内的民间融资，其他有关部门依照各自职责负责相关工作。具体体现在：（1）工商行政管理局的工商注册登记的信息抄送义务。《条例》第34条规定，民间融资当事人和担保公司、投资咨询公司、典当行、寄售行等机构，不得非法吸收或者变相吸收公众资金，不得违法发放贷款。工商行政管理部门应当定期将担保公司、投资咨询公司、典当行、寄售行等机构办理工商注册登记的信息抄送地方金融管理部门。（2）公安书面及时反馈审查结果义务。《条例》第35条规定，地方金融管理部门发现民间融资涉嫌犯罪的，应当将有关材料移送公安机关。公安机关应当迅速进行审查，认为有犯罪事实需要追究刑事责任的，应当立案。《细则》第33条规定，公安机关对温州市人民政府和辖区内县级人民政府金融工作办公室移送的民间融资涉嫌犯罪材料进行审查，应当书面及时反馈审查结果。

3. 地方监管部门与自律组织的协调

为规范和发展民间金融，促进其协作运行和共同繁荣，民间金融业自律监管十分重要。民间金融业自律组织是民间金融业的各种协会。同业公会作为一种民间金融监管机构，可以制定同业公约，加强行业管理，协调各方面关系，协调维护有序的金融环境。①《条例》第30条规定，民间融资行业协会应当接受地方金融管理部门的指导，制定并实施行业自律规则，监督、检查会员及其从业人员的执业行为，对违反自律规则和协会章程的，按照规定给予处理。

4. 信息共享机制

《条例》第28条规定，地方金融管理部门应当对民间融资进行监测、统计、分析、管理和监督检查。地方金融管理部门和工商行政管理、经济和信息化、商务等有关部门以及驻温州的国家金融监督管理派出机构，应当建立民间融资监督管理信息共享机制。《细则》第30条规定，地方金融监管工作协调小组各成员单位应当指定专人负责民间融资监督管理信息的收集、整理、保管、交流等事务。各成员单位应当及时将民间融资活动的设立、登记、变更、注销、监管等环节中形成的相关材料和信息报送地方金融监管协调小组办公

---

① 陈志祥：《我国金融监管系统化的构想》，《金融与保险》1998年第4期。

室。地方金融监管协调小组办公室设在各级人民政府金融工作办公室。各成员单位不得泄露知悉的保密信息。

5. 应急处置协调

《条例》第 38 条规定，温州市人民政府和辖区内县级人民政府应当制定民间融资突发事件应急预案。民间融资突发事件应急预案应当包括组织体系、职责分工、预防预警、突发事件等级、应急响应和后期处置等内容。发生民间融资突发事件的，温州市人民政府和辖区内县级人民政府应当依法启动应急预案，采取应急处置措施，及时化解系统性、区域性民间融资风险。

民间金融市场治理的法律制度构建及完善探讨

李有星　李杭敏　王　琳 *

摘　要

民间金融市场需要法治化治理，研究民间金融市场法治治理逻辑，构建和完善相应的法律制度是依法治市的必然命题。民间金融市场法律制度包括民间金融市场主体法律制度、民间金融市场行为法律制度、民间金融市场监管法律制度、民间金融市场信用体系法律制度以及民间金融风险防范法律制度五个方面。相应法律制度的构建与完善在于应用合格主体的备案制度对民间金融市场主体设定准入标准；分别针对民间金融的债、股、合伙及类信托法律行为设计相应制度；明确地方政府主管民间金融的职能和监管制度，建立协调监管机制；充分发挥现有信用数据资源与信用评级机构的积极作用，构建民间金融信用体系；借助刑法规制和司法能动性防范与化解民间金融风险。

关键词：民间金融市场；市场行为；市场监管；信用体系；风险防范

＊　本文原载于《浙江金融》2015 年第 3 期。李杭敏，浙江大学光华法学院博士研究生；王琳，浙江大学光华法学院博士研究生。本文系浙江省社科规划优势学科重大课题（14YSXK01ZD）、温州大学金融综合改革协同创新中心资助项目"民间金融监管协调机制的模式创新研究"的部分成果。

2014 年 12 月，浙江省金融法学研究会召开"民间金融市场治理的法律制度构建及完善研讨会"，与会学者及金融实务工作者围绕该主题，就众多理论和实务问题进行了广泛而深入的探讨。根据研讨的集中度和深度，对会议发言和会议论文中的主要学术观点综述如下。

一、民间金融市场主体法律制度的探讨

浙江省法学研究会牛太升副会长提出，我国对金融领域法律制度的构建、完善正处于一个发展的阶段，特别是在民间金融领域，我国民间金融市场在充分发挥其积极作用的同时，还存在不少问题，对社会经济发展造成一定的不良影响。金融法学研究应以金融市场的建设作为重要任务，充分利用各种法律手段积极培育民间金融市场，对民间金融市场主体的准入条件、行业标准、约束制度进行法律制度的创新，对民间金融市场主体进行法治化治理，保障民间金融市场的有序运行。

李有星教授在民间金融主体的准入标准以及其实施保障方面提出：在正规金融领域，银行、保险、证券、信托、基金公司的设立、变更、终止均有法律的明确规定。但在民间金融领域，民间金融市场主体的进入无需像正规金融一般设定严格的审批和行政许可制度，对其准入要求应主要体现在合格主体的备案制度方面。（1）对符合备案要求的民间金融主体进行备案并公示；（2）因不符合备案条件而未经备案的主体开展民间金融活动需承担相应的法律责任；（3）备案制度可由设区的市级以上民间金融主管部门负责实施；（4）以公司为例，备案内容主要包括主要股东（出资人）资质、信用水平、注册资本、公司董事与高级管理人员等的专业能力等。

同时，在当前金融法学界重点关注的 P2P 网络借贷平台、互联网众筹融资平台为代表的新兴民间金融主体的相关法律问题的探讨中，王卓晖等认为，我国 P2P 网络借贷平台存在设立资金池、平台自身提供担保等中国式变形的问题，更涉嫌触犯非法集资的底线。规范 P2P 网络借贷平台，应明确其信息

中介的法律定位，坚持不吸储、不放贷、不以平台自身提供担保的原则。同时，界定准入标准和业务规范，建立行业自律体系，以行业认证的方式实现汰劣扶优。另外，完善 P2P 平台信息披露机制，按照国外成熟的 P2P 模式，至少应确保资金的来源和流向对投资者的透明，以保护投资者权益。

李延哲指出，规范互联网众筹平台应首先为我国的众筹市场提供良好的法律制度环境。根据美国 JOBS 法案为互联网众筹平台构建的法律框架，我国有必要借鉴其创新之处，在《证券法》修改之际设计股权众筹豁免与规范机制，主要包括：（1）放松公开发行的限制。放松对公开宣传的限制，采用"合格投资者"替代"特定对象"，适当提高发行对象人数的上线。（2）设计股权众筹合格投资者标准。采用严格的会员注册制，从投资者年收入、投资经验、信用能力等方面对互联网众筹平台的投资者进行筛选。（3）创新股权众筹监管对策。针对众筹平台采取原则导向性的监管方式，构建简易信息披露机制，明确众筹平台在发行人监督、投资者保护、资金安全方面的相关权利义务。

二、民间金融市场行为法律制度的探讨

民间金融市场行为，如站在融资方角度，其实质就是吸收资金的行为。我国民间金融市场以民间借贷为核心，还包括以股、合伙、信托等方式吸收资金的融资行为。限于法律约束，民间金融法律治理应坚持民间金融行为在非公开范畴内运行的底线，给予民间金融生存的合法空间，避免民间融资权利与自由的滥用。

在民间借贷法律问题的探讨中，豆星星教授等认为当前我国民间借贷法治存在一些制度性问题亟需完善。一是民间借贷的利率规范不科学、不完善。应在立法上明确区分经营性借贷和生活性借贷，作出合理的民间借贷利率最高限额标准，并对超过一定利率限额的高利贷行为设定处罚措施。二是民间借贷行为金融监管严重不足。可建立阳光化机制，借助民间借贷备案制等制

度设计将民间借贷行为公开化、合法化、有序化。

陈正江教授指出，近年来民间借贷纠纷案件与非法集资类刑事案件交织，形成刑民交叉案件现象增多，应从司法机关、政府部门和当事人三个层面对其进行妥善处理。（1）在司法机关层面。严格审查借贷关系合法性，建立金融案件联动处置机制，统一金融借贷刑民交叉案件的裁判尺度；准确把握刑法介入民间借贷的空间，尽可能帮助受害人挽回经济损失。（2）在政府部门层面。建立健全与司法机关的协同应对机制，加强法律、法规与民事诉讼的程序选择权。

陈飞博士认为，与正规金融不同，民间金融通过构建"类信托机制"来实现和满足其对信托功能之需求，以《温州市民间融资管理条例》中创设的新型民间融资工具"定向集合资金"为例，其运行机理与信托原理基本契合，但其对于合格投资者与投资方式等要求都更为宽松，应进一步完善该制度以发挥其积极作用。一是要明确募集资金的投向，限定其直接投资于单一法人自身的生产经营性项目。二是要完善财产独立的制度保障，借鉴证券投资基金的做法，由地方出台规范定向集合资金会计处理的相关文件，确立定向集合资金为会计核算主体，彻底落实其财产独立原则。

三、民间金融市场监管法律制度的探讨

浙江省银监局傅平江副局长认为，民间金融市场监管应注重市场化导向，尊重私权交易自由和民间金融习惯。一是要通过地方政府、社会中介的充分服务，引导规范民间金融，制定合理规则，指导民间金融趋利避害。二是要加强教育，增强民间金融参与主体的法律意识、风险意识、诚信意识。

浙江省公安厅经侦总队丁平练指出，在民间金融市场监管中应明确地方政府主管民间金融的职能和能力，优化地方金融管理的体制和机制。一是要强化民间融资市场的行业监管体系和各监管主体间的协调监管机制。通过建立政府部门间民间金融监管信息的共享机制，做到及时监测、统计和分析民

间金融市场的运行状况，加强对存在风险的民间金融机构的管理和监督检查。二是要加强民间金融市场的自律组织、行业协会建设，发挥其自律监管功能。

在民间金融市场具体监管制度构建的探讨中，吕贞笑等根据《温州市民间融资管理条例》构建了三类民间融资服务主体和民间借贷备案制度，结合浙江省民间金融市场监管的实践，提出"服务＋轻触式监管"的理念。并认为，民间借贷备案登记制度作为轻触式监管方式的创新，充分尊重了民间借贷的习俗性与私权性，但目前其主要存在两方面问题，需在实践的磨合中完善。其一，备案制度本身不足，如强制备案的标准过高、备案制度的审查方式不清晰、跨地区民间借贷备案制度不明确。其二，备案制度外部吸引力不够，备案材料的证据效力有待商榷，无法通过备案排除非法集资嫌疑，导致借贷双方备案积极性不高。针对制度本身问题，建议设置可调节、市场化的备案金额标准，确定形式审查为备案审查方式，细化跨地区借贷行为的备案制度；对于外部性问题，建议增强备案制度的积极意义，进一步夯实正向鼓励措施。

四、民间金融市场信用体系法律制度的探讨

现代社会经济活动是一个高度依赖于信用的网络化的动态系统。随着金融创新的深化，频繁出现的"跑路"事件充分显示了重塑社会信用体系的现实紧迫性。

王琳认为，目前我国信用体系存在诸多不足，如缺乏个人破产制度，缺乏民间信用征信体系，信用数据资源分割、信用信息应用领域狭窄、信用服务行业不规范等。应尽快完善信用体系，形成比较便利、可查询、可应用的信用信息系统。可在中国人民银行个人信用信息数据库和企业信用信息数据库的基础上，探索建立民间金融信用信息系统，并与目前的企业、个人信用信息数据库相对接，为放贷人提供有效的信用信息。

李海龙博士指出，应以民间借贷信用体系的建立作为民间金融市场信用制度建设的切入点，具体应从如下方面进行制度构建。（1）完善个人信

用评价体系。建立民间借贷信用数据库，收集自然人的个人基本信息、职业、家庭状况、收入和财产、借贷记录等关系个人信用的项目，并实现借贷双方信息的电子化管理。（2）通过民间担保机构建立企业信用制度。民间担保机构应当审核民间借贷行为的合法性和有效性，严格自律控制风险。（3）发挥第三方机构信用评级在民间借贷领域的积极作用。帮助民间借贷关系人通过独立的评价机构正确了解当事人的信用情况。信用评级机构需受到国家法律规范的制约，承担有效保护个人信息安全的义务，对信用机构的失信应有相应的惩戒制度。

设计科学合理的信用评估标准是发挥信用评级在民间金融市场积极作用的基石，朱明等认为，考虑目前银行融资占主流格局的实际情况，可由银行制定中小企业信用评估的标准，将中小企业的贷款额度与信用评估结果联系起来，建立和完善中小企业金融信用评级机制，培育与扶持具有良好信用的中小企业，推动中小企业的信用建设。

五、民间金融市场风险防范法律制度的探讨

叶良芳教授以互联网金融为例，指出民间金融市场风险主要表现为：（1）市场风险。因基础资产价格、利率、汇率等变动而导致互联网金融产品预期价值未能实现而造成损失。（2）信用风险。因在身份确认、信用评价方面存在严重信息不对称而导致"劣币驱逐良币"现象的发生。（3）流动性风险。在互联网金融活动中，沉淀资金如缺乏有效监管和担保，极易被挪用于投资高风险、高收益项目，从而使资金链断裂、支付危机等风险增高。（4）政策风险。互联网金融往往具有较强的同质性，因某一国家法律法规或者宏观经济政策的变化调整会导致互联网金融企业同一方向的操作选择，引起共振效应，从而对行业造成系统性冲击。同时，与传统金融相比，互联网金融具有更加突出的技术安全与数据安全风险。

在对民间金融市场风险的防范与处置中，应当尊重刑法的谦抑性，合理

发挥金融刑法的规制作用。一是要注意穷尽行政监管原则，对于民间金融产品的创新，如果未触犯现行有效的行政管理法规，则可以行政指导的方式予以必要风险提示。二是游离在违法与犯罪模糊边界的民间金融行为，具有"二次违法性"，应予以刑罚规制。

浙江省高院章恒筑庭长提出发挥司法能动性，防范、化解民间金融市场风险的观点。一是在企业破产审判方面。通过破产法律制度适用过程中破产制度文化和观念的推进，中小企业公司治理结构的完善、金融环境的改善、政府公共服务职能的发挥以及法院对破产审判工作的部署、破产管理人职能的发挥，可以有效化解民间金融市场内中小企业担保链、资金链危机。例如在破产预重整程序中，采取政府主导的预登记和风险处置制度对接，改善在破产程序中的融资和税收环境，对重整企业信用记录进行修复等措施，均可进一步遏制民间金融风险的发生。二是在民间借贷纠纷案件审判方面。民间借贷纠纷案件的审理只是民间金融市场风险化解的环节之一，仅靠法院处理民间借贷纠纷无法妥善处理民间金融风险。应继续推进银企合作以及直接融资中的金融创新，使民间金融走向市场化。

李杭敏认为，民间金融市场中企业直接融资行为因立法缺失、政策边界模糊，导致实践中大量企业在直接融资过程中参与非法集资。应借助《证券法》修改之际，通过小额豁免、私募豁免等直接融资制度的创新，适当扩大企业直接融资的合法空间。通过完善基础性的金融法律法规体系，为民间金融市场提供多层次资本市场的融资渠道选择。通过企业直接融资的市场化，合理疏导民间资金，防范风险发生。

研究民间金融市场法治治理的逻辑，构建和完善相适应的法律制度是依法治国和国家治理体系现代化的必然命题，也是一个集法律性、经济性、社会性于一体的制度创新问题。年会虽然落幕，但浙江省法学会金融法学研究会将围绕该命题继续深入研究，以期进一步细化和完善该领域的相关理论成果。

论民间融资备案登记的难点及其解决

李有星　　张佳颖 *

摘　要

民间融资的信息不灵和监管手段的缺失非常明显，民间融资的备案登记因此被提出和探索。但民间融资备案登记在理论上存在争议性难点，如备案机构的性质及其备案管理的权力来源、备案的义务主体和备案环节、备案登记的范围与效力以及不履行备案登记的法律责任等。解决的重点在于明确备案机构的性质和备案模式、备案登记的义务主体和登记时间，规定备案与否的法律后果和责任。

关键词：民间融资；备案登记；备案主体；备案效力

★　本文原载于《法治研究》2012 年第 10 期。张佳颖，浙江大学光华法学院研究生。本文系国家211 第 3 期重点建设项目（203000–123210301）、浙江省社科规划项目"民间融资的规范与引导对策研究"（11YD30YB0）、香港光华教育基金项目"两岸中小企业融资法律制度比较研究"（2011GH01）的部分成果。

一、民间融资备案登记的提出与探索

我国民间融资的快速发展已经成为毋庸置疑的事实，然而其带来的问题也是有目共睹的。以温州为例，2011 年以来，温州民间借贷资金规模约 1100 亿元，其中投向生产经营的占比骤降至 35%，用于房地产投资的占 20%，而流入民间借贷市场的资金多达 45%，"以钱炒钱"成为当地民间融资的重要流向。[①] 混乱的民间融资、借贷行为，导致了实体产业的空心化，民间高利贷放债现象盛行，甚至出现温州老板因民间融资而集体"跑路"的现象。截至 2011 年 12 月 8 日，温州市共查处了非法集资类案件（包括非法吸存、集资诈骗、非法经营等）57 起，刑拘 63 人；打击查处因借贷引发的非法拘禁和故意伤害等涉案人员 142 人。[②] 在此情况下，民间融资呼唤政府通过合理的方式促使民间借贷、融资行为阳光化。

备案登记制度在我国许多领域运用得已经相当普遍，浙江省政府于 2011 年 12 月 8 日出台《关于加强和改进民间融资管理的若干意见（试行）》（以下简称《意见》）明确将试点推行民间融资备案管理制度，并选择温州、省级金融创新示范县（市、区）及部分民间融资活跃的市、县（区），探索建立民间融资备案管理制度，鼓励建立民间融资服务机构，探索培育民间融资中介类服务机构，引导资金供需双方对接，降低民间融资成本。2012 年 3 月 28 日，国务院决定设立温州金融综合改革试验区，确定了温州市金融综合改革的十二项主要任务，其中第一项就是规范发展民间融资，制定规范民间融资管理办法，建立民间融资备案管理制度，建立健全民间融资监测体系。[③]

为探索民间融资备案措施，温州市发布了《关于开展民间借贷登记服务

[①] 《年关将近鞋企资金链紧张或再陷危机》，http://www.shoes.hc360.com，最后访问日期：2011 年 12 月 27 日。

[②] 解亮：《温州平息民间借贷风波恶意欠薪跑路，3 天就抓到》，浙江在线新闻网站，http://zjnews.zjol.com.cn/05zjnews/system/2011/12/28/018107419.shtml，最后访问日期：2011 年 12 月 28 日。

[③] 《国务院常务会议决定设立温州市金融综合改革试验区》，阿里巴巴创业资讯，http://info.china.alibaba.com/news/detail/v0-d1025479850.html，最后访问日期：2012 年 4 月 6 日。

中心试点的实施意见》，民间借贷登记服务中心被定义为"是经核准在一定区域内为民间借贷双方提供中介、登记等综合性服务的有限责任公司或股份有限公司。民间借贷登记服务中心在法律、法规规定的范围内开展借贷供求信息发布、资产评估和登记、公证、结算、法律咨询等配套业务，其合法的经营活动受法律保护，不受任何单位和个人的干涉"[1]。2012年3月29日，温州民间借贷登记服务有限公司获得营业执照，公司注册资本为600万元，经营范围涉及信息登记、信息咨询、信息发布和融资对接服务等。[2]根据设想，中心服务主要涵盖五个方面：建立资金供求信息库；通过信息服务系统进行信息配对与对接；安排资金供给方和需求方见面；协助资金供给方、需求方办理借款手续并登记备案；为借贷双方整理资料、归档，向主管部门备案。民间借贷登记服务中心的运行模式是通过融资中介机构集中办事方式来实现信息集中、运作规范、利率合理和信息登记备案。中心作为服务平台，引入一定数量的"项目红娘"——融资中介机构、为融资提供专业性服务的律师事务所、公证和评估等机构。融资双方通过融资中介和服务中心平台实现需求信息的发布、配对、撮合、交易等事项。在融资双方完成资金转账后，融资双方需要提供银行转账凭证、借贷合同等文件，到登记中心备案登记。登记的内容包括：借贷双方信息、借贷期限、利率、担保措施和违约责任等内容。入驻登记中心的融资中介机构不能经手借贷双方的资金，中介机构不允许承担资金交易风险。借贷双方的资金要直接结算，杜绝以第三方服务中介户头代理结算的方式，避免可能出现的资金中介赚"利息差"的行为。对于在服务中心外已经完成的大额借贷融资交易，只要利率不高于同类银行贷款利率4倍的，可以自愿来借贷登记中心进行登记。由于该服务中心处于探索阶段，具体效果有待观察。

---

① 周瑶瑶、解亮：《融资成本不超银行贷款利率4倍 温州民间借贷平台将试营》，钱江晚报（微博）2012年4月11日。

② 郑俊杰：《温州民间借贷登记服务中心即将试营业》，《温州都市报》2012年4月15日。

二、民间融资备案登记的难点

在民间融资备案登记的操作上存在着以下的难点。

1. 备案机构的性质和权力来源。首先，民间融资的备案登记如何设置备案机构，备案登记机构由谁担当，其法律性质是行政主体还是公司企业？其次，作为一种行政管理的手段，备案登记在各级行政管理机关中得到了广泛适用[①]，其重要性毋庸置疑。但是，就民间融资的备案登记制度来说，在没有上位法的情况下，备案机构的权力来源究竟何在？相继出现的机构，如"温州市地方金融监管服务中心""民间资本管理公司"和"民间借贷登记服务中心"是否有权对民间融资进行强制备案登记？这无疑是一个制度行为合法化的问题，也是民间融资备案登记制度具备可行性的前提条件。

备案登记是具体行政行为，即行政主体为实施国家行政管理的目的，行使行政职权和履行行政职责所实施的一切具有法律意义、产生法律效果的行为。[②]我国现行行政行为成立理论虽然可以分为以方世荣教授为代表的三要素说[③]和以罗豪才、周佑勇教授等为代表的四要素说[④]，不过行政行为必须由行政主体作出，这一点是没有疑义的。因此，探索民间融资备案管理制度虽然有积极意义，但由于缺乏明确法律法规的授权，还需要通过合理的制度安排，确保有足够的权力来源对民间融资进行合法有效的备案管理。

2. 备案登记制度的有效性。民间融资活动特别是民间资金借贷具有私权性和隐秘性，因此，备案登记能否对民间融资活动进行有效的行政监管的关

[①] 以杭州市为例，在杭州市政府网站上以法规、规章形式公示的备案项目多达200项，涉及建设行政管理、工商行政管理、农业行政管理、房地产行政管理、安全生产行政管理、质量监督行政管理等各个领域。

[②] 方世荣：《行政法与行政诉讼法》，中国政法大学出版社1999年版，第110页。

[③] 方世荣教授认为行政行为成立应该具备三要素，即主体要素、权力要素和客观要素。

[④] 罗豪才教授认为行政行为的成立要件包括主体、主观方面、客观方面和功能四要件。罗豪才：《行政法学》，北京大学出版社1996年版，第109页。周佑勇教授、叶必丰教授认为行政行为的成立包括主体要件、权力要件、内容要件、形式要件。周佑勇：《行政法原论》，中国方正出版社2000年版，第161—163页。

键在于能否让备案登记主体自觉主动地到登记备案机构进行登记备案。民间融资主体是资金的融入方和资金的供给方，备案登记制度虽然可以全面规定有义务和责任进行备案登记的主体，但是否有后续的合理的制度能够保障其顺利实施？特别是个人民间借贷，现在大家都开展借贷业务，但并没有交纳相应的税款。根据现行《个人所得税法》第 3 条、第 6 条的规定：特许权使用费所得，利息、股息、红利所得，财产租赁所得，财产转让所得，偶然所得和其他所得，适用比例税率，税率为 20%。利息、股息、红利所得，偶然所得和其他所得，以每次收入额为应纳税所得额。

因此，如果实施民间融资登记备案制度，许多放贷人特别是个人会产生一个顾虑，担心一旦进行备案登记以后，其放贷所获得的收入将被纳入税务部门的税收征收监管体系之中。由于 20% 税率相对比较高，且其在计算所得税时没有法定的可抵扣项目，这势必会影响放贷人去登记机构备案的积极性。因此，如何通过良好的制度设计，使民间融资的备案监管真正有效可行也是亟需解决的问题。

3. 民间融资的备案环节。民间融资需通过备案登记进行监管，然而具体是在融资发生前、融资过程中还是融资完成后进行备案登记，则要结合备案登记的性质和监管的有效性等多个方面进行综合考虑。一方面，备案登记乃是一种事后监管手段，不同于行政许可的事前监管。行政许可是指行政机关依公民、法人或者其他组织的申请，经依法审查准予其从事特定活动的行为，属于事前控制，其本质表现为审查、核实相对人是否具有符合法律、法规规定的权力资格和行使权利的条件。如烟花爆竹的生产与销售许可、出租车经营许可、排污许可等。备案登记则侧重于对事实情况的调查统计，所备案事项并非禁止事项，相对人在备案以前已具有从事某项行为的资格，只是需要将其已经或者即将进行的活动及相关材料报送备案机关，备案机关将相对人的材料予以公示使公众知晓或存档备查，为事后的检查监督提供依据。[1] 其

---

[1]　潘均超：《工商行政机关备案制度刍议》，《法治建设》2009 年第 2 期。

首要功能是信息披露，目的是方便行政机关的管理、监督和服务。如此分析，对民间融资的备案登记似乎应该实施于事后，即单笔或者累计融资规模超过一定数量或者人数的融资方有义务进行备案登记。另一方面，为确保备案登记作为监管措施的有效性，仅仅对融资需求者的事后备案登记显得不足，最好是全程的、分阶段的持续性备案登记。而且，由于目前地方金融服务管理中心和民资服务中心还处于运作初期，很多民间融资行为发生于"平台之外"，对这些"融资散户"来说，如何设计备案登记制度，有效地融合事前审查与事后监督手段，也是一项需要解决的难点问题。

三、民间融资备案登记的难点解决方案

民间融资的备案登记制度需着重考虑以下要素。

1. 明确备案登记机构的权力来源。备案登记作为一项具体行政行为，须行政主体才有权作出。行政主体主要包括行政机关、经法律法规授权的行政机关内部机构、议事协调机构和临时机构。因此，一方面，其他机构和组织经过法律法规的授权可以获得行政主体资格；另一方面，行政机关可以通过行政委托，委托行政机关以外的社会公权力组织或私权利组织，以该行政机关的名义行使某种行政职能、办理某种行政事务，并由该行政机关承担相应的法律责任。

目前，承担备案登记职能的民间融资服务机构（中心）是经县（市、区）政府同意，并报经省政府金融工作主管部门核准，独立开展中介业务活动的机构。其主要功能是提供资金供需撮合服务、融资信息发布、第三方鉴证、金融产品经纪代理、信用管理档案管理、备案登记等专业服务，以及承担部分公共服务或管理职能。为了明确民间融资备案登记机构的权力来源，省政府可以以规范性的规章方式明确民间融资服务机构（中心）进行民间融资备案登记管理的行政授权。或者，也可以由省金融办牵头设立省民间融资服务中心作为其所属的机构，省政府通过出台行政规章，对省金融办进行民间融

资备案登记管理作出明确的行政授权，再由省金融办将行政权力的行使委托给民间融资服务中心。

2. 明确备案登记的义务主体与备案环节。民间融资的主体多样化，包括自然人、法人企业和其他组织，将备案登记的义务加于任何融资活动必然压力重且并无必要，因此，应明确备案登记的义务主体为资金融入方。其核心的理由在于目前民间融资与非法集资行为的界限不明，因从事民间融资事后无法偿债而被追究非法集资刑事责任的情况十分常见。民间融资与非法吸收公众存款的罪与非罪的争议也十分普遍。为了给予民间融资者更多的安全保障，通过融资者的备案登记，一方面表明其接受政府监管，另一方面也是通过程序性形式措施为融资合法性提供基础性证明，其作为排除非法集资指控的基础性材料，客观上也为民间融资规范管理提供了有效的基础信息。民间融资服务中心为民间融资行为搭建了一个阳光化的平台，在此平台上进行民间融资的融资主体在融资前就已经过了服务中心的登记。因此，只需在融资行为完成后，就融资规模、融资主体、利率水平、资金用途、融资期限等要素进行备案登记即可，有效地融合了事前审查和事后监督两种手段。但是，民间融资备案登记的监管难点在于那些并未通过服务中心进行融资的"散户"，他们的融资规模、数量等均无法事前了解。目前，只能一方面通过制度设计，继续完善民间融资服务中心，尽可能将民间融资行为都纳入服务中心的监管平台上；另一方面要求大额融资人在完成融资行为后，必须到民间融资服务中心进行备案登记，确保对其进行事后监管。备案的内容包括出资人、融资人、保证人的姓名、地址、联系方式、职业等基本信息，融资数额，融资期限，融资所需的抵押形式，约定还款日期，融资利率以及融资募集资金的具体用途等。备案登记机构可以定期对融资人的资金使用情况、归还情况进行监督检查，评估融资当事人的信用等级，发现非法集资的线索及时向有关部门报告。个人融资人在住所地县（市、区）金融工作主管部门进行备案或者政府指定的民间融资服务机构（中心）进行备案。企业融资在企业注册地（分省、市、县三级）同级政府金融工作主管部门进行备案或者政府指定的民间融资服务机构（中心）进行备案。

3. 建立民间融资的"大额登记、小额豁免"制度。所谓小额融资豁免登记，根据《最高人民法院关于审理非法集资刑事案件具体应用法律若干问题的解释》，个人吸收公众存款数额在 20 万元以下或者对象为 30 人以下，单位吸收公众存款数额在 100 万元以下或者对象为 150 人以下的，不追究刑事责任。这是民间融资合法行为与非法集资犯罪的一条法定界限，即民间融资的"安全港"，也是小额融资豁免的法律依据。基于浙江经济发达程度的现实，小额融资的额度可以考虑 5 倍于上述标准，并根据形势和经济的发展而随时修正，由各地根据经济发达程度确定数额。所谓大额融资备案登记，即对个人或企业在一定时间内单笔或累计融资超过规定额度而向民间融资管理机构备案登记。如以浙江省目前为例，可以考虑个人融资额超过 100 万元或融资人数超过 30 人，单位（除股权投资企业）融资额达到 500 万元或融资人数超过 150 人，为大额融资。如单笔融资额少于上述规定，但 6 个月内累计融资规模超过上述规定的，应当进行备案登记。股权投资企业一次性融资额为 2000 万元，6 个月内累计融资额为 5000 万元，应当进行备案登记。其他情况融入方也可以到政府指定的民间融资服务机构（中心）登记备案。

4. 区分民间融资备案与否的法律后果。南非的《高利贷豁免法》规定，放债人只要到小额贷款管理机构登记并交付一定的登记费，则不管利率水平多高，均视为合法行为。[①] 我国应借鉴国外法律，对民间融资是否进行过备案登记设置不同的法律效果，以推进民间融资备案登记制度的有效进行。目前我国民间融资的备案后果主要应考虑如下情况。

第一，行为合法性的法律证明。根据 2010 年 12 月最新颁布的《最高人民法院关于审理非法集资刑事案件具体应用法律若干问题的解释》第 1 条第

---

① 苑德军：《民间金融：金融体系中不可或缺的部分》，《河南金融管理干部学院学报》2005 年第 4 期。

2 款规定,未向社会公开宣传,在亲友或者单位内部针对特定对象吸收资金的,不属于非法吸收或者变相吸收公众存款。我们可以由此推断,如果向社会进行了公开宣传而吸收民间资金,就有可能构成非法集资犯罪。但如若为规避此项条款而进行"非公开融资",则会造成民间融资长期处于地下而得不到监管的情况。因此,通过备案登记作为民间融资行为合法性的证明便可以解决这一两难问题。在备案登记机构进行登记备案的民间融资行为只要符合有关法律法规的要求,政府应当确认其合法性。如果违反相关法律法规的强制性规定,为逃避监管而未予以备案登记的,其行为将不受到法律的保护,涉嫌违法犯罪的还应当依法追究其行政责任和刑事责任。

第二,利率优惠。根据最高人民法院《关于人民法院审理借贷案件的若干意见》第 6 条规定,民间借贷的利率可以适当高于银行的利率,各地人民法院可根据本地区的实际情况具体掌握,但最高不得超过银行同类贷款利率的 4 倍(包含利率本数)。超出此限度的,超出部分的利息不予保护。为体现民间融资活动是否备案登记的不同后果,以鼓励备案主体主动备案,可以适当地借鉴国外的高利贷登记豁免的做法,即对已经进行备案登记的民间融资行为,在一定的范围内对超过银行同期贷款利率 4 倍的部分予以保护;而未经备案登记机构备案登记的民间融资行为,其约定利率仍受 4 倍利率的约束。

第三,税收优惠。通过税收的杠杆作用来鼓励放贷人备案登记,一是可以设立民间融资活动所获利息的税收起征点,在起征点内免征所得税,超过起征点的全额征收所得税。这样做首先可以提高放贷人自觉接受国家金融监管的积极性。其次,通过起征点内免征、超过起征点全额征收的规定,还可以有效控制民间融资出现较高的不合理利率的情况。二是依据《营业税暂行条例》①,银行、金融机构从事金融保险业依法征收营业税。我国现行规定

---

① 《中华人民共和国营业税暂行条例》,2008 年 11 月 5 日国务院第 34 次常务会议修订通过,2009 年 1 月 1 日起施行。参见浙江省人大常委会关于政府规章设定罚款限额的规定。

的金融保险业营业税所适用的税率是 5%，与 20% 的个人所得税税率相比税负明显要低很多。所以，建议可以对民间融资利息收入的税收征收管理进行区别对待。凡是在政府金融监管机构登记备案的放贷行为对其利息收入按照营业税进行征收，凡是未经登记的一律按照 20% 的所得税税率征收。

5. 明确未履行备案义务的法律责任。除了对按时履行备案登记的责任主体规定相关的优惠政策之外，还应当明确未履行备案义务的法律责任，双管齐下，保证民间融资备案登记制度的有效实施。对应当强制备案而不备案的，应视为规避管理，一经发现，将在相关网站上及时公布，给予融资方风险警示并列入管理部门重点关注对象。同时将情况及时反馈给人民银行、银监部门和工商部门，作为银行发放贷款、核实信用和公司注册、年检等的参考。涉嫌违法违规的，依法从严从重打击。针对民间融资备案登记行政责任的设定，可以通过制定地方性法规规定警告、罚款、没收违法所得等行政处罚，而在没有制定地方性法规前，省政府的规章可以设定警告、罚款处罚，具体罚款额依据"对非经营活动中违反行政管理秩序的行为设定罚款的最高限额为 2000 元""对经营活动中违反行政管理秩序的行为设定罚款的最高限额为 5 万元"① 的规则予以具体设定。

---

① 参见浙江省人大常委会关于政府规章设定罚款限额的规定。

民间借贷服务中介的法律治理探讨

李有星　　金幼芳 *

摘　要

随着民间借贷市场的活跃，民间借贷服务中介机构和 P2P 网贷中介服务迅速兴起，民间借贷服务中介在发挥促进借贷信息对称、借贷规范化作用的同时，存在着经营主体混乱、行为规则缺乏、监管部门缺位、行业自律不足、巧立名目乱收费等问题，亟需规范管理。民间借贷服务中介需要统一管理，在主体准入条件、行为规范、行业自律、权利义务和法律责任等方面作出规定。

关键词： 民间借贷；服务中介；统一监管；P2P 网贷

★　本文原载于《法治研究》2013 年第 6 期。金幼芳，浙江大学光华法学院博士研究生。本文系浙江省哲学社会科学规划项目"浙江民间融资规范与引导对策研究"（11YD30YB）、"温州民间融资管理研究"（浙江省温州民间融资管理条例）编制项目的部分研究成果。

自从 2010 年以来，以生产经营为使用目的的民间借贷改变了传统的以生活消费为目的的借贷形态，催生了以民间借贷及相关服务经营为业的机构和组织。[①] 但因目前缺乏明确的法律制度，也缺乏合理对位的监管部门，且借贷机构行业自我约束不足，民间借贷服务中介出现许多法律问题。如借贷服务中介的设立条件、可经营范围、中介机构的吸收资金、垫付担保、P2P 网络借贷[②] 以及借贷服务中介收费等缺少规范、频发纠纷。结合温州民间借贷服务中介立法起草中的考虑，对民间借贷服务中介法律治理和规则作如下探讨。

一、民间借贷服务中介治理的现实基础

民间借贷服务中介是指介于借贷双方之间，依法取得资格，专门为民间借贷活动提供服务并收取一定费用的组织。通常理解，中介是一种居间活动，居间是指双方当事人约定一方为他方提供报告订约机会或为订立合同的媒介，他方给付报酬的活动。[③] 目前，民间借贷的服务中介出现较为混乱的现象。

第一，任何自然人、法人和其他组织均可以成为民间借贷服务中介商。目前，许多借贷服务中介机构超越其经营范围，开展变相地吸收存款和发放贷款活动，大部分从事民间借贷服务中介业务的机构并未注册，且无固定营业场所。与正规金融机构相比，因民间借贷市场而起的民间借贷服务中介机构有着制度性的缺陷，并在一定程度上影响甚至妨碍经济金融发展。[④] 从工商注册登记看，民间借贷服务中介机构的设立等同于一般工商咨询服务类企

---

① 李有星：《民间融资规范与引导研究：以浙江为例》，《金融与法律评论》（第 3 卷），中国法制出版社 2012 年版，第 33 页。
② P2P（peer to peer）中文为"人人贷"，是个人对个人借款的意思。P2P 网络贷款，就是有出借意向的出资方通过网络平台将资金借给有资金需求的借款方。
③ 李国光：《合同法释解与适用》（下），新华出版社 1999 年版，第 1953 页。
④ 陈捷、陈静等：《民间资金中介机构现状、问题与政策建议》，《金融理论与实践》2011 年第 11 期。

业设立，忽视了这类中介直接或间接从事货币财产的经营业务特殊性。[①] 民间借贷服务中介机构的范围十分宽泛，涉及资金掮客类的中介机构众多，自然人充当资金掮客，居中收费，各类企业均可以实际从事民间借贷中介服务活动，如融资性担保公司、担保公司、投资（咨询、管理）公司、信息公司、代理公司、典当行、寄售行、房屋中介公司、民间资本管理公司、民间财富理财公司、科技公司、电子商务公司等等。在我国，商人资格不是天赋，而是通过工商注册登记而取得营业资格，只有取得营业资格才具有商人的营业能力，营业资格是商人资格的核心。[②] 而如今，没有商人资格的自然人，没有经营民间借贷中介业务能力的各类企业，均在从事着民间借贷服务中介业务。

第二，民间借贷的居间人资格没有标准。在我国居间制度设计中，居间实质上是一种代理，在商业实务中，通常将这种居间人称为经纪商（brokers）。[③] 从事货币交易"居间服务"的居间商人，应当有明确的成立条件和明确的营业范围。我国《合同法》第424条规定的"居间合同"是居间人向委托人报告订立合同的机会或者提供订立合同的媒介服务，委托人支付报酬的合同。居间合同中的居间人须是经过核准的从事居间营业的法人或自然人。从事民间借贷活动的居间应当有特别的资格要求，只有具备资格的中介机构才可以从事民间借贷的居间活动，订立居间合同。而现在并没有民间借贷中介机构资格的特殊要求，只要是注册企业甚至不需注册，均可以从事民间借贷中介活动。

第三，居间中介巧立名目乱收费，直接或变相放高利贷业务。民间借贷中介服务的特殊性在于促成货币拥有者和需要者的交易，借入者或出借者支付给居间人的也是一定数量的货币。在实际操作中，居间人接受出借人资金

---

① 如上海等个别地区，开始颁发"金融信息服务公司"营业执照，拥有者可从事借贷中介服务等信息服务。

② 王保树：《商法》，北京大学出版社2011年版，第5页。

③ 施天涛：《商法学》，法律出版社2010年版，第121页。

的委托全权代表资金出借方开展所谓的中介服务，出借人按照所放贷资金的利息高低和实际到款率、回收率支付给服务中介方费用，相当于出借人与居间人共同将出借资金利率最大化。一旦实际利率超出利率保护上限的"同类银行贷款基准利率4倍"，服务中介机构把超出部分的利息当作中介服务费用支付给中介商，而由中介商扣除费用后转付给出借人。另外，服务中介还会通过吸收他人资金、出售理财产品、借款等方式筹集资金，直接从事放债业务，甚至明目张胆放高利贷。例如，甲通过中介公司A向乙借款人民币10万元，甲要付给A计2.5万元的手续费，甲要向乙支付10万元借款的年利率不超过同类银行贷款4倍的利息，到期还本付息。

第四，部分中介机构开展不规范的P2P①网贷服务，其情况更为复杂。在实际操作中，民间借贷服务中介机构的运作模式大致有：有担保的线下服务、有担保的线上线下服务、无担保的线上服务以及有担保的线上模式四种。具体是：一是青岛模式（有担保的线下服务）。即青岛的福元运通投资咨询有限公司的经营模式，公司专门从事民间理财、抵押贷款、民间融资及银行贷款等咨询业务，以中介形式促成投融资双方借贷关系建立，同时通过引入不动产抵押和动产质押等形式，化解理财的风险，解决急需资金者的融资难题。二是宜信模式（有担保的线上线下服务）。即北京的宜信普惠信息咨询（北京）有限公司的经营模式，宜信公司为出借人客户提供多样化的投资方式选择，他们既可以通过宜人贷等服务在网络上实现投资资金出借，也可以通过购买宜信合作方的集合信托计划获取信贷理财收益，还可以在线下与借款人直接签约，或者通过受让既有债权的方式进行投资。三是拍拍贷模式（无

① P2P（peer to peer）是Zopa于2005年3月在英国开始运营。资金出借人在网络上列出金额、利率和想要出借的时间，其中有些人提供的利率相对较低，但对借款人信用度要求较高；而如果利率较高，出借条件则相对宽松。与此同时，需要资金的人也可以比较各个"贷款产品"，确定适合自己的方案。考虑到个人对个人借贷交易可能存在的风险，该公司为用户提供了一个配套系统，把确定的出借资金分为50笔，出借人的钱实际上同时借给了50个不同的借贷者，而且同一个人不会获得两笔钱。因此，即使有人拖欠不还，出借人面临的风险也大为降低。借贷双方还将获得具有法律约束力的合同。Zopa每月都会整理偿还纪录，如果有人没有按时还款，该公司同样会采取补救措施。

担保线上服务模式）。即早期的上海代丰投资顾问有限公司的经营模式，类似美国的 Prosper 模式[①]，是一种纯信用无担保线上贷款模式。拍拍贷既不吸储，也不放贷，采用竞标的方式来实现网上借贷。公司作为 P2P 贷款企业，给借款和贷款方提供借贷平台，从中收取手续费用。[②] 四是红岭创投模式（有担保线上模式）。即深圳市的红岭创投电子商务股份有限公司经营模式。公司不再是单纯的中介，对出借人的资金提供担保，承担贷后资金的管理，扮演着担保人、联合追款人的复合中介角色。

上述借贷服务中介经营模式均有存在的合理性，但就 P2P 网络贷款本身存在比非网络借贷更为复杂的问题，如网络借贷拍卖、网络收费、资金池、资金来源、网络借贷诈骗等问题需要适合网络特点的管理规则。民间借贷服务中介机构在 P2P 网贷名称上名不符实，造成经营主体混乱。如"拍拍网"的经营者是上海代丰投资顾问有限公司。如"宜信网"的经营者是北京的宜信普惠信息咨询（北京）有限公司。从事 P2P 网贷服务中介门槛低，有的注册资本仅有几万元，如拍拍贷的上海代丰投资顾问有限公司注册资本为 10万元，缺乏与其承担法律责任对应的资本能力，许多借贷服务中介机构实际在控制支配着一定时间的出借人或借款人资金，极易产生当事人资金损失。如最近充当民间借贷服务中介的南通优易电子科技有限公司通过"优易网"卷款 2000 万元人间蒸发，导致 60 多位民间出借方的 2000 万元资金损失。[③]在民间借贷服务中介机构以及 P2P 网贷企业迅速发展的同时，调整这方面关

---

① Prosper 在 2006 年 2 月上线运营，资金需求者只需在 Prosper 网站输入需要借贷的金额，就会自动出现最高利率；资金出借人则可以寻找自己满意的金额与利率，同时参考借款者的信用，再以自己愿意提供的金额和利率竞标，利率最低者将会中标。Prosper 将借款者信用等级分为 AA、A、B、C、D、E 六个等级。信用等级高的借款者的借款利率较低。Prosper 支持的贷款利率为 5.55% 到 30.99%，贷款利率越高、风险越大。Prosper 和 Zopa 主要依靠用户费用获利，借贷双方都需要支付一定的费用。
② 乔加伟：《首家 P2P 成功吸金红杉 2500 万美元注资拍拍贷》，《21 世纪经济报道》2012 年 11 月8 日。
③ 鲍亚飞：《"优易网"卷款 2000 万元人间蒸发它敛财的方式是"秒标"》，《钱江晚报》2012年 12 月 27 日。

系的法律规则及监管制度严重缺乏甚至是空白。

二、民间借贷服务中介治理的法律命题

（一）民间借贷服务中介缺乏特殊行业的准入要求

民间借贷以及借贷服务中介是涉及货币经营活动的特殊行业，其主体和经营行为极易涉及公众资金、国家利益和社会公共利益。作为一种特殊行业的企业，应当有相应的准入资格要求，而不是领取营业执照的企业均可从事民间借贷服务中介业务经营。当前，从事民间借贷中介服务的企业在工商行政管理机关注册登记的名称主要是民间抵押贷款中介公司、投资管理公司、投资担保公司、投资咨询公司、资产经营管理公司等等。这些即使经过工商登记的中介公司实际上也不具有从事货币资金筹集和放贷的资格，就算是从事货币交易的"居间服务"也缺乏依据。从事民间借贷活动的居间应当有特别的资格要求，只有具备资格的中介机构才可以从事民间借贷的居间活动，订立居间合同。现行充当民间借贷服务中介的自然人、法人和其他组织均存在种种问题，自然人充当"资金掮客"性中介，实质是收集众多人的资金加息或收取手续费倒卖资金给资金需求方。法人和其他组织的民间借贷中介机构是由咨询公司、信息公司、科技公司、房产中介代理公司、服务公司、投资公司、担保公司、典当行、寄售行等充当，并没有从事民间借贷服务的居间业务资格，实质均属于超出工商机构核准的营业范围，是超经营范围的非法经营活动。

（二）调整民间借贷服务中介行为的规则缺乏

民间借贷服务中介机构是属于经营与民间金融相关业务的特殊企业，应当由行业主管机构出具同意的前置许可文件。目前，不要说民间借贷中介机构的超范围经营，就是直接从事民间借贷业务、从事以营利为目的的放贷活动也无法可依。从事民间借贷服务中介的公司直接吸收出借人资金，或者定

向发行委托理财产品，或者用自有资金从事放贷业务也没有明确作出规定是否禁止。[①] 也就是公司间资金借贷的效力到底如何认定和约束，《公司法》没有正面回答公司借贷效力问题，也没有正面规定公司间借贷的禁止，有关同一集团及关联公司间借贷问题也不明确。[②] 除了《民法通则》《合同法》《担保法》中的概括性规定，民间借贷服务中介遵照《关于人民法院审理借贷案件的若干意见》规定的"不复利、不四倍、不集资"规则开展业务。各种类型的企业都在从事民间借贷服务中介活动，民间借贷市场乱象丛生，出台相应的法律法规以规范民间借贷服务中介行为显然十分必要。

（三）缺乏民间借贷服务中介机构的监管部门

我国目前对正规金融行业实行"一行三会""分业经营、分业监管"的专业监管体制。在《中国人民银行法》《银行业监督管理法》《证券法》等法律中对民间借贷及其服务中介的管理主体都没有规定，更没有针对民间借贷服务中介而设立的监管部门。由于民间借贷及其服务中介作为一种具有明显的不公开性、区域性、市场性、逐利性、广泛性的新型金融现象，"一行三会"的正规的以机构为对象的专业监管模式与措施都有着明显的不足，在技术层面上很难实现对民间借贷及其服务中介的具体、全面和系统协调的监管。

民间借贷服务中介机构不属于金融机构，不在金融监管部门管辖范围之内，也没有相关部门对其从事的经营方式、资金吸收、资金垫付、担保、收费标准以及客户资金保管安全性等进行监管，监管缺位导致不少机构以借贷服务中介为名，实际在违规从事借贷业务、放高利贷、非法吸收资金高利转贷牟利。同时，不规范的民间借贷服务中介行为大大加重了民间借贷的成本。

[①] 李有星：《公司间借贷关系立法结构性调整：禁止、许可抑或其他》，《法治研究》2011年第2期。

[②] 李有星、徐雅婷等：《把脉浙江民间融资，引导现代法制金融——"民间融资引导与规范"研讨会综述》，《浙江社会科学》2011年第2期。

特别是目前不规范的民间借贷服务中介机构开设 P2P 网络贷款业务，公众资金安全、民间借贷的公共秩序和社会公共利益问题再次提上日程，亟需确定民间借贷服务中介的监管职能部门。

（四）借贷服务中介机构缺乏内控和约束机制

　　服务中介机构对借款人审查不严，合同签订不规范。在签订合同前，中介要对借款人的身份、资产和信用证明及抵押物的估价等进行审查。有些中介机构急于谋求私利，对借款人的审查草草了事，对抵押物的估价十分随意，一旦出现违约现象，将使贷款方利益遭受严重损害。[①] 另一方面，借贷双方签订的合同内容较为简单，有的重要问题甚至没有书面记载，易引发纠纷。如中介机构从借款方先行收取一定的中介费，没有任何手续，发生纠纷时，借款人不能举出证据维护其合法利益。此外，一些民间借贷中介机构为规避高利贷，在借款给客户时会签署两份合同，一份合同将利息水平控制在同期同类银行基准利率 4 倍以内，而剩余利息则再签一份咨询费合同。

　　大部分民间借贷中介机构风险防控能力偏弱，缺乏专业人才。由于民间中介机构提供中介服务的对象较特殊，是一定时期的资金出借和归还行为。这需要民间借贷服务机构具备较好的风险控制能力和具有良好素质的专业人才，能及时发现和防范借贷风险。但以目前民间借贷中介机构的条件，还不足以吸引具备金融风险防控能力的专业人才。民间中介机构普遍发展时间较短，尚未建立必要的风险防控制度。借贷中介的逐利性容易滋生违法犯罪问题，一些中介机构通过担保等业务提高中介收费以此达到赢利目的，而为追债则不择手段，诱发犯罪。

（五）资金出借人的资金安全性保障不足

　　表面上，借贷中介机构不接触借贷双方资金，好像是借贷双方直接交易，

---

① 于千雯：《民间借贷中介机构的风险管理》，《现代商业》2012 年第 25 期。

实质上，民间借贷中介机构均会利用出借人资金保障、第三方支付、银行托管等理由收集出借人资金进入民间借贷服务中介的账户或者由其控制支配的个人账户，形成民间借贷服务中介机构实际占有、支配控制的资金池，借贷服务中介机构利用该资金池调剂资金并获取沉淀资金的利息等收益，特别在采用第三方支付方式中尤为突出。在第三方支付系统中，支付的账务处理与支付指令的处理并不同步，交易环节和支付结算环节的资金流是先由买方（付款方）到第三方支付平台[①]，等第三方支付平台得到买方（付款方）确认授权付款后，再由第三方支付平台将资金转给卖方（收款方）。这一过程中，由于交易双方的货款普遍存在延时支付、延期清算的情况，导致大量资金沉淀于第三方支付平台的账户上。[②]

在借贷中介服务中，尽管借贷中介机构不参与吸收资金、直接放贷的业务，但是借贷中介充当第三方支付平台的功能。实质是在集中所有出借人的资金到中介机构的账户内，作为充当第三方支付机构的借贷中介机构虽然是暂时代为保管出借人的沉淀资金，并不取得该资金的所有权。但实际上，民间借贷中介机构已经控制、占有并支配着这些沉淀资金，一旦民间借贷中介机构管理不善或内部控制出现问题，或者出现债务纠纷，法律上的风险立即对该账户资金发生作用。例如错误付款、携款跑路、资金被查封冻结等。

三、民间借贷服务中介治理的监管规则

（一）民间借贷服务中介的统一监督管理

民间借贷中介机构的特殊性在于：第一，没有行业主管部门的前置审批，仅仅依照企业登记准则申请注册登记，由工商行政管理机构签发营业执照，而超范围经营民间借贷中介业务的。如投资信息咨询公司，虽无民间借贷居

---

① 如拍拍贷的交易模式中，出借人资金要先支付到上海代丰投资顾问有限公司（即上海拍拍贷金融信息服务有限公司）的账户内，等公司审核借贷双方成立后，由其支配支付。

② 李莉莎：《第三方电子支付风险的法律分析》，人大复印资料《民商法学》2012年第12期。

间中介资格，但从事民间借贷服务中介业务，甚至开始网络 P2P 平台服务。第二，有明确的行业主管机构审批，并经工商行政管理机构注册登记签发营业执照的企业，超范围经营民间借贷中介业务的。如典当行超越规定的典当业务^①从事民间借贷服务中介业务。上述两种情况目前均没有得到有效的管理。

法律治理需要从主体和行为两个角度对民间借贷服务中介作出规范管理，主体上需要引入"核准"机制，依法核准的主体可以开展民间借贷服务中介。对于没有资格从事"民间借贷中介服务"的主体从事民间借贷服务中介行为应当作出处理。为规范民间借贷中介服务行为，维护民间借贷服务中介的良好秩序，有必要对民间借贷服务中介机构和民间借贷服务行为进行集中统一管理，设立专门的监管职能部门。国家法定的金融监管机构、工商行政管理机构以及行业主管机构均不适合担当，最为恰当的方式是设立政府民间融资监督管理机构集中统一管理。如《浙江省温州民间融资管理条例》（草案）中设定条款为：温州市人民政府及各县（市、区）人民政府指定或设立民间融资监督管理机构，依法对本区域内的民间融资行为及其相关服务实施统一监督管理。未取得民间融资监督管理机构颁发的民间借贷服务中介资格证书，不得从事开展资金供求撮合、理财产品推介等与融资相关的中介服务。设立与民间借贷及其服务密切相关的企业，工商行政管理部门在颁发营业执照前应征求温州市民间融资监督管理机构的意见。

（二）实行民间借贷服务中介机构的资格准入制度

为了规范民间借贷服务中介机构这一特殊的市场主体，规范民间借贷中介服务这一特殊服务行为，宜实行民间借贷中介主体的市场资格准入制度，

---

① 《典当管理办法》第26条规定典当行不得经营业务：（1）非绝当物品的销售以及旧物收购、寄售；（2）动产抵押业务；（3）集资、吸收存款或者变相吸收存款；（4）发放信用贷款；（5）未经商务部批准的其他业务。第28条规定典当行不得有下列行为：（1）从商业银行以外的单位和个人借款；（2）与其他典当行拆借或者变相拆借资金；（3）超过规定限额从商业银行贷款；（4）对外投资。

设立民间借贷服务中介资格管理。即对民间借贷服务中介机构采用"核准制"，只有核准取得资格证书的，才可开展供求资金撮合、理财产品推介等与融资相关的中介服务。经同意设立的民间借贷服务中介机构可以开展 P2P 网上借贷中介服务，收取费用。

民间借贷服务中介的设立应当适应该行业的特殊要求，除符合《公司法》规定的设立条件，还应满足一些为保证该行业专业性管理和运行的基本要求，包括公司注册资本、专业管理人员，公司董事、监事、高级管理本员的资质要求，风险管理与内部控制，以及备案承诺等等。如《浙江省温州民间融资管理条例》（草案）中规定，公司申领资格证书应当具备下列条件：（1）公司注册资本不低于 500 万元；（2）具有专业的管理人员；（3）有完善的风险管理与内控制度；（4）承诺在民间融资公共服务机构及时备案；（5）民间融资监督管理机构规定的其他条件。民间融资信息服务机构不得从事吸存放贷、代理结算、自主发行理财产品、受托理财等业务，不得通过个人账户结算机构业务资金。不得将公司资金以公司员工个人名义或者以其他个人名义开立账户存储、结算，不得借用个人账户划转实质属于公司的资金。民间融资信息服务机构的股东、董事、高级管理人员不得从事与任职机构利益冲突的民间融资的相关业务。

（三）明确行业自律约束民间借贷服务中介

目前从事民间借贷服务中介机构的数量很大，在浙江温州市区域内的投资咨询管理类公司就达 2000 余家，大量的投资公司、担保公司、典当行等转型进入 P2P 借贷领域，浙江省内开展网络贷款的企业从 2011 年 11 月的约 30 家，一年后激增到 300 多家，杭州不低于 40 家，而且呈快速增长势头。因此，在政府开展专门监管的同时，设立行业协会组织，通过行业规则进行自律管理，可以降低监管成本，也能防止政府过多干预影响民间借贷信息服务中介的健康和规范发展。行业自律的内容，大体包括行业准入基本规范、从业人员资质要求与培训、民间借贷服务中介会员管理、会员信誉管理、民间借贷合同申报备案登记规范、行业联盟、收费标准等等。例如，2012 年 12 月 21 日，由上海市信息服务业行业协会发起的网络信贷服务业企业联盟成立，这是国内首家网贷企业联盟。青岛市发起建立"青岛民间借贷服务行业联盟"，通过联盟各成员的相互监督、信息交流和定期合作，在市场上形成一个良好的信用形象和更好的抗风险能力，带动整个借贷服务行业走向规范发展。

（四）明晰民间借贷服务中介各方权利义务和责任规范

作为民间借贷服务中介至少涉及三方主体：民间借贷服务中介机构、资金出借方、资金借入方。民间借贷服务中介机构充当的法律角色根据不同中介服务模式有所不同，大致为居间人、担保人、资金垫付人、资金保管人、资金受托人、借贷审核人等身份，由于其集中多种身份和涉及多种法律关系，立法需要对其处于不同法律关系中的权利义务作出明晰的辨别，并且对涉及风险性较大的身份作出特殊要求或限制。如民间借贷服务中介机构从事担保人、资金垫付人、资金保管人、资金受托人等均存在较大的经营风险，担保人和资金垫付人身份下如果担保、垫付的资金数额超出其能力将直接导致企业困难或破产，资金保管或受托管理不力，甚至保管、受托的资金被挪用、偷盗或查封冻结等司法措施，均会带来难以估量的不利和损失风险。因此，立法明确民间借贷中介服务机构的服务范围以限制其身份混乱。民间借贷服务中介的服务范围一般包括：理财咨询服务、信息服务、第三方鉴证服务、借贷撮合服务、代理备案登记服务等。民间融资中介服务机构经核准可用自有资金开展借贷担保、资金垫付等业务。有关资金问题，中介服务机构不能直接募集资金和管理资金，借贷双方的资金由合法金融机构进行结算，不得通过中介服务机构账户代理结算。有关收费方面，中介服务机构根据所提供服务的种类收取合理的手续费和服务费用，不得巧立名目变相收取利息，收费标准不得超过行业协会规定的上限。为明确其责任，如在《浙江省温州民间融资管理条例》（草案）中规定，民间融资服务中介机构有下列行为之一的，给予警告、通报批评、责令改正、公开谴责，并处罚款：（1）未经民间融资管理机构同意，擅自从事民间借贷信息服务经营；（2）未按规定报送资料，或者报送的资料不真实；（3）以手续费等名义变相收取高利贷性质的利息；（4）违反收费标准收取手续费和其他费用；（5）不当服务经营，导致借贷双方资金存在损失和损失风险；（6）从事吸存放贷、发放贷款、委托放贷、受托理财等直接接触公众资金的行为；（7）借用个人名义经营实质是单位的民间借贷及其服务；（8）未经核准，擅自开设网络借贷平台开展 P2P 借贷行为及服务；（9）民间融资监督管理机构认定的其他行为。

（五）有效打击非法民间借贷服务中介

在明确民间借贷服务中介机构资格标准，明确民间借贷中介机构的监督管理机构，明确民间借贷服务中介的准入条件、权利义务以后，使得民间借贷服务中介机构有法可依、规范运行的前提下，需要通过约束非法民间借贷服务中介机构行为的制度设计，有效打击民间借贷的非法中介服务，维护好借贷中介服务市场的秩序。[①] 在处理非法民间借贷服务中介机构和行为中，对民事纠纷性质的按照民事纠纷处理，对于违反民间借贷服务中介管理性质的，以警告、责令停止、没收违法所得、罚款等方式进行行政处罚，对确实涉嫌犯罪的，依法启动刑事程序处理。

[①] 高红宾、陈成建：《金融危机下民营企业与民间借贷的关联及其应对》，《法治研究》2009 年第 10 期。

民间融资的信息监测：基于制度框架的思考

李有星　池锦刚 *

摘　要

民间融资是尚未纳入政府日常监管的金融行为，但随着民间融资的日益增多和随之出现的诸多问题，对民间融资的监管已经迫在眉睫。民间融资的信息监测活动是政府监管的前提，需要从分析民间融资信息监测的必要性和现状入手，继而探索其法理依据，以便构建民间融资信息监测制度。

关键词： 民间融资；信息监测；信息监测制度；制度框架

　★　本文原载于《行政与法》2011 年第 4 期。池锦刚，浙江大学光华法学院硕士。本文系教育部 211 工程第三期建设项目"转型期法治理论、制度与实证研究"、"民间融资监管的研究"（项目编号：2010NC08）、"我国企业融资创新及其法律风险防治"（项目编号：2009NH02）的阶段性成果。

一、民间融资信息监测的现状

（一）信息不对称

在具有某种相互对应的经济人关系中，对应的双方在信息和知识上存在一定的差距，也就是一方拥有另一方不拥有的信息，这种现象就是信息不对称。[①] 民间融资行为的法律属性就是经济主体间的一次经济合同行为。出借方让渡自己的财产使用权而得到回报。在市场经济条件下，市场主体之间的交易是经常而且必需的，而市场主体之间的交易行为都是基于双方掌握的信息所作出的决策。[②] 民间融资主体间由于受到市场环境和主体个人能力的限制，特别是出借方市场地位处于劣势，常常导致在没有而且不可能做出对对方信息全面掌控的情况下而仓促达成融资协议，从而陷入道德风险。道德风险是指信息优势方在实现自身利益最大化的同时，损害信息劣势方利益的行为。融资借入方作为信息优势方往往拥有某些不能为其他参与人观察到的知识和信息。由此可见，融资主体间存在信息不对称的问题已经无可争议。由于一方明显处于交易的不平等地位，就需要通过法律制度及其执行来维护其信息权。这就将民间融资权利人信息权的保护提到了议事日程。因此，信息本身就是一种独立的法律客体即法益，信息权利保护也就成为权利主体实现自身利益的前提与基础。保护公民的信息权就是维护人权的一部分。正如墨西哥学者 Estela Morales 对信息权利的阐释那样："信息是人类表达自己或倾听别人表达的需要的反应，它是某一时刻作为本质人权的需要的反应，因为作为一个自由人，我们有权表达自己、告知与被告知。这种正常的基本权利必须由国家来保证或被社会所保护。这种权利也应被视为一种整体，我们不仅要在信息创造和思想与知识的表达中思索，也要在信息流通、有效利用

---

① 闻德锋：《论信息不对称的经济法规制》，《河南师范大学学报》2004 年第 4 期。
② 牟进洲：《信息不对称中的政府职能》，《西华师范大学学报》2005 年第 4 期。

和解释中思索。"①

（二）巨额的投机资金使国家宏观调控与金融安全和经济稳定受到影响

由于民间融资的资金流向具有一定的盲目性，缺乏宏观指导，与国家宏观调控中指导产业政策相矛盾，往往使落后产业卷土重来。国家为淘汰低产能、高能耗的落后行业，出台了一系列的政策，特别是一些非强制性的市场手段，使落后的经济体在信贷政策、税收、政府补贴、技术指导等方面都得不到支持，以便压制其利润空间。然而，这些经济体往往通过民间融资的形式寻求扩大规模和资金周转，继续追求利润。有调查显示，造纸业、化工行业已成为民间资金流入的主要行业，分别占民间融资额的 33.26% 和 12.25%。② 如果国家对这些信息掌握得不充分，则无法准确判断当前资金在产业中的流动情况，无法对其采取应对措施，就会导致宏观调控对经济运行的这一死角无所作为。

当前，民间融资交易之频繁，规模之扩大，造成了大量的民间资本缺乏监管而在"体外循环"，减少了金融机构的信贷资金来源和运用，对正常的金融业务造成了冲击。同时，一部分企业或个人受利益的驱使，利用银行贷款转贷民企或放高利贷套利，使正规金融资金游离于正规金融体系外，即所谓"体外循环"，潜在的风险之大可以想象。由于政府对民间融资信息的空白掌握，这些资金有可能聚集成规模巨大的投机力量，巨额的投机资金会对我国金融安全和经济稳定造成重大影响。

---

① Moralese. The Information Right and the Information Policies in Latin America, http://www.ifla.org/IV/fila65/papers/056-137e.htm, 2005-05-09.

② 王福全等：《对当前民间融资活动的信息监测分析研究》，《济南金融》第 2010 年第 4 期。

二、民间融资信息监测存在的问题

（一）信息监测缺主体

金融市场主体是指金融交易的参加者，包括交易当事人、中介机构和监管者。[①]因此，监管者是金融市场主体中的重要角色。民间融资是市场的产物，有其自由发展的空间合理性，但其弊端已经显现。目前，在对它是管还是不管的讨论已过渡到管多与管少的问题上来。金融监管关系是指国家及其授权的金融主管机关对金融机构、金融业务及金融市场实施监管而产生的关系。[②]融资主体与金融信息监测主体间实际上是一种金融监管关系，而这种关系在整个国家管理中有其必要性、重要性和正当性。但在监管的程度上首先是要掌握民间融资的发展状况，这就需要一个主体来承担信息监测职责。而在影响信息监测效率的所有条件中，最关键的是要存在强有力的监管主体（监管者）。民间融资虽然在公民的经济生活中存在已久，但对其监管还是个新事物。对此，必须有一个正当的机构实施有效的金融监管，而信息监测就显得更加重要。也就是说，必须有一个机构对融资业务、融资方式、风险管理和市场趋势作透彻的了解，对民间融资引发的风险作出迅速反应；对那些最新的、有意义的信息必须有一个承担主体进行分析，排除融资双方自行做出的"报告"。这既是维护国家有效管理经济职能的表现，也是政府在民间融资当中充当当事人利益平衡工具的重要表现，这样，才能避免一方在对方信息强势之下利益受损。公正、公平、个人权利、平等，这些代表着着眼于未来的强政府的观念，现在正在政府政策分析中被检验和运用。[③]但目前，我国对民间融资的信息监测主体尚待确立。

---

① 李有星：《金融法教程》，浙江大学出版社 2006 年版，第 3 页。

② 李有星：《金融法教程》，浙江大学出版社 2006 年版，第 8 页。

③ H. George Frederickson. The Spirit of Public Administration. San Francisco: Jossey-bass Inc, Publishers, 1997: 116.

（二）信息监测缺体系，监测活动没有法律保障

民间融资信息监测活动是一项重要的金融管理活动。一个能有效运作的金融市场必须受到不同层次（法律与监管）、不同领域的网络式制度体系的约束。[①] 正规金融机构融资渠道使中小企业陷入融资困境，促成了民间融资市场的扩张，进而交易活动也迅速增加，这必然导致新的监管体系和新的交易规则的出现。为此，市场动向必须被精确掌握，才能保证市场行为在新的规则下进行，交易费用（包括对融资另一方信息调查所需费用）损失才会随之相应减少。法律和制度是做好信息监测的关键。在法律对投资者权利保护比较差的条件下，金融监管的质量和效率将越差，从而越不利于金融的发展。[②] 马克思主义认为，秩序是一定生产方式和生活方式的社会固定形式，因而使它们相对摆脱了单纯性和任意性的形式。[③] 民间融资的信息监测活动显然没有一个正式认可的法律地位，这意味着现实社会这种非正式的融资监管关系的稳定性、信息监测主体的有序性、信息监测行为的规则性、信息监测进程的连续性、信息监测对象的可预测性以及融资标的和融资当事人心里的安全性都没有得到保障。

当前，我国对民间融资信息监测的体系还处于空白阶段，信息监测活动没有法律保障。民间融资的信息监测立法应该属于金融法范畴，而金融立法的目的之一就是规范金融活动。民间融资要得到正常有序的发展，首先必须保证立法的科学性，做好市场认证，这就需要将市场状况量化，通过法律调整信息监测活动，最终促进民间融资的稳健、有序发展。

---

① 洪修文：《法律、投资者保护与金融发展》，武汉大学出版社 2007 年版，第 224 页。
② 洪修文：《法律、投资者保护与金融发展》，武汉大学出版社 2007 年版，第 220 页。
③ 《马克思恩格斯全集》（第 25 卷），人民出版社 1974 年版，第 894 页。

三、信息监测的法与理

（一）信息监测与金融立法

　　诚然，我们是在先确定民间融资的价值属性后进行信息监测活动的，笔者认为这是在金融立法方面的实证分析和经验研究。迪尔凯姆曾说过："科学要想成为客观的，其出发点就不应该是非科学地形成的概念，而应该是感觉。科学在最初所下的一些定义，应当直接取材于感性资料。"[1] 民间融资的法律规制和体系显然也是建立在对研究对象的客观观察和实地感受的基础上，这是在强调感性知识的认识论意义，反对动辄探求事物的本质的非理性、非科学的法学研究方法。当然，笔者并不是说民间融资立法停留于感性认知中，民间融资的信息监测活动只是整个金融规制的一部分，因为"材料狩猎神"和"意义狩猎神"都是片面的。[2] 我们只是在强调科学立法程序的第一步，那种放弃观察、描述和比较事物，而习惯于用观念来代替实在并作为思考、推理的研究方法，不能得出符合客观实际的结果。[3] 经济立法需要量化分析，需要前期的精确信息监测，包括对信息反映主体活动的范围、规模、水平的描述，也包括同一信息监测对象的不同侧面之间以及与外部影响力关系的量化分析，还包括对信息监测对象的结构、模型的数学描述、对象的运动趋势的数学推算。金融立法本来就需要以严谨的实证分析来面对，法律的实证分析方法就是用来帮助法律实践主体将自我利益的价值追求限制在客观现实的可能范围之内，在科学把握"实然"的前提下去贯彻"应然"的价值取向。[4] 民间融资是金融监管中的新事物，作为管理者需要以掌握事实而且是精确的事实为前提开展工作，这就是一种专业的实证分析过程。波斯纳曾明确指出，法律中缺乏的是严格的理论假说、精密的测试设备、精确的语言、对实证研

① E. 迪尔凯姆：《社会学方法的准则》，狄玉明译，商务印书馆 1995 年版，第 62 页。
② 马克斯·韦伯：《社会科学方法论》，韩水法、莫茜译，中央编译出版社 1999 年版，第 60 页。
③ E. 迪尔凯姆：《社会学方法的准则》，狄玉明译，商务印书馆 1995 年版，第 35—36 页。
④ 白建军：《论法律的实证分析》，中国法学 2000 年第 4 期。

究和规范性研究的明确分辨、资料的数量化、可信的受控实验、严格的统计推论、有用的技术副产品、可测定结果的显著干预等等。[1] 这是民间融资信息监测活动和金融立法量化方法的内在逻辑。

民间融资是市场发展的结果，而不具备正当性的市场行为不是真正的和可持续发展的市场行为。对民间融资的信息监测建立体系和制定法律制度是金融立法的一部分，也是实现金融法治的前提。法与金融研究的一个重要理论进步就是强调法律体系可以在市场不完全、合约不完备的条件下作为市场体系的补充和辅助，以此来减轻不完全市场的负面作用。[2] 因此，对民间融资信息监测进行立法，是解决当前这一问题的根本。

（二）信息监测的公权力来源

公权力对金融业的信息监测活动进行干预是由金融业本身的特点所决定的。这个特点就是信息不对称造成公民权利的失衡。融资主体的决策不仅取决于投资的预期回报率，同时还取决于风险的大小，而这两者都是不确定的。这种不确定决定了信息在融资交易中具有更大的价值，即决定着回报能否实现，实现的程度如何。更重要的是民间融资的融资方和被融资方之间的信息不对称表现为融资者拥有的是代表私人的信息，这是由当前融资主体主要是中小企业主或更小的经济体决定的，他们进行融资更多的是个人意愿而非一个团队的决策或涉及一个团队的利益。在融资协议达成前，投资者要对项目的预期回报及风险进行评估以决定取舍，但这些信息是融资者的隐蔽信息。而在签约之后，融资者尽职和努力程度的隐蔽性就变得更强，投资者个人没有能力也不可能完全对其加以监督，这又使得投资者（被融资方）面对可能的道德风险。这时就需要一个强有力的维护者来平衡双方的力量以维护正常、稳定的市场秩序，而这个力量就是管理公共事务的公权力。因此，从这个意

[1] 理查德·A. 波斯纳：《法律学问题》，苏力译，中国政法大学出版社，1994年版。
[2] 谢地等：《法经济学》，科学出版社2009年版，第238页。

义分析，信息监测的权力来自市场的正当需求。

当今社会，国家权力在社会生活中扮演的角色比早期自由主义的倡导者所设想的要积极得多。国家不仅仅是作为一个中立的裁判者平衡利益，而且负有改善社会生活的责任。在这种情况下，"法律界人士的任务不是宣称现代干预主义的极其有害性，而是在认识到所有的现代国家都已经采取了这种政策的情况下，在关于让该政策高效运行的必要的技术手段上提供咨询并为单个的个人提供正义"[①]。公权力的行使并不是为了给权利和自由设置枷锁和羁绊，而是要在社会需要的限度内，重建自由秩序。[②] 民间融资的盛行，在一定程度上改变了社会经济中原有的利益格局。公权力的介入，对具有明显不公平一方的权利进行限制，其目的在于使该主体约束自己以不正当或者不合理的方式行使权利，以至于对另一方权利的实现甚至社会整体福祉的增加造成妨碍。因此，公权力在此时的介入是限定在重建自由秩序的社会需要的限度内的，当然，如果借此理论滥用公权力会逾越了这一限度，从而异化为专制和腐败的工具。也就是说，对融资主体公平经济权利的保护和确认是达成法律制度追求自由价值理想的前提条件，是引入公权力干预的基础性条件。

四、民间融资信息监测制度的构建

（一）二元性的监测主体

所谓信息监测的主体是指承担信息监测活动，具有信息监测职能的主体。与一般的信息监测活动不同，民间融资的信息监测面对的是"民间"行为，其参与主体分散，涉及面广，操作方式不规范。这就决定了一般的经济监管机构难以承担起这项复杂的工作。因此，笔者设想参考目前我国正规金融机构的监管体系，采取基层政府信息收集报送和基层人民银行信息汇总相结合

---

① 康德：《法的形而上学原理：权利的科学》，沈叔平译，商务印书馆 1991 年版，第 153 页。

② 董彪：《公权力介入私人生活的正当性证成》，《法学论坛》2007 年第 5 期。

的政策，确立民间融资信息监测的主体。这两者在技术水平和人力资源上是互补的。

这里的最基层政府是指乡镇级政府，包括乡、民族乡、镇和街道级政权组织。信息的收集报送是一项基础性工作，要求准确地反映真实情况，做好第一手资料的准备，如果在这一阶段发生错误，则会在以后的工作中失去依据，造成满盘皆输的后果。乡镇一级政府是我国接触普通公民的最基层的政权组织，是最了解本区域内公民活动情况的政府组织，因此也最适合做民间融资信息收集工作。亚当·斯密在其《国民财富的性质和原因的研究》中指出，在市场经济条件下，政府的主要职能是提供公共产品，其中包括公共安全、法律秩序及其他公共产品。政府应当运用法律赋予的公共权力，对社会公共事务进行组织与管理，维护市场秩序和社会稳定。[1] 信息监测属于公共管理职能中的公共事务，而民间融资的信息收集活动由最基层政府来履行更具有针对性，会收到最佳的效果。这一级政府具备很好地传达国家政策及直接组织民间社团、行业组织、社会中介组织等各类社会组织展开工作的经验，有利于协调民间融资主体关系，确保民间金融持续、稳健发展，服务本地区经济建设。

基层人民银行指的是县一级人民银行。根据《中国人民银行法》规定，执行和传导货币政策、维护辖区金融稳定是基层央行的职责所在。未在信息收集方面就让其参与是因为在乡镇一级它们没有网点，加之与基层政府相比，县支行人员有限，每人均身兼多岗，也没有与农户、企业之间联系的优势，无法经常性开展实地信息监测，也无法对收集到的信息一一核实，无法保证民间融资监测信息的准确收集。但央行是专门管理信贷征信业，推动建立社会信用体系和承担金融信息监测职能的最主要部门，由基层央行最终汇总民间融资信息，有利于后阶段民间融资监管工作的开展与衔接，能够提高金融

---

[1] 亚当·斯密：《国民财富的性质和原因的研究》，郭大力、王亚南译，商务印书馆1997年版，第73页。

监管的整理效能。因此，基层人民银行必须把对民间融资信息监测纳入日常工作并全面系统地整理数据，按一定期限统计并负责撰写民间融资信息监测分析报告，为进一步出台相关政策做好准备。

（二）全面周延的监测内容

所谓信息监测的内容是指信息监测活动所涵盖的各项指标。信息监测指标体系应该涵盖宏观与微观两个层面。民间融资信息监测活动的最终目的是掌握民间融资资金走向、利率走势等与货币信贷政策和金融秩序有关的信息，总结民间融资的规律，用于指导实践。因此，必须深入调查民间融资主体的参与范围、参与程度和融资目的。在客观条件允许的情况下则需要对从事民间融资活动较多的个体情况进行深入分析，对其人员规模、财务制度、经营范围、操作程序、风险控制体系、债权债务处置办法等细节性的问题进行监测，以便判断出其经营方式和操作程序是否与现行法律相符，双方权利义务是否公平，是否存在引发纠纷的隐患。在充分尊重当事人权益的前提下，可以对双方的协议内容进行审核，将风险消灭在萌芽阶段。对参与主体的个人信息采集也有利于对可能存在的突发性风险进行防控。同时，监管部门应切实加强对特殊个案的信息收集工作，如密切关注涉及众多自然人、融资范围超出熟人社区的民间融资行为，这有利于依法打击和取缔"高利贷"、非法集资、非法吸收公众存款、金融欺诈等不法行为。关注微观内容有利于维护个体利益，防范个体风险；关注宏观内容则有利于防范整个金融体系的风险。

由于民间融资范围广、融资分散、随意性大、隐蔽性强，因而信息监测对象的选择对于信息监测工作质量至关重要。因此，在信息监测对象的选择上，要全面、客观地反映区域内民间融资情况，就必须选择有代表性的、规模相对较大的信息监测对象。在制定信息监测标准时要结合地方实际，重点突出，做到既全面又能将有限的力量运用恰当。

（三）灵活多样的监测方式

考虑到信息监测在整个民间金融监管体系中的作用，信息监测应以采取备案登记方式为宜。备案登记具有很强的证明效力，而融资当事人特别是相对弱势的一方也需要借助有法律效力的方式来维护自身的合法权益，因此，这一方式能在协议达成阶段便主动备案并督促另一方完成备案登记。借助原有的金融系统信息化建设基础，备案登记的实施已经远远不止靠融资当事人到本辖区基层政府进行登记，而是可以借助互联网、自助式电话报告、电子数据交换（EDI）、传真、按键式数据录入（TDE）等方式自由申报。金融机构通过各种应用系统的建设，也促进了信息监测数据的集中化、规范化，大大提高了信息监测活动的效率。这样，整个信息监测活动就以两种方式确保了信息备案数据的完整性，一种是被信息监测对象自主提供数据，如电子数据交换方式、网络收集、按键式数据录入等。这种方式方便快捷，效率更高，直接录入信息监测系统，但对设备要求相对高些。另一种是被信息监测对象被动提供信息监测数据，主要是基层政府在自身辖区内，在民间自治组织的协助下进行抽查督促，与前一方式具有很强的互补性。为了确保数据的准确性，基层央行则有必要进行经常性的回访核实，一方面是监督基层政府做好信息监测工作，另一方面是保证信息的真实性再次得到确认。

建立民间融资的信息监测制度是解决目前民间融资制度缺失的基础性做法，亦是一项复杂而艰巨的系统工程，涉及各方当事人利益和整个国家宏观政策的准确度。我国民间融资信息监测制度的建立，不仅是加大金融监管力度的必然趋势，也是以积极态势保持金融稳定，融入世界金融体系的必然要求。信息监测机构的明确无疑将成为我国民间融资监管中至关重要的环节。通过民间融资信息监测信息的收集、分析，能够为后续工作提供坚实的情报基础，同时，信息监测分析数据的成败也关系到整个金融监管调控的成功概率，进而直接影响到公众对民间融资政府监管的信任度和支持度。因此，结合我国民间融资的信息监测制度所面临的法律环境，加强并完善相关的法律和制度是当务之急。

论我国小额贷款公司的监管定位与核心规则

★　本文原载于《中国商法年刊》2018 年。郭晓梅，上海锦天城律师事务所杭州分所律师。

在民间借贷活跃、地下钱庄盛行、中小企业融资难和金融管制严格的金融环境下，我国小额贷款公司的组织形式应运而生，但有关小额贷款公司的法律性质、市场准入、监管机关、业务规则和监管措施等监管所必须明确的问题，现有规则几乎空白。作为货币经营者的小额贷款公司，其潜在风险巨大。

一、小额贷款公司运行的监管定位与规则现状

我国长期以来采用金融的管制主义，对民间金融的约束相对较多，至今没有一部以个人借贷或私有借贷关系为基础的法律法规。为引导资金合规、有序流向农村和欠发达地区，为农户和微型企业提供信贷服务，从制度上引导民间资金的合规化运作，小额贷款公司成为金融创新的组织形式。2008年5月8日，中国银行业监督管理委员会（以下简称银监会）和中央银行（以下简称央行）联合发布《关于小额贷款公司试点的指导意见》（以下简称《指导意见》）。

《指导意见》指出：小额贷款公司是由自然人、企业法人与其他社会组织投资设立，不吸收公众存款，经营小额贷款业务的有限责任公司或股份有限公司。小额贷款公司的名称应由行政区划、字号、行业和组织形式依次组成，其中行政区划指县级行政区划的名称，组织形式为有限责任公司或股份有限公司。有限责任公司的注册资本不得低于500万元，股份有限公司的注册资本不得低于1000万元。单一自然人、企业法人、其他社会组织及其关联方持有的股份，不得超过小额贷款公司注册资本总额的10%。

申请设立小额贷款公司，应向省级政府主管部门提出正式申请，经批准后，到当地工商行政管理部门申请办理注册登记手续并领取营业执照。小额贷款公司的主要资金来源为股东缴纳的资本金、捐赠资金，以及来自不超过两个银行业金融机构的融入资金。在法律、法规规定的范围内，小额贷款公司从银行业金融机构获得融入资金的余额，不得超过资本净额的50%。鼓励

小额贷款公司面向农户和微型企业提供信贷服务，着力扩大客户数和服务覆盖面。同一借款人的贷款余额不得超过小额贷款公司资本净额的5%。小额贷款公司按照市场化原则进行经营，贷款利率上限放开，但不得超过司法部门规定的上限，下限为人民银行公布的贷款基准利率的0.9倍，具体浮动幅度按照市场原则自主确定。

小额贷款公司法人资格的终止包括解散和破产两种情况。小额贷款公司可因下列原因解散：公司章程规定的解散事由出现；股东大会决议解散；因公司合并或者分立需要解散；依法被吊销营业执照、责令关闭或者被撤销；人民法院依法宣布公司解散。小额贷款公司解散，依照《公司法》进行清算和注销。小额贷款公司被依法宣告破产的，依照有关企业破产的法律实施破产清算。

《指导意见》有关小额贷款公司的监督管理指出：凡是省级政府能明确一个主管部门（金融办或相关机构）负责对小额贷款公司的监督管理，并愿意承担小额贷款公司风险处置责任的，方可在本省（区、市）的县域范围内开展组建小额贷款公司试点。小额贷款公司应经受社会监督，不得进行任何形式的非法集资。从事非法集资活动的，按照国务院有关规定，由省级人民政府负责处置。对于跨省份非法集资活动的处置，需要由处置非法集资部际联席会议协调的，可由省级人民政府请求处置非法集资部际联席会议协调处行使。其他违反国家法律法规的行为，由当地主管部门依据有关法律法规实施处罚；构成犯罪的，依法追究刑事责任。中国人民银行对小额贷款公司的利率、资金流向进行跟踪监测，并将小额贷款公司纳入信贷征信系统。小额贷款公司应定期向信贷征信系统提供借款人、贷款金额、贷款担保和贷款偿还等业务信息。中国银行业监督管理委员会派出机构和中国人民银行分支机构，要密切配合当地政府，创造性地开展工作，加强对小额贷款公司工作的政策宣传。同时，积极开展小额贷款培训工作，有针对性地对小额贷款公司及其客户进行相关培训。

在《指导意见》公布后，全国各地掀起了大办小额贷款公司高潮，其中，浙江较为典型。2008 年 7 月 15 日，浙江省政府办公厅发布《浙江省小额贷款公司试点暂行管理办法》，称"每个县（市、区）设立 1 家小额贷款公司"，以"有效配置金融资源"。2008 年 7 月 30 日，浙江省工商局出台了《浙江省小额贷款公司试点登记管理暂行办法》。该《暂行办法》在登记管辖、公司名称、企业类型、出资方式等 12 个方面进行特殊规定。明确了小额贷款公司是内资的有限责任公司或股份有限公司，外国自然人、企业或其他组织不得投资，外商投资企业也不得投资。日常监管由县级工商部门负责。明确小额贷款公司名称由行政区划、字号（商号）、行业和组织形式依次组成。明确小额贷款公司只能在本县（市、区）范围内从事小额贷款业务和小企业发展、管理、财务等咨询业务。在监督管理方面，该《暂行办法》从日常巡查、年检审查、信用监管、查处违法行为等多个方面提出了强化监管、落实责任的具体要求。提出了小额贷款公司在经营过程中，若有非法集资、变相吸收公众存款等严重违法违规行为，由县级政府负责组织有关职能部门及时查处。银监部门要及时认定小额贷款公司非法或变相非法吸收公众存款及非法集资的行为；人行分支机构要加强对小额贷款公司资金流向的动态监测，强化对贷款利率的监督检查，及时认定和查处高利贷违法行为。

根据上述的情况，国务院银行业监督管理委员会和人民银行没有充当小额贷款公司的监管者，而是采取旁观的协助者、配合者和信息收集者的角色。各地省政府指定的部门才充当监管者，政府是小额贷款公司金融风险的处置者。从小额贷款公司运行的规则看，存在规则位阶低、不规范的不足。银监会和人民银行发布的《指导意见》和地方政府有关部门关于小额贷款公司的规定，不属于法律、法规和规章，不具有法律约束力。因此，可以说目前的小额贷款公司运行处于无法、无有效规则的状态。

二、小额贷款公司的法律性质与监管主管机关的定位

小额贷款公司的法律性质决定其监管体制和运行规则。小额贷款公司法律性质就是要回答其是否属于非银行金融机构。金融商事组织属于法定商人①，我国采用集中统一的监管模式，对商事组织的市场准入、运行和退出采用十分严格的管制措施。判断小额贷款公司是否属于金融机构，如是属于何种类型的金融业的问题，首先需要回答的是何为金融。通常认为，金融就是各种交易主体相互融通资金而进行的信用活动。②金融包括货币、银行和资本市场。③《服务贸易总协定》的《金融服务附件》中所定的金融服务是由参加方服务供应者提供的任何金融性服务。④金融是商品货币经济条件下各种金融机构以货币为对象，以信用为形式所进行的货币收支、资金融通活动的总称。⑤金融就是资金融通，是借助信用工具以货币资金为载体的各种融通活动的总称，是将象征财富的货币进行各种营利性运作活动，实现在不同主体之间进行货币财富的分配和再分配。⑥金融是以营利为目的的权益凭证与货币之间的交易活动，融入资金或融出资金均是权益凭证与货币之间的交易行为。资金融入者出具给付未来权益的凭证为的是现金货币的获得运用收益；资金融出者给付现金货币为的是实现未来权益凭证的既定利益。故通常凡以资金融通为业者属于金融机构。

金融机构分银行类和非银行类金融机构。以营利为目的，以收受存款、提供信贷为主要业务的为商业银行机构。如我国《商业银行法》第 2 条规定，商业银行是指依法设立的吸收公众存款、发放贷款、办理结算等业务的企业

---

① 法定商人是指以法律规定的特定商行为为营业内容并经特殊程序而设立的商主体，金融企业法人通常为法定商人。李有星：《商法》，高等教育出版社 2006 年版，第 41 页。

② 丁邦开、周仲飞：《金融监管学原理》，北京大学出版社 2004 年版，第 1 页。

③ 陆泽峰：《金融创新与法律变革》，法律出版社 2000 年版，第 8 页。

④ 汪尧田：《乌拉圭回合谈判最终文件草案》，中国对外经济贸易出版社 1993 年版，第 367 页。

⑤ 朱崇实：《金融法教程》（第 2 版），法律出版社 2005 年版，第 2 页。

⑥ 李有星：《金融法教程》，浙江大学出版社 2006 年版，第 1 页。

法人。非银行金融机构主要是以货币性、信用性资产经营为业者，如金融资产管理公司、信托投资公司、财务公司、金融租赁公司、汽车金融公司等。[①]在我国凡银行金融机构和非银行机构合称银行业，银行业是指经营货币的特殊企业，维持着社会支付机制的运行。[②]在我国财务公司也称金融公司，是指提供信贷及理财等金融服务的非银行金融机构，开放型的财务公司一般不能吸收活期存款，不能向社会提供转账、结算功能。小额贷款公司与财务公司功能相似，小额贷款公司经营贷款等业务，当然属于非银行金融机构。可见小额贷款公司的法律性质属于非银行金融机构。

金融监管不仅仅是机构性监管、业务审批，而且涉及市场准入、变更业务范围、日常业务监管、市场退出。监管机构必须具有法律赋予的有效监管措施。目前，只有国务院银行业监督管理委员会才具备法律规定的职权和监管措施。根据《中华人民共和国银行业监督管理法》的规定，国务院银行业监督管理机构负责对全国银行业金融机构及其业务活动监督管理工作。未经国务院银行业监督管理机构批准，任何单位或者个人不得设立银行业金融机构或者从事银行业金融机构的业务活动。银行业监督管理机构应当对银行业金融机构的业务活动及其风险状况进行现场检查。银行业监督管理机构根据审慎监管的要求，可以采取下列措施进行现场检查：（1）进入银行业金融机构进行检查；（2）询问银行业金融机构的工作人员，要求其对有关检查事项作出说明；（3）查阅、复制银行业金融机构与检查事项有关的文件、资料，对可能被转移、隐匿或者毁损的文件、资料予以封存；（4）检查银行业金融机构运用电子计算机管理业务数据的系统。银行业监督管理机构根据履行职责的需要，可以与银行业金融机构董事、高级管理人员进行监督管理谈话，要求银行业金融机构董事、高级管理人员就银行业金融机构的业务

---

① 保险公司、证券公司等金融机构因由特别金融法即保险法、证券法等调整而分离，但其性质仍属广义金融机构。
② 张世诚：《中华人民共和国银行业监督管理法释义》，知识产权出版社2004年版，第1页。

活动和风险管理的重大事项作出说明。

银行业监督管理机构依法对银行业金融机构进行检查时，经设区的市一级以上银行业监督管理机构负责人批准，可以对与涉嫌违法事项有关的单位和个人采取下列措施：（1）询问有关单位或者个人，要求其对有关情况作出说明；（2）查阅、复制有关财务会计、财产权登记等文件、资料；（3）对可能被转移、隐匿、毁损或者伪造的文件、资料，予以先行登记保存等。

小额贷款属于非银行金融业务的创新，对其机构和业务监管应属于银监会。但《指导意见》指出："小额贷款公司的监督管理，凡是省级政府能明确一个主管部门（金融办或相关机构）负责对小额贷款公司的监督管理，并愿意承担小额贷款公司风险处置责任的，方可在本省（区、市）的县域范围内开展组建小额贷款公司试点。"显然，银监会将本应由自己执行监管的职责推给了地方政府，而授权地方政府金融办或相关机构负责监管小额贷款公司缺乏法律、法规依据，更有甚者，地方政府将国务院银行业监督管理委员会派出机构和中国人民银行派出机构作为地方政府支配的工具或作为地方政府附属机构加以调配使用。在《指导意见》下，我国金融机构监管主体定位出现了空前的混乱。有的将小额贷款公司的机构设立监管与业务监管分离，机构设立由金融办审核，业务监管由工商局、财政局等机构负责。如《浙江省小额贷款公司试点暂行管理办法》第4条规定，浙江省人民政府金融工作领导小组办公室（以下简称省金融办）牵头负责全省小额贷款公司试点工作的组织、协调、规范和推进工作，会同省工商局、浙江银监局和人行杭州中心支行建立联席会议。县级政府是小额贷款公司风险防范处置的第一责任人，依法组织工商、公安、银监、人行等职能部门跟踪资金流向，严厉打击非法集资、非法吸收公众存款、高利贷等金融违法活动。各地小额贷款公司的日常监管职能由县级工商部门承担。第36条规定，小额贷款公司违反本办法规定，各级金融、工商、银监、人行等职能部门，根据各自职能，有权采取警告、公示、风险提示、约见小额贷款公司董事或高级管理人员谈话、质询、责令停办业务、取消高级管理人员从业资格等措施，督促其整改。这种多部门的分头监管会形成扯皮现象，监管工作难以专业化和精细化，难以及时发现监管对象的风险和处置。

三、小额贷款公司监管的核心规则不足与完善

（一）设立审批、审核制度严重缺失

《指导意见》规定，"小额贷款公司"组织形式为有限责任公司或股份有限公司。小额贷款公司的注册资本来源真实合法，全部为实收货币资本，由出资人或发起人一次足额缴纳。有限责任公司的注册资本不得低于 500 万元，股份公司的注册资本不得低于 1000 万元。单一自然人、企业法人、其他社会组织及其关联方持有的股份，不得超过小额贷款公司注册资本总额的10%。申请设立小额贷款公司，应向省级政府主管部门提出正式申请，经批准，到当地工商行政管理部门申请办理注册登记手续并领取营业执照。小额贷款公司的商事登记采取特许主义，而不是准则主义。由于《指导意见》只是不成熟的咨询、建议，本身不是法律规范，因此有关审批的标准和程序均不明晰，实践操作存在问题。

（二）小额贷款公司的贷款利率高于同期贷款的 4 倍，缺乏法律依据

《指导意见》规定，小额贷款公司按照市场化原则进行经营，贷款利率上限放开，但不得超过司法部门规定的上限，下限为人民银行公布的贷款基准利率的0.9倍。具体浮动幅度按照市场原则自主确定。最高人民法院1991年8月13日颁布了《关于人民法院审理借贷案件的若干意见》，规定公民之间的借贷纠纷、公民与法人之间的借贷纠纷以及公民与其他组织之间的借贷纠纷，应作为借贷案件受理。民间借贷的利率可以适当高于银行的利率，各地人民法院可根据本地区的实际情况具体掌握，但最高不得超过银行同类贷款利率的4倍（包含利率本数）。超出此限度的，超出部分的利息不予保

护。^①1999年2月最高人民法院公布的《关于如何确认公民与企业之间借贷行为效力问题的批复》答复如下：公民与非金融企业（以下简称企业）之间的借贷属于民间借贷。只要双方当事人意见表示真实即可认定有效。借贷利率超过银行同期同类贷款利率4倍的，按照最高人民法院《关于人民法院审理借贷案件的若干意见》的有关规定办理。可见，最高人民法院的有关借贷利率的规定是针对公民个人与个人、公民个人与企业之间的民间借贷，不适用于企业与企业之间的借贷关系。显然，小额贷款公司的贷款利率以银行同期同类贷款利率4倍有效的规定，法律依据不足。

至于企业与企业之间的借贷关系处理，最高人民法院一直以来坚持认为，企业与企业之间的借贷关系无效。1996年9月23日，最高法院公布的《关于企业借贷合同借款方逾期不归还借款的应如何处理问题批复》指出，企业借贷合同违反有关金融法规，属于无效。对自双方当事人约定的还款期满之日起，至法院判决确定借款人返还本金期满期间内的利息，应当收缴。该利息按借贷双方原约定的利率计算，如果双方当事人对借款利息未约定，按同期银行贷款利率计算。关于企业之间借款关系的处理规则，最高人民法院（2006）民终字第119号民事判决书中的一段判词可供参考。^②法院认为，迪佛集团与电信建议之间的借款行为，因迪佛集团没有金融许可证，不具有从事金融业务的主体资格，违反我国法律、行政法规强制性规定，依法应认定其借款行为无效，但出借方主张的资金占用费应予以适当保护。关于资金占用费即利息损失的赔偿标准问题，因借贷双方对于合同无效均有过错，故本院将利息损失确认为按照中国人民银行同期存款利率标准计付。^③

小额贷款公司不是持有《金融许可证》的金融企业，是经省级特定部门

① 李有星：《中国证券非公开发行融资制度研究》，浙江大学出版社2008年版，第72页。
② 该案系上诉人杭州迪佛房地产开发有限公司与被上诉人迪佛电信集团有限公司(简称迪佛集团)、原审被告浙江同方建设有限公司（简称同方建设）借款纠纷一案。
③ 李有星：《中国证券非公开发行融资制度研究》，浙江大学出版社2008年版，第73页。

批准的一般性非金融企业。[1] 小额贷款公司与企业之间的借贷关系，不属于民间借贷的范畴，其借款利率无法适用民间借贷的利率规定。其借贷合同的效力除非最高法院另作司法解释，否则，应当认定为无效。

（三）小额贷款公司资金筹集约束规则存在法律漏洞

小额贷款公司的主要资金来源为股东缴纳的资本金、捐赠资金，以及来自不超过两个银行金融机构的融入资金。在法律、法规规定的范围内，小额贷款公司从银行业金融机构获得融入资金的余额，不得超过资本净额的50%。融入资金的利率，期限由小额贷款公司与相应银行金融机构自主协商确定。小额贷款公司不得进行任何形式的非法集资。小额贷款公司在不吸收公众存款，不进行非法集资外，仍可以从事大量合法的筹资活动，包括委托贷款、信托、证券非公开发行和民间借贷。委托贷款系指由政府部门、企业单位及个人等委托人提供资金，由贷款人（即委托人）根据委托人确定的贷款对象、用途、金额期限、利率等代为发放、监督使用并协助收回的贷款。信托资金是指因信托而形成的资金。所谓信托是指委托人基于对受托人的信托，将其财产权委托给受托人，由受托人按照委托人的意愿以自己的名义，为受益人的利益或特定目的，进行管理或者处分行为。[2] 证券非公开发行融资资金，也可称私募融资资金，它是针对特定对象、采取特定方式、接受特定制度规范调整的企业融资模式。在我国向累计不超过 200 人的特定对象发行证券，并且不采用广告、公开劝诱和变相公开的发行方式就是证券非公开发行。[3] 小额贷款公司的设立是为"地下钱庄"合法化，使"民间资金走上合法化，阳光化"等命题，变为伪命题。我国《民法通则》第 90 条规定，合法的借贷关系受法律保护。民间借贷本身就具有合法性。

---

[1] 我国《贷款通则》第 21 条规定，贷款人必须经中国人民银行（注：现应为银监会）批准经营贷款业务，持有《金融机构法人许可证》或《金融机构营业许可证》并经工商行政管理部门核准登记。

[2] 李有星：《商法》，高等教育出版社 2006 年版，第 555 页。

[3] 李有星：《金融法教程》，浙江大学出版社 2006 年版，第 314 页。

（四）贷款对象存在法律误区

《指导意见》指明小额贷款公司发放贷款，应坚持"小额、分散"的原则，鼓励小额贷款公司面向农户和微型企业提供信贷服务，着力扩大客户数量和服务覆盖面。同一借款人的贷款余额不得超过小额贷款公司资本净额的5%。小额贷款公司不得从事其他经营活动，不得对外投资，不得设立分支机构。可见，小额贷款公司贷款客户是特定区域内的农户和微型企业。小额贷款公司以"小"字为基调，但现在许多地区已经改变初衷，将服务对象扩大到中小企业。小型企业与微型企业不同，根据我国《中小企业标准暂行规定》工业企业中的职工人数2000人以下，销售额为3亿元以下，资产总额在4亿元以下的均属中小企业。小额贷款公司被要求面向本区域客户服务，事实上也是难以做到的。

（五）关于注册资本限制规则问题

《指导意见》规定了小额贷款公司注册资本的下限，有学者认为还应规定上限，以限制小额贷款公司规模过大。如《浙江省小额贷款公司试点登记管理暂行办法》第9条规定了注册资本的上下限，小额贷款公司设立为有限责任公司的，注册资本不得低于5000万元（欠发达县域不低于2000万元）。设立为股份有限公司的，注册资本不得低于8000万元（欠发达县域不低于3000万元）。注册资本上限为2亿元（欠发达县域为1亿元）。小额贷款公司设立1年后，经省金融办审核，可增资扩股。我国《公司法》只有资本的最低要求，而没有上限要求，这种规定有违法之感。规定上限要求本身意义不大。因为，小额贷款公司从银行业金融机构获得融入资金的余额，不得超过资本净额的50%，而没有涉及公司注册资本的多少。

（六）关于小额贷款公司的破产监管制度

我国有关金融类机构破产有其特殊规定，从而保证破产企业的债权人及公众利益，维护社会稳定。小额贷款公司性质的定位决定着其破产清算的具体运作。规则需要明确对其到底按照金融机构的规制处理，还是按照一般企业的规制处理。现在有能力监管的部门也不愿承担监管义务，使得小额贷款公司难以处理，造成局部不安的风险源。小额贷款公司是专门从事放贷业务的机构，利用自有资金向客户放贷。可以看到利用自有资金放贷的企业不等于没有介入资本市场，小额贷款公司同样会存在利用其信用对外担保、出具保函等表外业务，同样会存在对外投资、交易和资金借入，同样会成为债务人，同样有负债业务，有时，放贷公司恰恰存在大量的负债业务。小额贷款公司同样会将公司的巨额款项借贷给公司股东、实际控制人以及关联关系人，同样会出现金融企业所经常出现的问题。

公司间借贷关系立法结构性调整：禁止、许可抑或其他

李有星 *

摘 要

货币借贷是自然人之间、公司之间以及相互之间常见的行为，目前调整借贷的立法众多，渊源层次复杂且不协调，借贷合同效力规范争议较大。《公司法》第 149 条和第 116 条的规定没有解决公司间借贷关系与效力问题，公司立法应该梳理已有的法律条文，明确对公司间借贷活动的禁止、允许或其他安排，以促进公司借贷行为的规范运作。在禁止加例外许可的公司借贷立法模式下探讨公司借贷立法的结构性调整，实现公司对内部关系人借贷禁止的同时，平衡合理的公司资金融通渠道与资金调度周转。

关键词：公司借贷；借贷关系；禁止；例外许可；借贷立法

---

* 本文原载于《法治研究》2011 年第 2 期。本文系教育部 211 工程第三期建设项目"转型期法治理论、制度与实证研究"、"民间融资监管的研究"（2010NC08）、"我国企业融资创新及其法律风险防治"（2009NH02）的部分成果。

　　我国现行法律承认和保护个人之间、个人与企业之间的借贷关系，但是否定公司（企业）之间的借贷（资金拆借）关系，法律术语上表述为企业之间借贷"违反有关金融法规，应当认定合同无效"[①]。所谓违反金融法规所指规则不能令人信服或可以说根本不存在，认定借贷无效的理由欠缺。虽然，公司（企业）之间借贷是否属于金融业务、是否属于民间借贷的范畴尚有争议[②]，但货币财产在当代社会是一种独立财产，它既不是物权也不是债权或知识产权。[③]科学认识公司货币资金借贷性质和设定清晰的规则以减少制度性冲突，实现公司借贷法治化已经十分迫切。新近的司法成果显示，对公司（企业）之间的借贷应作区别性对待处理。[④]但是，作为典型的公司法律没有对公司借贷关系作出明确的规定，长期的金融管制与司法机关的解释扭曲了借贷关系的基本价值取向，有必要通过公司借贷关系立法的公司法结构调整，明确立法的价值取向与目标，正面回答公司借贷关系立法采取的模式：禁止、许可抑或其他安排。

---

①　最高人民法院《关于审理联营合同纠纷案件若干问题的解答》的通知（1990 年 11 月 12 日）：
（二）企业法人、事业法人作为联营一方向联营体投资，但不参加共同经营，也不承担联营的风险责任，不论盈亏均按期收回本息，或者按期收取固定利润的，是名为联营，实为借贷，违反了有关金融法规，应当确认合同无效。除本金可以返还外，对出资方已经取得或者约定取得的利息应予收缴，对另一方则应处以相当于银行利息的罚款。1996 年 9 月 23 日，最高人民法院《关于对企业借贷合同借款方逾期不归还借款的应如何处理的批复》（法复〔1996〕15 号）指出，企业借贷合同违反有关金融法规，属无效合同。

②　1999 年 1 月 26 日《最高人民法院关于如何确认公民与企业之间借贷行为效力问题的批复》：公民与非金融企业（以下简称企业）之间的借贷属于民间借贷。只要双方当事人意思表示真实即可认定有效。反言之，公司（企业）之间借贷是否属于民间借贷未作交代说明，目前规范性法律文件中也没有规定"公司（企业）之间借贷属于民间借贷"。

③　刘少军：《金融法学科地位的几点思考》，《金融法律制度变革与金融法学科建设研讨会论文集》2009 年 12 月。

④　2010 年 5 月 27 日，浙江省高级人民法院《关于为中小企业创业创新发展提供司法保障的指导意见》中规定，企业之间自有资金的临时调剂行为，可不作无效借款合同处理。

一、公司间借贷关系判断的法律困境

公司在无法通过银行等正规的金融体系取得借款的情况下，向具有特定关系的公司以资金融通方式相互借款，解决临时性资金的周转是普遍的经济现象。这种公司借贷合同的效力如何判定？

（一）违反了有关金融法规，属无效合同

中国人民银行颁布的《贷款通则》（1996年8月1日实施）第61条规定："各级行政部门和企事业单位、供销合作社等合作经济组织、农村合作基金会和其他基金会不得经营存贷款等金融业务。企业之间不得违反国家规定办理借贷或者变相借贷融资业务。"2003年8月28日，证监会发布的《关于规范上市公司与关联方资金往来及上市公司对外担保若干问题的通知》规定："上市公司不得有偿或无偿地拆借公司的资金给控股股东及其他关联方使用。"最高人民法院针对民间借贷、企业之间借贷问题作了多个司法解释。1990年11月12日，最高人民法院《关于审理联营合同纠纷案件若干问题的解答》规定"名为联营，实为借贷，违反了有关金融法规，应当确认合同无效"。1996年9月23日，最高人民法院在《关于对企业借贷合同借款方逾期不归还借款的应如何处理问题的批复》中规定"企业借贷合同违反了有关金融法规，属无效合同"。

最高人民法院司法解释多次提到"企业借贷合同违反了有关金融法规，属无效合同"，但没有解释具体是哪一部或多部法规，而1998年3月16日，中国人民银行复函最高人民法院经济审判庭的《关于对企业间借贷问题的答复》称：你庭法经（1998）98号函收悉。经研究，现就有关问题答复如下：根据《中华人民共和国银行管理暂行条例》第4条的规定，禁止非金融机构经营金融业务。借贷属于金融业务，因此非金融机构的企业之间不得相互借贷。企业间的借贷活动，不仅不能繁荣我国的市场经济，相反会扰乱正常的金融秩序，干扰国家信贷政策、计划的贯彻执行，削弱国家对投资规模的监控，

造成经济秩序的紊乱。因此，企业间订立的所谓借贷合同（或借款合同）是违反国家法律和政策的，应认定无效。很明显，中国人民银行将借贷作为金融业务的命题，掩盖了银行信用借贷、民间使用、消费借贷和企业之间货币财产处分、资金调剂的不同性质的资金关系。这种牵强附会的解释是没有说服力的。答复中引用的《中华人民共和国银行管理暂行条例》（1986 年 1 月 7 日国务院发布）现在已经废止。国务院颁布的《非法金融机构和非法金融业务活动取缔办法》（1998 年 7 月 13 日）称"任何非法金融机构和非法金融业务活动，必须予以取缔""非法金融业务活动，是指未经中国人民银行批准，擅自从事的下列活动：……（三）非法发放贷款、办理结算、票据贴现、资金拆借、信托投资、金融租赁、融资担保、外汇买卖""未经中国人民银行依法批准，任何单位和个人不得擅自设立金融机构或者擅自从事金融业务活动"。还有就是《商业银行法》（1995 年 5 月 10 日）第 11 条第 2 款"未经国务院银行业监督管理机构批准，任何单位和个人不得从事吸收公众存款等商业银行业务"[①]。《中华人民共和国银行业监督管理法》（2004 年 2 月 1 日施行）第 19 条规定，未经国务院银行业监督管理机构批准，任何单位或者个人不得设立银行业金融机构或者从事银行业金融机构的业务活动。

在"借贷属于金融业务，非金融机构和个人均不得从事"的前提下，公司（企业）作为非金融机构相互之间从事资金拆借、融资担保、资金借贷的，所签订的借贷合同都是无效合同。在司法实践中，直接套用"企业借贷合同违反了有关金融法规，属无效合同"，只要查明主体是企业就判断借贷合同无效，从而依据无效的借款关系处理。司法裁判实践中，为了方便确认公司（企业）之间借贷合同无效，创造性地寻找认定公司之间借款合同无效的理由。对以借款合同形式表现或变相形式的公司借贷行为，有的法院认为其违反国家有关金融管理法规而无效，有的以损害社会公共利益为由认定合同无效，

---

① 商业银行是指依照本法和《中华人民共和国公司法》设立的吸收公众存款、发放贷款、办理结算等业务的企业法人。

有的以"违反法律、行政法规的强制性规定"为由认定合同无效，有的以"以合法形式掩盖非法目的"为理由认定合同无效。总之，确定公司（企业）之间借贷关系无效是目标，理由视具体案件自由发挥。

（二）公司间借贷关系效力争议不断

如果说借贷业务属于金融业务，非金融机构和个人均不得从事，则企业与企业之间、企业与个人之间、个人与个人之间的借贷业务均应依法认定为非法而无效。但针对同样性质的金融业务，司法解释明确"公民与非金融企业（以下简称企业）之间的借贷属于民间借贷。只要双方当事人意思表示真实即可认定有效"。很明显，将所有的资金借贷（拆借）行为均定性为金融业务似乎并不妥当，以此为基点进而推论企业之间的借贷（拆借）行为无效也欠缺合理的逻辑。[1]

企业间借贷合同的效力认定及法律适用遭到了专家学者的强烈反对，认为公司（企业）间的借贷合同，不能以"违反金融法规""违反法律、行政法规的强制性规定"等理由认定无效。因为规章层次的《贷款通则》第61条虽然规定，"企业之间不得违反国家规定办理借贷或者变相借贷融资业务"，但人民法院确认合同无效，应当以全国人大及其常委会制定的法律和国务院制定的行政法规为依据，不得以地方性法规、行政规章为依据。最高人民法院《关于适用〈中华人民共和国合同法〉若干问题的解释（二）》第14条规定，合同法规定的"强制性规定"，是指效力性强制性规定。公司（企业）借贷关系，不存在法律、法规的效力性强制性规定。另外，公司企业之间自有资金的调剂周转借贷也不可能因损害社会公共利益而无效。法院以"损害社会公共利益的合同应属无效"之规定来判定企业间的借贷无效也似乎有些牵强附会和武断。[2]

---

① 贾清林：《企业资金拆借法律关系辨析——兼评新〈公司法〉第149条第三项》，北大法律信息网，http://vip.chinalawinfo.com/newlaw2002，最后访问日期：2010年9月28日。

② 徐远刚：《非金融企业间借贷的正当性及规制途径》，《学理论》2009年第4期。

相反，现行《合同法》《公司法》等支持"公司间借贷有效"的观点。《合同法》中规定，借款合同是指借款人向贷款人借款，到期返还借款并支付利息的合同，并没有明确禁止企业作为贷款人。《公司法》第 149 条第（3）项规定，董事、高级管理人员不得"违反公司章程的规定，未经股东会、股东大会或者董事会同意，将公司资金借贷给他人或者以公司财产为他人提供担保"，反言之，只要依照公司章程的规定，经股东会、股东大会或董事会同意，公司资金可以借贷给他人，包括公司企业。同时，公司间借贷获税法认可，因为国家税务总局在《关于印发〈营业税问题解答（之一）〉的通知》（1995 年 4 月 17 日）第 10 条中规定，"不论金融机构还是其他单位，只要是将资金贷与他人使用，均应视为发生贷款行为，按'金融保险业'税目征收营业税"。另外，《最高人民法院关于审理建设工程施工合同纠纷案件适用法律问题的解释》（2005 年 1 月 1 日起施行）第 6 条规定，"当事人对垫资和垫资利息有约定，承包人请求按照约定返还垫资及其利息的，应予支持，但是约定的利息计算标准高于中国人民银行发布的同期同类贷款利率的部分除外"。可见，建设工程中的公司之间垫资借款是有效的，而且支持不高于同期同类贷款利率的借款利息。另外，2010 年 5 月 27 日，浙江省高级人民法院《关于为中小企业创业创新发展提供司法保障的指导意见》中规定，企业之间自有资金的临时调剂行为，可不作无效借款合同处理。[1] 最高人民法院的专家法官也认为"关联企业之间拆借行为应当按有效处理，一般企业之间的拆借行为应当认定为无效。在上个世纪 90 年代曾有几个司法解释认为企业之间借贷利息要予以收缴，现在看来这是不当干预经济行为的做法，应当予以摒弃。最高人民法院从主动干预经济行为，在向调节市场主体行为转变，不再主动干预民事交易行为。但也不能支持企业之间不当的拆借行为"[2]。

---

① 如中小企业的公司之间自有资金的临时调剂行为，可不作无效借款合同处理，则必然出现什么是资金调剂，其判断标准是什么，有效的公司借贷所保护的利率范围与依据等等法律问题。
② 吴宝庆：《最高人民法院专家法官阐述民商裁判疑难问题》（2009—2010 年卷），中国法制出版社 2009 年版，第 197 页。

对同性质的公司借贷问题，有多种观点、多种理论和实践处理，到底什么是正确的，目前没有统一标准。

二、现有公司借贷立法的欠缺

法律的本质是为人们提供一系列稳定的信息，使人们容易预测其行为的结果，对其行为的成本和收益作合理的预期，把风险和不确定性减少到最低限度，从而达到资源的最佳配置。使当事人能预先知道自己行为的后果，以选择合理的行为方式，从而减少博弈，实现交易费用的节约，提高经济效率。[①]2006 年 1 月 1 日实施的《公司法》在公司借贷关系问题上十分谨慎，没有对公司是否有权利能力开展借贷作出正面回答。《公司法》真正涉及公司借贷问题的有两个条款，即第 116 条和第 149 条，第 116 条解决公司与内部人间的借贷关系问题，与公司间借贷无关。《公司法》给公司之间的借贷提供了若干相互矛盾和更加复杂的司法环境，增加了对"公司借贷"效力问题的模糊程度。具体体现在以下六个方面。

1. 没有正面回答公司借贷效力问题。公司法没有正面肯定公司权利能力中的公司借贷权利，也没有肯定公司在借贷关系中遵照何种规则。而《公司法》第 149 条第 3 项"董事、高级管理人员不得有下列行为：……违反公司章程的规定，未经股东会、股东大会或者董事会同意，将公司资金借贷给他人……"让人解读为"董事、高级管理人员经股东会、股东大会或者董事会同意，并且不违反公司章程，以公司名义将公司资金借贷给他人的，则董事、高级管理人员个人应没有责任"。公司向董事、监事及高级管理人员之外的"人"（包括法人或者其他组织）提供借款，只要不违反章程规定，经过公司股东（大）会或者董事会同意则合法有效。[②]其实，本条并不意味着只要经过股东（大）会或者董事会同意，就可以没有限制地将公司资金借贷给股东或其他公司。[③]

---

① 张书清：《民间借贷法律价值体系的重构》，《上海金融》2009 年第 2 期。

② 蒙瑞华：《公司借贷法律问题研究》，《西南政法大学学报》2010 年第 2 期。

③ 周友苏：《新公司法论》，法律出版社 2006 年版，第 396 页。

2. 没有正面规定公司间借贷的禁止。《公司法》没有正面肯定公司间以及关联企业之间的借贷，也没有禁止公司向其他公司、企业借款。其第 116 条"公司不得直接或者通过子公司向董事、监事、高级管理人员提供借款"仅禁止公司不得直接或间接向董事、监事、高级管理人员提供借款。但是，"借款"概念范围过于狭窄，没有包括类似借款（或变相借款）和信用交易等有可能使公司利益受损的情形。香港《公司条例》早期禁止公司向其董事提供贷款，后来认为"贷款"仅包括那些将在未来会被偿还的款项，而不能涵盖其他给予董事的可能并不用偿还的好处，为此新的修订引入了英国公司法中"类似贷款"和"信贷交易"的概念，也都列入了禁止的范围。① 另外，对董事自身的关系人（如配偶、子女等）的借贷是否禁止没有涉及，对出现违反情形的处理规则缺乏，况且对董事、监事、经理等高级管理人员的绝对禁止也未必科学。

3. 同一集团及关联公司间借贷问题不明确。有关一般公司的资金可否借贷给关联企业的问题，《公司法》及规范外商投资企业的"三资企业法"对此相关问题均无明文规定。② 《公司法》第 16 条规定的投资无限制，极大支持着公司的借贷投资，从资本需要角度增加公司借贷的需求刚性。现在公司可以在负债累累的情况下搞所谓投资，已经无净资产的亏损型公司在上演"投资"、收购等资本游戏。同时，公司注册可以借贷注册，公司变成"集团公司"十分方便，大量的公司关联关系存在，于是公司内部发生公司之间的资金借贷成为常见现象。这样问题就出现了：公司之间的借贷到底行不行？有的公司借贷是有效的，有的公司借贷是无效的，同样性质的公司之间的借贷有了不同的结论。理论界现在存在两种观点：一是关联企业之间借贷是特定对象之间的资金调剂，不是金融业务，因为金融业务的借贷受金融业务市场准入

---

① 张宪初：《香港公司法的改革进程和发展趋势》，载赵旭东主编：《国际视野下公司法改革——中国与世界：公司法改革国际峰会论文集》，中国政法大学出版社 2007 年版，第 187 页。

② 林家亨：《解开公司间借贷法规迷局：现行法规有 2 种不同见解》，《中华工商时报》2007 年 6 月 5 日。

资格要求限制，因此，特定人之间的融资关系有效。浙江省高级人民法院出台的《关于为中小企业创业创新发展提供司法保障的指导意见》规定企业之间的借贷可以有效，就是这种理论支持的解释。① 另一种观点则相反，认为企业关联人之间的借贷无效，尤其是公司、股东、董事、经理等相互之间，也包括公司与客户之间及与具有特定的原材料、资金、产品等产供销关系人之间，不能借贷资金。因此，公司立法应当作出回答：到底公司之间借贷发生在何种情况下应当为法律保护？公司借贷的合法性如何确定？

4. 促进了借贷规避通道和变相借贷。《公司法》启动和制造了新的借贷规避通道即投资形式的公司借贷。法律上的投资一般是指取得股权并承担相应的经营风险。但有的投资合同投资者并不对所投资的项目或对被投资的企业法人承担经营风险，也不以所投入的资金对被投资法人承担民事责任，无论被投资项目盈利或亏损均要按期收回本息或固定利润。在这种情况下出资人所投入的资金并非股权而是债权，这种投资关系在司法实践中被认定为借贷关系。② 新的投资式借贷是根据《公司法》规定而安排的结果：（1）股权式投资安排，按照投资的形式将借贷资金注入公司。（2）约定利润分配比例（实为利息支付）。根据《公司法》第 35 条的规定"股东按照实缴的出资比例分取红利；……但是，全体股东约定不按照出资比例分取红利或者不按照出资比例优先认缴出资的除外"，以及第 167 条的规定"……公司弥补亏损和提取公积金后所余税后利润，有限责任公司依照本法第 35 条的规定分配；股份有限公司按照股东持有的股份比例分配，但股份有限公司章程规定不按持股比例分配的除外"。因此，在公司盈利的情况下，通过修改章程或股东全体同意可以利润的形式支付借款利息。③（3）约定股权转让及担保转

① 对其中直接以借款合同形式拆借资金的，可以认定为有效，确保出借方的本金回收，并给予必要的利息（企业存款利息）。
② 龙翼飞、杨建文：《企业间借贷合同的效力认定及责任承担》，《现代法学》2008 年第 2 期。
③ 对于运作不规范的公司，没有利润分配或不足以支付利息的，同样违规支付而不必承担不利的后果。

让，以确保借款人回收借款。因此，采用股权投资、约定回报、转让股权或者公司回购、担保等方式实现名为投资实为借贷的运作。在股权转让中，通过借用他人名义而实际公司代为支付股权转让款方式实行法律的再规避。实践中，要想将这样的安排作为规避法律而判断无效是困难的，事实上也不会给司法审查的机会，因为合同的各方已经完整地履行了合同约定，并无纠纷。在此，便出现了这样一种现象，在法律上规定为无效的行为，合同当事人自愿履行而没有纠纷将不受任何处理制裁，而发生纠纷则对资金占有方有利，对已经履行"全部义务"并交付借贷金额的守信方不利，取得资金一方最多支付资金占用费。最高人民法院（2006）民终字第 119 号民事判决书中可以说明。[①] 法院认为：迪佛集团与电信集团之间的借款行为，因迪佛集团没有金融许可证，不具有从事金融业务的主体资格，违反我国法律、行政法规强制性规定，依法应认定其借款行为无效，但出借方主张的资金占用费应予以适当保护。关于资金占用费即利息损失的赔偿标准问题，因借贷双方对于合同无效均有过错，故本院将利息损失确认为按照中国人民银行同期存款利率标准计付。[②]

由于正面的公司资金借贷规则不明，而且产生纠纷后多被确定为无效，因此，各种变相借贷出现而难以判断，大量以实现资金借贷目的的关联交易、非公平交易被迫产生。非借款合同方式所形成的变相借贷合同大致有：联营形式的借贷；投资形式的借贷；存单表现形式的借贷；票据形式的借贷；融资租赁形式的借贷；补偿贸易方式的借贷；委托理财形式的借贷；买卖赊欠形式的借贷；空买空卖形式的借贷；虚拟回购形式的借贷；等等。

5. 不同公司间的借贷无明显差异。我国《公司法》虽然规定为有限公司与股份公司两类，但具体看有更多复杂的类型：有限公司有一人有限公司、

---

① 该案系上诉人杭州迪佛房地产开发有限公司与被上诉人迪佛电信集团有限公司（简称迪佛集团）、原审被告浙江同方建设有限公司（简称同方建设）借款纠纷一案。

② 李有星：《中国证券非公开发行融资制度研究》，浙江大学出版社 2005 年版，第 73 页。

国有独资有限公司、2~50 人股东有限公司；股份公司分上市股份公司、200
人以内的股份有限公司和 200 人以上的股份有限公司 ①。这样一来，如果出
现公司与自然人之间可以借贷，而公司与公司之间不允许借贷，其法律格局
必然是：一人有限公司的借贷最有效力，因为最容易实现；国有独资公司
会受到严格管制，几乎不会参与借贷；200 人以下的股份公司也容易实施；
200 人以上股东的股份公司处于有人想管但管不了的局面；上市公司由于严
格禁止而采用其他方式借贷，但不会实施公司与个人、公司与公司之间的借
贷 ②。公司不得直接或者通过子公司向董事、监事、高级管理人员提供借款
规定也过于绝对，这样规定对一人有限公司明显是没有效率的，但对上市公
司则会产生效率。因此，有必要采取区别形式处理不同公司间的借贷问题，
"公司法应当以股份公司为主，对股份有限公司应当设定完备的制度，对有
限责任公司应当给予更大的自治权利" ③。

　　6. 有限公司融资困境没有考虑。如果结合《证券法》考虑，可以发现：
股份公司可以发行证券（含股票、公司债券等），但有限公司无权发行股票，
发行公司债券受严格约束。④《公司法》第 154 条规定，公司债券是指公司
依照法定程序发行、约定在一定期限还本付息的有价证券。公司发行公司债
券应当符合《证券法》规定的发行条件。《证券法》第 16 条规定，公开发
行公司债券，应当符合下列条件：（1）股份有限公司的净资产不低于人民
币 3000 万元，有限责任公司的净资产不低于人民币 6000 万元；（2）累计
债券余额不超过公司净资产的 40%；（3）最近 3 年平均可分配利润足以支
付公司债券 1 年的利息……因此，就有限公司而言，净资产在人民币 6000
万元以上的公司才有资格，大量的有限公司根本没有资格与公司债券有缘。

---

① 有人称其为不上市的公众公司，与股东在 200 人以下的股份公司相区别。
② 股份公司往往以委托贷款方式实施资金借贷，以求得所谓法律上的安全，对于委托贷款方式，
除增加借贷成本费用，对借贷双方取得合法性理由外，没有给出借方增加任何债权实现的保障。
③ 张穹主编：《新公司法修订研究报告》（上册），中国法制出版社 2005 年版，第 67 页。
④ 主要是条件与程序约束，就程序而言，发行公司债券的申请经国务院授权的部门核准。

因此，有限公司与股票发行无缘，也与公司债券无缘，而有限公司的股权式融资的股东只能在 50 人以内，对于股东人数已经 50 人的公司只有通过债权式融资。而债权式融资无非是向银行等金融机构信用借贷，或向民间融资（包括向自然人借贷、公司企业借贷）。有限公司向自然人、公司企业的定向融资，就是属于非公开私募的范畴，也是非公开融资制度研究中重要的组成部分。目前，大部分学者讲的私募是针对证券和基金而言的，事实上，由于中国的"证券"法律概念与美国等国家的证券概念不同，我们需要更多关注有限公司这种私募，将有限公司向特定的对象融资（包括股权式融资、债权式融资）作出定义而设定制度是有价值的。即主要设定：有限公司的小额借贷豁免制度、大额借贷的备案登记制度以及借贷的"安全港"制度。这一切，可以在公司立法中解决，而不必等待类似《放贷人条例》《贷款通则》等规范出台。[①]

三、可供选择的公司间借贷立法模式

公司借贷包括公司向其他公司借入资金和向其他公司借出资金，各国因商事主体、商事行为、监管水平和法律配套制度的不同，特别是金融业发展水平的不同，其对公司借贷行为的认知和法律规定差别明显。大体而言，公司借贷立法有四种模式。

（一）禁止主义模式

这种模式将公司财产分离为货币财产与非货币财产。普遍地认为公司的货币财产与其他财产是有区别的。公司财产的处置权属于公司，只要与生产经营有关，按照公司章程、法律的规定，符合程序性要求，公司的财产均属于公司处分的权利，包括借用、投资、担保与捐赠等。但唯有公司的货币资金借贷、捐赠需要特别注意。公司借贷是一个存有风险的非商业性投资行为。公司借贷不同于转投资之处，是债权人无法行使对公司商业运作的表决权，

---

① 事实上，《放贷人条例》《贷款通则》等规范如过多涉及公司借贷问题，有越权立法之嫌。

从而面临借方公司资产减损或风险增加而引发贷款无法收回的潜在危机。尤其公司向本公司董事或经理的借贷，往往难以认为是一个提升企业价值或有利于股东利益最大化的行为，也必然减损作为债权人求偿的公司资产，并引发股东对作为受托人行事的董事的信赖危机。① "公司借款不同于转投资，转投资虽然存在风险，但同时可能会带来投资收益，而公司向董事、监事、高级管理人员借款则不仅存在风险，而且并不能对公司带来利益，从而损害公司股东和债权人的利益。"② "公司对外提供借款与公司进行投资完全不是一回事，尽管公司对外提供借款与公司进行投资都存在风险，但公司进行投资的风险是一种商业风险，冒这种商业风险是以取得商业利润为目的的。而公司对外提供借款只是存在风险，有时并不能取得利益。"③ 尤其是将公司资金借贷给公司的董事、监事、经理等高级管理人员，增加公司的资金风险。因此，必须在公司货币资金的借贷主体上作出明确的禁止，当然也包括公司借贷行为的禁止，以绝对禁止的姿态来对待公司的借贷问题。如我国 1993 年《公司法》（已经废止）第 60 条第 1 款规定"董事、经理不得挪用资金或者将公司资金借贷给他人"。现行《公司法》第 116 条规定的，"公司不得直接或者通过子公司向董事、监事、高级管理人员提供借款"，又如证监会发布的"上市公司不得有偿或无偿地拆借公司的资金给控股股东及其他关联方使用"等。

（二）限制主义模式

为维持公司资本充实，防止公司借贷行为影响公司资本结构，保障股东和债权人利益，许多国家和地区法律一般都限制公司的借贷行为。④ 这种观点认为，公司货币资金只是公司财产的一部分，与公司的其他财产（如原材料、

---

① 傅穹：《公司转投资、保证、借贷、捐赠规则》，《政法论坛》2004 年第 3 期。

② 江平、李国光：《最新公司法条文释义》，人民法院出版社 2006 年版，第 315 页。

③ 梁上上：《图解公司法》，中国水利水电出版社 2006 年版，第 126 页。

④ 赵旭东：《公司法学》，高等教育出版社 2006 年版，第 197 页。

产品、房产等）没有区别，只是价值表现的形态差异。房产借用或租用可以获得租金费用收益，而货币资金存放银行等于贬值，投资不准可能血本无归，相对而言，公司将资金提供给生产经营急需的、具有业务联系或者有某种关联关系的公司企业，由于比较了解对方的情况，借贷资金和利息收益比较有保障，公司既然可以借贷资金给他人，当然可以借贷给十分熟悉的公司的董事、监事、经理等高级管理人员。借贷给特殊主体的董事、监事或者经理等高级管理人员时，需要法律予以必要的限制以确保公司借款资金的安全并且要作特别的程序性要求。如德国公司法规定，公司的资产借贷给董事或者其他管理人员时，需要得到公司监事会的同意。日本《商法》第265条规定，董事自公司接受金钱借款，应取得董事会的承认。又如美国纽约州公司法规定，公司的资产借贷给董事，必须经过公司股东会的投票决定。

（三）许可放任主义模式

也有国家和地区基于对经济、金融发展和商事、金融法律制度的总体协调，对公司的借贷行为采取放任主义。比如，美国《示范公司法》（修正本）就对公司的借贷行为（包括对董事的借贷）未加任何限制。《示范公司法》第3.02条记载了公司的一般权力，即除非公司章程另有规定，每一公司可以其名称永久存续，并拥有与自然人等同的权力去从事进行商业经营和事务管理所必要或便利的任何事情，包括不受限制的下列权力：……（7）订立合同和保证，招致债务，借入钱款，发行票据、债券及其他负债凭证（该负债凭证可转化为或可包含以期权方式购买其他形式的公司债券），以公司任何财产、特许权或收入为抵押或质押来担保偿还其负债；（8）借出钱款、以公司资金投资及再投资，以及接收并持有作为偿还担保的不动产和动产；……[①]《特拉华州普通公司法》第122条：依据本法规定成立的公司有下列权力：……（13）订立合同（包括担保物及担保人的合同）；发生债务；

---

① 虞政平：《美国公司法规精选》，商务印书馆2004年版，第27—28页。

依照公司决定的利率借钱；发行公司的票据、债券及其他债务；以该公司的全部或部分财产、特权及收入为抵押、抵押物或其他质押物；订立对下列公司商业的进行、推进或保留来说为必要和便利的有担保物及担保人的合同：a. 其所有已发行的股票由订立合同的公司直接或间接拥有的公司；或 b. 直接或间接拥有订立合同公司的全部已发行股票的公司；或 c. 由直接或间接拥有订立合同公司的全部已发行股票的公司，直接或间接拥有其所有已发行股票的公司；该有担保物及担保人的合同应被认为对订立合同公司的商业行为、推进或保留为便利的或必要的；及制定对订立合同公司商业的进行、推进或保留而言为必要和便利的有担保物及担保人的合同。（14）为公司之目的，提供借贷，以其资金投资与再投资，及取得、保有或处理不动产或动产，作为按上述方式借贷或投资的支付担保。而事实上，由于税收方面的原因，美国"很多公司间的'贷款'被构造成了'出资'（capital contribution）"。[①]

（四）禁止加例外许可模式

由于经济、金融活动的普遍性，特别是财产的多样性，尤其是货币财产以及衍生产品的多样性和复杂性，在公司的投资、担保、捐赠和借贷的 4 个公司子规则中，赋予公司投资和担保的充分自治性的同时，仅仅禁止公司借贷、限制公司这种权利能力的效果不佳，尤其是公司立法本身对财产处理安排也非完美，毕竟公司企业的经营活动本身就是货币财产与非货币财产、货币与未来权益，以及货币与货币之间的交易过程。公司在具体经营交易中，除货物与货物的物物交易外，以货币为核心的交易大体有三种：货币与有形物品的交易（如货物买卖）、货币与货币的交易（如外汇、黄金、票据等之间的买卖）、货币与未来权益的交易（如货币与未来权利凭证、股票等之间买卖）。[②] 就算是公司法律作出了绝对严格的禁止，这种违反经济运行与法

[①] 罗伯特·W.汉密尔顿：《美国公司法》，齐东祥译，法律出版社 2008 年版，第 164 页。
[②] 李有星：《论金融法学科的独立性与教育模式的选择》，《金融服务法评论》（第一卷），法律出版社 2010 年版，第 433 页。

律执行规律的不合理规则同样会被突破。在当前乃至今后相当长时间内，与市场经济发展相适应的金融体制建立之前，少量的企业间借贷对经济发展具有一定的积极作用。[1] 因此，明智的做法就是采用禁止加例外许可模式。公司法律规定公司借贷原则禁止但在明列情形下为交易许可。台湾地区现行公司立法规定就是原则禁止与例外许可的模式，其立法的价值追求是：开放资金融通管道与防范规避金融资金管制之间谋求平衡，强调企业资金灵活通畅调度的重要性。台湾地区"公司法"第15条，公司之资金，除有左列各款情形外，不得贷与股东或任何他人：（1）公司间或与行号间有业务往来者。（2）公司间或与行号间有短期融通资金之必要者。融资金额不得超过贷与企业净值的40%。公司负责人违反前项规定时，应与借用人连带负返还责任；如公司受有损害者，亦应由其负损害赔偿责任。香港特别行政区的《公司条例》也采用此种立法模式。根据《公司条例》的规定，与公司借贷相关的规定主要有以下几个内容。

1. 明确公司借贷权力。《公司条例》5A规定公司权力：（1）任何公司均具有自然人的身份以及自然人的权利、权力及特权。（2）在不限制第（1）款的原则下，任何公司均可作出其章程大纲、任何成文法则或任何法律规则所准许作出或规定作出的任何事情。[2]《公司条例》附表7权力中的第12条规定[3]：向任何人或任何公司贷出或垫付款项或给予信贷；为任何人或任何公司支付款项或履行合约或履行责任而作出担保及给予担保或弥偿；以任何

---

① 顾秦华、李后龙：《试论企业间借贷行为的效力认定》，《法律评论》1994年第2期。

② 5A Powers of a company (1) A company has the capacity and the rights, powers and privileges of a natural person. (2) Without limiting subsection(1), a company may do anything which it is permitted or required to do by its memorandum or by any enactment or rule of law.

③ Schedule 7, Powers. 12. To lend and advance money or give credit to any person or company; to guarantee, and give guarantees or indemnities for the payment of money or the performance of contracts or obligations by any person or company; to secure or undertake in any way the repayment of moneys lent or advanced to or the liabilities incurred by any person or company; and otherwise to assist any person or company.

方式保证或承诺任何人或任何公司偿还所获借贷或垫付的款项或所招致的债务；以其他方式协助任何人或任何公司。

2. 明确公司禁止向董事及其他人士作出贷款等。[①]《公司条例》157H 规定：（1）本条所订的禁止受第 157HA 条所订的例外情况规限。（2）任何公司不得直接或间接：（a）向该公司或其控股公司的董事作出贷款；（b）就任何其他人借予该董事的贷款订立担保或提供任何保证；或（c）（如该公司的任何一名或多于一名的董事共同或各别、直接或间接持有另一间公司的控制权益）：（i）向该另一间公司作出贷款；或（ii）就任何人借予该另一间公司的贷款订立担保或提供任何保证。（3）任何有关公司不得：（a）向该公司或其控股公司的董事作出类似贷款。（4）任何有关公司不得：（a）以债权人身份为该公司或其控股公司的董事订立信贷交易；（b）就任何其他人以债权人身份为该董事订立的信贷交易订立担保或提供任何保证。

3. 明确禁止借贷例外的交易。《公司条例》157HA 规定了例外的交易[②]：（1）第 157H 条并不禁止属某公司集团的成员的公司：（a）向属同一公司集团的成员的公司作出贷款或类似贷款，或以债权人身份为该成员公司订立信贷交易；……（2）第 157H 条并不禁止并非有关私人公司的私人公

---

① Section 157H, Prohibition of loans, etc., to directors and other persons. (1) The prohibitions in this section are subject to the exceptions in section 157HA. (2) A company shall not, directly or indirectly− (a) make a loan to a director of the company or of its holding company; ......

② Section157HA Excepted transactions. Section 157H does not prohibit a company that is a member of a group of companies from− (a) making a loan or quasi−loan to, or entering into a credit transaction as creditor for, a company that is a member of the same group of companies; or (b) entering into a guarantee or providing any security in connection with(i) a loan or quasi−loan made by any person to a company that is a member of the same group of companies; or (ii) a credit transaction entered into by any person as creditor for such a company. (2) Section 157H does not prohibit a private company (not being a relevant private company) from doing anything that has been approved by the company in general meeting. (3) Subject to this section, a company is not prohibited by section 157H from(a) entering into any transaction to provide any of its directors with funds to meet expenditure incurred or to be incurred by him for the purposes of the company or for the purpose of enabling him properly to perform his duties as an officer of the company.

司作出任何经公司在大会上批准的事情。（3）在不抵触本条的条文下，第157H条并不禁止公司：（a）订立任何交易以向其任何董事提供资金，而该等资金是为支付该董事为该公司或为使该董事能恰当地执行他作为公司的高级人员所执行的职责而招致或将会招致的支出；（b）订立任何交易，藉以：（i）利便购买任何住用处所的全部或部分及连同与其一并占用及享用的土地，用作该公司的董事的唯一或主要的住所；……（9）如在第157H（2）、（3）或（4）条所描述的交易订立时，有关款额超过＄750000，第（6）及（7）款并不授权公司或有关公司（视属何情况而定）订立该项交易。

4. 设定违反公司借贷的民事和刑事后果。民事后果：157I 违反第157H条的交易的民事后果。[1]（1）任何人如接受某间公司的一笔款项，而该笔款项是依据一项在违反第157H条的情况下订立的交易或安排而支付的款项，则该人须立即将该笔款项偿还该公司，但如该人并非该公司或其控股公司的董事，而又能证明其本人在该项交易或安排订立时不知悉有关情况，则属例外……同时，规定了违反第157H条的刑事罚则……[2]

5. 要求信息披露。161B 提供了高级人员的贷款在账目内的详情等。[3]（1）根据本条例在大会上提交公司省览的账目，在不抵触本条的规定下，须载有《2003年公司（修订）条例》（2003年第28号）第68条生效后该公司订立的每项有关交易的下述详情：（a）借款人的姓名或名称；（b）如本款因有下述情况而适用于某项有关交易，亦须载有有关董事的姓名或名称：（i）借款人与该公司或其控股公司的一名董事有关联；或（ii）（如借款人是法人团体）该公司一名董事或一名与其有关联的人曾（共同或各别、直接或间接）持有该法人团体的控制权益；（c）该项有关交易的条款，包括根据该项交易须支付的款额（不论是整笔支付、分期支付、定期支付或以其他

---

① Section 157I, Civil consequences of transactions contravening section 157H.

② Section157J, Criminal penalties for contravention of section157H.

③ Section 161B, Particulars in accounts of loans to officers, etc.

方式支付）、该项交易的利率（如有的话）及保证（如有的话）；（d）在该公司的财政年度开始及终结时，在该项有关交易中尚欠的本金及利息款额或其他款额，以及在该财政年度内该尚欠的本利款额或其他款额的最高额；及（e）已到期而未支付的款额（如有的话），以及就借款人没有支付或预期他不支付的全部或任何部分的有关交易的本金额或根据该项交易尚欠的任何其他款额所预留的准备金（附表10所指的准备金）的款额。（2）如有关交易包括类似贷款或信贷交易，而根据第（1）款规定须提供借款人的详情。

6. 设定公司借款权力。附表1第I部非私人公司的股份有限公司管理规例 [①] 之借款权力。董事可行使公司的一切借款权力，及可行使公司将公司的业务、财产及未催缴股本或其中的任何部分予以按揭或押记的一切权力。

四、我国公司间借贷立法结构调整：禁止加例外许可模式

任何法律制度均是选择的结果，我国早期选择全面禁止企业之间的借贷行为，在法律、法规没有明确的情况下，最高人民法院以司法解释的方式明示"企业借贷合同违反有关金融法规，属无效合同"，这实在是因为资金短缺，各种基金会、标会、高利贷市场等地下经济盛行，非法借贷关系扰乱金融市场，企业间借贷的弊大于利，加之在经济转型时期各种相应制度不完善、金融监管机构监管职能不清晰，人民银行还担当银行业监管职能等因素的综合作用。[②] 但是，中国已经相当程度地建立起了多层次的资本市场，中国的银行业巨头也都成为公众性、开放性的上市公司，中国的创业板市场，中国的商品期货、黄金期货和股指期货市场均建立运行，中国的国际版市场即将推出，一个在金融、资本市场迅速发展而且相当令人注目的中国，不应该在

---

① Regulations for management of a company limited by shares, not being a private company, Borrowing Powers.

② 事实上，在金融机构的职能划分中，银行业监管机构担当银行业的监管，而人民银行担当国家货币政策、公开市场操作、外汇管理等职能，人民银行和银行业监管机构均不适合对公司借贷问题进行解释和处理。公司借贷问题不是金融业务，违反借贷规定的处理机构宜另行设定。根据专业金融由专业监管机构负责，公司借贷、民间金融由政府负责的解决思路设定规则。

公司的借贷问题上处于原始和相当落后的法治状态。

在2005年公司法的修改中，没有更多注意到公司借贷立法。查阅当年《公司法修改简报》第26期，没有发现有专家学者、实务部分的人员提出公司借贷问题的记录内容。其中，中国法学会商法学研究会《关于修改公司法的意见》中也没有提到公司借贷问题的立法修改意见建议。国内的公司法著名教授王保树、赵旭东、叶林、甘培忠、方流芳、沈四宝、管晓峰、汤欣等参加的《上市公司法律制度专题研讨会情况》中，也没有出现涉及公司借贷问题的修改意见。有意思的是，现在国内的商法、公司法教科书中，对公司借贷法律问题的立法理论探讨也相当不足，其中有些很知名的教科书中也没有找到令人满意的理论阐述和可信性论点。公司借贷问题应当成为新的公司法结构性调整中立法修改思考的重要问题，我们在假定选择禁止加例外许可模式下进一步讨论公司借贷的立法完善观点。

1. 宣誓公司借贷权利能力。明确公司具有借入资金与出借资金的权利。但是法律另有规定，或公司章程另有规定的依其规定。

2. 明确公司借贷的自治性，完善《公司法》第16条有关借贷的内容。《公司法》对公司的投资、担保问题作了高度自治性的处理，从逻辑和有效性考虑，也必然要对公司借贷、捐赠作出新规则。建议将"公司向其他企业投资或者为他人提供担保"修改为"公司向其他企业投资、为他人提供担保或为他人提供资金借贷"，并对第16条规定的相应部分作出修改。这样修改后的《公司法》第16条为：公司向其他企业投资、为他人提供担保或为他人提供资金借贷，依照公司章程的规定，由董事会或者股东会、股东大会决议；公司章程对投资、担保或者借贷的总额及单项投资、担保或借贷的数额有限额规定的，不得超过规定的限额。公司为公司股东或者实际控制人提供担保或借贷的，必须经股东会或者股东大会决议。前款规定的股东或者受前款规定的实际控制人支配的股东，不得参加前款规定事项的表决。该项表决由出席会议的其他股东所持表决权的过半数通过。

3. 明确公司借贷的禁止条款。企业间借贷是一把双刃剑，不适当地放开也当然会引起巨大的副作用，资金是公司正常运作的血液，公司用以进行借贷的资金数额与公司运作所需资金的比例应当控制，借贷的金额应当限制，程序必须公正。否则，公司很有可能因借贷而导致运作资金链的断裂，最终将会导致公司破产。因此，适当禁止是必要的，可以考虑增加《公司法》第116条的规定内容，明确股份公司"不得直接或者通过子公司向董事、监事、高级管理人员及其关系人提供借款、类似借款和信贷交易"。公司借贷的禁止还包括，（1）本条所订的禁止受本法例外情况规限。（2）任何公司不得直接或间接：向该公司或其控股公司的董事作出贷款；或向该公司的任何一名或多于一名的董事共同或个别、直接或间接持有另一间公司的控制权益的另一间公司作出贷款。（3）任何有关公司不得：向该公司或其控股公司的董事作出类似贷款（变相借贷）；或向该公司的任何一名或多于一名的董事共同或个别、直接或间接持有另一间公司的控制权益的另一间公司作出类似贷款（变相借贷）。（4）任何有关公司不得：以债权人身份为该公司或其控股公司的董事订立信贷交易；或向该公司的任何一名或多于一名的董事共同或个别、直接或间接持有另一间公司的控制权益的另一间公司订立信贷交易。对上市公司而言，董事、监事和经理等为关联关系人。

4. 明确公司借贷许可的例外情形。严格的绝对禁止主义未必可取，对于员工预借薪金、关系企业向公司调度资金应该持允许态度。[1] 考虑借贷禁止的例外交易包括：（1）不禁止公司集团的成员之间作出借贷或类似借贷。（2）不禁止公司与业务往来者、短期融通资金的必要者之间的借贷，该借贷须经公司股东会、股东大会依公司章程设定的借贷事项而批准。（3）不禁止公司在确保公司借贷资金安全情况下对公司董事、监事、经理等高级管理人员提供公司章程设定的借贷资金。有关款额不得超过50万元人民币，

---

① 范健、蒋大兴：《公司法论》，南京大学出版社1997版，第253页。

超出 50 万元款额的，公司不得订立该项借贷交易。[①]

　　5. 设定违反公司借贷规则的民事、行政与刑事责任。公司借贷的民事责任、行政责任与刑事责任，对于规范公司借贷行为、依法规范运作十分重要。过去，公司借贷的民事责任方面，公司立法不明确，但最高人民法院的司法解释是：由借入方归还出借方本金，没收利息，后来是由借入方归还出借方本金，赔偿出借方借贷资金被借入方占有期间的利息损失。根据双方过错来确定利息损失的额度。就行政责任而言，虽然《贷款通则》第 73 条规定，企业之间擅自办理借贷或者变相借贷的，由中国人民银行对出借方按违规收入处以 1 倍以上至 5 倍以下罚款，并由中国人民银行予以取缔。但 2003 年修改的《中国人民银行法》第 2 条规定，中国人民银行是中华人民共和国的中央银行。中国人民银行在国务院领导下，制定和执行货币政策，防范和化解金融风险，维护金融稳定。因此，此时执行《贷款通则》第 73 条的行政处罚权已经不合适。2003 年 12 月 27 日通过的《银行业监督管理法》第 2 条规定，国务院银行业监督管理机构负责对全国银行业金融机构及其业务活动监督管理的工作。但其职责中并没有处理企业借款的权力。因此，我国公司借贷的问题处于没有行政管理也没有行政责任的状态。涉及借贷的刑事责任则是十分严厉的，整治公司借贷的利器就是"非法集资""非法证券活动"两大帽子，在此之下就是破坏金融管理秩序，具体涉及刑法中的"非法转贷牟利罪""非法吸收公众存款罪""集资诈骗罪""非法经营罪"等罪名。这种缺乏良好的民事及行政规则，以刑事性的非法集资来简单地处理公司借贷问题，存在着定性不准确，处理手段不符合法律逻辑，不能为民间金融的合法化预留空间，也不能实现保护投资者的公共政策目标等等新弊端。[②]因此，在《公司法》和《证券法》的新的结构性调整中要有足够的规范准备。

---

① 　本处设定 50 万元为参考金额，公司限制的金额其实与公司类型有关，立法中可以有三种方法：一是具体的金额确定，如香港《公司条例》的规定。二是按照公司注册资本比例确定，如借出金额不超过 20% 的比例。三是按照公司净资产比例确定，如不超过公司净资产 20% 的比例。

② 　彭冰：《非法集资活动规制研究》，《中国法学》2008 年第 4 期。

建议在《公司法》中增加公司借贷的民事处理规则，增加行政处理规则和增加刑事规范，至少公司借贷的刑事问题不要被非法集资简单替代，而完全可以分解为公司违法犯罪或证券违法犯罪两个部分来规范公司借贷行为的刑事责任。

6.明确公司借贷的信息披露制度。在许可公司借贷的例外交易情况下，如何保障公司安全和股东、债权人利益成为关键。通常情况下，资金来源、借贷对象、借贷目的、借贷金额、借贷利率、借贷担保（保证、抵押、质押、留置）、信息披露成为公司制度设计的重要内容。在信息披露中，需要对类似借贷（变相借贷）作准确的披露。具体信息披露要求应当视公司类别有所不同。

论《放贷人条例》制定的难点及其解决

李有星　罗　栩*

摘　要

为促进我国民间融资的阳光化立法，中国人民银行 2008 年初拟《放贷人条例》草案，但因在监管机构、贷款利率及准入门槛的限制等方面存在争议而不能出台。应当借鉴境外的相关立法成果，通过明确监管机关，实施差别利率和浮动管理，区别设立放贷人门槛，设置民间放贷阳光化的备案措施以及放贷广告管理等的改进，推动我国放贷人立法的进行。

关键词：放贷人；放债人；备案制；利率；民间融资；监管机构

* 本文原载于《政治与法律》2011 年第 6 期。罗栩，浙江大学光华法学院法律硕士研究生。本文系教育部 211 工程第三期建设项目"转型期法治理论、制度与实证研究"、"民间融资监管的研究"（项目编号：2010NC08）、"我国企业融资创新及其法律风险防治"（项目编号：2009NH02）等课题的部分成果。

随着我国金融市场的发展，民间融资在促进经济发展的同时也显现出一系列负面影响，引导和规范民间融资有序发展十分必要。继全国小额贷款公司试点之后，2008 年 11 月由中国人民银行起草的《放贷人条例》草案已经提交国务院法制办，该条例一旦通过，就意味着银行在信贷市场的垄断地位被打破，符合条件的个人和企业经过批准也能从事放贷业务。然而，在监管机构的设置、贷款利率及准入门槛的限制等方面，各方仍存在着较大争议，《放贷人条例》至今未能出台。本文拟在借鉴境外相关立法成果的基础上为该条例制定的难点问题提供若干解决思路，以期推动我国放贷人立法的进行。

一、民间融资需要《放贷人条例》的出台

在次贷危机的影响下，金融机构风险控制不断加强，正规金融机构出于自身利益的考量，往往不愿意贷款给缺少抵押物及相关信用证明的农户和微小企业。[①] 金融危机过后，很多中小企业因为资金链断裂，无法获得及时有效的资金支持而破产。中国社科院正在进行的一个关于"中小企业在金融危机复苏中的作用"的调研报告显示，有 40% 的中小企业已在此次金融危机中倒闭，40% 的企业正在生死线上徘徊，只有 20% 的企业没有受到此次金融危机的影响。[②] 民间融资简单灵活的手续及人格化的角色定位，无疑成为中小企业解决资金不足或周转困难的主要渠道。

目前，民间融资在我国已经非常普遍，江浙等民营经济发达的地区尤其如此。但是，长期以来民间融资被认为是"地下金融"[③]"灰色金融"[④]，其法律地位一直没能得到确认。在亲情、友情关系上发展起来的民间融资，本身存在着较大的自发性和盲目性，容易产生纠纷，影响社会稳定。且民间融

[①]　植凤寅：《从紧货币政策下的民间融资》，《中国金融》2008 年第 13 期。

[②]　方蕊：《社科院专家陈乃醒：40% 中小企业已在危机中倒闭》，东方早报网，http://www.dfdaily.com/html/113/2009/6/12/183114.shtml，最后访问日期：2010 年 12 月 15 日。

[③]　王爱俭、张全旺、于学伟：《中国地下金融：发展现状与理论思考》，《财贸经济》2004 年第 7 期。

[④]　朱德林、胡海鸥：《中国的灰黑色金融——市场风云与理性思考》，立信会计出版社 1997 年版，第 3 页。

资作为一种游离于正规金融体系之外的融资行为，并未纳入国家统计范畴之中。大量民间融资活动的存在，势必会影响到国家对宏观经济和区域经济金融运行状态的判断，最终影响国家宏观调控政策的贯彻落实。[1]Tsai 通过研究中国的非正规金融，认为非正规金融的发展会影响金融市场的资金来源。如果非正规金融无限制发展而且政府不加任何限制，必然会分流原本流向正规金融市场的大量资金，甚至会引发银行体系的挤兑风险和流动性危机。[2]可见，正确引导民间融资，不仅关系到融资主体的利益，更关系到我国金融市场的发展，乃至整个社会主义市场经济的建设。

近年来，管理层一直致力于推动民间融资"阳光化"进程，以期在法律层面上更好地规范民间融资。2005 年以来，部分省市的县及县以下地区试点设立了村镇银行、贷款公司、农村资金互助社、小额贷款公司等四类机构，这对于改进和完善农村金融服务、培育竞争性农村金融市场发挥了积极作用。[3]尤其是 2008 年 5 月试点的小额贷款公司，大大降低了民间融资的准入门槛，在提高闲散资金使用率的同时，也为中小企业提供了有效的信贷支持。央行研究生部部务委员会副主席焦瑾璞表示，小额贷款公司试点只是中国人民银行规范民间信贷、促进中小企业融资的"前奏"。[4]2008 年 11 月，由中国人民银行起草的《放贷人条例》草案，将是一次更大的金融突破。《放贷人条例》的制定，意味着符合条件的企业和个人都可以开展借贷业务，将更大限度地吸收民间资本。这也是对民间融资合法性地位的进一步确认，不仅有助于完善小额贷款的法律环境，还有助于打破我国长期以来商业银行等正规金融机构垄断市场的格局，促进金融市场的多层次发展。

---

① 盛文军：《宏观调控背景下浙江民间融资新变化》，《浙江金融》2008 年第 3 期。

② Kellee S. Tsai. Back-Alley Banking: Private Entrepreneurs in China. Cornell University Press, 2002.

③ 中国人民银行、中国银监会：《中国人民银行、中国银行业监督管理委员会关于村镇银行、贷款公司、农村资金互助社、小额贷款公司有关政策的通知》，http://www.pbc.gov.cn/publish/jinrongshichangsi/1024/2010/ 20100910134929147974192/20100910134929147974192_html，最后访问日期：2010 年 12 月 18 日。

④ 丁冰、徐畅：《放贷人条例有望解中小企业融资之急》，《中国证券报》2008 年 11 月 19 日。

二、《放贷人条例》制定中的争议与难点

早在 2007 年 3 月，中国人民银行就组成了《中国〈放贷人条例〉立法研究》课题组，选择广东、浙江、山西等九省作为样本地区，对国内民间借贷及小额信贷公司的状况进行调研。① 随后又初拟了《放贷人条例》草案，递交国务院审批。然而，由于对诸多条款存在较大的争议，《放贷人条例》迟迟未能出台。《放贷人条例》制定过程中的争议与难点集中在以下几个方面。

第一，关于主管部门的确定。《放贷人条例》草案允许放贷人除自有资金之外，可以从其他金融机构、企业获得资金；甚至可通过发行债券、股票等方式募集资金。② 这为放贷人提供了其他的融资渠道，有利于提高放贷人的积极性，同时也增加了监管难度，稍有不慎就会对整个金融业产生巨大的冲击。之前对于小额信贷公司的监管机构，《小额贷款公司试点的指导意见》并没有明确规定，只是要求省级政府能明确一个主管部门负责对小额贷款公司的监督管理，并愿意承担小额贷款公司风险处置责任。如此模糊的规定，很容易造成监管缺位，在制定《放贷人条例》时，有必要明确监管部门及其职责。在监管机构的选择中，有的研究者认为应当是正规金融监管机构，如人民银行③、银行业监督管理委员会④等；有的研究者认为应当是非正规金融监管机构，如各地政府金融主管部门⑤、工商局等；也有的研究者认为应当是正规金融监管机构和非正规金融监管机构相结合的综合模式，如银监会和经贸部门联合管理⑥、工商行政部门和银监会共同负责⑦等模式。

第二，关于对贷款利率的限制问题。《放贷人条例》草案规定放贷人利

---

①② 刘兴成：《法律何时为民间借贷松绑》，《法人杂志》2009 年第 4 期。

③ 李晓红：《对我国民间融资发展的对策建议》，《北方经济》2006 年第 4 期。

④ 王从容、李宁：《民间融资：合法性、金融监管与制度创新》，《江西社会科学》2010 年第 3 期。

⑤ 李峻岭：《"第一私人钱庄"的兴奋：猜想〈放贷人条例〉》，《理财周报》2008 年 8 月 25 日。

⑥ 中国人民银行丽水市中心支行课题组：《民间融资规范化法律问题研究》，《金融参考》2008 年第 1 期。

⑦ 米爱玲：《当前民间融资法律和监管制度的不足与优化》，《金融参考》2009 年第 4 期。

率上限不高于同期同类贷款基准利率的四倍。① 但是目前，我国民间借贷的实际利率远高于基准利率的四倍。温州是中国唯一一个设立民间利率监测点的试验区，今年贷款规模收紧后，民间利率在 10.92% 至 14.37% 的区间波动，明显高于央行 6 个月以内的 4.86% 贷款利率。② 近年来银行业金融机构的利率市场化步伐加快，其中贷款利率已经取消了最高额限制，而由货币供需双方自主商定。民间融资的利率由民间资金供求状况决定，同时受银行贷款利率影响也较大。因此，要不要对民间融资利率的上限作出规定，成为规范民间融资利率的关键。③

对此，很多学者认为民间利率是在市场竞争中形成的均衡利率，并不能简单地锁定其上限。④ 管理部门人为地限制利率，容易形成寻租现象，导致一部分小额贷款流失，中小企业和农户并不能真正受惠；过低的利息收入若无法弥补放贷人的信贷成本，很可能使一些民间资本放弃"合法化"，仍然停留在地下阶段，随行就市，增大监管难度；另外，低利率政策也不利于借款者产生谨慎投资的压力，往往导致高违约率。⑤ 然而民间融资本身具有盲目性，且法律约束力不强，倘若完全由市场调节民间融资利率，可能导致高利贷的盛行。一旦借款人无法按时还贷，很容易引发债权债务纠纷，严重的甚至酿成治安事件。同时，民间融资的高利率也会对正规金融机构造成较大冲击，诱使金融机构筹资成本加大，从而加重金融机构的经营风险。⑥ 由此看来，如何适当地对放贷利率进行限制，既不打击民间资本的积极性，又能达到金融监管的目的，是目前急需解决的问题。

① 刘兴成：《法律何时为民间借贷松绑》，《法人杂志》2009 年第 4 期。
② 金涛：《温州民间利率上扬》，《浙江日报》2010 年 7 月 27 日。
③ 中国人民银行丽水市中心支行课题组：《民间融资规范化法律问题研究》，《金融参考》2008 年第 1 期。
④ 王卓：《农村小额信贷利率及其需求弹性》，《中国农村经济》2007 年第 6 期。
⑤ 周明：《小额信贷利率市场化探讨》，《现代商贸工业》2009 年第 21 期。
⑥ 高肖欣、肖杰仁：《关于央行对民间借贷监管制度的完善与创新研究》，《特区经济》2010 年 7 月。

第三，对放贷人准入门槛的限制。放贷人准入门槛参照《小额贷款公司试点的指导意见》，这就意味着个人或企业至少需要 1000 万元的自有资金，才能开展放贷业务。一方面，1000 万元的准入资金对于个人而言，显然超出了一般投资者的能力范围。很多投资者由于自有资金有限，仍然被排除在合法融资之外。并且，准入门槛越高，放贷人的规模也就越大，贴近中低端市场尤其是低端市场的可能性就会相应降低[1]，最终不能达到真正为中小企业和农户服务的目的。另一方面，这一条款又很容易被规避。如果一个企业同时向很多放贷人借款，借到的钱达到 1000 万元后再去放贷，就相当于企业变相吸收存款进行放贷，其中的风险值得关注。[2] 根据"劣币驱逐良币"理论，当局限制民间融资，只能限制那些善意的放贷人，而对于恶意的高利贷者仍然无法禁止。[3]《放贷人条例》的设计应当是激励机制和约束机制并存的，如果只有约束没有激励，很有可能一些地下钱庄会继续地下经营。可以逃避营业税，可以不被审查、年检；虽然有风险，但利率也可以更高。大部分民间借贷公司一直是这么操作的。[4] 这将与管理层希望通过制定《放贷人条例》使民间融资进一步阳光化的初衷相背离。

三、《放贷人条例》焦点问题的解决方案

与《放贷人条例》类似的香港《放债人条例》是规范民间融资的成功立法例，对我国内地的相关立法具有借鉴价值，另外，其他的一些境外的类似立法也可供我国参考。笔者拟在此基础上提出如下对于《放贷人条例》制定过程中若干焦点问题的解决方案。

---

[1] 潘晓：《小额贷款公司立法的若干思考——反思、借鉴与重塑》，华东政法大学 2009 年硕士学位论文。

[2] 瞿丽红：《〈放贷人条例〉草案的法律分析》，中国律政网，http://www.fylz.com.cn/shownews.aspx?newsid=16，最后访问日期：2010 年 12 月 15 日。

[3] Mark Schreiner. Informal finance and design of microfinance. Development in Practice, 2000, 11(5): 637–640.

[4] 苏曼丽：《杜晓山：焦点在于进入门槛》，《新京报》2008 年 11 月 18 日。

（一）明确政府金融办与工商管理机关的共同监管

现有的法律并没有明确民间融资的监管主体，经常造成对民间融资重复监管或无人监管的状态。《中国人民银行法》第二条规定，中国人民银行在国务院领导下，制定和执行货币政策，防范和化解金融风险，维护金融稳定。可见，中国人民银行的主要职能在于宏观调控，而不是对具体金融机构的监管。同样，《银行业监督管理法》规定银监会负责对全国银行业金融机构及其业务活动监督管理的工作，其也没有明确对非正规金融机构的监管职权。从理论上讲，目前对放贷人的主管机关没有确定，由政府金融机构负责对放贷人准入、业务和退出的监管相对而言是一个比较合理的选择。事实上，目前全国已有近 20 个省级地方政府设立了金融工作办公室（正厅局级常设机构），这些机构已经具备一定的监管经验和监管条件。一些地方政府金融办明确表示，只要行政法规授权其为监管机构，他们愿意也有能力监管放贷人。[1] 以企业和个人为主体的放贷人多数通过"血缘""地缘""业缘"等社会关系进行放贷，具有很强的地域性特征。这一特征也决定了其应当由地方政府进行监管。

香港《放债人条例》在"放债人的领牌事宜"中规定，牌照申请人必须同时向注册处处长和警务处处长提出申请。两者在监管过程中相互监督，都有权对申请提出异议。而牌照是否发放的最终决定权则在于牌照法庭的裁决。[2]《放贷人条例》在对放贷人的监督方面，可考虑由工商部门和地方金融机构的主管部门共同实施监管。放贷人资格由金融办前置核准后，由工商部门主要负责登记注册发放牌照，涉及金融业务监管的问题，则由地方金融机构的主管部门负责。在监管过程中，除了明确监管机关各自职责外，还应加强协调和联系，避免因多头监管带来的效率低下、空白监管等不利影响。

---

① 李峻岭：《"第一私人钱庄"的兴奋：猜想〈放贷人条例〉》，《理财周报》2008 年 8 月 25 日。
② 香港《放债人条例》第 Ⅱ 部 "放债人的领牌事宜"之规定。

（二）设置适当的利率上限，实施差别利率和浮动管理

理论上讲，贷款利率的确定应该考虑以下因素。其一，利率的补偿功能。即贷款利息必须弥补经营成本，并获得一定的收益。其二，利率的过滤功能。适宜的利率起着某种过滤和分流的功能。其三，利率的投资回报功能。[①] 实践中，我国《放贷人条例》中对贷款利率的限制，可借鉴其他国家或地区已有的小额贷款经验。比如香港《放债人条例》第 24 条规定，任何人（不论是否放债人）以超过年息百分之六十的实际利率贷出款项或要约贷出款项，即属犯罪。关于任何贷款的还款协议或关于任何贷款利息的付息协议，以及就该等协议或贷款而提供的保证，如其实际利率超逾年息 60%，则不得予以强制执行。[②] Stephen F.J.Ornstein 和 Matthew S.Yoon 在研究托莱多反掠夺性贷款条例时也认为，放贷人不得利用借款人急于借款等原因，要求其接受不合理的条件，其中就包括禁止约定过高的利率。[③] 可见，对最高放贷利率的限制是必不可少的，具体的数值则有待探讨。

在设置贷款利率上限的同时，还应对不同的信贷业务有所区别。美国的一些州即使是存在贷款利率最高上限的情况下，不同的信贷业务使用的最高利率也不是一成不变的，而是根据放贷用途、是否有担保以及放贷人的自身条件不同采取不同的利率。[④] 在低于黑市利率的前提下，我国对放贷人贷款利率的规定，也可采取差别定价。放贷人根据在发放小额贷款时考察贷款的风险水平、管理成本、贷款目标收益率、资本回报率及当地的市场利率、民

---

① 王卓：《农村小额信贷利率及其需求弹性》，《中国农村经济》2007 年第 6 期。

② 香港《放债人条例》第 24 条"过高利率"（Excessive interest rates）中规定："(1)Any person(whether a money lender or not) who lends or offers to lend money at an effective rate of interest which exceeds 60 per cent per annum commits an offence. (2)No agreement for the repayment of any loan or for the payment of interest on any loan and no security given in respect of any such agreement or loan shall be enforceable in any case in which the effective rate of interest exceeds the rate specified in subsection(1)."

③ Stephen F. J. Ornstein, Matthew S. Yoon. The City of Toledo Anti-predatory Lending Ordinance. Consumer Finance Law Quarterly Report Summer/Fall, 2002.

④ 彭晗：《〈放贷人条例〉的制定中应考虑的问题及其国际经验》，《经济管理者》2009 年第 4 期。

间借贷利率等综合因素，确定每笔贷款的利率浮动度，并根据不同的风险程度，实行差别利率和浮动管理。[1] 对于一定金额以下的小额贷款，可以考虑放宽监管要求，实施小额豁免制度。例如南非的《高利贷豁免法》规定，机构或个人只要发放 5000 美元以下的贷款，不管其利率高低，只要到管理机构登记就算合法。[2]《放贷人条例》中可以借鉴这一规定。

（三）区别设立放贷人门槛，具体金额由省级监管机关确定

由于中国地域、经济发展不平衡，设立单一的具体数额的放贷人门槛会带来立法困难，对此，可以采用原则规定、各地弹性处理的方法解决。《放贷人条例》的制定，是为了更好地规范民间融资，对小额贷款公司试点中存在的问题应吸取教训，并作出相应的改进。再者，倘若与小额贷款公司的准入门槛一致，那么《放贷人条例》的颁布将意味着现有的小额贷款公司失去了存在的意义。2007 年银监会颁布的《村镇银行管理暂行规定》中，规定在县（市）设立的村镇银行注册资本不得低于 300 万元人民币，在乡（镇）设立的村镇银行注册资本不得低于 100 万元人民币。我们可以考虑借鉴村镇银行的经验，适当降低放贷人的准入门槛，把更多的民间资本纳入到法律规范之中。对准入门槛的设置不能过于简单化，不仅在垂直的行政区划上要有所区别，中西部地区与东部民营经济发达地区的标准也应有所不同。同时，应当给经营业绩较好、合规合格的民间放贷人进行一定规模的融资的权利，比如规定融资规模最多为注册资金的 50%，批发资金业务等，以此来提高目前民间借贷的积极性。[3]

（四）设立民间放贷的规范化措施

从维护社会公平的角度出发，管理层在放宽准入门槛的同时，还应从立

---

[1] 于露：《可持续性小额信贷利率设定的探析》，《江西金融职工大学学报》2009 年第 2 期。

[2] 才凤玲：《我国社区银行发展模式的探讨》，《职业技术》2007 年第 8 期。

[3] 苏曼丽：《杜晓山：焦点在于进入门槛》，《新京报》2008 年 11 月 18 日。

法上对不愿阳光化的民间资本有所限制。香港《放债人条例》在放债人犯的罪行中明确规定，任何人经营放债人业务而——（a）没有牌照；或（b）在其牌照内指明的处所以外的任何地方经营该业务；或（c）不按照其牌照内所列条件经营该业务；或（d）在其牌照被暂时吊销期间经营该业务，即属犯罪。[1] 在制定《放贷人条例》时也可借鉴此规定，将停留在地下的民间融资非法化，迫使其进入政府监管的轨道。正如《放债人条例》第23条中所规定的，除非放债人交出牌照或以其他方法令法庭信纳在贷款之日、订立协议之日或取得保证之日（视属何情况而定），他领有牌照，否则他无权在任何法庭追讨由他贷出的款项或该笔款项的利息，亦无权强制执行他所订立的协议或强制执行就其贷出款项而取得的保证。[2] 基于目前立法承认个人之间、个人与企业之间的借贷效力（实际上也就是个人放债的效力），立法采用让个人放债人都领取牌照也有难度。针对要放贷又不愿领取牌照的个人，可采用政府备案制的备案登记调整，既无牌照又无备案的借贷协议不受法律的强制保护。

（五）放贷人其他交易事宜的监管

以往我们对民间融资的监管通常是从规范借款人的角度出发，把监管的重点放在防范非法集资、非法吸收公共存款等犯罪上。但是，仅仅从贷款的需求方进行控制是不够的，还应追本溯源，对资金的供给方进行规制。香港

---

① 香港《放债人条例》第29条"放债人犯的罪行"（Offences by money lenders）中规定："(1) Any person who carries on business as a money lender–(a) without a licence; or(b) at any place other than the premises specified in his licence; or(c) otherwise than in accordance with the conditions of his licence; or(d) during any period when his licence is suspended, commits an offence."

② 香港《放债人条例》第23条"除非放债人领有牌照否则不得追讨贷款等"(Loan etc. not recoverable unless money lender licensed) 规定："No money lender shall be entitled to recover in any court any money lent by him or any interest in respect thereof or to enforce any agreement made or security taken in respect of any loan made by him unless he satisfies the court by the production of his licence or otherwise that at the date of the loan or the making of the agreement or the taking of the security (as the case may be) he was licensed."

《放债人条例》就是从规制放债人的角度出发，重点对放贷的合规性进行规定。其规定，任何放债人订立的贷款协议如直接或间接规定以下事项，即属非法——（a）支付复利；（b）禁止以分期方式偿还贷款；或（c）以根据协议到期的款项有所拖欠为理由而提高利率或提高利息款额。① 我国民间的高利贷借贷中，放债人通常在支付的本金中预先扣除高额利息，这实质上是变相地提高利率，损害了借款人的利益。在《放债人条例》中，有必要对利息的计算方式、还款方式等作出更加明确的规定。此外，放债人还应负有向借款人和保证人提供资料的责任，倘若放债人不按要求提供资料，则在过失持续期间内不得主张自己的权利。② 作为借款人或者保证人，应有权利了解与贷款相关的任何信息，法律对此予以明确规定，有助于放贷行为的规范化。

在贷款宣传方面，香港《放债人条例》第26条规定，放债人为其放债人业务而发出或刊登、或安排发出或刊登广告、通告、商务信函或其他同类文件的，必须以展示任何其他姓名或名称所用的同样显著方式展示牌照内指明的放债人的姓名或名称，凡看来是表明放债人愿意作出任何贷款的利息条款或愿意作出某宗贷款的利息条款，须列明拟收取利息的年息百分率，并且与其他事项的表明方式同样显著。在索债方式上，放债人不得向借款人收取与该宗贷款有关的成本、费用或开支。若债务人认为自己所需支付的款项严重过高，严重违反公平交易的原则，可向法庭提起诉讼，请求认定该宗交易属敲诈性，重新商议该宗交易。作为监管机构，注册处处长和警方有权进入放债人经营业务的处所，检取他合理相信与该可疑罪行有关及与该放债人作

---

① 香港《放债人条例》第22条"非法协议"（Illegal agreements）中规定："(1)Any agreement made for the loan of money by a money lender shall be illegal if it provides directly or indirectly for—(a) the payment of compound interest;(b)prohibiting the repayment of the loan by instalments; or(c)the rate or amount of interest being increased by reason of any default in the payment of sums due under the agreement."

② 香港《放债人条例》第19条"放债人向借款人提供数据的责任"（Duty of money lender to give information to borrower），第20条"放债人向保证人提供数据的责任"（Duty of money lender to give information to surety）之规定。

出的贷款有关或与其放债人业务有关的任何簿册、账目、文件或文字。[①]《放贷人条例》中关于对放贷人具体业务的监管的规定，也可借鉴上述几方面的经验，使监管内容更加具体化、明确化。

---

① 香港《放债人条例》第 26 条"对放债广告的限制"（Restriction on money-lending advertisements），第 27 条"不得追讨开支等"（Charges for expenses etc. not recoverable），第 28 条"注册处处长及警方进入处所及查阅簿册等的权力"（Power of registrar and police to enter premises and inspect books, etc.）之规定。

论地方信用体系建设的模式及其优化

李有星　李杭敏 *

摘　要

地方信用体系建设这一命题在 2013 年正式施行的《征信业管理条例》中被再次提出，以地方为单位进行信用体系建设具有经济性和实践基础。依据地方信用体系建设的成功经验分析，我国地方信用体系建设的一般模式为政府主导，市场积极参与的混合模式。优化地方层面的具体信用建设措施包括促进金融信用信息基础数据库与民间金融的对接，通过拓宽信息采集与使用渠道的方式优化地方公共信用数据库，对地方信用服务行业进一步培育与规范，以及建立信用监督与失信惩戒机制。

关键词：地方信用体系；政府与市场；征信数据库；信用服务；失信惩戒

* 本文原载于《浙江金融》2014 年第 6 期。李杭敏，浙江大学光华法学院博士研究生。本文系浙江省社科规划重大课题"民间金融市场治理的法律制度建构及完善"（14YSXK01ZD）、温州市金融研究院重点招标课题"民间金融监管协调机制的模式创新研究"的部分成果。

一、地方信用体系建设的提出

信用，包含商业信用、消费信用、银行信用以及其他社会生活领域的信用问题，从广泛意义上来说，公民、企业对法律的遵守以及诚信道德水平也可以包含在信用的含义中。在消费、信贷以及商业领域产生的信用更是与金融市场的运行密切相关，在正规金融市场中，良好的消费、信贷以及商业信用体系可以提高金融机构对消费者和企业的金融服务效率，降低欺诈、不良贷款等风险的发生。在民间金融市场中，健全的信用体系也可以缓解民间金融因信息不对称而引发的风险，保障放债人的合法权益的同时，为信用状况良好的个人与企业在借贷或资金募集中争取到优势竞争地位。但在消费者信用领域，由征信机构出具的，在美、英等信用体系发育较健全的国家中扮演着重要角色的个人信用报告在我国适用范围较窄，大多应用于银行信贷领域。在银行信用领域，由于全国性的金融信用信息数据库的数据来源主要是商业银行等金融机构，在直接融资市场中日益占据重要地位的民间金融市场对信用信息的采集和使用需求无法在此得到满足。另外在商业信用领域，公众公司或大型企业被关注的同时，中小企业的信用档案尚未完全建立，针对中小企业的信用评级也没有普及。

2013年3月15日起施行的《征信业管理条例》成为我国首部在信用领域法制建设中对信用信息的收集、使用过程和主体的责任义务作出可操作性规定的法规，条例的规定涵盖了征信过程中关于征信机构、信用信息提供、信用信息使用，以及对不良信用信息、不准确的信用信息记录的处理规定，也对我国的金融信用数据库作出纲要性的规定。在这部条例中，对企业的征信和对自然人的征信被同时提及，并且对这两个不同类型主体的信用信息的收集和使用作出了区别规定。尽管条例的施行对我国信用征信行业的规范以及发展产生了一定的引导和推动作用，但由于我国信用征信行业起步较晚，全社会对信用信息的收集与使用意识不强，要培育征信市场任重道远。对信用信息的采集与使用是培育征信市场的基础工作，而由于信用信息采集的成本与使用存在经济学上的边际效应，推进全国性的信用信息与使用工作难度较高，成本较大，因此，在地区范围内进行信用信息的采集与使用工作在当前征信市场的发展情况下更为经济。结合上述考虑，该条例在总则部分第4条作出相应规定，在确定人民银行及其派出机构为对征信机构进行监督管理的同时，要求由地方人民政府依法推进本地区的社会信用体系建设，培育征信市场。

二、地方信用体系建设的模式分析

虽然在法律法规中，《征信业管理条例》对于建设地方信用体系的要求出现较晚，但实际上，我国各地区信用体系的建设早已开展，并且在经济较为发达的区域已经取得了一定的经验。地方政府对于信用体系的建设，尤其是征信系统的使用，走在了全国性立法的前面。观察上海、浙江、深圳等地区的信用体系建设，可以归纳出地方信用建设的一般模式。

（一）一般模式

1. 政府主导

我国的信用信息和数据主要分布在银行、保险公司等金融机构和其他政府部门，可以说政府是最大的信用信息拥有者。从信息提取的效率、信息有效性和成本的角度来考虑，由政府主导进行信用信息的采集与数据库的建设是最为经济的。作为我国最早开始进行地方信用体系建设的地区，上海在信用体系建设中就具有明显的政府主导的色彩。上海最早设立信用信息采集与使用规模最大的第三方征信机构"上海资信有限公司"，是由上海市政府与央行共同设立的。而上海资信有限公司也依托了政府主导的优势，在信用信息的采集过程中得到人民银行的支持，取得了15家中资银行的个人消费信贷资料，同时在信用信息的收集范围上，获得政府部门和事业单位的支持，远远超过了信贷的范围，还包括了税务、海关、水电缴费记录等。在上海资信征信项目的建设过程中，上海市政府以财政借款的方式向该项目提供5000

万元，为期 5 年的无息贷款。在信用信息产品的经营方面，目前上海资信公司的产品需求也主要由政府创造。与上海类似，在人民银行的支持下，深圳筹建了深圳市资信评估公司 ①，运营深圳市的个人征信系统。在 2013 年《征信业管理条例》出台之前，由于缺乏相应的法律规范，地方政府难以把握信息公开和维护主体合法权益方面的平衡性。在此情况下，深圳市政府在 2002 年实施的《深圳市个人信用征信及信用评级管理办法》，也是全国首部个人征信立法，为地方个人征信中涉及的征信主体、行为、法律责任等作出指引。

在地方信用体系的建设中，由地方政府或者央行支持设立的资信公司作为第三方征信机构，实质上扮演着地方个人与企业信用信息数据库的角色。这类数据库采集的信用信息来自多个政府部门、金融机构、事业单位的提供，信息来源具有一定的官方性，而较少进入市场自行采集，在某些地区又被称为联合征信平台。在我国信用体系建设较为领先的其他地区，在信用建设的基础阶段也纷纷选择建设地方信用信息数据库。

2. 市场参与

由于 2005 年我国《证券法》修订后，把信用评级机构列入证券交易服务机构范围，并规定信用评级机构的设立条件、审批程序和业务规则由国务院证券监督管理机构制定，因此在国内资本市场上的信用评级也相对规范化和制度化。在地方信用体系的建设中，虽然对于信用信息的基础数据库的建设完全采取了政府主导的方式，但近年来信用市场上以信用评级机构为代表的信用服务主体数量也逐渐增加，地方对于此类信用服务主体的监管模式主要采取备案制，以浙江省为例，2013 年底通过政府备案的信用服务机构已经达到 37 家。② 地方信用服务机构提供的服务主要包括征信服务、债务催收、信用评级和信用管理等工作，不同于证券业的信用评级，部分地方私营信用

---

① 该公司在 1998 年 7 月更换公司名为深圳市鹏元资信评估有限公司，同年 11 月，国家工商总局准许其再次变更企业名称为鹏元资信评估有限公司。
② 数据来源："长三角地区备案信用服务机构名单——浙江省"，http://www.creditcsj.gov.cn/content.asp?tn=XTinfoxyfwjg&id=30，最后访问日期：2014 年 4 月 3 日。

服务机构在信用评级上指向的对象多为普通商业企业。2013年《征信机构管理办法》的实施为征信服务机构的管理设立了一般规则，之前地方的信用服务机构缺少相应的全国性的规范和管理制度，部分地方出台了相应的规范性文件对其进行管理，如浙江省的《浙江省信用服务管理暂行办法》。在信用服务机构的征信行为的规范中，目前立法已经对个人信用信息与企业信用信息的采集与提供作出了区别性的规定，对个人信用信息的采集与使用比企业信用信息更为谨慎，注重个人隐私权的保护，而由于企业的社会性，只要不侵犯企业商业秘密，其信用信息一般来说具有共享性。

3. 混合模式：政府与市场结合

以地方联合征信平台或者由地方大型资信公司运营的信用信息数据库体现出公共征信机构的特点的同时，地方各类信用服务机构的增长代表着私营征信机构兴起。一般认为，公共征信机构与私营征信机构并不是互相替代的关系，而是提高信用信息应用效率的互补体。世界银行对建立征信体系的国家的政策性建议中提出：公共征信机构并不是私营征信机构的替代品，而是对私营征信机构的补充。但我国的地方信用体系建设中，仍以公共征信机构的信用服务作为主导，而私营信用服务机构的市场份额并不大。目前比较典型的地方信用体系的建设路径，是以地方政府或中央银行建立，或支持设立的联合征信平台、资信公司作为主体；以广泛采取备案制登记管理[①]的私营信用服务公司作为信用服务市场上的补充。

完善的地方信用体系应当是公共联合征信与私营信用服务的综合信用模式，在信用体系建设的主导模式上，借鉴现有的地方经验，并根据我国信用行业立法的现状、地方经济发展的状况、公民信用文化习惯等实际情况，地方信用建设中体现出的政府主导的趋势在今后一段时间内仍然会成为主流模式。但随着信用服务机构和信用市场的发展，企业、个人对信用信息产品的需求和运用将得到培育和逐渐成熟，以政府主导下催生的信用体系成长机制

---

① 　《征信业管理条例》施行后，对征信机构的管理转换为较为严格的批准制。

将与信用主体的信用需求刺激下的信用市场成长机制逐步趋向均衡状态。

（二）地方信用体系建设模式的启示

以地方政府主导的信用体系建设，政府在信用信息采集、信用网络建设上发挥了较大的作用，因此，在原有的基础上不断地完善地方信用信息数据库，促使其提供更多的服务，特别是在开展混业征信、地方金融风险的控制等方面应当是地方信用建设的趋势。尤其是在信贷领域，在既有中央信贷登记系统，即全国信用信息基础数据库，又有地方信用信息数据库的体系下，如何协调中央与地方信用信息系统的关系，提高资源的使用效率，是一个重要命题。而在民间金融繁荣发展的区域，已经为解决这一矛盾提供了思路①，地方的信用信息采集系统在民间金融的信用信息收集上为中央银行的征信系统提供了有益的补充。

此外，地方政府的公共信用信息数据库与私营信用服务机构之间的关系协调也十分重要。由于政府支持、信息采集成本低等原因，公共信用信息数据库应当防止将私营信用服务机构挤出局。部分地方如浙江、江苏的做法是地方信用信息数据库仅提供在行政管理事务、法院判决中产生的信用信息，并且对信用评价采取较为简单的星级制，而较为详细的信用报告或者在特殊领域的信用评级，如招投标工作的信用评级工作，则由私营信用服务机构完成。

三、地方信用体系建设的优化

欧美的信用发展模式，多为信用市场作用的成果，企业和个人所起的作用是决定性的，在此基础上由政府介入并制定信用法律加以引导规范。而我国地方信用体系的建设是建立在政府主导的基础上的，其中信用基础数据库的建设和信用信息产品的需求均由政府设立和提供。由于地方区域经济发展

---

① 2014年3月实施的《温州民间融资管理条例》规定温州设立地方民间借贷服务中心，并通过备案制的方式采集民间借贷信用信息。

不平衡，对信用体系建设的需求各不相同，我国地方各省市政府在建立地方信用体系的起始时间与建设成效上各不相同，经济较发达的东部地区由于政府介入并启动信用体系建设较早，信用市场培育也较为成熟。结合已有成果与经验，我国的地方信用体系建设可在具体措施上加以优化，进一步发挥政府主导的优势，同时加快信用市场的发展与成熟，整合政府主导与市场参与机制对信用建设的作用，加快地方信用体系的成长。

（一）金融信用信息基础数据库与民间金融的对接

金融信用信息基础数据库是由央行设立并管理的全国性金融征信数据库，其信用信息主要应用于商业银行等信贷机构，小额贷款公司、融资性担保公司也正在逐步实现与人行征信系统的对接工作。在银行等金融机构参与的信贷市场上，金融信用信息基础数据库对金融机构了解债务人的还款能力、信用情况，降低信用交易成本与风险方面发挥了不可替代的作用。而在民间金融市场，尤其是民间借贷领域，由于缺少相应的征信机制，民间金融授信双方的信息不对称，一方面造成了民间借贷成本较高，民间借贷利率过高难以调控；另一方面授信过程中信用评估能力的低下也造成民间借贷风险的提高，尤其是在具有相当的社会性、连锁性的大规模民间融资活动中，容易引发欺诈和非法集资犯罪。要规范民间金融，建设民间金融市场的相应征信机制是必不可少的举措之一。在对民间金融市场的规制研究中，由于民间金融天然的地域性与亲缘性，普遍认为民间金融由地方政府承担监管职责更为有利，因此，针对民间金融征信机制的建设也具有地方性。在实践中，2012年5月22日中国人民银行温州市中心支行首次将主要针对金融机构的征信系统金融数据库查询服务延伸至温州民间登记服务中心，使民间借贷的双方可以通过这一系统对交易对方进行定向查询，作为了解其信用状况的有效依据。浙江省此举通过将民间金融与金融信用信息基础数据库对接，达到了快速建立民间金融征信机制的目的。民间借贷双方通过定向查询对方信用记录，尤其对于授信方而言，可以有效评估借款人的还款能力，规避信用风险，从而在整体上对民间金融市场起到一定的规范与服务作用。

（二）优化地方公共信用数据库，拓宽信用信息的采集与运用途径

地方的公共信用数据库是地方政府信用服务建设的核心内容和基础平台，其中的个人与企业信用信息也是信用服务机构重要的信用信息来源①，为政府部门共享联合征信平台，提升综合监管能力，提高社会公共服务质量提供了巨大助力。在信用信息的采集方面，在处理好信用体系的行业建设与信用信息合作共享的问题上，由地方政府设立的公共信用信息数据库在促进金融、工商、税务等行业间信用体系整合，解决信用信息的行业垄断问题上可以起到积极作用。随着政务信息不断公开透明，地方公共信用数据库的建设，政府间信用信息缺乏深度合作的局面也逐步改善。但是，金融系统与非金融系统之间的信用信息缺乏交流仍是地方信用信息数据库在数据采集方面面临的问题。以地方经验为鉴，具有银行参股背景和央行支持的地方信用信息数据库在金融信用信息的收集中具有优势。信用体系的建设关键在于信用信息的共享，地方信用信息数据库与金融信用信息基础数据库的信用信息共享仍需要继续推进。在地方信用信息数据库的信息服务中，地方政府的信用数据库可以弥补市场信用服务的缺乏，在市场自身未产生信息分享时政府根据社会经济发展的需求采取主动，承担起维护社会信用安全的责任。尤其在企业信用服务领域，地方信用信息系统可加强对中小企业信用信息的采集与评价服务，弥补现有金融征信系统对中小企业关注的不足，进而解决中小企业与信贷机构间信息不对称、信用评价标准缺失等问题，促进对中小企业金

---

① 如《浙江省信用服务机构管理暂行办法》第六条中规定："……信用服务机构在符合国家有关规定的前提下，可通过以下渠道采集信用信息：（一）向省信用信息发布查询机构查询信用信息；（二）向被征信主体采集信用信息；（三）向拥有被征信主体信用纪录的商业机构等组织或个人采集信用信息；（四）向掌握信用信息的公共媒介、数据处理机构、社会团体及其他行业组织等机构采集信用信息；（五）法律、法规允许的其他采集方式。"

融服务的效率。

（三）信用服务行业的培育与规范

信用服务机构作为信用市场上重要的组成部分，在构建完善的社会信用体系中扮演了重要角色，信用服务机构可以释放有效的信用需求，促进经济的健康发展。但由于市场的逐利性，信用服务机构在收集信息以及提供服务方面，与政府主导设立的公共信用数据库相比更追求效率，并呈现出广泛性的特点。这就对相关的法律环境和执法水平要求较高，否则将有可能出现滥用信用信息资源以及侵害消费者隐私权等矛盾和问题。另外，虽然信用服务机构旨在解决信用交易活动中的信息不对称问题，但各个信用服务机构之间也存在信息不对称现象，导致信用服务机构提供的信用报告的质量存在差异性。在信用市场发育较完善，私营征信机构主导的美国，从事征信、信用评级、账款追收、信用管理等业务的信用中介服务机构不仅受到《公平信用报告法》《公平债务催收作业法》等法律的规范，同时要接受同业行业协会的自律性监督，以防范信用服务机构独自运作可能会形成的缺陷。而目前我国在信用服务行业的相关规制中仅有一部《征信机构管理办法》，尚未对各类信用服务机构设立健全的法律法规体系，导致信用服务机构的设立、运行、监管以及相应的权利、责任、义务没有得到明确规定，这不仅造成信用服务行业监管困难，也使信用服务机构在经营过程中的信息采集与使用、报告的发布等环节受到了制约。有效监管信用服务机构，促进信用市场的发展需要相应的法律支撑，而在全国性立法尚未出台时，地方可以在信用体系建设过程中制定相应的规范性文件，对全国性立法尚未涉及的信用服务机构，如账款追收公司进行规范和引导。

由于我国地方信用体系建设主要采取政府主导的模式，在信用服务的提供上，政府通过建立公共信用信息数据库分流了一定的信用市场需求，为了防止公共信用数据库过度挤压私营信用服务机构的生存空间，参考以公共征信系统模式为主导的德国经验，可以对地方公共信用信息数据库设定一定额度或者重要程度级别的指标，通过对公共信用数据库的定期更新与监管防范市场信用信息不对称造成的风险的发生。或者参考浙江省联合征信平台建设的经验，在信用评级服务中仅提供较为简单的星级制的信用信息，而将较为复杂、细致的信用评级工作交由信用服务机构完成，从而使市场机制与政府宏观调控耦合互动的理念在信用服务行业的建设中有所体现。

（四）信用监督与失信惩戒机制的构建

要求受信者"守信"，对失信者进行"惩罚"，不能通过收回已经授予的信用的方式，而需要通过失信惩戒制度的构建另寻途径。失信惩罚制度需要完备的法律体系来支持，以监督有关主体信用活动。由于我国立法仅将"诚实守信"作为一项原则性条款，未针对该条款制定相应的责任机制，对失信行为仅在社会道德方面加以约束，导致该条款在一定程度上失去了意义。此外，失信惩戒制度的建立还可以通过各类信用服务机构的信用产品对失信者产生的约束力和威慑力，以及对失信者负面信息的传播和一定期限内的行为限制，使失信者对失信行为付出昂贵的失信成本。

信用监督与失信惩戒制度的构建包括对失信行为的调查、核实、审理、公开、申诉等环节，通过惩罚失信者，将有失信行为的企业和个人从地方信用市场主流中剔除出去。从具体措施而言，地方在信用体系建设的过程中，可以加强金融同业协作，联手惩治逃废金融债务行为，积极运用地方的信用信息数据库，定期公布"企业与个人信用不良名单"。为了保证"黑名单"制度的公正性，建立相应的失信惩罚的申诉制度，赋予被记录"黑名单"的企业和个人向有关部门进行申诉的权利。另外，在经济建设中鼓励、支持信用记录良好的企业，从而形成一种向诚实守信的企业和消费者倾斜的政策优惠、社会环境等正向激励机制。

把脉浙江民间融资，引导现代法治金融
——"民间融资引导与规范"研讨会综述

李有星　徐雅婷　李龙政　陈飞丹　范俊浩 *

★ 本文原载于《浙江社会科学》2011 年第 2 期。本文系教育部 211 工程第三期建设项目"转型期法治理论、制度与实证研究"、"民间融资监管的研究"（2010NC08）、"我国企业融资创新及其法律风险防治"（2009NH02）的部分成果。

浙江省法学会金融法学研究会 2010 年会暨"民间融资引导与规范"研讨会于 2010 年 11 月 28 日在杭州之江饭店隆重举行。本次会议得到浙江省人民政府金融工作办公室的支持。会议就民间融资的性质、监管主体、监管措施、信息收集、备案制度设计、民间融资与非法集资的界定等一系列问题进行了交流探讨。现将主要观点综述如下。

一、民间融资存在的问题和监管不足

（一）民间融资存在的问题

民间融资有其双重性，一方面在解决中小企业融资难困境中发挥着不可替代的作用，另一方面大规模的民间融资活动不仅具有相当的社会性、公共性和连锁效应，而且容易引发欺诈和各种犯罪，甚至影响经济秩序和社会稳定，从而增加整个金融体系的风险。童松青提出"高成本民间借贷是一柄双刃剑"，地下融资的高利率一方面正确反映了资金的市场供求，但另一方面也意味着高风险性。地下金融分布零散，使用者难以整合重组，融资成本居高不下，许多中小企业不堪重负。在高回报率的刺激下，非法集资屡禁不止。此外，由于民间融资大多数是基于某种较亲密的社会关系，债权人常常碍于情面，在对方不履行基本保障手续的情况下草率借贷，所以当情况发生恶化时，债权人往往会陷入无法收回资金的尴尬境地。

浙江省公安厅经济犯罪侦查总队副总队长丁平练从刑事司法角度分析了民间融资存在的问题。2009 年我省非法集资类案件呈快速上升态势，能够统计的涉案金额达 67 亿多元人民币，案件数量上升了 30 倍，2010 年上半年基本持平，发案地点主要在台州、温州、丽水等地。跨省非法集资和集资诈骗也增长较快，因为外省对于此类案件办案积极性较低，增加了我省办案的难度。案件性质为五类：一是创业搏击型。二是借贷退出型，企业在不断扩张过程中被迫向民间进行借贷，一般高达六分至九分的高息使企业难以生存。三是民间互助型，少数人将本来正常的融资方式进行本质上的改变，今年九月发生在宁海的"日日会"就是典型的代表。四是资金"掮客"型，即将大量资金聚集起来后用于非正常的经营上，一般用于赌博等方面，随之也会发生其他类型的犯罪案件。五是集资诈骗型，即在融资之初其目的就是非法占有。公安机关在部分地区开展重点打击活动，但也存在了一些困难：公安机关过早打击，案件本身犯罪性质不明显，引起质疑，但打击过迟，损失将不可挽回，能追回的数量有限，一般仅有总数的30%。非法集资监管单位职责分配和监管方式上均存在问题。

（二）立法缺失与监管不足

我国民间融资监管缺位以及原有立法缺乏充分预见和规制是出现上述民间融资问题的重要原因。学者认为目前我国民间融资缺少相关配套法律法规，长期以来民间融资处于盲目和无序的状态，既未受到法律保护，也未纳入法律监管范围。由于民间融资缺乏国家宏观的产业指导和严格的金融监管，这些企业就利用支付高额利息驱动民间融资的资金逆风向流动到国家宏观控制的行业，如小钢铁、小煤窑等。使大量的社会资金流入到本应该淘汰的企业中，导致资金的无效配置，不利于国家产业结构的调整，也在一定程度上削弱了宏观调控的力度，冲淡了宏观调控的效果。民间借贷分流了银行的存款数额，减弱了银行集中资金的效果，降低了银行的信贷能力，从而影响银行业的自身发展和对经济的支持力度。民间融资多为现金交易，交易频繁且交易量大，但由于缺少具体的法律规范，税务管理部门难以对高额的利息所得进行征税。高额利息所得不纳税，致使国家损失税收。民间融资基本上处于无序发展状态，一旦出现各种风险，脆弱的信用关系难以维系，极易引起债权、债务纠纷。相应的，民间融资相关法律法规条款分散并且民间融资相关法律制度滞后于民间融资的发展，民间融资相关法律制度操作性、协调性差，使得无法可依、有法难依的情况频频出现。

二、民间融资若干重点问题的思考

（一）民间融资概念与种类

专家们从不同角度对民间融资的概念提出了种种不同的看法。徐旭海认为民间融资与正规融资相对应，是一种非正式的金融，通常指私人之间的一种资金融通行为。也有认为民间融资是相对于国家依法批准设立的金融机构融资而言的，泛指非金融机构的自然人、企业及其他经济主体（财政除外）之间以货币资金为标的的价值转移及本息支付。于野赞同将民间融资定义为未被中央银行监管当局控制的非正式金融。[①]

民间融资大致分为以下几种形式：一是民间借贷，主要是个人之间或企业与个人之间的借贷行为；二是民间中介借贷，如过去的地下钱庄、标会和基金会，以及现在的担保公司、财务咨询公司等新型的民间借贷组织；三是企业内部集资；四是融资租赁；五是私募基金等。胡伟东认为民间融资在浙江有着自己的特点，主要有四类典型的融资形式，即民间借贷、"钱中""银背"融资、"对缝"行为、地下钱庄和民间合会。张传业认为民间融资主要是融资类担保、民间借贷、合会融资和典当融资。民间融资要区分民事借贷与商事借贷，以营利为目的借贷为商事借贷。

（二）民间融资与非法集资

民间融资与非法集资的界限是困扰学界和实务界的另一个重要问题。若能成功将两者彻底区分，既有利于打击非法集资，也有利于有资金需求的中小企业大胆依法融资。钟瑞庆以浙江东阳吴英集资诈骗案作为切入点，指出我国现行法律规定对民间融资与非法集资的区分并不清晰，存在着较大的自由裁量空间。他分析吴英案一审判决中存在的诸多问题，认为在三个关键的构成要件（以非法占有为目的、使用诈骗方法、非法集资）上，吴英的集资

---

① 于野：《民间融资监管文献综述》，《民间融资引导与规范研讨会论文集》（内部刊物）2010年版。

行为，都无法满足集资诈骗罪的认定条件。判决体现现有刑法集资诈骗罪规定本身的逻辑混乱，及非法集资相关法律保护的异化结果。项奇、任琳认为司法实践中非法吸收公众存款罪往往与民间借贷纠缠在一起，大量非法吸收公众存款行为都是通过民间借贷进行的。

学者建言，我国应当明确合法的民间融资和非法集资的界限，设置"安全港"制度和民间融资的小额豁免制度，建立民间融资的保护性制度，让民间融资者能在有法可依的情况下跨过非法集资的陷阱，在预防非法集资的同时，避免了生活或生产性的资金拆借双方落入非法集资的深渊。

（三）企业间借贷问题

2010年浙江省高级人民法院出台的《关于为中小企业创业创新发展提供司法保障的指导意见》率先规定，企业之间自有资金的临时调剂行为，可不作无效借款合同处理。企业间借贷问题也引发了与会学者的热议。杭州市人民检察院副检察长冯仁强认为，我们目前不但需要建立国家信用体系，也需要建立企业信用体系，完全禁止企业间借贷是不妥当的。对于小规模的借贷来说，银行为主的信用体系成本过高。徐雅婷认为无论从法解释学的角度出发，还是从企业间借贷的现实状况以及多角度的法理分析出发，均不难得出"企业间的直接借贷行为应当认定有效"的结论。

李有星教授认为，我国现行法律承认和保护个人之间、个人与企业之间的借贷关系，但是否定公司（企业）之间的借贷（资金拆借）关系，法律术语上表述为企业之间借贷"违反有关金融法规，应当认定合同无效"。最高人民法院司法解释多次提到"企业借贷合同违反了有关金融法规，属无效合同"，但没有解释具体是哪一部或多部法规。中国人民银行将借贷作为金融业务的命题，掩盖了银行信用借贷、民间使用、消费借贷和企业之间货币财产处分、资金调剂的不同性质的资金关系。针对同样性质的金融业务，司法解释明确"公民与非金融企业（以下简称企业）之间的借贷属于民间借贷。

只要双方当事人意思表示真实即可认定有效"。很明显，将所有的资金借贷（拆借）行为均定性为金融业务似乎并不妥当，以此为基点进而推论企业之间的借贷（拆借）行为无效也欠缺合理的逻辑。目前，正式的立法也没有明确作出规定。《公司法》没有正面回答公司借贷效力问题，也没有正面规定公司间借贷的禁止，有关同一集团及关联公司间借贷问题也不明确。他提出了四种可供选择的立法模式，即禁止主义模式、限制主义模式、许可放任主义模式、禁止加例外许可模式，并着重讨论了禁止加例外许可模式。[①]

（四）民间融资的利率

民间资本的逐利性是推动民间融资蓬勃发展的内在动力。利率不但是民间资本逐利的最直接表现方式，也直接关系着民间融资的风险性。余羚认为民间借贷是否有利息，完全取决于双方当事人的自由约定。现行法律法规并未对民间借贷的利率作出任何限制性规定，所以并无合法与非法利率之分。最高院的"四倍利率上限"这一规定限制了当事人的合同自由，与合同法的精神相违背。冯仁强认为目前国家通过"四倍利率"的方式来规定放贷合法性的做法缺乏灵活性，垄断式的政策很难适应目前市场的需要。在意思自治基础上进行利率的监管，在具体程序上和数据指标上进行调节。罗栩认为民间利率是在市场竞争中形成的均衡利率，并不能简单地锁定其上限，但香港《放债人条例》第 24 条规定利率限制，超出利率限制上限的为犯罪。最高法院规定"4 倍"同期银行贷款利率上限保护没有区分商事借贷和民事借贷效果。

（五）民间融资的法律责任

民间融资的法律责任制度对民间融资的发展具有重要意义，但现行我国民间融资法律责任体系中存在许多不足之处。杨俊从我国现行民间融资法律

[①] 李有星：《公司间借贷关系立法结构性调整：禁止、许可抑或其他？》，《民间融资引导与规范研讨会论文集》（内部刊物）2010 年版。

责任体系过于笼统的症结入手，结合"社会成本"等的分析，对现行民间融资法律责任体系中民事、刑事、行政责任进行"诊断"，提出在民事上细化民间融资民事责任，注重违约金规定和责任保护机制；刑事上针对非法吸收公众存款罪进行立法解释；行政上强化民间融资行政责任预警机制，使金融监管、工商行政和公安机关等管理部门深入源头防控。建立一个以民事责任为主，以行政责任和刑事责任为辅的责任体系结构。

三、民间融资监管制度设计

（一）监管模式

李政辉认为，我国对民间融资的法律规制应当采取民商分立的模式。分析我国现行调控民间借贷的法律所遵循的三种规制模式——主体区分、客观主义、严格责任的规制模式，均存在不足之处。主体区分所依据的标准不完善，客观主义缺乏弹性，而严格责任更是被实务部门放弃。解决这一问题的关键就是从实际出发，将借贷关系依照行为主体的属性区分为民事借贷与商事借贷，并作出整体性的制度设计。

在民间融资的立法问题上，存在着对一切民间融资行为实行统筹规制和仅对社会影响力较大的民间融资行为进行规制两种不同的意见。郑侠认为对民间融资进行监管首先要做的就是，根据《宪法》《民法通则》《立法法》等法律法规，针对民间融资的特点，制订一部规范并能适应其发展的《民间融资法》，将民间融资纳入法制轨道，规范和引导其健康发展。[1] 出台规制民间融资的专门法律，引导其从"地下"转到"地上"，为其构筑一个合法的活动平台。马小雲借鉴境外立法并结合本省民间融资的实际情况，从监督管理机构、监督管理职责及措施、备案制度、法律责任等多个方面草拟了《浙江省民间融资管理办法》方案。

---

① 郑侠：《民间融资现实状态和法律规则的冲突》，《民间融资引导与规范研讨会论文集》（内部刊物）2010年版。

徐雅婷认为民间融资专门法律规制的对象应有所限定。民间融资的"民间"性或"非正规"性都意味着法律在此领域应保持最小的干预，这是社会对民间融资的期望和对法律的要求。美、英、日、德等国在民间融资领域的法律规制的对象大都有形式限制[①]，调整的对象基本都局限在对社会具有较大影响的具有全国性组织形式的民间融资，而大量的非组织的影响甚微的民间融资方式或活动被排除在这些法律之外，无需以专门法律规制。

（二）监管内容

民间融资立法必须妥善解决融资主体、资金管理、融资监管以及与其他法律规定衔接四个方面的问题。《民间融资法》应囊括以下四个方面的内容：明确民间融资的法律概念、确定民间融资法的原则、明确民间融资合同的主要问题（包括合同的形式、主要条款、利息约定、担保等问题）、确定诉讼时效。有学者提出《民间融资法》在制定过程中，要特别注意规范以下内容：明确正常民间融资和非法融资的界定标准、建立民间融资监测体系、形成以市场为导向的利率形成机制、明确规定民间融资的资金来源、对典当行等民间融资机构要有完善的惩罚机制和淘汰机制。

（三）监管主体

要解决民间融资的监管主体是谁的问题。由于《人民银行法》和《银行业监督管理法》都没有对非法经营金融业务的监管职权予以明确细化，没有确定的监管主体，我国的民间融资目前处于无人监管的尴尬状况。[②]在我国的金融监管体系中，银行业监督委员会（下文简称银监会）、中央人民银行（下文简称央行）以及各级政府部门都有可能来扮演这一至关重要的角色。具体应当选择何方主体监管民间融资，与会学者发表了各自不同的观点。王惠教授认为，由于央行具有对商业银行和其他金融机构以及全国金融市场的设置、

---

① 高晋康：《民间金融法制化的界限与路径选择》，《中国法学》2008 年第 4 期。

② 王从容、李宁：《民间融资合法性、金融监管与制度创新》，《江西社会科学》2010 年第 3 期。

业务活动和经济情况进行检查监督、指导、管理和控制的职能，所以应当将民间融资这种金融业务纳入央行的监管范围。谭立教授则认为民间融资的监管主体应当是银监会，选择备案制是必须的。李有星通过分析认为，由央行和银监会对民间融资实施监管在法理和实践上的不合理性，提出正规金融实施专业监管，对于非正规金融实施非专业监管，即由政府部门来进行监管，也即政府金融办牵头的综合监管模式。池锦刚认为民间融资的监测面对的是"民间"行为，其参与主体分散、涉及面广、操作方式不规范，因此，主张应该由基层政府和基层人民银行来充当监管民间融资的主体。李奇菲认为，由于民间融资涉及面很广，单靠某一部门的力量很难实现有效的管理，所以应建立政府主导，工商、税务、公检法等部门共同参与的民间融资监管和风险处置协调机制。也有提出由政府、银监会、人民银行等共同监管的模式。

（四）监管措施

民间融资采取的行政监管手段主要是信息监测、登记备案等制度的建设。

1. 信息监测

信息监测是建立政府登记备案制度的基础之一。对民间融资总量、发展动态、资金来源等信息的监测，从微观上讲有助于提高资金融出、融入双方的信息对称度，从宏观上讲有助于把握民间融资走向，遏制非法集资的发生。从信息监测的主体出发，应设立民间融资管理服务中心，由政府部门如主管地区金融产业发展规划、协调处理金融风险的金融办主导监测，人民银行、工商管理部门、税务部门配合的方式，以出借人备案为主、集资人备案为辅的原则组建，专职为民间融资行为提供政策引导和法律服务。

从监测对象出发，由于民间借贷范围广、借贷分散、随意性大、隐蔽性强，监测对象的选择对于监测工作质量就至关重要，因此在监测对象的选择上，要全面、客观反映区域民间借贷情况，就必须选择有代表性的、规模相对较大的监测对象。在制定监测标准时要结合地方实际，重点突出，做到既全面又能将有限的力量运用恰当。遵循着这一思路，也有提出民间融资的信息检测体系重点监测的对象应当包括民间资金规模、来源、区域分布、市场利率、流动性状况、信用程度、风险状况等，以期能准确把握民间金融交易的规模和发展动向，分析民间融资数量规模对辖内经济可能产生的影响，并据此制定相应的政策法规及作出相应的监管。

2. 登记备案

政府登记备案制度的建立是对民间融资活动实现有效监管的一大前提。李有星认为，政府进行监管，无非是采用审批、核准或注册登记的手段。在上述监管手段中，登记制度（政府备案制度）在规范引导民间融资活动以及维护国家金融秩序方面有着比较明显的制度优势，应当予以重点采用。但若要对民间融资进行政府备案登记，我们又会遭遇到以下几个方面的问题。首先，我们应当如何鼓励进行备案登记；其次，在备案过程中应采取何种模式，是单向备案还是双向备案，如果采用单向备案，那么应该由融出方来进行备案还是融入方来进行备案。徐鑫龙提出，从逻辑上看，融出人比融入者更迫切需要政府的有效金融监管。事实上，登记备案制度最大的受益者应当是融出方，它会比融入方更有进行备案登记的需求和积极性。所以，无论是从逻辑上还是从事实上考察，都应该由融出方来进行备案登记。为了鼓励企业到政府部门进行备案登记，应建立登记备案民间融资纠纷的利率保护机制和税收优惠制度。

吴清旺还从实务中一则鸡和鸡舍抵押的案例出发，揭示了法务实践中由于登记部门的政出多门、互相推诿而形成的登记难的现状。提出设立统一的登记机构来满足社会资本的民间融资登记要求，顺畅民间融资渠道，为民间融资提供快捷便利的登记服务。

3. 其他

学者还提出了诸如建立风险预警机制、民间借贷征信体系等其他一些监管措施。

四、结语

民间融资问题是集法制性、经济性、社会性于一体的体制和机制创新问题，也是浙江经济发展中必须规范引导的问题。引导浙江民间融资的健康发展，需进一步明晰民间融资的性质、监管主体、监管措施和法律责任，厘清民间融资与非法集资的界限，将企业间借贷问题法制化、融资利率问题明确化，确立民间融资的"安全港"制度。同时，借鉴民商区分的监管模式，合理界定监管主体在民间融资监管中的职能分工，构建民间融资的政府登记备案制度、信息检测制度、预警制度等，加强民间融资相关的法律制定。

互联网金融法治与金融科技

互联网金融监管的探析

李有星　陈　飞　金幼芳 *

摘　要

无论在货币支付还是货币融通领域，互联网与金融两者都在迈向深度融合，这预兆着互联网金融时代的到来。互联网金融主要表现为金融对互联网信息技术的工具性应用，本质上互联网金融仍属金融范畴。非正规金融应用互联网信息技术最突出的成果表现为第三方支付、P2P 借贷和众筹融资等金融创新模式的新兴。基于国内法律现状，互联网金融不是在交易角度无法可依，而是在监管角度缺乏规制。互联网金融在发展的同时也出现了风险问题，造成金融安全隐患。对互联网金融应实施监管已逐渐成为国内外金融监管机构的共识。在国内实施互联网金融监管，应确定监管主体地方化的方向，采取原则导向监管方式，构建以会员邀请、资金第三方托管、简易信息披露及信息安全保护为核心的互联网金融"安全港"制度。

关键词：互联网金融；互联网信息技术；监管规制；金融法；第三方支付；P2P 借贷；众筹融资；安全港制度

＊　本文原载于《浙江大学学报》（人文社会科学版）第 4 期。陈飞，浙江大学光华法学院博士研究生。金幼芳，浙江大学光华法学院博士研究生。本文系国家社会科学基金项目（12BFX008）、浙江省金融研究院区域金融重点课题项目（ZD13003）的阶段性成果。

一、互联网金融的新兴与本质

（一）互联网金融的新兴

互联网自诞生以来对人类生活产生了深刻影响。过去十年间，这种近乎颠覆性的影响已经发生在媒体、商业、信息管理等多个行业[1]，互联网对传统行业的影响几乎无处不在。当下，互联网也正影响着传统金融行业，并逐渐在货币支付和货币融通领域产生了变革性的影响。[2] 互联网与金融的结合无疑将加速金融脱媒的进程。

1. 货币支付领域。第三方支付行业发展迅速，互联网支付[3] 大有普及之势。早在 20 世纪末，互联网信息技术就已开启了传统金融机构支付服务互联网化的浪潮。自 1995 年全球第一家网上银行[4] 在美国诞生以来，网银开始了爆发式增长，有效拓宽了银行业向客户提供支付结算服务的渠道。但在商业应用方面，真正意义上成功推动互联网支付取得突破性发展的是第三方支付。传统金融机构独占货币支付业务的格局已逐渐被以"贝宝"[5] 和"支付宝"

---

[1] 互联网对传统行业的影响主要体现在"去中介化"。传统行业"去中介化"的过程就是"自媒体""自商业""自金融"等的产生过程。

[2] 值得关注的是，目前互联网对金融的核心——货币也产生了影响，基于互联网的虚拟货币（如比特币、莱特币等）发展迅猛。但由于货币涉及国家主权，目前世界主要国家对互联网虚拟货币基本持否定态度。在国内，2013 年底央行等五部门联合发布《关于防范比特币风险的通知》，认为比特币不是由货币当局发行的货币，不具有法偿性与强制性等货币属性。从性质上看，比特币是一种特定的虚拟商品，不具有与货币等同的法律地位，不能且不应作为货币在市场上流通使用。鉴于目前互联网虚拟货币的货币属性不存在合法空间，本文将不对互联网虚拟货币展开分析。

[3] 银行和第三方支付公司都可提供互联网支付服务。国内较为著名的第三方支付公司有"支付宝""财付通"等。第三方支付公司不仅从事互联网支付服务，即线上支付服务，而且提供线下支付服务，如 POS 收单、预付卡等支付清算业务。如无特别说明，本文中第三方支付仅指其提供的互联网支付服务。

[4] 1995 年 10 月，美国安全第一网络银行（Security First Network Bank）在网上开业，并在互联网上提供包括电子转账在内的多种银行服务。

[5] 指 PayPal。它是 eBay 旗下的一家公司，是目前全球最大的网上支付服务提供商。

为代表的第三方支付所打破。①

　　2. 货币融通领域。互联网融资业务模式广受市场追捧，P2P 借贷和众筹融资②风靡全球。P2P 借贷是指绕过传统金融中介，借款人与贷款人直接借贷的金融交易。P2P 借贷出现于 2005 年，致力于为借款人提供区别于传统贷款机构的信贷服务，尤其是信贷危机期间信贷资源变得难以获取之时。③ P2P 借贷模式兴起于欧美④，之后迅速在世界范围内推广开来，并被广泛复制，虽然总体市场规模不大，但表现出了旺盛的生命力和持续的创新力⑤。⑥ 金融危机之后，众筹融资已成为越来越受欢迎的筹资方法，企业家可以借此迅速而又低廉地筹集资金。狭义来讲，众筹是一种融资机制，即允许初创企业通过互联网中介向公众募集资金。互联网中介展现企业的商业模式，投资者则在线出资，以获取名义上的礼物或公司股权。众筹可以让人避开令人无法忍受的企业早期融资的传统形式（如找家人或朋友借钱），也让人不必困扰于寻找银行贷款、天使投资或风险投资。⑦ 从全球范围来看，众筹融资的

---

① 据艾瑞咨询 2014 年 1 月发布的 2013 年度中国第三方支付市场核心数据，2013 年中国第三方互联网支付市场交易规模达 53729.8 亿元，同比增速 46.8%。数据来源：艾瑞网，http://news.iresearch.cn/zt/225520.shtml，最后访问日期：2014 年 2 月 10 日。

② 指 Crowdfunding，也被称为"众募"或"微天使"。

③ J. R. Magee. The Dodd-Frank Wall Street Reform and Consumer Protection Act: Peer-to-Peer Lending in the United States: Surviving after Dodd-Frank. North Carolina Banking Institute Journal, 2011, 15(1): 139-174.

④ 以英国的 Zopa 和美国的 LendingClub、Prosper 为代表。

⑤ 自 2006 年开始，国内 P2P 借贷平台陆续出现并快速发展。据艾瑞咨询 2014 年 1 月发布的《2014 年 P2P 小额信贷典型模式案例研究报告》统计，截至 2012 年，我国共有 P2P 贷款公司近 300 家，放贷规模达到 228.6 亿元，同比增长 271.4%，到 2013 年放贷规模达到 680.3 亿元。艾瑞预计，贷款规模未来两年内仍将保持超过 100% 的增速，预计到 2016 年我国 P2P 贷款交易的规模将增长到 3482.7 亿元。数据来源：艾瑞网，http://report.iresearch.cn/2099.html，2014 年 2 月 10 日。

⑥ 第一财经新金融研究中心：《中国 P2P 借贷服务行业白皮书（2013）》，中国经济出版社 2013 年版，第 3—4 页。

⑦ T. V. Power. SEC Regulation of Crowdfunding Intermediaries under Title III of the Jobs Act. Banking & Financial Services Policy Report, 2012, 31(10): 1-5.

出现稍晚于 P2P 借贷，但近年来发展也较为迅速。①

无论是在货币支付领域还是在货币融通领域，互联网与金融两者都正迈向深度融合，并展现出美好前景。它们的融合正催生着一场具有划时代意义的金融变革，并预兆互联网金融时代的到来。作为经济核心的金融，事关国计民生，具有高度的风险性。金融高风险性特点必然意味着更为严苛和审慎的监管。在金融监管的外围压力下，互联网与传统金融业结合，与先前和传统商业、媒体结合相比，道路无疑将会更加曲折和复杂，但前途必定光明。

（二）互联网金融的本质

当下，正规金融②与非正规金融势力分别从各自优势领域出发，两头切入，使互联网金融业务模式呈多元化发展态势。但从实质上看，目前互联网金融主要表现为金融对互联网信息技术的工具性应用，即互联网金融中互联网扮演的是"金融互联网"角色。互联网信息技术的工具性应用是互联网金融发展初级阶段最为重要的特征。当然，互联网金融随着发展的深入，必将表现为金融本身对互联网商业环境的适应。③对互联网工具性的应用既可能来自正规金融，如网银的应用，也可能来自非正规金融，比如民间金融。但前者基于既得利益，金融创新动力显然不足，甚至过于被动；而后者基于市场驱动，目前已成为助推互联网金融发展的生力军和挑战传统金融的"搅局者"。

---

① Massolution 研究公司 2013 年 4 月公布的一份研究报告显示，目前全球约有 800 个众筹网站，2012 年共筹集了 26.6 亿美元资金，较 2011 年的 14.7 亿美元增长 81%，并测算 2013 年全球众筹融资规模将达到 51 亿美元。转引自人民银行西安分行课题组：《众筹融资的发展与规范问题研究》，《金融时报》2013 年 12 月 16 日。2009 年成立的美国 Kickstarter 是众筹融资平台的代表。国内专业众筹融资网站出现于 2011 年，但发展较为缓慢，发展到一定规模的众筹网站有众筹网、点名时间网、追梦网等。

② 本文将不讨论正规金融在互联网信息技术应用方面的风险和监管情况，现行监管体系对正规金融的监管已较为成熟。

③ 金融本身对互联网商业环境的适应将是互联网金融未来发展的趋势，比如互联网商业环境将可能影响金融的风险缓释技术。将来淘宝店主或许可以用虚拟网店作为担保品，甚至凭电子商务交易信用纪录向金融机构申请融资。目前阿里金融基于大数据分析的信用贷款就是这方面的初步探索。

非正规金融应用互联网信息技术最突出的成果表现为第三方支付、P2P借贷和众筹融资等金融创新模式的兴起。第三方支付业务模式中，互联网扮演了资金清算信息传递渠道的角色；P2P借贷和众筹融资业务模式中，互联网起到为资金供需双方提供融资信息的平台作用。一言以蔽之，互联网所扮演的都是金融信息传递者的角色，其作用实质并没有突破工具性的范畴。不管这种工具性在应用中表现得怎样多元或变化，互联网金融背后的金融本质属性依然泾渭分明。作为先进互联网信息技术与传统金融服务相结合的新型金融业态，互联网金融仍属金融的内涵范畴。从概念外延来看，互联网金融包括互联网支付和互联网融资。

1. 互联网支付。在国内整个货币支付体系中，如果说央行大小额支付系统是"心脏"，各商业银行支付渠道是"静动脉"，那么第三方支付则是"毛细血管"，是整个国家货币支付体系中的有益补充。第三方支付的互联网支付业务实质上就是金融业务中的货币资金清算业务。

2. 互联网融资。P2P借贷和众筹融资属于直接融资的范畴。P2P借贷和众筹融资平台实质上分别是债权和股权① 交易的平台或场所。在整个直接融资的"金字塔"体系中（见下图），证券业处于金字塔的顶端，互联网融

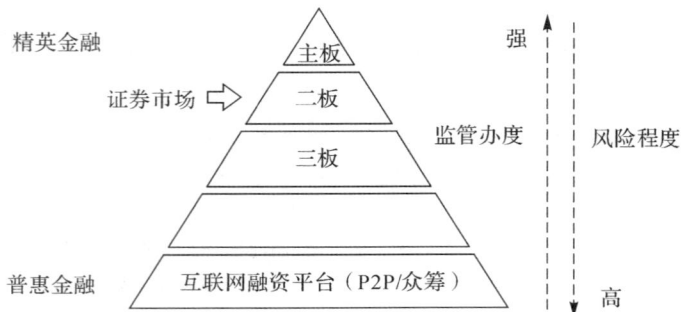

互联网融资平台与多层次直接融资体系

---

① 国内的众筹融资平台迫于目前法律环境，部分已逐渐异化为具有商品交易性质的团购平台，失去了原有众筹之金融实质，不直接以股权而是以商品或服务作为对投资人的回报。但本文从狭义角度，仍以股权投资之众筹为研究对象，以还众筹融资的原貌。

资则处于底端。如果说证券市场是精英们的融资"王国"的话，那么互联网融资平台就是草根们的融资"乐园"，它们分别代表精英金融和普惠金融，P2P 借贷和众筹融资就是草根型普惠金融的典型。

二、互联网金融的合法性分析

目前，国内民商事法规的基础性规范、金融监管的部分内容以及刑法有关金融犯罪的条款都适用于互联网金融，互联网金融活动不是完全无法可依，现行的法律框架体系在一定程度上为互联网金融的运行提供了法律基础和创新空间。

1. 第三方支付合法性分析

2010 年 9 月 1 日生效施行的《非金融机构支付服务管理办法》（中国人民银行令〔2010〕第 2 号），正式赋予了第三方支付行业存在的合法性。该办法第 3 条规定："非金融机构提供支付服务，应当依据本办法规定取得《支付业务许可证》，成为支付机构。支付机构依法接受中国人民银行的监督管理。未经中国人民银行批准，任何非金融机构和个人不得从事或变相从事支付业务。"该管理办法的出台间接标志着第三方支付行业长期"黑户"身份的终结，由此，第三方支付正式迈入"有法可依"的时代。

2. P2P 借贷合法性分析

P2P 借贷平台实质就是民间直接融资的信息交互平台或渠道，严格的借贷信息中介意义上的 P2P 借贷平台本身并不存在主体资格的合法性问题。但借款人通过平台向投资人借款的民间借贷行为是否合法呢？答案是有条件的肯定。即在不构成刑法意义上非法集资活动的前提下，民间借贷行为存在合法空间。根据国内法律规定，自然人之间、自然人与企业之间的民间借贷关系只要不违反法律的强制性规定，均是合法行为，正所谓"法无明文禁止即自由"。最早《民法通则》中有"合法的借贷关系受到法律保护"的模糊表述。最高人民法院 1999 年在《关于如何确认公民与企业之间借贷行为效力问题的批复》中进一步明确："公民与非金融企业之间的借贷属于民间借贷。只要双方当事人意思表示真实即可认定有效。"我国《合同法》第 12 章关于借款合同的规定也间接肯定了民间借贷的合法性，并在第 211 条上规定："自然人之间的借款合同约定支付利息的，借款的利率不得违反国家有关限制借款利率的规定。"这些现行的民商事法规和司法解释为民间借贷行为提供了合法空间，亦为 P2P 借贷活动提供了法律基础。

3. 众筹融资合法性分析

公司不仅是企业的组织形态，也是筹资的手段或工具。理论上，有限公司和股份公司均完全可在不被纳入我国《证券法》调整范畴的情况下完成公司的新设或扩股，但首要前提是避免出现《证券法》定义的公开发行状况。我国《证券法》第 10 条规定："公开发行证券，必须符合法律、行政法规规定的条件，并依法报经国务院证券监督管理机构或者国务院授权的部门核准；未经依法核准，任何单位和个人不得公开发行证券。有下列情形之一的，为公开发行：向不特定对象发行证券的；向特定对象发行证券累计超过二百人的；法律、行政法规规定的其他发行行为。非公开发行证券，不得采用广告、公开劝诱和变相公开方式。"在《证券法》的"藩篱"之中，众筹融资能施展"拳脚"的法律空间仅限于特定对象 200 人以内，并不得采用广告、公开劝诱和变相公开方式，同时还须满足我国《公司法》第 24 条有关有限责任公司由 50 个以下股东出资设立的限制。只有在此圈定的法律空间内活动，众筹融资行为才具有合法性可言。超出范围则不仅违反《证券法》，也可能触碰《刑法》中与非法集资相关的罪名。显然，法律限制所导致其合法生存空间的压缩，已间接削弱了众筹融资原有"众人拾柴火焰高"的意义，这在很大程度上束缚了众筹模式在国内的推广和发展。

三、互联网金融监管的必要性考察

（一）互联网金融的风险

任何新兴事物的发展初期必定会存在诸多不足，甚至是弊端，作为金融创新的互联网金融也绝无例外。先前起步的第三方支付由于监管环境的不断完善，风险从以往的高发态势开始趋向平稳。但与之形成鲜明对比的是，目前互联网融资平台野蛮生长，乱象平生，风险频发。这不仅严重影响了正常的金融秩序，增加了金融风险，也给互联网金融本身带来了负面声誉影响。有关法律法规等监管环境的缺失更是凸显了问题的严峻性，互联网融资活动的乱象已成为目前互联网金融面临的最为突出的风险问题。

早在 2011 年，中国银监会曾向银行业机构发布了《人人贷有关风险提示的通知》（银监办发〔2011〕254 号），称人人贷（P2P 借贷）信贷服务中介公司存在大量潜在风险和问题。[①] P2P 借贷当前面临三大核心风险，即一对多、资金池及期限和金额错配。许多曾经自诩风险管控严谨的 P2P 借贷平台最终给投资者带来的却是惨重的损失。与 P2P 借贷相比，由于规模有限，众筹融资风险问题和事件目前较少见，较为典型的有"北京美微事件"[②]。互联网金融的新兴在很大程度上缘于民间资本向金融市场的跃跃欲试，民间金融繁荣活跃的地区往往也是互联网金融萌芽初兴之地。家族管理、信息不透明、短借长贷、信用放款多、财务混乱、资金去向不明等既是民间金融的"通病"，也是当下互联网融资乱象的写照。目前，随着互联网金融概念被热捧，大量社会游资涌入 P2P 借贷平台，五花八门的 P2P 平台如雨后春笋般成立，

[①] 主要有七大问题和风险：一是影响宏观调控效果；二是容易演变为非法金融机构；三是业务风险难以控制；四是不实宣传影响银行体系整体声誉；五是监管职责不清，法律性质不明；六是信用风险偏高，贷款质量远远劣于普通银行业金融机构；七是人人贷公司开展房地产二次抵押业务同样存在风险隐患。

[②] 2013 年初，北京美微传媒公司由于在淘宝销售原始股被证监会叫停，证监会称美微此举为新型非法证券活动。

民间借贷活动大有借道 P2P 借贷平台之势。但其中鱼龙混杂，良莠不齐，不乏不法投机分子借用金融创新之名行非法集资之实。尤其是部分 P2P 借贷平台直接介入借贷，吸收资金和发放贷款，俨然成为"影子银行"式的金融机构，为金融风险埋下了祸根。

总结互联网融资平台风险问题的本质，不难发现非法集资问题突出。互联网融资平台暴露出的许多风险问题要么本身就是非法集资问题，要么就是与非法集资相关联。《非法金融业务活动和非法金融机构取缔办法》（国务院〔1998〕247 号令）第 4 条规定："非法金融业务活动，是指未经中国人民银行批准，擅自从事的下列活动……未经依法批准，以任何名义向社会不特定对象进行的非法集资。"央行在《关于取缔非法金融机构和非法金融业务活动中有关问题的通知》（银发〔1999〕41 号）中进一步明确界定："非法集资是指单位或者个人未依照法定程序经有关部门批准，以发行股票、债券、彩票、投资基金证券或者其他债权凭证的方式向社会公众筹集资金，并承诺在一定期限内以货币、实物以及其他方式向出资人还本付息或给予回报的行为。"由于互联网天然的涉众性，P2P 借贷和众筹融资作为互联网金融，在某种程度上与生俱来就具有"面向不特定人群"的特性。如再参与资金的中转，互联网融资活动在目前法律语境中较容易陷入非法集资的"魔咒"，这也是一对多、资金池及期限和金额错配的 P2P 借贷模式常遭人诟病为非法集资的根源。

（二）互联网金融监管的必要性

理论上，基于法律规范的调整对象，互联网金融法律规范可分为纵向的互联网金融监管规范和横向的互联网金融交易规范。前者调整的是互联网金融监管关系，后者调整的则是互联网金融交易关系。目前，国内互联网金融交易规范具有一定的基础，《民法通则》《合同法》《物权法》《担保法》《电子签名法》等基本民商事法律制度仍适用于互联网金融，互联网金融活动在交易层面不是无法可依。但与此形成鲜明对比的是，除第三方支付外①，目前国内互联网金融监管规范几乎空白，对互联网金融创新暴露出的问题基本束手无策，这对整个金融市场构成极大的潜在风险。

高风险性的金融与涉众性的互联网结合，必然使互联网金融比传统金融更具涉众性风险，风险面更广，传染性更强。从风险防范角度看，对互联网金融活动实施监管不仅必要，而且意义重大。对金融活动实施审慎监管，是大多数国家为防范金融风险所普遍采取的做法，互联网金融也不例外。欧美主要国家已陆续对互联网金融活动着手规制。

以美国为例，美国对包括第三方支付、P2P 借贷和众筹融资在内的互联网金融均有监管。第一，在第三方支付监管方面，美国对第三方支付实行的是功能性监管，将监管的重点放在交易的过程而不是从事第三方支付的机构。美国国会以及财政部通货监理署、美联储、联邦存款保险公司、储贷监理署等多个监管部门先后颁布了一系列适用于第三方支付机构的法律法规。1999年颁布的美国《金融服务现代化法》将第三方支付机构界定为非银行金融机构，其监管从属于金融监管的整体框架，即实行功能性监管。在法律上，美国将第三方支付视为货币转移业务，本质上是传统货币服务的延伸，因此，美国并没有将其作为一类新的机构通过专项立法进行监管，而主要从货币服务业务的角度管理。美国《统一货币服务法案》是监管第三方支付机构的另一部重要法规，自2000年以来，美国已有40多个州参照《统一货币服务法案》颁布了适用本州非金融机构货币服务的法律。② 第二，在 P2P 借贷监管方面，美国目前 P2P 借贷的监管体系由多个监管机构组成，许多联邦和州层面的监管机构都对 P2P 借贷行使监管权。这些监管机构包括新成立的消费者金融保护局、联邦贸易委员会、司法部、证监会、各种联邦银行监管机构以及各州

---

① 自2010年以来，央行陆续出台系列专项监管规章制度以完善对第三方支付的监管，如《非金融机构支付服务管理办法》《非金融机构支付服务管理办法实施细则》及《支付机构客户备付金存管办法》等。

② 巴曙松、杨彪：《第三方支付国际监管研究及借鉴》，《财政研究》2012年第4期。

对应的相关部门。① 美国证监会和州证券监管部门主要通过信息披露来行使对贷款人保护的职责；联邦存款保险公司和州监管部门针对营利性 P2P 借贷平台，行使对借款人保护的职责；新成立的消费者金融保护局也主要是行使对借款人保护的职责。② 第三，在众筹融资监管方面，美国于 2012 年通过旨在推进小企业发展的《初创期企业推动法案》（简称 JOBS 法案），其中包括一项针对众筹融资的重要举措。③ 在美国《证券法》第 4 条第 6 款中，新增 "股权众筹豁免" 的内容，即允许众筹发行人通过被授权的互联网中介从合格投资者处筹集资金，但在 12 个月内筹集总额不得超过 100 万美元，且投资者需要符合一定要求④。⑤

目前，国内互联网金融发展迅速，金融监管部门也正在积极调研互联网金融的发展情况。央行对互联网金融的态度也逐渐由缄默转向明确肯定，由放任自由转向支持监管。互联网金融需要监管的认识基本一致，只是如何监管尚存争议，核心问题是监管主体、监管方式、监管制度如何选择。

四、互联网金融监管的思路

基于互联网金融的特殊性和不同经营模式，要选择区别于传统金融机构的监管主体、监管方式和监管制度，防范复杂、低效率、抑制创新的监管，

---

① E. C. Chaffee, G. C. Rapp. Regulating Online Peer to Peer Lending in the Aftermath of Dodd-Frank: In Search of an Evolving Regulatory Regime for an Evolving Industry. Washington and Lee Law Review, 2012, 69(2): 485–532.

② United States Government Accountability Office. Person to Person Lending: New Regulatory Challenges Could Emerge as the Industry Grows, http://www.gao.gov/new.items/d11613.pdf, 最后访问日期：2014 年 3 月 12 日。

③ Title III of The Jumpstart Our Business Startups Act。

④ 年收入（或净资产）少于 10 万美元的个人累计投资至多为 2000 美元或年收入（或净资产）的 5%；年收入（或净资产）等于或超过 10 万美元的个人可将年收入（或净资产）的 10% 用于投资，但不得超过 10 万美元。

⑤ S. Sheik. Fast Forward on Crowd Funding: Although Donation-Based Crowdfunding Has Experienced Some Success, Questions Remain about the Practicality of Equity-Based Crowdfunding. Los Angeles Lawyer, 2013, 36: 34–41.

要在维护互联网金融市场活力与做好风险控制之间实现平衡。

（一）互联网金融监管主体地方化

将新兴的互联网金融逐步纳入金融监管体系是各国规范和促进互联网金融发展的趋势，国内亦将如此。实施监管的首要问题是监管由谁来负责，即监管主体是谁，这一问题至关重要。目前，国内除第三方支付已被正式纳入央行监管体系外[①]，P2P 借贷和众筹融资仍游离于监管体系之外，监管主体仍待确定。

从 P2P 借贷和众筹融资产生与发展的历程来看，它们起源于民间，根植于地方，呈多元化发展态势。为因地制宜，较好地规范和促进互联网金融的发展，互联网金融监管应"接地气"，不宜采取类似对传统金融机构的集中式统一监管模式，监管权限应逐步下放到地方政府。赋予地方政府相应的金融监管权限也符合国务院"十二五"规划中有关金融规划的内容，《国民经济和社会发展十二五规划纲要》明确提出要"完善地方政府金融管理体制，强化地方政府对地方中小金融机构的风险处置责任"。伴随着地方金融活动的日益活跃，地方政府对地方金融的管理也日益频繁，地方政府已逐步开始在地方金融监管中扮演越来越重要的角色，中央与地方统分结合的金融监管模式已初露端倪。在地方金融监管的实践中，部分省市已经开始了有益的探索。以浙江为例，2013 年 11 月 22 日浙江省人大常委会通过了《温州市民间融资管理条例》。作为我国首部民间金融地方性法规，它在某种程度上赋予了地方政府金融"监管权"。

2008 年以来，随着新一轮地方机构改革的深入，全国省、市两级政府普遍加大了金融办建设的力度。现在，全国省、市两级政府普遍设立了金融办，在经济较发达的地方，许多市辖区和县级市也设立了金融办。[②] 金融办在地

[①] 一国的货币支付清算体系具有高度的集中性，从监管效率和效果考虑，支付行业应由央行统一实施监管。

[②] 白光昭：《地方政府金融办的职能定位》，《中国金融》2010 年第 18 期。

方各级的陆续设立为地方政府行使地方金融管理职能提供了组织保障。在中国区域经济发展差异巨大的情况下，地方政府金融办对地方金融活动更为熟悉和了解，建立由地方政府金融办主导的地方金融监管体系框架已成为目前国内金融监管的发展趋势。将 P2P 借贷和众筹融资等互联网金融划归地方政府金融办统一监管，符合这一趋势和潮流。当然，全国性的监管指导和统筹也是不可或缺的，"一行三会"（指中国人民银行、中国银监会、中国证监会和中国保监会）可根据相应法定职责，负责互联网金融指导性规则的制定、风险监测和预警。

（二）互联网金融的监管方式：原则导向监管

怎样监管，实施怎样的监管方式，这是确定监管主体之后必须考虑的问题。互联网金融目前还远未定型，发展方向和模式仍有待观察。鉴于发展初期的现状，金融监管部门实施监管时，应对出现的一些问题适当保持一定的容忍度和弹性，采取原则导向监管方式，充分吸收以往新兴金融行业发展初期的监管经验和教训，避免"一管就死，一放就乱"的现象，在保障金融系统性风险安全可控的前提下，支持金融创新，促进互联网金融的稳步发展。

原则导向监管（principles-based regulation）和规则导向监管（rules-based regulation），是目前各国金融监管领域普遍应用的监管方式，英美两国分别是这两种方式的典型代表。[1] 美国金融服务圆桌会议（Financial Services Round Table）指出："规则导向的金融监管体系是指在该体系下由一整套金融监管法律和规定来约束即便不是全部也是绝大多数金融行为和实践的各个方面，这一体系重点关注合规性，且为金融机构和监管机构的主观判断与灵活调整留有的空间极为有限。原则导向的金融监管体系重点关注既定监管目

---

[1] 美国也开始检讨和反思本国的金融监管方式。美国财政部前部长 Henry Paulson 提出美国应考虑采取原则性监管，美联储前主席 Ben S. Bernanke 也表示金融监管要向风险性和原则性监管迈进。

标的实现，且其目标是为整体金融业务和消费者实现更大的利益。"①原则导向监管尽管存在诸如主观性、不确定性等缺点，但通过 2008 年金融危机的实践检验来看，相比规则导向监管，原则导向监管方式更适用于对金融创新的监管。

英国金融服务管理局指出："原则性监管意味着更多地依赖于原则并以结果为导向，以高位阶的规则用于实现监管者所要达到的监管目标，并较少地依赖于具体的规则。通过修订监管手册以及其他相关文件，持续进行原则和规则间的不断平衡……我们关注作为监管者所希望实现的更清晰的结果，而由金融机构的高管更多地来决定如何实现这些结果。"②通俗地说，原则导向监管就是"找准地线、放开空间"，即监管几个重大的原则，这些原则是不能碰的，在此之外就是市场的行为。原则导向监管既有利于规范金融创新，也有利于促进金融创新。对于新兴的互联网金融，监管机构就是要划好业务红线，留好业务创新空间。但原则导向监管方式并非完全排斥规则性监管内容，原则导向监管强调的是对金融创新的底线坚守。原则性监管对于处理金融创新和监管套利是有益的，但一套以原则相伴的健全的规则也是必要的，政府监管与自律监管、市场约束应保持动态平衡，不可偏废。③如存在需要，条件成熟，原则可与规则相结合，形成具体监管制度，保障金融安全。

（三）互联网金融"安全港"制度构建

互联网金融是未来金融发展的重要方向。但作为后来的"搅局者"，互

---

① Financial Service Roundtable, The Blueprint for US Financial Competitiveness, 2007. 转引自李翰阳《从规则导向到原则导向——银行监管制度的法律经济学分析》，中国政法大学 2011 年博士学位论文，第 56 页。

② The Financial Services Authority, Principles-based Regulation: Focusing on the Outcomes that Matter, http://www.fsa.gov.uk/pubs/other/principles.pdf. 转引自刘媛《金融领域的原则性监管方式》，《法学家》2010 年第 3 期。

③ 刘媛：《金融领域的原则性监管方式》，《法学家》2010 年第 3 期。

联网金融在各国都不同程度地与既存法律制度存在"不吻合"的现象。① 在国内，互联网融资平台风险问题不断，与非法集资等非法金融活动相互交织，如影随形，在一定程度上影响了互联网金融的声誉。因此，在互联网融资监管方面构建"安全港"制度，厘清互联网融资活动合法与非法的边界，将之与非法集资活动区分开来，意义重大。"安全港"制度应包含四项核心机制。

1. 构建会员邀请机制，避免不特定性。互联网融资平台具有天然的涉众性，容易被界定为非法集资中的向不特定对象公开宣传。《最高人民法院关于审理非法集资刑事案件具体应用法律若干问题的解释》第 1 条第 2 款将"通过媒体、推介会、传单、手机短信等途径向社会公开宣传"作为向社会公众吸取资金的四条件之一。尽管其中没有明确列举互联网平台属于向社会公开宣传的途径，但互联网平台具有面向不特定人的公开宣传效果是毋庸置疑的。在现有法律框架下，如何把这一特性控制在法律安全边界之内，是互联网融资安全合法开展的首要问题。会员邀请机制的构建为这一问题的破解提供了出路。会员邀请制度包括三个步骤，即会员注册、会员筛选和会员邀请。首先，招募会员 ② 注册，开展风险评估，评估内容可包括投资经验、年龄、收入状况等项因素；其次，依据风险评估结果，筛选出合格投资者；最后，对合格投资客户发出相应投资邀请，并开展投资人真实身份核查。经过三个步骤的处理，互联网融资平台面对的就是特定的合格投资者，避免向不特定对象公开宣传的法律风险。当然，即使是面向特定对象，互联网融资平台也须注意我国《证券法》和《公司法》对人数的限制。

2. 构建资金第三方托管机制，避免集合资金。互联网金融的融资领域，无论是 P2P 借贷还是众筹，其扮演的都应是信息中介而非资金中介角色。

---

① 如 P2P 借贷在美国也曾激起广泛争论，原因是 P2P 借贷很难与债券发行区分。债券作为证券受美国证监会监管，但 P2P 借贷平台那时普遍没有在证监会注册，这违反了美国《证券法》第 5 条（a）款和（c）款的规定。2008 年 11 月，美国证监会认定注册于加州的知名 P2P 借贷平台 Prosper 公司违规。最后，Prosper 与证监会达成和解。参见 S. E. C. Release No.8984。

② 不可进行任何公开形式的投资宣传。

P2P 借贷和众筹融资平台本质上分别是直接债权融资和直接股权融资的信息撮合平台，在业务中不应承担任何中转客户资金的角色，资金池模式更应成为禁区，否则，互联网融资平台将成为非法集资的工具。但事实恰恰相反，国内的 P2P 借贷平台大量地借用资金池模式开拓业务，这是目前 P2P 借贷平台常遭人诟病为"庞氏骗局"的根本原因所在。实行资金第三方托管制度有利于解决这一问题。资金第三方托管是指客户资金的收付完全由独立的第三方机构直接管理，第三方角色通常是由具有托管资质的银行来担当。有了第三方托管后，借款人的资金进出根据用户指令发出，且每笔资金的流动都需要有用途和记录，这样就能有效防范借贷平台挪用客户资金或者卷款"跑路"的风险。[1] 资金第三方托管制度不仅有利于解决互联网金融企业恶意挪用资金或破产导致投资人血本无归的问题，也从根本上有助于互联网融资平台摆脱非法集资的恶名。

3. 构建简易信息披露机制，保护投资人权益。P2P 借贷和众筹融资与证券发行交易具有类似性，都属直接融资的概念范畴。P2P 借贷和众筹融资平台可以理解为微型的互联网证券市场，都是沟通资金供需双方的信息桥梁。但不同的是，在监管制度方面，目前 P2P 借贷和众筹融资基本毫无规则制度可言，而证券市场的运行则具有一套缜密的制度安排，交易所运行、融资方发行证券或上市、资金和证券的结算都是建立在各种精密制度之上的。其中，信息披露制度在证券制度中处于核心地位。信息披露也称信息公开，是证券发行人或上市公司按照法定要求将自身财务、经营等情况向证券管理部门报告，并向社会公众投资者公告的活动。[2] 我国《证券法》第 63 条规定："发行人、上市公司依法披露的信息，必须真实、准确、完整，不得有虚假记载、误导性陈述或者重大遗漏。"信息披露制度不仅适用于证券市场，而且也应适用于整个直接融资体系。互联网融资平台作为信息中介，融资人作为资金

---

[1] 李文龙：《引入第三方托管 防范 P2P 网络借贷风险》，《金融时报》2013 年 12 月 2 日。

[2] 李有星：《金融法教程》，浙江大学出版社 2009 年版，第 340 页。

使用方，都具有如实披露融资相关信息的义务，以确保投资人作出投资决策之前有获取真实、准确信息的机会。当然，对互联网融资信息披露的要求标准应大幅度低于证券市场，否则高成本将使互联网融资失去存在的价值，但至少应包括融资人真实身份、资金用途、押品法律权属或担保人真实身份等基本信息，以保护投资人的合法权益。互联网融资的信息披露机制应确切称为简易信息披露机制。

4. 构建信息安全保护机制，保护合法权益。互联网融资平台作为信息的交互平台，存在大量身份和交易数据，涉及融资人、担保人、投资人等各互联网融资参与方。构建信息安全保护机制，目的是进一步保护参与个人的隐私和参与企业的商业秘密。2009 年颁布的我国《侵权责任法》第 2 条规定："侵害民事权益，应当依照本法承担侵权责任。本法所称民事权益，包括生命权、健康权、姓名权、名誉权、荣誉权、肖像权、隐私权、婚姻自主权、监护权、所有权、用益物权、担保物权、著作权、专利权、商标专用权、发现权、股权、继承权等人身、财产权益。"这标志着我国从法律上正式确立了隐私权概念。按照我国《反不正当竞争法》第 10 条规定："经营者不得采用下列手段侵犯商业秘密……本条所称的商业秘密，是指不为公众所知悉、能为权利人带来经济利益、具有实用性并经权利人采取保密措施的技术信息和经营信息。"我国《合同法》第 60 条规定："当事人应当遵循诚实信用原则，根据合同的性质、目的和交易习惯履行通知、协助、保密等义务。"显然，隐私权和商业秘密的保护已具有基础性的法律依据和安排。但在具体的金融活动中，基础性的法律安排对信息安全保护力度还是远远不够的。为此，央行为保护个人信用信息，还另外颁布了《个人信用信息基础数据库管理暂行办法》《个人信用信息基础数据库数据金融机构用户管理办法》《个人信用信息基础数据库异议处理规程》等一系列规章制度，对信息采集、保存及运用等方面进行了规范，并规定了授权查询、限定用途、保障安全、查询记录以及违规处罚等监管措施，严格保护信息安全。保护互联网融资参与各方的信息安全，可充分借鉴央行的做法，构建具体的适应互联网融资活动特点的信息安全保护监管机制，进一步明确各参与方，特别是融资平台的信息安全保护义务。

论互联网融资法律制度的创新

李有星　　侯凌霄 *

摘　要

创新互联网融资法律制度是我国发展多层次资本市场、防范金融风险、保护投资者权益和完善我国金融法律体系的应然需求。现有互联网融资法律规范体系，存在网络借贷中介机构法律定位偏差、股权众筹发展缺乏制度依据、互联网融资监管模式不完善以及信用体系建设滞后等问题。应当创新互联网融资法律制度，重新界定网络借贷中介机构的法律定位，破解股权众筹发展中的制度障碍，重塑互联网融资的监管逻辑，构建互联网融资的信用体系。

关键词：互联网融资；网络借贷；股权众筹；金融监管；信用体系

* 本文原载于《贵州省党校学报》2018 年 12 月版。侯凌霄，浙江大学光华法学院 2016 级博士研究生。本文系国家哲学社会科学基金重点项目"互联网融资法律制度创新构建研究"（15AFX020）部分核心成果概要；浙江省哲学社会科学规划优势学科重大项目"我国民间金融市场治理的法律制度构建及完善"（14YSXK01ZD）、国家马克思主义理论研究和建设工程重大项目"全面推进依法治国重大现实问题研究"（2015MZD042）子课题"互联网金融法治化研究"、中央高校基本科研业务费专项资金资助项目"智能金融安全法律问题研究"（ZDJCXK2018）、人工智能与法学专项课题资助课题"智能化网络借贷安全问题法律研究"（18ZDFX008）阶段性研究成果。

一、引言

互联网融资以网络借贷与股权众筹为代表，其核心在于资金融通的去中介化。网络借贷和股权众筹平台实质上分别为债权和股权交易场所，在整个直接融资的"金字塔"体系中处于底层，是普惠金融的重要组成部分。[①] 互联网融资具有普惠性、高效性与低成本等优势，有利于拓宽中小企业融资渠道，盘活社会闲散资金，降低中小投资者的金融准入门槛。但与此同时，互联网的介入也导致互联网融资具有涉众性与交叉感染性，风险破坏程度深，波及范围广。互联网融资的特殊性决定其法律制度构建的复杂性，需要在金融创新和风险控制之间把握平衡点。

目前，互联网融资业务的金融本质已经得到广泛共识。[②] 网络借贷与股权众筹等互联网融资业态作为一种金融工具，创新了金融功能的实现模式，实现了狭义的金融创新。[③] 广义的金融创新还包括从制度层面对金融工具创新进行正式确认和综合概括的金融制度创新，具有直接促进或抑制金融工具创新发展的功能。[④] 与快速发展的互联网融资市场相比，我国互联网金融领域的法律规范存在制度短板。既有规范性文件确立的互联网融资法律制度，在促进金融创新、控制金融风险与保护消费者等方面的作用十分有限。网络借贷机构合规整改期限一再延迟、备案整改截止前夕的集中"爆雷"、股权众筹领域立法停滞不前等事实，均暴露了现有法律规范规制乏力的问题。因此，需要基于我国互联网融资市场现状，深入探析互联网融资交易本质，创新构建互联网融资法律制度。

---

① 李有星、陈飞、金幼芳：《互联网金融监管的探析》，《浙江大学学报》（人文社会科学版）2014 年第 4 期。

② 李有星、侯凌霄、潘政：《互联网金融纠纷案件法律适用与司法裁判规则的反思与完善》，《法律适用》2018 年第 13 期。

③ 刘芬华、吴非、李华民：《互联网金融：创新金融体征、泡沫风险衍生与规制逻辑》，《经济学家》2016 年第 6 期。

④ 刘丹冰：《金融创新与法律制度演进关系探讨》，《法学杂志》2013 年第 5 期。

二、互联网融资法律制度创新构建的必要性与可行性

（一）互联网融资法律制度创新构建的必要性

1. 发展多层次资本市场之必要

习近平总书记在十九大报告中提出，"提高直接融资比重，促进多层次资本市场健康发展"[1]。网络借贷与股权众筹均为直接融资模式，作为传统融资的重要补充，成本低、效率高，拓宽了多元融资渠道。以网络借贷为例，根据网贷之家发布的 2017 年 P2P 行业年报显示，2017 年网贷行业成交量达到 28048.49 亿元，单月成交量均在 2000 亿元以上。网络借贷与股权众筹已经成为多层次资本市场的重要一环，在解决中小企业以及个人融资难、融资贵问题的同时，也为中小投资者提供新的投资渠道。从发展多层次资本市场的角度，有必要创新构建互联网融资法律制度，为互联网融资的发展提供制度依据与法律保障。

2. 防范金融风险之必要

互联网金融在优化金融市场的资金融通和价格发现功能的同时，也最大限度地分散并传递金融风险。[2] 不同于传统金融的"太大而不能倒"，互联网金融呈现出"太多连接而不能倒"和"太快速而不能倒"的特点，对互联网金融的风险防范提出了更高的要求。[3] 一方面，互联网金融的创新特性催生了互联网融资业态的易变性，交易规模与交易价格迅速波动，交易风险扩大，金融风险加剧；另一方面，互联网融资的出现打破了金融体系的原有结构，以规制传统金融风险为主的既有制度失灵。[4] 在 6—9 月的网贷机构大规模"爆雷"事件中，除了自身运营违规导致资金链断裂而卷款跑路的平台外，

---

[1] 习近平：《决胜全面建成小康社会　夺取新时代中国特色社会主义伟大胜利——在中国共产党第十九次全国代表大会上的报告》，《党建》2017 年第 11 期。

[2] 杨东：《互联网金融风险规制路径》，《中国法学》2015 年第 3 期。

[3] 许多奇：《互联网金融风险的社会特性与监管创新》，《法学研究》2018 年第 5 期。

[4] 石奎、胡丹：《网络金融创新与法律监管选择》，《财经科学》2015 年第 5 期。

还有大量网贷机构受同业风险波及而倒闭，互联网融资的交叉感染性被进一步验证。从防范金融风险的角度，有必要创新构建互联网融资法律制度，严守不发生系统性风险的底线。

3. 保护投资者之必要

投资者保护是现代金融法的核心目标。互联网融资业务的对象是广大个人投资者，投资者合法权利的保护与投资者信心是互联网融资行业持续发展的基石。小额、涉众、分散的网络借贷与股权众筹，在为投融资双方提供更加便捷的金融服务的同时，也使投资者面临更高风险。其一，互联网融资机构准入门槛低于正规金融机构，风险处置能力与业务水平参差不齐，难以自发生成完备的投资者保护机制。其二，作为正规金融的补充，互联网融资中的资产端往往是达不到正规金融机构业务标准的融资方，其信用水平较低，投资者面临更高信用风险。其三，互联网融资中的资金方多为个人投资者，信息获取能力与风险承担能力较弱。从投资者保护的角度，有必要创新构建互联网融资法律制度，对于互联网融资中的投资者予以重点保护。

4. 完善金融法律体系之必要

相较于高速发展的金融科技与互联网金融，我国制度短板问题较为突出。英美等国家互联网金融发展较早，金融法律制度也较为完善。面对迅速崛起的新兴互联网融资业态，英美等国家均迅速着手立法，在与现行金融法律相兼容的基础上，创新构建网络借贷和股权众筹法律制度。我国互联网融资方面已经具备一定实践基础与路径优势，应当与国际互联网融资立法浪潮接轨。从完善金融法律体系的角度，有必要创新构建互联网融资法律制度，进一步完善我国相关领域的金融法律制度体系。

（二）互联网融资法律制度创新构建的可行性

1. 现有规范的基础

国家高度重视互联网金融的健康发展和规范化治理。2015 年 3 月，李克强总理在政府工作报告中首次提出实施"互联网＋"行动计划；同年 7 月，国务院发布的《关于积极推进"互联网＋"行动的指导意见》将"'互联网＋'普惠金融"作为 11 项重点行动之一。十部委《关于促进互联网金融健康发展的指导意见》（以下简称《指导意见》）出台后，互联网融资相关规范性文件渐次发布。除了宏观层面的《互联网金融风险专项整治工作实施方案》外，还有专门针对网络借贷机构的规范性文件《网络借贷信息中介机构业务活动管理暂行办法》（以下简称《网贷办法》），以及相关备案登记、资金存管、信息披露等专门性文件。虽然这些规范性文件，尤其是网络借贷相关规定存在较大争议，在业务定性、法律适用等方面存在一定问题，但其制度框架、整体原则与部分具体业务规范，都对互联网融资法律制度的设计提供了思路和指引。

2. 国际立法经验的借鉴

国际互联网融资立法经验为我国网络借贷与股权众筹法律制度的构建提供了丰富的借鉴依据。美国依凭强大且完善的证券法律体系，对互联网融资采取证券监管模式，并根据互联网融资的特性，对证券法律体系进行补充和修订。2012 年 4 月美国国会通过的《创业企业促进法案》（*The Jump Start Our Business Startups Act*，以下称 JOBS 法案），在《1933 年证券法》和《1934 年证券交易法》的基础上，增设众筹发行注册豁免制度。[①] 英国则针对互联网融资专门出台监管规则。2014 年 3 月，英国金融行为监管局（FCA）发布了《关于互联网众筹及通过其他媒介发行不易变现证券的监管办法》（以下简称《众筹监管办法》），将互联网融资分为借贷型众筹和投资型众筹，并明确互联网融资机构的信息披露、投资者适当性、风险防范等义务。在英美等境外国家立法经验的基础之上，可以汲取其制度创新的积极方面，避免其制度适用过程中暴露的消极问题，进而提高我国互联网融资法律制度创新构建的可行性。

---

① 刘宏光：《后 JOBS 法案时代美国 A 条例修订的评析与启示》，《证券市场导报》2017 年第 2 期。

3. 证券法修订的契机

互联网融资平台通过出让标准化权益凭证进行融资的方式，本质上构成证券发行；网络技术的介入，又决定了互联网融资必然面向社会公众。在我国当前股票发行核准制的背景下，以股权众筹为代表的互联网融资平台面临非法发行证券的质疑。[①]2015 年 4 月，十二届全国人大常委会对《证券法》修订草案进行了审议，其中重点探讨了公开发行豁免注册制度的建立，规定向合格投资者发行、众筹发行、小额发行、实施股权激励计划或者员工持股计划等可豁免注册。[②]虽然有所推延，但根据《全国人大常委会 2018 年立法工作计划》，《证券法》修订草案仍然是 2018 年立法工作的预备审议的项目。《证券法》的修订为互联网融资法律制度构建提供了绝佳契机，应当将互联网融资的创新业态特征作为《证券法》修改的衡量因素之一，解决互联网融资发展的制度障碍问题。

三、互联网融资法律制度的现存问题

目前，调整网络借贷的规范性文件主要包括《网贷办法》、《网络借贷信息中介机构备案登记管理指引》（以下简称《备案登记指引》）、《网络借贷资金存管业务指引》（以下简称《资金存管指引》）以及《网络借贷信息中介机构业务活动信息披露指引》（以下简称《信息披露指引》）等。这些规范以网络借贷平台"信息中介机构"的定性为基础，具体制定了其业务范围、备案准入、资金存管以及信息披露等规则。调整股权众筹的专门性法律规范包括 2014 年证券业协会出台的《私募股权众筹融资管理办法（试行）（征求意见稿）》（以下简称《私募众筹办法》）以及 2015 年《中国证监会致函各地方政府规范通过互联网开展股权融资活动》（以下简称《规范股

---

① 杨东、刘磊：《论我国股权众筹监管的困局与出路——以〈证券法〉修改为背景》，《中国政法大学学报》2015 年第 3 期。
② 彭波、毛磊：《全国人大常委会审议证券法修订草案——放松管制加强监管》，《人民日报》2015 年 4 月 21 日。

权融资函》）。同时，《指导意见》《国务院关于加快构建大众创业万众创新支撑平台的指导意见》等文件对于股权众筹也有所涉及。除此之外，还有部分面向金融监管责任主体发布的互联网融资"规范整顿"类文件。[①] 网络借贷与股权众筹已经具有一定规范基础，但仍然存在诸多问题，主要表现在以下方面。

（一）网络借贷中介机构的法律定位偏差

现行规范体系下，网络借贷平台被定位为纯粹信息中介机构，禁止向投资者提供担保。这种法律定位从防范风险的角度出发，旨在防止网络借贷中介机构异化为信用中介机构，但却忽略了对真实网络借贷市场的考察。一方面，平台与借款人之间信息不对称，逆向选择问题突出，在缺乏健全信用体系的情况下，平台难以对借款人真实的信用能力进行评估。另一方面，投资者"刚性兑付"的需求强烈，迫使平台在激烈的市场竞争以各类方式为借贷提供增信。实践中，网络借贷平台往往采取自身担保、第三方机构担保或者风险备付金等方式为投资者提供保障。即使《网贷办法》明确禁止平台向出借人提供直接或间接的担保，大量网贷平台仍会设置法律性质模糊的"风险备付金"进行规避。在此情况下，网络借贷平台不仅具有撮合交易的功能，还具备类信用中介服务的功能，异化为复合中介机构。[②]

[①] 该类文件包括：2016 年 4 月 12 日，国务院办公厅发布的，面向各省、自治区、直辖市人民政府，国务院各部委、各直属机构的《互联网金融风险专项整治工作实施方案》；2016 年 4 月 14 日，中国证券监督管理委员会、中共中央宣传部、中央维护稳定工作领导小组办公室发布的，面向各省、自治区、直辖市人民政府的《股权众筹风险专项整治工作实施方案》；2017 年 12 月 1 日，互联网金融风险专项整治工作领导小组办公室、P2P 网络借贷风险专项整治工作领导小组办公室发布的，面向各省（自治区、直辖市）互联网金融风险专项整治工作领导小组办公室、网络借贷风险专项整治联合工作办公室的《关于规范整顿"现金贷"业务的通知》；2017 年 12 月 8 日，P2P 网络借贷风险专项整治工作领导小组办公室发布的，面向各省（区、市、计划单列市）网络借贷风险专项整治联合工作办公室的《关于做好 P2P 网络借贷风险专项整治整改验收工作的通知》等。
[②] 张超宇、陈飞：《P2P 网络借贷平台模式异化及去担保化问题研究》，《南方金融》2018 年第 1 期。

信息中介机构的界定与网络借贷实质业务逻辑的偏差，导致规范的执行性与适用性较差，主要表现在以下方面。其一，备案制整改期限一再拖延。按照《网贷办法》，网络借贷中介机构整改工作应当于 2017 年 8 月完成。然而 2017 年 12 月，P2P 网络借贷风险专项整治工作领导小组办公室发布了《关于做好 P2P 网络借贷风险专项整治整改验收工作的通知》，将整改期限推延至 2018 年 6 月。在整改期限即将届满时，网络借贷平台发生大规模"爆雷"事件，整改实质上未在规定期限内完成，备案工作至今尚未展开。其二，制度执行部门要求网贷平台承担超出信息中介机构的义务。按照信息中介机构的定位，网络借贷平台仅仅为借贷双方提供信息撮合，并不承担偿还义务。然而在平台退出清理整治工作中，各地方互联网金融协会在地方金融监管部门的授意下，均以投资者保护为重要目标，退出方案大都要求平台对不良债权承担一定责任，突破了信息中介机构的定位。其三，信息中介机构的定位并未涵盖所有网络借贷平台，网贷行业的风险不降反升。实践中，除了中介模式外，网络借贷平台还存在债权转让模式、担保模式、资产证券化模式等等，信息中介机构的定性仅能规范以纯粹信息中介业务为主的网贷机构。在金融创新的冲击下，网贷产品与业务更新频率迅速，信息中介机构的定性严重限制了现有规范的适用范围，使得新产品、新业务无法可依，网络借贷行业风险持续累积，规范目标难以实现。

（二）股权众筹的发展存在法律制度障碍

股权众筹法律制度的供给不足，导致股权众筹平台的合法性存疑，股权众筹行业的发展存在制度障碍。股权众筹具有小额、公开、大众的特点，而《私募众筹办法》仅仅规定了股权众筹私募发行的情况，对于平台的投资者资格、股东数量、宣传方式等予以严格限制，背离了股权众筹业务的本质特点。在公募众筹领域，受制于《证券法》等基础法律，公募股权众筹的立法工作迟迟未能开展，公募众筹的发展寸步难行。修改《证券法》等基础法律，已经成为股权众筹合法化不可回避的问题。

在私募众筹方面，有学者认为《私募众筹办法》中的"私募股权众筹"在我国目前法律规范下只是一个学理概念，而非法定概念。[①] 事实上，监管层也逐渐摒弃了"私募股权众筹"的概念，而以"互联网非公开股权融资"替代。根据现行规范，互联网非公开股权融资需要满足以下三点要求：第一，不得向不特定对象发行证券，向特定对象发行证券累计不得超过200人。第二，不得采用广告、公开劝诱和变相公开方式。第三，符合合格投资者标准。这种严格标准使得私募股权众筹缺乏生存空间。一是在股权众筹网站开放式注册的模式下，投资者的数量和"特定化"要求难以满足。二是互联网模式下的众筹活动，经注册的会员均可阅览众筹项目信息，难以符合非公开宣传的规定。三是合格投资者需要具有相关金融从业经验或一定数额的金融资产、经济收入，虽然众筹平台出于合规风险考量对于合格投资者有所要求并进行书面审查，但股权众筹的特殊优势丧失，仅仅成为私募股权投资基金的线上版本。自2016年起，互联网非公开股权融资平台数量、新增项目数量、成功融资金额、项目投资人次均大幅下降[②]，现有规范对股权众筹行业呈现显著的抑制效应。

股权众筹方依托互联网平台公开宣传其证券发行，能够扩展潜在投资者的范围，提高募资成功的可能性。[③] 因此，公募股权众筹应当是股权众筹的主要形态。然而，在现行证券发行核准制下，公募股权的制度障碍尤为明显。证监会在《规范股权融资函》中特别强调，股权众筹融资是以"互联网形式

---

① 邢会强：《权益类众筹的法律规制》，《法律适用》2018年第5期。

② 根据中关村众筹联盟、云投汇、京北众筹、36氪等单位联合发布的《2017互联网众筹行业现状与发展趋势报告》及《2018互联网众筹行业现状与发展趋势报告》，2016年平台数量为118家，2017年下降到76家，降幅为36%；2016年新增项目数量3269个，相较2015年降幅为56.6%；2016年新增投资人次为5.8万，相比2015年降幅为43.6%，2017年投资人次再次下降至3.55万，降幅为39%；2017年成功融资额为142.2亿元，相比2016降幅为9%。

③ Mitra D.. The role of crowdfunding in entrepreneurial finance. Delhi Business Review, 2012, 13(2): 67-72.

进行公开小额股权融资的活动"，未经证监会批准不得开展。因此，股权众筹活动开展的前提是经过证监会核准。股权众筹的优势在于快捷灵活，能够根据市场变化迅速做出反应，而证券发行核准程序以其繁琐冗长被诟病已久，核准制显然不符合股权众筹发展的内在需求，难以彰显其创新价值。此外，证券发行核准的成本也是股权众筹融资方难以承担的。除了聘请券商、律师事务所、会计师事务所等第三方中介机构的支出外，融资方还需在信息披露、合规规范、税收等方面承担较高成本。对于以小额融资为目标的股权众筹融资方，高昂的融资成本与其融资需求不相匹配。

（三）互联网融资监管模式的不足

监管是一种以政府干预为形式的补救手段，一方面，可以解决因交易成本或不完全信息导致的无效问题；另一方面，能够弥补法律框架和法律执行之间的断层。[①] 互联网融资存在交易成本与信息不对称问题，其业务的复杂性与多变性也决定了法律难以对其进行事无巨细的规定，因此监管成为规制互联网融资的主要手段之一。我国金融监管具有显著的金融抑制特征，监管者更加关注金融创新对正规金融的影响和冲击。[②] 有学者总结，这种监管模式下的监管规则呈现以下突出特点：其一，多为应对突发金融风险的危机型监管产物；其二，通常表现为"命令和控制"式规则；其三，金融技术性规则缺乏监管实时性。[③] 互联网融资市场具有混业经营、业态多变以及强技术性和专业性等特点，我国现有监管模式难以适应互联网融资的现实需求。

首先，难以适应互联网融资的混业经营趋势。金融混业经营的趋势在互联网融资领域尤为突出，互联网融资平台往往兼营网络借贷、股权众筹、互联网理财以及互联网保险等各类金融业务。而这些互联网融资业务本身也会出现界限模糊，趋于混同的特点。以网络借贷业务为例，部分网贷平台经营

---

① 丹尼尔·F. 史普博：《管制与市场》，格致出版社 2017 年版，第 45 页。

② 彭岳：《互联网金融监管理论争议的方法论考察》，《中外法学》2016 年第 6 期。

③ 周仲飞、李敬伟：《金融科技背景下金融监管范式的转变》，《法学研究》2018 年第 5 期。

者为了降低风险、便利投资者，通常将不同类型的"标"进行打包出售。[①] 在这种模式下，投资人的资金在客观结果上由平台分散到众多借款人处，但出借人与借款人在投资前并不知晓交易对象，并不属于严格意义上的 P2P，而具有一定互联网理财的特质。现有机构监管、分业监管的监管模式，难以应对互联网融资混业经营的现状，易导致监管空白和监管套利等问题。

其次，难以适应互联网融资的多变性。互联网融资在市场主体、经营规则等各个方面呈现出市场化和变动性等特征，法律规范难以事先对其逐一规定，现有法律规定也难以直接适用。[②]尤其是以应急为主的"补救式"监管规则，往往从严格的风险控制角度出发，一刀切地进行规制。这种规定虽然能暂时缓解金融风险，但前瞻性的缺乏导致监管规则难以应对未来互联网融资行业的变化。

最后，难以适应互联网融资的技术性与专业性。互联网融资是金融科技创新的产物，背后具有大数据、云计算等技术支撑，专业程度较高。传统金融监管将技术作为"黑箱"处理的方式，难以及时发现并规制互联网融资风险。需要改革现有监管观念，创新监管方式，提高监管的科技型与专业性，以匹配互联网融资市场的潜在风险。

（四）互联网融资信用体系建设有待加强

信用体系建设的不完善，是我国互联网融资问题平台激增、跑路事件频发的重要原因之一。[③] 从境外实践来看，健全完善的信用体系是英美等国网络借贷与股权众筹发展稳健的重要基础。目前，我国社会信用体系建设仍处于初级阶段，缺乏全面覆盖的信用服务市场与社会征信体系。互联网融资的

[①] 以网络借贷平台人人贷为例，其"优选服务"的基本介绍为，"当您选择优选服务时，将授权人人贷为您选择符合以下条件的标的并为您进行分散投标、循环出借"，投标范围包括"人人贷平台上发布的实地认证标、机构担保标及其他借款需求或被转让债权"。

[②] 冯辉：《网络借贷平台法律监管研究》，《中国法学》2017 年第 6 期。

[③] 和军、任晓聪：《共享经济下互联网金融发展研究——以 P2P 网络借贷为例》，《中国特色社会主义研究》2016 年第 6 期。

发展缺乏信用土壤，导致信用风险在互联网融资行业激增，投资者利益严重受损。

首先，缺乏专业化、市场化的信用评级机构，融资人信用等级的评估主要由平台自主进行。互联网融资平台并非专业评级机构，其评估水平有限，在信息收集方面也存在困难，难以对融资人信用进行准确评级。此外，互联网融资平台参差不齐，部分平台为了招揽业务，在并未充分调查资产端甚至明知融资人信用瑕疵严重的情况下，仍准许其上线融资。这种行为直接扭曲了互联网融资业务的定价体系，信用风险在此过程中急剧增加。

其次，缺乏对恶意逃债人的有效制约，互联网融资违约率居高不下。在面对数量多、分布广、单笔融资额较低的违约融资人时，仅仅依靠平台催收以及司法手段，难以对恶意讨债人形成有效威慑。缺乏违约惩戒机制，将鼓励债务人在羊群效应下从众效仿，引发连锁反应，最终导致大规模风险爆发。2018 年 8 月 8 日，互联网金融风险专项治理工作领导小组下发《关于报送 P2P 平台借款人逃废债信息的通知》，并抄送人民银行征信局、征信中心等，要求各地互联网金融整治领导小组"根据前期掌握的信息，上报借本次风险事件恶意逃废债的借款人名单"，并将这些信息纳入征信系统和信用中国数据库。然而，这一通知仅针对 6 月开始的网贷平台爆雷事件，未来违约融资人信息能否接入征信系统仍是未知数。

最后，征信体系局限于金融领域，网络借贷平台接入征信系统存在制度障碍。我国征信业由人民银行主管，主要对接正规金融机构。2015 年，人民银行下发《关于小额贷款公司和融资性担保公司接入金融信用信息基础数据库有关事宜的通知》，将小微金融机构等民间金融主体纳入征信范围，但其接入主体仍然限于金融机构。网络借贷现行规范将网贷平台定性为信息中介机构，而非金融机构，导致网贷平台长期无法与征信系统对接。我国征信系统可否打破单一金融征信的桎梏，实现对社会信用的全面覆盖，以应对互联网融资的发展态势，是需要进一步讨论的问题。目前，人民银行已经具有将网贷机构全面接入征信系统的意图，宜人贷和拍拍贷作为首批接入百行征信的网络借贷平台，需要向百行征信全面、准确、及时地报送相关信息。但征信机构的单一垄断，市场化征信机构供给的严重不足，使得改革步骤迟缓，网贷行业全面接入征信系统仍然遥遥无期。

四、互联网融资法律制度创新构建的重点环节

（一）重新界定网络借贷中介机构的法律定位

法律定位是制度构建的基础，应当契合网络借贷业务的内在逻辑与网络借贷市场的客观规律。此外，网络借贷法律制度并非孤立的存在，应当立足于本国国情，着眼整个法律体系进行制度设计。综合各方面实际，现阶段应当将网络借贷中介机构界定为复合型中介机构，以网络借贷信息撮合为主，允许网贷平台以规范化的风险备付金等形式为借贷提供有限增信。

其一，复合型中介的定位更能适应我国的社会基础与制度现状。网贷平台的性质与业务模式，是基于不同的社会基础与制度设计的。[1] 美国网络借贷平台为纯信息中介平台，其背后具有特殊社会背景与制度基础作为依托。一是美国具有强大的社会征信系统，能够对借款人进行准确的信用评估，完善的信用记录机制也对借款人形成威慑，是借款人履约的有效保障。[2] 二是美国网络借贷平台的业务被认定为证券发行，受美国证券交易委员会监管，信息披露透明度高，投资者享有充分知情权。三是美国金融保险业发达，平台可通过购买相应的资产保险计划，为借款的本金提供保障。凭借健全的信用体系、成熟的证券监管以及完善的金融保障机制，美国网络借贷平台不需要为平台业务提供增信。与此相对应，英国基于本国信用和法治基础，将网贷平台定位为复合中介机构，允许平台进行有限增信措施。在我国信用体系

---

[1] 李有星、金幼芳：《互联网金融规范发展中的重点问题探讨》，《法律适用》2017 年第 5 期。
[2] 陈燕：《P2P 发展的国际经验及我国网络借贷市场的发展》，《福建论坛》（人文社会科学版）2017 年第 11 期。

与金融消费者保护机制尚不完善，网络借贷监管稳定性不足的情况下，将网络借贷中介机构定位为复合型中介更有利于制度的贯彻落实。

其二，复合型中介的界定更加符合我国网络借贷市场的实际情况。投资者利益保障是出借人选择平台的重要参考依据，也是平台在其官网进行着重宣传的部分。网络借贷平台的保障模式包括设立风险准备金、平台垫付，以及与小贷公司、融资性担保公司、非融资性担保公司合作担保等，其数量和比例如下图①所示。除了其他类型和显然背离制度底线的平台自行垫付模式外，占比 64% 的风险准备金以及与第三方机构合作担保实质上都引入了风险保障金机制，要求借款人缴纳一定的费用，由网络借贷平台或第三方预先建立资金集合账户。一旦借款人违约，则以保障金账户的金额为限对投资者进行有限偿付。因此，风险保障金设立的目的是防范将来可能出现的违约风险，维护投资者的利益。风险保障金制度具有一定担保功能，在网贷平台被定位为纯粹信息中介的情况下，无法与现行监管法规契合。②将网络借贷平台定位为复合型中介，给风险保障金留下制度空间，更加契合网络借贷市场的实际运行情况，体现网贷市场各方主体的利益诉求。

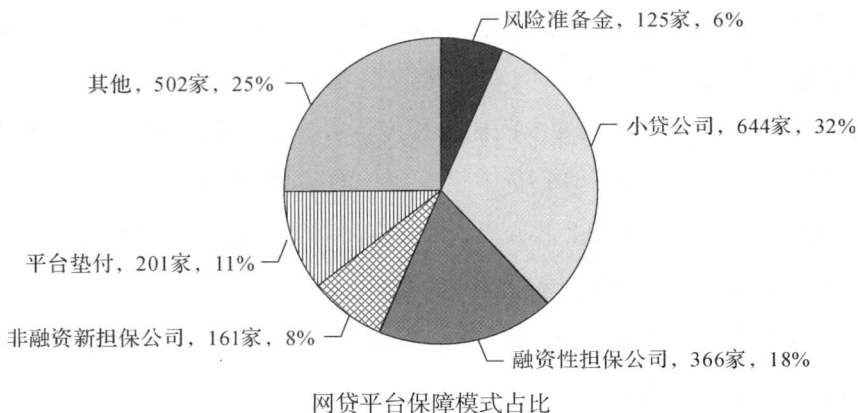

网贷平台保障模式占比

---

① 网贷之家：《网贷档案》，https://www.wdzj.com/dangan/search?filter=e1&show=1.

② 杨东：《P2P 网贷风险保障金制度研究》，《广东社会科学》2016 年第 6 期。

其三，复合型中介的界定更能实现互联网融资法律制度的构建目的。网络借贷法律制度的核心目的在于投资者保护与风险防范，然而实践证明，信息中介定位下的网络借贷制度存在适用与执行方面的困境，难以实现制度目标、彰显制度价值。将网贷平台定位为复合型中介，扩张平台业务范围，并设置与之相匹配的监管标准，更加有利于投资者保护与风险防范目标的实现。一方面，平台基于复合型中介的定位，可以优化业务模式，提供合理担保，在增进投资者福利的同时充分保障投资者利益；另一方面，平台设置风险保障金及其他超出信息中介业务范围的行为能够得到有效规制，从制度层面有效控制风险。

（二）创新破解股权众筹发展的制度障碍

股权众筹可以缓解信息不对称与高搜寻匹配成本等问题，是扩大企业融资渠道、降低企业融资成本的重要金融创新。从价值释放的角度，亟需厘清股权众筹合法化的制度障碍，为股权众筹提供充分的发展空间。从境外立法经验来看，英美两国均采用股权众筹发行豁免的方式，并根据公募与私募的核心区别进行差异化制度设计。以美国为例，对于公募股权众筹，美国法律设置了较为严格的信息披露标准，同时创新构建了投资限额制度以确保投资者的损失在可控范围内。对于私募股权众筹，美国证券法本身并没有对于投资者人数的限制，仅仅要求面向合格投资者，JOBS 法案第二章中增设的 Rule 506（c）条款又进一步解除其公开宣传的限制。[①] 根据境外立法经验，以及我国法治现状，我国股权众筹改革的第一步即为进行证券发行注册制改革，并对小额公开股权融资予以注册豁免。[②]

以证券法注册制改革为契机，可以将股权众筹纳入《证券法》调整范围，构建小额公开发行豁免制度。应当修改《证券法》第十条规定，主要思路如

[①] 杨硕：《股权众筹的国外立法框架比较与我国本土化路径安排》，《江西社会科学》2018 年第 1 期。

[②] 董淳锷：《中国股权众筹立法问题之检讨》，《比较法研究》2018 年第 5 期。

下。首先，增加股权众筹发行的注册豁免规定，降低股权众筹发行成本。其次，将公开发行的"特定对象"解释为合格投资者。互联网的介入使得"特定"投资者的界限模糊，而私募发行的核心在于面向合格投资者。将"特定对象"解释为合格投资者，既符合公募与私募的实质差异，又具有较强可操作性。差异化设计合格投资者标准，可以更加灵活地契合不同融资模式的内在需求，同时有效降低风险。再次，取消将特定人数限制作为公开发行的标准。我国证券法律体系长期将"二百人"作为私募与公募的划分标准，《非上市公众公司监督管理办法》还将股东人数超过二百人的公司认定为非上市公众公司。一旦突破该人数限制，即触发高标准的信息披露、公司治理等要求。机械化的人数规定从法律适用与执法的便利性角度具有一定优势，但并不能反映问题的本质。在合格投资者标准明确的前提下，没有必要对于人数进行特别限制。最后，允许私募股权众筹采取广告等公开宣称方式。互联网私募股权众筹打破了地理上的限制，而公开宣传的禁止则会倒逼网络股权众筹退回至线下私募股权融资模式。因此，对于私募股权众筹，其管制核心并非宣传方式，而是融资规模。

（三）重塑互联网融资的监管逻辑

单一管控型金融监管模式的弊端，在面对混业经营、复杂多变、技术化程度度高的互联网融资市场时进一步凸显。应当把握互联网融资业务实质，重塑互联网融资监管逻辑，引入混业监管、原则监管与科技监管。

其一，加强监管协调，推动监管体制改革，逐步实现混业监管。"一国金融监管机构分分合合、合合分分是历史必然"，金融监管体制需要根据金融市场实际情况及时调整。目前，国务院金融稳定发展委员的建立以及"一行三会"到"一行两会"的机构改革，都反映出金融监管体制逐步向混业监管过渡的趋势。然而，金融稳定发展委员会的具体职能尚待明确，银保监会与证监会的分立现状表明分业监管体系仍然未被打破。在国家金融监管模式短期内无法改变的背景下，互联网融资混业监管的实现需要分两步走：在现阶段，应加强互联网融资领域的协调监管，明确中央与地方的分工、地方各部门的分工，实现监管信息共享、监管行动协调以及危机处置协同；[①] 在未来，应进一步推动金融监管体制改革，真正实现分业监管到混业监管的变革。

其二，以原则性监管为主，规则性监管为辅。原则性监管强调对监管对象的服务和引导，不介入其实际运营及业务；规则性监管则侧重于具体规则的制定。[②] 监管规则本就具有滞后性，过于具体细致的监管规则，一方面耗费了大量的立法与监管成本，另一方面也难以应对复杂多变的互联网融资业态。应当以原则性监管为主，明确监管底线，在予以互联网融资充分发展空间的同时，严格控制其风险。规则性监管应当以必要性为限度，同时将管理规则的制定权下沉，由地方金融监管部门及地方行业协会，根据各地互联网融资市场的实际情况，因地制宜地设计具体规范。

其三，创新监管方式，通过监管科技进行互联网融资监管。互联网金融是金融科技的分支[③]，对传统金融监管模式提出了空前的挑战，引发了对监管科技的需求。[④] 监管科技通过运用以信息技术为主的科技手段，对金融科技业态进行监管，并制定相应监管规则，是适应技术性与专业性日益提高的互联网融资行业的必然趋势。[⑤] 应当引入监管沙盒等新型监管方式，增强监管主体与被监管主体的良性互动，促使监管机构了解互联网融资业务的技术模型与基础。[⑥] 同时，监管部门也应强化自身技术水平，综合运用大数据、

---

① 李有星、胡晓治、金幼芳、王琳：《中国民间金融市场治理的法律制度构建及完善研究》，浙江大学出版社 2018 年版，第 204—206 页。

② 陈麟、谭杨靖：《互联网金融生态系统发展趋势及监管对策》，《财经科学》2016 年第 3 期。

③ 杨东：《监管科技：金融科技的监管挑战与维度建构》，《中国社会科学》2018 年第 5 期。

④ Dirk A. Zetzsche, Ross P. Buckley, Douglas W. Arner, Janos N. Barberis. From Fin Tech to Tech fin: The Regulatory Challenges of Data-driven Finance. NYU Journal of Law & Business, 2018, (14): 395.

⑤ Douglas W. Arner, Janos Barberis, Ross P. Buckley. Fin Tech, Reg Tech, and the Reconceptualization of Financial Regulation. Northwestern Journal of International Law and Business, 2017, (37): 371.

⑥ 李有星、柯达：《我国监管沙盒的法律制度构建研究》，《金融监管研究》2017 年第 10 期。

区块链以及人工智能等技术对互联网融资进行即时全面的监测，从技术上实现互联网融资的风险防范与投资者保护。

（四）构建完善互联网融资信用体系

加强互联网融资领域信用建设，构建完善全方位、多层次的社会信用体系，需要坚持"政府推动，社会共建"的原则，大力推动市场化信用服务机构发展，建立常态化的失信融资人联合惩戒机制，同时拓宽征信体系接入范围。

首先，应当大力支持信用服务市场发展，尤其是互联网信用服务机构的发展。我国市场化信用服务行业的不足，是互联网融资领域风险积聚和爆发的重要原因。值得注意的是，在此危机下，虽然有大批平台没落，但阿里小贷、京东金融、百度钱包等综合互联网金融平台从未因此遭受重创。主要原因在于其依托自身商业模式获取了海量客户信用信息，并利用大数据、云计算、区块链等技术有效评估和防控信用风险，在信用评级方面具有突出优势。[1]由此可见，大量互联网平台在实际业务中已经具有较为成熟的信用服务与征信实践，但由于法律地位尚不明确，该类业务主要服务于集团下其他平台。可以将互联网融资领域作为试点，在充分保障个人信息权益的基础上，允许互联网信用服务平台作为互联网融资评级的主要主体，进行市场化定价与交易。从而促使互联网融资信用评级市场的规范化、多元化以及收费的合理化，保障互联网融资市场的健康发展。

其次，应当建立常态化的失信融资人联合惩戒机制。为了应对突发风险，网贷恶意逃废债借款人被紧急纳入征信系统，对于失信人的威慑和风险的控制具有一定积极效果。但从长期发展的角度，需要建立失信融资人联合惩戒长效机制。在前端，需要互联网融资平台及时汇总并共享失信人信息，将其中行为较为恶劣的纳入黑名单处理。在后端，联合惩戒的主体，包括公权力

---

[1] 彭晓娟：《普惠金融视角下互联网金融发展之法律进路》，《法学论坛》2018 年第 5 期。

机关以及互联网融资平台、互联网信用服务与评级机构等市场主体，应当设置全方位的惩戒机制，让失信人在信用网络中"寸步难行"。

最后，应当拓宽征信接入范围，发展市场化征信机构，并着力打破数据壁垒。在人民银行与发改委双线管理信用市场的情况下，征信的内涵被人为限制于金融领域，导致网络借贷等互联网融资平台长期不能接入征信系统。信用的本质是履行约定，建立全面覆盖的社会征信系统，必须打破单一金融征信的刻板限制，将互联网融资业务全面接入征信系统。为了防止恶性竞争带来的信用信息闭环，监管部门需要牵头引导互联网征信机构进行信息共享与信息报送，促进互联网征信领域快速而深入的发展。

互联网金融规范发展中的重点问题探讨

李有星　金幼芳 *

摘　要

互联网金融从放任的自由发展到整治规范，需要真正把握互联网金融本质基础上的治理与制度安排。互联网金融展示了调整该领域法律制度的空白和缺陷，亟需法治理念的重塑和制度创新的重构。互联网金融规范发展乃至未来制度安排，需要着重关注：互联网金融的监管分工与功能监管实现，互联网金融风险与平台业务综合化；互联网金融消费者保护及路径；信息披露和信息广告宣传；市场准入特许制与备案制发展；互联网金融治理法治化中的关系处理。

关键词：网贷机构；复合中介；监管沙箱；备案制

＊　本文原载于《法律适用》2017 年第 5 期。金幼芳，浙江大学光华法学院博士研究生，浙江大学互联网金融研究院助理研究员。本文系国家哲学社会科学基金重点项目"互联网融资法律制度创新构建研究"（15AFX020）、浙江省哲学社会科学规划优势学科重大项目"我国民间金融市场治理的法律制度构建与完善"（14YSXK01ZD）的部分成果；国家马克思主义理论研究和建设工程重大项目"全面推进依法治国重大现实问题研究"（2015MZD042）子课题"互联网金融法治化研究"的阶段性成果。

互联网金融是在互联网高速发展背景下网络技术与金融深度融合的产物。本期专题特约专家、资深法官分别从理论与审判实践的不同视角出发，结合我国互联网金融实践情况和监管规范的制度需求，就互联网金融规范发展乃至互联网金融创新立法、法律适用等问题进行探讨。

互联网金融涉及货币、支付、融资和理财等领域，融资领域的基本形态是借贷融资和众筹融资，借贷融资的实质是资金需求方向单一或众多的出借人聚集资金的模式，出现了出借人对借款人的"多对一"现象，以及借款人对出借人的"一对多"现象。这种互联网借贷实现了资金出借人的分散投资、风险分散的商业模式。在互联网借贷金融中，这种"一对多"的融资方式，已经脱离了传统民间借贷的基本方式，与传统的"一对一"的借贷方式不同，出借人十分依赖于"中介机构"的运行。互联网借贷金融是指互联网技术公司跨界做民间借贷金融，而不是金融机构运用互联网技术开展的金融互联网应用。

互联网金融的产生乃至迅速发展，是国家金融监管等有关部门爱护创新、包容治理的结果，更是传统金融法律和立法资源均聚集在传统的正规金融机构领域，导致无法可依、自由生长的结果。互联网金融的自由生长并没有根本上违反法律、法规的规定，只是缺乏规范性。互联网金融的不规范性等因素，给社会带来巨大的损失和影响。如在 2015 年下半年至 2016 年上半年一年时间内，我国网民因垃圾短信、诈骗信息、个人信息泄露等遭受的经济损失高达 915 亿元。[①] 为趋利避害，防止不良者借互联网金融名义损害欺骗公众，必需一套规范制度约束，以符合健康发展目标要求。[②] 互联网金融规范发展，需要合适的制度安排，良好的制度设计和安排不仅能为互联网金融的发展提

---

① 李玉萍：《侵犯公民个人信息罪的实践与思考》，《法律适用》2016 年第 9 期。

② 最高人民法院民二庭庭长杨临萍在互联网金融的创新与规制发言中指出，"互联网金融法律制度重塑和重构"时代的到来，不是原有制度的机械套用。杨临萍：《互联网金融创新和规制》，http://mt.sohu.com/20160930/n469460627.shtml，最后访问日期：2016 年 10 月 29 日。

供广阔空间，而且是社会发展的强大动力机制，为社会带来安定和秩序。[1]
例如，2016 年 8 月 24 日，银监会等四部委联合发布《网络借贷信息中介机构业务活动管理暂行办法》（以下简称《网贷办法》），《网贷办法》创新很多、来之不易，完全属于互联网金融法律制度创新构建，但也争议很多，实施效果有待观察。[2] 结合我国互联网金融实践情况和监管规范的制度需求，在这个确定制度价值选择的关键时刻，需要就互联网金融规范发展乃至未来互联网金融创新立法、法律适用等问题作探讨。

一、互联网金融的监管分工与监管功能实现

（一）证监会更适合监管网贷融资业务

传统金融是分业经营与分业监管，因此，互联网金融的支付、融资、理财得以在灰色地带、监管空隙中自由生长。支付监管已经由中国人民银行采用牌照制管理，已经相当规范。互联网债权式融资（债务式融资）监管包括对网络借贷监管争议最大。中央层面到底谁是网贷融资最合适的监管者，是证监会抑或银监会？监管的模式是中央金融监管机构出规则、指导协调和督促，还是要具体介入行为监管？地方政府金融监管部门如何在互联网金融监管中发挥作用这些都是关注重点。按照证券式融资的方式看，债权式融资和股权式融资均属于融资范畴，网络借贷也没有改变资金需求方（个人、企业）融资的性质，而且往往采用权益证书式、"一对多"的资金聚集行为，互联网金融的借贷其实是债权式众筹。如基于互联网金融中的融资行为应统一归口监管的逻辑，最合适的中央层面牵头监管的主体是证监会。证监会取得上述职权，在修改《证券法》时确立广义证券并赋权即可。而银监会监管网络

---

[1] 陈婷：《人学视域下的制度功能探析》，《学术探索》2016 年第 8 期。

[2] 《网贷办法》承认了互联网借贷和借贷平台公司业务的合法性，通过"双负责"的原则，明确银监会及其派出机构作为中央金融监管部门负责对网贷机构实施行为监管，明确地方金融监管部门负责对本辖区网贷机构实施机构监管，等等。但许多规定或提出的制度还缺乏上位法律支持，需要抓紧高层次立法保障这些制度的顺利推进和有效实施。

借贷的民间融资，缺乏法律依据，今后立法归口也比较困难。国际上大多国家选择证监会监管网贷融资，如美国的 Prosper、LendingClub 平台受 SEC 监管。

（二）"双负责"体制监管功能实现质疑

就网络借贷的具体监管体制而言，从 2015 年 7 月 18 日央行等十部委联合印发《关于促进互联网健康发展的指导意见》到《网贷办法》，监管体制最大变化是省级地方政府的互联网金融监管权的确立。[①]《网贷办法》第 4 条及相关条文规定，银监会负责制定网络借贷信息中介机构业务活动监督管理制度，并实施行为监管，指导和配合地方政府做好网络借贷信息中介机构的机构监管和风险处置工作，建立跨部门跨地区监管协调机制。各省级人民政府负责本辖区网络借贷信息中介机构的机构监管，为网络借贷信息中介机构办理备案登记和注销备案，对备案登记后的网络借贷信息中介机构进行评估分类，接受网络借贷信息中介机构的信息披露公告文稿和相关备查文件，负责网络借贷信息中介机构的风险防范、处置工作。总体来说是银监会负责网络借贷信息中介机构的行为监管，地方政府负责网络借贷信息中介机构的机构监管。

民间借贷问题的关键不是中介问题，而是借款人、出借人的基本权利义务问题。互联网借贷中介机构有其特殊性，但不应该以网贷中介替代互联网借贷中的相关关系的法律调整。就《网贷办法》所确立的行为监管与机构监管的分工也存在理论和实践的困难。

第一，行为监管与机构监管的逻辑不同。行为监管相对应的是审慎监管，是从监管内容角度对金融监管模式的一种划分。行为监管是通过对金融机构业务行为的监管，以达到保障消费者权益的目的。表现为从产品和服务营销

---

① 《网贷办法》本着"双负责"的原则，明确银监会及其派出机构作为中央金融监管部门负责对网贷机构实施行为监管，具体包括制定统一的规范发展政策措施和监督管理制度，并负责网贷机构日常经营行为的监管；明确地方金融监管部门负责对本辖区网贷机构实施机构监管，具体包括对本辖区网贷机构进行规范引导、备案管理和风险防范及处置工作。

到合同终止的信息披露、适当性评估、高利贷限制等等。审慎监管的目的是保障金融机构稳健安全运行，防止金融系统性风险的发生。机构监管是与功能监管相对应，机构监管是银行、证券公司、保险公司无论从事何种业务，均由各自的监管机构（如银监会、证监会、保监会）监管。功能监管就是无论何种金融机构从事的银行业务、证券业务、保险业务，均分别由银监会、证监会、保监会监管。机构监管和功能监管着眼于从监管主体和被监管机构的角度对金融监管模式的划分，无论是功能监管、行为监管、审慎监管均要以被监管机构作为载体来实施。①

第二，行为监管与机构监管在实践中会出现困难。如 P2P 网络平台不如实披露信息，究竟是由地方监管还是由银监会监管？《网贷办法》第 31 条要求 P2P 网络平台应定期将信息披露公告报送地方金融监管部门；第 40 条规定 P2P 网络平台如违法，有关法律法规有处罚规定的，依照其规定给予处罚，有关法律法规未作处罚规定的，由地方金融监管部门处罚。目前，我国除了《网贷办法》外，尚无处罚 P2P 网络平台不实信息披露的法律法规。由此可以看出，P2P 网络平台不如实披露信息应由地方金融监管部门监管。但是，信息披露监管是行为监管的最主要内容，如果信息披露不是由银监会监管，银监会的行为监管究竟具体还包括哪些内容？

第三，地方政府与驻地中央金融监管机构运行机制不清晰。中央层面的银监会与地方政府职能关系总体比较好处理，但地方政府与驻地银监局之间关系需要更明确的运行与协调机制。在互联网金融风险专项整治工作中，尤其在网络借贷领域和资管业务领域，行为监管和机构监管之间的矛盾已经出现，理论上正确的"穿透性"监管②，在实践中缺乏普遍的可执行性。在互联网金融的专项整治中，充分展示了中央金融监管部门和地方政府共同牵头，

---

① 2016 年 10 月 11 日，中国浦东干部学院常务副院长、教授、博士生导师周仲飞在"互联网金融实践与法治高峰论坛"上《P2P 网络平台监管若干问题》的发言。

② 即所谓的把互联网金融的资金来源、中间环节与最终投向穿透连接起来，综合全环节信息判断业务性质，执行相应的监管规定。

中央与地方监管合理分工的必要性，在中央层面目标、原则、规则、机制确定下，需要充分发挥地方政府管理地方金融的积极性和能动性。

二、互联网金融风险与平台业务综合化

（一）互联网金融风险有限可控

据不完全统计，截至 2016 年 6 月底全国正常运营的网贷机构共 2349 家，借贷余额 6212.61 亿元，两项数据比 2014 年末分别增长了 49.1%、499.7%。按照银监会的说法，目前大部分网贷机构偏离信息中介定位以及服务小微和依托互联网经营的本质，异化为信用中介，存在自融、违规放贷、设立资金池、期限拆分、大量线下营销等行为。网贷行业中问题机构不断累积，风险事件时有发生，据不完全统计，截至 2016 年 6 月底全国累计问题平台 1778 家，约占全国机构总数的 43.1%。这些问题机构部分受资本实力及自身经营管理能力限制，当借贷大量违约、经营难以为继时，出现"卷款""跑路"等情况；部分机构销售不同形式的投资产品，规避相关金融产品的认购门槛及投资者适当性要求，在逃避监管的同时，加剧风险传播；部分机构甚至通过假标、资金池和高收益等手段，进行自融、庞氏骗局，碰触非法集资底线。[①]

我们需要正视这些问题发生的基础，不宜过度夸大互联网金融风险，金融放任所带来的损失不等同于互联网金融风险，监管后的互联网金融，借助互联网技术等多因素控制，风险是可控有限的。监管后的互联网金融本身是微风险，但欺诈、诈骗以及刑事危险性风险成为大的风险源，有关部门应在打击欺诈、诈骗等刑事犯罪问题上加大制度的建立和执行，行政监管的不顾国情的逆现实分业式监管政策措施有可能是风险源。应看到，在互联网金融缺乏有关部门引导规范的情况下，互联网金融包括网贷金融在探索中前行，绝大部分真正互联网金融（含借贷）并没有违反法律法规，是在法律框架内

---

① 2016 年 8 月 24 日，银监会在《网络借贷信息中介机构业务活动管理暂行办法》发布会上答记者问内容。

运行的。

（二）互联网借贷平台业务综合化

互联网金融平台是特殊载体，只要不侵犯正规金融机构的业务，就应予允许，加强功能监管。平台多产品、多功能经营，才能有效生存。互联网金融中的平台是关键中的关键，借贷双方主体一般无法直接对接，但资金形成直接债权债务关系，借贷主体敢于发生交易的关键是相信平台给予的机会和平台把控的交易规则。有人喜欢把互联网借贷比喻成房屋买卖双方，把互联网借贷平台（网贷机构）比喻成房产中介机构，从而得出网贷平台机构如同房产中介公司，居间提供信息中介服务。这种比喻基础和逻辑都是错误的，如果借贷行为发生在面对面的线下，借贷双方如同买卖房产双方，线下可以见面、可以看实体物（人或房屋），中介机构居间的确是信息中介服务性质即可，可以定位为信息中介。但是网络借贷最大的特点就是借贷双方主体以及借贷用资项目，无法在借贷时点让双方面对面，无法对实体的人和物进行求证，也不可能进行细致的求证、调查、评估。平台对出借人而言就是一个"看门人"的作用，网贷平台的综合服务、专业的风险控制等，可以让投资者决策简单、便利、准确。而网贷机构的声誉和水平，决定客户交易量，决定手续费的收入等，采取多产品、多功能的服务，可以保障网贷平台能够在生存基础上提升声誉、规范发展。单一的信息中介业务，无法使企业有效生存，甚至难以生存。笔者认为，借贷信息服务的不是信用中介，也不是纯信息中介，而是承担起保护投资者、消费者的看门人角色。法律制度设计应该更加重视互联网借贷的特性。平台的纯信息中介的结果将使中小型网贷服务平台企业生存困难，导致互联网金融企业"新型垄断"，融资者难融资。因此，互联网借贷平台公司应该采用融资服务中介的基本服务＋特许经营批准的类金融业务或金融业务的模式发展。

网贷平台的性质与业务模式，是基于不同的社会基础信用而设计的，根据社会基础信用的程度不同，有的设计为纯信息中介，有的设计成复合中介，现以英国 Zopa、美国 Prosper 和我国的拍拍贷三个平台比较如下。

1. 平台性质。Zopa 系复合中介型（担保人、联合追款人），受英国 FSA 监管。Prosper 系纯信息中介型，受 SEC 监管。[1] 拍拍贷系纯信息中介，受银监会与地方政府监管。

2. 平台对借款人约束。Zopa 平台上的个人信用由专业第三方评级机构（Equifax）评级；Zopa 提供参考利率，借款人选择是否接受（平台负责利率制定）；平台采用竞拍模式进行借款人和投资人匹配。Prosper 平台上的个人信用由美国社会保险号的信用评分确定；Prosper 结合借款纪录定利率（平台决定利率）；平台采用招标模式进行借款人和投资人匹配。拍拍贷平台上的个人信用由拍拍贷网站认证确定；借款人自行设定利率；平台不提供担保，借款人可以与担保人（多为拍拍贷其他用户）私下协商担保。

3. 平台对投资人要求。Zopa 投资人决定投资利率与风险偏好，由平台匹配 Zopa 将借款以 10 英镑为单位进行分割；Prosper 投资人可决定自行投资或系统自动匹配，允许出借人转让其拥有的票据；拍拍贷平台投资人投资散标。

4. 平台控制风险措施。Zopa 设立"风险储备金"，出现违约时接管出借人贷款持有权，由专业催款公司进行催收。Prosper 平台不承诺保障本金，若借款人违约，会向投资人推荐催款公司收账，但费用由投资人承担。借款人的违约纪录将纳入个人信用报告。拍拍贷平台对借款人信息进行纯线上审核，不保证各项信息的真实性。借款人逾期超过 30 天时，投资人有权将债权转让给收债公司或其他人。

（三）确立"监管沙箱"的试错机制

从监管便利性角度看，的确是信息中介的定位监管简单，从企业生存角

---

[1] 个人信用有美国社会保险号的基础信用数据支撑，便于评分确定个人信用，而我国缺乏基础可靠的信用数据积累。

度看，民间借贷的纯信息中介，可获得的利润比较困难。国内目前的纯信息网贷中介公司几乎没有盈利。因此，建议对于经过市场检验比较优秀的互联网网贷平台可以采用特许的综合经营模式，也就是复合中介形态。即在信息中介的基础功能上加单项许可服务。[1] 对于网贷机构的业务范围，应不武断地控制在信息中介的范畴，应鼓励创新而且包容许可，予以合理扩大，实行综合业务模式，但到底可以从事哪些业务，需要在监管实践中提出。对于一些新业务，可以借鉴采用"监管沙箱"[2]的做法予以检验安全并推广。选择个案，由网贷平台就其要从事的新产品或服务与监管机构充分沟通，一旦其所提出的新产品或服务的目的性、风险可控性、消费者保障等相关措施为监管机构所接受，监管机构在自己的监管权限范围内，可以同意其尝试新产品或服务。这种依据各个网贷平台各自特点允许从事不同的创新产品或服务的"监管沙箱"做法，可能会增加监管机构的监管成本，但能够很好地避免"负面清单""一刀切"的做法所带来的业务风险不可控性，也可以最大地激励网贷平台的业务创新。[3]

三、互联网金融消费者保护及路径

（一）网贷平台担当保护职责

基于信息不对称环境下的对弱势群体的保护，金融消费者通常被定义为："从金融机构购买金融投资商品或接受服务的自然人、法人或其他组织，分为专业金融消费者和一般金融消费者。其中符合以下条件的主体应被视为专

---

[1] 李有星、金幼芳：《论互联网融资服务中介法律制度构建：以众筹与网贷为视角》，《证券法律评论》（2016卷），中国法制出版社2016年版，第488页。

[2] 对于进入监管沙箱的机构，英国金融行为监管局在自己的监管权限范围内，简化或者修改相关监管要求，或者中止适用某些监管措施。在某些特殊情况下，金融行为监管局会向机构送达安慰信，亦即只要机构遵守有关创新产品或服务测试要求，与金融行为局保持公开的联系，公平对待消费者，即使测试的产品或服务产生了意外结果，金融行为监管局也不会对其采取惩罚措施。

[3] 周仲飞：《P2P网络平台监管若干问题》，在2016年10月11日"互联网金融实践与法治高峰论坛"上的发言稿。

业金融消费者：专业投资机构，符合一定财力、专业能力和风险承受能力的自然人、法人或其他组织。专业金融消费者的范围和一定财力、专业能力和风险承受能力等标准由金融监管机构予以规定。一般金融消费者即是非专业金融消费者。"[①] 投资者、金融消费者合法权益保护的理念永远正确，应贯穿整个立法过程，并实际可行有效。借贷融资中投资者、消费者最没有得到保护的结果是借贷本息损失（因不是股权、信托投资）。互联网借贷中网贷机构平台为了吸引投资者、增强平台信用声誉，最有积极性保护投资者、消费者的利益，反之，网贷平台也可能是不负责地以跑路、欺诈等方式损害投资者利益。法律规制的目的就是扬善抑恶，把优秀的互联网借贷平台公司的积极性发挥出来。法律制度应该赋予网贷机构平台一定的特别权利，让网贷平台充分行使权利的同时保护投资者、消费者。网贷平台在有效开展风险控制的情况下，可以不断提升自身的信用。平台可以第三方保险、担保、备用金、专项基金等增信，凡是有利于投资者利益保护的措施应予鼓励。

（二）赋予网贷平台合理权利

事实证明，其他如信息披露、损失自负等规定极有必要但效果不好，无法在还本付息的借贷中起到大作用。借贷就是简单的还本付息，借款人应该负起偿债的责任，融资中介方也可以对借款人行为实行约束，平台应该有能力核查借款人的信息、信用，让不合格的借款人无法使用借款平台，可以要求借款人提供足够的信用担保等等。总之，投资者、消费者的安全实质是对网络借贷平台的定位以及是否能够赋予平台适度的权利，使其能够完成保护投资者、消费者的能力足够强大。

至于出现无法还本付息的情形后，借款人破产等注定投资者损失的前提下，要求投资者、消费者到自律组织、行业协会调解，或仲裁和诉讼，已经是一种程序，无法保障实体的借贷本息的安全。

---

① 杨东：《论金融消费者概念界定》，《法学家》2014 年第 5 期。

四、互联网金融信息披露和信息广告宣传

（一）信息披露与买者自负关系

互联网融资中，信息严重不对称与对信息的严重依赖并存[1]，资金需求方和使用方的信息永远不能满足投资者的决策需求。信息对于网络借贷的投资者（出借人）尤其重要，出借时的信息不充分或信息瑕疵，会导致投资决策失误，而投资一旦决策失误，血本无归，其后续的信息已经无意义。互联网金融使信息更加不对称，只有负责任的平台才能准确提供投资者投资决策所需要的信息。借款人可变因素太多，在外部信用基础不足的情况下，希望信息中介给投资者提供决策信息是困难的，尤其将网贷机构定位在仅仅是信息中介，过度限制网贷平台的业务能力，没有赋予网贷机构应有的权利，网贷机构无法承担起投资者保护的真正功能。

在互联网金融法律制度设计中，经常出现一些理论上正确但现实中存在问题的价值取向，以及权利义务不对等、难以实施的情况。如"投资者损失自负"（即买者自负）是理论上成立的，但"买者自负"中买者所负担的风险与后果只能是市场风险，至于市场风险之外的因道德风险或制度缺陷所招致的损失，并不应由买者承担。然而，在我国的市场实践中，投资者实际上自觉或不自觉地因"买者自负"的原则理念或制度体现承担了远远超过市场风险的损失。[2] 在互联网金融的网贷体系中，只有穷尽了相关合理制度安排，让平台中介有能力履责，有制度约束借款人道德风险等情况下，采用"买者自负"制度才是应该的。[3] 但目前，信息的严重不对称以及金融产品的日益复杂，普通投资者在面对金融产品时理解力以及风险判断能力普遍较低，网

---

[1] 李健男：《金融消费者法律界定新论——以中国金融消费者特别保护机制的构建为视角》，《浙江社会科学》2011 年第 6 期。

[2] 陈洁：《投资者到金融消费者的角色嬗变》，《法学研究》2011 年第 5 期。

[3] 《网贷办法》第 3 条规定，借款人与出借人遵循借贷自愿、诚实守信、责任自负、风险自担的原则承担借贷风险。

络上评估所需的信用信息缺乏，"买者自负"的推广适用需要谨慎。又如《网贷办法》第12条借款人应当履行的义务包括：保证融资项目真实、合法，并按照约定用途使用借贷资金，不得用于出借等其他目的；确保自身具有与借款金额相匹配的还款能力并按照合同约定还款；等等。在借贷关系中，资金用途、确保还款是难点，银行等金融机构的损失主要也是因为借款人改变资金用途、确保还款的条款实现不了造成的，其中，缺乏足够的能力追踪监督是关键。互联网金融中的借贷，失去或缺乏网贷机构平台的追踪监管借款人的后续资金使用等行为，借款人容易产生道德风险，最终损害出借人利益。因此，网络借贷服务中介机构应该有承担或代表出借人行使监督借款人的法律权利和责任。

（二）项目信息广告适当性

与信息披露密切相关的是广告宣传，《网贷办法》第13条规定，借款人不得从事下列行为：在网络借贷信息中介机构以外的公开场所发布同一融资项目的信息。《网贷办法》第10条第4项规定，P2P网络平台不得自行或委托、授权第三方在互联网、固定电话、移动电话等电子渠道以外的物理场所进行宣传或推介融资项目。

项目信息广告仅仅局限于信息中介平台的要求是否合理？理论上讲，只要不存在虚假，真实的项目信息是可以发布的，发布项目信息广告与如何选择合格投资者是不矛盾的。通过项目信息广告寻求更多合格的潜在投资者参与投资逻辑上也是成立的，因此，应该允许真实项目信息广告在不同线上与线下媒体的正当宣传。目前的网上信贷广告较为混乱，互联网借贷平台是否可以发布信贷广告也是一个可探讨的问题，大多学者主张信贷公告采用许可制，只有那些具有信贷相关业务资格的机构才可以自行或者委托他人发布信贷广告。《非存款类放贷组织条例》（征求意见稿）第28条规定，任何未取得经营放贷业务许可的组织或个人，不得发布贷款广告。因此，网贷平台只有获得了营业执照并经过地方金融监管部门备案登记后才可以自行或者委托他人从事线上信贷广告业务。

五、互联网金融市场准入的特许制与备案制

（一）特许制考量

互联网金融需要行政监管已经形成共识，但采用特许制还是备案制尚有争议。目前，民间金融、互联网金融领域最突出的问题之一是非法集资、非法证券活动和非法经营现象，而其民刑交叉、民与刑之间边界区分模糊较为明显。行政监管的特殊功能是以行政监管规范确立民刑分界线（边界），在互联网金融领域，如果没有违反国家金融管理法律规定的，不应定为刑事犯罪，并且应该区分国家规定、国家有关规定和国家法律规定的范围。[①] 行政监管与公安机关的合理衔接，是没有监管机关的移送，公安不直接介入。[②] 通过相应的行政监管使互联网金融活动逐步透明化、规范化，同时以刑法规制为次要手段，对于互联网金融活动中涉嫌犯罪的行为，依据《刑法》的规定追究相关责任人员的刑事责任[③]。

关于特许制问题，有人认为，特许制监管手段与互联网金融的不协调，是因为每个人在融资前都需取得监管部门的许可，这无疑会耗费大量的监管资源，且监管效果也无法得到保证。[④] 我们认为，随着地方金融和监管体制的变更，要考虑中央与地方金融监管分工的"类金融牌照"，由地方政府金融监管机构属地解决，这样成本不高，监管效果会更好。如网贷信息中介平台就属于"类金融机构"，应该给予合理的特许制安排。目前一种流行的放弃事前的适度监管，强调事中、事后监管的做法，至少在互联网金融领域值

---

① 喻海松：《网络犯罪的立法扩张与司法适用》，《法律适用》2016 年第 9 期。

② 如我国的税收犯罪案件，一般是税务机关稽查认定构成犯罪才移送公安侦查，没有移送前，公安机关不主动介入。

③ 刘宪权、金华捷：《论互联网金融的行政监管与刑法规制》，《法学》2014 年第 6 期。

④ 赵渊、罗培新：《论互联网金融监管》，《法学评论》2014 年第 6 期。

得反思。

当然，互联网金融的特许制要国务院层面的行政法规才可以确立，银监会等四部委出台的《网贷办法》是规章层次，无权设定许可制度。我们关心的是到底以特许制还是备案制解决网贷机构的经营资格准入[①]问题。许可制是先证后照，需要行政法规以上的立法层级才能确定许可制度，是法定商人的必经程序，采取许可制的制度通常配备非法经营罪的法制保障，即没有取得许可者经营均属于非法经营，《刑法》中会设定非法经营罪。

（二）备案制考量

备案制采用先照后证，申请人经过工商行政管理机构的企业法人登记，即具备注册商人的经营资格，但从事特别业务，应当到有关行政管理机构备案登记，不备案者应该承担没有备案的法律责任和后果。

《网贷办法》第 5 条规定，拟开展网络借贷信息中介服务的网络借贷信息中介机构及其分支机构，应当在领取营业执照后，于 10 个工作日以内携带有关材料向工商登记注册地地方金融监管部门备案登记。地方金融监管部门负责为网络借贷信息中介机构办理备案登记。地方金融监管部门应当在网络借贷信息中介机构提交的备案登记材料齐备时予以受理，并在各省（区、市）规定的时限内完成备案登记手续。备案登记不构成对网络借贷信息中介机构经营能力、合规程度、资信状况的认可和评价。地方金融监管部门有权根据本办法和相关监管规则对备案登记后的网络借贷信息中介机构进行评估分类，并及时将备案登记信息及分类结果在官方网站上公示。

备案制强调事中和事后监管，在实际管理中很不容易做好，加之以负面清单制方式划定业务边界，意味着备案主体在负面清单之外均可以做。我们研究认为，互联网金融本质是金融，金融管理需要从准入管理机制开始，现在《网贷办法》规定的备案制不属于准入管理机制。备案制和负面清单不是

---

① 李有星：《商法》，高等教育出版社 2006 年版，第 41 页。

有效解决网贷机构市场准入的办法，最终还得采用许可牌照制度，但这种许可不再是中央层面发放的与银行等相同的"金融牌照"即金融许可证，而应当是由地方政府金融监管机构颁发的地方性类金融牌照；或中央制定牌照管理统一规则，总量控制，把发牌的权力交给地方政府金融监管机构。地方政府金融监管机构颁发的是地方牌照，通过对互联网金融机构准入管理，引导人们识别互联网金融企业的优劣。而目前设计的互联网网贷机构的备案、分类、公示等过于复杂。

（三）负面清单制度反思

负面清单是互联网网贷监管规则中备受争议的问题。互联网金融企业借助现代最新网络与IT技术，在边际成本下降的同时提供金融产品与金融服务，最终实现盈利能力的变现。[①] 国家支持的互联网金融企业，应该是具有独特的商业模式，拥有先进的网络与信息技术，合理运用移动互联网技术、区块链技术、识别技术（虹膜识别）、大数据挖掘、收集和分析技术等等，使广大金融消费者享有互联网带来的便利、高效、低成本和安全。规章层次规定的互联网网贷机构负面清单就是业务底线，业务底线需要有法律依据。法律都不禁止的行为，规章可以禁止吗？我们认为网贷融资平台的禁止内容就3条：一是不欺诈虚假宣传，二是不非法集资，三是不非法经营侵犯传统银行业务。网络借贷平台虽然不是金融机构，但毕竟从事资金融通业务，可以说是一个准金融机构。按照负面清单的思维逻辑，网贷平台除了13项被禁止的业务不可以涉足，其他的业务均可以从事，这也不科学。从立法技术上看，既然网络借贷平台已经被界定为金融信息中介，那么，负面清单中所列举的业务应该是与金融信息中介相关的被禁止的业务，那些按照法律或者法规规定必须获得批准才可以从事的业务就没有必要列入负面清单之中。

---

① 邓建鹏：《互联网金融专项整治的法制思考》，《中国金融》2016年第16期。

六、互联网金融监管法治化关系处理

（一）观念重塑和制度创新重构，解决法律和规则问题

现行法律大多是在互联网金融、移动互联网金融出现前的产物，相关法律规定与互联网金融存在不协调、不适用，一些法律规定与互联网金融的特性存在冲突。如 2006 年制定的《中华人民共和国银行业监督管理法》，赋予银行业监督管理机构对银行业监督管理，并未授权给银监会监管网贷行业的资格。网贷平台开展商业运营，其天然具有的公开性、社会性，平台发布的借款项目信息具有利诱性，面向网络的投资对象通常是社会不特定群体。这与最高人民法院规定的有关非法吸收公众存款的要件非常吻合，只要集资者数额达到法定数额（个人集资 20 万元、涉及 30 人，企业集资 100 万元、涉及人数 15 人等）就可以触犯刑律。因此，从事互联网网络借贷和众筹的平台一直处于非法集资的恐慌中，亟需"安全港"制度的确立。[1] 互联网金融多为新兴行业，法律空白明显，对其中不少细分领域，需要新设法律加以规制，或者在法律中设立特别的豁免条款。[2] 如股权众筹制度，需要在修订《证券法》中确立，并建立相应的"集资门户"、小额众筹豁免、私募豁免等制度。[3]

（二）需要国务院行政法规层次解决监管中各种利益冲突和矛盾

网络借贷涉及面广、社会公共利益影响面大，深层次矛盾多、利益冲突

---

① 也类似于英国的"监管沙箱"，即监管机构建立一个"安全地带"，使授权机构或者未授权机构的创新产品、服务和业务模式得以试验，同时又不发生因为从事这些活动而可能招致的监管后果。获得监管机构批准的机构，可以尝试从事他们提出的创新产品或服务。监管沙箱的好处就是减少监管的不确定性对创新活动的阻碍和造成的融资困难，通过提供各种创新的金融产品满足不同金融消费者的投资需求。

② 邓建鹏：《互联网金融专项整治的法制思考》，《中国金融》2016 年第 16 期。

③ 《证券法草案》第 13 条规定：通过证券经营机构或者国务院证券监督管理机构认可的其他机构以互联网等众筹方式公开发行证券，发行人和投资者符合国务院证券监督管理机构规定的条件的，可以豁免注册或者核准。

广泛。如互联网借贷中，借款利率是人民银行管理的，工商注册登记是工商行政管理部门的，网贷机构备案是地方政府金融管理机构的，等等。又如网贷主体的市场准入、负面清单、权利义务、中央与地方金融监管职责划分，地方政府金融管理机构的职责、法律责任等等，都需要国务院行政法规来有效解决。许多问题不是银监会一家或几家正部级单位可以自己立法，约束其他部门的，如银监会与省政府之间到底是一种什么关系，实践中如何安排权力义务、如何协调分工，国家工商行政管理机构的发放营业执照权与地方政府金融管理机构的备案权之间如何协调。国务院层面的行政法规具有创设性，包括对禁止性条款的设定，但规章层次有限，规章规定禁止的涉及企业权利义务的条款应属于无效条款。

（三）科学解决部门规章与地方金融监管法规之间的关系

国务院确定的温州金改试点，催生了 2013 年 11 月 22 日的中国首部金融类地方性法规《温州市民间融资管理条例》出台，山东省的《山东省地方金融条例》2016 年 7 月 1 日实施。地方金融立法加快形成了"中央为主、地方补充、规制统一、权责明晰，运转协调、安全高效"的金融监管和风险防范处置体制。但地方金融立法与中央部门规章出现了多方面的不协调和矛盾，如何有效衔接和处理相互之间的规定以及出现冲突如何及时处理，已经成为问题。我们注意到《网贷办法》第 2 条指出法律法规另有规定的除外。[①] 另外，处理好中央金融监管机构、驻地机构、地方政府金融监管机构、中国互联网金融协会等之间的职能、协调机制等关系也十分迫切。

[①] 《网贷办法》第 2 条规定：在中国境内从事网络借贷信息中介业务活动，适用本办法，法律法规另有规定的除外。

互联网金融纠纷案件法律适用与司法裁判规则的反思与完善
——"互联网金融纠纷案件的法律适用与司法裁判规则"
研讨会综述

李有星　候凌霄　潘　政 *

摘　要

互联网金融纠纷日益增多，统一的司法裁判规则迟迟未能落地，为互联网金融纠纷案件的法律适用带来了诸多困扰。"互联网金融纠纷案件的法律适用与司法裁判规则"研讨会就互联网金融纠纷案件中的法律适用和司法裁判规则进行反思，深入探讨互联网金融平台的法律定位，互联网金融监管规则与司法裁判的关系，互联网金融纠纷案件的司法裁判实践经验与疑难问题，以及网络借贷与第三方支付纠纷的法律适用与裁判规则，并提出相关问题的完善建议。

关键词：互联网金融；司法裁判规则；监管规则；网络借贷；非银行支付

＊　本文原载于《法律适用》2018 年第 13 期。候凌霄，浙江大学光华法学院 2016 级博士研究生；潘政，浙江大学光华法学院 2018 级博士研究生。本文系国家哲学社会科学基金重点项目"互联网融资法律制度创新构建研究"（15AFX020）、浙江省哲学社会科学规划优势学科重大项目"我国民间金融市场治理的法律制度构建及完善"（14YSXK01ZD）、国家马克思主义理论研究和建设工程重大项目"全面推进依法治国重大现实问题研究"（2015MZD042）子课题"互联网金融法治化研究"的阶段性成果。

互联网金融是借助互联网和移动通信网络在线实现资金支付结算、投资融资、信用消费等行为的新型金融业务模式。[①] 自 2013 年起呈现爆发式发展趋势，互联网金融纠纷案件数量也随之激增。根据北大法宝法律数据库，自 2013 年 1 月 1 日至 2018 年 5 月 5 日，共检索到涉及互联网金融的民事纠纷案例 9902 例。其中 2013 年 1 月 1 日至 2015 年 1 月 1 日民事纠纷案例 6 例，2015 年 1 月 1 日至 2017 年 1 月 1 日民事纠纷案例 845 例，2017 年 1 月 1 日至 2018 年 5 月 5 日民事纠纷案例 9051 例。互联网金融纠纷案件数量逐年递增，近两年增长幅度尤为显著。2014 年 3 月国务院发布《政府工作报告》，首次提出要促进互联网金融健康发展，互联网金融开启了合规发展之路，相关监管文件纷纷出台。然而，互联网金融纠纷案件的法律适用仍存在诸多疑难问题，现有司法裁判规则对互联网金融纠纷案件缺乏针对性、统一化的安排，法院在处理互联网金融纠纷案件的实践中面临瓶颈。2018 年 4 月 22 日，由中国法学会证券法学研究会、中国商业法研究会、浙江大学互联网金融研究院主办的"互联网金融纠纷案件的法律适用与司法裁判规则"研讨会在浙江省杭州市举行。研讨会对现有互联网金融纠纷案件的法律适用与司法裁判规则进行反思，深入探讨互联网金融的平台定位，互联网金融监管制度与司法裁判的关系，互联网金融纠纷案件的司法裁判实践经验与疑难问题，以及网络借贷与第三方支付纠纷的法律适用与裁判规则，并提出相关问题的完善建议。

一、互联网金融平台的定位探析

（一）互联网金融平台的业务性质

互联网金融平台所经营的互联网金融业务，其本质是金融，在学界已经达成基本共识。在互联网金融中，互联网所扮演的是金融信息传递者的角色，

[①] 最高人民法院课题组：《我国互联网金融发展情况、立法规制与司法应对》，《金融服务法评论》2015 年第 1 期。

其作用实质并没有突破工具性的范畴。不论该种工具性在应用中呈现何种外观，互联网金融背后的金融本质属性依然泾渭分明。[1] 南京大学法学院副院长曾洋据此提出，互联网金融的司法裁判规则不能背离金融的逻辑，对互联网金融主体的行为性质要根据具体法律文本、合同进行判断。北京大学法学院教授甘培忠指出，由于互联网金融是在互联网领域长出的金融新芽，因此原有的金融规则不能完全解决互联网金融问题。浙江大学互联网金融研究院院长贲圣林进一步补充，互联网金融是对传统金融的继承和发展，二者统一于现代金融体系之中，因此互联网金融业务也应遵循金融活动的适当性原则等铁律。[2] 上海市法学会银行法律实务研究中心主任陈胜提出，互联网金融的监管实际上和银行业监管是一脉相承的。

互联网金融是对传统金融的重要补充。浙江大学光华法学院教授李有星提出，互联网金融的基础是小额、分散、涉众、普惠，与传统金融是互补关系，不能取代传统金融。网贷之家联合创始人石鹏峰同样认为，互联网金融是普惠金融，弥补了传统金融市场服务的不足，降低了小微企业融资成本，减轻了实体经济负担。

根据互联网金融的金融本质属性，最高人民法院研究室副主任郭锋提出，互联网金融平台等民营机构也可以从事金融业务。应当按照治理标准，逐步进行规范。部分学者在认同互联网金融平台的业务性质基础上，进一步对互联网金融平台进行定义。清华大学法学院教授施天涛认为，互联网金融平台实际上是背后公司从事业务的一种方式。互联网金融平台是弱金融机构，配置权利、义务、责任应低于正规金融机构。中央财经大学法学院邢会强教授借鉴经济学原理，提出了金融市场基础设施的概念。金融是经济的血液，血液流经的管道就叫金融市场基础设施，而互联网金融平台实质上正是金融市

---

[1] 李有星、陈飞、金幼芳：《互联网金融监管的探析》，《浙江大学学报》（人文社会科学版）2014 年第 4 期。

[2] 贲圣林、张瑞东等编著：《互联网金融理论与实务》，清华大学出版社 2017 年版，第 5—9 页。

场的基础设施。

（二）网络借贷平台的定位探讨

2015 年 7 月，中国人民银行、工业和信息化部、公安部等发布的《关于促进互联网金融健康发展的指导意见》将网络借贷平台界定为中介机构，被此后的监管规则沿用。2016 年 8 月发布的《网络借贷信息中介机构业务活动管理暂行办法》（以下简称《网贷办法》）进一步将网络借贷平台定性为信息中介机构，随后出台的《网络借贷信息中介机构备案登记管理指引》《网络借贷资金存管业务指引》以及《网络借贷信息中介机构信息披露指引》均沿着这一定位展开。但是上述网络借贷监管"1+3"规则体系在明确网贷平台信息中介机构定位的同时，却赋予了平台远远超出《合同法》规定的一般居间人的义务。这样的矛盾规则，给当前司法机关在互联网金融纠纷中确认网贷平台定位造成了诸多困扰。

1. 网络借贷平台定位不清的困境

平台定位困境不仅造成司法裁判基础法律关系定性困境，也限制了互联网金融行业的良性发展。上海对外经贸大学法学院教授李文莉联系具体案例阐释了平台定位法律依据不足造成的司法实践问题，认为有些案件是典型的股权众筹纠纷，但是由于缺乏法律依据，最终定性为居间合同纠纷。网络借贷纠纷案件也存在同样的问题。依据美国 JOBS 法案，P2P 网络借贷属于借贷众筹，股权众筹属于投资众筹，可以根据平台特点分别注册为集资门户或经纪商，在法律定位、权利义务分配和责任承担上存在明显差异。[①]

此外，目前"一刀切"地限定互联网金融平台仅可提供信息中介服务，限制了平台生存空间，抑制了互联网金融的长期发展。杭州鑫合汇互联网金融服务有限公司总经理杨君进一步提出，当前网络借贷平台面临的最大困惑是平台的定位问题。监管规则将平台定性为一种类似于具有公众平台性质的

---

① 李文莉、宋华健：《投资性众筹的法律风险及其监管逻辑》，《法律适用》2018 年第 5 期。

信息中介，使得平台在司法纠纷中责任承担不明。投资者基于对平台的信任选择平台进行投资，平台也愿意代理投资者，协助其实现债权。厘清制度障碍，解决互联网金融平台在司法裁判中的定位与权利义务问题，是妥善处理互联网金融纠纷，尤其是网络借贷纠纷的关键。

2. 信息中介机构定位的局限与纠偏

监管规则将网络借贷平台定位为信息中介机构主要存在以下局限。第一，信息中介机构的定位不能解释网络借贷平台业务的基本属性。最高人民法院第三巡回法庭审判员周伦军提出，依据监管规则，网络借贷平台业务属于经纪业务还是居间业务存疑，网络借贷平台的定位有待进一步厘清。应当系统梳理研究网络借贷平台相关合同文本，明晰平台业务属性，进而确定网络借贷平台的主体定位。第二，信息中介机构的定位使得平台权利和义务不对等，责任规则前后矛盾。浙江大学光华法学院教授钟瑞庆提出，网络借贷平台作为信息中介机构，不承担处理逾期债务的责任，备案制又进一步明确了网络借贷平台是非金融机构。但是，监管规则同时要求网络借贷平台承担超出居间人的责任，显然存在法律逻辑上的矛盾。正确的做法是，应当将网络借贷平台认定为金融机构，从而站在金融机构的角度为其分配权利、义务，要求其承担责任，这不仅可以实现法律逻辑的自洽，也与行业发展的客观事实相适应。

对于网络借贷平台的定位纠偏，与会学者主要有以下观点。第一，参考英国模式，确认网络借贷平台是复合型中介。李有星教授提出，目前中国参考美国模式，认定网络借贷平台为信息中介的方向错误。应当借鉴英国监管规则，将网络借贷平台定性为复合中介，允许平台提供增信。例如，英国Zopa等P2P网贷平台会设置"风险储备金"，出现违约时接管出借人贷款持有权。[①]这种模式对于投资者保护力度更大，也更加有利于平台的生存发展。第二，根据网络借贷平台共性，重新界定其定位。中国政法大学互联网金融

---

① 李有星、金幼芳：《互联网金融规范发展中的重点问题探讨》，《法律适用》2017年第5期。

法律研究院院长李爱君认为，网络借贷平台实质上从事金融业务。当平台行为与现行法律冲突时，应考量其商业逻辑与社会价值，实现法律服务社会发展的职能。

二、互联网金融监管制度与司法裁判关系的界定

（一）互联网金融监管规则作为司法裁判依据的商榷

第一种观点认为，监管规则是管理性规范，不能作为司法审判的直接依据。清华大学法学院教授施天涛提出，最高人民法院《关于适用〈中华人民共和国合同法〉若干问题的解释（二）》第14条对管理性规范和效力性规范进行了区分，在商事裁判领域有着重大意义。互联网金融司法裁判中的法律适用，不能以管理性规范代替效力性规范，当前的管理性监管规则不能作为司法审判的直接依据。李有星教授补充，司法裁判应当坚持合法性判断，如果平台仅仅违反了《网贷办法》第10条规定的13项禁止性规范，不应据此判定合同无效。

华东政法大学经济法学院教授吴弘认同这一观点，互联网金融监管存在滞后性、应急性和非公开性，监管规则的合法性、合理性基础存疑，无法在司法裁判中援引参照。监管者意图与法院意图有所不同：如果司法选择尊重监管的意志，会忽略合同自治，不利于市场诚信建设；如果司法选择尊重合同自治，则会导致监管套利。[①] 司法裁判对监管规则的适用衔接可以考虑以下几点：第一，对监管规则进行司法审查；第二，尊重商事判断规则，综合考量企业经营成本，适时推出集中管辖，提升商事审判质量；第三，司法裁判应考虑社会效果，区分涉众型和非涉众型纠纷。

第二种观点认为，司法裁判应当与监管规则保持一致，监管规则可以作为司法审判的依据。复旦大学法学院教授季立刚提出，如果司法裁判不依据

---

① 吴弘：《全球视野下的金融法现代化》，载吴弘主编：《金融法律评论》（第8卷），中国法制出版社2017年版，第3—12页。

互联网金融监管规则，而是依据民法原理认可行为效力，会使监管规则形同虚设，严重危害国家的法律统一。郭锋主任同样提出，应当尊重政府出台的监管规则。政府基于法律的授权履行行政监管职责，只要不违背上位法的规定，不应撤销其合法决定。

（二）互联网金融监管规则对于司法裁判的意义

第一，互联网金融监管规则有利于在前端规范互联网金融行业，减轻司法机构负担。中国人民银行参事室副巡视员张韶华提出，司法裁判是最后环节，事前和事中监管需要监管规则。如果监管规则可以建立过滤制度，要求互联网金融平台设计并完善自有申诉解决机制，可以大幅减轻司法裁判的负担。上海市法制办副主任罗培新认为，虽然法律行为并不因违反管理性规范而无效，但是政府有权依据监管规则进行行政处罚。在这一层面上，互联网金融的监管规则对于遏制行业乱象十分必要。

第二，司法裁判可以借鉴互联网金融监管规则的先进理念。李爱君教授提出，在审查监管规则的合法性时，对有上位法依据或与法律价值取向一致的监管规则，应对其法律效力予以认可。司法裁判应借鉴互联网金融监管的经验和理念，如穿透式监管和行为监管，从消费者的权益以及社会稳定、社会价值等方面进行考量。

第三，监管规则的完善是司法裁判规则完善的基础。北京大学金融法研究中心副主任彭冰将目前出现的互联网金融纠纷归咎为监管规则生效前的无序经营。当网络借贷平台备案工作完成，不规范行为将纳入现有法律体系之中调整，在此基础上才能制定可持续性适用的互联网金融司法解释规则。

三、互联网金融纠纷案件的司法裁判实践经验与疑难问题

（一）互联网金融纠纷案件司法裁判实践经验

上海与杭州是国内互联网金融起步最早、发展最快的核心区域之一。

2017 年 8 月 18 日，国内首家互联网法院在杭州挂牌成立，集中审理涉网案件。2018 年 4 月 27 日第十三届全国人大常委会通过了设立上海金融法院的决定。互联网法院与金融法院的筹建与运行过程中，积累了大量解决互联网金融纠纷的实践经验。

杭州互联网法院常务副院长王江桥介绍了杭州互联网法院互联网金融纠纷案件的审理概况与经验。杭州市内互联网金融借款与小额贷款纠纷归属互联网法院集中管辖，案件数量在互联网法院所管辖案件中约占 15%。目前，杭州互联网法院审理互联网金融案件具有以下经验。第一，与省内数家金融机构协调合作，实现网上审理。第二，启用电子签章系统提高审判效率，保障数据安全。第三，对互联网金融案件，特别是小额贷款纠纷采用智能立案。第四，采用电子送达和相应的"弹屏短信"功能，并与三大电信运营商协调，确认当事人能够收悉法院文件。第五，启用"异步审理"，突破传统面对面的同步审理方式。第六，采用金融快审机制，互联网金融借贷、小额贷款纠纷从起诉到最终的裁判文书全部由系统智能化生成。第七，互联网法院将互联网审理的选择权交由当事人，为实现互联网庭审中司法的严肃性，在线审理对话框中设置了禁言和禁图像功能。

上海市高级人民法院民事审判第五庭庭长张新，作为上海金融法院筹备具体负责人，总结了上海市网络借贷纠纷案件的审判经验。第一，目前上海已经建立了从基层到高级法院完整的金融审判体系，涉及 P2P 网络借贷平台的案件归属于金融审判庭管辖。第二，P2P 网贷案件的司法裁判理念有两点，一是正确处理好鼓励金融创新和依法规范金融秩序之间的关系，二是注重裁判结果和金融监管政策的契合，妥善处理好涉众交叉案件。

（二）互联网金融纠纷案件司法裁判的疑难问题及其解决思路

1. 互联网金融纠纷案件司法裁判的重点与逻辑

浙江省法学会副会长牛太升提出，处理互联网金融纠纷案件应当重点关注以下三方面。第一，准确区分和鉴定法律关系。厘清金融关系和互联网技术的区别，归纳争议焦点需要提炼出法律关系。第二，恰当地处理行政、民事以及刑事法律规范的关联适用问题，如互联网金融平台商事主体资格、经营主体与客户合同权利义务的关系，互联网金融违法犯罪行为和商事交易合同效力的关系等问题。第三，实现信息数据完整有效地入案，监管机构、企业和司法机关建立信息数据共享机制，确保互联网金融的行政监管数据、交易记录信息和线下信息的完整性。

邢会强教授认为，制定互联网金融纠纷案件司法解释，应当重点对金融消费者进行保护。制定司法解释需要对投资者进行分类，对金融消费者进行倾斜性保护。实行举证责任倒置，强调适合性原则，要求金融机构履行信义义务，并将证券法上的反欺诈和民事诉讼机制推广到互联网理财领域。

对于互联网金融司法裁判的制定逻辑，同济大学法学院教授刘春彦归纳如下。第一，互联网金融是商事案件，不同于普通传统民间借贷，要体现商事法律特点。第二，司法解释要做的工作是回到请求权基础的确定，判断互联网金融是否具有不同于传统的请求权的特点。

2. 互联网金融纠纷案件的管辖问题

一种观点认为，对于互联网金融纠纷案件应当适用集中管辖原则。李有星教授提出，由于许多平台服务器在国外，互联网金融纠纷案件的管辖问题不能适用原有管辖规则。应当实行集中管辖，由上海、杭州等几个核心地区的人民法院集中管辖。

另一种观点认为，集中管辖会给管辖地法院造成过重负担，应由平台注册地法院管辖。周伦军审判员提出，目前互联网金融案件数量的剧增，已经给地方政府与法院带来了巨大压力。对于平台案件的管辖，应当遵循平台注册地辖区管辖的原则。

对于互联网金融纠纷案件管辖规则的制定，北京大学法学院博士刘进一提出，互联网金融案件的管辖可以在《民事诉讼法》的框架内予以解决，平台与借贷双方可以依据《民事诉讼法》第34条协议管辖的规定，书面协议选择被告住所地、合同履行地、合同签订地、原告住所地、标的物所在地等与争议有实际联系地的人民法院管辖，实现案件的相对集中管辖。王江桥院长则对约定管辖的问题做了进一步阐释，认为可以将平台所在地作为互联网法院管辖的连接点之一，约定网络合同的签订地为杭州，实现约定管辖的落地。

3. 互联网金融多元纠纷解决机制的不足与完善

中国人民银行金融消费权益保护局处长舒雄根据统计数据，分析了我国多元纠纷解决机制供给严重不足。据世界银行和国际金融消费者保护组织2012年的统计，全球114个参与调查的国家当中，75%的国家已经建立了金融消费纠纷的非诉讼替代性争议解决机制。互联网金融案件具有小额、分散、简易等特点，不应为此浪费过多的司法资源。

应当尽快设计倾斜保护金融消费者的纠纷解决机制，探索互联网金融多元化纠纷解决机制。可以参考英国解决金融消费纠纷的申诉专员机制，对消费者在以下方面进行倾斜保护。第一，争议解决产生的费用全部由金融机构承担；第二，消费者可以选择是否接受申诉专员的裁决意见；第三，一旦消费者接受裁决，金融机构就必须接受。

四、网络借贷纠纷法律适用与裁判规则问题

（一）网络借贷平台的收费与利率问题

第一，网络借贷平台收取的服务费用原则上不应与借贷利率合并计算。李有星教授认为，平台服务费用与借贷利息基于完全不同的两种法律关系产生。前者是客户与平台间的服务合同关系，后者是借贷双方的借贷合同关系，原则上不应混同。平台收取的费用，是平台提供各类服务的对价，只要合法合理，应当予以支持，不能与借贷利息合并计算。李爱君教授认同网络借贷平台服务费用原则上不应与借贷利率合并计算，如果以服务费用代替利息，

变相提高利率进行收费，应当在实质审查的基础上，将其认定为利息的组成部分，合并计算，总额不得超过司法解释规定的利率上限。

第二，网络借贷平台的利率问题。按照李有星教授的观点，监管利率与司法利率不能等同。一方面，互联网金融经营风险的成本与技术成本加总，决定其平均利率要达到 50%~60% 才能持续盈利。另一方面，网络借贷平台经营的短期借贷产品，往往按照周或月利率计算。司法解释对民间借贷年化利率的限制性规定，不宜适用于互联网金融。李爱君教授对于网络借贷平台由于风险成本而抬高利率的观点持相反意见，认为利率不能作为风控手段。互联网金融平台是经营风险的机构，需要具备足够的技术手段将风险控制在可承受范围内，不具备风控技术就不具备从事互联网金融的能力。如部分现金贷平台，由于缺乏经营高风险业务所应具备的风控技术，简单地用利率来作为风控手段，因此在短期内暴露出大量的问题与风险。

（二）网络借贷平台的退出问题

季立刚教授分析了司法实践中存在的不规范平台破产问题。

第一，对平台资金池进行破产隔离。建议在司法裁判中适当参考 SPV（special purpose vehicle）的处置方法，确认资金池的破产隔离问题。国内国际金融结算过程中在线、在途的资金，虽然没有构成资金池，但应明确其结算之后的归属，并采用破产隔离原则。

第二，司法审判应当认定平台制定的"生前遗嘱"（living wills）效力。美国 2010 年发布的《多德·弗兰克华尔街改革和个人消费者保护法案》规定了"生前遗嘱"制度，要求相关主体提前制定危机处置计划，在破产或陷入危机时按照该计划对相关财产进行处理。[①] 这一规定被沿用至网络借贷领域。如果平台制定的"生前遗嘱"，对平台破产之后的资产归属、债权债务关系处置做出了合理的安排，并在互联网或其他公开渠道上进行了公示，司

---

① 李景杰：《论金融机构的生前遗嘱制度及其对我国的启示》，《经济问题》2014 年第 12 期。

法审理过程中应当对其效力予以认定。

第三，对于网贷平台从事的融资性业务，可以比照银行贷款合同，对提前还款或提前清偿予以确认。提前清偿涉及其他破产债权人的利益，需要在其他债权人和投资者利益间进行价值选择。

第四，共益费用和共益债务问题。依照《破产法》的规定，在平台出现破产危机时，用于从事生产的支出也属于共益债务。部分平台在破产过程中对外借款，用以偿还平台债务，实现投资者债权，具有公共性质，司法裁判中应将这笔借款认定为共益债务。

五、非银行支付纠纷法律适用与裁判规则问题

（一）非银行支付纠纷中的基础法律关系

罗培新主任对非银行支付中的基础法律关系进行了梳理。第一，第三方支付机构与用户之间建立的是电子货币保管法律关系、资金代收代付的服务合同法律关系，银行与第三方支付机构建立的是关于支付服务的合作关系。第二，支付行为具有独立性。第三方支付机构不负责审查支付行为背后的基础交易是否真实有效，不负责处理由于基础交易而引发的纠纷。第三方支付机构提供的"担保交易"服务，并非担保基础交易真实有效的意思，并非担保法意义上的担保，主要功能是为交易提供代收代付的中介服务。第三，备用金所有权归属用户，第三方支付机构受托保管。

（二）电子支付非授权交易中的责任规定与举证责任归置问题

根据《电子商务法（草案）》[①]以及相关规定，非因客户自身原因造成的资金损失由非银行支付机构承担，除非支付机构能够证明损失由客户过错

---

① 根据 2017 年 11 月发布的《中华人民共和国电子商务法（草案）（二次审议稿）》，未经授权的支付造成的损失，由电子支付服务提供者承担；电子支付服务提供者能够证明未授权支付是因用户的过错造成的，不承担责任。

导致。对支付机构设置严格责任，并需承担举证责任。对此形成了两种针锋相对的观点。

第一种观点认为，目前立法思路存在问题，不应对支付机构设置严格责任，并要求其承担举证责任。蚂蚁金服合规与法务部总监陈晨具体分析这一规定的负面效应。第一，这种责任规定对于支付机构过重。支付机构可以保障系统安全可靠，符合国家标准与金融监管要求，但无法预见或控制用户自身受诈骗分子诱骗，或其设备遭受病毒攻击。支付机构没有能力防范道德的风险。第二，这种责任规则一旦被法律确定，会造成非常大的压力和混乱。该条款不具有可操作性，支付机构承担证明责任是在侵权的语境下，但用户可能选择提起违约之诉。支付机构也难以证明第三方过错导致损失。此外，支付机构除了需要证明损失由客户过错导致，还须证明因果关系。从立法设计的角度需要进一步阐释如何证明因果关系，推定因果关系成立的要件等，否则将导致各地裁判标准不一。第三，易引发道德风险。蚂蚁金服根据统计数据发现，大部分申请账户被盗的都是骗赔骗保。要求支付机构承担举证责任，变相鼓励了用户的套利行为。第四，造成裁判尺度的不统一。线下支付中的 ATM 刷卡出现非授权交易，银行只要证明自身无过错即可免责。非银行支付机构通过长期发展已经具备与银行同等水平的风控能力，在交易原理实质相同的情况下，不应加重非银行支付机构的义务。

罗培新主任认同该观点，从动态来看，如果司法解释明确了无过错责任，赔付金额会急剧放大，不利于非银行支付行业的发展。建议从消费者道德风险和支付机构道德风险的角度考虑，在二者之间进行价值衡量。当支付机构最大限度利用风控手段，通过合约方式明确各方承担的风险的情况下，仍然让支付机构承担所有责任有失公平。

第二种观点认为，第三方支付机构在非授权交易中的责任承担问题，与传统的银行卡非授权交易中责任承担问题相类似。现有的银行卡非授权交易损失责任承担机制，对持卡人采用严格责任。然而自然人在提高谨慎能力方面存在合理的界限，不可能无限提高谨慎注意水平，严格责任原则将迫使持卡人承担过重的责任。密码的使用在提高交易效率的同时，也将持卡人置于更为不利的处境。这些问题与第三方支付是相似的，第三方支付过程中应当考虑到用户的有限理性和信息不足等消费者特性，明确规定用户在非授权交易中承担有限的、封顶的严格责任制度，合理分担非授权交易的损失。通过对用户消费者权益的保护，促进第三方支付安全技术的进步，也同时促进更多消费者使用第三方支付，实现社会效应和经济效应双赢的局面。[①]

李爱君教授从支付行业生存发展的根基角度，认为非银行支付机构应当承担严格责任。由于执行支付信息由委托人和支付机构同时控制，且支付机构可以控制所有委托人，非授权交易损失如果由用户承担，会导致委托支付的委托人丧失对该支付机构的信任，进而影响整个支付行业的存续与发展。

郭峰主任提出了解决这一争议的衡量思路。第一，金融机构之所以能够筹集社会资金是基于社会对金融机构的信任，因此金融机构有保障金融消费者资金安全的义务和维护商业信誉的义务。第二，支付机构应当承担保障技术安全性的责任，而非金融消费者。第三，金融机构主张用户恶意敲诈，需要承担举证责任。这种设计也有利于维护支付机构的信誉，支付机构也应当承担相应社会责任。

中央财经大学法学院副教授缪因知对此问题提出了折中解决思路。第一，如果不是合法的所有权人发出的指令，就不能从账户中划走资金。如果平台被攻陷，执行了黑客发出的指令，应由账户管理者承担责任。第二，既然用户接受了便捷的密码支付方式，就有一定义务承担相应风险。账户持有人如若未妥善保管交易密码而受损，应当由用户承担责任。

---

① 彭冰：《银行卡非授权交易中的损失分担机制》，《社会科学》2013 年第 11 期。

论互联网融资服务中介法律制度构建
——以众筹与网贷为视角

李有星　金幼芳 *

摘　要

互联网融资可以理解为借助融资服务中介平台的融资，融资服务中介机构发挥重要功能，但是互联网融资服务中介机构的法律制度一直很缺乏，对融资服务中介机构的市场定位、法律定性、市场准入、业务范围、行为边界、权利义务、责任风险、安全港等等缺乏规则。美国《JOBS 法案》和《众筹规则》确立的融资服务中介机构"集资门户"以及相关制度，可以被我国借鉴和吸收，从而创新性地构建我国互联网融资服务中介机构的法律制度，包括确立融资服务中介机构的统分结合监管、中介基础加特许业务、信息服务中介边界、公众集资门户、信息保留和安全保护、融资服务平台的安全港规则等制度。

关键词： 互联网融资；融资平台；服务中介；集资门户；安全港

＊ 本文原载于《证券法律评论》2016 年。金幼芳，浙江大学光华法学院博士研究生。国家社科基金重点项目"互联网融资法律制度创新构建研究"（15AFX020）、浙江省社科规划优势学科重大课题"民间金融市场治理法律制度构建及完善研究"（14YSXK01ZD）部分成果。

　　互联网金融涉及支付、网贷、基金、众筹、理财、保险等等领域，其中互联网 P2P 融资和股权众筹融资令中小微企业更关注。在互联网融资关系中，比较关注融资方和投资方的权利义务和法律制度的构建，如融资方的融资对象、融资数额、融资程序、信息披露和豁免条件，以及投资者保护措施等，对融资服务中介制度研究不足。[①] 但互联网融资通常被要求通过融资服务中介完成，而不是交易双方直接完成交易[②]，互联网金融其实也可以理解是平台金融、服务中介金融。也就是说在互联网融资的法律逻辑中，融资服务中介机构的功能极为重要，其法律制度需要明确。因此，我们有必要对互联网融资服务中介法律制度开展深入研究，对互联网融资服务中介机构的市场准入、法律定位、业务范围、行为边界以及权利、义务、责任、安全港规则等问题作细致设计构建。

一、互联网融资服务中介机构的运行状态

　　互联网融资服务中介机构是指介于融资双方之间，依法取得资格，专门为互联网融资活动提供服务并收取一定费用的组织。通常理解，中介是一种居间活动，居间是指双方当事人约定一方为他方提供报告订约机会或为订立合同的媒介，他方给付报酬的活动。[③]

　　在传统的融资领域，大额证券发行融资和债券发行融资，均需要通过服务中介证券公司完成，但恰恰在民间借贷领域因人缘、地缘、亲缘关系，民间借贷很少需要融资中介服务。但随着民间金融的发展，普惠金融和互联网金融等的发展，互联网融资的服务中介机构越来越重要。某种意义上讲，互联网金融就是借助互联网融资平台的融资活动，出资方和用资方均通过融资

[①] 如美国《众筹规则》中确立创业企业的 100 万美元以下互联网公众集资的豁免，以及大众投资者的互联网的小额投资等。
[②] 如美国 SEC 于 2015 年 10 月 30 日通过的 JOBS 法案（下称《众筹规则》）规定，所有众筹交易都被要求通过一个在证券交易委员会中注册的中介完成，该中介要么是经纪商，要么是集资客户。
[③] 李国光：《合同法释解与适用》（下），新华出版社 1999 年版，第 1953 页。

平台的服务而实现信息对称、透明，防范和减少损失风险。因此，互联网金融有网络借贷平台、股权众筹融资平台、网络金融产品销售平台等等。

互联网融资服务中介机构可以区分为信息中介机构和信用中介机构两种。信息中介机构是指从事资金撮合、理财产品推介等业务的互联网融资信息服务企业。如 2015 年 7 月 18 日，中国人民银行等十部委联合发布的《关于促进互联网金融持续健康发展的指导意见》（以下简称《指导意见》）中规定：个体网络借贷要坚持平台功能，为投资方和融资方提供信息交互、撮合、资信评估等中介服务。信息中介主要为借贷双方的直接借贷提供信息服务，不得提供增信服务。信用中介机构是指为互联网融资双方提供信用担保的中介机构。如买卖双方在交易过程中，由信用机构保管买卖双方交易的资金和相关的文件，根据买卖双方履行合同的情况，信用机构按协议约定和买卖双方的授权、指令，向买卖双方转移资金、相关文件，信用机构以中立的信用中介地位促成交易的安全完成。信用中介是商业银行最基本、最能反映其经营活动特征的职能。信用服务中介机构的业务主要包括信用评级、征信业务、咨询业务等。中国的信用中介服务行业主要有以下几个主产业：资信调查业、资信评估业、信用担保业、信用保险保理业和商账追收业等。

我国目前的互联网融资服务中介机构业务中，由于没有系统的、可操作的以及可惩罚性的法律制度，对互联网融资服务中介机构的监管也没有进入实质性阶段，因此，各类互联网融资服务中介机构的运作模式比较混乱，往往是各种服务中介机构（平台公司）既是信息中介可能又是信用中介，甚至中介机构（公司）本身是吸收资金者，还可能担当放贷人，其主体定位十分不清晰。当前做 P2P 网贷行业的，真正是单一信息中介的较少。其主流模式有四种：有担保的线下服务、有担保的线上线下服务、无担保的线上服务以及有担保的线上服务。其中拍拍贷模式（无担保线上服务模式），类似美国的 Proper 模式，是一种纯信用无担保线上贷款模式。拍拍贷既不吸储，也不放贷，采用竞标的方式来实现网上借贷。公司作为 P2P 贷款企业，给借款和贷款方提供借贷平台，从中收取手续费用，可以说是比较标准的互联网融资信息中介。

二、互联网融资服务中介机构的制度定位要求

（一）P2P 网络借贷平台的信息中介属性

P2P 网贷（peer to peer lending）是一种通过网络实现点对点借贷的交易模式，一般由网贷平台提供交易场所，借款需求经过审核后被放置在平台上，由出借人选择放贷。典型的 P2P 网贷模式是借助网络技术和信用评估技术，协助借款人通过网络平台向社会公众募集资金，并以约定的利息作为回报。P2P 作为互联网金融的模式特点在于资金供需信息直接在网上发布并匹配，供需双方直接联系和交易，不需要经过银行、券商或交易所等中介。[①] 也就是说，P2P 平台仅仅是一个融资信息中介，也就是法律概念上的居间人，通过撮合借款人和出借人，然后从成交的借贷业务中收取居间费。从全球来看，真正的 P2P 是通过网络手段帮助有钱的人出借给借款人，是端对端的纯信息撮合匹配平台。

从法律要求看，P2P 网络借贷平台是融资信息中介，然而，我国很多的 P2P 平台绝不仅仅是扮演一个居间人的角色，事实上已经开始直接介入借款人和出借人之间的交易，使平台的性质发生了根本变化。另外，根据近年的变化，P2P 网络借贷平台采用了许多变通异化，主要是：（1）信用体制不健全，出借人难以评估借款人资信。一旦借款人逾期不还后在 P2P 平台上推出债权转让项目，将债权转让给 P2P 平台上的众多投资者，首先出借款项的出借人一般是 P2P 平台所属公司的员工或者是 P2P 平台的关联公司。（2）P2B、A2P 的纷纷出现。小额贷款公司、商业保理公司、车贷房贷公司、担保公司、融资租赁公司等手中握有大把融资客户的类金融机构积极与 P2P 平台合作。

---

① 谢平：《互联网金融模式中的资源配置》，《金融研究》2012 年第 12 期。

将其手中债权放在 P2P 平台上交易，具体的交易模式是签订债权或资产收益权转让合同。（3）同一债权在 P2P 平台上自由转让。在 P2P 网络借贷平台中，为了给拥有债权的出资人在亟需回收资金时获得资金，平台往往构建虚拟的债权转让市场，平台吸收原债权人或第三人受让债权、支付款额。当然，美国 P2P 平台 Lending Club 也是允许投资者将其收益权凭证在平台上再次转让的。

面对上述问题合法性的争论，互联网新规对此作了定调性意见。《指导意见》指出，网络借贷包括个体网络借贷（即 P2P 网络借贷）和网络小额贷款。个体网络借贷是指个体和个体之间通过互联网平台实现的直接借贷。个体网络借贷要坚持平台功能，为投资方和融资方提供信息交互、撮合、资信评估等中介服务。个体网络借贷机构要明确信息中介性质，主要为借贷双方的直接借贷提供信息服务，不得提供增信服务，不得非法集资。我国 2015 年 12月 28 日发布的《网络借贷信息中介机构业务活动管理暂行办法》（征求意见稿）第 2 条规定，网络借贷是指个体和个体之间通过互联网平台实现的直接借贷。个体包含自然人、法人及其他组织。网络借贷信息中介机构是指依法设立，专门从事网络借贷信息中介业务活动的金融信息中介企业。该类机构以互联网为主要渠道，为借款人与出借人（即贷款人）实现直接借贷提供信息搜集、信息公布、资信评估、信息交互、借贷撮合等服务。

（二）股权众筹融资平台的服务中介定位

众筹（crowd funding）是自然人、组织以及企业，包括初创企业通过在线门户（即众筹平台）筹集资本为其活动进行融资或再融资的一种方式。根据回报形式，众筹可以分为四种：捐赠型众筹、预售型众筹、债务型众筹和股权型众筹。股权众筹融资主要是指通过互联网形式进行公开小额股权融资的活动。股权众筹主要涉及投资者、筹资者及众筹平台三方法律关系，并以投资者与筹资者的法律关系为核心。

股权众筹在本质上是筹资人与不特定普通投资人之间发生的直接融资活动。在此种融资活动中，由于投资人群体的分散特性以及非专业性，使其仅凭自身力量难以有效消除其与筹资人之间的信息不对称困境。因此，要想有效规制筹资人的行为，保护投资人的合法利益不受证券欺诈、不实陈述等违法行为损害，并营造一个有序的投融资环境，适格中介机构的加入将是必不可少的。在股权众筹中，这一中介机构被统称为众筹平台。根据《JOBS 法案》之规定，股权众筹中的所有交易行为都必须通过众筹平台这一中介机构方可实施。[①] 而就证券发行的服务中介而言，由在 SEC 注册设立的证券经纪商/交易商（即"注册券商"）设立众筹平台，为证券发行人提供发行服务，以及为投资者提供服务是成熟形态。但问题在于对经营规模相对较小的新兴成长型公司而言，其筹资规模较为有限。[②] 对于大多数注册券商无法收到可观的收益，显然注册券商为这种小额的众筹融资提供中介服务的积极性不高。作为代替办法，美国 2012 年的《JOBS 法案》中创造了集资门户这一众筹服务中介机构，与注册券商设立的条件相比，其在设立门槛和经营成本等方面均要求较低。根据《证券交易法》第 3 条（h）款之规定，只要众筹平台的经营者能够遵守 SEC 设定的检查义务、强制性规定以及其他相关规则，并注册成为《证券交易法》第 15A 条项下的全国证券协会的成员，就可无须按照该法第 15 条（a）（1）款之规定注册成为注册券商，而直接以集资门户的主体身份设立众筹平台，为投融资双方提供中介服务。当前美国金融业监管局（Financial Industry Regulatory Authority，以下简称"FINRA"）是唯一适格的国家证券协会，集资门户需要向金融业监管局登记，从而实现众筹豁免制度下的证券交易。集资门户法律制度的创立，可以促进更庞大的众筹服务平台机构为企业众筹融资提供便利、低成本的中介服务。依据《JOBS 法案》和《众筹规则》，在股权众筹交易中，集资门户扮演了一个中立的综合性中

---

① 刘明：《美国〈众筹法案〉中集资门户法律制度的构建及其启示》，《现代法学》2015 年第 11 期。

② 发行人每年通过股权众筹方式募集的资金总额不得超过 100 万美元。

介服务提供者角色。一方面，其综合了信息集散、交易监督、交易渠道等多项中介服务职能，为投融资双方在融资活动中各取所需创造必备条件，这与注册券商在证券公开发行活动中所发挥的作用颇为类似；另一方面，鉴于集资门户较为特殊的设立规则，集资门户还需要在与投融资双方的法律关系中，始终保持"独立看门人"（independent gatekeeper）的地位，不能通过为任何一方提供有倾向性的服务来获取报酬。[①]

我国发展众筹服务中介平台的基本逻辑与美国法的立法思想基本相似。作为传统的证券公司、证券投资基金公司、期货公司、证券投资咨询机构、私募基金管理人等机构从事互联网非公开股权融资中介服务的，应当接受中国证券业协会备案管理。[②] 而对于除持牌券商等机构之外的机构从事互联网众筹平台业务的，规定尚在制定中。但《指导意见》规定，股权众筹融资必须通过股权众筹融资中介机构平台（互联网网站或其他类似的电子媒介）进行，股权众筹融资方应为小微企业。根据现行法律框架以及股权众筹市场的实践情况，互联网股权众筹可分为公开股权众筹融资与非公开股权众筹融资。股权众筹融资方为小微企业，应通过股权众筹融资中介机构向投资人如实披露企业的商业模式、经营管理、财务、资金使用等关键信息，不得误导或欺诈投资者。投资者应当充分了解股权众筹融资活动风险，具备相应风险承受能力，进行小额投资。股权众筹融资业务由证监会负责监管。

三、互联网融资服务中介法律制度的初步框架

除《指导意见》所确立的互联网融资服务中介的定位外，涉及调整互联网融资服务中介机构的制度规范，含出台和即将出台的，大概如下。

1.《合同法》居间合同的规定

《合同法》第 424 条规定，居间合同是居间人向委托人报告订立合同的

[①] 刘明：《美国〈众筹法案〉中集资门户法律制度的构建及其启示》，《现代法学》2015 年第 1 期。
[②] 中国证券业协会的《场外证券业务备案管理办法》第 2 条、第 3 条规定。

机会或者提供订立合同的媒介服务，委托人支付报酬的合同。第 425 条规定，居间人应当就有关订立合同的事项向委托人如实报告。居间人故意隐瞒与订立合同有关的重要事实或者提供虚假情况，损害委托人利益的，不得要求支付报酬并应当承担损害赔偿责任。

2.P2P 网贷服务平台相关的制度规范

（1）《人人贷有关风险提示的通知》。2011 年 8 月 25 日，银监会印发《人人贷有关风险提示的通知》，称人人贷（P2P）信贷服务中介公司存在大量潜在风险，要求银行业金融机构采取有效措施，做好风险预警监测与防范。该规定明确指出 P2P 网贷存在七大风险：一是影响宏观调控；二是容易演变为非法金融机构；三是业务风险难以控制；四是不实宣传影响银行体系整体声誉；五是监管职责不清、法律性质不明；六是国外实践表明，这一模式信用风险偏高，贷款质量远远劣于普通银行业金融机构；七是人人贷公司开展房地产二次抵押业务同样存在风险隐患。

（2）《最高人民法院关于审理民间借贷案件适用法律若干问题的规定》。2015 年 8 月 6 日，《最高人民法院关于审理民间借贷案件适用法律若干问题的规定》第 22 条规定，借贷双方通过网络贷款平台形成借贷关系，网络贷款平台的提供者仅提供媒介服务，当事人请求其承担担保责任的，人民法院不予支持。网络贷款平台的提供者通过网页、广告或者其他媒介明示或者有其他证据证明其为借贷提供担保，出借人请求网络贷款平台的提供者承担担保责任的，人民法院应予支持。

（3）《非存款类放贷组织条例（征求意见稿）》。2015 年 8 月 12 日，《非存款类放贷组织条例（征求意见稿）》（以下简称《非存款类放贷条例》），规定了专业放款人的严格的准入条件，并相应规定了违反该规定的法律责任，这项规定将会影响到"专业放款人"的 P2P 模式。

（4）《融资担保公司管理条例（征求意见稿）》。2015 年 8 月 12 日，《融资担保公司管理条例（征求意见稿）》（以下简称《融资担保条例》），对于融资担保的业务内容以及融资担保金额及其比例的规定将会影响融资担保公司担保模式的 P2P 业务。

（5）《网络借贷信息中介机构业务活动管理暂行办法（征求意见稿）》。2015 年 12 月 28 日，中国银监会、工业和信息化部、公安部、国家互联网信息办公室等部门研究起草了《网络借贷信息中介机构业务活动管理暂行办法（征求意见稿）》，该《征求意见稿》就总则、备案管理、业务规则与风险管理、出借人与借款人保护、信息披露、监督管理、法律责任、附则等作了规定。根据《征求意见稿》第 12 条规定，采取负面清单的方式划定了 P2P 行业的边界红线，简称为"十二禁止令"，包括禁止自融，禁止平台归集用户资金，禁止提供担保，禁止对项目进行期限拆分，禁止向非实名制用户宣传或推介融资项目，禁止发放贷款，禁止发售银行理财、券商资管、基金、保险或信托产品，禁止为投资股票市场的融资，禁止从事股权和实物众筹等。同时，确定了网贷平台市场准入的备案制、网贷平台业务管理的属地原则、网贷平台的信息披露标准以及风险预防处置标准等。

3. 互联网股权众筹的法律规范

（1）《私募股权众筹融资管理办法（试行）》（征求意见稿）。2014 年 12 月 18 日，证券业协会发布《私募股权众筹融资管理办法（试行）》（征求意见稿），对股权众筹发展面临的法律问题作出制度性回应，明确了股权众筹的法律地位，制定了运行标准，设置备案制度等，使股权众筹走向阳光化。

（2）《证券法》及其修订草案。我国《证券法》对证券公开发行和非公开发行均有一些规定，典型的是《证券法》第 10 条的规定，公开发行证券，必须符合法律、行政法规规定的条件，并依法报经国务院证券监督管理机构或者国务院授权的部门核准；未经依法核准，任何单位和个人不得公开发行证券。有下列情形之一的，为公开发行：a. 向不特定对象发行证券的；b. 向特定对象发行证券累计超过 200 人的；c. 法律、行政法规规定的其他发行行为。非公开发行证券，不得采用广告、公开劝诱和变相公开方式。2015 年 4

月 20 日，第十二届全国人大代表大会常务委员会第十四会议审议了《证券法》修订草案。与股权众筹相关的是增加了小额豁免和众筹豁免，修订草案第 13 条规定："通过证券经营机构或者国务院证券监督管理机构认可的其他机构以互联网等众筹方式公开发行证券，发行人和投资者符合国务院证券监督管理机构规定的条件的，可以豁免注册或者核准。"第 14 条规定："通过证券经营机构公开发行证券，募集资金限额、发行人和投资者符合国务院证券监督管理机构规定的条件的，可以豁免注册或者核准。"

（3）《场外证券业务备案管理办法》。2015 年 9 月 1 日，证监会发布的《场外证券业务备案管理办法》正式开始实施①，该办法将互联网非公开股权融资纳入场外业务范围，据此现有的股权众筹业务需要像私募基金一样备案。②

4. 涉及融资服务中介机构刑事犯罪的规定

我国在金融领域所设定的刑事犯罪规定是比较宽泛的，目的是为保护公众利益，为此名目繁多的非法集资、非法证券活动、非法经营等就陪伴着互联网融资服务中介机构。其中典型的是：我国《刑法》第 160 条欺诈发行股票、债券罪，第 176 条非法吸收公众存款罪和第 179 条擅自发行股票、公司、企业债券罪。然而该类犯罪没有明确"合法"与"非法"的界限，缺乏周全的逻辑解释，罪名认定往往以结果为导向，难以适应资本市场变化。《最高人民法院关于审理非法集资刑事案件具体应用法律若干问题的解释》第 1 条第 2 款将"通过媒体、推介会、传单、手机短信等途径向社会公开宣传"作为向社会公众吸取资金的四条件之一。尽管其中没有明确列举互联网平台属于向社会公开宣传的途径，但互联网平台具有面向不特定人的公开宣传效果

---

① 《场外证券业务备案管理办法》第 2 条规定："场外证券业务是指在上海、深圳证券交易所、期货交易所和全国中小企业股份转让系统以外开展的证券业务，包括但不限于下列场外证券业务：……（十）互联网非公开股权融资……"

② 《场外证券业务备案管理办法》第 2 条第 10 项原本规定的是"私募股权众筹"，2015 年 8 月 10 日，中国证券业协会发文调整《场外证券业务备案管理办法》个别条款，将《场外证券业务备案管理办法》第 2 条第（10）项"私募股权众筹"修改为"互联网非公开股权融资"。

是毋庸置疑的。在现有法律框架下，如何把这一特性控制在法律安全边界之内，是 P2P 网贷服务中介和众筹融资服务中介安全合法开展的首要问题。2014 年 3 月 25 日，最高人民法院、最高人民检察院、公安部发布《关于办理非法集资刑事案件适用法律若干问题的意见》规定，"向社会公开宣传"，包括以各种途径向社会公众传播吸收资金的信息，以及明知吸收资金的信息向社会公众扩散而予以放任等情形。"针对特定吸收资金"的行为，应当认定为向社会公众吸收资金：（1）在向亲友或者单位内部人员吸收资金的过程中，明知亲友或者单位内部人员向不特定对象吸收资金而予以放任的；（2）以吸收资金为目的，将社会人员吸收为单位内部人员，并向其吸收资金的。关于共同犯罪的处理问题规定，为他人向社会公众非法吸收资金提供帮助，从中收取代理费、好处费、返点费、佣金、提成等费用，构成非法集资共同犯罪的，应当依法追究刑事责任。能够及时退缴上述费用的，可依法从轻处罚；其中情节轻微的，可以免除处罚；情节显著轻微、危害不大的，不作为犯罪处理。关于涉案财物的追缴和处置问题规定，向社会公众非法吸收的资金属于违法所得。以吸收的资金向集资参与人支付的利息、分红等回报，以及向帮助吸收资金人员支付的代理费、好处费、返点费、佣金、提成等费用，应当依法追缴。

四、互联网融资服务中介法律制度构想

互联网融资服务中介机构的规范化尤其重要，对融资服务中介机构的管理必须依法开展，应该抓紧做好法律法规规章的立、释、改、废工作。

（一）确立互联网融资服务中介机构的统分结合的属地监管制度

我国已经解决互联网融资服务中介机构监管的分工问题，就是互联网融资的网络借贷业务由银监会负责监管，股权众筹融资业务由证监会负责监管。各金融监管部门要积极支持金融机构开展互联网金融业务。按照法律法规规定，对符合条件的互联网企业开展相关金融业务实施高效管理。工商行政管

理部门要支持互联网企业依法办理工商注册登记。电信主管部门、国家互联网信息管理部门要积极支持互联网金融业务，电信主管部门对互联网金融业务涉及的电信业务进行监管，国家互联网信息管理部门负责对金融信息服务、互联网信息内容等业务进行监管。鼓励省级人民政府加大对互联网金融的政策支持。

为规范互联网融资中介服务行为，维护互联网融资服务中介的良好秩序，在互联网金融实施分类监管的同时，需要对互联网融资服务中介机构进行区域性属地统一管理，设立专门的监管职能部门。国家法定的金融监管机构、工商行政管理机构以及行业主管机构均不适合担当，最为恰当的方式是设立地方政府互联网融资监督管理机构属地管理。如《温州互联网融资管理条例》中设定的温州市人民政府及各县（市、区）人民政府指定或设立民间融资监督管理机构，依法对本区域内的民间融资行为及其相关服务实施统一监督管理。这里说明一下，即便是P2P网贷归口银监会监管，股权众筹融资归口证监会，不影响地方政府融资管理部门的属地统一管理。[1] 其核心原理是这些融资服务中介机构非金融机构，风险防范与处置需要地方政府。

另外，借鉴境外的案例，美国证券交易委员会（以下简称SEC）审查P2P平台时，使用了Howey标准和Reves标准，来判定P2P平台向投资人发放的债权凭证本质上是一种证券。美国早在1933年的证券法中就以证券的"功能"标准将投资合同作为证券的一种，Howey标准和Reves标准正是对投资合同更详细具体的解释。从结果上看，这种对证券的理解以及监管方式，使得美国法上的证券是个弹性概念，可以囊括的范围比较大。所以美国事资产证券化、债权转让发售业务的P2P公司要接受美国证监会的备案监管。我国是否也可以借鉴这一业务的备案监管方式。[2]

---

① 李有星：《民间金融监管协调机制的温州模式研究》，《社会科学》2015年第4期。
② 有学者考察日本的互联网金融服务中介机构发现，从事P2P网贷公司要取得放贷人、证券公司两个牌照。

（二）确立互联网融资服务中介机构的基础功能加特许业务制度

为了规范互联网融资中介服务这一特殊服务行为，宜实行互联网融资中介主体的市场准入制度，设立互联网融资服务中介准入标准管理。即对互联网融资服务中介机构采用行业备案制，经备案者，才可开展供求资金撮合、理财产品推介等融资相关中介服务。经过特定程序备案的互联网股权众筹平台，可以开展互联网公众集资的中介服务业务。

要务实考虑互联网融资服务中介机构的生存空间，建议在居间信息中介等基础功能上加单项许可方式确定融资服务中介的经营范围，分类赋予能力，分类管理。例如 P2P 网贷平台基础功能是信息中介，但可以赋予风险控制、资本对应的某些单项许可业务（含增信业务等）。又如股权众筹融资服务中介机构，原则上将集资门户的经营行为限定在单纯的信息和交易中介范围之内，并设定红线，禁止其以任何直接或间接的方式，实际参与或影响投融资双方的证券交易。也应允许集资门户根据自己的实际能力和经营需要，通过向证券监管机关申请特定业务许可的方式，依法扩大经营范围，从而以更为多元化的业务类型吸引投资人，并获得更大的盈利空间。

互联网融资服务中介机构的设立应当适应该行业的特殊要求，除符合《公司法》规定的设立条件，还应满足一些为保证该行业专业性管理和运行的基本要求，包括公司注册资本，专业管理人员，公司董事、监事、高级管理人员的资质要求，风险管理与内部控制，以及备案承诺等等。公司备案应当具备下列条件：（1）公司注册资本；（2）具有专业的管理人员；（3）有完善的风险管理与内控制度；（4）承诺及时备案；（5）互联网融资监督管理机构规定的其他条件。

（三）明晰互联网融资信息中介服务边界制度

作为互联网融资服务中介至少涉及三方主体：互联网融资服务中介机构、资金融入方、资金融出方。互联网融资服务中介机构充当的法律角色根据不同中介服务模式有所不同，大致为居间人、担保人、资金垫付人、资金保管人、资金受托人、借贷审核人等身份，由于其集中多种身份和涉及多种法律关系，立法需要对其处于不同法律关系中的权利义务作出明晰的辨别，并且对涉及风险性较大的身份作出特殊要求或限制。如互联网融资服务中介机构从事担保人、资金垫付人、资金保管人、资金受托人等均存在较大的经营风险，担保人和资金垫付人身份下如果担保、垫付的资金数额超出其能力将直接导致企业困难或破产，资金保管或受托管理不力，甚至保管、受托的资金被挪用、偷盗或查封冻结等司法措施，均会带来难以估量的不利和损失风险。因此，立法明确互联网融资中介服务机构的服务范围以限制其身份混乱。互联网网贷（P2P等）融资服务中介的服务范围一般包括：理财咨询服务、信息服务、第三方鉴证服务、借贷撮合服务、代理备案登记服务等。

互联网融资中介服务机构经核准可用自有资金开展借贷担保、资金垫付等业务。有关资金问题，中介服务机构不能直接募集资金和管理资金，借贷双方的资金由合法金融机构进行结算，不得通过中介服务机构账户代理结算。有关收费方面，中介服务机构根据所提供服务的种类收取合理的手续费和服务费用，不得巧立名目变相收取利息，收费标准不得超过行业协会和规定的上限。明确禁止和不得从事的行为，如互联网融资中介服务机构不得从事吸存放贷、代理结算、自主发行理财产品、受托理财等业务，不得通过个人账户结算机构业务资金，不得将公司资金以公司员工个人名义或者以其他个人名义开立账户存储、结算，不得借用个人账户划转实质属于公司的资金。不提供投资建议或推荐投资机会，包括不得以明示或默示的方式，依主观标准选择并向投资人推荐特定的筹资人。①互联网融资中介服务机构的股东、董事、高级管理人员不得从事与任职机构利益冲突的互联网融资的相关业务。

---

① 典型的明示方法包括：对特定筹资人的商业前景进行评价，主动向投资人发送投资机会信息，对不同筹资人进行对比分析等；默示方法则包括：将特定筹资人的信息置于网站明显位置，依主观标准对筹资人的信息进行归类和整理等。

（四）确立公众集资的服务中介平台"集资门户"的相关制度

我国开展股权众筹，可以借鉴吸收美国《JOBS 法案》所确立的集资门户的法律制度。在美国《众筹规则》中，集资门户被要求成为国家证券业协会（FINRA）的会员，众筹融资的公司发行证券每次仅通过一个中介机构从事股权众筹活动。而众筹中介服务平台具有以下的义务：（1）向投资者提供教育资料。为解释在平台投资的过程，公司发行的证券类型，公司必须向投资者提供相关信息、转售限制及投资限额；（2）采取措施以减少欺诈风险，包括有合理理由相信公司遵守众筹规则并且公司采取了办法以确保准确记录证券的持有人；（3）在证券发行期间以及在任何证券被销售之前的 21 天，确保公众能够在其平台上获得公司被要求披露的信息；（4）提供交流渠道以使得公众能够在平台上讨论（本次证券的）发行；（5）向投资者披露中介收取的报酬；（6）仅在投资者开通账户后接受投资者的投资承诺；（7）有合理理由相信投资者遵守投资限制；（8）一旦投资者作出投资承诺，向其提供通知函，并且在交易完成前或完成时向其提供确认函；（9）遵守维护和传递的资金要求；（10）遵守完成、撤销及重新确认的发行要求。①

《众筹规则》禁止集资门户的服务中介从事某些活动，如：（1）向其有理由相信存在潜在欺诈或者其他投资者保护关注的事项的公司提供进驻平台的机会；（2）除了在某些情形下中介收取的经济利益是作为其提供服务的报酬之外，与在其平台上正在发行或销售证券的公司存在经济利益；（3）向任何给中介提供任何投资者或潜在投资者的个人身份信息的人支付报酬。

《众筹规则》禁止集资门户从事下列行为：（1）提供投资建议或进行推荐；（2）推销购买、出售证券的要约；（3）基于推销或证券的销售，向推销商或其他人支付报酬；（4）持有、拥有或处理投资者的资金或证券。

---

① 详见 2015 年 10 月 30 日美国 SEC 通过的《众筹规则》的规定条文。

（五）建立互联网融资服务中介机构融资豁免责任制度

我国目前缺乏对互联网融资服务中介机构责任豁免制度，就 P2P 网贷平台而言，法律法规本身对非法集资、非法经营、非法证券活动的边界就不清晰，特别是当互联网融资服务过程中出现导致平台倒闭的情况下，融资服务中介机构股东以及管理层、员工等均会受到一定程度的民事责任和刑事责任等威胁。众筹网站为股权众筹融资提供中介服务的行为，还有可能触及"擅自发行股票、公司、企业债券罪"的红线。在实践中，众筹网站不得不通过实名认证、限制人数等方法将投资人限定在"特定"范围之内，以求避免触碰公开发行的监管红线。[①]

《指导意见》对 P2P 网贷平台界定的信息中介平台功能，不直接承担信用风险，不提供本息保障、刚性兑付，不触及非法集资的底线。界定股权众筹融资方应为小微企业，应通过股权众筹融资中介机构向投资人如实披露企业的商业模式、经营管理、财务、资金使用等关键信息，不得误导或欺诈投资者。融资方应明确是小微企业，核心要求是信息披露，其融资行为是小额证券发行，投资方是小额投资，同时风险自担。但毕竟规则很笼统，有些边界不清晰，需要通过立法，设立互联网融资服务中介机构的安全港制度，也就是重要的融资服务豁免制度。

美国《JOBS 法案》在规范禁止公众集资服务平台从事某些行为的同时，为清晰边界，SEC 专门设置了一系列安全港（safeharbor）规则，允许集资门户从事如下经营行为：（1）依据客观标准对筹资人的信息进行筛选、整理和展示；[②]（2）向筹资人提供与筹资行为相关的建议和帮助；[③]（3）可

[①]　杨东、苏伦嘎：《股权众筹平台的运营模式及风险防范》，《国家检察官学院学报》2014 年第 4 期。

[②]　所谓客观标准是指集资门户选择的标准本身应是客观的，对该标准的适用应是公开、持续且非歧视性的。

[③]　集资门户可以向筹资人告知股权众筹的相关程序和规则；向筹资人提供格式模板，指引其完成法定的信息披露义务；通过向筹资人解释各类证券的法律特征，帮助其选择最适合的证券发行类型等。

以向符合条件的为集资门户招揽客户或提供其他服务的第三人支付报酬；[①]（4）集资门户还可以通过与注册券商签订合作协议，相互提供服务并获得报酬。[②] 我国有必要在互联网融资服务中介机构的法律制度设计中增加安全港制度。

（六）建立融资服务中介的信息保留和安全保护制度

互联网融资平台作为信息的交互平台，存在大量身份和交易数据，涉及融资人、担保人、投资人等各互联网融资参与方。构建信息安全保护制度，目的是进一步保护参与个人的隐私和参与企业的商业秘密。对信息采集、保存及运用等方面进行了规范，并规定了授权查询、限定用途、保障安全、查询记录以及违规处罚等监管措施，严格保护信息安全。央行为保护个人信用信息，颁布了《个人信用信息基础数据库管理暂行办法》《个人信用信息基础数据库数据金融机构用户管理办法》《个人信用信息基础数据库异议处理规程》等一系列规章制度，对信息采集、保存及运用等方面进行了规范，并规定了授权查询、限定用途、保障安全、查询记录以及违规处罚等监管措施，严格保护信息安全。保护互联网融资参与各方的信息安全，可充分借鉴央行的做法，构建具体的适应互联网融资活动特点的信息安全保护监管机制，进一步明确各参与方，特别是融资平台的信息安全保护义务。[③]

通常互联网融资服务中介负有交易信息保留和信息安全保密等义务。如SEC 要求集资门户全面记录下述几类信息，并在信息产生后的两年内可方便获取：与投资人相关的信息；筹资人和其控制人的相关信息；集资门户搭建

[①] 集资门户仅可在符合下述条件时，向为其招揽客户或提供其他服务的第三人支付报酬：（1）报酬与在集资门户上发行之证券的销售和购买情况不存在直接或间接的关系；（2）第三人并未向集资门户提供潜在投资人的"个人可识别信息"。

[②] 注册券商可以通过向投资人推荐集资门户上发行的证券，向集资门户收取佣金，而集资门户则可以通过向注册券商提供信息技术支持。

[③] 李有星、陈飞、金幼芳：《互联网金融监管的探析》，《浙江大学学报》（人文社科版）2014年第 4 期。

的沟通平台上的各类信息；与证明集资门户经营行为合规性有关的信息，以及集资门户所订立的与其经营行为相关的书面协议；集资门户向投融资双方发出的所有通知和其他信息；在集资门户上完成融资情况的当日、月度和季度总结；每个筹资人的融资情况的信息记录。互联网融资服务中介机构还需要承担保护投资者个人隐私保护，合理使用信息、数据等问题。

论网络借贷机构退出机制的构建
——以契约理论为视角

李有星　　侯凌霄 *

摘　要

契约理论认为，由于存在预见成本、缔约成本和证实成本，现实中的契约是不完全的。由于网络借贷机构与出借人难以在事前就退出方案达成一致，出借人数量众多且存在利益冲突，网贷机构与出借人之间存在信息不对称问题，因此网络借贷的退出危机本质上可以视为不完全契约引发的非效率问题。现有的退出机制过于强调"维稳"目标，缺乏有效的出借人协作机制，以及制约与保障机制，未能改善契约的不完全问题。应当以解决网贷机构与出借人的契约不完全问题为目标，着力降低缔约与监督成本。通过建立出借人委员会，构建完善出借人协作机制，提高出借人的谈判能力与重新磋商的效率。同时，需制定并完善制约与保障机制，重点防范欺诈与胁迫等机会主义行为。

关键词：网络借贷；退出机制；契约理论；不完全契约

───────────

★　本文原载于《社会科学》2019 年第 4 期。侯凌霄，浙江大学光华法学院博士研究生。本文系中央高校基本科研业务费专项资金资助项目"智能金融安全法律问题研究"（ZDJCXK2018）、浙江省社科规划课题"民间金融市场主体法律制度构建及完善"等（14YSXK01ZD1YB、2YB、3YB、5YB）、浙江省新型重点培育智库浙江大学金融研究院的阶段性成果。

网络借贷机构退出机制，是指运用市场系统组成要素之间的相互作用，推动网络借贷机构依照一定条件和程序，退出网络借贷市场的过程和方式。[①]退出机制的核心在于解决利益分配问题[②]，具体到网络借贷机构的退出，其核心在于妥善处理债权人的资金清退工作。根据网络借贷评级机构网贷之家的报告，截至 2018 年 12 月底，退出及问题平台数量历史累计共有 5409 家，涉及的投资人数约为 215.4 万人，涉及贷款余额约为 1766.5 亿元。[③]随着备案工作的逐步推进，网络借贷机构的退出将成为常态化问题。如何实现网贷机构平稳有序的退出是当前互联网金融领域最迫切、最棘手的任务之一。

目前，网络借贷退出的相关规定散见于《网络借贷信息中介机构业务活动管理暂行办法》（以下简称《网贷办法》）等规范性文件中，并未成体系。2018 年 9 月 6 日，为了应对集中爆发的网络借贷退出危机，互联网金融风险专项整治工作领导小组和 P2P 网络借贷风险专项整治工作领导小组共同下发了《关于做好网络借贷等互联网金融机构良性退出工作的意见》（以下简称《退出意见》），是唯一一部由监管机构制定的系统规范网贷机构退出的文件。遗憾的是，该文件是内部保密件，仅用于指导各地方监管部门进行本地区平台的清退工作。此外，部分地方互联网金融行业协会制定了"退出指引"[④]，成为网络借贷机构退出机制的重要补充，但其效果十分有限。以深圳市为例，深圳市互联网金融协会于 2017 年 7 月发布施行了"退出指引"，

[①] 此处对网络借贷机构退出制度的定义，综合参考了市场退出制度的学术定义和网络借贷机构及其业务的特征。北京大学杨紫烜教授将"市场退出"定义为"已经进入市场的主体及业务依照法定的条件和程序离开市场"。中国政法大学李曙光教授将"市场退出制度"定义为"运用市场系统组成要素之间的相互作用，推动主体退出市场生态系统的过程和方式"。杨紫烜主编：《经济法》（第5 版），北京大学出版社 2014 年版，第 127—133 页。李曙光：《论我国市场退出法律制度的市场化改革——写于〈企业破产法〉实施十周年之际》，《中国政法大学学报》2017 年第 3 期。
[②] 张宗军：《中国保险公司市场退出机制研究》，西南财经大学出版社 2015 年版，第 18 页。
[③] 网贷之家研究中心：《P2P 网贷行业 2018 年 12 月月报》，https://www.wdzj.com/news/yc/3657158.html，最后访问日期：2019 年 1 月 12 日。
[④] 目前地方互联网金融行业协会制定网络借贷退出指引的有：深圳、济南、北京、浙江、广州、安徽、上海、大连、广东。

是最早发布"退出指引"的地方行业协会。截至 2018 年 7 月，在"退出指引"实施一年的时间内，深圳市新增问题平台 181 家，其中发布退出公告的平台共有 22 家，目前官网正常运营且公告仍可访问的平台仅有 11 家，其中仅有 5 家在退出公告与退出过程中部分参考了"退出指引"的规定。[①] 由此可见，目前网络借贷领域仍然缺乏有效的退出机制，网贷平台退出的无序化问题依然严重。

一、问题的提出

相较于传统法学，经济学上契约的概念是广义的。经济学认为，交易是经济社会的最基本单位，而契约则是支撑交易活动的根基和媒介。[②] 任何市场行为的基础，从本质上都可归结为各个主体之间的契约。这种概念在解决市场交易问题时，契合真实的交易逻辑，因此也逐渐被法学界所吸收。网络借贷机构的退出问题从本质上也是平台与出借人的交易行为的延伸，网贷平台在正常运营中与出借人缔结的契约，由于出现"退出"这一意外事件发生了情势变更，需要修改原有契约，重新进行谈判。由于存在预见成本、缔约成本和证实成本，现实中的契约是不完全的。[③] 因此，网络借贷机构的退出机制应当弥补不完全契约导致的无效、低效等问题。

学界对网贷机构退出机制的研究起步于 2014 年，然而并没有学者从契约理论视角对网络借贷退出制度进行分析。目前的学术研究较为零散，缺乏系统性，主要结论性的意见可以归纳为三类。第一类建议是，网络借贷机构的退出应当参考商业银行、小额贷款公司等金融机构的退出方式，健全退出预警体系，由其监管机构根据监管过程中监测到的不同风险采取不同的行政

---

① 根据网络借贷评级机构网贷天眼的公开资料整理。其中问题平台包括失联、提现困难、诈骗、警方介入、暂停运营、跑路、清盘、展期等平台，大量问题平台实际上属于退出平台。

② 苏志强：《契约的比较考察——基于法学和经济学的不同视角》，《山西农业大学学报》（社会科学版）2013 年第 1 期。

③ 杨瑞龙、聂辉华：《不完全契约理论：一个综述》，《经济研究》2006 年第 2 期。

处置和司法处置措施；第二类建议是，我国网络借贷机构的退出机制构建应当借鉴境外网络借贷机构的退出制度，引入"生前遗嘱"与存款保险制度，严重危机平台由监管当局接管等；第三类建议是，我国网络借贷机构退出的法定路径是清算与破产，对于有清偿能力的平台应适用清算，丧失清偿能力的平台适用破产，并进行破产隔离。这三类思路虽然具有一定理论基础与现实意义，但均忽视了网贷机构退出中的不完全契约问题，难以据此设计出合理完善的网贷机构退出机制。

第一类思路，参照金融机构退出机制主要存在两方面问题。一方面，我国金融机构尚且缺乏完善的市场退出机制，金融机构发生风险后难以顺利退出[①]，现有的金融机构退出机制可能难以解决网贷机构的退出问题。另一方面，目前的监管思路将网络借贷平台限定为信息中介机构，现实中网贷机构的业务本质也各不相同，难以统一适用金融机构的退出机制。

第二类思路，借鉴境外网络借贷机构退出制度的问题在于，忽略了境外网贷机构退出机制的制定基础，未充分考虑我国实际情况。首先，"生前遗嘱"制度的具体内容是，要求金融机构事先准备详细计划，说明如果进入接管状态，接管人如何能快速有效地处理该银行，目的是方便接管机构处理资产，主要适用对象是大型银行，网贷机构参照适用。[②] 然而在我国的现实环境下，难以实现所有退出平台均有机构进行接管。因此，"生前遗嘱"制度虽然具有一定参考价值，但并非退出机制的核心。其次，通过存款保险解决债权人权利保护问题，在境外尚有争议。存款保险制度建立的前提是，具有稳健的银行系统、有效的审慎监管和充足的保险基金[③]，网络借贷行业显然不满足这些前置条件。因此，英国行为监管局（Financial Conduct Authority，

---

①　张长明：《银行业金融机构市场退出的法律制度研究》，世界图书出版广东有限公司 2017 年版，第 1 页。

②　理查德·斯考特·卡内尔、乔纳森·R.梅西、杰弗里·P.米勒：《美国金融机构法》，高华军译，商务印书馆 2016 年版，第 685 页。

③　颜苏：《反思存款保险制度中的道德风险问题》，《法学论坛》2015 年第 4 期。

FCA）就明确规定，由于网络借贷市场尚不成熟，网络借贷平台不属于金融服务补偿计划（Financial Services Compensation Scheme，FSCS）的服务范围，平台应当使其投资者充分了解风险。[①] 根据我国目前的情况，在网络借贷领域引入存款保险机制，将风险转移给存款保险机构，可能会导致更严重的系统性风险。最后，由监管当局接管严重危机平台，会大幅提高监管成本。结合目前退出平台的数量，缺乏操作的可行性。

第三类思路，通过破产与清算机制完成平台的"法定退出"，局限了平台退出方式。破产清算制度与市场退出机制不同，前者的结果是企业终止、民事主体资格消灭，是一种状态；后者的结果主要是业务活动的终结，强调退出的整个过程。破产与清算仅仅是退出的一种情况，并不能涵盖所有。虽然破产与清算制度作为一种较为成熟的体系，对网络借贷机构退出制度的设计具有重要参考意义，但其资金成本与时间成本高昂，难以直接适用。

网络借贷机构退出机制研究成果的弊端，其原因归根结底在于缺乏对网络借贷机构与出借人真实博弈关系的考察。简单依靠已有的金融机构退出机制与破产清算制度，或引入境外网贷机构退出机制，均忽略了实际的交易成本与退出当事人的基本诉求。实践中，网络借贷机构的业务模式纷繁复杂，大量平台并非单纯的信息中介，这决定了"一刀切"的退出机制难以解决实际问题。需要引入契约理论框架，透过退出乱象，探寻交易本质，结合网络借贷机构退出的实际情况与我国的现实基础，深入探讨网贷机构退出机制的构建与完善。

二、契约理论下构建网络借贷机构退出机制的必要性

经济学领域很早就开始从契约视角思考问题，到了 20 世纪 80 年代中后

[①] The FCA's regulatory approach to crowdfunding over the internet, and the promotion of non-readily realisable securities by other media Feedback to CP13/13 and final rules, 3.2–3.5, 2014.

期，逐渐发展出不完全契约理论。[①] 根据不完全契约理论代表人物奥利弗·哈特（Oliver D. Hart）的观点，由于在复杂、不可预测的世界中，人们不可能就未来可能发生的各种情况都作出计划。即使能够作出计划，缔约方也因难以找到共同语言进行描述而达成协议，更难以在出现纠纷的时候向法院等外部权威证实，因此契约是不完全的。对契约进行修改和重新协商是矫正不完全契约的重要方法，然而事后的讨价还价本身也是有成本的，信息不对称导致各方达不成有效率的协议。[②] 因此，需要其他手段来弥补不完全契约的缺陷。[③] 不完全契约理论一经提出，便迅速被法学界吸收。法学家在契约理论的基础上，提出了通过法律与管制等方式解决不完全契约带来的非效率问题。理查德·A.波斯纳提出，契约法与破产法等法律实质上是一种标准化契约，其功能在于阻止机会主义行为，并通过加入遗漏条款使当事人的协议变得更为完满。[④] 阿兰·施华兹认为，由于破产公司和债权人无法就使用何种破产体系事前达成一致，而公司经理与债权人对破产方式的偏好存在显著差异，因此应当依据契约理论完善破产法。[⑤] 丹尼尔·F.史普博提出，应当发挥管制在成本上的优势，应对昂贵的意外事件、败德行为与不对称信息带来的契约不完全问题。[⑥] 卡塔琳娜·皮斯托与许成钢在不完全契约理论基础上进一

---

① 倪娟：《奥利弗·哈特对不完全契约理论的贡献——2016 年度诺贝尔经济学奖得主学术贡献评价》，《经济学动态》2016 年第 10 期。

② 奥利弗·哈特：《企业、合同与财务结构》，费方域译，上海人民出版社、上海三联出版社 1998 年版，第 25—28 页。

③ 奥利弗·哈特等：《现代合约理论》，易宪容、罗仲伟、徐彪等译，中国社会科学出版社 2011 年版，第 78 页。

④ 理查德·波斯纳：《法律的经济分析》，蒋兆康译，中国大百科全书出版社 1997 年版，第 70—71 页。

⑤ Alan Schwartz. A Contract Theory Approach to Business Bankruptcy. The Yale Law Journal, 1998, 107(6): 1807–1851.

⑥ 丹尼尔·F.史普博：《管制与市场》，余晖、何帆、钱家骏、周维富译，格致出版社、上海三联书店、上海人民出版 2017 年版，第 49—54 页。

步提出，法律也是不完备的，需要引入监管促进契约的履行。[①]

契约理论为网络借贷机构的退出问题提供了新的分析视角，有助于厘清网贷机构退出乱象背后的本质问题。从契约理论的视角来看，网络借贷机构退出乱象频发的根本原因在于，平台与出借人之间就平台退出事宜无法达成完全契约，双方也难以通过重新协商弥补不完全契约的缺陷。因此有必要设计网贷机构退出制度，缓解不完全契约带来的非效率问题。

（一）网贷机构与出借人难以在事前就退出方案达成一致

其一，缺乏提前就退出方案缔结契约的基础。在网贷机构和出借人的预期里，平台的退出是小概率事件，双方均没有动力提前就此问题专门进行协商。从商业实践的角度，提前就退出问题与客户商讨，可能传递出平台运营不稳健的信号，打击出借人信心。平台为了保证资金端的稳定与充沛，即使对退出有所预测也不可能主动就该问题与出借人进行商议。因此，网贷机构与出借人没有激励提前就退出方案缔结契约。

其二，网贷机构的退出原因难以预测。梳理退出平台的退出原因可发现，其退出往往由多个因素导致。其中外部因素包括：监管具有不确定性[②]、宏观经济下行、网贷行业风险爆发、借款人逾期或欺诈与出借人挤兑等；内部因素包括：平台合规与经营成本过高、平台风控不完善、平台转型升级以及平台违法犯罪等。[③] 不同的退出原因应对应不同退出方案，而退出的原因不可预测，使得网贷机构与出借人难以在事前制定完满的退出方案。

[①] 许成钢：《法律、执法与金融监管——介绍"法律的不完备性"理论》，《经济社会体制比较》2001 年第 5 期。

[②] 监管部门对网络借贷的监管取向从 2014 年的"促进互联网金融健康发展"，到 2016 年的"规范发展"和 2017 年的"高度警惕"，再到 2018 年"健全对影子银行、互联网金融、金融控股公司等监管"，经历了从自由放任到全面趋严的过程。姚海放：《治标和治本：互联网金融监管法律制度新动向的审思》，《政治与法律》2018 年第 12 期。

[③] 2015 年 7 月 1 日到 2018 年 8 月 31 日共 409 家非跑路、经侦介入的退出平台，根据其退出公告，综合整理后得出。

其三，网贷机构的退出过程具有不确定性。网络借贷退出是一个过程，意味着网贷机构将在退出状态下持续一定时间。在此期间，可能不断有新情况、新情势发生，需要综合利用诉讼、债权转让、债转股、破产重整等多种方式，完成出借人的资金清退以及平台的市场退出。在此情况下，退出方案难以一蹴而就，而是需要根据具体情况的变化不断重新协商修改原有退出计划。

（二）出借人数量众多且存在利益冲突

互联网金融具有小额、分散、涉众的典型特点，[①] 网络借贷涉及了数量众多、分布在全国各地的出借人。以目前正在退出的中型平台"金融博士"为例，其出借人数高达 2177 人，分布于全国 14 个地区。[②] 很多平台在退出中难以实现一一对账，往往将资产端整合处理，统一清退给出借人。此时出借人之间存在权利冲突，涉及多方博弈，难以达成让所有人都满意的退出方案。一部分出借人基于先到先得的基础分配思维，会竞相采取行动保障自身权利；也有一部分出借人本着"搭便车"心理，消极应对，期待通过他人行为实现自身债权的清偿。出借人的这两类行为均会降低退出工作效率，贬损资产整体价值，不利于全体出借人利益的实现。此外，人类的决策行为会受心理、生理与社会的影响，具有有限理性。[③] 当平台公布退出公告，部分出借人采取聚众上访、骚扰或威胁平台办公人员等非理性行为，甚至直接采取暴力手段，导致退出的效率进一步降低。

在出借人数量众多的情况下，利益诉求不同且具有有限理性的出借人，难以形成聚合力。出借人各行其是，无效竞争，加剧了网贷平台退出的混乱

[①] 李有星，侯凌霄，潘政：《互联网金融纠纷案件法律适用与司法裁判规则的反思与完善——"互联网金融纠纷案件的法律适用与司法裁判规则"研讨会综述》，《法律适用》2018 年第 13 期。

[②] 根据其官方公告，其涉及预期欠款 14.8 亿元，欺诈本金 13.9 亿元。https://www.jinrongboshi.com/new/webAboutus/detailInfo.htm?termId=wangzhangonggao&body=315c7db857244718b62021fb0f44a73b，最后访问日期：2019 年 1 月 12 日。

[③] 王腊梅：《论我国 P2P 网络借贷投资人保护的实现机制——基于行为经济学视角的制度设计》，《湘湖论坛》2017 年第 1 期。

状况，延迟了网贷平台退出工作进度，有损于全体出借人利益。在出借人权利无法协调的情况下，难以实现不完全契约的自我矫正。

（三）信息不对称与机会主义

网络借贷流程的虚拟性和交易方式的特殊性导致信息不对称问题更加突出。[1] 网贷机构作为信息优势方，享有优先行动的主动权。[2] 在信息不对称的情况下，信息优势方会采取机会主义行为，损害信息劣势方的利益而从中获益。[3] 在网络借贷机构的退出过程中，如果缺乏有效的激励与规制，网贷机构将利用不对称信息将风险转嫁给投资者。一方面，在退出方案制定的过程中，网贷机构可能隐瞒平台的真实情况。退出方案仅仅作为一种"缓兵之计"，为平台跑路争取时间。在缺乏救济与强制力保障的情况下，一无所知的出借人签订了退出协议，丧失了债权处置的最佳时机。另一方面，在退出方案执行的过程中，出借人难以实时了解平台处置资产的过程。网贷机构可能会披露虚假的资产处置进度和方式，出借人无法及时发现与应对网贷平台违反退出计划的行为，导致出借人的处境更加恶化。

信息不对称与平台的机会主义行为，进一步加剧了出借人对平台的信任危机。网贷机构与出借人难以就退出问题达成有效合意，更难以保障网贷机构遵循退出计划有序执行。由于监督成本过高，信息不对称与机会主义的矫正很难通过契约双方平等协商自发形成。因此，有必要构建网络借贷机构退出机制，通过外力介入防范机会主义行为。

三、契约理论下我国现有网络借贷机构退出机制的不足

虽然缺乏统一、公开的网络借贷机构退出规范文件，但我国事实上已经

---

[1] 武长海主编：《P2P 网络借贷法律规制研究》，中国政法大学出版社 2016 年版，第 76 页。

[2] 杨东：《互联网金融风险规制路径》，《中国法学》2015 年第 3 期。

[3] 徐荣贞：《P2P 网络借贷平台运营模式及风险控制思考——基于信息不对称视角》，《财会月刊》2017 年第 5 期。

形成了网络借贷机构的退出机制，主要由两方面构成：其一是监管机构下发的整改文件以及内部《退出意见》，可从各地监管部门的实际清退行动中窥其概貌；其二是地方行业协会的"退出指引"。按照契约理论，网贷机构退出机制的重要制定目的之一，是解决平台与出借人契约不完全的问题，主要功能应当是降低缔约成本和监督成本，提供违约救济。然而，现有退出机制过于追求"维稳"目标，忽视出借人内部关系协调，同时缺乏明确的强制力保障。在此情况下，退出机制并未改善契约不完全状态，使得网贷平台的退出乱象无法从根源上解决。

（一）过于强调"维稳"目标

有学者提出，我国自从 2001 年起即进入"全面维稳"体制。面对危机的爆发，监管机构往往在统一目标的高压驱动下组建领导小组，采取自上而下的运动式监管方式，不计社会经济成本和效益。[①] 这一现象在网络借贷退出危机的处理上表现得尤为明显，其结果是网贷机构与出借人制定与执行契约的成本并未实质性降低，有时甚至不必要地增加。

首先，运动式监管产生的"命令和控制"式规则，使得退出计划难以反映网贷机构的真实意思。监管部门阶段性下发《关于做好 P2P 网络借贷风险专项整治整改验收工作的通知》《关于开展 P2P 网络借贷机构合规检查工作的通知》等"专项行动"文件，追求"短平快"完成备案制整改与不符合备案要求的网贷平台的清退工作。这种运动式监管方式具有仓促性、被动性，整治结果具有反弹性，可能会破坏法治的公平原则，监管绩效也十分低下。[②]地方监管部门为了完成上级下达的任务，往往强行要求平台在规定时间内完成清退。平台与平台负责人迫于监管压力，制定事实上难以履行的退出计划。

---

① 肖唐镖：《当代中国的"维稳政治"：沿革与特点——以抗争政治中的政府回应为视角》，《学海》2015 年第 1 期。

② 许多奇、唐士亚：《运动式监管向信息监管转化研究——基于对互联网金融风险专项整治行动的审视与展望》，《证券法苑》2017 年第 4 期。

大量平台负责人承诺以个人资产兑付出借人，却最终以跑路告终。

其次，刑事手段前置，不利于出借人权利的保护。刑法作为最严厉的法律，应当保持谦抑性。[①] 然而，在网络借贷机构退出的过程中，刑事司法机关常常被推到"冲锋陷阵"的最前线。[②] 刑法的过度介入，不利于按照市场规律处置资产。公检法部门并非资产处置的专家，也难以像平台负责人一样了解网贷机构业务的实际情况。在资产处置上过于追求速度，难以实现资产的真实价值，最终不利于出借人利益的保障。

最后，平台的合规义务过重，增加了平台退出的成本。为实现"维稳"的目标，9 地互金协会"退出指引"，均重点规定了平台对监管机构、行业协会的报送义务。其中 5 个地方将"维护金融和社会稳定"作为制定目的，8 个地方将"稳妥""有序"作为退出工作原则。退出工作小组的工作内容除了资产的处理与清退，还包括客户安抚（5 地）、应对处理不稳定因素与维护社会稳定（3 地）、引导出借人理性维权（3 地）等。这些超出必要限度的报送义务与缺乏依据的维稳义务，导致退出平台的资金成本、人力成本与时间成本被人为提高。

（二）缺乏有效的出借人协作机制

网络借贷机构的退出涉及众多出借人，出借人内部难以形成合力，缺乏与网络借贷机构平等协商的实质能力。因此，网络借贷机构退出机制应当重点关注出借人协作机制的设计，提高出借人的谈判能力，化解利益冲突，增进信任关系。通过建立出借人委员会来表达出借人集体意志，是较为有效的出借人协作机制。然而监管部门对此并未充分重视，未就出借人内部协调问

[①] 刘宪权：《论互联网金融刑法规制的"两面性"》，《法学家》2014 年第 5 期。

[②] 在 2018 年 12 月 2 日召开的"数字金融法治建设的理论及实践"高端论坛暨浙江省法学会金融法学研究会 2018 年会上，网络借贷从业者与司法实务部门对此均发表了自己的疑虑。浙江省人民检察院副检察长胡东林提出，司法是维护社会公平正义的最后一道防线，但是这几年数字金融领域一有风险的爆发，作为最后一道防线的司法部门就会被推到"冲锋陷阵"的前线。浙江省高级人民法院刑二庭审判员韩大可直言，互联网金融犯罪不像其他传统犯罪，现在法院往往"被案件推着走"。

题予以规定。地方行业协会制定的"退出指引"虽然对出借人委员会有所涉及，但存在较大问题。出借人协作机制的不足在于，出借人难以有效参与退出方案的制定并监督退出计划的执行。

其一，设立出借人委员会的标准不一。北京、广州和广东规定可以建立出借人委员会，安徽与上海则要求需要建立出借人委员会，浙江和深圳仅要求不良资产压力过大的网贷机构建立出借人委员会。在此情况下，大量平台缺乏动力设置出借人委员会，仅简单选举部分出借人代表，出借人仍然缺乏与网贷机构平等谈判与监督退出计划执行的实力。

其二，缺乏出借人委员会成员产生标准与程序。目前出借人委员会成员产生的标准与程序往往由平台自行制定。一般标准包括出借金额、专业技能、空闲时间等；一般程序是，先由出借人自荐，再由全体出借人投票或平台自行选择。依照平台自行制定的标准与程序，完全在平台操控下产生的出借人代表，可能难以反映出借人的真实意愿。平台可能会与出借人代表私下再行协商，先行瓜分资产。而出借资金额度的要求，也导致借人委员会成员类型单一。[①] 大额出借人与小额出借人具有不同的利益诉求，出借人委员会难以代表全体出借人的利益。

其三，对出借人委员会的职能规定存在问题。一方面，部分互金协会对出借人委员会的职能规定过于笼统。例如，北京和广州仅将出借人委员会的职能简述为"出借人反馈与表决渠道"，浙江与深圳并未规定其具体职能。另一方面，部分互金协会赋予出借人委员会不恰当的职能。例如，广东和上

---

① 以公布出借人委员会成员具体信息的网贷平台为例，帮友贷要求债权人委员会代表的账户金额必须大于 10 万元；金融博士平台最终选举出的出借人委员会成员，最低投资额为 20 万元，最高为 1755 万元；可溯金融平台最终选举出的出借人委员会成员，最低投资额为 8 万元，最高为 410 万元。

海要求出借人委员会协助进行"维稳"性质的工作。[①] 安徽互联网金融协会赋予出借人委员会"参与平台退出期经营"的职能，这一职能允许仅由部分出借人组成的出借人委员会直接参与资产的处置，极有可能引发道德风险。[②]

（三）缺乏制约与保障机制

按照契约理论，为了确保契约可被执行，需要一种有效的制约与保障机制。因此，网络借贷机构退出机制应当重点关注制约与保障机制的设计，降低出借人的监督成本，促使契约有效执行。主要方式包括，引入第三方机构参与并监督清偿方案的制定与执行，以及匹配明确的责任与罚则体系。然而目前的退出机制在此问题上存在较大缺陷，无法从实质上保障出借人的利益。

一方面，第三方机构的地位不明。实践中，参与平台退出的第三方机构，一般仅受平台委托处置资产，不具有独立性，无法对平台的退出工作进行有效监督。目前，监管部门对此尚无规定，行业协会"退出指引"仅要求第三方机构需作为退出小组成员（5地），参与资产处置（6地），但仍将第三

---

① 《广东省网络借贷信息中介机构业务退出指引》第十六条："网贷机构可引导出借人代表组成出借人监督委员会，主要负责……协助应对群体性事件、维护社会和谐稳定。"《上海市网络借贷信息中介机构业务退出指导意见》第六条："出借人委员会作为出借人代表参与平台退出进程，具体职权包括……在退出期间，协助退出工作小组安抚出借人情绪，遏制和化解各类不必要的问题及矛盾，尽力促使退出方案稳步推进。"

② 例如，2016年6月发布退出公告的网络借贷平台四达投资，在退出初期即建立"投资人监督委员会"入驻平台，由投资人组成，负责监督资产处置、资金回款等各项事宜。然而在第九次现金分配工作中，投资人监督委员会中的财务监督组成员利用职务便利私自回款，先行清偿了自身债权。根据四达投资官方网站公告以及网贷天眼相关新闻整理，https://www.sidatz.com/shownews.aspx?articleid=623，https://www.p2peye.com/thread-849725-1-1.html，最后访问日期：2019年1月12日。

方机构的聘任权交给网贷机构，第三方机构的独立性难以保障。① 仅有安徽互金协会"退出指引"规定，由网贷机构管理层和出借人委员会组建的共同委员会确定"是否聘请专业的会计师事务所进行专项审计，在退出期结束后再进行专项审计，并据此确定投资人分配方案"②。遗憾的是，该共同委员会设立的目的是为平台破产服务，仅用于会计师事务所的聘请，具有局限性。第三方机构独立性的丧失，限制了其在退出过程中的作用。第三方机构很难做到完全公允，出借人也难与其建立信任关系，无法形成有效的制约监督机制。

另一方面，缺乏明确的配套罚则。网络借贷机构退出机制需要具有配套罚则，否则就会落入"没有牙齿"的窘境。然而在网络借贷领域，目前级别最高的《网贷办法》仅笼统地规定，网贷机构违反法律法规与网贷相关监管规定的依照法律法规的处罚规定处罚，未做处罚规定的，监管部门的监管措施限于"监管谈话、出具警示函、责令改正、通报批评、将其违法违规和不履行公开承诺等情况记入诚信档案并公布"，行政处罚限于"警告、人民币3万元以下罚款"。③ 这种惩罚方式相对较轻，难以对网贷平台形成有效威慑。

---

① 上海互金协会虽然要求"各专业机构人员应充分发挥自身专业优势，独立、公允、客观、勤勉尽责地提供专业服务"，但其聘任是由网贷机构牵头成立的退出工作小组决定，仍然缺乏实质独立性。《上海市网络借贷信息中介机构业务退出指导意见（试行）》第七条："退出工作小组应当聘请具有专业资质的第三方律师事务所、会计师事务所参与退出工作小组开展相关工作……第三方专业机构应当指派熟悉网贷业务、监管规则的专业人员为退出工作小组提供专业服务。各专业机构人员应充分发挥自身专业优势，独立、公允、客观、勤勉尽责地提供专业服务……"
② 《安徽省网络借贷退出指引（试行）》第六条："网贷机构可成立共同委员会，由网贷机构管理层和出借人委员会代表共同经营，主要经营目的是存量项目的化解，待化解完毕，进入破产清算程序。共同委员会可确定是否聘请专业的会计师事务所进行专项审计，在退出期结束后再进行专项审计，并据此确定投资人分配方案。方案需共同委员会投票通过。"
③ 《网贷办法》第四十条："网络借贷信息中介机构违反法律法规和网络借贷有关监管规定，有关法律法规有处罚规定的，依照其规定给予处罚；有关法律法规未作处罚规定的，工商登记注册地地方金融监管部门可以采取监管谈话、出具警示函、责令改正、通报批评、将其违法违规和不履行公开承诺等情况记入诚信档案并公布等监管措施，以及给予警告、人民币3万元以下罚款和依法可以采取的其他处罚措施；构成犯罪的，依法追究刑事责任。"

而地方行业协会制定的"退出指引"仅为行业自律规范，不能作为处罚依据。此外，由于缺乏明确的处罚与入罪标准，实践中监管机构与刑事司法部门往往"以成败论英雄"。更加注重清退的结果，不关注清退的过程是否合法合规，打击了"诚实但不幸"的网络借贷机构从业者的积极性。这种方式可能会惩罚无辜者，阻止有利于社会的行为，导致执法处于次优状态。①

四、契约理论下网络借贷机构退出机制的构建方向

如果不符合自发的私人秩序，网络借贷机构退出机制的作用将被大大限制。② 因此，网络借贷机构退出机制的构建应当以解决网贷机构与出借人的契约不完全问题为目标，着力降低缔约与监督成本。通过构建完善出借人协作机制，提高出借人的谈判能力与监督能力，提高重新磋商的效率。同时，需提供制约与保障机制，监督退出计划的执行，重点防范欺诈与胁迫等机会主义行为。

（一）以解决网络借贷机构与出借人的契约不完全问题为主要目标

防范网络借贷机构退出引发的系统性风险，的确是监管机构需要重点关注的问题。然而，单纯以"维稳"为主要目标，会扭曲真实的市场运行规律，也加剧监管部门处理风险的责任和压力。③ 在此模式下，出借人的利益难以得到真正意义的保护，系统性风险也无法妥善化解。需要转变退出机制设计的出发点，以解决网贷机构与出借人的契约不完全问题为主要目标，发挥退

① 卡塔琳娜·皮斯托、许成钢：《不完备法律——一种概念性分析框架及其在金融市场监管发展中的应用》，《比较》2002年第3辑。
② 陈赤平：《契约的履行与重新磋商》，《求索》2005年第10期。
③ 有学者认为，现行金融监管体制下，金融监管部门同时承担金融发展的责任。风险事件的暴露先入为主被认为是金融发展的失败，是监管主体的责任。这造成金融监管部门不愿意风险暴露，而愿意多方配合进行救助和风险兜底，使得政府兜底的刚性兑付成为一种惯例和全民普遍预期的潜规则，进一步加剧了金融监管部门的责任和压力，使得金融监管部门愿意为了维护局部金融安全和社会稳定、免除自身监管责任而牺牲市场机制。王志成、徐权、赵文发：《对中国金融监管体制改革的几点思考》，《国际金融研究》2016年第7期。

出机制对不完全契约的补充作用，降低退出成本。

首先，以发挥不完全契约的补充作用为核心。"维稳"目标下的运动式监管方式与"控制和命令"式监管规则，是根据监管机构的监管逻辑设计的退出机制。而从解决网贷机构与出借人不完全契约问题着眼，退出机制应当是对退出当事人不完全契约的有效补充。第一，监管机构应充分尊重退出当事人的意思自治，不通过命令或"隐性"的强制力要求平台及其负责人进行刚性兑付，引导网贷机构与出借人作出真实意思表示。第二，制定信息披露指引，要求网络借贷机构进行真实、完整、准确的披露，确保出借人能够在了解情况的基础上作出选择。第三，提供基础的退出计划与清退方案标准化模板，降低当事人缔约成本。第四，统一退出相关词汇及其含义，如明确"退出"和"退出期间"等词语的定义，进一步降低当事人的协商成本。

其次，谨慎采用刑事手段处理网络借贷机构的退出问题。随着我国金融市场的不断发展，金融刑法的价值理念也由单一的保护金融管理秩序，转变为同等注重投资者利益的保护。[1] 由于我国长期存在"重刑轻民"的意识，人们相信依靠公权力手段更能揭示案件事实。[2] 当事人也期待依靠刑事诉讼程序，更加高效地一并解决其民商事诉求。在这种观念下，出借人往往轻率选择报案，给刑事司法部门也带来不小压力。刑法的介入应当具有适当性和必要性，必须基于维护公共利益和社会秩序的需要，如能采取其他法律方式干预的，尽量不选择刑事手段。[3] 因此，在退出过程中，除非网络借贷机构存在严重的犯罪嫌疑，否则公安不宜强制介入。应当坚持民商事优先的原则，引导出借人优先采取自力救济。

最后，设置合理适度的合规要求。从公共管理的角度，要求平台在退出过程中满足一定合规要求具有合理性。然而"维稳"目标下的合规要求过重，

---

① 王勇：《互联网时代的金融犯罪变迁与刑法规制转向》，《当代法学》2018 年第 3 期。

② 张卫平：《民刑交叉诉讼关系处理的规则与法理》，《法学研究》2018 年第 3 期。

③ 廖天虎：《论 P2P 网贷的刑事法律风险及其防范》，《中国政法大学学报》2018 年第 1 期。

提高了网贷机构的退出成本，最终可能损害全体出借人的利益。从解决网络借贷机构与出借人的契约不完全问题目标出发，网贷机构及其相关责任人的合规义务应当合理、适度。要求网络借贷机构向监管部门报送的材料与退出进度的汇报，应当以平台向出借人披露的信息为主。监管部门可以在此基础上有所增加，但不可给平台施加过重负担，避免退出门槛的不当提高。

（二）以出借人委员会为切入点构建出借人协作机制

在出借人人数众多、分布广泛且存在普遍利益冲突的情况下，由全体出借人集体表决成本过高，难以平衡各方利益，达成有效意见。出借人委员会是可行的出借人协作方式之一，能够实现全体出借人像一个人那样行动。出借人委员会与网络借贷机构存在对立关系，因此不能仅仅依靠网络借贷机构自发组织建立出借人委员会。需要在兼顾公平与效率的基础上，明确出借人委员会的设立规则，明晰成员选任标准与程序，厘清出借人委员会的职权范围。

其一，出借人委员会的设立应当根据网络借贷机构的实际情况，由全体出借人决定。一方面，设立出借人委员会是具有成本的，不宜强制要求所有网贷机构在退出过程中均设置出借人委员会。部分网络借贷机构单纯因转型升级的需要选择退出市场，不存在不良债权，并按照退出前的运营方式提前完成全体出借人的资金清退。还有一些纯粹的信息中介类平台，能够在成本较低的条件下完成借款人与出借人资金的一一对应。对于这些平台，其出借人之间不存在严重利益冲突，也不需要与网络借贷机构进行复杂的协商，没有必要设立出借人委员会。另一方面，出借人委员会设立目的是代表全体出借人的利益，因此应当由全体出借人决定是否设立。网络借贷机构应当向出借人充分告知，按照平台目前状况建立出借人委员会的利弊，搭建表决机制，由全体出借人投票决定。

其二，明确出借人委员会成员选任的标准与程序。在出借人委员会成员的选任标准上,需要充分考虑小额出借人的利益。大额出借人的出借金额高,更有动力参与并监督网络借贷机构的退出工作,但同时也有侵吞小额出借人利益的激励。因此,需要退出机制明确要求出借人委员会成员中必须有小额出借人代表,以保证出借人委员会能够代表各类出借人的利益诉求。在出借人委员会成员的选任程序上,应当由符合要求的出借人自行申请,全体出借人投票决定。避免由网络借贷机构完全操控出借人委员会成员的确定,丧失出借人委员会应当具有的作用。

其三,确定出借人委员会的职权范围。一方面,出借人委员会的主要职能,是向网络借贷机构反映全体出借人的诉求,以及向出借人反馈其已知的退出工作进度与状况。出借人委员会设立的目的是为了便利全体出借人意见的表达与协调,而非协助监管部门或网络借贷机构稳定出借人情绪。因此,出借人委员会协调出借人内部关系,仅以减少不必要的退出成本与提高退出效率为目的,以避免个别出借人非理性行为为限度。另一方面,出借人委员会对网贷机构退出过程中的管理、资产处置与分配仅应起到监督作用。为了避免道德风险,出借人委员会即使参与管理、资产处置与分配工作,也仅以履行监督义务为必要,不得直接接触资产。

(三)制定并完善制约与保障机制

在网络借贷机构的退出问题上,如果面对的是简单退出场景,出借人委员会足以形成对网络借贷机构的有效制约。但实践中大量网络借贷机构的退出是复杂的,比如部分平台会异化为信用中介或类信用中介,与出借人形成较为复杂的债权债务关系。此时,单纯依靠出借人委员会难以形成有效制约,需要独立第三方机构的介入,同时匹配明确适当的责任与惩罚机制,为退出契约的制定与执行提供强制力保障。

引入独立第三方机构,以实现全体出借人利益的最大化为目的介入退出过程,有利于补充并完善网络借贷机构退出的制约机制。监管机制是人类设计的产物，受制于人的知识与经验的局限性，难以达到长期演进的法律所具备的健全程度。[①] 因此，网贷机构退出第三方制约机制的设计，可以部分参考与网络借贷具有相关性的破产法中有关破产管理人的规定。首先，地方互联网金融行业协会可在此过程中发挥类似法院的作用。网络借贷机构的退出不同于破产，没有必要直接引入成本高昂的司法程序。地方互联网金融协会基于其日常工作，更加了解本地网络借贷市场的情况，由其进行独立第三方机构的选任更加契合退出各主体的实际需求。可以由地方行业协会根据律所、会计师事务所等专业机构申请，编制第三方机构名册，指定机构参与退出，并指定基本报酬方案。其次，是否引入第三方机构参与退出，应由网贷机构与出借人委员会经平等协商后决定，或由监管机构直接进行指令。最后，第三方机构应当以全体出借人利益最大化为目的，忠实且勤勉地履行职责，并接受互联网金融协会、全体出借人与出借人委员会的监督。

除了第三方履约机制外，公共强制性履行机制也是解决不完全契约问题必不可少的环节。制定并完善保障机制，除了需要提高网络借贷相关规定的法律层级，对法律责任予以明确外，更重要的是从对退出结果的关注转变为对退出过程的关注。契约理论下，市场期望的监管与法律机制所应具备的重要作用之一是防范欺诈与胁迫。[②] 因此，网络借贷退出的保障机制应当重点关注网络借贷机构在退出过程中，利用信息不对称的机会主义行为。需要对不履行信息披露义务、欺诈、胁迫等行为施以严厉处罚措施。通过匹配违约责任与严厉的罚则，提高网络借贷平台采取机会主义行为的成本。为退出契约的执行提供强有力的保障，最终实现对互联网金融市场的正向引导。

[①]　Friedrich A. Hayek. Law, Legislation and Liberty, Volume 1: Rules and Order. London and Henley: Routledge & Kegan Paul, 1973: 5.

[②]　Alan Schwartz. Contract Theory and Theories of Contract Régulation, Revue d'économie industrielle, 2000, 92: 101−110.

五、结语

　　金融监管应当遵循金融运行的基本规律，从源头上防范金融风险。然而，在金融发展与金融安全的双重目标下，金融监管往往陷入进退维谷的境地。这一困境在网络借贷机构的退出问题上尤为明显——早期松弛的监管思路以及缺失的退出机制，使得大量网贷机构无序退出，出借人损失严重；而目前强监管的环境，以及严苛的退出机制，也并未从真正意义上解决网贷机构的退出问题。契约理论透过复杂的金融乱象，聚焦于当事人之间的契约问题，有利于厘清问题的本质，为网络借贷机构退出机制的设计提供新的视角。网络借贷退出危机的根源在于契约的不完全性，因此退出机制的构建也应从解决不完全契约引发的非效率角度出发，降低当事人缔约与再协商成本，通过建立出借人委员会提高出借人的谈判能力与监督能力，制定并完善制约与保障机制。在符合网络借贷机构退出的市场逻辑的情况下，保护出借人利益，降低退出风险。

论数字金融的法治化建设
——浙江省法学会金融法学研究会 2018 年会会议综述

李有星　潘　政　侯凌霄 *

摘　要

"数字金融法治建设的理论及实践"高端论坛暨浙江省法学会金融法学研究会 2018 年会，从数字金融的法治化发展入手，重点探讨了数字金融背景下的地方金融立法、商业信用的立法问题、数字金融发展法律问题以及数字金融的司法与仲裁等问题。与会专家就上述问题进行了全面研讨，对数字金融发展过程中的理论和实践问题展开了深入剖析，并提出了相应的完善建议。

关键词：数字金融；地方金融；商业信用；互联网仲裁

★　本文原载于《法治研究》2019 年第 2 期。侯凌霄，浙江大学光华法学院博士研究生；潘政，浙江大学光华法学院博士研究生。本文系中央高校基本科研业务费专项资金资助项目"智能金融安全法律问题研究"（项目编号：ZDJCXK2018）、人工智能与法学专项资助课题"智能化网络借贷安全问题法律研究"（项目编号：18ZDFX008）、浙江省社科规划课题"民间金融市场主体的法律制度构建及完善"等（项目编号：14YSXK01ZD1YB、2YB、3YB、5YB）成果。

2018 年 12 月 2 日，"数字金融法治建设的理论及实践"高端论坛暨浙江省法学会金融法学研究会 2018 年会在杭州隆重召开，来自浙江省内外金融监管部门、司法机关、各高校、金融机构、律师事务所、金融相关企业的领导、专家学者，以及高校硕博生 250 余人参加会议。本次会议围绕数字金融的法治化发展问题，从法律制度、社会治理和司法应用等角度入手，探讨数字金融规范发展问题，具体讨论了数字金融背景下，地方金融监管与商业信用立法问题、数字金融规范发展问题、数字金融的司法与仲裁问题等。现将大会主要学术观点综述如下。

一、数字金融背景下的地方金融立法

（一）数字金融背景下的地方金融立法适用范围

地方金融立法的适用范围，是地方金融立法首要解决的问题，其实质关系到中央与地方金融监督管理事权的划分与合作。一般而言，地方金融立法的适用范围主要包括 11 类，即中共中央、国务院在《关于服务实体经济防控金融风险深化金融改革若干意见》（以下简称《若干意见》）划定的 11 类对象，包括小额贷款公司、融资担保公司、区域性股权市场、典当行、融资租赁公司、商业保理公司、地方资产管理公司等 7 类机构，以及要求地方强化监管的 4 类机构，包括投资公司、开展信用互助的农民专业合作社、社会众筹机构、地方各类交易场所。这种"7+4"结构下的地方金融立法适用范围，在立法实践和学术研究中存在颇多争议。

中国证券法学研究会副会长、浙江省金融法学会会长、浙江大学互联网金融研究院副院长、浙江大学光华法学院教授、博导李有星教授提出，地方金融立法的范围实际上应该是"7+4+X"。地方金融立法必须要与地方经济社会和金融发展情况相适应，浙江省民间金融发达，在数字金融领域也走在全国前列，因此浙江省的地方金融立法应当将民间金融和数字金融纳入适用范围内，围绕立法空白"充分立法"，制定能够切实解决浙江难题的"精确立法"，形成与正规金融和持牌金融不同的民间金融"分离型立法"。

浙江大学光华法学院研究员、博导黄韬同样认为，中央划定的地方金融"7+4"范围本身就存在模糊之处。一方面，作为立法依据的《若干意见》本身不是《立法法》意义上的正式法律渊源，该文件也并未作为一个正式公开的文件予以公布。另一方面，"7+4"包含的11类机构中，有许多也并非单纯的地方事权。比如投资公司中主要为他人管理资金的私募股权投资管理机构，以及为他人管理资金的股权众筹平台等，是明确由证监会管理的，实际上并不属于地方金融立法的调整范围。因此，黄韬研究员认为，当前地方金融立法的适用范围相对模糊，需要地方金融立法者审时度势，立足地方需求，作出相应的立法决断。

除了地方金融立法"7+4"范围争议之外，部分专家学者还围绕"地方金融监管"与"金融的地方监管"展开讨论，其背后的逻辑仍然是央地金融事权的划分。金杜律师事务所高级合伙人姜丛华律师认为，首先，地方金融监管要准确定位"金融"，既要防止泛金融化，又要防止去金融化，不能将一般的民事法律行为纳入金融监管的范围内。其次，准确把握地方金融的监管和金融的地方监管之间的关系。从一般语义解释看，地方金融监管是对"地方金融"的监管，但是实际上，金融的"地方监管"更为恰当。"地方金融"的概念，无论是从金融主体的地域性，还是从金融行为的地域性入手，都很难清晰界定。许多金融组织是全国性的，许多浙江的金融组织也是立足浙江、辐射全国的，难以界定为纯粹的"地方金融"。而"金融的地方监管"则意味着，地方金融监管是全国金融监管体系的一部分，是中央到地方的多层级监管体系下的一级地方监管权。从这一视角看，地方金融"7+4"适用范围的模糊性难题便可得到更为恰当的理解。

（二）数字金融背景下的地方金融立法目的和价值取向

在地方金融立法过程中，立法目的的确立具有统领全局的作用，如促进金融效率、保持金融安全、维护金融公平、保护金融消费者权益等，都曾被学界作为金融立法的目的提出过，也形成了诸如金融法"三足定理"之类的理论体系。① 近年来，由于对金融危机的反思进入更深的理论层次，加上国内经济形势下行风险加剧，又提出将"金融服务经济社会"或者"金融服务实体经济"作为金融法立法的新目的。在《浙江省地方金融条例（草案）》（以下简称《草案》）的立法过程中，也曾提出这一新的立法目的，在 2018 年 9 月公示的《浙江省地方金融条例（征求意见稿）》第一条中规定："为了充分发挥金融服务经济社会的作用，规范和促进金融发展，保护投资者合法权益，防范和化解金融风险，维护区域金融安全，根据有关法律、行政法规和国务院决定，结合本省实际，制定本条例。"但是在最近的审议稿中，则删去了"金融服务经济社会"的表述，只留下金融发展和金融安全两大目的。可以说，作为地方金融立法目的的"金融服务经济社会"，在法律实践中仍然充满争议。

浙江省地方金融监管局副局长潘广恩指出，在《草案》立法过程中，如何处理好监管和发展、创新和风险的关系是条例制定的重点。地方金融立法在这些方面如果规定过严、过死，地方金融就会失去活力；如果过于宽松，又失去约束力。如何在鼓励创新的同时守住风险底线，既不因过度创新导致风险，也不因过于强调风险防范而抑制创新，这是地方金融立法需要解决的核心问题。

浙大城市学院谭立教授认为，《草案》对"金融服务经济社会"表述的删除，是为了立法语言的简洁，因为这一目标在之后的法律条文中已经有所体现。但是谭立教授进而指出，地方金融监管的重心还是在于避免资金或者金融的空转，实现金融服务实体经济的目的。浙江富浙股权投资基金管理有限公司董事长周德强结合自身的工作，认为金融是促进生产要素合理配置的

---

① 邢会强：《金融危机治乱循环与金融法的改进路径——金融法中"三足定理"的提出》，《法学评论》2010 年第 5 期。

一个黏合剂，但是金融本身并不创造社会的新增财富，所以如果纯粹做金融，使资金在金融体系里空转，对国家和地方的经济发展是没有意义的。总体上看，与会学者普遍认为，尽管金融活动形式各异、纷繁复杂，但是无论什么金融活动或产品，从根本上说，最终的作用只是资源配置中的媒介，金融可以发展出自身的独特目的和追求，但是从整个经济体系的角度看，金融的作用却别无其他。[1] 浙江大学光华法学院潘政博士结合金融监管历史中"金融危机—强调金融安全—克服危机—强调金融发展和效率—金融市场繁荣—金融危机"的治乱循环怪圈[2]，提出以"金融服务实体经济"或者"金融服务经济社会"作为平衡促进金融发展和防范金融风险的第三维度目的。他认为，地方金融立法目的的确立要基于金融的基本功能，离开了金融的基本功能，而去追求促进金融发展或者维护金融安全，都将是"误入歧途"。这样，"金融服务实体经济"或"金融服务经济社会"的目标，就从金融的基本功能上，将"效率"与"安全"、金融发展与金融安全联系在一起，成为衡量金融发展和金融安全的尺度。同时，"金融服务实体经济"或"金融服务经济社会"存在相应的测量方法，比如资金的流向、市场利率的高低、融资的难易程度等，都是可以用一定的标准、测算方法予以衡量的，以数据事实代替艰难的价值抉择，是破解金融安全与金融发展固有矛盾的一个可行做法。

（三）数字金融背景下的地方金融监管体制

在地方金融监管体制方面，与会专家学者争议的焦点在于监管权力的配置。浙江省法学会金融法学研究会会长李有星教授认为，在地方金融监管体制确立的过程中，首先面临的现实问题在于地方金融监管权的配置。[3] 具体而言是省级以下地方政府是否赋予其地方金融监管权，是否要构建起省、市、

---

① 中国社会科学院国家金融与发展实验室：《管理结构性减速过程中地金融风险》，社会科学文献出版社 2017 年版，第 1—18 页。

② 邢会强：《金融危机与金融监管》，《法学杂志》2009 年第 8 期。

③ 李有星、柯达：《论政府竞争视角下的地方金融监管权配置》，《浙江社会科学》2018 年第 9 期。

县三级地方金融监管局。按照中央的基调，地方金融监管权只能赋予省级人民政府职能部门，不能层层下放给地方各级政府。但是从实际操作来看，这样的做法是不切实际的，如果仅仅是省级地方金融监管局有监管权，县市政府没有相关的权限，那么地方金融的日常监管和风险处置就是很难实现的目标。浙江大学光华法学院研究员、博导黄韬同样认为地方金融立法中的地方政府执法权限问题是监管体制确立的核心。在地方金融的日常监管和风险处置层面，政府职责会不可避免地向下级政府下沉，从权责一致的角度，监管权限也要下调给地方各级政府。而且，从实际情况看，许多地方金融组织的注册地、营业地都在各县市，相较于由省级地方金融监督管理局来进行长距离监管，各级地方政府无疑是更为适合的监管者。即便将来权限全部收归省级地方金融监管局，但是很多具体的监管措施，还是要交给地方政府执行，无法真正实现权力的集中。

在坚持地方金融立法权限按照行政层级下放的前提下，有的学者提出了监管权构建的不同观点。有学者认为，应将地方金融监管权提升到地级市人民政府职能部门，而不是简单地全部分给区县基层政府。其认为将监管权责分配给"县级以上"政府，级别设定太低，理由如下。第一，政府能力问题。金融不像其他市场活动，具有很强的外部性和风险外溢性，即便控制了地方金融企业的业务规模和经营区域，一旦出现问题，不仅会影响相关企业，也会打击市场信心，产生牵一发而动全身的连锁反应。同时，金融监管在国外都属于技术难度较高的行政职责，防范和化解金融风险不仅需要专业知识、专业人员，也需要专业的监管技术和手段，而县级政府在处理金融风险、开展金融监管方面的能力实际上是不足的。第二，地方金融发展状况存在差异。浙江省虽然经济较发达，地方金融活动亦十分活跃，但地区间的发展差距仍然客观存在，并非所有的县级区域都有成规模的金融活动，经济和金融发展是不平衡的。如果将地方金融工作的基本职责交由县级政府，就会出现金融不发达的部分县级政府"无所事事"，而金融发达的县级政府地区则会工作负担过重的情况。第三，地方政府的视野局限性。县级政府考虑问题的角度主要还是县域范围内的问题，有些措施可能只对其辖地有利而不利于其他区县，造成"以邻为壑"的情况。

二、数字金融时代的商业信用法治化发展

（一）商业信用的基本概念

"商业信用的发展及制度研究"课题组认为，"信用"是对主体在社会关系的诚信状况开展的评价体系，是一个主客观相结合的概念，一方面是客观性，即强调信用具有公共性和全面性，对于他人的信用评价，要由第三方公共机构基于客观真实情况予以全面评价，而不能以偏概全；另一方面是信用具有主观性，信用评价的结果总是因为评价标准、评价目的的不同而不同的。因此，对不同信用的界定，主要是依据其主观性，也即信用评价标准、评价目的的不同而划分。社会信用，根据国务院印发的《社会信用体系建设规划纲要（2014—2020）》（以下简称《纲要》），社会信用体系是"社会主义市场经济体制和社会治理体制的重要组成部分。它以法律、法规、标准和契约为依据，以健全覆盖社会成员的信用记录和信用基础设施网络为基础，以信用信息合规应用和信用服务体系为支撑，以树立诚信文化理念、弘扬诚信传统美德为内在要求，以守信激励和失信约束为奖惩机制，目的是提高全社会的诚信意识和信用水平"。根据上述"信用"的定义，可以说，我国的"社会信用"，实际上和"信用"具有相同的内涵外延，是完全相同的两个概念。因为我国的"社会信用"，就是对全体社会成员的整体诚信状况进行评价，评价主体囊括了市场、社会和国家，至于评价的标准或者评价的角度，实际上就是要求评价主体以全面、客观的标准反映主体真实信用水平。经济信用，是指从经济角度，对主体在社会关系总和中的诚信、信任状况开展的评价体系。所谓的经济角度，因为经济本身概念范围十分广泛，这一角度实际上包罗万千，包括从金融、商品或服务交易的角度评价主体信用状况。如果从金

融角度和标准，即从主体信用状况对金融交易活动的影响入手，对主体信用状况进行评价，则是金融信用。除此之外，一般商业交易领域的信用却一直未受到重视，这领域的信用评价体系，就是商业信用。所谓的商业信用，就是指站在纯粹商业交易的视角，以是否有利于交易的开展（包括缔约、履行等）、是否有利于保护交易相对方合法权益、是否有利于市场经济的健康发展为标准，对商品和服务交易双方的商业行为进行的信用评价。商业信用构成了市场经济最基本的元素，是对金融交易之外，一般商事交易活动的信用评级，可以说，在经济信用之中，不仅仅有金融信用，也包括了丰富多样的商业交易领域的信用，这是一个更大的"舞台"。

社会信用、经济信用、金融信用和商业信用的关系

（二）数字金融时代商业信用立法的必要性

蚂蚁金服高级合规专家蔡年余认为，商业信用立法主要为了解决两个层面的问题，一是规范市场，二是促进发展。

第一，规范市场行为。随着大数据、人工智能技术整体发展，近五年产生的数据，已经占到全球所有数据累积的将近 90% 以上，而数据的高度在线化，使得利用大数据进行信用评价成为可能。但是基于大数据的商业信用评价体系，也引发了很多问题，主要包括两个方面内容：第一个方面是技术的安全性。[①] 就目前的情况看，大数据征信和大数据算法，存在许多局限性，包括数据的时效性问题、数据采集的范围以及算法的合理性问题，在运用人

---

① 贾拓：《大数据对征信体系的影响与实践研究》，《征信》2018 年第 4 期。

工智能技术进行自动化的信用评价时，还会涉及人工智能的技术安全性问题，也会涉及一些算法歧视和信用评价公平性问题；第二个方面是数据安全和隐私保护问题。商业信用运用大数据开展信用评估，不可避免会涉及非常多的数据类型，包括出行数据、消费数据、收入数据，包括其他方方面面与生活相关的数据，不仅数据体量大，而且数据的价值也十分巨大，这就为如何保护数据安全，以及保护数据背后的个人隐私提出了挑战。

第二，促进商业信用发展。以芝麻信用为例，芝麻信用经过近四年的发展，通过开展"安心消费""先享后付"等商业信用服务，大大推动了整个社会的信用状况改善，甚至许多企业开展业务，也都是基于芝麻分来判断客户信用水平。但是，像芝麻信用之类的商业信用服务机构，一直处于法律的边缘地带，法律没有对其地位、权利和义务作出相应的规定，政策的摇摆，无疑给企业和整个行业的发展带来巨大的不确定性。同时，商业信用服务机构在市场经营过程中，也面临很多法律实务问题，却无奈没有相关法律的规定予以解决。比如信用信息的采集问题，目前主要采用授权采集的模式，按照现有的法律法规，商业信用业务的授权采集肯定要经过信用主体授权；但是信用采集实践中，部分客户却基于自身利益考量，不愿意、不授权信用服务机构采集对其有负面影响的数据，使得企业无法建构其完整的信用画像。[1]又比如，在信用服务机构开展业务的过程，会与许多机构开展合作，这些机构也会基于约定，获得一些信用数据，但是这些机构破产倒闭之后，如何处理这些数据就成为一个难题，其中便涉及平衡个人用户、企业和公众利益的问题，而这些无疑需要法律予以明确规定。

（三）商业信用的发展模式与监管体制

"商业信用的发展及制度研究"课题组认为，商业信用的发展模式，应该是一种以市场为主导的模式。在国外信用发展历史中，形成了三种信用发

---

① 朱悦：《大数据征信中数据主体的同意权研究》，《证券法律评论》2018 年。

展模式，第一种是以美国为代表的市场化发展模式，第二种法德等欧盟国家为主的政府主导型发展模式，第三种则是日本为代表的行业协会模式。[①] 在日常生活中，商业信用几乎无处不在，而且与金融信用不同的是，商业信用与我们日常生活更为紧密，比如借书服务，要求信用分达到一定水平，就可以免押金借书，还比如家政服务，通过信用分来衡量家政人员服务情况以及雇主的信用状况。可以想象，商业信用还将在更多领域得到运用，商业信用构成了商业社会的一个基本信用评价体系。而这种层出不穷、越来越广泛的应用场景，无疑是市场驱动发展的，这种驱动力量，一是来源于新的消费升级、新零售、新产品、新服务等新的需求点产生，二是来源于大数据、人工智能等新技术的应用，可以进一步将需求从消费者内心深处挖掘出来，将消费者的消费情况记录下来，而这些挖掘和记录的数据，都将成为商业信用评价的依据。因此，商业信用的需求，来源于市场，商业信用评价的基础，也是产生于真实市场环境下的信用数据，商业信用的发展，总体上必然是一个市场驱动型的发展模式。

对于商业信用的监管体制，首先要解决商业信用是否需要进行持牌经营的问题。"商业信用的发展及制度研究"课题组认为，在坚持商业信用市场化的同时，需明确商业信用与金融征信之间的关系，理顺管理体制。金融征信只是信用体系建设中一个重要组成部分，商业信用与金融征信是并列的两个子部门。金融征信（包括个人征信）由于涉及金融安全，因此须要接受严格的金融监管、进行严格的牌照管制。但商业信用、商业信用征信与金融征信无关，与金融安全无涉，因此不需要接受严格的金融牌照监管。且商业信用适合市场化运作，由社会信用服务机构提供相应信用服务，没有必要受到严格的金融监管和准入限制。金杜律师事务所高级合伙人姜丛华律师同样认为，不能将金融监管泛化，商业信用是市场主体基于互联网和大数据技术建立的一种商事信用评价体系，可以使交易各方基于商业信用评价，作出符合

---

① 后梦婷：《国外社会信用建设的路径比较》，《重庆社会科学》2011 年第 12 期。

预期的交易判断。商业信用是一个市场工具，即便其获取的信用信息内容涉及金融，但其本身并不属于金融，无需按照对待金融机构的要求持牌经营。此外，牌照作为一种行政许可，按照《行政许可法》的明确规定，法律没有依据的，不能纳入行政许可范畴，商业信用就没有被纳入法律要求的行政许可范围内。

（四）信用联合惩戒机制的法治化

浙江工商大学法学院王惠教授提出，商业信用的使用，一个重要的内容就是信用奖惩机制。一个人拥有良好的信用，奖励和好处不言而喻，不仅是金融借贷领域可以以较低利率获得贷款，也能够享受现在越来越普遍的"先享后付"和免押金服务，这是奖励机制。另一方面是惩罚机制，对于失信、不诚信的人，除了不能得到上述好处外，还会被纳入各类黑名单，遭受信用降级，生活中将处处受限，以此作为一种失信的惩罚。[①] 但是，这里面也存在一些亟待解决的法律问题。首先是技术上的，失信与否，很多时候是依据大数据或人工智能算法，根据信用主体的行为进行自动演算和判断，这就会涉及技术的安全性和可靠性问题，以及通过技术得出的信用评价结果的合理性和可接受性，这还牵涉信用评级机构的公信力。其次是法律制度问题，即失信惩戒措施的合法性问题。失信惩戒措施，在社会重视度不断提高的情况下，在某些时候，其惩罚的力度更是超过行政处罚，甚至部分刑事处罚，典型的就是失信人被纳入黑名单，出行、消费等都会受到严重限制，部分地方公开失信人个人信息，对失信人形成了巨大的社会舆论压力。这些措施从目的上看，肯定是希望人们严守承诺，但是这类措施的程度，甚至达到了人身限制、损害个人隐私的地步，在精神上更是对每一个社会主体造成很大的压力和震慑力，这种威慑可能比行政法、刑法的威慑大得多。但是，这种强度高于行政法、刑法的措施，却并无法律的明确规定，合法性依据欠缺，当事

---

① 史玉琼：《关于建立失信惩戒机制的研究》，《征信》2018 年第 9 期。

人对于此类惩戒措施也缺乏救济渠道。如何实现失信惩戒机制的法治化，防止惩戒措施被滥用，都是商业信用领域亟待解决的问题。

三、数字金融的规范发展

（一）数字金融发展的制度误区

数字金融，过去叫互联网金融，是互联网技术与金融相结合的产物，随着技术手段的不断进步，诸如大数据、人工智能等更高精尖的数字技术越来越多地与金融结合，形成了新的"数字金融"。数字金融涉及数字货币、支付、网络借贷、股权众筹、信托理财、互联网商业信用等，相关行业或领域蓬勃发展、方兴未艾。作为一个新事物，数字金融领域出现了许多新问题，针对这些问题，浙江省法学会金融法学研究会李有星教授认为，从法律视角看，造成数字金融今天的困境的主要原因，在于法律空白、制度设计不合理和社会综合治理模式不完善，暴露了法律制度设计中的认识误区。

第一，涉众风险的判断误区。为了控制风险，现今对于互联网金融或者数字金融的管理，均是基于信息隔离，避免出现涉众、公开的基调，将线上的金融强制规定成线下业务。但是就技术特征来讲，互联网技术天然具有公开性和涉众性，互联网技术真正的价值恰恰是运用技术实现连接大多数人、聚少成多的功能。但是从反面看，互联网技术又可以实现对客户的限定，技术手段完全可以通过设置准入条件来划定客户群体范围，实现风险的限定化。因此，涉众风险的控制，不能靠拒绝互联网技术来实现，而是要更多运用相关技术。

第二，数字金融平台法律定位的误区。现有规定将数字金融平台定位为纯粹信息中介，以为只要企业不增信，不进行刚性兑付，就可以"一劳永逸"地控制风险。这实际上也是错误的，比如风险准备金作为"不得增信"规定中的内容而被禁止，但是从逻辑上看，风险准备金恰恰是为了防范风险而预先垫付的资金。严格依据现有法律制度，禁止设置风险准备金，反而使得企业抗风险能力下降。

第三，牌照制的误区。依据现有监管规则，"备案"或"审批"的说法，无疑都是一种牌照制的表述形式，而牌照制的底层逻辑则是对金融垄断特权的维护。历史经验表明，牌照制并非是防范风险的唯一措施，甚至牌照制本身也并不能真正起到防范风险的作用，严格审批、持牌经营的金融机构常常也会成为金融危机的源头。相反，备案制、注册制、宽进严管也被证明是防范金融风险的有效手段。金融监管制度的核心，始终是对金融企业日常经营的监管，而不是通过设定过高的门槛，限制新企业的进入，制造"持牌机构都是合法、合规经营"的错觉。同样，牌照制也无法适应社会经济的发展需要。牌照制度作为行政审批，落后于社会的现实发展。比如支付宝在 2009 年出现，在经营了多年之后才由人民银行颁发了第三方支付的牌照，如果严格遵守牌照制度的逻辑，支付宝在出现伊始，即涉嫌非法集资罪、非法经营罪。

第四，司法裁判的认识误区。在现实中，始终存在将司法裁判规则作为行政管理规则的做法，最为典型的就是利率问题。最高人民法院出于司法审判的需要，划定了 24% 和 36% 的利率上限，在现金贷整治、网络借贷监管规则中，行政机构一并继承这一规定，作为自身行政管理的规则。这实际上是将司法机关个案适用的利率，作为了普遍适用的行政规范。

第五，对刑事手段的认识误区。地方政府常常将刑事手段，作为保护数字金融投资者权益的主要措施，一旦出现风险，就简单地"一抓了之"。但是，刑事手段绝对不是保护投资者权益的有效选择，将数字金融企业主要责任人控制起来，追究刑事责任，无助于投资者权益的挽回，只会使得企业民事受偿能力下降，投资者受偿款项数额减少。然而，这其中也存在一定矛盾，往往一旦出现风险事件，如果不采取刑事手段介入，便无法做到"息事宁人"，无法稳定投资者情绪，这其中也涉及维护社会稳定和投资者教育的问题。

（二）数字金融规范发展的制度路径

首先，构建数字金融规范发展的基础设施建设。参会数字金融企业代表认为，防范数字金融风险，首先要构建数字金融基础设施，实现企业之间、企业和监管部门之间的信息共享，打破信息壁垒。目前，不仅是数字金融行业内各平台数据没有实现互联互通，信息无法交互，甚至是企业与监管部门间的沟通，也存在一定的障碍。比如对于一些借款人，平台只能够知道其在自己平台上的借款金额，对借款人在其他平台上的借款金额无从得知。在网络借贷行业 2017 年底发生的多头借贷爆发事件中，许多借款人依靠在各个平台之间的"拆东墙补西墙"，迅速将风险扩大。同时，数字金融企业也无法进入全国征信体系，既不能查找征信信息，也不能对接相关数据，借款人失信之后也缺乏相应措施予以反制。因此，数字金融企业代表提出要在行业内建立企业间信息共享平台，在企业和监管部门间搭建包括信用信息在内的对接通道，实现信息共享。

其次，正确界定数字金融平台的法律定位。康达（杭州）律师事务所主任邵岳律师认为，当前在网络借贷领域，网络借贷平台对资金方有一定的准入条件，会进行一定的资格审查，甚至会对借款人的还款能力进行审查，从投资者角度，平台也会对投资者的身份等进行一些审查。从这个意义上来讲，网络借贷平台已经承担了类似金融机构借贷资格审查的功能，在撮合的过程中，也会对双方的需求进行匹配，不管是利率、期限或者金额等。实际上，这种服务已经超越了正常信息中介的功能，而是从事金融业务的复合中介。北京中伦（杭州）律师事务所主任张晟杰律师也提出了类似的观点，他进而还建议从顶层设计上，摒弃不符合市场实际的"信息中介"概念，将数字金融平台从"中介"转变成"数字金融服务商"，给投资人提供资金需求方的信息披露服务，提供对资产端的尽职调查服务，对借款人提供合格投资人的审查服务等。因此，法律对网络借贷平台等数字金融平台的法律定位，要立足其实际的市场功能，正确界定其法律属性，实现社会经济效果和法律效果的统一。

最后，正确界定民事、行政和刑事手段的法律界限。湖北省金融法学研究会副会长田圣斌提出，在数字金融治理中，民事、行政和刑事手段的衔接是关键，要形成法律综合治理体系。行政法等金融监管措施的前置手段，只有行政法首先为数字金融划定行为边界，超出了该边界，涉及刑事问题，刑法才能启动，才能追究当事人的刑事责任。如果作为前置措施的行政法缺位，就会出现刑法滥用、以刑代行的问题。同样，民事和行政的边界也要划定清楚，公权力要有明确、适度的边界，凡是市场能够做的，就应当交给市场，而不能处处设限，处处审批。牌照制的设定就是典型，当事人能够通过民事手段解决的纠纷，就没有必要由行政手段，甚至刑事手段介入。

四、数字金融司法与仲裁法律问题

（一）数字金融司法与仲裁存在的问题

1. 数字金融司法存在的问题

第一，司法手段代替行政措施。浙江省人民检察院副检察长胡东林认为，司法原本是"维护社会公平正义的最后一道防线"，但是近年来数字金融领域往往一有风险爆发，原本站在"最后一道防线"的司法部门就被推到"冲锋陷阵"的前线。这一点在网络借贷领域表现得尤为明显，对于出现问题的网络借贷平台，往往由公安介入调查，检察院提起刑事诉讼，法院依法审判，完全采用司法机关直接介入的方式，全然不见金融监管部门的身影。

第二，刑事司法手段滥用。浙江省缙云县司法局章仕法局长针对数字金融领域的纠纷处理方法谈到，对于涉及数字金融的案件，现在很多的做法是事情一发生，一有风险，就拿刑法的"刀子"去处理，将数字金融企业和当事人扣上犯罪的帽子，这是非常可怕的处理方式，必须理清金融案件罪与非罪的界限，不能轻易把"刀子"砍下去。北京德和衡（杭州）律师事务所主任程学林律师，结合多年的法律实务经验，指出现在社会上存在着"社会稳定靠公检法共同治理"的做法，这种刑法的滥用，是我国数字金融治理出现大乱象、大败局的原因之一，只会出现"无人叫好"而"人人喊冤"的情况。

第三，法院判决执行难。大庆市法院韩洋法官谈到了数字金融司法审判中，存在的执行难题。在数字金融案件审判当中，全国大多数法院还是采取传统的审判模式，利用传统的方式送达和执行。现今中国的信用成本较低，对失信人的惩罚力度不够，很多借款人在多家数字金融平台上贷款后就消失不见了，法院在送达时往往找不到人，更不用说判决之后的执行问题。根据大庆市的情况，数字金融领域的小额借款案件数量非常庞大，但每一笔数额又很小，所以有些时候，如果部分借款人不还款，数字金融平台基于成本的考虑，干脆不去追偿。

2. 数字金融仲裁存在的问题

数字金融仲裁面临的主要问题是与司法机关的案件对接难、仲裁裁决执行难。近年来，仲裁融合互联网技术形成的互联网仲裁，可以极为高效地处理案件，因此成为互联网金融纠纷解决的主要途径。然而，互联网仲裁始终存在两大难题无法解决。一方面是合法性的问题。互联网仲裁在提高案件处理效率的同时，不可避免地在程序上做了简化处理，不完全符合法律的规定，面临着合法性的质疑。另一方面互联网仲裁同样面临法院对接难、执行难的问题。合法合规的互联网仲裁，要想实现借款人的利益，仍然要借助司法机关的强制力。但由于网络借贷案件数量巨大，互联网仲裁本身合法性存疑，而司法资源又具有稀缺性，许多司法机关没有相应力量去接受互联网仲裁的执行申请。这导致许多网络借贷案件实际上处于无法执行的状况，借款人的权益无法得到切实有效的维护。

（二）数字金融司法与仲裁的完善建议

1. 数字金融司法的完善建议

浙江省人民检察院副检察长胡东林提出三点完善建议。首先，准确把握法律与政策的界限。数字金融作为新兴的金融业态，既要创新又要规范，具体到司法办案过程中，就是准确把握法律与政策界限的问题，准确把握罪与非罪，既要依法打击犯罪，维护数字金融安全，又要以法律为依据，保持刑法谦抑性，严格区分金融创新与金融犯罪，积极保护金融创新。其次，提升司法精准打击力度。司法要张弛有度，在需要司法介入的领域，必须提升司法精确打击力度。一方面，要不断提升司法机关运用新技术开展司法活动的能力；另一方面，也要提高司法的前瞻性和理念性，深入研判、及早谋划，提前发现数字金融领域的风险点。最后，将化解矛盾作为司法工作的核心。数字金融案件涉众性特征明显，投资人众多，办理数字金融案件，矛盾化解和维护稳定的任务十分艰巨。因此，要逐步探索完善有利于投资人的司法体制，可以吸收部分投资人代表参与案件处理，提高案件处理公信力，同时也要将追赃挽损作为工作重点，将案件处理和保障投资者合法权益紧密结合起来。

在司法综合治理方面，浙江省高级人民法院审委会委员、民四庭庭长章恒筑提出，司法是社会治理的一个环节，数字金融风险的防范和处置，不能单纯依靠司法机关妥善审理纠纷来解决。实际上，数字金融领域的司法问题，更多的是一个社会综合治理与协同治理问题。台州中院民二庭副庭长钱为民同样认为，数字金融的综合治理，从行政到民事到刑事，是一个全方位的系统工程，单凭法院无力受理众多的数字金融案件，在这一方面，政府或金融监管部门首先应当承担起相应的责任。阿里巴巴集团法务总监詹巍则提出了数字金融市场治理中的制度本位，以及重视政府治理先行的观念。司法的功能仅仅是在数字金融出现问题，产生争议之后去厘清矛盾、解决具体问题，司法综合治理更多的是需要制定规则。司法可以在个案中间，针对每一个场景，灵活设计，处理矛盾。而对于市场主体而言，更需要规范整个数字金融司法审判的规则。

2. 数字金融仲裁的完善建议

杭州互仲网络科技有限公司总经理丁志刚提出：数字金融往往是通过互联网进行资金的发放，目前可以通过互联网仲裁技术实现案件的批量处理，大大提升了效率，同样的案件采用司法诉讼的模式，就会变成一对一的诉讼状态，法官接到案子之后要熟悉案情，法院要制作纸质裁决书，要指定基层法院执行人员去执行，整个过程费时费力。因此，应当更多地利用互联网仲裁来处理数字金融地案件，现在的互联网仲裁技术完全可以实现案件的批量化、集中化审理，集中化拿到生效的法律文书。数字金融案件由互联网产生，就应当由互联网解决。司法机关与仲裁机构，应该更多发展与其他社会主体的合作，把案件集中到网络来执行。比如，在实践中蚂蚁金服的贷款依托于芝麻信用和支付宝，借款人不敢故意违约，否则就会影响其信用评分，造成生活的不便。因此，仲裁机构或者人民法院，在有生效的法律文书或者是可以强制执行的裁定书的情况下，应当更多地与这些互联网公司合作，运用他们技术和社会资源，对这些不履行法律文书的失信人群生活进行一定的限制。

浙江星韵律师事务所主任吴清旺则从仲裁制度的完善角度提出了四点意见。第一，仲裁与司法不同，仲裁中更加强调当事人的意愿，赋予当事人更多的权利，数字金融仲裁制度和仲裁规则的制定，也应当确立当事人意愿优先的原则，包括送达条款、仲裁协议、仲裁地等。第二，数字金融仲裁比起诉讼更快捷高效，针对数字金融案件的特点，要梳理出数字金融仲裁与其他仲裁、司法审判的不同之处，再制定适应于处理数字金融案件的特殊规则。比如在合同订立的时候，双方可以事先设定某些权利义务，这样就可以把金融仲裁高效快捷的优势发挥出来。第三，数字金融仲裁强调专业性和保密性，除非是出于防范系统性风险的必要，一般不得公开。第四，要加强数字仲裁员队伍的建设，适应专业的数字金融仲裁服务。

以制度设计促进互联网金融良性发展

李有星

众所周知，传统金融法律治理的有效方式是对涉众、公开和不特定人的行为进行禁止并辅以刑法制裁。互联网金融时代的最大特点是公开、涉众、与不特定人发生交易，但如果理念、制度和治理监管不适应，极易造成群体性的社会稳定问题。金融科技化、网络化和数字化的背景下，应该摆脱对公开、涉众、不特定人这种刑事治理逻辑的恐惧，进而向小额、分散、特定化、适当性、信用、安全转化，促进互联网金融良性要素的有效发挥。以往互联网金融尤其网络借贷领域的失败问题根本上说是由于缺乏有效的法律制度。

一、互联网金融法律制度存在空白

我们需要厘清互联网金融立法的演进基础。互联网金融技术的应用本应涉及货币支付、网络借贷、股权众筹、信托理财、资金保险等领域，但由于对公开涉众形态的恐惧，加之缺乏法律针对涉众型的互联网金融的明确科学规范，实际应用的发展十分缓慢。我国目前在互联网金融领域法律制度上基本空白，已有的以禁止为主。例如，货币领域以禁止为主、股权众筹领域以禁止为主、信托理财领域以禁止为主。互联网商务信用与金融信用存在边界不清。以蚂蚁芝麻分为例，由于涉及信用，芝麻分不能叫作芝麻信用分，而仅能称为芝麻分。而法律制度的不良领域，则以网贷为典型，有关部门出台的调整网络借贷的制度，制度执行效果极差，与现实生活完全背离，属于不良法律。

法律制度的空白或不良造成了刑事过度的后果，例如比特币击穿货币约束制度，外汇、洗钱、行贿受贿难以处理；P2P网络借贷机构出现挤兑倒闭，投资者集体维权、上访、闹事等；数以万计的网络借贷纠纷案件法院不予受理，互联网法院不受理P2P网络借贷案件。而这一系列问题的解决最终只能以刑事兜底。互联网金融风险整治事实上成了公安机关的派出所、社区街道为一线的强行关门行动，从事互联网金融行业的企业负责人成为"限制出境"等措施的"类涉嫌犯罪"对象，合法经营的互联网借贷企业缺乏制度预期，社会反映强烈。

二、打破互联网金融法律设计误区

互联网金融是科技金融，能否有效发挥作用取决于制度设计，取决于创新与风险约束的平衡制度。未来互联网金融法律的设计应该打破以下误区。

第一，公开、涉众、回报就是风险。公开、涉众、人数众多的类金融的确存在风险的可能性，但如果配套制度适当，就可以有效控制风险。现今金融科技使普惠金融成为可能，利用技术控制可以实现小散微的定位。如美国的股权众筹制度中，人数不限但对投资者采用 12 个月内网络投资不超过 2000 美元的限制（个别特别富有的人最高不超过 10 万美元）。

第二，信息中介、不得增信、打破刚兑就可以消除风险、保护投资者。这一认识存在事实上的逻辑错误。信息中介注定无法保护投资者，作为网络借贷的中介平台，承担着合格投资者和借款人的审核、信息披露、信用评估、风险控制、技术信息安全等职责，只有针对互联网金融的特点规律赋予网络借贷机构权利并承担义务，有担当的平台才有能力保护投资者（出借人）。P2P 网络借贷最大失误是不顾新金融实际玩概念，凭想象，是不顾我国信用信息现实的理想主义。我们主张借鉴英国的复合中介、可增信、可转让和可垫付，承接众多出资人诉讼资格而代为行权机制。当前，互联网法院不受理 P2P 网络借贷案件，值得反思。

第三，牌照制就可以消除或管制风险。牌照制、备案制都为解决主体合法性程序问题，借此分清合法经营与非法经营的边界，但牌照制没有防范风险的特别作用。事实上，合法的企业主体风险兜底或发起人、实际控制人对网络借贷机构风险兜底才是基础。

第四，司法裁判规则就是行政监管规则。法院审理的案件归根结底是一种纠纷，原告希望通过公权力强行保护自己的权利，因此，法院需要平衡可保护的力度和强度。而行政管理则直接是为了维持一种可容忍的市场秩序。

由此可见，当前有关部门不制定利率标准，而是将司法裁判规则作为标准利率，这是存在明显逻辑错误的。互联网金融治理的基本逻辑应该是：首先由市场主体自由运作，行政监管跟上，最后再由刑法对越位或不良行为予以刑事打击。

第五，刑事手段可以保护网络借贷投资者权益。网络借贷机构是信息中介，出借人与借款人的关系是民事关系，除非网络借贷机构与借款人串通诈骗或平台虚假标自融犯罪，清晰的民事法律关系应诉于民事解决。但是众多出借人主张权利困难、民刑交叉不清、网络借贷法律地位不清晰，导致刑事手段处理往往被优先考虑。然而，由于刑事手段的责任是打击犯罪，其注定不是保护出借人利益的有效选择，一旦动用刑事措施，受《刑事诉讼法》等程序约束，由于几年难结案，财产处于冻结或贬值状态，好资产当成垃圾处理，结果只会使受偿减少。民事问题民事解决才是更好的解决之道。

三、互联网金融立法把握尺度不越界

我们展望一下互联网金融法律演进的未来。

第一，充分立法。要认识到互联网立法刚刚起步，互联网金融领域面临着高规格法律的缺失、空白问题，这是我国大量、充分立法的前提。

第二，分离立法。立法过程中一定要将正规金融与民间金融立法分开。正规金融与民间金融分属完全不同的两个体系，想要糅和立法、统一调整，抑或以一句"任何单位和个人未经批准，不得从事……"了事，是不可能的。特别是在地方金融层面，其"7+4+X"的架构随着民间金融的扩展而不断扩展，这就注定了民间金融需要立法保障。借助互联网、人工智能、大数据等技术开展的民间借贷网络化，是传统民间借贷的新形态，不能以正规的银行金融思路简单化处理，如果承认民间借贷属于民间金融属性，需要按照民间融资的制度设计规范，同时赋予地方政府以管理权力。

第三，精准立法。围绕合规与审慎经营，以及风险责任归于企业防控的

理念，有什么问题用什么制度解决。解决平台经营能力和防流动性风险能力问题；解决平台复合中介、信用数据对接、评估、增信和利率控制、债权转让、债权权益转让许可经营问题；解决借款人虚假欺诈问题，以及共债、失信制裁等问题；解决网络借贷中介机构弱势群体问题，增强对其保护（身份合法化）、赋能、权利义务对等；解决投资者（出借人）适当性问题；解决信息披露的真实性、准确性、完整性要求，加大信披违法责任；解决平台数据安全和宣传问题。

第四，解决利息与中介费用问题。这一问题的解决，一定要避免利息与中介费混淆的情况。例如，借款利息网络借贷诉讼中，出借人请求借款人支付的利息、逾期利息、违约金等超过民间借贷利率保护标准的，人民法院不予支持。

第五，行政处置的前置性立法抑制刑事便利化。互联网金融需要行政处罚的前置性，这有利于精准打击犯罪、避免过累，同时也顺应了投资领域最终实现责任自负的趋势。

总体来讲，互联网金融演化的立法会越来越多，形势会越来越好，但最希望看到的是民行刑把握尺度均不越界即好。

金融科技监管的合作治理路径

李有星　王　琳 *

摘　要

以数据和技术为核心驱动力的金融科技在改变传统金融生态的同时，也在挑战传统金融监管的既定逻辑。针对其主体多元化、金融业务跨界、颠覆性创新与系统性风险并存等特征，金融监管需进行适应性变革，引入多元主体、多元规范、多元机制的合作治理模式。由政府单向监管向多层次、多主体共同治理转变，由控制命令对抗模式向分权协作互动模式转变，形成中央政府与地方政府、行政监管与自我监管良性互动的合作治理格局。在行政监管层面，通过智慧监管实现创新包容理念，借助监管沙盒和监管科技展开互动模式的技术治理；完善中央、地方双层监管协调机制，重视地方政府的监管权责，加强地方立法以确保权责一致。在自我监管层面，强调企业微观治理地位并建立"吹哨人"机制，指导"看门人"、同业竞争者参与合作治理。只有在多元主体共享话语权的互动博弈中方能各取优长，避免传统监管模式中单一主体的有限理性、认知局限、监管时滞、利益冲突等问题。

关键词：金融科技；金融监管；监管科技；监管沙盒

* 本文原载于《浙江大学学报》（人文社会科学版）2019年第1期。王琳，浙江大学光华法学院博士研究生。本文系国家哲学社会科学基金重点项目（15AFX020）、中央高校基本科研业务费专项资金资助课题（ZDJCXK2018）、人工智能与法学专项课题资助课题（18ZDFX008）的阶段性成果。

　　金融科技正以数字化与数据化为核心，并以技术商品化、大数据分析、机器学习和人工智能为驱动力量改变金融演绎逻辑。从金融机构运用科技手段提供金融服务到科技企业直接提供金融服务，金融科技公司正扮演着实现金融去中介化、金融民主化，提升金融服务可获得性和金融效率的重要角色。[①] 例如股权债权型众筹为传统金融体系下的"边缘化群体"提供了资本筹集的机会，捐赠型众筹体现了金融对"弱势群体"的集腋成裘。

　　与此同时，金融科技的内在特征也在挑战传统金融监管的固有逻辑。首先，金融与科技交织、小型分散且密切联系、内部治理薄弱等特征构成了潜在的系统性风险。相较于传统金融机构，金融科技企业会有更多的激励参与过度冒险行为，羊群效应下存在更大的负外部效应。其次，金融科技带来了新的组织逻辑，推动社会权力结构向分散化变迁，挑战传统金融监管理念和私法概念。例如区块链技术基于"分布式"的思想，取代中介—客户关系，将一种新的组织原则引入金融市场。再次，金融科技行业面对监管具有一定的"隐形性"，信息不对称程度很高。最后，相较传统金融机构，监管主体与金融科技企业彼此之间的互动更少，更陌生。在上述背景下，单一监管主体、单一监管机制的局限性更明显，智识有限、信息不对称极易造成监管缺位、监管错位、监管越位。"能用众智则无畏于圣人"，金融科技领域监管应减少监管惯性，整合来自政府、市场、社会的资源智识，取长补短，互为补充，促进多元主体、多元规范、多元机制协调合作，并借助技术治理构建"多元、互动、协商、合作"的多层次合作治理框架。

一、传统监管模式在金融科技背景下呈现局限性

　　金融工具的多样性、金融业态的多元性是金融变革的必然结果，而构建现代金融体系正需要由创新推动上述多元化演绎。在金融科技的背景下，传

统监管模式已然呈现出一定程度的不适应性，金融监管易陷入市场稳定、金融创新与规则简明的三难境地。[①]

（一）限制性监管过多而缺乏激励性监管

传统视域下的金融监管模式较多运用禁止性、限制性等"否定性措施"进行监管，而这种"运动式强监管"容易违背金融的基本逻辑以及现代金融发展的基本趋势。随着公共治理的兴起，现代法治应当寻求更多协商，以激励诱导方式促使监管对象自发地在竞争中注意风险防范。[②] 以 P2P 网贷监管为例，监管者较关注金融创新对正规金融的影响和冲击，易忽视平台治理能力提升的内在激励，信息中介定位、业务模式禁止、借款限额等规定概莫能外。基于信息中介的定位，借贷平台不承担任何与交易相关的风险，这种将风险转移给第三方消费者的模式事实上会增加平台鼓励过度冒险行为的可能性。若平台从产生的每个抵押贷款中获益而不承担任何贷款恶化的成本，就易缺乏内在激励去阻止风险贷款。此种限制平台综合治理能力的方式，事实上会阻碍市场化投资者保护机制的形成，始终不利于形成回应市场主体需求的内生性制度。

（二）政府单向控制命令监管为主而缺乏有效的分权协商合作治理

科技力量的渗透使得金融市场愈发复杂，金融的跨界性增强，创新速度加快，监管冲突与监管空白也日益凸显。如果仅仅由行政监管部门制定规则，容易导致信息单向流动，形成一个互相追逐却效率低下的怪圈。长期以控制

[①] 关于金融监管的三难困境，美国乔治城大学的 Chris Brummer 教授等认为，金融科技时代的金融监管不再只是面临传统的金融安全、金融消费者保护、金融创新的博弈，与之更密切相关的是市场稳定、金融创新与规则简明。值得一提的是，规则简明意指如何在金融市场和参与主体均趋于复杂且变动不居的情况下实现规则的确定性、可预测性与稳定性，并传达出实然意义的法治价值。
Chris Brummer , Yesha Yadav . The Fintech Trilemma. SSRN Electronic Journal, 2017, pp.11–23.
[②] 王首杰：《激励性规制：市场准入的策略——对"专车"规制的一种理论回应》，《法学评论》2017 年第 3 期。

命令型行政权力为主导，缺乏监管主体与监管对象的协商合作，则易忽略各行业不平等、非均质的实质差异性，导致差异性监管的缺位，并最终引致"一刀切"政策。例如，ICO（首次代币发行）的潜力或将对未来的筹资结构产生重要影响，而此前官方发文采禁止态度，认为ICO本质上是一种"未经批准非法公开融资的行为，涉嫌非法发售代币票券"。看似以低廉的监管成本提供法律确定性，然而彻底禁止或许是一种"监管过激"，低估了创新对构建现代金融体系的重要性以及初创企业在获得资金方面的困难。鉴于目前ICO有多种不同的形式，有必要区分非金融ICO（属于捐赠或奖励类别的ICO）和股权投资ICO。美国当前的争议主要集中在大多数直接的代币预售是否构成美国证券法定义下的"证券"，对此，监管部门发布白皮书呼吁统一国际标准，并呼吁律师、投资者和其他人士参与合作商讨监管框架。[1] 美国业界认为白皮书是"对话的开始"，由行业内部成员实现行业标准化。[2] 我国当前尚未清晰确定行业协会等自我监管主体的法律定位与职能安排，欠缺实质性"监管对话"模式（包容、沟通和合作的过程），第三方话语权尚弱。[3]

（三）依赖传统监管工具而缺乏以数据为核心的技术治理

金融科技依赖于复杂的算法，数据使用的增加要求监管机构实现从数字化到数据化的智能监管模式。建立实时、动态的监管，以改变传统审慎监管过于关注准入门槛的逻辑，为金融创新创造条件。因而，监管机构不能只关注与规模相关的传统风险因素，应更多地关注以"连接"和"速度"为焦点

---

① 包容也是一项权力关系平衡原则，从合作治理的角度而言，笔者以为包容的理念是实现合作治理的前提，体现了监管者更为宏观的格局与视野。

② Dirk A. Zetzsche, Ross P. Buckley, Douglas W. Arner, et al.. The ICO Gold Rush. 2017-11-19. http://www.law.unsw.edu.au/research/faculty-publications, 最后访问日期：2018年3月2日。

③ 此前，美国证券交易委员会主席 Jay Clayton 发表公开声明，指出仅仅强调代币的实用功能并不能否定其证券的本质。整合了营销活动的代币及代币发行行为，具有从企业盈利、企业家活动中盈利的特征，符合证券的本质，需受证券法监管。

引发的系统性风险。而习惯依靠准入机制、运动式监管往往会产生明显的进入壁垒或其他反竞争后果，在造成巨大监管成本的同时也抑制了金融创新。2016 年 8 月，《网络借贷信息中介机构业务活动管理暂行办法》第 5 条规定，"地方金融监管部门应当在网络借贷信息中介机构提交的备案登记材料齐备时予以受理，并在各省（区、市）规定的时限内完成备案登记手续"，在后续法律责任的论述部分亦未提及备案与主体经营资质的关联性，也没有最低注册资本、实收资本等方面的要求，可以推知中央对网贷备案采轻触式监管，进行形式审查，是一种程序性的行政事实行为。然而，地方实践是否是真正意义上的备案或许有待考证。近期，厦门市、深圳市等地相应出台了备案登记管理实施细则。笔者梳理发现，在资本要求方面，多省（区、市）均提及"鼓励增加资本实力""鼓励实缴资本 5000 万元以上"。信息中介的法律定位却要求高额实缴资本，实在不乏逻辑相悖之处。高门槛的市场准入机制之下，必然出现很多僵尸企业或有照无证的企业，在涉及金融的行业，这些企业在市场退出环节必然会造成很大的影响。在审查内容方面，深圳市在《网络借贷信息中介机构备案登记管理指引》第六条关于备案提交书面材料的基础上，增加了实质性要求，主要包括风险管理能力、内部控制制度、高管任职等方面，这说明备案登记管理已然转向了实质审核阶段，似有以行政备案之名行行政许可之实的意味。

二、金融科技监管逻辑的转变：合作治理与监管科技的引入

（一）金融科技及其特征

在讨论为何金融科技时代将面临更艰巨的金融监管难题以及为何需要适度转换监管模式之前，首先要厘清何谓金融科技以及金融科技不同于传统金融体系的特征，从而探讨引入合作治理以建立"合乎事物本质塑造"之监管路径的必要性。

Douglas W. Arner 从广义角度将金融科技 ① 定义为利用技术来提供金融解决方案，而金融科技企业可以建立或获取数据集并专注于数据分析，通过技术升级改进金融服务。②Packin 将金融科技企业分为两类：第一类是维护金融机构内部技术基础设施的公司，或仅仅是为了提高金融服务的效率而存在的公司；第二类是由颠覆性创新者组成，它们创造新的金融范式，挑战既有的金融结构。③ 金融科技的特征主要包括以下五点：第一，金融与科技联系渐趋紧密，通过复杂的算法及大数据技术实现高度自动化的金融服务。第二，识别和监督金融科技主体难度较大，信息不对称十分明显。④ 一方面，此前不熟悉金融规则的新兴科技企业进入金融市场；另一方面，监管者往往难以理解金融科技业务，陌生的算法编程会成为信息障碍。⑤ 第三，在提供金融服务方面高度去中介化，例如自动化、智能化能够脱离人力，实现独立运作。第四，监管尤其需要考虑企业的合规成本，高昂合规成本可能会对颠覆性创新的金融科技企业造成巨大压力。第五，金融科技或许蕴藏比传统金融业更大的风险性，原因有三：首先，金融科技公司由于其规模和商业模式，比大型金融机构更容易受到经济波动的影响，而紧密的联系会加速市场主体间风险扩散；其次，金融科技市场易遭受"集体行动"困境影响；最后，金融科技公司易重视短期收益而忽视长期价值，依靠声誉机制约束的限制

---

① 金融科技的发展分为以下阶段：金融科技 1.0 时代，金融服务业开始与技术密切相关；金融科技 2.0 时代的特点是通信和交易数字技术、金融数字化的不断发展；金融科技 3.0 时代，初创公司、电子商务和社交媒体公司开始直接向公众以及包括银行在内的企业提供金融产品和服务，金融科技已扩大至财务和投资、内部运营和风险管理、支付和基础设施、数据货币化以及消费者界面这五个关键领域；金融科技 4.0 时代将以数据货币化和依赖数字身份为特征。

② 杨松、张永亮：《金融科技监管的路径转换与中国选择》，《法学》2017 年第 8 期。

③ Nizan Geslevich Packin. Regtech, Compliance and Technology Judgment Rule. Chicago-Kent Law Review, 2017, 93(1): 193−218.

④ Dirk A. Zetzsche, Ross P. Buckley, Douglas W. Arner, et al.. From Fintech to Techfin: The Regulatory Challenges of Data-driven Finance. EBI Working Paper Series, 2017, 7(6): 1−36.

⑤ Philipp Paech. The Governance of Blockchain Financial Networks. Modern Law Review, 2017, 80(6): 1073−1110.

较大。[①]

综上，创新迅速、异质性凸显、技术盲点与监管盲区并存的金融科技领域使金融监管难以平衡金融创新与金融安全。为适应金融科技的特点，监管理念需要做出相应改变，即引入多元合作治理。具体而言，需要加强行政机构的内部协调，以及与非政府主体的互动合作；需要法律治理与技术治理相结合；需要行政监管、私法调整、行业惯例乃至代码规则的协调。

（二）合作治理利于多元主体协同改进监管体系

关于合作治理，Jacob Torfing 在《牛津治理手册》中指出，合作治理网络是对传统政府规制的有益补充，而非替代。合作治理网络通过扩大主体范围，调动私人资源，使不同主体共同形成和执行政策。李洪雷指出，在传统的行政组织模式下，组织间的合作与协调较为困难，同时，行政组织在知识、信息、资源方面的欠缺，使其在解决新的、具有变动性及复杂性的问题时容易陷入困境，这也彰显出引入合作治理的必要性。[②] 概而言之，合作治理的主体涉及政府主体之外的各种非政府主体，更为强调以"新治理"的方式在国家、市场、社会多中心之间形成均衡治理。其具体模式应重点关注以下方面：一是主体的多元，政府部门、企业、协会等都能发挥作用，并通过互动式学习和反馈，对政策进行适时调适来实现从命令控制向规制治理的转型。二是规范的多元，规范不仅包括国家法律，还包括指导、合同、行业标准等。三是机制的多元，法律、社会规范、代码控制等共同发挥作用。合作治理包括以下八个方面：增进政府之外角色的参与、公私合作、市场内的差异性和竞争、分权化、政策领域的整合、软法、调适性与不断学习、协调。[③]

---

① Frank A. Pasquale A Rule of Persons, Not Machines: The Limits of Legal Automation. University of Maryland Francis King Carey School of Law Legal Studies Research Paper, 2018, 3(8): 1—80.

② 宋华琳：《论政府规制中的合作治理》，《政治与法律》2016 年第 8 期。

③ 奥利·洛贝尔：《作为规制治理的新治理》，宋华琳、徐小琪译，中国财政经济出版社 2014 年版，第 127—145 页。

金融科技专业性强，有自身特有的运行规则，比监管主体更具有信息优势，更了解监管重点及漏洞。并且，金融科技行业结构分散，创新速度快，政策时滞明显，政府在监管资源（信息、专业知识等）、能力、机制等方面的局限性较为明显，仅依靠行政主体监管，成本很高，也不切实际。采取包容的态度（与多元主体协商、互动式学习乃至分享权力），才能有助于监管者与时俱进，并以更宏大的监管视野采取更具前瞻性的监管措施。因此，有必要借鉴国际新治理学派的理论内核，通过治理主体、规范、机制的多元，一方面进一步完善政府监管体制，增强内部机构之间的协调；另一方面，以积极合作、互动性更强的方式，借助不同主体来聚合分散的资源，促进金融科技的发展。

（三）监管科技增进主体间互动合作以提高监管效率

金融科技高度依赖算法与智能化，在提升金融效率的同时也会使风险传播更快、范围更广。而监管科技恰能推动合作治理模式的发展，提升监管效率。[1] 一方面，监管主体可以更好地指导企业；另一方面，通过企业的监管反馈不仅能建立更有效的规则指南，也可以为未来提供最佳实践范式。[2] 通过监管科技可以实现监管主体与被监管主体之间互相学习、互相适应，并实现技术治理与法律治理的结合。

监管科技主要应用于监测、报告、合规，借助机器智能、数据分析等自动化流程以协助人力，它包含两个层面：一是公司治理层面，能使金融组织更有效地控制成本和风险，释放多余的监管资本，为金融科技公司带来新的机遇；二是监管层面，为监管机构实施实时监管、提高效能提供技术支持。[3]

---

[1] 金融监管资源长期向大型、系统性金融机构倾斜，与多层次的金融供给要求不完全匹配。利用监管科技可以提升监管效率，在一定程度上弥补监管资源有限的缺陷。

[2] Veerle Colaert. RegTech as a Response to Regulatory Expansion in the Financial Sector. 2017-3-23. Https://corporatefinancelab.org, 最后访问日期：2018 年 4 月 10 日。

[3] James Eyers. Welcome to the New World of "Regtech". Australian Financial Review, 2016, 6(3): 43-56.

就监管机构与监管科技的关系，牛津大学的 Luca Enriques 将监管科技划分为四种与金融监管相关的不同技术用途，即运营技术、合规技术、监督技术和政策制定技术，分别对应金融监管机构在监管科技方面扮演的四个角色。它们可以充当监管科技产品的开发人员，作为他人开发产品的用户，作为市场发展的促进者和协调者，或作为监管科技公司的监管人员。[①] 随着市场发展对数据的依赖性越来越强，监管机构需要与金融科技公司建立公私合作关系，提升收集和分析数据的能力，利用大数据分析等方式准确识别非法集资、制定标准化报告格式，并加强监管机构之间的数据共享。

三、金融科技监管的合作治理路径展望

相较传统金融，金融科技参与主体更为多元化、去同质化，且跨界性、技术性、风险性更强，因此，金融科技领域需要深层次的合作治理与技术治理，调动多方知识资源共商、共治、共享。在互动式的治理过程中才能形成相对持久且稳定的基本原则、规范和价值，避免朝令夕改的"运动式监管"，平衡金融监管的"三难困境"。在该思路下，有必要把握不同主体的资源和能力，厘清不同主体的法律地位和相互间的法律关系，推动行政组织之间、行政组织与社会主体之间的协作互动。[②] 具体而言，合作治理强调协商与激励、合作与互动，既有分而治之又有协调合作，既要求主体多元、层级多元，亦要求治理规范和治理机制的多元。

就金融科技视域而论，在行政体制内部，仍需以政府监管为核心。在横

---

① Douglas W. Arner, Janos Nathan Barberis, Ross P. Buckley. FinTech and RegTech in a Nutshell, and the Future in a Sandbox. CFA Institute Research Foundation, 2017, 3(4): 1–20.

② 宋华琳：《迈向规制与治理的法律前沿——评科林·斯科特新著〈规制、治理与法律：前沿问题研究〉》，《法治现代化研究》2017 年第 6 期。

向维度加强统合监管，增进监管协调，提升监管能力。[1]在纵向维度建立中央和地方双层监管协调机制，重视地方政府的监管地位，通过地方立法加强地方政府的监管权责，借助监管科技和监管沙盒主动寻求与被监管主体的互动合作。在国家—社会治理层面，激励市场主体的"权利自觉"，承认企业的微观治理地位，强化主体责任承担，加强行业自我监管，并建立吹哨人机制，加强"看门人"、同行竞争者对治理的参与。

（一）行政机关采取智慧监管，并善用监管科技与监管沙盒实现监管互动

在合作治理网络中，行政组织仍然是权力的中心，一方面需要不断提高自身的监管能力，加强行政组织之间的协调；另一方面也应以包容性面对创新对传统金融格局的冲击、解构与重组，并以"互动合作、互相学习"模式替代"深闭固拒"控制命令模式。行政组织具有双重角色定位——各方资源的整合者与管理者，只有对真正的创新实施包容式监管，妥善运用监督、激励、委托、授权等手段，聚合各种资源以实现公共目标，才能真正防范"伪"创新厝火积薪，同时避免矫枉过正而遏制创新。

1. 理性权衡公权力介入的时点与力度以实现智慧监管

金融科技时代不再只是传统金融机构的圈地运动，其突出特征为科技企业进军金融领域。科技企业不同于传统金融机构，前者对金融合规缺乏足够了解，而技术也需要一定的时间去验证其适应性。因此，公权力介入的时点、力度、方式往往会对行业发展产生极大影响，该领域的监管一定不能忽略行业自身对市场规模与风险变化的自我调整能力。监管机构可采用智慧监管模式，对创新技术保持中立，并充分关注风险点，降低准入门槛。智慧监管（如

---

[1] 当前多头监管却缺乏有效的合作协调监管体制容易造成监管真空与监管重复并存、监管标准不一。例如一方面金融科技企业之间分属于不同的监管机构主管，因业务性质差异，其接受的监管标准不统一；另一方面金融科技企业和传统金融机构之间即使业务性质相同，目前的监管标准也不统一，意味着尚存在监管套利的风险。

下图所示）是一种根据企业发展规模进行渐进性监管的模式。在每个阶段，监管机构需考虑不同风险因素以及企业对监管成本的承受能力。核心是不同发展阶段应该有不同的优先考虑要素。[1]企业初创期，监管机构不能过早地代替市场做判断，这一时期是了解企业的创新业务模式、团队构成乃至公司文化等"柔性"风险因素的关键时期，也是企业适应监管合规要求，从而彼此磨合、互动沟通的时期。不同于监管父爱主义，该模式更强调保持距离的关注了解、平等沟通而非先入为主抑或横加干预。例如，国际大多数司法管辖区尽量避免太早调节 ICO，第一步先采取措施减少信息不对称，避免潜在的"监管过激"遏制创新。[2]

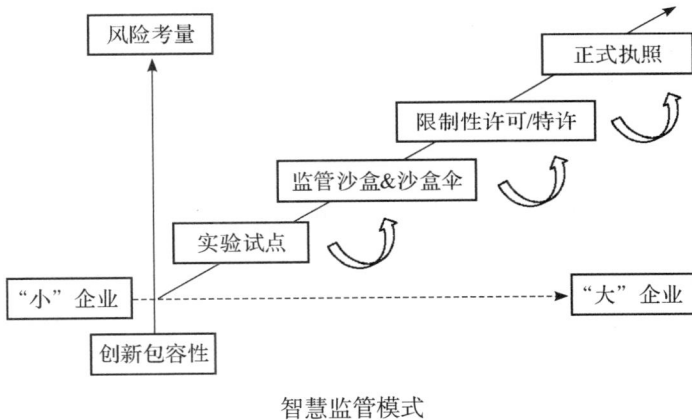

智慧监管模式

2. 监管机构与企业合力推进监管科技以实现技术治理

监管科技强调风险管理和公司治理结合，可以避免人为的过失、偏见和欺诈，并使风险评估达到可量化、精细化的程度。当前，监管机构与监管对象都会密切关注监管科技的发展，但双方的立场或许不同，两者的合作和博

---

① Dirk A. Zetzsche, Ross P. Buckley, Janos Nathan Barberiset, et al.. Regulating a Revolution: From Regulatory Sandboxes to Smart Regulation. 2017-08-19. http://law.fordham.edu/fordham-journal-of-corporate-financial-law/jcfl.htm, 最后访问日期：2018 年 4 月 18 日。

② 金融的核心是风险，风险本身就意味着不确定性。因此，如果让金融风险回到完全可控的状态中，将会阻碍金融的现代化。金融监管需要确保的是坚守不发生系统性金融风险的底线。

弈在一定程度上会决定监管科技的发展方向，因而需要共同努力以推进监管科技良性发展。从实践中看，地方监管部门面临着对监管科技的迫切需求与有限的资源之间的矛盾，在监管科技方面普遍存在缺失。应对之策或许是借助第三方企业的力量，合力推动监管科技的发展。当前，向监管科技过渡将面临人力资源、企业内部治理、网络安全等方面的挑战。因此，监管部门首先应确保相应信息技术人员到位，也可考虑建立行业合作技术外包模式。[①] 其次，需要实现跨部门协作，包括建设自动化系统，接受企业的数据传输，从而进行实时、动态监管，改变传统单一关注的准入式门槛。再次，技术提供者和监管者需要围绕共同解决方案进行对话，推行统一化、标准化的监管科技解决方案。就企业而言，应借助监管科技实现合规性任务的自动化，降低与合规义务相关的运营风险，实现合规与技术一体化。例如，模式分析技术、大数据技术可打破信息孤岛，反洗钱可通过计算机技术实现可疑交易鉴别报告，预测编码技术、数字化语音通信技术有助于企业高效达到合规要求。合规部门需要运用新的信息技术系统，例如治理、风险和合规（GRC）技术系统，从而及时高效地对与风险管理和监管报告相关的大量信息进行自动化分析。[②]

3. 建立监管沙盒，通过实验主义治理展开监管对话

2016 年，英国金融行为监管局（Financial Conduct Authority，FCA）正式启动了"监管沙盒"[③]，力图构建一个金融创新的安全空间，包括：降低创新理念进入市场的成本，为创新者提供更多的融资渠道，对更多产品进行测

[①] Luca Enriques. Financial Supervisors and RegTech: Four Roles and Four Challenges. 2018-02-12. Http:// clsbluesky.law.columbia.edu, 最后访问日期：2018 年 4 月 13 日。

[②] Tom C. W. Lin. Compliance, Technology and Modern Finance, Brooklyn Journal of Corporate. Financial and Commercial Law, 2016, 11(4): 159–182.

[③] 关于监管沙盒的准入范围，世界上不同国家及地区有不同的做法，例如我国香港地区将沙箱的准入限制在受监管银行或与银行有合作的企业的范围内；而英国和澳大利亚的沙盒测试向传统金融机构之外的金融科技企业乃至初创公司开放，本质上是一种有限业务牌照机制。笔者认为后者的开放范围更为适宜，一方面可以促进金融创新，另一方面也可避免尚不成熟的技术过早进入市场。

试，允许 FCA 与创新者合作以确保适当的消费者保护措施植入新产品。监管沙盒类似于一种"实验主义"治理模式，一方面为企业提供测试机会，检验创新模式，另一方面也让监管机构有时间了解产品风险，以合适的时点、距离保技合理的观望。同时，沙盒机制蕴含的理念与 Chris Ansell 勾勒的合作治理模式相契合（参见下图），是监管主体采取主动、动态、敏感监管和回应互动式监管的尝试，有助于监管机构和金融科技企业开展更为开放、积极的对话合作，重塑传统监管模式所缺失的彼此信任关系，帮助监管机构更有效地完善规则。① 从政策制定到合规落地，监管沙盒形成不断调整、彼此磨合的环形结构，不再是政府单一主体确定市场规则的闭合结构，而是规则制定与执行公开透明，且无固化的科层阻碍信息的自由流动。②

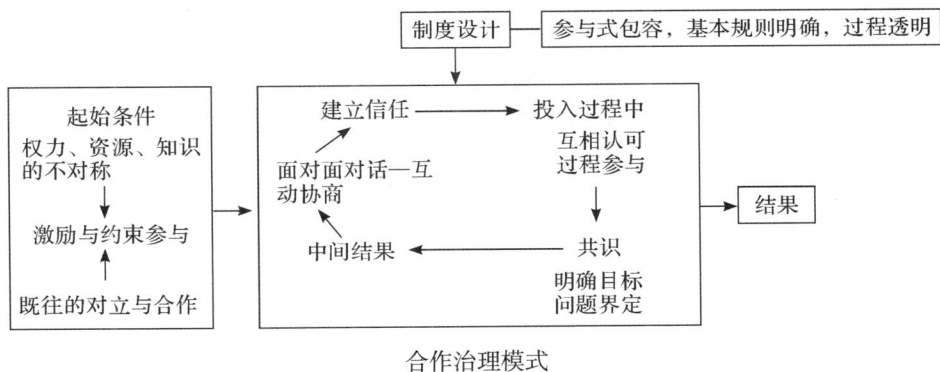

合作治理模式

就具体操作层面，在省级层面进行沙盒试点，相较于在全国范围内直接推行更为合适稳妥，通过采取"试点—总结—推广"的模式，渐进式推进。建议地方层面从以下三个方面对监管沙盒进行完善。第一，进一步明晰监管沙盒的界定与准入标准，模糊性会使被监管主体无所适从，也会影响其创新

① 王浦劬、臧雷振：《治理理论与实践：经典议题研究新解》，中央编译出版社 2018 年版，第 27—68 页。
② 周仲飞、李敬伟：《金融科技背景下金融监管范式的转变》，《法学研究》2018 年第 5 期。

积极性。第二，通过地方立法明晰相关地方金融监管机构在设置运行监管沙盒方面的权责分配，使权力行使于法有据，同时也避免监管俘获发生。第三，借鉴英国沙盒机制的限制性授权、监管豁免、免强制执行函等具体措施，从金融产品或服务开始进行实验，再逐步实现金融科技企业、消费者和监管者的良性互动。例如欺诈、信用信息缺失问题已成为网贷行业的发展瓶颈，在沙盒中可以对防范金融欺诈的金融科技进行实验和探索，实现征信信息整合；亦可监测银行与平台之间的资金存管系统，从而为投资者资金提供保障。而对于此前一直缺乏深入认识的债权转让模式运营，也可由沙盒机制提供实验平台。同时，金融创新不能以牺牲消费者权益为代价，监管沙盒应根据参与测试的客户类型、试验规模和风险确定客户权益保障措施。

（二）明晰监管权责以建立行之有效的中央与地方双层监管协调机制

近年来，随着金融科技与地方非传统金融业态的交融，发挥地方监管力量不仅是顺应金融科技发展的内在要求，也是金融科技风险防范的核心环节。而合作治理领域亦十分强调政府机构之间的协作，且强调地方政府有能力且应当有所作为。虽然《网络借贷信息中介机构业务活动管理暂行办法》《互联网金融风险专项整治工作实施方案》等文件对地方政府的重要职责以及建立中央与地方双层监管机制有所强调，恰与合作治理的要旨不谋而合，但要构建一套运行有效的监管协调机制还需要对相关主体权责予以明晰界定。[①]

1. 通过地方立法廓清地方金融监管部门的职能定位

在近几年颁布的金融监管文件中，地方金融监管机构承担了越来越多的监管职责，然而其职权行使的法律依据仍显不足。由于缺乏对地方金融监管机构（金融办）法律地位的确认，大多数地方金融办只是一个议事协调机构（行政性事业单位），而非真正意义上的行政机关，无权独立行使多项处罚

---

① 地方金融办的监管职能和监管对象缺乏统一的制度安排。在 2017 年全国金融工作会议明确地方金融办负责对"7+4"类机构和"两非"领域进行属地监管与风险处置后，目前还有一些地区的地方监管存在监管职能分散、监管边界不清和多头监管等问题，容易引发监管缺位。

权，往往只能采取警告、监管谈话等柔性措施，尴尬的角色定位与模糊的职权范围使其难当重任。[①]

监管机构实现有效金融监管的基础要素为资源、独立性与授权，因此，需要法律赋予监管机构必要的监管权力和明晰的监管权限。通过相对灵活的地方立法明确地方金融办的法律地位与职权范围，既体现了金融领域治理的"分权化"以回应地方实践，又有助于解决监管的合法性前提，对地方金融监管机构"正其名、定其职、负其责"具有基础意义。一方面，可制定地方性金融法规，明晰地方金融监管机构的法定职权，完善监管协调机制。2008年制定的《温州民间融资管理条例》成为首部地方性金融管理法规，确定了地方金融办正式成为监管民间金融的法定部门。2016年山东省制定了《山东省地方金融条例》，对地方金融监管机构的法律地位开宗名义地指出，"县级以上人民政府金融监管机构负责本行政区域内金融服务、金融发展的综合协调和指导工作，并对地方金融组织实施监管"。该条例对中央金融监管机构与地方政府其他部门之间的协调机制亦进行了规定。上述地方金融法规对完善金融监管体制、赋予地方金融监管机构法定职权具有重要意义。另一方面，需要完善地方政府规章，制定具体监管细则。根据《立法法》和《国务院组织法》，各省基于各自的情况，在中央政策的上位框架内根据本省具体情况进行各项规章制定工作是十分必要的。

2. 明确监管协调机制中主体权责划分与可问责性

金融科技领域跨界性明显，在传统条块分割的分业监管模式下，存在很多监管真空以及监管主体权责不清晰的情况。随着金融科技在非传统金融业态中的广泛应用，依托于互联网渠道形成了收益本地化、风险外部化的情况，地方的风险处置责任相对而言难以落实。以网贷的"双峰模式"监管为例，中央金融监管机构负责行为监管，地方金融监管机构负责机构监管，然而实

[①] 模糊的职能定位亦体现在当其审慎监管职能与行为监管职能冲突时，地方金融办有可能从金融机构审慎角度出发，忽视对金融消费者的保护。

践中对何谓机构监管、何谓行为监管以及具体边界与分工的认识仍然模糊不清。为了解决当前地方监管的困境，可以采取一种过渡方式：在省级、地级市建立两级联席会议，会同中央驻地金融机构、地方金融监管机构、公安等部门建立信息共享和协调行动机制。[①]

可问责性一直以来是公法视域的重要命题，亦是良好治理的重要标志之一。一方面要保证被授权主体具有充分的自主权以实现其任务目标；另一方面也要确保对其权力行使有足够的控制与监督。监管协调机制的有效运行不可忽视主体可问责性，否则易成为空中楼阁。因此，可通过法律规范明确问责主体（如第一责任人）、问责标准、问责程序、责任后果，通过依法设定的程序机制将治理网络中的多元主体纳入问责框架，使问责体系与治理活动相匹配。

（三）增强行政监管与自我监管的良性互动

合作治理模式中，监管机构需要与被监管主体形成良性的互动、合作，并要求被监管企业确证问题与风险，减少信息不对称以提升监管效能。信息在金融领域具有重要地位，而市场上往往存在信息过度供给、噪音信息泛滥的情况，如何识别、检验有效信息十分关键。

1. 遵循简明性披露规则进行实质性信息披露

金融科技主体的多元分散及其科技专业性特征使监管机构、金融消费者在获取信息时处于劣势，为平衡促进创新和把控风险，监管机构应要求信息披露重质而非重量，并建立大数据监测信息平台，将相关行政部门、企业数据进行汇总，最终考虑将相关数据对企业开放。具体而言，首先应要求金融科技主体承担一定的"看门人"的角色，未尽职提供真实信息则需承担相应责任。例如，众筹平台应确保投资者对交易对手的声誉有一定的把握，避免

---

① 例如，在行使处罚权的过程中，地方金融监管部门因自身法律定位而缺乏相应职权的法律授权，经常需要银监局的配合。

出现当前一些网站明确声明平台不保证网站上任何内容的准确性、充分性的情况。其次，应把握均衡适当性披露与简明精炼披露。均衡适当披露意味着两项考量标准，即披露成本以及是否真正有助于消费者决策。例如，美国《真实借贷法》要求：确保有意义的信贷条款的披露，使消费者能够更容易地比较各种信贷条款；2010 年的《多德—弗兰克法案》要求披露人应给予消费者及时、易懂的信息，以使他们作出负责任的金融交易决定。[①] 简明精炼披露意味着应注重实质性、针对性、简明性，参照证券领域的"简明性规则"，达至有针对性的透明度，尤其应切中利益冲突部分，避免泛泛而谈、信息过载和简单堆积。倘若信息披露被滥用，那么它不仅具有明显的管制特征，而且为企业利用信息过载效应提供了恶意操纵规则的机会。

2. 通过公私合作构建网络安全体系

金融科技行业的数据化演进，使得网络安全尤为重要。首先，金融科技公司倾向于依靠移动在线平台来实现基本功能，尤其依赖系统网络的安全性；其次，高智能化模式使网络安全系统出现未知漏洞的可能性极高；最后，现代金融的紧密联系性使技术威胁的波及范围更广。例如，区块链的分散自治结构会带来额外的操作风险，由于没有明确的权利或责任结构，没有权威主体负责区块链的正常运行，这意味着即使需要进行重要的维修以防止系统崩溃，也会存在决策滞后。鉴于金融基础设施的运作对金融稳定至关重要，有效的内部治理是区块链成功实施的关键。

金融市场的部分技术基础设施由私主体持有运营，因此监管机构和行业利益相关方应敦促各主体更加协调一致地加强金融网络安全，作出更多的协调行动。监管机构必须指导企业在进入敏感金融交易之前增强系统对网络安全风险的抵御能力。第一，应规定企业必须实施的网络安全最低标准；第二，监管机构应具备监控和调查行业网络安全实践所需的能力和专业知识；第

---

① 欧姆瑞·本·沙哈尔、卡尔·E. 施耐德：《强制披露的失败》，陈晓芳译，法律出版社 2015 年版，第 7 页。

三，主动鼓励金融科技公司与监管机构就网络安全程序进行沟通对接。

（四）促进代码规则与私法调整、监管规则的协调

监管与私法有着千丝万缕的联系，而金融科技依靠代码规则进行自动化自我监管的逻辑更是增加了整体复杂性，因此，现实命题是基于自身逻辑的内部运作规则与私法调整和监管规则进行协调，将技术置于制度的框架下。

以区块链为例，区块链旨在创造一个自我管理、自我约束的自治空间，并根据参与者加入网络时达成的内部规则来分配权利，曾被视为替代法律体系的途径。因而，作为一个合乎逻辑的结果，区块链金融网络中的权利分配必须是不可阻挡和不可逆转的。然而，在实践中这样的权利分配结构不仅会引起监管制度的紧张，而且会与私法框架产生碰撞。尽管是基于参与者共识而完全自治的网络，但其中的交易可能对非关联方和整个市场造成负外部性以及潜在的传播系统性风险的可能性，尤其是当不可逆执行的合同存在违反国家和公共利益以及侵犯他人权益之虞。[1] 因此，尽管自动执行合同条款的智能合同 [2] 期望实现自我监管，但正如牛津大学 Philipp Paech 所言，区块链金融系统分配权利的权源最终必须来自私法秩序，如果没有明确的定义和法律地位，也仍需要适用现行合同法等法律调整。同时，由于面临"软件突发故障"等问题，即使是依靠编码、自动化合同，实际上仍需通过允许人为干预来保护投资者。对于"自动化法律治理"路径这一尚未得到证实的金融自动化形式，只能将其视为帮助人的工具，而非取代人工。因此，区块链金融网络不能超出监管范围，不能完全由自我监管实现，私法应在其中得以适用。对此，冯果指出，区块链金融的监管要实现法律规则与技术规则齐头并举。

---

① Max Raskin. The Law and Legality of Smart Contracts. Georgetown Law Technology Review, 2017, 1(2): 305–341.

② 当前对"智能合同"尚无一致的定义，法律专业人员将其定义为各方之间具有法律约束力的正式协议；而计算机工程师则将其视为计算机代码，即在计算机程序中执行预选操作数据和计算机指令的安排。

Regtech 监管技术能够将节点监管技术引入法律体系，由法律明确监管部门有权作为节点接入区块链，有效参与区块链的交易模式中，打破"技术排斥监管"的状态，实现制度监管和技术监管的有机结合。[①] 综上，只有合作创建多元协调的治理框架，才能确保区块链安全运行。

（五）建立吹哨人机制，引导"看门人"及同行竞争者参与合作治理

面对金融科技领域大量的监管空白和信息屏障，监管机构可以利用分散角色的知识提升监管效能。一方面，可以利用市场竞争机制激励金融科技公司互相监督、自我管理；另一方面，可以通过"看门人"等专业人士和社会公众实现公共监督，建立全方位的吹哨人机制，为私主体提供嵌入治理结构之机。建立金融科技同行（竞争者）的"吹哨人"机制首先要解决激励问题。而实现行业内互相监督的一个有效方式就是利用集体制裁，通过允许监管机构对整个行业施加成本以激励企业监控行业成员的违法行为。例如，监管机构可以向网贷平台表明，若整个行业违规的贷款比例过高，将会加大整个行业的监管负担。如此亦可避免监管机构在前期的过度管控。[②] 与此同时，"吹哨人"主体亦应延伸至"看门人"和普通公众，允许其披露关于不当行为的信息，将举报视为促进问责制的一种手段。例如，反洗钱风险是区块链的一处软肋。但由于区块链技术的匿名性，对客户真实身份的识别难度较大，取证相对困难。通过"吹哨人"机制建立类似于金融监管中的反洗钱制度，探索出一套激励模式（如声誉激励），由相关专业的"看门人"向监管机构提供信息，报告可疑交易。因为大多数交易涉及众多"看门人"——律师、会计师等专家，通过合力提供信息，可以避免信息来源单一化，避免细微线索

---

① 冯果、吴双：《技法融合：应用区块链实现金融精准扶贫的法治进路》，《上海政法学院学报》2018 年第 2 期。

② William J. Magnuson. Regulating Fintech. Vanderbilt Law Review, 2017, 8(17): 1–58.

的遗漏，有助于监测金融失当行为。[①]

（六）开展金融科技的国际合作治理

金融科技发展的全球化趋势不仅使企业面临多套金融规则嵌套的监管不确定性，也会影响监管机构的有效监管。同时，特定的监管制度会产生特定的分配效应，在制度竞争下，可能出现监管竞次。例如，区块链平台提供商若不在同一管辖范围内，则涉及跨辖区管理。金融资产权利的可执行性取决于其所适用的具体权利的法律，而这又取决于相关资产的法律性质。若涉及的每个司法辖区都按照其特有标准对网络中持有的资产进行分类，则任何国际区块链金融网络都无法运作。这就需要不同司法管辖区的监管机构在国际层面制定标准，在信息共享和执法援助等方面协调合作。国际证券委员会组织等国际组织呼吁制定金融科技谅解备忘录，提供信息交换框架，促进支持创新的协议。[②] 另外，建立跨境监管沙盒也可成为促进合作的创新尝试，通过搭建国际专家学者、行业与监管机构的对话合作平台，能够更有效地测试金融科技企业在多个司法辖区运行的可行性，从而争取金融科技竞争的制度比较优势。

[①] Stavros Gadinis, Colby Mangels. Collaborative Gatekeeper. Washington and Lee Law Review, 2016, 73(2): 800−910.

[②] Lev Bromberg, Andrew Godwin, Ian Ramsay. Cross−Border Cooperation in Financial Regulation: Crossing the Fintech Bridge. Capital Markets Law Journal, 2018, 13(1): 59−84.

我国监管沙盒的法律制度构建研究

李有星　柯　达*

摘　要

监管沙盒是一种可兼顾金融创新发展与金融风险防范的监管模式，其本质为前准入监管、差异化监管和临时性监管，并提供了金融监管机构与金融创新主体的互动机制，有助于推动金融科技和金融创新的健康有序发展。本文在对监管沙盒的本质特征进行厘清的基础上，对我国引入监管沙盒的必要性与具体的法律制度构建进行深入分析。研究表明，我国可以考虑引入监管沙盒制度，增进金融监管机构与金融创新主体之间的良性互动，减少金融创新的监管成本。结合我国实际，应允许正规金融机构与"准金融机构"申请监管沙盒测试，并明确中央金融监管部门与省级地方金融管理部门作为监管沙盒的实施主体。在监管沙盒的具体实施过程中，应强调底线监管思维，并采取消费者测试库与风险补偿等消费者保护措施。

关键词：监管沙盒；金融科技；金融创新；金融消费者保护

---

* 本文原载于《金融监管研究》2017 年第 10 期。柯达，浙江大学光华法学院硕士研究生，北京大学博士研究生。本文系国家哲学社会科学基金重点项目"互联网融资法律制度创新构建研究"（15AFX020）、浙江省哲学社会科学规划优势学科重大项目"我国民间金融市场治理的法律制度构建及完善"（14YSXK01ZD）。

一、引言

"监管沙盒"（Regulatory Sandbox）是近年来多个国家和地区在金融科技领域陆续采用的一种监管模式。根据英国财政部的定义，监管沙盒提供了一个安全空间，从事金融创新的企业可以在该安全空间内试验创新产品，尝试新服务以及新的商业模式，政府部门对测试过程进行实时监测并进行评估，以判定是否给予其正式的监管授权。2015 年 11 月，英国金融行为监管局公布了监管沙盒的具体实施计划，并开始接受第一批测试申请，次年开始接受第二批测试申请。2017 年 4 月，英国财政部发布监管创新计划，欲通过监管沙盒等监管机制，确立其科技金融的全球领导者地位。2017 年 6 月，英国金融行为监管局开始接受第三批测试申请。与此同时，新加坡、澳大利亚、马来西亚等国家和我国香港地区也相继开始实施其各自的监管沙盒计划。在我国，北京市政府已于 2017 年初宣布将对互联网金融进行监管沙盒模式的试验，并以房山区"北京互联网金融安全示范产业园"作为试验地；此外，贵阳、赣州等地针对区块链也相继实施了监管沙盒计划。监管沙盒是新出现的监管模式，其实施效果尚有待验证，但其追求兼顾金融创新发展与金融风险防范、促进金融创新企业与监管机构互动等理念已给各国金融科技的发展及监管带来了极其重大的影响。

基于鼓励金融创新同时防控金融风险的制度理念，监管沙盒同样受到了国内监管机构与金融业界、学界的积极关注。目前，学界已从适用对象、适用标准、消费者保护等方面对域外监管沙盒制度进行了较为翔实的介绍，并对域外监管沙盒制度的底层逻辑、产生背景进行了深入分析；部分学者还论述了监管沙盒制度对我国金融监管的启示，认为我国应当建设服务型监管机构，加强监管机构与被监管者之间的沟通；此外，少数学者对我国实施监管沙盒的必要性与可行性进行了初步探讨，认为我国实施监管沙盒时机已经成熟，但面临监管资源等方面的挑战。然而，现有文献在论述我国建立监管沙盒制度的必要性和具体制度的构建之前，未能清晰界定监管沙盒与传统金融监管模式的本质区别，此外在对现有法律制度进行衔接的问题上，仍需要作进一步的探讨。

鉴此，围绕构建我国的监管沙盒法律制度，下文拟按照如下思路展开。第二部分，通过与现有监管制度进行比较，明确监管沙盒的本质特征；第三部分，在明确监管沙盒的基础上论述监管沙盒在我国实施的必要性；第四部分，从申请主体、实施主体、运作流程、消费者保护等方面阐述中国语境下监管沙盒制度的具体构建思路，以求推动我国金融科技行业的有序发展与金融科技监管机制的持续优化。

二、监管沙盒的本质特征

将监管沙盒与现有的监管体制和监管模式进行比较，明确其本质特征，突出其创新之处，有助于为监管沙盒的制度构建在现有法律制度框架中寻找最恰当的制度着力点。从监管介入时间、监管差异性和监管持续性三个角度进行分析，监管沙盒是前准入金融监管、差异化金融监管和临时性金融监管。

（一）监管沙盒是前准入金融监管

从监管的时间角度划分，金融监管可分为事前的准入监管和事中、事后监管。监管沙盒在时间顺序上位于准入监管之前，但亦属于准入监管的一种特殊形式。监管沙盒制度中规定了企业申请测试的诸多条件，包括企业符合测试范围、创新的真实性、消费者权益保护、实施沙盒的必要性等，只有符合相应门槛条件的企业才能接受监管沙盒测试。但从规则所要实现的政策目标来看，监管沙盒制度安排与一般的金融市场准入监管相比具有其特殊之处：准入监管是对市场主体进入相关金融市场的资质进行监督管理，目的是维护金融市场主体的信誉，保持市场的适度竞争，促进金融资源的合理配置；而监管沙盒力求兼顾金融创新与风险防控，允许风险可控、能为金融消费者带来更多收益的金融创新成果进入市场，保证金融创新的合法性与合理性。

监管沙盒是前准入监管，并不意味着其完全排斥事中、事后监管的内容。

监管沙盒的实施强调监管机构与测试企业之间的合作互动，以便监管机构及时知晓测试过程中金融产品或服务的风险状况与消费者保护情况。将来条件成熟时，监管机构或可采用监管科技（RegTech）对测试企业进行监管，提高监管的实时性、动态性和精确性，同时提升金融机构的合规效率。在监管沙盒中采用事中、事后的监管方法，不仅是为了督促金融产品或服务符合监管规定，防止欺诈和风险扩散，更是根据金融产品或服务的具体情况，完善监管规则，以适应金融创新发展的需要。

（二）监管沙盒是差异化金融监管

从监管的差异性角度划分，金融监管可分为差异化监管与同一化监管。差异化监管根据金融市场主体或产品服务的特点，有针对性地制定监管规则对其进行监管。差异化监管让监管更具前瞻性，使市场更具竞争力和效率，最终为消费者和经济发展带来收益。差异化监管注重监管的实质公平和监管的有效性，但监管成本较高；同一化监管较少考虑企业或产品服务的自身情况，统一设置市场准入条件或持续性监管要求（如对商业银行的资本充足率和流动性作出统一规定）。此外，同一化监管注重监管的形式公平，在一定程度上更符合法制普遍性、确定性的要求，但容易忽视被监管对象的特殊情况，在一定程度上加剧监管失灵的可能性，阻碍金融创新，无法突出被监管对象自身的优势。传统的监管模式属于同一化监管，监管机构往往不会去评估特定金融产品或服务的创新程度与风险状况。

差异化监管可表现为监管对象的差异化与金融消费者的差异化。在监管对象差异化方面，监管机构与符合测试条件的企业共同商定针对该企业的监管沙盒方案，在测试过程中与该企业进行持续性的互动，以评估该金融创新产品的风险状况，如测试报告获得监管机构审查通过，则该企业有权自主决

---

① 监管科技现有两种界定方式，一为金融机构或金融科技企业运用人工智能、区块链等最新科技解决监管合规问题，二为监管机构运用最新科技对金融机构或金融科技企业进行监管。就英国而言，监管科技主要运用于金融机构和金融科技企业，其暂未运用于监管沙盒测试当中。

定是否向市场推广该产品。以英国监管沙盒计划为例，第一，监管机构可向企业出具"无强制行动函"，在测试方案可能违反监管目标的情况下，监管机构向企业出具该函，承诺在监管沙盒测试阶段不会采取强制措施；第二，监管机构会对企业进行"个别指导"，在企业提出相关请求时，监管机构将为提出请求的企业就监管规则提供单独指导，解释与创新活动有关的可适用规则；第三，监管机构提供豁免，当测试活动违反现有规定或现有规定无法达到监管目的，实施豁免不违反监管机构的监管目标，监管机构可以为该企业提供一定范围内的豁免。在金融消费者差异化方面，测试企业只能向那些统一参加测试的金融消费者提供测试，其必须履行充分说明和告知义务，须告知金融消费者参与测试存在的潜在风险和可供选择的补偿。同时，监管机构也要对测试活动中合法权益遭受损害的金融消费者进行适当补偿。需要注意的是，参与测试的金融消费者与普通金融消费者享有相同的基本法定权益，如知情权、自主选择权等等。虽然金融消费者的差异化是为监管对象的差异化服务的，但金融消费者的基本权益依然需要得到保障，否则将与监管沙盒的目的背道而驰。

（三）监管沙盒是临时性金融监管

从监管的持续性角度划分，金融监管可划分为临时性监管与持续性监管。传统的金融监管属于持续性监管，即某一金融市场主体或金融产品服务获准进入金融市场后，会一直接受监管机构的监管，直到该主体或产品服务退出相关市场为止。监管沙盒则为临时性监管，即企业为了能将其拥有的金融产品或服务推向市场，申请接受监管沙盒测试，测试完成即意味着监管沙盒阶段的临时性监管结束，在产品投入市场后接受监管机构的持续性监管。在监管沙盒实施过程中，监管规则需要根据测试企业的实际情况作出临时性调整，在测试结束后便恢复对该规则的普遍性适用。

有学者指出，监管沙盒与我国自改革开放以来在各地设立的金融改革试点相似，在逻辑上都是在小范围内先行、先试，试验成熟之后再进一步推广。两者虽均属于临时性监管的范畴，但仍存在一定的差异。第一，改革试验区按照地域划分，如温州金融综合改革实验区、中国（上海）自由贸易试验区、重庆统筹城乡综合配套改革试验区等等，而监管沙盒如果没有特定法律法规的限制，测试对象基本不受地域的约束，任何地区的企业均可申请沙盒测试。第二，改革试验区的地域划分建立在区域特色的基础之上，改革试验所总结出的可推广经验还会深受当地经济发展、传统文化等因素的影响，而监管沙盒受区域特色的影响较小，测试后推广的阻力相对较小。第三，改革试验区内的改革试验适用于全体被监管对象和金融消费者，监管机构与被监管对象的互动性较弱，而监管沙盒只针对特定的被监管对象和金融消费者，监管机构与被监管对象的互动性更强，且金融消费者能得到因"改革失败"对其造成的损失所产生的赔偿。

三、我国引入监管沙盒的必要性

金融服务业正在经历快速的技术性变革，并努力寻求如何满足商业机遇、消费者需求和人口变化趋势的途径。2013年以来，我国金融科技行业迅猛发展，金融科技带来了前所未有的金融创新模式，同时也意味着法律风险、市场风险等风险状况的增加与演变。结合我国金融科技发展实际与金融法治现状，有必要引入监管沙盒，增进金融监管机构与被监管对象之间的良性互动，以控制金融创新的风险并提升消费者保护水平，促进符合社会效益的金融创新发展。

（一）金融监管机构与被监管对象缺乏良性互动

理想状态下，金融监管机构与被监管对象之间的双向良性互动可由两部分组成，一是金融机构的金融创新成果及其实际运行的法律风险、市场风险等风险状况能及时、准确地被金融监管机构知晓；二是被监管对象对金融监管机构的监管底线十分明确，并认为该监管底线具有可预期性。然而，我国现有的金融监管，特别是对金融科技的监管而言，由于种种原因，金融监管机构与被监管对象之间尚未形成良性互动，很多时候只是监管机构对被监管对象的单向"干预"。一方面，通过对我国金融科技监管的考察可以发现，金融科技产品或服务从实际运用，到该产品服务被金融监管机构正式关注的时滞较长，监管机构可能难以及时全面了解该产品的风险状况；另一方面，目前金融科技监管一定程度上具有不稳定性，被监管对象在制度层面缺乏对监管机构监管底线准确了解的渠道。

金融监管机构与被监管对象之间双向互动的匮乏，在一定程度上是由监管资源的有限性造成的，同时亦是金融创新逐利本质的体现。第一，我国"一行三会"在全国各地设立的分支机构、派出机构并没有覆盖市级以下所有区域。其中，证监会、保监会的派出机构并没有完全覆盖到市级以下的区域，监管范围存在一定的局限。囿于监管人员、监管设施的数量，对不断发展的金融创新特别是金融科技发展难以作出及时回应。监管机构难以有效抽调出监管力量，深入各个被监管对象去了解其金融产品创新的具体情况。在分业监管的模式下，即使获知了金融产品的风险状况，也难以及时制定统一的监管标准来采取一致的监管行动。有部分地方政府已经开始尝试对地方金融科技企业进行相关指导与监督，但缺乏长期性的法治保障。第二，在某种程度上，金融创新是企业追求效益最大化、转移风险并规避监管的产物。在这个过程中，被监管对象自身对金融创新产品或服务的实际运作风险并不能有效掌控，亦可能担心监管机构在知晓其金融创新后，会判定该产品或服务的风险逾越了社会可承受范围，并修改监管规则或实施针对性执法，对该金融创新产品或服务予以取缔。第三，监管机构基于监管能动性的考量，在被监管对象权利、义务的分配上，可能会留下一定的弹性空间。这种具有一定弹性的监管规则，一方面在风险可控的前提下，给金融创新提供了适度的空间；另一方面也带来监管机构过度干预金融创新的风险和可能性。在监管规则存在解释空间的情况下，虽然监管机构可以用类推、反向推理、目的性线索等方法填补监管规则的疏漏之处，但监管规则的完善仍会落后于金融创新的发展。

在金融监管机构与被监管对象缺乏良性互动的情况下，金融创新的发展必定会步履蹒跚。如支付宝、余额宝等新兴金融产品被推出之始，就曾引来涉嫌非法集资的诸多质疑。相关企业主动与金融监管机构沟通，让监管机构及时了解上述新兴金融产品的结构实质和风险特点。经过监管机构的指导，相关企业进一步完善了金融产品服务的结构内核，降低其金融风险，使金融消费者的合法权益得到保障。并且，建立与金融监管机构的良性沟通机制还可以减少监管机构在舆论压力下误判相关金融产品或服务为非法集资的可能性。

（二）监管沙盒可增强金融监管机构与被监管对象之间的良性互动

监管机构需要借助创新者了解创新，创新者需要监管机构的支持和有效监管，以更好地践行创新。监管沙盒增加了金融监管机构与被监管对象之间良性互动的机会，并为两者之间的良性互动提供制度化保障。一方面，在监管沙盒的实施过程中，监管机构可以深入了解相关金融产品的运行风险，并据此完善相关监管规则，保障金融消费者的合法权益，减少社会和金融消费者对金融产品或服务的误判，减少监管成本与社会成本。另一方面，在监管沙盒授权的限定范围之内，相关金融机构对监管机构的监管规则有了更深入的了解，其不必担心自己的金融产品或服务会以非法集资等名义轻易被监管对象要求禁止销售，这使得金融创新所依赖的监管环境具备了可预期性，增加了被监管对象主动对接监管机构并与其进行沟通的积极性。在实践中，已存在金融科技企业在尝试监管沙盒机制后，因更加了解金融监管标准的严格性和相关合规成本，而决定放弃获取金融牌照。近年来，我国对于"互联网金融"的治理思路虽然在前期对促进金融科技的发展具有积极意义，但由于金融科技企业与监管机构缺乏及时有效的沟通，以至于监管机构对金融科技的风险不能作出准确判断，这也给后期风险专项整治带来了一定的负面影响，不利于金融科技行业的持续性发展。如果实施监管沙盒机制，在风险出现前就对相关金融产品或服务采取针对性监管行为，可以提升监管的可预期性与稳定性。

有学者认为，监管沙盒只能适用于小型的开放经济体和追求建立国际金融中心的国家或地区，目前仅在普通法系国家、地区出现，因此监管沙盒不能移植到我国。但如上文所述，监管沙盒的优势之一便是突破了地域限制，提升了监管试验的准确性，因此地域的大小并不影响监管沙盒的可适用性。此外，虽然目前实施监管沙盒的国家与地区的法律制度体系均属于普通法系，其法律传统为监管沙盒的运作提供了良好的环境，但这并不代表监管沙盒不能在普通法系之外的国家适用。实际上，我国目前对金融科技的监管理念与方式与监管沙盒有较多相似之处，如设立监管底线、促进金融创新与防范金融风险相结合、柔性监管与刚性监管相结合等等。

四、我国监管沙盒法律制度的构建思路

监管沙盒可以为监管机构和被监管对象提供良性互动的机会，使金融创新进一步被监管对象和金融消费者所认可。由于现有的法律框架和机构设置影响金融监管政策目标的实现程度，探讨建立我国的监管沙盒制度，应在尊重我国金融监管体制框架的前提下进行，实现与现有金融监管法律与金融监管体制的衔接。具体而言，监管沙盒法律制度可包括测试申请主体、实施主体、运作流程及消费者保护措施等。

（一）监管沙盒的申请测试主体：正规金融机构与准金融机构

结合目前我国金融科技的发展现状和金融监管能力，可申请监管沙盒测试的主体应包括正规金融机构，以及小额贷款公司、融资性担保公司、P2P网络借贷平台等"准金融机构"；待将来监管沙盒制度运作较为成熟时，也可考虑将申请主体放宽至其他企业。在大多数已建立监管沙盒制度的国家和地区，可申请监管沙盒测试的主体包括银行等正规金融机构、金融科技企业

等；英国的主体范围最广，所有企业都可将其创新产品、服务、商业模式和交付机制提交测试；我国香港地区监管沙盒的申请测试主体最窄，仅限于本地银行。监管沙盒申请测试主体的不同，反映了各个国家、地区发展金融科技的不同目标与金融科技发展阶段的差异性^①。就我国而言，商业银行、证券公司、保险公司等正规金融机构经营业务的同质化给其发展带来了一定阻碍。通过金融创新提升竞争优势、维护金融消费者的合法权益，是这些正规金融机构近年来发展的核心命题。通过监管沙盒的测试，正规金融机构推向市场的金融产品或服务更容易被金融消费者接受，再加上正规金融机构总体经济实力较强、社会影响力广泛，通过监管沙盒测试的金融产品社会认可程度更高，维护金融消费者合法权益等金融公平目标更容易实现。而对"准金融机构"而言，其在推动金融科技发展的过程中起着重要作用，同时在一定程度上缓解了中小企业融资难、融资贵的问题。经过互联网金融风险专项整治后，金融科技行业的整体规模仍然较大。以 P2P 网贷平台为例，截至2016 年 12 月底，全国共有正常运营平台 2411 家，在经济发达的省份，平台的数量已经趋于稳定。上述"准金融机构"相较正规金融机构而言与金融监管机构互动较少，监管机构往往不能准确评估其金融创新的具体风险情况，企业也无法准确判断监管机构的监管底线。因此通过监管沙盒测试，促进监管机构与被监管对象之间的良性互动显得格外重要。

此外，对于准金融机构，监管机构可通过沙盒测试补贴、根据企业特定情况放宽申请条件等方式鼓励其申请监管沙盒测试。由于许多准金融机构特别是金融科技企业处于初创期，规模不大且实力较弱，缺乏风险投资，其对需要耗费一定的时间成本和金钱成本的监管沙盒测试只能望而却步。监管机构可鼓励达到了相应要求的金融科技企业提出监管沙盒测试申请。

---

① 如英国建立监管沙盒制度的目的之一是建设金融科技强国；又如香港的金融科技行业仍处初步发展阶段，主要是银行在运用区块链等最新金融科技。

（二）监管沙盒的实施主体："一行三会"与省级地方金融管理部门

我国监管沙盒的实施主体应确立为二元制结构。一方面，银监会、证监会、保监会及其派出机构可分别对各自监管的正规金融机构实施监管沙盒。另一方面，省级地方金融管理部门可对本省行政区域内的准金融机构实施监管沙盒。同时，如某申请测试主体的产品或服务涉及其他金融领域，实施沙盒测试的监管机构可接受该领域监管机构的指导或协助。为保障监管沙盒测试的有序实施，国务院金融稳定发展委员会可对"三会"和省级地方金融管理部门实施监管沙盒进行监督。采取上述监管沙盒实施主体的分工，是由我国现行的监管体制，结合各个监管主体的监管能力与监管成本所决定的。

境外负责实施监管沙盒的监管机构主要有两类，一类是在"双峰"监管模式或"准双峰"监管模式中负责行为监管的主体，如澳大利亚证券和投资委员会、英国金融行为监管局；另一类是统一监管模式下的中央银行，如新加坡金融管理局和香港金融管理局。结合我国当前的金融监管体制，由"一行三会"与省级地方金融管理部门作为监管沙盒的实施主体较为适宜。第一，对于正规金融机构而言，其本身与中央金融监管机构及其派出机构联系较为密切，对口监管机构及其派出机构具有信息优势和技术优势，因此正规金融机构的监管机构负责实施监管沙盒，可以降低监管沙盒运行的成本。第二，伴随着地方金融活动的日益活跃，地方政府对地方金融的关注也日益增加，地方政府已开始在地方金融监管中扮演越来越重要的角色。地方金融管理部门在监管准金融机构方面具有地缘优势和信息优势，特别是在一些金融科技企业（如 P2P 网络借贷平台）尚处于监管真空之时，地方政府的及时关注与监测有助于避免"准金融机构"风险。而现有的地方金融管理部门隶属于同级政府，其可有效调动公安、工商等多个部门的力量配合进行监管沙盒的实际运行，使得监管沙盒的运行效率能够得到保障。在"三会"及其派出机构实施对正规金融机构的监管沙盒测试时，也需要地方政府的资源配合。此外，负责实施"准金融机构"监管沙盒测试的地方金融管理部门应以省一级为宜，因省级地方金融管理部门的人员、资源和技术配备相对较强，由省级地方金融管理机构实施沙盒测试可方便与测试企业进行沟通，进一步减少监管机构与被监管对象信息不对称的程度。此外，为遏制"三会"及其派出机构、地方金融管理机构基于自身利益需要导致的"监管竞次"情况出现，国务院金融稳定发展委员会可对上述两类监管沙盒实施主体进行监督。[①] 具体措施可以为向国务院金融稳定发展委员会报送企业监管沙盒测试的书面材料、出席监管机构与被监管对象的沟通会等方式，并在宏观上控制监管沙盒可能出现的金融风险。

若符合条件的申请测试企业较多，而监管机构的监管力量不足以应付所有企业的测试过程，导致企业获得监管沙盒授权的时间成本较高时，可借鉴英国监管沙盒计划中的"伞形沙箱"制度，将部分审核监管沙盒测试和实施监管沙盒运作的职责授权给一个非营利性机构。如温州在民间金融领域设立了民间融资公共服务机构，其具有接受地方金融管理部门委托，授权发布民间融资综合利率指数、收集统计民间融资信息等职能。[②] 地方金融管理部门在实施对准金融机构的监管沙盒时，亦可尝试将部分沙盒测试的审核与实施职责授权于民间融资公共服务机构，并对其相关活动进行监督管理。

[①] 2017 年全国金融工作会议提出，设立国务院金融稳定发展委员会，强化人民银行宏观审慎管理和系统性风险防范职责。央行相关负责人表示，金融稳定发展委员会未来将重点关注影子银行、互联网金融等方面的问题。

[②] 《温州市民间融资管理条例》第八条规定："在温州市行政区域内设立的民间融资公共服务机构，可以从事民间融资见证、从业人员培训、理财咨询、权益转让服务等活动，并应当为公证处、担保公司、律师事务所、会计师事务所等民间融资配套服务机构入驻提供便利条件。民间融资公共服务机构可以接受地方金融管理部门委托，从事下列活动：（1）发布民间融资综合利率指数等相关信息；（2）收集、统计民间融资信息，对民间融资进行风险监测、评估；（3）建立民间融资信用档案，跟踪分析民间融资的资金使用和履约情况；（4）受理本条例规定的民间借贷备案；（5）地方金融管理部门委托的其他事项。民间融资公共服务机构从事本条第二款规定活动的，不得向民间融资当事人收取费用。"

（三）监管沙盒的具体实施应强调底线监管思维

监管沙盒的具体实施以申请条件、测试程序等内容作为制度基础，在具体实施过程中，均应体现底线监管的原则，给予企业充分的自主权，防止监管沙盒实施主体对企业的过度干预。在申请条件方面，可参照英国监管沙盒的适用标准：（1）主体要件，即企业在申请范围之内；（2）创新性要件，即具有创新的真实性，在相关市场的现有产品中具有开创性；（3）消费者利益要件，即提交监管沙盒测试的产品或服务可以让金融消费者受益；（4）测试的必要性，即产品或服务不适用现行监管规定的要求，导致产品或服务上市成本较高；（5）公司在技术、消费者保护方面已做好接受监管沙盒测试的准备。此外，结合我国实际，可加入"有利于提升服务实体经济的效率"和"降低相关金融市场的金融风险"等要件。需要注意的是，不宜采用资本金、财务状况、公司治理结构等形式为监管沙盒设立门槛，这是由于接受监管沙盒测试的金融产品并没有真正进入市场，其风险可被控制在一定范围内。同时，申请监管沙盒测试的多数金融科技企业仍处于初创期，自身盈利能力较弱。此外，由于监管机构所处利益与视角的局限，不宜由其评判某项金融产品或服务是否具有创新真实性，而应事先设置一个评判创新的底线标准，或者由市场第三方机构去评判某项产品或服务是否符合创新条件。

在接受申请企业的监管沙盒测试申请之后，一方面，监管机构可参照设立改革试验区的经验，对测试企业可能涉及的监管规则进行暂停适用或者调整适用[①]。在对监管规则暂停或调整适用后，为了减少创新风险，确定相关监管底线或负面清单，明确参加测试的企业不得具有哪些行为。另一方面，可根据正规金融机构与准金融机构在产品投入市场时间的不同需求以及产品的性质，设置不同的测试期限，如我国目前被监管整治的现金贷等小额贷款可设置为较短的期限，但须保证监管机构能在该期限内明确该产品的风险

---

① 此处所说的"监管规则"仅指由监管机构制定的监管规则，如涉及法律、行政法规的调整适用，必须获得全国人大及其常委会或国务院的批准，测试成本过于高昂。

状况。

在测试互动方面，亦可参考英国监管沙盒的相关制度。（1）监管机构与申请企业共同确定测试方案以及消费者保护措施；（2）监管机构在测试过程中与企业保持接洽；（3）若测试通过且经监管机构认可，企业可自行决定将产品或服务推向市场。在测试过程中，亦可参考英国监管沙盒确立的出具无强制行动函、个别指导、豁免等与测试企业互动的方式。结合我国的监管体系，其一，监管机构应实施穿透式监管，按照实质重于形式的原则，把资金来源、中间环节与最终投向穿透连接起来，综合全链条信息判断其业务属性和法律关系，执行相应的监管规则。其二，企业应针对测试的内容对监管机构和受测试的消费者进行持续性披露。如参加测试的企业实施了负面清单中的行为，或实行欺诈行为，监管机构可强制其退出测试，并将该企业列入黑名单，禁止其在一定期限内申请监管沙盒测试。其三，在监管机构对测试企业进行个别指导时，要给予企业充分的决策自主权，如是否修改测试方案、是否将产品推广上市等等，防止监管机构对测试企业的过度干预。此外，监管机构在审查最终的测试报告时，可以结合该产品或服务的风险状况对申请测试企业提出适当性要求，如该产品向市场推广，企业应当评估金融消费者的风险承受能力，使该产品服务的风险状况与消费者的风险承受能力相匹配。

（四）监管沙盒的具体实施应强调金融消费者保护

监管机构的核心利益是金融安全，金融机构的核心利益是金融效率，而消费者的核心利益则是消费者保护。英国监管沙盒将"消费者权益保护"升级为"消费者受益"，从根本上说，让消费者受益就是为了更好地维护消费者的合法权益。实际上，我国在推进普惠金融、消费者教育等方面已经体现了"消费者受益"。① 在监管沙盒实施过程中，亦须体现消费者保护原则，消费者保护原则不仅体现在消费者的选择与数量，即事前阶段，也体现在风险补偿，即事后阶段。

在消费者的选择与数量方面，如果将测试消费者的选择权赋予企业，企业可能会为了减少监管沙盒测试过程中出现的风险，提高通过测试的可能性，人为地选择对自身较为有利的消费者作为测试对象。为了提高测试的准确程度，银监会、证监会、保监会以及各省级地方金融管理部门可设立监管沙盒的金融消费者"测试库"，通过经济奖励等方式鼓励符合一定经济标准、能够承担相应风险的消费者参加测试②。监管机构在批准某个企业的测试申请和消费者保护方案后，可从测试库中随机选取一定数量的消费者参加测试。对达不到消费者保护要求的产品或服务，监管机构可采取要求更改产品设计、限定销售区域和对象等措施，排除产品或服务对消费者利益的损害。在消费者补偿方面，由于在测试过程中受测试消费者的损益变化均可能发生，监管沙盒仍需体现"风险自担"的原则，实现金融消费者风险吸收能力与金融资产风险的匹配。测试企业的消费者保护方案经过监管机构审核后，应当告知参加测试的消费者在测试中享有的权利，以及在测试期间可能承担的风险。参加测试的消费者遭受了已告知风险之外的损害，企业必须提供相应的补偿。监管机构可以设立金融消费者保护基金，若金融科技企业已无法全额向参加

---

① 《中国人民银行金融消费者权益保护办法》第 8 条规定："金融机构应当建立健全金融消费者权益保护的各项内控制度，包括但不限于以下内容：（1）个人金融信息保护机制；（2）金融产品和服务信息披露机制；（3）金融产品和服务信息查询机制；（4）金融消费者风险等级评估机制；（5）金融消费者投诉受理、处理机制；（6）金融知识普及和金融消费者教育机制；（7）金融消费者权益保护工作考核评价机制；（8）金融消费者权益保护工作内部监督和责任追究机制；（9）金融消费纠纷重大事件应急机制。"第 26 条规定："金融机构应当重视金融消费者需求的多元性与差异性，积极支持欠发达地区和低收入群体等获得必要、及时的基本金融产品和服务。"

② 为进一步保护金融消费者权益，有必要限制金融消费者参加沙盒测试的项目数量。具体的限制数量，可由实施沙盒测试的监管机构根据该消费者风险承受能力以及申请测试产品或服务的风险状况，自主进行决定。

测试的消费者提供补偿，金融消费者保护基金可代替金融科技企业对消费者进行补偿。

五、结语

在金融科技迅猛发展的时代背景下，监管机构应在控制风险的前提下，允许金融科技的创新发展，试验多种可能性。监管沙盒作为前准入监管、差异化监管和临时性监管，兼顾金融风险防范和金融创新，其正在被更多的市场主体和监管机构所认可。当前金融监管机构与被监管对象之间良性互动机制有待完善，需要引入监管沙盒制度，以增进对金融创新的监管效能。从我国国情出发，监管沙盒应适用于所有正规金融机构与包括小贷公司、融资担保公司、P2P融资平台在内的"准金融机构"，并由"一行三会"与省级地方金融管理部门负责实施监管沙盒。在具体运作过程中，监管机构应注重底线监管的思维，同时采取消费者测试库与风险补偿等方式，保护金融消费者的合法权益。

金融刑事法治

把握刑民交叉的本质，处理好程序与实体问题

李有星 *

★　本文原载于《法律适用》2019 年第 16 期。

围绕刑民交叉典型案件与裁判规则，就如何把握刑民交叉的本质，处理好程序与实体问题，我主要谈五点思考。

思考一：刑民交叉的实质是什么？

刑民交叉案件一直存在，但总的来说过去少，现在多，而且现在越来越多，多不胜数。为何会出现这么多刑民交叉案件？刑民交叉的根源性问题在哪里？刑民交叉案件为何会大量出现在金融、借贷、担保等财产交易型的商事领域？这一问题的本质是缺乏行政对商事行为边界的界定与监管，可以说是行政监管不到位的必然。行政管理或治理能力增强了，刑民交叉案件就会减少。

严格意义上，刑民交叉的概念不准确，应该是商事纠纷与刑事纠纷的交叉，即"商刑交叉"，但基于习惯就叫"刑民交叉"。我们都知道民涉及的是平等主体之间的财产关系与人身关系，纯粹的民不可能与刑事犯罪有交叉，基于"同一事实"更是不存在。在民法视野中，如《民法总则》中是没有法律责任这一部分的，有的仅仅是民事责任这一章。承担民事责任的方式主要有：（1）停止侵害；（2）排除妨碍；（3）消除危险；（4）返还财产；（5）恢复原状、修复生态环境；（6）修理、重作、更换；（7）赔偿损失；（8）支付违约金；（9）消除影响、恢复名誉；（10）赔礼道歉。承担民事责任的方式，可以单独适用，也可以合并适用。民事法律关系中主要有违约和侵权，这种民事违约和侵权较难与刑事犯罪联系。

刑事容易与商事交叉，尤其集中在需要政府监管的商事领域，如公司、合同、证券、银行、保险、借贷、担保等领域。商是推动社会财富增加和推动社会进步的核心力量，商事行为本身是受监管的行为，因此，凡是涉及商的法律制度中均有明确的法律责任，这种具体责任包括民事责任、行政责任和刑事责任。商事秩序和市场经济秩序主要依赖于行政监管的作用，只有商事行为突破行政监管的容忍度才会进入刑事制裁的范畴。刑事是一种严重违法社会秩序以后的不能包容的制裁手段，介入商事领域应当有限度和谦抑。

民（商）和刑能够交叉起来而且很多，其主要原因就是"重商不足"而"重刑过度"。一般情况下，行政机关维护市场经济的社会秩序，最主要的是尊重商事习惯、制定商事规则、明确市场准入条件、明确商事行为业务边界、明确商刑边界和监管底线（红线）。只有把边界划定清晰，让市场主体的商人有明确的预期、底线和边界，超越了边界、突破了底线，就是刑事制裁之时。这种行政责任与刑事责任边界划分并且做得好的是税法制度和税收犯罪问题，税收行政管理机关不移交之前属于行政监管范畴，刑事不介入，税收行政机构移交案件后，公安才介入。

我国目前的金融商事问题最复杂，金融法治程度严重不足，制度规范短缺明显。对于民间借贷等民间金融以及互联网、人工智能等新科技产生的新金融业态，监管不足，边界不清。这种情况下，就会产生较多的刑民交叉纠纷，甚至习惯于用"非法"和"变相"的理由调整商人行为，以"非法集资""非法经营""非法金融活动""非法证券活动"等约束民营商人。事实上，一旦商事与刑事的边界不清，出现问题就是公安机关冲在一线处理，刑民关系复杂了。在行政监管不到位、规则不清晰的领域，就需要司法机关把这个边界搞清楚，清晰哪些情况不构成犯罪，哪些情况构成犯罪，从而减少刑民交叉的争议。

思考二：创新包容不够，政策性、制度性制造犯罪交叉

我们处于一个日新月异的新时代，有很多事情是前面鼓励创新，后面看到副产品出现了，急速掉头，一个政策规定或制度制造一批犯罪，有的还溯及既往。本来是民事纠纷案件立刻成为刑民交叉案件，案件数量大增。这个情况实际上是不包容和没有政策连续性的表现，这是很大的问题，值得重视和想办法解决。

思考三：刑事过度介入民商事，出现投资者保护不足

在民商事借贷案件中，大约有 30%~40% 的被告均会提出抗辩说出借人是"套路贷"。实践中，民间借贷、套路贷、职业放贷人、高利贷、黑恶势力等概念与相互关系、评判标准有模糊之处。罪与非罪之间，此罪与彼罪之间存在分歧。同时，合法民间借贷的债权人权益受到不当影响，"欠债还钱"的民间借贷法则受到挑战。借款人肆意指控出借人"非法高利贷""套路贷""暴力讨债"等，从而达到拖延或拒绝偿还债务、逃废债的目的。这导致正常民间借贷当事人的极度恐慌不安，给民营经济为主的区域营商环境造成负面影响。在扫黑除恶背景下，仍然要坚持法治原则，不能随意将合法的民间借贷行为定性为"套路贷"犯罪。

目前存在投资人不敢投资、有钱人不敢借钱、社会资金流动缺乏等情况。为什么会造成这种情况，因为有的地方打击"套路贷"过头了。以往民间借贷的规则有些被冲击了，边界开始模糊了。民间借贷是否就是非法金融活动？民间借贷是几千年的习惯，同时也是滋养浙江省民营企业发展的基础性东西。很多人习惯于正规金融的治理思维，有的试图消灭民间借贷的存在。民间借贷利率比银行借贷利率高，为什么借款人还要借，不借不行吗？据统计，70% 以上的中小微民营企业没有经过银行的资金支持，这些企业的生产经营资金就是依赖民间借贷、民间资金的支持运转。正常的民间借贷有其自身规律，也不是一味的高利贷，是正规金融的有益补充，而且更加市场化和便利化。

现在往往把职业放贷人、高利率借贷作为打击套路贷的对象。仅从表面上把职业放贷人和高利率借贷当成"套路贷"打击是不充分的。"套路贷"的核心构成要素是以非法占有为目的而设置套路，形成虚假的债权债务关系，并借助虚假诉讼、暴力催收等手段实现占有目的。我们国家没有高利率禁止规定的，法院不保护超出年利率 24% 的规定，也仅仅是不保护，但没有禁止。民间借贷只要不发生纠纷双方自愿履行、确实真实意思表示，目前法律并不自然追究。因此，仅凭利率高这一要素不能认定"套路贷"。职业放贷人也

不是认定"套路贷"构成要件，有规范的职业放贷人对民间借贷市场是有利的，国家有必要抓紧制定类如"放贷人条例"的规则制度规范放贷人行为。用身份论去判定合同无效是没有道理的，和原来的最高人民法院司法解释是矛盾的。商法以保护投资者的利益和投资者有限责任作为出发点，目的是鼓励投资者投资。在投资者责任与债权人利益出现冲突时，优先保护投资者的有限责任权利，以免因投资而倾家荡产，为保护投资者有限责任的实现而设计了破产制度。可是，公司法相关司法解释突破公司法设计"初心"的规定，不断突破投资者有限责任的制度，过多追究背后投资人的无限责任。这是违法市场经济规律的，也是引发刑民交叉案件频发、投资者保护不利的原因，需要适时纠正。

思考四：妥善处理公检法三家关系，强调检察院的监督作用

刑民交叉问题说到底就是公检法三家的分工制衡关系处理问题，有时候个别主体会利用这种程序控制权、实体判断和财产处置关系袒护或为某些人谋取不当利益。因此，要强化检察院对刑民交叉案件中程序、实体和财产处置的全面监督，使刑民交叉案件实现形式和实质正义处理。

程序关系上主要有：（1）法院裁定驳回起诉后移送公安，公安不立案。（2）公安立案，要求法院移送，法院认为不属刑事而不移送。（3）公安立案，但查证后认为罪不成立而撤案，特别是撤案后严重损害了民事权利人的权利。上述这几种情况都需要检察机关监督以避免不良产生。如"洪聪聪诉曹正林、杨翠龙等民间借贷纠纷案"中，二审法院发现该案存在诱使被害人签订"借贷""担保"协议、制造资金走账流水等虚假给付事实、故意制造违约、借助诉讼程序意图非法占有被害人财物等明显的"套路贷"特征，依职权对此进行了调查和取证。经过与各方当事人的单独谈话，以及对各方当事人提交的证据逐一比对分析，最终认定该案涉嫌"套路贷"，存在诈骗犯罪之嫌疑。并认为，必须依赖刑事案件的处理结果而定，据此裁定驳回起诉。但是，如

果公安不立案，或者立案后查证"套路贷"不成立，最终当事人只能回到法院起诉。其中，各个阶段的时间、程序等都是问题。所以，原则上法院主动以涉嫌刑事犯罪的理由裁定驳回起诉存在风险，需要谨慎。值得特别一提的是，不要给民事法官过度的刑事审查压力。民商事法官和刑事法官有各自独特的思维，民事审查案件中涉嫌刑事的手段有限，民事法官只要尽到注意义务和按照标准程序的要件审查就可以了。

思考五：关于刑民交叉财产处理问题

财产处置中的"以刑代民"的情况很多，需要平衡民商事主体的财产利益和刑事案件相关人的财产关系问题。虽然刑民责任不同，但各主体的财产权益上应当公平对待。另外，有的案件中，特别是非法吸收公众存款、骗取贷款等案件，存在借助部分涉刑事的财产无端剥夺企业或个人的全部财产，甚至有的提出将这些未涉刑财产充公给政府当费用。法院执行和政府处置不是一个概念，也需要一个标准规则和程序，否则十分混乱。

"套路贷"案件审理中的司法问题与对策研究

李有星　潘　政*

摘　要

"套路贷"是假借民间借贷之名非法占有他人财物的犯罪行为。"套路贷"案件审理中存在着法律规则不明确、案件事实难以查明、滥用刑事手段等问题，其中最核心的问题是"套路贷"概念不清和法律要件不明确，与正常合法的民间借贷活动难以区分。正确办理"套路贷"案件，破解"套路贷"案件审理中的司法问题，必须在明晰"套路贷"犯罪行为法律界定的基础上，处理好运动式司法与常态化司法的关系，重视"套路贷"案件的民事审查，妥善处理"套路贷"案件民刑交叉问题。

关键词：套路贷；民间借贷；职业放贷人

＊　本文原载于《法律适用》2019 年第 21 期。潘政，浙江大学光华法学院博士研究生。本文系国家社科基金重点项目"地方金融监管立法理论与实践"、中央高校科研专项资金资助项目"智能金融安全法律问题研究"（ZDJCXK2018）、人工智能与法学专项资助课题"智能化网络借贷安全问题法律研究"（18ZDFX008）、中国人民银行金融科技委员会 2019 年课题"金融科技监管规则研究"的阶段性研究成果。

引言

"套路贷"，是对以非法占有为目的，假借民间借贷之名，诱使或迫使被害人签订"借贷"或变相"借贷""抵押""担保"等相关协议，通过虚增借贷金额、恶意制造违约、肆意认定违约、毁匿还款证据等方式形成虚假债权债务，并借助诉讼、仲裁、公证或者采用暴力、威胁以及其他手段非法占有被害人财物的相关违法犯罪活动的概括性称谓。简言之，"套路贷"就是在民间借贷中植入各种欺骗手段，以达到其非法占有目的的行为。① 在扫黑除恶专项斗争中，有关部门高度重视民间借贷市场中异化出现的"套路贷"问题，早在 2018 年初，最高人民法院、最高人民检察院、公安部、司法部出台了《关于办理黑恶势力犯罪案件若干问题的指导意见》，其中第 20 条就明确了"套路贷"相关案件的刑事定性及处理意见；在 2018 年 8 月出台的《关于依法妥善审理民间借贷案件的通知》中，最高人民法院进一步提出了对"套路贷"案件的民事审查和刑事认定指导意见；2019 年 4 月 9 日，"两高两部"专门就"套路贷"案件出台了《关于办理"套路贷"刑事案件若干问题的意见》（以下简称《"套路贷"意见》）。上述一系列法律文件的出台，对于打击"套路贷"违法犯罪行为，扫除社会黑恶势力，净化民间借贷市场，维护当事人合法权益有着重要意义。然而在实践中，"套路贷"案件审理却出现了许多问题，司法机关对于"套路贷"与民间借贷、高利贷、职业放贷人等概念及其相互关系认识不足，判断标准模糊，法律适用矛盾。故本文结合"套路贷"案件审理中存在的问题，在明晰"套路贷"犯罪行为法律界定的基础上，从处理好运动式司法与常态化司法的关系、重视"套路贷"案件的民事审查、妥善处理"套路贷"案件民刑交叉问题等三个方面入手，提出"套路贷"司法问题的解决对策。

---

① 吴加明：《刑事实质何以刺破"套路贷"民事外观之面纱》，《江西社会科学》2019 年第 5 期。

一、"套路贷"案件审理中的司法问题

（一）"套路贷"法律规则不明确

1."套路贷"概念界定不清

"套路贷"并非法律概念，而是针对某类社会热点现象的描述，相关概念的提出并未经过严格的考据和界定，带有浓重的网络时代流行语特征，就像"现金贷""714高炮"这类词汇一样，高度概括却又异常模糊，噱头很大却未必经得起推敲。"套路贷"的概念从民间说法、"江湖术语"，甚至是媒体炒作的宣传用语，直接上升为具有法律效力的法律概念，法律适用中的概念模糊必然相伴而生，需要大量的法律解释工作方可释明。

"两高两部"出台的《"套路贷"意见》虽然在第一部分"准确把握'套路贷'与民间借贷的区别"中，专门对"套路贷"概念作了概括性描述，但是这一规定与其说是对法律概念内涵外延的界定，不如说是对"套路贷"这种社会现象的描述，并未涉及法律适用真正关心的内容，亦即"套路贷"违法犯罪行为法律要件的界定。此外，《"套路贷"意见》第3条罗列了五种"套路贷"的常见犯罪手法和步骤，但是其兜底的"包括但不限于"就使得这种罗列对司法实践的帮助极为有限，在实践中就有司法机关对这五种罗列的手法和步骤产生争议，究竟是五种都要具备，还是择一即可。"套路贷"概念的模糊和法律要件的缺失，使得此类案件的审理和法律性质界定存在着极大的不确定性。

2."套路贷"案件性质模糊

虽然"两高两部"的《"套路贷"意见》将"套路贷"认定为违法犯罪行为，但是根据我国《刑法》及其相关司法解释，并无所谓"套路贷"的罪名。实际上，"套路贷"并非一个罪名，而是一系列犯罪的集合，其中涉及我国《刑法》规定的诈骗罪、敲诈勒索罪等罪名，辐射范围很大。依据依法治国和罪刑法定的基本要求，认定为犯罪必须要有法律的明文规定，"套路贷"这样一种犯罪集合的性质，必然要落入其他法定罪名涵摄范围之内予以定罪量刑。但是"套路贷"行为究竟是统一落入某个具体的罪名，诸如都认定为诈骗罪，还是根据不同的情况认定为不同的犯罪，具体又是什么犯罪，这些问题在实践中都有很大的争议。

3. "套路贷"案件法律适用矛盾

"套路贷"的特殊性质也给司法实践造成了很大的困惑，使得司法机关在处理"套路贷"案件时常常出现法律适用上的矛盾。同样的犯罪行为，依据《刑法》和相关司法解释，就足以认定为诸如诈骗罪等相应的罪名，原则上并不需要再去考虑是否是"套路贷"的问题；而诈骗罪等罪名，在法律规范和刑法理论研究层面都较为成熟详尽，对这些犯罪行为的认定是较为清楚和有章可循的，但是如果引入"套路贷"的概念以及相关的部门意见，就会使本来争议较小、法律性质界定较为清晰的案件，重新落入性质模糊的状态。更为重要的是，许多"套路贷"犯罪行为，在《刑法》和相关司法解释规定之下，适用诈骗罪等罪名依法惩处，足以做到罪责刑相适应，但是一旦考虑"套路贷"的因素或情节，就必然出现"依法严惩"的局面，这种情况下是否仍然可以做到"罪责刑相适应"就存在疑问。司法机关依据犯罪嫌疑人行为，在《刑法》和"套路贷"规定间不断抉择衡量，法律适用上难免存在矛盾之处。

（二）"套路贷"案件事实难以查明

所谓"以事实为依据，以法律为准绳"，"套路贷"规则的不明确，也影响着事实的认定。实践中，许多"套路贷"案件起初都是以民间借贷纠纷的形式进入民事审判系统，法官在民事审判过程中发现可能存在"套路贷"的情形，方才移送刑事机关。但是这种由民事到刑事的转换存在很多问题。

首先，民事审判规则不利于发现"套路贷"行为。民间借贷纠纷本就十分复杂，法官查明事实主要依靠当事人提供的证据，"套路贷"的"套路"不仅可以迷惑当事人，同样也是法官查明相关事实的巨大障碍。在民事诉讼

"谁主张谁举证"以及优势证据原则下，若当事人无法举证揭露"套路"的相关事实，民事审判法官又缺乏相应侦查手段的情况下，则"套路贷"将被合法民间借贷行为所掩盖，难以发现。

其次，"套路贷"的犯罪嫌疑人法律意识较强，反侦察能力和证据收集意识相较于受害人更强，原被告间的诉讼能力以及举证能力的不对等严重影响"套路贷"案件事实的查明。[①] 许多"套路贷"行为，从一开始就预谋要走司法诉讼程序，因此"套路"设计十分周密，外观形式合法，且相关证据齐备，做好了充分的司法诉讼准备。

最后，民事法官不愿意移送刑事机关。民事审判过程中发现"套路贷"事实，移送公安机关侦察，考验着民事法官的刑事审判素养和经验。许多案件处于模糊地带，民事法官即便发现了"套路贷"的蛛丝马迹，也因为刑事审判经验不足或者对"套路贷"刑事犯罪法律规定不熟悉，难以下定结论；即便移送给了公安机关，最后是否真的属于"套路贷"违法犯罪行为，仍然存在较大变数，一来公安机关也可能查不清事实，二来相关事实如果不构成"套路贷"刑事犯罪，就必须重新启动民事审判，而先前移送公安侦查的决定将大大降低当事人对司法机关的信任，亦使民事法官在"移送"与"不移动"间纠结徘徊。

（三）滥用刑事手段

"套路贷"法律规则不明确、相关概念界定不清晰、"套路贷"案件事实难以查明等因素，都影响着"套路贷"案件的办理实效，加之司法机关对"两高两部"《"套路贷"意见》等文件理解不到位，存在盲目的"运动式司法"，滥用刑事手段。

1. 刑事打击面过广

运动式司法下，"套路贷"案件刑事打击面过广，殃及正常的民间借贷

---

① 刘道前、满艺伟：《"套路贷"的法律性质及侦防对策分析》，《犯罪研究》2018 年第 4 期。

活动。在司法实践中，最常出现的情况，就是简单化地将专门从事放贷活动的"职业放贷人"、利率较高的高利民间借贷以及"砍头息"等都认定为"套路贷"。职业放贷人、高借款利率、"砍头息"等存在很多情形，需要具体问题具体分析，不能一概而论；许多职业放贷人、高借款利率、"砍头息"等并不存在"非法占有"的犯罪目的，借贷双方皆是开诚布公、明码标价，不存在所谓的欺诈和"套路"。即便这些行为违反了相关行政管理性规定和最高人民法院关于民间借贷利率的司法解释，但并不由此就当然认定为"套路贷"犯罪活动，需要予以刑事打击。相反，扩大刑事打击面，将职业放贷人、高利借贷、"砍头息"以及其他正常合法的民间借贷行为纳入"套路贷"刑事打击范围，债务人动辄就可以债权人从事"套路贷"为由拒绝履行合法的债务，无疑会在全社会酝酿严重的信任危机，侵蚀市场经济的道德根基。

2. 忽视当事人权益保护

这一点主要体现在涉案财产处置上。关于"套路贷"刑事犯罪的情况是复杂多样的，行为人不仅开展了"套路贷"的犯罪活动，需要依法追究刑事责任，现实中还往往存在着真实、合法的借贷法律关系和资产，并非全部都属于涉嫌违法犯罪所得的赃款、赃物，其中很多资产实际上都是合法资产，不应不加区分地全部予以刑事处置。部分司法机关对于"套路贷"犯罪活动中的借贷关系和金额款项，往往不加区分地予以合并处置，使得原本边界清晰的借贷民事法律关系与刑事法律关系相糅杂，无法有效保障当事人的合法权益；同时，司法机关对于"套路贷"犯罪活动，偏重于刑事打击，对于如何减少和弥补受害人损失则较为忽视。司法机关运用刑事手段介入涉案财产的处置，多采用简单的变卖、拍卖方式，赃款赃物处置效率虽高，但处置所得款项与资产原本价值相比，贬损程度很大，全体受害人的权益最终无法得到有效保护。

二、"套路贷"犯罪行为的法律界定

（一）"套路贷"犯罪行为的构成要件

第一，行为目的非法性，即犯罪分子是以非法占有被害人财物为目的实施"套路贷"。[①]"套路贷"的表象是民间借贷，但其实质是以民间借贷为幌子，通过各种"套路"手法，非法占有他人财物。把握"套路贷"的"非法占有"目的，是正确区分"套路贷"犯罪行为与民间借贷的关键。

第二，债权债务关系的虚假性，即犯罪分子假借民间借贷之名，通过使用"套路"，诱使或迫使被害人签订"借贷"或变相"借贷""抵押""担保"等相关债权债务协议。具体可以有两种表现形式：第一种是利用平和手段虚构债权，常见的有犯罪行为人与被害人签订虚高的借贷合同，并制造银行流水账，以利息服务费等为借口，抽回一定比例的金额。此后，在被害人无法偿还合同上所记载的本金时，认定被害人违约并要求其再度借款平账，累高借款金额。第二种是暴力威胁手段迫使被害人强立债权，这种类型的"套路贷"有着明显的社会危害性，认定为犯罪较为容易。[②]

第三，"讨债"手段多样性。"讨债"是"套路贷"犯罪行为的收官环节，犯罪行为人借此实现对被害人财物的非法占有。"讨债"手段的多样性、软硬兼施，是这一环节的特征，"套路贷"犯罪分子可以借助诉讼、仲裁、公证等合法手段进行"讨债"，也会采用暴力、威胁以及其他非法手段向被害人强行"讨债"。需要说明的是，虽然"套路贷"案件索债的手段也各有不同，在具体案件中可能会采取多种或者新型的"讨债"方式，应结合"索债"行为实现非法占有目的的本质特征予以把握，具体"套路"和"讨债"手法并不影响犯罪分子违法犯罪行为性质的认定。[③]

[①] 朱和庆、周川、李梦龙：《〈"套路贷"意见〉的理解与适用》，《人民法院报》2019年6月20日。

[②] 陈祖瀚：《"套路贷"以诈骗罪论处之适当性探讨》，《宜宾学院学报》2019年第4期。

[③] 马天秋：《"套路贷"的法律问题与规制路径》，《池州学院学报》2019年第2期。

　　除了上述构成要件外，实践中争议最大的是对《关于办理黑恶势力犯罪案件若干问题的指导意见》第 3 条的理解，该条列举了五种"套路贷"常见的犯罪手法和步骤。许多审理人员单纯凭借这五种犯罪手法和步骤来认定"套路贷"犯罪行为，其中也存在着这五种行为该如何适用的疑问，究竟是择一还是必须全部符合。根据最高人民法院《〈"套路贷"意见〉的理解与适用》中的解释，在具体的"套路贷"犯罪中，这五类犯罪手法和步骤并不必然全部出现。"套路贷"犯罪手法多种多样、花样翻新，既可能运用这五种手法之一或全部，也可能采取其他手法，因此这五种手法和步骤的法律适用，既非择一也非全部具备，仅供参考借鉴。① 然而，这五种犯罪手法和步骤的简单罗列，从逻辑上讲，仍然是十分不准确的。比如第一类"制造民间借贷假象"和第五类"软硬兼施'索债'"，则是所有"套路贷"犯罪行为都具备的要件，这在上文对"套路贷"构成要件中已有解释。而剩下的三类犯罪手法和步骤则是实践中"套路贷"的各种"套路"手法，第二类"制造资金走账流水等虚假给付事实"是"债权债务关系的虚假性"的一种体现，第三类"故意制造违约或者肆意认定违约"则是一种"讨债"形式，第四类"恶意垒高借款金额"本质上还是一种虚构债权债务关系的手法。因此，这五类所谓常见的犯罪手法和步骤在逻辑上是无法并列的。法律规则的不准确和逻辑矛盾是司法实践对这五类"常见的犯罪手法和步骤"如此困惑的根本原因。

（二）"套路贷"与民间借贷的区别

1. "套路贷"与民间借贷

　　"套路贷"与民间借贷，表面相似，内在也有一定联系，但在性质上却是天壤之别。"套路贷"不是某种类型的民间借"贷"，而是犯罪行为。但在司法实践中，却常因民间借贷存在"套路贷"的某个特征，就将正常合法

---

① 朱和庆、周川、李梦龙：《〈"套路贷"意见〉的理解与适用》，《人民法院报》2019 年 6 月 20 日。

的民间借贷认定为"套路贷"并追究刑事责任，这种错误做法源于没有准确把握"套路贷"与民间借贷的实质性区别。具体来说，"套路贷"与民间借贷在法律上存在三点不同。

首先，出借目的不同。民间借贷是平等主体之间基于真实意思自治而形成的借贷法律关系，出借人是为了到期按照协议约定的内容获取利息收益，不具有非法占有他人财物的目的。而"套路贷"并非借贷民事法律关系，出借人的目的不是为了获得借款本息回报，而是在于非法侵占他人财物，主观上具有犯罪意图。

其次，行为方式不同。民间借贷是平等主体真实意愿下的借贷行为，受民事法律的保护，即便其中有许多所谓的"套路"或者手段、变形，也一定是借贷双方均知晓并同意的交易结构安排，并不存在债务人受蒙骗的情况；而"套路贷"则采取各种各样的手段，虚构事实、隐瞒真相，来制造虚假的债权债务关系，债务人则受其蒙骗，不知晓真实情况。

最后，法律后果不同。民间借贷的本金和合法利息均受法律保护，即便是超过了最高人民法院规定的36%的利率上限，也并非违法行为，仍然属于民事法律关系调整的范围。民间借贷不具有社会危害性；而"套路贷"本质上是属于犯罪行为，严重侵害受害人的财产权、人身权等，并伴随许多其他类型的违法犯罪行为，社会危害性大，依法落入刑事法律规范的调整范围之内。

总之，"套路贷"纯粹是披着羊皮的狼，借着社会上火热的民间借贷、网络借贷等幌子，通过各种各样的方式虚构债权债务关系，并通过"讨债"以期实现非法侵占他人财物的目的，属于近年来兴起的新型犯罪行为。

2. "套路贷"与高利贷

高利贷是民间借贷的一种特殊类型，因其高借款利率，而与我们常说的普通民间借贷相区别，实际上，高利贷和普通民间借贷都属于民间借贷，借款利率的高低不影响其借贷法律关系的本质属性。这里特别讨论高利贷与"套路贷"的关系，是因其二者在外观上颇具相似之处，比如都具有较高的借款利率，采用非常规的催讨手段，都会使借款人陷入债务深渊等表象，亦有观点认为"套路贷"是高利贷行为衍化异变后的一种类型化案件的俗称。[1]当然，即便"套路贷"是高利贷行为的衍生，高利贷与"套路贷"仍然存在本质上的差异。[2]

第一，行为目的不同。"套路贷"是假借民间借贷之名非法占有他人财物的犯罪行为，目的在于"非法占有"。而放高利贷的行为则希望通过放款行为收回本金，并期望获得高于一定水平的利息收益。换言之，高利贷只不过是追求更高收益的民间借贷，而套路贷的本质是非法占有他人财物的犯罪行为。

第二，行为方式不同。高利贷利息虽高，却是明码标价，借款合同的达成，是当事人双方真实意思表示的结果，并不存在欺诈等行为。而"套路贷"的最大特点就是各种各样的"套路"，本质就是一种欺骗手段，借款人因犯罪分子受"套路"从而陷入错误认识。

第三，出借人对违约的态度不同。高利贷的出借人总是期望借款人可以按时还本付息，实现债权利益，因而当借款人出现违约情况时，高利贷者总是积极催讨债务。而"套路贷"犯罪分子非法攫取借款人财物的常见手段，就是通过恶意制造违约、肆意认定违约等方式故意使其陷入违约状态，以便通过各种手段实现非法占有目的。

第四，侵害的客体不同。虽然我国尚无任何法律明文规定高利贷属于违法行为，但社会通常观念认为高利贷具有严重的社会危害性。[3]因而从社会观念的角度看，高利贷对社会善良风俗和国家金融管理方面的法益有一定的侵害。而"套路贷"犯罪行为不仅会对金融管理秩序造成破坏，而且根据不

---

[1] 陶建平：《高利贷行为刑事规制层次论析》，《法学》2018年第5期。
[2] 董邦俊、侯晓翔：《"套路贷"的刑事规制及其防控研究》，《湖北社会科学》2018年第10期。
[3] 周铭川：《论刑法中高利贷及其刑事可罚性》，《法治研究》2018年第4期。

同的情况，可以侵犯借款人的财权权益、人身权利甚至是生命权利，有的"套路贷"通过虚假诉讼讨债，严重破坏了司法权威。

第五，法律后果不同。"套路贷"是违法犯罪行为，依法应受刑事惩处。而高利贷本质上还是民事法律行为，即便其借款利率高于《最高人民法院关于审理民间借贷案件适用法律若干问题的规定》中规定，也只是在案件审理中不受司法机关保护而已，并非违法犯罪行为，这一点与"套路贷"的犯罪属性截然不同。

3. "套路贷"与"套路放贷"

在司法实践中存在着一种"套路放贷"行为，根据温州中院《关于民间借贷案件审查工作指引（试行）》中的定义，"套路放贷"主要是指放贷群体盲目追求不当高额利益，通过变造填空式借据、制造走账流水、转贷平账、假借现金给付、虚构债权人、他人收款收息、恶意制造违约事实、收取高额费用、预收利息保证金等手段，制造证据链闭环，虚增债务金额，规避法院对虚假诉讼和违法高息的司法审查的民间借贷行为。简言之，"套路放贷"就是有套路的民间借贷，是当事人为了规避民间借贷合法性审查而产生的民间借贷变形。

"套路放贷"和"套路贷"的关系较为复杂，有套路的民间借贷未必就是"套路贷"。民间借贷历史悠久，出借人出于风险控制等因素，产生了很多手段，比如阴阳合同、"砍头息"等等，都是司法机关眼中所谓的"套路"。但是，大部分"套路放贷"主要是为了规避行政机关或者司法机关的民间借贷规定而做出的交易结构变形，本质还是民间借贷。其目的仍然是通过收回本息获利，不具有非法占有的目的，社会危害性较小。当然，也有部分"套路放贷"演化为恶意占有借款人财产的行为，符合"套路贷"的构成要件，就是真正意义上的"套路贷"了。

（三）"套路贷"与职业放贷人的区别

职业放贷人问题与"套路贷"案件审理密切相关，实践中，"套路贷"犯罪分子大部分都是专门从事此类犯罪活动的人员，在外观上与专门从事放贷活动并以此为业的职业放贷人十分接近，而职业放贷人的增多客观上也难免导致市场主体参差不齐，相关犯罪行为的职业化现象增多。因此，部分地区的司法机关将打击"套路贷"犯罪行为的矛头指向了普通的职业放贷人，这样的做法滥用了刑事法律手段，扰乱了正常的民间借贷市场。实际上，职业放贷人与"套路贷"完全是两类不同的事物，存在着重大的差别，不能"一刀切"地打击职业放贷人。

首先，打击"套路贷"不能针对某类特定主体。法律属于行为规范，其规范的对象是某类特定的行为，而非某类特定的人。尤其是刑事法律规范，总是以打击犯罪行为作为核心要旨，刑事违法性的本质是行为规范的违反。[①]职业放贷人可以说是一类特定的人，他们专门从事放贷并以此为业，但这一身份背后却并不表明其犯罪的性质，职业放贷人与"套路贷"的交集仍然是行为，只有当职业放贷人从事了"套路贷"犯罪行为，符合相应的构成要件，才能认定为犯罪。

其次，"套路贷"犯罪行为构成要件并无主体要求。根据上文的分析，"套路贷"犯罪行为的构成要件主要包括目的非法性、债权债务关系虚假性、"讨债"方式多样性，其中并无行为主体的要求。"套路贷"相关的法律文件，包括《"套路贷"意见》都是针对套路贷的行为特征、类型作出的描述，只字未提"套路贷"犯罪主体的相关要求。"套路贷"犯罪行为可以是职业放贷人实施的，也可以是其他自然人和单位实施。

最后，职业放贷人是民间借贷市场发展的产物。职业放贷人与民间借贷市场的发展存在着千丝万缕的联系，不能简单否定。实际上，职业放贷人有

---

① 贾健：《新行为无价值论的困境与出路——兼与周光权教授商榷》，《现代法学》2018 年 6 月。

其存在的必要性和合理性。①职业放贷人是民间借贷市场发展到一定阶段之后的产物，是民间融资需求上升、民间借贷市场规模扩大的必然结果，是市场分工进一步细化和深化的表现。可以说，职业放贷人是民间借贷市场发展的一个趋势，是民间借贷市场逐步走向规范化的重要环节。只不过目前我国缺乏对职业放贷人的法律规范，产生了一些问题而已，重点在于引导，使其规范化和阳光化，一味地打击只会使更多民间借贷隐没于阴影之中，滋生更多的社会问题。②

因此，职业放贷人虽易引发"套路"问题，但并非当然就是"套路贷"实施主体，司法机关要正确厘清二者的关系，坚持"对事不对人"的原则，打击"套路贷"等违反犯罪行为，但不打击职业放贷人。

三、"套路贷"司法问题的解决对策

（一）处理好运动式司法与常态化司法的关系

冰冻三尺，非一日之寒，"套路贷"犯罪活动并非一朝一夕形成，是经济社会问题长期演变的结果，在打击"套路贷"犯罪的过程中，司法机关应该在专项斗争的运动式司法和常态化司法之间寻得恰当的平衡，构建解决"套路贷"违法犯罪行为的长效机制。就案件审理的司法过程而言，处理好运动式司法与常态化司法的关系，关键还是在于守住罪刑法定的底线和统一司法裁判规则。

1. 坚持罪刑法定的基本原则

依法严厉打击"套路贷"违法犯罪活动，是全国扫黑除恶专项斗争的重要组成部分，能在一定期限内有力打击和震慑"套路贷"违法犯罪行为以及相关黑恶势力犯罪，有效遏制相关案件多发的态势。然而，在运动式司法实

---

① 林雅芳：《职业放贷人的法律探析》，《上海金融》2019 年第 2 期。

② 北京市房山区人民法院、北京市第一中级人民法院联合课题组：《借贷行为法律治理的二元化区分》，《法律适用》2019 年第 9 期。

际展开过程中，各种不同类型的违规违法行为，甚至是合法的民商事行为都被纳入了"套路贷"的打击范围，其中很多案件既不符合"两高两部"对于"套路贷"构成要件的规定，也远远超出了社会公众对"套路贷"的直观感受。就其根源，是司法机关在案件审理中没能坚持罪刑法定的基本原则，未能准确把握"套路贷"犯罪行为的法律性质和构成要件。诚如上文所述，"套路贷"并非法定罪名，在"套路贷"的模糊概念之下，可以分解出许多不同的违法犯罪行为，分属《刑法》不同罪名的统摄，诸如诈骗罪、虚假诉讼罪、寻衅滋事罪等等，也有很多民商事活动被错误纳入，如高利放贷、职业放贷等，"套路贷"案件中的民事与刑事、罪与非罪、此罪与彼罪，各自具有不同的法律性质，司法实践将这些行为都笼统纳入统一的"套路贷"法律规则，追究同样的法律责任，其实并不合适。解决之道在于回归罪行法定的基本原则。

首先，"套路贷"相关法律文件与《刑法》本质上是一致的。"套路贷"是一个犯罪集合，并非法定罪名，而"套路贷"相关法律文件与我国《刑法》的规定本质上是一致的，一个行为符合"套路贷"相关法律文件的规定，构成所谓的"套路贷"犯罪行为，也一定是符合《刑法》中的各项法定罪名，定罪量刑只能依据《刑法》规定的具体罪名，依法裁判。二者规定若有差异，应以法律位阶更高的《刑法》为准。

其次，在罪与非罪问题上，应以《刑法》为裁判依据，一个行为若不触犯《刑法》（必然也不会触犯"套路贷"相关法律文件的规定），则不构成犯罪，应当依照民商事裁判规则处理，体现刑法的谦抑性原则。

最后，一个行为构成"套路贷"犯罪行为，并涉及数罪时，应以数个罪名之间在构成要件上是否存在一定的包含关系为判断标准，如果可以包含的，择一重处罚，如虚假诉讼罪和诈骗罪；如果不能包含的，应数罪并罚，如诈骗罪和寻衅滋事罪。

2.统一司法裁判规则

坚持罪刑法定原则，可以消除运动式司法的副作用，但若要使打击"套路贷"犯罪行为回归常态化司法，仍然需要司法裁判规则的统一。"套路贷"概念的使用有相当的随意性，其内涵与外延的模糊性，不利于司法机关常态化审判工作的展开。唯有统一"套路贷"司法裁判规则，明确其可能触犯的罪名、犯罪形态，方能准确界定"套路贷"犯罪行为的构成要件与具体形态。具体思路有二：其一，在正确厘清"套路贷"犯罪行为法律要件的基础上，将"套路贷"犯罪行为分解纳入现有刑事法律体系，依据现有罪名分别定罪量刑；其二，若今后司法实践发展，相关理论研究和立法条件成熟，亦可修改《刑法》，将社会生活当中切实发生的"套路贷"犯罪行为类型抽象、归纳总结之后上升为立法，增设相应罪名，保持法律体系的统一。深度嵌入现有法律体系，抑或修改法律规定，都可以解决裁判规则不统一的问题，二者均是"套路贷"案件走向常态化司法的可行路径。

（二）重视"套路贷"案件的民事审查

"套路贷"是披着民间借贷外衣的犯罪行为，最初总是以民间借贷纠纷的形式进入司法机关的视野。在司法实践中，"套路贷"犯罪事实的发现，总是随着民间借贷民事诉讼的推进而逐步浮出水面。在许多案件中，由于"套路"设计复杂、层出不穷，且多能形成完整的证据链闭环，故"套路贷"犯罪行为常借民事诉讼转变为"合法"行为，实乃"套路贷"案件审理中的痛点。因此，"套路贷"案件的审理首先应当把好民事诉讼关，重视"套路贷"案件的民事审查。根据浙江省的实践，特别是温州中院的司法审判经验及其出台的《民间借贷案件审查工作指引》（试行），"套路贷"的民事审查可以从以下几个方面考虑。

1. 民事审查对象与考量因素

针对民间借贷案件，无论是否涉及"套路贷"，都应当坚持"法律规范行为"的基本出发点，坚持"对事不对人"的原则。将案件审查对象重点从职业放贷人等特定的主体，转向民间融资行为中的"套路"与乱象，比如高利贷和套路放贷，以及与"套路贷"相关的"套路"手法，比如变造填空式借据、制造走账流水、转贷平账、假借现金给付、虚构债权人等。

在具体操作中，甄别和防范"套路贷"的考量因素主要包括：（1）职业放贷人或具有职业放贷人特征；（2）采用格式合同；（3）存在高利贷表象；（4）有意规避款项交付事实审查；（6）对借贷合意、款项交付、还本付息等主要事实陈述不清，前后矛盾；（7）以暴力等非法手段催收借款；（8）因不诚信诉讼行为受到司法惩戒或刑罚。

2. 建立重点关注名单

根据司法实践经验，将有"套路贷"行为表象的诉讼当事人、有不诚信诉讼记录的当事人、职业放贷人等纳入重点关注名单，重点关注相关人员涉诉案件，是"套路贷"民事审查中切实可行的有效机制。同时，还要辅之以签订诚信保证书、优先引导调解、要求提供被告详细联系方式、尽量采取直接送达方式、通知本人到庭陈述案件事实等方法，建立和完善预警和防范工作机制。当然，纳入重点关注名单的人群，只是诉讼中需要重点留意的对象，不影响当事人的权利、义务与行为定性。

3. 加大事实和证据审查力度

对"套路贷"典型行为，要加大对案件事实和证据的审查，并通过合理分配举证责任有效发现并规制"套路贷"行为，应重点关注以下四个方面事实和证据的审查。

（1）款项交付争议。利用现金交付来规避款项实际交付事实的审查，是"套路贷"案件经常出现的情况，尤其在支付手段如此便捷多样的今天，现金交付更值得重点审查。因此，由出借人对交付事实承担更进一步的举证责任，否则承担不利后果，是较为合适的。

（2）虚增债务金额。虚增债务金额问题，主要应当结合资金走账纪录来认定，如发现存在部分款项现金交付、全部或部分款项转回出借人关联账户、即时提取现金很可能由出借人收回等情形的，则由出借人就相关事实承担进一步举证责任。

（3）债权人资格争议。在借据为填空式格式合同的情况下，主要关注相应笔迹、盖章，以及出借人经济能力，以盖然性标准综合认定债权人身份属于事后添加变造的可能性。

（4）利息争议。重点关注"砍头息"、利用各种收费变相"抽头"的行为，以实际转账交付金额认定借款本金。对于高额利息，重点关注约定利率与实际执行利率不一致的情况；借据中对利率没有约定或者认定属于事后添加的，因此造成利率标准认定不清的，则视为利息约定不明，对出借人主张的利息请求不予保护。

4.引入诉讼惩戒机制

"套路贷"常利用虚假诉讼或者在诉讼中使用虚假证据材料，实现其非法侵占他人财物的目的，故对民间借贷民事诉讼中出现的不诚信诉讼行为应格外注意。对于诉讼中故意虚假陈述、变造借据、制造走账记录、恶意隐瞒还款事实等扰乱民事诉讼秩序的行为，依法给予司法惩戒；构成犯罪的，移送公安机关、检察机关追究刑事责任。

（三）妥善处理"套路贷"案件民刑交叉问题

"套路贷"以民间借贷为幌子，通过各种"套路"手法，非法占有他人财物，故其常混杂于民事法律关系之中。且"套路贷"犯罪行为常以虚假民事诉讼为掩护，混淆视听，令司法机关难以判断。故民刑交叉问题在"套路贷"案件审理中十分普遍，需妥善处理。

1.案件审理程序

根据最高人民法院出台的《最高人民法院关于依法妥善审理民间借贷案件的通知》第二条的规定："民间借贷行为本身涉及违法犯罪的，应当裁定驳回起诉，并将涉嫌犯罪的线索、材料移送公安机关或检察。刑事判决认定出借人构成'套路贷'诈骗等犯罪的，人民法院对已按普通民间借贷纠纷作出的生效判决，应当及时通过审判监督程序予以纠正。"这确立了"套路贷"案件审理中的"先刑后民"处理原则。

"先刑后民"程序为学界和司法实务界所质疑，从更好保护涉案权益的角度出发，在"套路贷"案件审理中应当坚持"民刑并行"的程序。从理论上讲，民法与刑法皆为自洽的法律体系，民事责任与刑事责任分别由二者导出，彼此之间并行不悖。[①] 从"套路贷"案件的现实基础来讲，"套路贷"中的民刑交叉，可能出现法律事实竞合型与法律事实牵连型。所谓竞合型民刑交叉，是指同一法律事实分别引起刑事责任和民事责任。比如犯罪分子诱骗被害人签订"借贷"合同，并借助虚假诉讼手段非法占有被害人财物，一个"套路贷"行为同时引起刑事和民事责任。所谓牵连型民刑交叉，是指不同的法律事实分别引起刑事责任和民事责任，但彼此之间存在牵连。比如犯罪分子前后与被害人签订多份借贷合同，其中有合法有效的合同，亦有诱骗被害人签订的虚假合同，前后不同的借贷合同有真有假，一案同涉民刑。对于这两类不同的民刑交叉案件，"民刑并行"较"先刑后民"更能保护受害人权益。[②] 比如在"套路贷"竞合型民刑交叉案件的例子，受害人即可通过举证，证明对方合同欺诈的事实，提出撤销合同、返还财产、赔偿损失的诉讼请求，借以补偿其损失。若依照目前"套路贷"案件"先刑后民"的处理办法，民事诉讼程序将因"套路贷"刑事程序而过分拖延，同样有损受害人的利益。[③] 而在"套路贷"牵连型民刑交叉案件，这些民间借贷合同多可以根据具体情况，区别合法的民间借贷法律关系和涉嫌犯罪的"套路贷"行为，彼此之间并无实质性的影响，坚持"民刑并行"分别认定也是合理的。当然，如果民事诉讼需以另一刑事案件的审理结果为依据，则应遵守"先刑后民"

---

① 王林清、刘高：《民刑交叉中合同效力的认定及诉讼程序的构建——以最高人民法院相关司法解释为视角》，《法学家》2015 年第 2 期。

② 廖钰、张璇：《民刑交叉案件处理机制之探索——以统一法秩序的司法立场为视角》，《法律适用》2015 年第 1 期。

③ 张卫平：《民刑交叉诉讼关系处理的规则与法理》，《法学研究》2018 年第 3 期。

的程序，但是这种情况在"套路贷"案件中并不多见，且需要结合具体案件事实认定，具有特殊性。

2. 涉案合同效力

对于涉案合同的效力，应当分成两部分看。对于同一个案件中涉及的多份合同，应当严格根据合同缔结时的情况，具体分析。将依法成立的、与"套路贷"犯罪行为无关的合同独立出来，依据各自的情况独立判断其合同效力，不受"套路贷"犯罪行为的影响。对于与"套路贷"犯罪行为处于同一法律事实、密切相关的合同，其效力必然受到"套路贷"犯罪行为的影响，但具体影响几何，亦有可讨论的空间。实践中，司法机关常根据"套路贷"刑事诉讼的有罪判决，直接认定涉案合同无效，虽操作简单，但至为武断。本文认为，应始终坚持"民刑并行"的原则，不能因为刑事上的有罪判决就直接认定合同无效。我们应对法律行为所违反法律的目的，即体现出的公共利益的强度与法律行为本身所体现的私人利益之间进行利益衡量，从而最终决定法律行为的效力命运。[①] 涉案合同效力的认定应多元化，行为人虽实施"套路贷"犯罪行为，触犯刑法，构成犯罪，但这一事实仅是判断涉案合同效力的依据之一。比如"套路贷"犯罪行为常被认定为诈骗罪，这一事实应用到合同效力判断上，可以认定为合同法上的欺诈行为，此时可以根据《合同法》五十二条或五十四条的规定，结合合同是否损害国家利益、社会公共利益的情况，具体判断合同是无效还是可撤销。若合同处于可撤销的状态，受害人有选择的权利，可以根据切身利益作出选择，这样的做法远比司法机关直接认定合同无效更有利于保障受害人权益。

3. 涉案财产处置

对于"套路贷"刑事犯罪涉案财产的处置，关键要弄清财产来源和财产性质，严格区分涉案财产和个人合法财产、个人财产和共同财产，不能因案件涉及"套路贷"刑事犯罪，便不加区分地将所有与案件有关的财产都认定

[①] 黄忠：《违法合同效力论》，法律出版社 2010 年版，第 164 页。

为涉案财产，侵害他人合法权益，甚至加深对受害人的伤害。此外，涉案财产的处置应从单纯的追缴、没收涉案财产，转变为保护受害人权益。从受害人权益保护的角度出发，完善涉案财产处置的相关制度。在案件审理前，可以建立犯罪嫌疑人、被告人审前财产查控制度。公安司法机关在案件侦查阶段即应重视对涉案财产的调查，充分利用查询、查封、扣押和冻结等手段控制涉案款物。在案件移送起诉阶段，公安司法机关应制作涉案财产清单，将侦查阶段追赃及退赃退赔情况如实记入起诉意见书，对尚未追缴到案或者足额退赔违法犯罪所得的，应在起诉意见书中说明原因，并建议检察院、法院继续追缴或者责令退赔。在案件判决之后，坚持涉案财产同一处置原则，除依法可予提前返还的财产外，一律由法院在判决后作出处理和执行，并向受害人通报涉案财物执行情况。最后，检察机关应对财产性判项建立常态化监督机制，对侦查、起诉、审判和执行各阶段没有依法依规进行财产调查、采取控制措施、依法移送及处置的行为予以监督。通过制度化的方式，合理处置涉案财产，充分保障受害人权益。

结语

"套路贷"犯罪行为，严重危及社会经济秩序，扰乱民间借贷市场，如今中央开展扫黑除恶专项斗争，依法严惩"套路贷"违法犯罪行为，可谓正当其时、正当其势。但是当前"套路贷"案件的审理仍然处于运动式司法的阶段，在"套路贷"概念和构成要件尚不明确的情况下，匆忙使用刑事法律的武器，造成了许多司法问题。正确处理"套路贷"案件的前提是明晰"套路贷"犯罪行为法律界定，准确把握"套路贷"与民间借贷、高利贷、套路放贷的区别，妥善处理"套路贷"案件处理中的职业放贷人问题。更进一步讲，要想解决当前横梗在"套路贷"案件审理人员面前的难题，需要正确处理好运动式司法与常态化司法的关系，重视"套路贷"案件的民事审查，妥善处理"套路贷"案件民刑交叉问题。

非法集资中的不特定对象标准探析
——证券私募视角的全新解读

李有星　范俊浩 *

摘　要

集资对象是否特定影响民间集资行为的性质认定，非法集资的构成要件之一便是向不特定对象集资。我国法律在这方面虽有规定，但所设定的标准简单抽象而难以把握，并且在实践中产生了亲友标准模糊、口口相传行为定性不清等问题。在吴英非法集资案中，集资对象是否特定成了争议的焦点，而且单纯依靠刑法已难以得出准确的结论。美国在证券私募融资领域建构了"安全港"法律制度，这一制度在完善我国非法集资中的不特定对象认定标准方面具有重要的借鉴价值。我国可通过修正现有的刑事法律规范，明确不特定对象的内在含义，改变现有的融资法律规制格局，转变政府的金融监管哲学，从根本上解决不特定对象认定困难的司法难题。

关键词：非法集资；证券私募；非法吸收公众存款；集资诈骗；不特定对象；公开宣传

＊　本文原载于《浙江大学学报》（人文社会科学版）2018 年第 5 期。范俊浩，浙江大学光华法学院硕士研究生。本文系国家"211 工程"三期重点学科建设项目（203000-123210301）、浙江省哲学社会科学规划课题资助项目（11YD30YB）的阶段性成果。

在我国，非法集资行为主要是指非法吸收公众存款行为和集资诈骗行为。根据国务院办公厅 2007 年 7 月 25 日发布的《关于依法惩处非法集资有关问题的通知》，非法集资行为具有三大主要特征[①]，其中面向不特定的社会公众吸收资金这一特征在司法实践中较难把握，定性错误的情况时有发生。2004 年至 2007 年上半年，浙江省公诉部门受理的移送审查起诉的非法吸收公众存款案件，有 30% 因对是否向社会不特定对象吸收资金把握不准确而被改变定性，迄今为止，完善不特定对象认定标准的刑法学研究已初见规模[②]，然而却鲜有学者从金融法的视角来解构不特定对象的认定难题。非法集资不特定对象认定标准的缺陷亟须证券私募视角的全新解读。

一、有关不特定对象认定的法律规定及观点

非法集资涉及非法吸收公众存款罪、集资诈骗罪、擅自设立金融机构罪、擅自发行股票及公司企业债券罪、非法经营罪、虚假广告罪等罪名，其主要涉及的两项罪名——非法吸收公众存款罪和集资诈骗罪，分别规定于《中华人民共和国刑法》（下文简称《刑法》）第 176 条[③]和第 192 条[④]。这两个条文虽然在罪状描述中并没有规定触犯上述罪名必须是面向不特定的社会公众，但随着对"非法吸收公众存款"和"非法集资"这两个概念解释的逐步深入，不特定对象的要件思维得到了强化。国务院 1998 年 6 月 30 日发布施行的《非法金融机构和非法金融业务活动取缔办法》（下文简称《取缔办法》）

---

① 　非法集资的三大特征分别为：一是未经有权机关依法批准；二是向社会不特定对象即社会公众吸收资金；三是承诺在一定期限内给出资人货币、实物、股权等其他形式的还本付息。

② 　冯亚东、刘凤科：《非法吸收公众存款罪的本质及立法失误》，《人民检察》2001 年第 7 期；赵秉志、万云峰：《非法吸收公众存款罪探讨》，《人民司法》2004 年第 2 期；毛玲玲：《集资行为的刑事管制》，《政治与法律》2009 年第 9 期；袁爱华：《民间融资合法化趋势下的非法吸收公众存款罪的立法完善》，《云南大学学报》（法学版）2010 年第 1 期；李晶：《非法集资刑事规制的不足与完善》，《金融法苑》2010 年第 1 期。

③ 　依照该条规定，"非法吸收公众存款或者变相吸收公众存款，扰乱金融秩序的"构成非法吸收公众存款罪。

④ 　依照该条规定，"以非法占有为目的，使用诈骗方法非法集资的"构成集资诈骗罪。

以行政法规的形式解释了《刑法》中"非法吸收公众存款"的含义。《取缔办法》第 4 条规定："非法吸收公众存款，是指未经中国人民银行批准，向社会不特定对象吸收资金，出具凭证，承诺在一定期限内还本付息的活动。"而中国人民银行于 1999 年 1 月 27 日发布的《关于取缔非法金融机构和非法金融业务活动中有关问题的通知》以部门规范性文件的形式解释了"非法集资"的含义。该通知第 1 条规定："非法集资是指单位或个人未依照法定程序经有关部门批准，以发行股票、债券、彩票、投资基金证券或其他债权凭证的方式向社会公众筹集资金，并承诺在一定期限内以货币、实物及其他方式向出资人还本付息或给予回报的行为。"至此，欲将集资行为定性为非法集资、非法吸收公众存款行为就必须肯定集资对象为不特定的社会公众。集资对象是否特定、是否属于社会公众成为罪与非罪的界限。实践中通常是从人们所理解的"一对多"融资的角度来把握这一标准的，视其"多"为不特定对象。

此后，为了进一步明确不特定对象的认定标准，《全国法院审理金融犯罪案件工作座谈会纪要》和《最高人民检察院、公安部关于经济犯罪案件追诉标准的规定》应运而生，它们沿袭了传统财产犯罪的"定性＋定量"的模式，将"个人非法吸收或者变相吸收公众存款 30 户以上的，单位非法吸收或者变相吸收公众存款 150 户以上的"作为入罪标准。2010 年 12 月 13 日，《最高人民法院关于审理非法集资刑事案件具体应用法律若干问题的解释》（下文简称《非法集资司法解释》）正式公布该解释更换了上述认定标准中人数的计量单位，由"户"标准修改为"人"标准。[①]《非法集资司法解释》再次强调构成非法吸收公众存款罪须具备"通过媒体、推介会、传单、手机

---

① 此处，立法的本意是将个人向不特定的 30 人或者单位向不特定的 150 人集资作为犯罪处理。但由于法律并没有明确何谓不特定对象，所以实践中如果集资人数达到了上述标准，则一般都认为符合向社会公众集资的要求。此处的规定已在某种程度上异化为判断集资对象是否达到特定的人数标准，即个人集资对象达到 30 人以上或者单位集资对象达到 150 人以上，就可以认为集资对象是不特定的。

短信等途径向社会公开宣传；向社会公众即社会不特定对象吸收资金"的要件，而且明确了"未向社会公开宣传，在亲友或者单位内部针对特定对象吸收资金的，不属于非法吸收或者变相吸收公众存款"。但《非法集资司法解释》同样没有直接规定何谓不特定对象、何谓亲友，使非法集资、非法吸收公众存款的行为认定仍存在相当大的不确定性。

自 1979 年以来，不特定对象认定标准虽已在法律中存在了三十余年，但却依然十分模糊。2004 年，孙大午的辩护律师就曾上书全国人大常委会，申请立法机关对非法吸收公众存款罪进行更为明确的解释。[1] 但时至今日立法者出于种种考虑还是任由这一标准基本保持着 20 世纪 80 年代的原状，最新发布的《非法集资司法解释》甚至还降低了非法吸收公众存款罪的入罪门槛，变"户"为"人"，虽然这一改变旨在简化人数标准的计算，但顾此失彼的法律规定却适得其反地紧紧扼住了民间融资者的喉咙，令其正常的融资活动举步维艰。

针对如何在不违背严厉模糊的认定标准的同时，又不损害具有正当需求的合法民间融资者利益，司法机关和学者提出了两种不同的主张。一种观点认为应当从吸收资金的主观态度、方式、对象三个层面出发来认定集资对象的不特定性。首先是从吸收资金的主观态度来认定，非法集资者吸收资金没有特别的指向，凡是能够吸收到的资金都会予以接受；其次是从吸收资金的方式来认定，如果集资者是通过公开宣传的方式来吸收资金，就可以认定他在主观上具有向不特定对象吸收资金的故意，因为在这种情况下吸收任何人的资金都符合他的主观意愿；最后是从吸收资金的对象来认定，如果吸收资金的对象已经明显超出亲友、熟人范围，就可以认定为非法集资。[2] 另一种观点认为向社会公众募集资金应具有三方面的特征。一是募集资金的对象是

---

[1]　刘燕：《发现金融监管的制度逻辑——对孙大午案件的一个点评》，《法学家》2004 年第 3 期。

[2]　李勋文：《金融危机背景下如何处理民间融资与非法集资的界限》，《法治与社会》2009 年第 22 期。

多维的，它既可以是陌生人，也可以包含亲戚、朋友以及亲戚、朋友介绍的人；二是资金的募集对象又是可变的，不是封闭僵化的，它的范围可以随着行为人社交圈的大小、信誉的好坏、利率的高低而变化；三是资金的募集对象是逐利的，即募集对象看重的是集资者承诺的高额利息，是经济利益而不是亲情、友情将他们和集资人联系在一起。所以，只要行为人是通过向社会散布信息或者通过口口相传等方式来吸收资金，并且导致其融资信息在社会层面传递，就可以认定集资者故意向不特定对象吸收资金。①

前述认定方法或从主观态度、发行方式和融资对象三方面综合考察集资行为，以确定其是否面向了社会公众；或从不特定对象一词的本义出发，探究其区分性特征为不特定对象的认定提供了理论依据。但令人遗憾的是，它们虽看似天衣无缝，但实际上还是使用了许多含混模糊的概念，得出了一些简单武断的推论。在第一种认定方法中，姑且不论主观态度和发行方式这两项要件具有多少可操作性，单就融资对象这一要件而言，就存在着十分严重的问题。第一种认定方法在融资对象的认定中所使用的"友人、熟人"概念很不严谨。"友人、熟人"并不是一个合格的法律概念，法律对何谓"友人、熟人"并无明确的规定，以这样一个捉摸不定的概念为基础来判断集资者是否构成犯罪，实在是有违罪刑法定的基本理念，因此，第一种认定方法实不足取。而较之于第一种认定方法，第二种认定方法所界定的不特定对象的含义更加宽泛，甚至连亲友亦不能豁免。其关于不特定对象是多维、可变、逐利的判断基本将现有的全部民间融资行为都一网打尽了，这种大而化之的认定方式过分扩大了非法集资的打击面，并不符合立法者处罚非法集资行为的本意，所以也有待完善。通过分析不难发现，不特定对象认定的司法实践还存在不少有待填补的法律漏洞，而且这些法律漏洞对民间融资活动发展所产生的负面作用更是令人担忧。为了凸显这些漏洞在司法审判中所造成的严重后果，我们不妨结合受到广泛关注的"吴英非法集资案"，由此对现有不特

---

① 董福庆：《非法吸收公众存款犯罪初探》，《辽宁警专学报》2009 年第 6 期。

定对象认定标准的不完备性进行更深层次的剖析。

二、不特定对象标准缺陷在"吴英非法集资案"中的表现

扑朔迷离的"吴英非法集资案"震动全国，甚至引起了中央高层的注意，不过它本身的案情其实并不复杂。根据法院审理查明，被告人吴英在 2006 年 4 月成立本色控股集团有限公司之前，即以每万元每日 35 元、40 元、50 元不等的高息或每季度分红 30%、60%、80% 的高投资回报率，从俞某、唐某、夏某、徐某等人处集资达 1400 余万元。从 2005 年 5 月至 2007 年 2 月，吴英以投资、借款、资金周转等借口先后从林某、杨某等 11 人处筹集了人民币 77339.5 万元，用于偿还本金、支付高额利息、购买房产汽车及个人消费等。最终由于无力偿还借款额达人民币 38426.5 万元，造成巨大损失和恶劣影响，被司法机关立案侦查。①

金华市中级人民法院在一审判决中最终认定吴英构成了集资诈骗罪而判处死刑，此判决结果一出，便引来了各界的质疑之声。民意与法律之间又一次形成了对峙，"吴英非法集资案"以最为轰动的方式将非法集资不特定对象的认定标准这一陈年痼疾展现出来，其中，亲友标准与口口相传的公开宣传标准所存在的问题尤其值得关注。

（一）亲友标准含义模糊

分析案情可知，吴英在集资过程中的债权人只有 11 人，或为亲戚，或为以放贷为业的资金掮客。向亲戚集资自然不构成非法集资，那么向资金掮客融资是否合法呢？从社会公众的一般认识水平出发，恐怕没人能否认吴英与这些掮客之间存在着朋友关系。这一结论不仅有吴英的 11 名债权人的证言佐证，而且从社会常识来判断，假如不是与吴英有足够的交情，也很难想象这些资金掮客会将上亿元的资金交给吴英来使用。那么接下来需要考虑

---

① 上述部分内容摘自金华市中级人民法院刑事判决书的事实认定部分。

的就是，这种为社会大众所承认的友情是否满足法律上的不特定对象认定标准呢？

为了回答这一问题，首先必须对有关法律规定作出解释，而解释法律必先了解法律所欲实现的目的为何，以此为出发点加以解释，方能得其要领。[1] 对于法律为何将民间融资限于特定对象并无权威论断，但与受到法律承认的合法民间融资活动进行比较分析，似可以认为法律允许面向特定对象的民间融资，是因为它所涉及的人数有限，不具有社会公众性，同时借贷双方基于特定的信任关系，信息来源比较对称，一般不会产生欺诈的风险。[2] 而集资者如果向不特定社会公众集资，就具有了单纯民间借贷所不具备的社会危害性，可能会对社会金融秩序产生严重影响，因此，国家对其采取了严格管制措施。可见法律要求融资对象特定的一个很重要的考量就是在非法集资情形下公众对于集资者是陌生的，他们缺乏了解集资者的有效途径，极易遭受欺诈，故而立法者将非法集资纳入了刑法的打击范围。

而在吴英案中，作为吴英直接集资对象的林卫平等资金掮客显然与法律所要保护的不知情的社会公众存在着本质区别。吴英的投资项目几乎都是东阳本地的传统行业，稍有经验的市场参与者都可以从吴英的投资布局中判断这些投资的风险和利润，而林卫平等人手握上亿元资金，不可能连获取此类信息的能力都不具备，因此，吴英与这些资金掮客之间并不存在信息不对称问题，从这个角度而言，他们的关系完全符合亲友标准。在中国的乡土社会，人际关系是重要的社会资源，人与人之间的经济往来靠的是熟人之间的信用和人格化的交易[3]，以此为纽带来进行集资是民间融资活动的一大基本特征。如果从法律上承认吴英与这些资金掮客之间的朋友关系，那么相当数量的集资者就都可以援用这一抗辩事由来为自己辩护。这将会对现有的金融秩序产

---

[1]　梁慧星：《民法解释学》，法律出版社 2009 年版，第 226 页。

[2]　刘远：《金融诈骗罪研究》，中国检察出版社 2002 年版，第 325 页。

[3]　盛学军：《证券公开规制研究》，法律出版社 2004 年版，第 262 页。

生重大冲击。为了避免这种局面的产生，法院在审判实践中更多的是从案件所造成的实际损失是否巨大和社会影响是否恶劣出发，反向推定行为人是否面向了不特定的对象集资。[①] 这种审判方式所产生的直接副作用便是导致亲友标准变得可有可无，名存实亡，无法再有效地限制审判者的自由裁量，而其间接副作用则是让非法集资的认定变得相当微妙——如果融资成功，生财有道，就奉为座上宾，而一旦资金链断裂，无法偿债，则沦为阶下囚。这显然与法律公平正义的宗旨大异其趣，也减损了法律的权威性和客观性。亲友标准所天然具有的模糊性决定了其不适合成为定罪标准，它必须被更加精确的概念所取代，才能有效地改变非法集资罪与非罪之间界限模糊的现状，否则民间融资活动将不得不游走于合法与非法之间，隐于黑暗之中，以地下金融的形式畸形发展。

（二）口口相传行为定性不清

除了亲友标准的硬伤之外，吴英案中口口相传行为的性质问题也值得深入探讨。这一问题的提出与最近出台的《非法集资司法解释》颇有关系。该司法解释第 1 条对非法吸收公众存款罪的犯罪构成要件作出了突破性的规定，认为必须具备"通过媒体、推介会、传单、手机短信等途径向社会公开宣传"的要件才能构成非法吸收公众存款罪。该条规定明显参照了《中华人民共和国证券法》（下文简称《证券法》）第 10 条的规定[②]，这也许是立法者准备在非法集资治理领域引入《证券法》调整方法的一个信号。但是这一规定却使基层法院左右为难，因为在最高人民法院所规定的数种宣传方式中唯独没有提及口口相传，而口口相传是浙江地区非法集资宣传的一种主要形

---

① 乐绍光、曹晓静、邓楚开：《论办理非法集资类犯罪案件中的若干法律适用问题》，《法治研究》2008 年第 5 期。

② 该条第 2 款规定："非公开发行证券，不得采用广告、公开劝诱和变相公开方式。"

式，故关于口口相传是否属于向社会公开宣传就成为一个热点和难点问题。①

根据浙江地区司法系统的理解，口口相传是当前各类集资案件中一种非常典型的集资宣传形式，是指行为人通过亲朋好友以及相关集资户，用明示、暗示方式要求这些人员将集资的信息传播给社会上不特定的人员，以扩大集资范围的行为。② 不过，司法机关的这种解释却并不能令人满意，因为它先入为主地将面向社会公众作为口口相传的构成要件，导致其理所当然地成为一种公开宣传方式，如此简单草率的定性实在有失公允。为了还口口相传行为以其本来面目不妨以更为通俗易懂的熟人介绍的含义来理解这一行为。

中国社会的生意伙伴关系往往是通过各种人情来加以维系的，通过熟人介绍进行资金融通是民间融资活动的常态，如果对口口相传的信息传递方式采取整体否定的态度，难免会使集资者人人自危，担心陷入非法集资的泥潭而束手束脚，裹足不前。而且在实践中，虽然部分口口相传行为是集资者授意的，但也有相当数量的口口相传是参与集资的人员基于各种原因自发地向其亲友进行宣传而产生的，与集资者并无直接的关系。这一重要的情形显然被现有"一刀切"的认定方式忽视了，没有引起执法者应有的注意。司法机关将口口相传定性为公开宣传的本意是为了补充《非法集资司法解释》公开宣传方式列举的漏洞，便于追究非法集资者的法律责任，但是在法律技术的应用上却未免矫枉过正了。为了在有效打击非法集资的同时又不殃及合法的民间融资活动，我们需要一套更为精细的认定标准来区分不同情形下的口口相传行为。

关于如何细化口口相传行为的性质认定，有观点认为可以从融资介绍人

① 该条第 2 款规定："非公开发行证券，不得采用广告、公开劝诱和变相公开方式。"严格地讲，宣传方式是否公开与对象是否特定在我国立法上是作为两个层面的问题进行规定的，但鉴于它们之间的联系极为紧密，公开宣传就可能使集资对象成为不特定的社会公众，故本文亦将其纳入讨论的范围。

② 提出这一定义的周宏伟检察员隶属浙江省丽水市人民检察院，且他的文章是迄今为止唯一论及口口相传性质问题的文献材料，似可代表浙江地区司法系统的总体意见。周宏伟：《"口口相传"也是非法集资重要宣传途径》，《检察日报》2011 年 3 月 28 日。

的身份出发，区分亲戚、朋友或者资金掮客的情况分别处理。如果经由亲友介绍集资，那么原则上可以作为合法的民间融资处理，当然具体案情还需具体分析；然而一旦通过资金掮客的介绍进行集资，就构成了公开宣传，可以认定为非法集资行为，这种区分方法应用到实践中不免显得有些呆板僵化。在现实社会中，每个人都兼具多重角色，既可能是资金掮客，也可能是集资者的亲朋好友，通过这样的"多面人"介绍与集资对象接触应当如何认定？另外，同样的集资对象既可能是由亲友介绍而来，也可能是由资金掮客介绍而来，难道仅仅因为介绍人的不同而改变对于同一行为的定性吗？可见此种认定方法在区分标准的选择上还存在问题，未能注意到合法融资行为与非法集资行为之间的本质差别。

口口相传行为定性不清的问题是由《非法集资司法解释》在不特定对象认定领域引入《证券法》的规定而产生的，在某种意义上可以认为是《刑法》对《证券法》所产生的"排异反应"。所以因循刑事法律的定势思维已很难对这一问题提出有效的解决措施，必须综合运用金融法学知识来诠释公开宣传的内涵以及《非法集资司法解释》的立法本意，才能真正明确何种情形下的口口相传构成了面向不特定对象的公开宣传。

三、美国证券法中不特定对象认定标准的借鉴

非法集资问题并不是中国所独有的，世界上不少国家和地区同样深陷其中。在美国的金融法律体系内，我国所谓的非法集资行为有很大一部分是作为证券发行行为调整的。美国证券法上不少条款都对非公开的资金募集行为作出规定，其中尤以私募发行方面的相关规定最具有参考价值，有助于我国摆脱不特定对象认定困难的麻烦。美国的私募发行制度借鉴英国发展而来，但其发展迅速，并在实践中不断完善，日本和我国台湾地区都竞相效仿。[①]吸收美国证券法的法律智慧，摒弃旧有的一些不合时宜的规定，或将使我国

---

① 张旭娟：《中国证券私募发行法律制度研究》，法律出版社 2006 年版，第 48 页。

非法集资的认定标准更为科学。

（一）美国的私募发行融资与我国的非法集资

美国 1933 年颁布的《证券法》第 4 条第 2 款对私募发行的定义只有寥寥九个单词，即"不涉及公开发行之发行人交易"（transactions by an issuer not involving any public offering）无法为实践中判定何为"私募发行"提供明确的标准，这一条款规定仅仅"闪烁着内容的光泽"。[1] 如此模糊的规定使最初对于私募发行的认定十分混乱。后来成为美国证券交易委员会（Securities and Exchange Commission，下文简称 SEC）主席而当时仍是一名律师的雷·加勒特（Ray Garrett）就曾表示：标准相当混乱。发行人会被告知不少因素都与他能否获得豁免有关，但这些因素将起到怎样的作用则不得而知。这就像一个秘诀，像一个移动着的、他无法确定是否击中了的目标。[2] 更有学者感言："不包含公开发行的豁免仍然是美国证券法上最困难和最含糊的问题之一，令最优秀的美国证券法专业律师都很头疼。"[3]

数十年前美国学者对于私募发行标准混乱的抱怨不免让我们感到熟悉，因为我们当下在非法集资认定方面所处的困境与当年的美国实在是如出一辙。其实我国的非法集资概念与证券法有着很深的渊源。众所周知，我国《证券法》上证券的定义极为狭窄，因此，相当数量的融资活动无法被纳入证券发行的范畴，众多因融资活动而产生的法律关系处在很不确定的状态，进而也影响到了对投资者利益的保护。为了避免出现法律调整的"真空地带"，立法者创设了"集资行为"这样一个概念，试图以此囊括那些本应归属于证

---

[1] J. D. Cox, R. W. Hillman, D. C. Langevoot. Securities Regulation Cases and Materials. New York: Aspen Publishers, 2006.

[2] R. Garrett. The Private Offering Exemption, in R. Mundheim, A. Fleischer & J. Schupper (eds.), Fourth Annual Institute Securities Regulation. New York: Practising Law Institute, 1973: 10-11. 转引自郭雳《美国证券私募发行法律问题研究》，北京大学出版社 2004 年版，第 62 页。

[3] 包景轩：《私募制度解读——证券非公开发行及其流通市场制度研究》，中国金融出版社 2008 年版，第 24 页。

券发行的融资活动。而未经有关机关批准向不特定社会公众进行的"集资行为"就成了"非法集资"。[①] 因此，我国的非法集资行为与美国证券法上的违规私募发行行为有着很大的交集，两者都存在着集资对象不特定的共同特点。

目前美国 1933 年《证券法》第 4 条第 2 款的规定、1959 年的 Ralston Purina 案、1982 年 SEC 制定的《D 条例》已成为美国法院判断私募发行的主要参考标准。美国《证券法》第 4 条第 2 款仅原则性规定私募豁免注册，Ralston Purina 案确立了判断私募发行的需要标准，而《D 条例》则进一步详细地界定了私募发行的范围，为发行人私募发行提供了"安全港"[②]的保护。[③] 美国证券注册豁免制度的核心是小额发行和私募发行融资豁免，基本模式是为证券非公开发行提供安全港标准。美国的证券发行豁免种类较多，不同的公司企业根据自己发行的证券的额度、区域、范围、发行对象的不同，作出证券发行注册豁免的不同选择。在作出豁免选择后，根据不同的豁免要求和规范运作，当然，不论哪种发行豁免，都受到美国《证券法》和《证券交易法》中的责任及反欺诈条款的约束，并给予发行人保护。[④] 同时，发行人要作好证明自己符合证券发行豁免要求的证据准备。[⑤] 作为私募发行制度的集大成者，安全港制度凝聚了数代美国法律人的心血，唯有领会这一制度的精髓才算是掌握了美国私募领域的核心法律技术。

---

① 吴昊：《非法集资抑或证券发行："长城机电"融资案引发的思考》，《金融法苑》2003 年第 6 期。

② 所谓"安全港"是指基于法律所设定的明确清晰规则标准，行为人在规则标准内的行为豁免而不被追究责任。证券私募发行豁免的关键是明确私募标准，便于证券私募融资者自我行为判断，没有明确标准，就没有安全港。我国民间融资、集资最大的不安全就是没有明晰的规则标准。

③ 陈鸣：《证券非公开发行判断标准之比较研究——从〈证券法〉第十条谈起》，http://vip.chinalawinfo.com/newlaw2002/slc/SLC.asp?Db=art&Gid=335582819，最后访问日期：2011 年 5 月 29 日。

④ 李有星：《中国证券非公开发行融资制度研究》，浙江大学出版社 2008 年版，第 208 页。

⑤ 集资者需要提供证据证明自己的证券私募融资行为符合"安全港"的豁免标准，因此享有豁免权利。我国集资者也应注重集资中证据的收集和保存，用以证明自己的集资对象是特定的、无欺诈等。

（二）私募融资的安全港制度及其启示

脱胎于《证券法》第 4 条第 2 款的《D 条例》及规则 506 豁免延续了 SEC 协调筹资人与投资者利益的努力，设立了安全港制度，使私募发行规范更具客观性和确定性。安全港制度在遵循立法原意的基础上引入了"获许投资者"的概念，设定了 35 人的上限，同时强调对要约发行方式的限制，明确信息要求和通知义务，使私募发行的资格条件更为明晰，可预测性更强。在安全港制度中，获许投资者概念的使用以及有关一般性劝诱广告的规定凸显了美国《证券法》先进的立法理念。我国法律若能加以有效借鉴吸收，则必能在不特定对象的认定领域打开一片新天地。

1. "获许投资者"概念与需要标准

《D 条例》构建安全港制度的初衷是使产生于 Ralston Purina 案的需要标准更加客观化和精确化。Ralston Purina 案是美国私募制度发展史上具有标志性意义的判例[1]，是整个私募发行制度的里程碑。该案判决从区分公开发行与私募发行的目的着手进行分析，明确指出能否获得私募发行豁免应根据投资者是否需要证券法所提供的保护来确定。可以说，这一判决改变了美国私募发行法律制度的走向。[2]

而 SEC 在 1982 年颁布的《D 条例》则通过构建非排他性安全港，为需要标准的发展作出了重大贡献。在这一制度架构的设计中，面向获许投资者进行的发行没有人数的限制。获许投资者是美国证券法上的重要概念，它在

---

[1] 该案案情大致如下：Ralston Purina 公司有 7000 名遍及美国和加拿大的雇员，1947—1957 年，该公司未经公开发行注册，利用邮递设施向其雇员出售了大约 200 万美元的股票。这十年中的每一年，公司都通过决议，批准向未经公司及其工作人员劝诱、主动要求购买公司普通股的公司雇员出售普通股。在诉讼过程中，该公司始终认为，所有购买者均为公司的关键雇员（key employees），应该区别于面向公众的公开发行。区法院和上诉法院都认同其看法，然而最高法院却推翻了二者的判决，并提出了著名的"需要标准"。Securities and Exchange Commission v. Ralston Purina Co. 346 L.S. 119, 73S.Ct. 981(1953).

[2] 郭雳：《美国证券私募发行法律问题研究》，北京大学出版社 2004 年版，第 57 页。

1933 年《证券法》第 2 条中就已经有过列举，规则 501 在此基础上又增加了另外的七类获许投资者，主要是各类机构投资者，此外还包括了发行人的董事、合伙人等关系人，以及收入在一定水平之上的社会富有阶层。[①] 美国证券法减弱了对这些投资者的保护力度，是因为他们被法律推定为能够实际取得重要信息，或者其经济实力可以令其有办法获取重要信息，足以进行理性的投资决策（包括在投资时得到高水准的意见和建议）的投资主体。[②]

获许投资者这一概念与我国的立法宗旨显然大异其趣，在我国立法者的视野内，出资者都是如退休工人、下岗职工这样的弱势群体，他们会出资完全是由于受到了集资者的蒙骗，所以法律只是一味地对集资者穷追猛打，要求其承担资金亏损的责任。但是，实际上现实发展早已将法律的陈旧思维远远地甩在了后面。还是以吴英案为例，吴英的集资对象只有区区十来人，而未能归还的资金却高达 3 亿元，可见借钱给吴英的人不是法律所预设的弱势群体，而是一群追逐高额资金回报的身价过亿元的富豪。他们与吴英之间名为借贷，实为投资，在接受吴英所提供的高达 400% 的年回报率条件时，就应当承担与此相应的高风险，可是他们却使用借据规避了这些风险，以确保自己的绝对盈利，而像吴英这样急需资本支持的集资者为了维持企业的扩张和发展，就不得不冒着触犯刑事法律的风险吸纳这些资金。依照美国证券法的逻辑，法律完全没有必要为这些社会富有阶层提供类似于存款人的强有力保护，而应该让市场的法则在此发挥财富调节分配的作用。

诚如美国第九巡回法院登曼（Denman）法官在审理 SEC v. Sunbeam Gold Mines Co. 案时所说的，在判断是否为公开时，以某一共同利益或特征为标准

---

① 在一定水平之上的社会富有阶层是指在购买证券时，个人净资产或与配偶共同的净资产超过 100 万美元的自然人，以及在最近两年的每一年中，个人收入超过 20 万美元，或与配偶收入合计超过 30 万美元，且在本年度有合理的预期，收入可达到同样水平的自然人这两类主体。Rule 501(a) of SEC Regulation D.

② 郭雳：《美国证券私募发行法律问题研究》，北京大学出版社 2004 年版，第 102 页。

往往是不可靠的①，而应当以集资对象是否需要得到法律保护作为最终的判断依据。亲友标准被逐渐架空，就是因为它只是将一种并不显著的共同特征作为了区分标准，这并不足以为不特定对象的认定提供坚实的依据。同样是朋友，对于具有丰富交易经验的成熟投资者和盲目将退休金交给融资者的普通市井小民，立法显然应该有不同的处置方案。现行规定仅仅设立了一个似是而非的亲友标准，就希望可以一了百了地处理所有非法集资的情形，这是一种不切实际的想法。只有从法律的本意出发，明确哪些人需要得到法律的保护，才能对各类民间融资活动进行准确定性，使其不至于被作为非法集资活动定罪量刑。

2. 一般性劝诱广告中的"既存的实质性联系"标准

安全港制度对私募发行的另一项要求就是不得使用一般性劝诱或者公开广告的方式进行要约发行或出售。在美国，原则上私募发行应由发行人或其代理人通过与合格的受要约人或其代表人直接沟通进行，任何形式的公开广告或大众媒体传播都应当被避免。如规则146就不允许其项下的证券发行销售采用公开广告或一般性邀请劝诱的方式，通过报纸、杂志、电视、广播等发布广告，或者以促销为目的举办座谈会、会议等。不过该规则允许发行人及其代理人与合格的受要约人讨论发行条件，以及分发有关发行人信息数据的材料。②

在判断是否属于"一般性劝诱广告或公开广告"时，SEC指出，应注意区分面向两类不同对象的信息传递。一类是与发行人或其代理人有既存业务或其他实质性联系（preexisting business or substantive relationship）的人，另一类是除此之外的普通人。"既存业务或其他实质性联系"有两重含义。第一，发行人或其代理人与受要约人之间的联系必须是"既存的"；第二，发行人或其代理人与受要约人之间的联系必须是"实质性"的。所谓"既存的"

---

① 郭雳：《美国证券私募发行法律问题研究》，北京大学出版社2004年版，第55页。

② Rule 146(c) of SEC Regulation D.

联系，是指从发行人或其代理人与受要约人发生联系到向该受要约人发行之间应有足够的时间间隔；所谓实质关系，是指发行人已经取得受要约人的有关信息，并且该信息足以衡量受要约人的财力及资产背景。发行人与受要约人建立起实质关系后，发行人可以了解受要约人的投资目的、净资产、年所得、一般或特别经历及知识、投资记录等。[①] 私募发行必须同时符合"既存的实质性联系"标准两个方面的要求，否则就会被认为是发布了一般性劝诱广告或者进行了公开宣传。

"既存的实质性联系"标准与我国法律制度的契合度很高，完全可以引入到口口相传行为的认定中来。应用这一标准来审查集资行为就要求法官的着眼点不再只是停留于口口相传行为本身，而应将更多的注意力置于宣传对象与集资者的关系之上。若集资者与口口相传的对象之间存在着类似美国证券法的"既存的实质性联系"，就应当承认这种宣传方式的合法性，反之则可以将其作为一般性的劝诱来处理。如此操作既可以避免将口口相传行为机械地认定为公开宣传的司法错误，同时也暗合了《非法集资司法解释》引入《证券法》相关规定的初衷。不过在具体判断"既存的"和"实质性"这两个要件时，必须考虑美国《证券法》与我国《刑法》在规制对象及法律后果方面的显著差异，结合民间融资的实际状况制定合适的认定标准。由于刑法的制裁措施远远比证券法严厉，故应在美国的基础上适当放宽"既存的实质性联系"的判断标准，如此，则口口相传行为定性不清的问题似可在一定程度上得到解决。

四、完善集资不特定对象标准的法律对策

通过比较分析可以发现，中美两国对融资行为采取了完全不同的规制模式。美国通过扩展"证券"的概念，将融资行为纳入证券法的调整范围，而

---

① United States Securities and Exchange Commission, Implications of the Growth of Hedge Funds, http://w ww.sec.gov/news/studies/hedgefunds0903.pdf, 2011-05-29 .

我国却将大量符合证券特征的投资工具排除在证券的范围之外，从而不得不煞费苦心地运用不同的法律规范对其进行调整。更糟糕的是，由于未进行体系化的整合，这种调整是不充分的，存在相当多的漏洞和矛盾[①]，无法担负起将不特定对象标准精细化的任务。另外，我国不特定对象的认定也远比美国随意，对非法集资行为的打击力度也更大。这反映了政府对民间融资犯罪倾向的高度警惕和严厉态度。但这种"严刑峻法"大大挤压了民间融资的自治空间，将自主融资压迫到了狭小的角落里，对合法民间融资造成不利影响。

此种处理模式显然无法为诸如浙江这样的民间融资活动活跃的省份所接受，因此，各地便开始制定地方性的法律文件，试图为本地的民间融资拓宽生存空间，这一趋势在浙江表现得尤为突出。2008年12月2日，浙江省高级人民法院、省人民检察院、省公安厅联合发布的《关于当前办理集资类刑事案件适用法律若干问题的会议纪要》（下文简称《会议纪要》）第4条规定[②]，事实上已经修改了基本法律的规定，赋予了有合理的生产经营需要的"非法集资"活动以正当性。除此以外，该《会议纪要》第2条规定[③]也突破了1998年7月中国人民银行发布的《整顿乱集资乱批设金融机构和乱办金融业务实施方案》（下文简称《实施方案》）。按照《实施方案》的规定，在国务院对企业内部有偿集资明确作出规定之前，禁止企业内部有偿集资，更不得以企业内部有偿集资为名搞职工福利。因此，企业内部的有偿集资依法应当都属于非法集资。浙江省的《会议纪要》却在此进行了一个大胆的创新，原则上肯定了为了生产经营所需的内部集资行为，为其亮起了绿灯。实践证明，上述规定促进了浙江省内中小型民营企业的发展，实际的推行效果

---

① 吴昊：《非法集资抑或证券发行："长城机电"融资案引发的思考》，《金融法苑》2003年6期。
② 该条规定："为生产经营所需，以承诺还本分红或者付息的方法，向社会不特定对象筹集资金，主要用于合法的生产经营活动，因经营亏损或者资金周转困难而未能及时兑付本息引发纠纷的，一般可不作为非法吸收公众存款犯罪案件处理。"
③ 该条规定："为生产经营所需，以承诺还本分红或者付息的方法，向相对固定的人员（一定范围内的人员如职工、亲友等）筹集资金，主要用于合法的生产经营活动，因经营亏损或者资金周转困难而未能及时兑付本息引发纠纷的，应当作为民间借贷纠纷处理。"

还是不错的。但不可否认的是，这些相互矛盾的法律规定使非法集资的认定标准陷入了极大的混乱，法院在审判案件时往往会不可避免地受到地方经济发展欲求的影响，时而放松管制，时而严厉惩治。法律的适用缺少明确的可预期性和稳定性，民间融资者无法准确把握合法与非法之间的界限。

综上，我国现行法律规制逻辑在不特定对象的认定上存在两方面矛盾。一是本应由证券法调整的非法集资行为现在却主要是由刑法在规制，从而使一些证券法的调整手段无法得到有效运用；二是本应被遵守的基本法律规定却在实践中被地方政府逐渐突破，模糊了融资行为罪与非罪之间的界限。这两大逻辑矛盾腐蚀了规制集资行为的整个法律体系，导致不特定对象认定标准模糊不清，而且难以清晰化。若能以解决这两项根本矛盾为总体思路，将对非法集资类犯罪的认定予以必要限制作为不特定对象认定标准的完善方向，则必能有效地完善现有的认定标准。

从具体的操作方式上讲，我国法律应不再单纯以人数为标准来认定对象的特定与否，而应尝试引入美国证券法上的需要标准代替亲友标准，以"既存的实质性联系"标准来精确界定口口相传行为的性质，使不特定对象认定标准的设置回归法律的本意，在司法实践中真正发挥作用。欲达成这一目的，需要分别在刑法和证券法这两个部门法领域修改现行规定。在刑法上，可以抓住《非法集资司法解释》颁布的契机，对诸如口口相传行为性质认定等问题以直接答复、指导案例甚至是新的司法解释的形式予以说明，逐步改变地方各级司法机关在不特定对象认定问题上存在的过时观念，使其能真正重视和正确使用不特定对象标准，为金融领域的私法自治提供足够的生长空间。当然刑法的保守性和谦抑性决定了它不可能面面俱到地应付民间集资领域层出不穷的新情况。[①] 因此，若要彻底理顺法律规制的内部逻辑关系，则还需扩张证券的概念，将部分实质上的证券发行融资行为交还给证券法来进行调

---

① 根据《非法集资司法解释》第3条规定，非法集资就有10种主要表现形式，当然实践中的表现形式恐怕远不止如此。

整。[①]较之于刑法，使用证券法来规制民间融资和投资这一市场行为更加科学。而且，将非法集资纳入证券法律的监管领域与证券私募融资相衔接，为我国构建适合本国国情的民间融资的安全港制度提供了可能性，还能有效实现对于民间融资的前端监控，是一项一举多得的举措。为了完善不特定对象标准，可以将发展证券私募发行法律制度作为一个突破口。我国现有的证券私募发行制度还仅仅处于起步阶段，民间的许多私募发行行为还不规范，其中不少的私募行为都介于非法集资和合法的民间融资行为之间，证券法应当在此有所作为，参考美国等金融法治发达国家的立法经验，通过完善不特定对象标准将正当的商事行为从非法集资的泥潭中抽离出来，以民事责任、行政责任而非刑事责任来规范其运行。当然，在建构这一制度的过程中，立法者可以尝试采用自下而上的改革路径，首先适当放权于各级地方政府，鼓励其发挥司法能动性，以地方性法规和行政规章的形式试验何种程度的标准适合本地区的金融发展。然后在各地的标准都比较成熟之后，再考虑以基本法律的形式来巩固这一立法成果。如此，则可不至于重蹈之前在非法集资认定标准上中央和地方貌合神离的覆辙，而且有助于缩小文本上的法律规定与现实中商业实践之间的差距。

当完成了上述制度性变革之后，现有法律规定中存在的非法集资对象认定标准的基本矛盾将会得到解决，民间金融的基本性质将实现从人格化交换向契约性关系的转变，依据不同的行为特点对不同的融资活动适用不同的监管措施和认定标准也将成为可能。事实上，若真能实现上述愿景，则不仅不特定对象的认定标准将会得到彻底廓清，而且一直受到学者诟病的金融法律旧体制也必将产生根本性变化。

---

① 彭冰：《非法集资活动的刑法规制》，《清华法学》2009 年第 3 期。

论非法集资的证券化趋势与新调整方案

李有星 *

摘 要

我国非法集资呈现出与广义证券投资相关的证券化趋势。现有调整非法集资的制度规范有非刑法规范与刑法规范，其中以非法吸收公众存款罪与集资诈骗罪为主的刑法调整存在明显缺陷，非法集资的制度规范需要做证券法角度的改进。解决制度性的非法集资问题，必须确立证券非公开发行融资制度标准，扩张合法融资途径，将公司企业的经营性、证券性投融资行为归于证券法调整。引导证券化民间集资关系转化为民间证券融资关系，通过证券融资的规范调整，调整民间融资的行为，用是否违反证券法作为判断民间融资行为的标准。

关键词：非法集资；证券融资；投资合同；合法融资；借贷效力

★ 本文原载于《政法论丛》2011 年 4 月第 2 期。本文系教育部 211 工程第三期建设项目 "转型期法治理论"、"制度与实证研究"、"民间融资监管的研究"（2010NC08）、"我国企业融资创新及其法律风险防治"（2009NH02）的阶段性研究成果。

现行非法集资大多与广义的证券发行投资相关，证券化趋势明显，非法集资的证券化趋势要求在对集资行为规制调整有更多的证券法方案的安排。同时，从实质上界定民间融资的合法性界限。

一、非法集资的证券化趋势

所谓非法集资是指单位或个人未依照法定程序经有关部门批准，以发行股票、债券、彩票、投资基金、证券或其他债权凭证的方式向社会公众筹集资金，并承诺在一定期限内以货币、实物及其他方式向出资人还本付息或给予回报的行为。非法集资具有四个特点：第一，未经有关部门依法批准，包括没有批准权限的部门批准的集资以及有审批权限的部门超越权限批准的集资。第二，承诺在一定期限内给出资人还本付息。还本付息的形式除以货币形式为主外，还包括以实物形式或其他形式。第三，向社会不特定对象即社会公众筹集资金。第四，以合法形式掩盖其非法集资的性质。[1] 或最近，根据《最高人民法院关于审理非法集资刑事案件具体应用法律若干问题的解释》（2011 年 1 月 4 日生效，以下简称《解释》）非法集资具备非法行、公开性、利诱性、社会性的特征。即（1）未经有关部门依法批准或者借用合法经营的形式吸收资金；（2）通过媒体、推介会、传单、手机短信等途径向社会公开宣传；（3）承诺在一定期限内以货币、实物、股权等方式还本付息或者给付回报；（4）向社会公众即社会不特定对象吸收资金。非法集资，作为市场经济形式下一种新的经济犯罪形式，自上世纪末期开始进入国内公众视野，并成为法律关注的一种犯罪形式。1994 年，北京长城机电公司老板沈太福非法集资 10 多亿元，被判处死刑；1995 年，司法部门查处无锡大款邓斌集资案，牵出北京市委书记陈希同的两任秘书和副市长王宝森，最终牵出陈希同本人和众多北京市高层领导。此后，与非法集资有关的犯罪在各地层出不穷，见诸媒体的如山西璞真公司案、湖南富民公司案、辽宁新源公司案、

---

① 李有星：《中国证券非公开发行融资制度研究》，浙江大学出版社 2008 年版，第 167 页。

山东江大荃馨生物工程有限公司案、吉林纳士塔案、河北孙大午案等。

在证券发展的今天，传统的借钱式的集资少了，证券投资式的集资多了。因为，一方面对于中小企业而言，上市融资门槛过高，到各大银行贷款难，要运作起来，只能采用其他的渠道融资；另一方面对于投资人来说，一边是银行低利率，另一边是比银行高出数倍甚至数十倍的高利率回报，在这种情况下，很多人宁可冒风险也要投资。于是，就出现了一些公司或个人以国家对生态环境保护、发展绿色产业、民间资金造林等方面的鼓励政策为幌子，许诺进行高额回报，或者以预售、合作经营、投资入股或加盟等名义，承诺回报，收取订金、股权款、加盟费等非法募集资金活动，并呈现出一系列新特点、新动向。

（1）通过发行有价证券、会员卡或债务凭证等形式，非法吸收资金，如山西璞真案，该案件中山西璞真假日俱乐部有限公司以为客户办理"住房卡"为名进行变相集资。（2）对物业、地产等资产进行等份化，通过出售其份额的处置权进行高息集资，如将果园分成若干份额出售集资等。（3）以发行或变相发行彩票的形式集资。（4）利用养殖、产品开发的形式，通过认购、认养或联合开发等，面向社会公众募集资金。投资者出资按股（或单）购买，每股约定一定的金额，不设定集资上限，逐月或逐年返本还息。如辽宁营口东华经贸（集团）公司在 2002 年 7 月至 2004 年 12 月间，以高额回报诱使群众投资所谓的"养殖蚂蚁"。到 2004 年 12 月，东华集团吸引投资者签订合同 109161 份，非法集资近 30 亿元。[①] 由于联合种植、养殖的动植物均为农产品，其资金的募集对象势必面向乡镇和农村，据调查，2006 年仅在安徽省以联营入股、种植养殖为名向社会公众募集资金注册登记的公司就有 90 多家（不含未登记），向社会公众募集资金总额初步估计已达 10 亿

[①] 2007 年 1 月 17 日营口市中级人民法院判处首犯汪振东［系辽宁营口东华经贸（集团）公司董事长］犯集资诈骗罪，一审被判处死刑，依法没收汪振东个人的全部财产。其余 15 名被告人也被判处 5 至 10 年刑期不等的有期徒刑，处以 10 万元至 50 万元不等的罚金。

元。①（5）虚设高科技开发项目融资，以公司国内外上市为由出售公司股权。行为人多采取成立公司、虚设高科技开发项目的办法，巧立名目骗取受害者的信任，在未经任何部门批准的情况下，公开向社会集资。如西安重阳生物科技公司案中的犯罪嫌疑人称自己拥有西安重阳生物科技公司450万股名为"重阳生物"的股权，招聘一批专门从事传销活动的人员，以传销的手法，骗取广州地区群众认购并不真实存在的股权。被骗对象多为离退休老年人，人数达900多人，涉案金额1500万元。

非法集资的证券化方式十分明显，《解释》中列举的11类非法吸收资金的形态都不是传统概念上的民间资金借贷关系，而是具有广义证券意义的权利性、证券融资关系，是一种发展中的民间融资、集资模式。具体讲是集资工具的多样化，如（1）不具有房产销售的真实内容或者不以房产销售为主要目的，以返本销售、售后包租、约定回购、销售房产份额等方式非法吸收资金的；（2）以转让林权并代为管护等方式非法吸收资金的；（3）以代种植（养殖）、租种植（养殖）、联合种植（养殖）等方式非法吸收资金的；（4）不具有销售商品、提供服务的真实内容或者不以销售商品、提供服务为主要目的，以商品回购、寄存代售等方式非法吸收资金的；（5）不具有发行股票、债券的真实内容，以虚假转让股权、发售虚构债券等方式非法吸收资金的；（6）不具有募集基金的真实内容，以假借境外基金、发售虚构基金等方式非法吸收资金的；（7）不具有销售保险的真实内容，以假冒保险公司、伪造保险单据等方式非法吸收资金的；（8）以投资入股的方式非法吸收资金的；（9）以委托理财的方式非法吸收资金的；（10）利用民间"会""社"等组织非法吸收资金的；（11）其他非法吸收资金的行为。

二、非法集资规制的非证券化制度规范与缺陷

我国对证券权利的认识比较欠缺，对于与资金、金钱发生关系的事情，

---

① 代群、马姝瑞：《专家：警惕非法集资 百姓理财应拓宽渠道》，《经济参考报》2006年12月25日。

基本停留在传统法的框架内，尤其喜欢用行政式禁止与非法性命名，从而以非法为由打击。我国调整非法集资的制度规范可归纳为非刑法规范与刑法规范两方面，但事实上是以刑法调整为主且缺陷明显。

（一）非法集资规制的非刑法制度规范

1.《公司法》规定

《公司法》第 210 条规定 [①]，未经本法规定的有关主管部门的批准，擅自发行股票或者公司债券的，责令停止发行，退还所募资金及其利息，处以非法所募资金金额 1% 以上 5% 以下的罚款。构成犯罪的，依法追究刑事责任。

2.《商业银行法》规定

2003 年《商业银行法》第 81 条规定，未经国务院银行业监督管理机构批准，擅自设立商业银行，或者非法吸收公众存款、变相吸收公众存款，构成犯罪的，依法追究刑事责任；并由国务院银行业监督管理机构予以取缔。伪造、变造、转让商业银行经营许可证，构成犯罪的，依法追究刑事责任。第 83 条规定，有本法第 81 条规定的行为，尚不构成犯罪的，由国务院银行业监督管理机构没收违法所得，违法所得 50 万元以上的，并处违法所得 1 倍以上 5 倍以下罚款，没有违法所得或者违法所得不足 50 万元的，处 50 万元以上 200 万元以下罚款。

3.《贷款通则》规定

1996 年 6 月 28 日，中国人民银行颁布的《贷款通则》第 61 条规定，各级行政部门和企事业单位、供销合作社等合作经济组织、农村合作基金会和其他基金会，不得经营存贷款等金融业务。企业之间不得违反国家规定办理借贷或者变相借贷融资业务。第 73 条规定，行政部门、企事业单位、股份合作经济组织、供销合作社、农村合作基金会和其他基金会擅自发放贷款的；企业之间擅自办理借贷或者变相借贷的，由中国人民银行对出借方按违规收

---

① 2005 年《公司法》已经删除这方面的规定，与此对应的条款是 2005 年《证券法》第 188 条。

入处以 1 倍以上至 5 倍以下罚款，并由中国人民银行予以取缔。

4. 国务院《非法金融机构和非法金融业务活动取缔办法》规定

该《办法》①第 4 条规定，非法金融业务活动，是指未经中国人民银行批准，擅自从事非法吸收公众存款或者变相吸收公众存款；未经依法批准，以任何名义向社会不特定对象进行的非法集资。非法吸收公众存款，是指未经中国人民银行批准，向社会不特定对象吸收资金，出具凭证，承诺在一定期限内还本付息的活动。变相吸收公众存款，是指未经中国人民银行批准，不以吸收公众存款的名义，向社会不特定对象吸收资金，但承诺履行的义务与吸收公众存款性质相同的活动。

5.《证券法》规定

2005 年《证券法》第 188 条规定，未经法定机关核准，擅自公开或者变相公开发行证券的，责令停止发行，退还所募资金并加算银行同期存款利息，处以非法所募资金金额 1% 以上 5% 以下的罚款；对擅自公开或者变相公开发行证券设立的公司，由依法履行监督管理职责的机构或者部门会同县级以上地方人民政府予以取缔。对直接负责的主管人员和其他直接责任人员给予警告，并处以 3 万元以上 30 万元以下的罚款。

（二）非法集资规制的刑法规范

我国刑法中与集资有关的犯罪有 5 个罪名，包括《刑法》第 160 条的欺诈发行股票、债券罪，第 176 条的非法吸收公众存款罪，第 179 条的擅自发行股票、公司、企业债券罪，第 192 条的集资诈骗罪和第 225 条规定非法经营罪。具体如下。

1. 欺诈发行股票、债券罪。该罪是指在招股说明书、认股书、公司及企业债券募集办法中隐瞒重要事实或者编造重大虚假内容，发行股票或者公司、

---

① 孙大午的律师认为国务院在未经全国人大及其常委会授权的情况下擅自对法律进行解释是无效的越权行为。这里暂且不讨论其是否合法，司法实践是把它当作有效力的文件的。

企业债券，数额巨大、后果严重或者有其他严重情节的，处 5 年以下有期徒刑或者拘役，并处或者单处非法募集资金金额 1% 以上 5% 以下罚金。单位犯前款罪的，对单位判处罚金，并对其直接负责的主管人员和其他直接责任人员，处 5 年以下有期徒刑或者拘役。

2. 非法吸收公众存款罪或者非法变相吸收公众存款罪。《刑法》第 176 条规定，非法吸收公众存款或者变相吸收公众存款，扰乱金融秩序的，处 3 年以下有期徒刑或者拘役，并处或者单处 2 万元以上 20 万元以下罚金；数额巨大或者有其他严重情节的，处 2 年以上 10 年以下有期徒刑，并处 5 万元以上 50 万元以下罚金。单位犯前款罪的，对单位判处罚金，并对其直接负责的主管人员和其他直接责任人员，依照前款的规定处罚。目前司法实践中，个人非法吸收或者变相吸收公众存款 100 万元以上，单位非法吸收或者变相吸收公众存款 500 万元以上的，可以认定是"数额巨大"。

3. 集资诈骗罪。该罪是指以非法占有为目的，使用诈骗方法非法集资，数额较大的行为。根据最高人民法院相关司法解释和规定，"以非法占有为目的"的行为包括：明知没有归还能力而大量骗取资金的；非法获取资金后逃跑的；肆意挥霍资金，致使资金无法返还的；使用集资款进行违法犯罪活动，致使资金无法返还的；抽逃、转移资金，隐匿财产，以逃避返还资金的；隐匿、销毁账目，或者搞假破产、假倒闭，以逃避返还资金的；其他非法占有资金，拒不返还的。集资诈骗罪，数额特别巨大或者有其他特别严重情节的，可判处 10 年以上有期徒刑或者无期徒刑，并处 5 万元以上 50 万元以下罚金或者没收财产。数额巨大并且给国家和人民利益造成特别重大损失的，应判处无期徒刑或者死刑，并处没收财产。根据当前司法解释，个人集资诈骗数额在 100 万元以上的，属于数额特别巨大，单位集资诈骗数额在 250 万元以上的，属于数额特别巨大。

4. 擅自发行股票、公司、企业债券罪。该罪是指未经国家有关主管部门批准，擅自发行股票或者公司、企业债券，数额巨大、后果严重或者有其他严重情节的行为。该罪处 5 年以下有期徒刑或者拘役，并处或者单处非法募集资金金额 1% 以上 5% 以下罚金。单位犯前款罪的，对单位判处罚金，并对其直接负责的主管人员和其他直接责任人员，处 5 年以下有期徒刑或者拘役。

5. 非法经营罪。该罪是指未经许可经营专营、专卖物品或其他限制买卖的物品，买卖进出口许可证、进出口原产地证明以及其他法律、行政法规规定的经营许可证或者批准文件，以及从事其他非法经营活动，扰乱市场秩序，情节严重的行为。在许多复杂的非法集资行为中，特别是涉及银行、证券、期货、信托的金融特许业务时，将构成非法经营罪。也可以说非法经营罪是调整非法集资的手段之一。依据《刑法》第 225 条规定，该罪处 5 年以下有期徒刑或者拘役，并处或者单处违法所得 1 倍以上 5 倍以下罚金；情节特别严重的，处 5 年以上，并处违法所得 1 倍以上 5 倍以下罚金或者没收财产。

（三）调整非法集资行为制度规范的缺陷

我国调整非法集资行为的法律规范的不足和缺陷较明显，说非法集资是制度性问题不过分。[①] 我国调整非法集资行为事实上主要依赖于刑法的打击，其中集资诈骗罪、非法吸收公众存款或者变相吸收公众存款罪为主要。集资诈骗罪"以非法占有为目的"的行为解释的宽泛性和不确定性导致此罪认定的弹性较大。非法吸收公众存款或者变相吸收公众存款罪的构成要件本身是大口袋，标准不规范。该罪行为人主体是一般主体，包括行为人不具有吸收存款的主体资格而吸收公众存款、破坏金融秩序的行为。行为人在主观上具有非法吸收公众存款或者变相吸收公众存款的故意，存款人是不特定的群体的存款才是公众存款。无论采取什么办法，只要其行为具有吸收公众存款的性质，即符合本条规定的条件。从《刑法》第 176 条规定本身来看，非法吸

---

① 李有星：《中国证券非公开发行融资制度研究》，浙江大学出版社 2008 年版，第 167 页。

收公众存款或变相吸收公众存款的关键是何为存款①，对此法律没有明确界定。存款是一个金融概念，对应的是贷款，没有贷款也就无所谓存款。尤其目前出现的公司企业融资用于企业自身发展但具有违规性的行为，不加区分地一律认定为非法吸收公众存款或者变相吸收公众存款确引起巨大争议。另外，对于大量集资活动发生，特别是公司经营式的集资活动，其是属集资诈骗罪或是非法吸收公众存款罪，界限的自由裁决弹性很大，而集资诈骗罪与非法吸收公众存款法律后果区别巨大。同样是非法集资数亿元，定罪为集资诈骗罪与认定为非法吸收公众存款或者变相吸收公众存款的后果截然不同，如浙江同时期出现的东阳吴英案②与丽水杜益敏案③就是典型对照。此后，从民间融资开始集资到最后集资诈骗而被判处死刑的案例有：2009年8月23日，温州市中级人民法院一审以集资诈骗罪判处温州乐清女子郑存芬死刑。2009年3月20日，乐清农妇高秋荷因集资诈骗被温州市中级人民法院一审判处死刑。2010年2月23日，台州女子王菊凤因集资诈骗被台州中级人民法院一审判处死刑。因此，由于缺乏民间融资的制度保障，民间融资者与出借人之间的借贷关系也可以说是因无法律的规范、无行政监管机构和政府的依法干预而误入集资诈骗的领域，最终以断送集资者的生命为代价。为挽救在民间融资领域中行动的人们的宝贵生命，国家也应该早点对该领域作出有效的法律规范，以使人们遵守。特别需要提及的是《最高人民法院关于审理非法

---

① 《中国大百科全书》对"存款"的解释是，存款人在保留所有权的条件下，把使用权暂时转让给银行的资金或货币，是银行最重要的信贷资金来源。

② 吴英原是浙江本色控股集团有限公司的法定代表人。自2006年4月成立至2007年2月，吴英在不具备吸收公众存款业务资格情况下，向不特定对象变相吸收资金共计7.2亿余元。到案发时尚有5.3亿余元本金没有归还。吴英被控的是涉嫌非法吸收公众存款犯罪。但后来改为集资诈骗罪起诉，2009年12月18日，浙江省金华市中级人民法院对吴英非法集资案依法作出一审判决，以集资诈骗罪判处被告人吴英死刑，剥夺政治权利终身，并处没收其个人全部财产。

③ 杜益敏原是浙江溢城投资管理有限公司董事长，在丽水市莲都区成立公司，以个人名义，公司担保，设点向社会公众集资，共计非法集资人民币7亿余元，至案发尚有1.2亿余元未归还。2008年3月21日，一审法院以杜益敏犯集资诈骗罪，判处死刑，剥夺政治权利终身，并处没收个人全部财产。2009年8月5日，杜益敏被执行死刑。

集资刑事案件具体应用法律若干问题的解释》，虽然对于处理非法集资引起的犯罪打击提供了具体标准，同时也对民间吸收特定人的资金提供了一定的安全港规则，提高了非法吸收公众存款罪的构成标准。但对集资的合法化途径并没有正面提供，依然缺乏对非法集资的预防，对民间集资的规范引导。所以，当下我国非法集资的现象不会从根本上得到改变，因集资而构成集资诈骗罪的案例还会大量出现。

三、非法集资的证券法视角下的调整方案

根据民间融资或者说非法集资的证券化形态，同时考虑对民间集资行为的有效引导和规范，有必要探讨或者用证券法来调整这种证券化的集资行为。坦率而言，我国的专业金融领域的规范与监管是成功的，如银行、证券、保险、信托等专业金融领域均有专门立法和专门的专业监管机构；但是对民间融资或者说民间金融行为的规范与监管是欠缺的，集资行为人无法创新融资工具、集资试图合法化但没有规定程序可以供其采用。[①] 从监督管理机构看，人民银行、银监会、证监会、保监会显然不承担民间融资的专业监管职能，这种非专业金融任务就落到政府的监督管理范围。但基于人民政府金融工作办公室管理民间融资问题缺少有效的法律规范，政府要干预私权领域的金钱借贷活动难度极大。除了国家下决心强化政府对民间融资的监督立法，以完善政府对民间融资的绝对监管外，另一种监管思路就是以证券法视角解决。通过修改证券法，扩大证券的实质定义，从而以证券融资监管角度解决，即变民间集资、民间融资为民间证券融资，通过调整证券融资的法律规范，调整民间融资的行为，用是否违反证券法作为判断民间融资行为的标准。

非法集资现象是与一个国家的证券概念相关的，证券包含的范围小，非法集资的调节就困难，反之亦然。例如，在美国，因为证券的概念涵盖面极大，

---

① 例如，民间融资者希望通过法定程序向若干特定人借款（出具的是借条凭证），希望履行法定程序，但我国目前没有任何借贷性的事前报备审批程序。而出具股票、债券等的审批程序已经规定在相关法中。

几乎所有金融商品或凭证均可被视为证券，只要证券交易委员会和法院有共识。美国著名证券法教程中提到了这样一段话：下列事物的共同性是什么？苏格兰威士忌，自行改善的跑道，化妆品，蚯蚓，河狸，麝鼠，兔子，灰鼠，渔船，真空吸尘器，一小块墓地，牛胚胎，灌制原版唱片合同，动物饲养计划，诉讼共同基金和果树。答案是它们都被判决认定为联邦或州证券法意义上的证券。[①]证券法覆盖下的这些非常规投资范围如此巨大，可归因于"证券"广泛的法定概念。同样的融资行为，在美国是视为证券发行行为而受证券法的制约和调整，在中国就是非法集资或是非法吸收公众存款罪。目前我国认定的许多非法集资，其实就是"美国式投资合同"。投资合同是利用一种类似股票的投资份额或权益分享的特殊证券融资问题。[②]投资合同基本的鉴定标准被表述为"一个人将他的钱投入到普通企业并期望从发起人或第三人的努力中获得利润"[③]。这一标准由如下一些因素构成：一是要有金钱投入；二是投入普通企业；三是利润期望；四是纯粹是由他人做出的努力，即由他人经营管理。这种证券的特点是行为人通过向社会不特定的对象融资，签发期待的权益凭证，投资者因出钱投资于一项共同的风险事业而取得的主要通过他人的努力而赢利的权益（凭证）。在我国，对以发行该种凭证而融资的行为通常以非法集资来处理。学者朱伟一认为，美国法官决定投资合同是否为证券时，考虑的因素之一是证券法之外是否还有其他法律制约该凭证。这种做法背后的理念是不能有法律空挡和盲点。[④]我国做法正好相反，证券法规定的证券范围很小，遇到类似投资合同等新型融资行为没有既有制度和规范处理时，统统收入非法集资的大口袋，由证券监管部门以外的政府部门去处理。非法集资这口袋大得吓人，但其概念或定义比证券的概念或定义还要

---

① 托马斯·李·哈森：《证券法》，张学安等译，中国政法大学出版社 2003 年版，第 23 页。
② 美国 1933 年《证券法》规定投资合同也是证券，法律没有对投资合同的含义作出规定或说明，是根据法院解释来理解。
③ 施天涛：《商法学》，法律出版社 2003 年版，第 290 页。
④ 朱伟一：《美国证券法判例解析》，中国法制出版社 2002 年版，第 22 页。

模糊。结果是，许多融资做法既没有被非法集资制约，也没有被证券法制约，给融资者扰乱金融秩序留下逍遥的空间。所谓非法集资经常具备了证券的特点，实际上也是融资的发行人为规避证券监管而自觉不自觉地推出的变通产物，由证券监管部门来处理更科学合理。

证券在现代金融市场中呈现出一种扩张的趋势，证券种类也在不断增多，一切能够给投资者带来资本性收益、使筹资者可以用来直接筹集资金的工具都应该视作证券，而由证券法调整。如地产投资券、产权式酒店收益权证、集合资金信托权证等。在 2004 年 1 月 13 日，美国证监会诉爱德华兹（SEC v. Edwards）中，美国最高法院维持了它在 58 年前的见解。[①] 被告公司出售一种经营方案，声称只要投资者花 7000 美元投资一部投币电话，被告公司就负责向投资者租回这部电话，进行日常经营管理并每月向投资者返还 82 美元的租金，投资者相当于每年获得 14% 的投资回报。被告公司还向投资者承诺，在 5 年租期届满后或者在投资者发出终止合同的指令 180 天后，会向投资者返还其全部的投资本金。结果有 1 万人参加了这个经营方案，使被告公司获得了 3 亿美元的资金。但是，由于不能满足所有投资者回收本金的要求，被告公司在 2000 年 9 月请求破产保护，受到损失的投资者立即向该公司的总裁及首席执行官提起索赔诉讼。经过三审，美国最高法院的大法官以少见的一致意见形成最终判决，认为投币电话方案虽然向投资者承诺固定而非可变的投资回报，但仍然属于投资合同，属于证券投资，属于《证券法》调整。显而易见，《证券法》规定的证券范围宜宽不宜窄，只有《证券法》的适用范围宽广，证券投资的多种性、多层次性才能有效运行。因此，证券范围应当规范、确定且有余地，尤其是在出现证券非公开发行的新形势下[②]，包括公司股权、表决权、认购权、信托权证书等等，宜列入证券的范围。

---

① 汤欣：《修法可从证券开始》，《法人杂志》2004 年第 1 期。

② 证券非公开发行是与公开发行相对应的直接融资方式，可以满足发行人不同的筹资需求。它是针对特定对象、采取特定方式、接受特定制度规范调整的企业融资模式。向特定对象发行股票后股东累计不超过 200 人的，为非公开发行。但是，此是针对股份公司而言的。

否则，无法理解和处理证券非公开发行融资过程中的实践问题。在金融市场发达的国家，非法集资的情况非常少见，在我国却屡禁不止。金融体系结构的不合理是一个不容忽视的主要原因，非法集资引发的犯罪的一再重现，正是这种时代背景下发生的制度性悲剧。①

在我国，目前现有的制度规范难以解决非法集资问题。因为企业集资是一种常态，在没有正确认识证券的范围或应当有的范围情况下，国家无法真正提供合法与违法边界界定标准，只有用非法集资和非法证券活动的大口袋管制打击。要有效解决制度性的非法集资问题，必须确立证券非公开发行融资制度标准，扩张合法融资途径，将公司企业的经营性、证券性投融资行为归于证券法调整。国家应设立证券发行的豁免制度，如小额发行和证券非公开发行豁免制度，为社会提供一种集资行为的"安全港"，在安全港内的集资行为不受追究。② 如《解释》规定的"未向社会公开宣传，在亲友或者单位内部针对特定对象吸收资金的，不属于非法吸收或者变相吸收公众存款"，就是属于民间融资的安全港规则。美国在证券法中就规定了私募的（即不涉及公开发行）融资制度，也规定了小额融资与豁免制度，因此，我们看到的是有违反证券法的违法犯罪行为，但不用非法集资概念。香港《放债人条例》第 23 条规定"除非放债人领有牌照，否则不得追讨贷款等"，使民间借贷、民间融资放债人风险增大，为求交易安全，通常放债人会在取得资格执照后

---

① 董碧水：《非法集资：刀尖上的资本之舞》，《中国青年报》2008 年 4 月 18 日。
② 如浙江省高级人民法院 2010 年 5 月 27 日出台《关于为中小企业创业创新发展提供司法保障的指导意见》明确，中小企业之间自有资金的临时调剂行为，可不作无效借贷合同处理。以投资公司、咨询公司等名义进行非法资金拆借活动的，仍要依法制裁。具体实践中，借贷利率、规模、如何界定自有资金、临时调剂等成为新问题。《意见》明确：未经社会公开宣传，在单位职工或亲友内部针对特定对象筹集资金的，一般不作为非法集资；资金主要用于生产经营及相关活动，行为人有还款意愿，能够及时清退集资款项，情节轻微，社会危害不大的，可以免予刑事处罚或者不作犯罪处理。

放贷，因此，类似内地的巨额民间地下的融资活动较少。[①] 我国在承认民间融资合法化和打击非法集资的同时，十分需要明确的、合理的、规范的合法融资制度，界定融资边界，唯此，才有我国的金融安全和金融稳定以及非法集资的有效遏制。

---

① 除非放债人交出牌照或以其他方法令法庭信纳在贷款之日、订立协议之日或取得保证之日（视属何情况而定），他领有牌照，否则他无权在任何法庭追讨由他贷出的款项或该笔款项的利息，亦无权强制执行他所订立的协议或强制执行就其贷出款项而取得的保证。但如该法庭信纳，放债人由于未能令该法庭信纳他在有关时间领有牌照，以致无权追讨该笔款项或利息，或无权强制执行该协议或保证，在所有情况下均不公平者，则该法庭可命令该放债人有权追讨该笔款项或利息，或强制执行该协议或保证，但范围以该法庭认为公平者为限，并受该法庭认为公平的修改或例外规定所规限。

论非法集资概念的逻辑演进及展望

李有星　范俊浩 *

摘 要

非法集资概念从产生至今，其内涵一直在发生变化。而在这一历史变迁的过程中，非法集资概念逐渐与非法吸收公众存款、集资诈骗等概念相互混淆，产生了严重的逻辑缺陷。反思非法集资概念的演进历程，不难发现非法集资概念在我国现行立法上存在着广义和狭义之分，而学界对狭义非法集资概念的认识还存在偏差。为了引导民间融资健康发展，建议由证券法承担部分集资行为的调整，从证券法视角对非法集资概念的发展进行新的展望。

关键词：民间融资；非法集资；非法吸收公众存款；集资诈骗；投资合同

★　本文原载于《社会科学》2012 年第 10 期。范俊浩，浙江大学光华法学院硕士研究生。本文系国家 211 工程第 3 期重点建设项目（项目编号：203000−123210301）、浙江省社科规划项目"浙江民间融资规范与引导的对策研究"（项目编号：11YD30YB0）的阶段性成果。

从 1993 年的"长城机电"融资案到今年引起各界热议的吴英集资案，"非法集资"已被社会大众所熟悉，没有任何法律知识的人也能就"非法集资"发表一番头头是道的评论，"非法集资"的含义仿佛是不证自明的。但是，当媒体、学者、司法机关都在为司法疑难案件中犯罪嫌疑人的罪与非罪、此罪与彼罪的问题争论不休时，"非法集资"又摇身一变，成为一个含义十分模糊的法律用语。考察"非法集资"概念在我国法律中的逻辑演进历程，不难发现它的内涵丰富多变，而针对其的专门研究却仍处于空白地带。

一、非法集资概念的历史变迁

"非法集资"是 20 世纪 90 年代以来在民间融资研究领域使用频率极高的一个词。但也正是由于其高使用率，相关文献著述在使用这一概念时具有很大的随意性，这导致"非法集资"这一本应指向明确的法律术语出现了歧义。目前，学界对非法集资至少存在着以下若干种不同的理解。有论者认为，非法集资指涉及各种形式的未经金融监管机关批准而筹集公众资金的活动；[1] 也有论者认为，非法集资就是庞氏骗局，是一种最古老和最常见的投资诈骗，是金字塔骗局的变体；[2] 还有论者将非法集资作为集资诈骗罪、非法吸收公众存款罪、擅自发行股票、公司及企业债券罪的代称。[3] 各家观点莫衷一是，各自为政，给司法实践带来了消极的影响。为了对"非法集资"能有一个比较准确的认识，有必要从相关法律法规演进的角度考察"非法集资"这一概念在现行法上产生和发展的过程，并在这一基础上梳理出"非法集资"的核心含义。

---

[1] 刘燕：《发现金融监管的制度逻辑——对孙大午案件的一个点评》，《法学家》2004 年第 3 期。

[2] 罗明辉：《浅议非法集资》，《长沙大学学报》2008 年第 1 期。

[3] 乐绍光、曹晓静、邓楚开：《论办理非法集资类犯罪案件中的若干法律适用问题》，《法治研究》2008 年第 5 期。

（一）非法集资与相关概念

早在 1986 年，"非法集资"这一概念就进入了我国立法规范文件中，当年颁布的《中华人民共和国银行管理暂行条例》明确规定，"非法集资属于地下金融范畴"。进入 20 世纪 90 年代以后，随着中国经济突飞猛进的发展，民营经济对于资本的渴求进一步膨胀，这导致诸如"长城机电"融资案等影响全国的非法集资大案频发。为了对无序的民间集资行为实行有效的管制，立法机关在 1995 年陆续出台了一系列的刑事法规。1995 年 5 月，全国人大常委会通过的《中华人民共和国商业银行法》（下文简称《商业银行法》）首次提出了"非法吸收公众存款"[①] 的概念。同年 6 月，全国人大常委会通过了《关于惩治破坏金融秩序犯罪的决定》[②]，该文件成为与非法集资有着紧密联系的非法吸收公众存款罪和集资诈骗罪两大罪名的滥觞。1997 年修订的《中华人民共和国刑法》（下文简称《刑法》）增设"破坏金融管理秩序罪"一节，对上述《关于惩治破坏金融秩序犯罪的决定》规定的内容全部采纳。同时，新《刑法》还增加了一款擅自发行股票，公司、企业债券罪。[③]

（二）非法集资概念的正式界定

1996 年 12 月，最高人民法院发布《关于审理诈骗案件具体应用法律若干问题的解释》，该文件首次正式界定了"非法集资"的概念，其第 3 条第 3 款规定："非法集资"是指法人、其他组织或个人未经有权机关批准，向社会公众募集资金的行为。1998 年 4 月，国务院颁布了《非法金融机构和非

---

① 该法第 79 条规定："未经中国人民银行批准，擅自设立商业银行，或者非法吸收公众存款，变相吸收公众存款的，依法追究刑事责任，并由人民银行取缔。"

② 该文件第 7 条规定："非法吸收公众存款或者变相吸收公众存款，扰乱金融秩序的，处三年以下有期徒刑或者拘役，并处或者单处二万元以上二十万元以下罚金；数额巨大或者有其他严重情节的，处三年以上十年以下有期徒刑，并处五万元以上五十万元以下罚金。……"

③ 该法第 179 条规定："未经国家有关主管部门批准，擅自发行股票或者公司、企业债券，数额巨大、后果严重或者有其他严重情节的，处五年以下有期徒刑或者拘役，并处或者单处非法募集资金金额百分之一以上百分之五以下罚金。……"

法金融业务活动取缔办法》（下文简称《取缔办法》），其第 4 条^①明确将非法集资纳入了非法金融业务活动的范畴。1998 年 7 月，中国人民银行发布了《整顿乱集资乱批设金融机构和乱办金融业务实施方案》，提出了与非法集资异曲同工的"乱集资"的概念，即未经依法批准，以任何名义向社会不特定对象进行的集资活动。

如果说上述法律文件对于"非法集资"的定义尚显简略粗糙，那么由中国人民银行于 1999 年发布的《关于取缔非法金融机构和非法金融业务活动中有关问题的通知》所给出的定义就比较详尽了。在这一文件中，"非法集资"被定义为单位或个人未依照法定程序经有关部门批准，以发行股票、债券、彩票、投资基金证券或其他债权凭证的方式向社会公众筹集资金，并承诺在一定期限内以货币、实物及其他方式向出资人还本付息或给予回报的行为。在此基础上，最高人民法院于 2010 年 12 月 13 日发布《关于审理非法集资刑事案件具体应用法律若干问题的解释》（下文简称《审理非法集资案件解释》），其第 1 条规定，"非法集资"就是指违反国家金融管理法律规定，向社会公众（包括单位和个人）吸收资金的行为。^②

根据上述法律法规对于非法集资的界定，非法集资行为主要具有三大主要特征：一是未经有关监管部门依法批准，违规向社会（尤其是向不特定对象）筹集资金；二是承诺在一定期限内给予出资人货币、实物、股权等形式的投资回报；三是以合法形式掩盖非法集资目的。^③不过值得注意的是，在最高人民法院最新出台的司法解释中，一直饱受学术界诟病的"未经有关部门依法批准"的标准被替换成了"违反国家金融管理法律规定"，但这一改变将产生何种实际影响还有待司法实践的进一步检验。

---

① 该办法第 4 条规定："本办法所称非法金融业务活动，是指未经中国人民银行批准，擅自从事的下列活动：……（二）未经依法批准，以任何名义向社会不特定对象进行的非法集资；……"
② 该条文虽直接规定的是 "非法吸收公众存款"的构成要件，但结合以往法律文件的表述，其第1款前半句规定可认为是对非法集资的全新定义。
③ 《关于依法惩处非法集资有关问题的通知》。

二、非法集资概念的逻辑缺陷

遍观非法集资概念的发展进程，它与非法吸收公众存款、集资诈骗这两个概念存在着千丝万缕的联系，三者之间的规定相互交错，界限模糊，相互之间的关系纠缠不清，而这恰恰反映了"非法集资"概念的逻辑缺陷。

（一）与"非法吸收公众存款"混为一谈

综合考察上述法律法规，不难发现非法集资与非法吸收公众存款之间的关系十分复杂。根据《商业银行法》和《取缔办法》第 4 条的规定，非法集资与非法吸收公众存款互相并列，应当是"非法金融业务活动"这一概念下的两个子概念，具有不同的含义。有学者就认为，如果企业集资款是用于企业生产、经营的需要，那么就是非法集资，如果用于商业银行类的业务活动，那么就是非法吸收公众存款。非法吸收公众存款属于间接融资，而非法集资则属于直接融资，应该合理区分非法吸收公众存款和非法集资行为。[1]

但也有学者提出，非法吸收公众存款的本质就是非法集资，在语言逻辑上，"变相吸收公众存款"与非法集资之间并无二致。[2] 这种理解得到了部分现行立法的支持。最近由最高人民法院出台的《审理非法集资案件解释》就将非法吸收公众存款罪作为非法集资类犯罪的基础罪名进行规定。对于这种做法，支持者认为，非法集资行为一经实施就分流了大量的居民存款，形成资金在正规金融机构体外的循环，影响了银行信贷的扩张能力，使大量资金游离于国家金融渠道和政策监管之外，间接地削弱了宏观调控的效果；同时将大量的地上金融的资源也吸纳进去，破坏了社会资源的合理配置；而且以高利率为诱饵形成了黑市利率，对国家利率政策不利，扰乱了金融秩序。

---

① 袁爱华：《民间融资合法化趋势下的非法吸收公众存款罪的立法完善》，《云南大学学报法学版》2010 年第 1 期。

② 冯亚东、刘凤科：《非法吸收公众存款罪的本质及立法失误》，《人民检察》2001 年第 7 期。

所以，完全可以使用非法吸收公众存款罪的罪名来处理非法集资行为。[①] 反对者则认为，非法吸收公众存款罪侵害的客体是国家的金融秩序，只有当行为人非法吸收公众存款，用于进行货币资本的经营时（如发放贷款），才能认定为扰乱金融秩序。[②]

事实上，将非法集资与非法吸收公众存款混为一谈存在着逻辑性缺陷。因为根据《刑法》和《商业银行法》，法律禁止非法吸收公众存款，并非禁止公民和其他组织吸收资金，而是禁止公民和其他组织未经批准像银行等金融机构那样进行资本和货币经营。非法集资是指在现行制度规则下一种不具有正当性的筹资行为，本质上是一种违法的借贷活动，它通常不以与存款对应的贷款（或放债行为）行为发生，重在自用或以投资为目的。故非法集资本身并不是具体罪名，也并不必然触犯刑律。其实非法集资这一概念更恰当的表述形式是不当集资，而不当集资不等于就是非法吸收公众存款或集资诈骗。非法吸收公众存款，本质上是一种以非法金融机构的身份从事商业银行业务的行为或者是商业银行等金融机构违反金融法律规定从事吸收公众存款活动（如违反利率规定吸收存款），非法吸收公众存款应当与贷款业务相对应，重在放债营利为目的，故两者之间存在着根本的差别。用非法吸收公众存款罪来覆盖现实生活中的不正当的集资行为实际上是扩大适用了非法吸收公众存款罪，违背了最基本的罪刑法定原则。其在司法实践中的实际表现就是盲目将非法吸收公众存款罪套用到大量的不当集资类案件当中去。当然，司法机关采用这种做法更多的也是一种无奈之举，其原因是多方面的，一方面是由于立法者并没有在法律中对两者的区别作出明确的规定，另一方面则是因为单纯依靠刑法来管制非法集资行为已经愈来愈不适应社会经济的发展要求，许多新出现的不当集资形式不是《刑法》相关规定所能涵盖的。

---

① 李勋文：《金融危机背景下如何处理民间融资与非法集资的界限》，《法治与社会》2009年第22期。
② 张明楷：《刑法学》，法律出版社2007年版，第584页。

（二）与"集资诈骗"相互混淆

除了非法吸收公众存款罪之外，《刑法》上还有一款集资诈骗罪也与非法集资之间存在着密切的联系。《刑法》第192条规定，"以非法占有为目的，使用诈骗方法非法集资"的为集资诈骗，容易让人误认为集资诈骗罪就是专门为打击非法集资行为而设的。现实生活中，只要涉及人数众多的不当集资的终端处置、投资失败或者被部分挥霍，其募集款项不能归还且数额较大的，通常都会被指控为以非法占有为目的的集资诈骗。特别是如吴英案这样最终无法偿还、数额特别巨大，从而造成重大社会影响的非法集资大案，就必定是以集资诈骗罪来处理。集资诈骗罪似乎成了巨额集资款不能归还的替代词。但是，非法集资与集资诈骗其实存在重要区别。

首先，非法集资并不必然意味着构成犯罪。非法集资活动从性质来说，有两大类：一类是有着正常融资需求的集资安排，集资者由于从正规的融资渠道无法获得资金支持，或者觉得正规融资渠道的成本太高，才走上了非法集资的道路；另一类集资活动则并无融资需求，集资者不过试图利用非法集资活动骗取他人财物，这在任何国家和体制下都是典型的诈骗行为。[1] 这后一类集资活动正是集资诈骗罪重点打击的对象，而前一类集资活动就不是通常意义上所说的集资诈骗行为，更多是中小企业迫于资金压力，在无法得到银行等正规金融机构资金支持的情况下，为了谋取一线生机而做出的铤而走险之举。震动全国的孙大午案就可以作为这一类集资活动的一个典型代表。司法机关不应轻易地仅仅由于其造成损失就将该类行为入罪，而应更多地采取行政手段加以规制。法律有义务保护诚信商人（投资者）的经营投资失败，以破产重整的方式处置不能归还的债务，其中也包括不当（非法）的集资债务，而不是简单地以最终能否偿还集资款为罪与非罪的界限。

其次，对刑法条文的内在逻辑进行分析，有关集资诈骗罪的规定存在着

---

[1] 彭冰：《非法集资活动规制研究》，《中国法学》2008年第4期。

逻辑性缺陷。就《刑法》分则体系而言，规定集资诈骗罪的第192条是置于"金融诈骗罪"一节之中，该节所置各罪均应是针对发生在金融领域内的采取各种金融手段实现诈骗目的的犯罪行为，不应包括对非法集资行为的处置。而且，从条文的相互关系上讲，唯有集资诈骗罪的措辞与"金融诈骗罪"一节中的其他罪名格格不入，也与第176条和第179条的规定发生抵牾。[1] 所以，以集资诈骗罪来规制非法集资实际上存在先天性的不足。

虽然有学者认为非法集资中必然存在着欺诈[2]，但这种狭隘的理解与金融的实际运行状态是不符合的。实践中存在着若干为立法者所忽视的非法集资情形，在民间融资活动中介于合法与非法之间的灰色地带，简单地将其认定为集资诈骗将严重背离中国社会民营经济的金融运作实际状况。所以非法集资和集资诈骗这两个法律术语不应当被随意地替换使用，明晰两者之间的界限是理顺非法集资概念逻辑内涵的必然要求。

三、非法集资概念逻辑演进之反思

通过梳理非法集资概念的演进历程，比较现行法对于非法集资的定义，分析非法集资概念内在逻辑的混乱性，不难发现非法集资这一概念在我国现行立法上存在着广义和狭义之分。具体来讲，在1998年的《取缔办法》出台之前，非法集资广泛地涵摄了非法吸收公众存款、集资诈骗、擅自发行股票、公司及企业债券等不法的集资行为，基本上可以认为是具备刑罚可罚性的非法民间融资行为的总称。而在《取缔办法》出台以后，则出现了狭义的非法集资的概念。这种"非法集资"行为被置于同非法吸收公众存款（包括变相吸收公众存款）相互平行的地位，其共同的上位概念是非法金融业务活动。但是，广义的非法集资的概念并未就此退出历史的舞台，如在2007年国务

---

[1] 冯亚东、刘凤科：《非法吸收公众存款罪的本质及立法失误》，《人民检察》2001年第7期。
[2] 高艳东：《集资诈骗罪的立法完善与解释对策》，《贵州警官职业学院学报》（公安法治研究）2006年第6期。

院法制办公室所总结出的 12 种非法集资的类型中就既包括了直接融资[①]，也包括了间接融资[②]。《审理非法集资案件解释》也是从广义上使用了非法集资的概念。而且就现有的文献资料而言，广义上的非法集资概念使用频率远高于狭义的非法集资概念。

但对狭义的非法集资概念的研究却更具有现实意义，因为其指涉着一些为现行立法所忽视或者未预见的集资情形。我国现有的刑法对于非法集资罪名体系的设置分类过于粗犷，无法把各种可能的情形均涵盖进去。严格说来，有两种行为在现行刑法上并没有对应的罪名。第一种是以资金的高回报为目的的集资行为，这种行为无法归结为"吸收公众存款"，因为资金提供者并不单纯追求资金的安全，而是把资金的回报率置于首要位置；第二种情形是集资过程中的各种不能构成诈骗罪的舞弊行为，如并不存在"以非法占有为目的"的虚假陈述、虚构资金用途等行为。在这种条件下，刑法就不得不扩张非法吸收公众存款罪和集资诈骗罪的规制范围，将吸收追求高回报资金的行为，理解为非法吸收公众存款，将各种融资舞弊行为强行认定为集资诈骗罪。[③] 但这种没有法理依据充满行政色彩的做法不当地限制了民间融资的空间，违背了刑法谦抑性的要求，其合理性值得质疑。

另外，非法集资这一概念片面强调融资者一方在不法民间借贷活动中的责任，对出资方则予无条件保护的定义方式也值得商榷。在非法集资最初进入司法机关视野时，参与融资活动的出资方往往是下岗职工、离退休工人这样的弱势群体，因此法律更多的是采取规制强势的融资方以抑强扶弱的思路来规制非法集资行为。但是，伴随着社会经济的发展，目前非法集资活动中投融资双方的地位正在发生着转变。在相当一部分民间借贷活动中，出资方都拥有着雄厚的资金实力，其在整个集资活动中甚至隐隐起到了主导的作用。

---

① 如通过种植、养殖、项目开发、庄园开发、生态环保投资等名义进行非法集资的行为。

② 如利用民间"会""社"等组织或者地下钱庄进行非法集资。

③ 钟瑞庆：《集资诈骗案件刑事管制的逻辑与现实——浙江东阳吴英集资诈骗案一审判决的法律分析》，《法治研究》2011 年第 9 期。

例如在浙江吴英非法集资案件中，吴英的融资直接交易的对象只有 11 人，这 11 人借贷给吴英的资金却达到了 77339.5 万元之巨，而其中林卫平一人在 2006 年 3 月至 2007 年 1 月间向吴英放债金额达到 47241 万元（最终损失款为 32565 万元）。[1] 显然这些出资人已经不再是立法者力图保护的弱势群体了，而是追求高额回报的专业货币资金的经营投机者。在市场经济法则下，高额回报必须以承担更高的风险为代价，而这些人却以借贷名义行投资放债之实，从吴英处得到了保证固定收益的不合理承诺，规避了投资风险，这显然与我国整个金融法律体系的内在逻辑是背道而驰的。另外，也因为这些人不计借贷风险的过错促使吴英在非法集资路上走得更疯狂。如果法律继续漠视这一法律漏洞，赋予他们以存款人一般强有力的保护，则势必使融资方的合法利益遭到侵害，也将逐渐侵蚀市场经济的基石。立法者有必要转变对民间融资（借贷）的融资方单方管制观念，转向对资金融入方、融出方的双向平衡管制，尤其注意对资金出借方（非法放贷方）的法律约束。

四、非法集资概念的证券法视角下的展望

近些年来，民间借贷拓宽了中小企业的融资渠道，解决了部分社会融资需求，增强了经济运行的自我调整和适应能力，有效地克服了国家信用的诸多弊端，其合理性与合法性逐渐获得了政府的肯定。[2]2010 年 5 月国务院发布的《关于鼓励和引导民间投资健康发展的若干意见》和 2010 年 10 月中共中央公布的《关于制定国民经济和社会发展第十二个五年规划的建议》，都明确鼓励民间资本进入金融领域。而与民间融资相伴而生的非法集资概念，也一直在试图扩张自己的内涵，以期能够对愈加复杂的民间融资活动实行有效的监管。但这一努力却遭到了来自现实的挑战，非法集资概念在含义扩张的过程中出现了许多严重的逻辑性缺陷和模糊。即使《审理非法集资案件解

---

[1] 金华市中级人民法院（2009）浙金刑二初字第 1 号刑事判决书。

[2] 王曙光：《经济转型中的金融制度演进》，北京大学出版社 2007 年版，第 74 页。

释》规定，"未向社会公开宣传，在亲友或者单位内部针对特定对象吸收资金的，不属于非法吸收或者变相吸收公众存款"。然而该解释仍未就特定对象给出一个标准化依据，即使是针对单位内部的融资，如内部职工再向社会不特定人集资从而构成"传销金字塔"的集资方式，也可能会受到"非法集资"的指控。中小微企业民间融资、借贷中因"非法集资"问题骚扰，而身处毫无安全性可言的法律状态之中，这表明现行法律制度存在重大问题。

针对如何理顺非法集资概念的内涵这一问题，有观点主张改革现行刑法的罪名体系，将现有的非法吸收公众存款罪，集资诈骗罪，擅自发行股票、公司及企业债券罪合并成统一的非法集资罪。[①]这类建议致力于将现有罪名所无法涵盖的一些非法集资行为纳入新的罪名之下予以监管，实质上就是对非法集资概念扩张的一种默认和纵容。采取这样的措施固然可以解决条文表面的逻辑冲突，但却根本无法缓解其与现实之间的冲突，有矫枉过正之嫌。随着社会经济的发展，非法集资的形式在不断地变化发展，新的非法集资形式层出不穷，刑法的保守性和谦抑性决定其不适合担当管制非法集资的主要角色。

在如今实行市场经济的时代背景下，从改革证券法入手，对非法集资概念进行价值重构应当是规制民间融资活动的最佳选择。事实上，非法集资这一概念与证券法之间有着天然的联系。众所周知，我国《证券法》上证券的定义极为狭窄，因此相当数量的融资活动无法被纳入证券发行的范畴，其法律关系处于很不确定的状态，进而影响到了投资者利益的保护。为了避免出现法律调整的"真空地带"，立法者创设了"集资行为"这样一个概念，试图以此囊括那些本应归属于证券发行的融资活动，而未经有关机关批准向不特定社会公众进行的"集资行为"就成了"非法集资"。实际上，实践中的部分集资行为与证券发行行为已没有本质的区别，现行法对于二者的区分是

---

① 徐远刚：《浅论应设立非法集资罪》，《经济研究导刊》2009 年第 28 期。

相当任意且不合理的。①

理论上讲，能够用于集资的证券很多，证券是彰显权利的凭证，充当实质证券的种类很多。除了传统的股票、债券、投资基金份额、衍生证券外，还应包括票据、提单、保险单、存款单等。还有就是根本不出现"股票""公司债券"等名称但实际上具有证券功能的投资合同，投资人除支付金钱义务外坐等约定的投资收益。如在美国的证券法中，证券实际上可分为两类：一类是已经标准化（standardized）的证券，如股票、债券、票据等；另一类是可变的（variable）、非常规（irregular）、不常见的（uncommon）证券，如投资合同。前者易于被认定为证券，而后者则需要经过更仔细的考察才能确定其性质。② 通过一系列的判例，美国法已发展出了一套对于投资合同的认定标准③，这一套标准由1946年的Howey案确立，因此又称Howey标准。④ 而目前我国认定的许多非法集资，其实就是"美国式投资合同"，前些年闹得沸沸扬扬的"果园开发热"也完全就是Howey案的一个翻版。因此，我国完全可以参考借鉴Howey标准来划定非法集资的界限。事实上，美国法官决定投资合同是否为证券时，要考虑的因素之一是证券法之外是否还有其他法律制约该凭证。这种做法背后的理念是不能有法律漏洞和盲点。我国做法则正好相反，证券法规定的证券范围十分狭窄，遇到类似投资合同等新型融资行为时，就统统收入非法集资的大口袋，草率地安上非法吸收公众存款罪或者集资诈骗罪的罪名了事。非法集资这口袋大得吓人，但其概念或定义比证券的概念或定义还要模糊。结果是，许多非法集资行为既没有被非法集资制度制约，也没有被证券法制约，给融资者留下了逍遥法外的空间；许多合法的民间融资行为却被错断为非法集资行为，遭到了刑法过于严厉的处罚。因此

---

①② 吴昊：《非法集资抑或证券发行："长城机电"融资案引发的思考》，《金融法苑》2003年第6期。

③ 这一标准包括四个方面，（1）利用他的钱财进行投资；（2）投资于一个共同企业；（3）仅仅由于发起人或第三方的努力；（4）期望使自己获得利润。

④ 董春华：《美国证券法"投资合同"的法律辨析》，《证券市场导报》2003年第4期。

将非法集资的问题交给证券监管部门来处理，让其回归证券发行行为的概念应当是管制非法集资模式的一个主要转变方向。[1]

我国与美国对企业民间融资行为采取了不同的规制模式，美国通过扩展"证券"的概念，将融资行为纳入证券法的调整范围，而我国却将大量符合证券特征的投资合同等工具排除在证券的范围之外。目前，我国的集资行为呈现一种证券化的趋势，《审理非法集资案件解释》第 2 条列举的 11 种非法吸收资金的情形中，基本上都是采用实质意义上具备证券"功能标准"的证券融资行为。但遗憾的是，此种行为无法由现行证券法调整，而是作为非法集资形态调整，我国认定的许多非法集资，其实也就是"美国式投资合同"。因此，针对我国证券定义不明以及《证券法》调整范围较小的情形，一个走出上述困境的较好的方法是借鉴美国投资合同，给出一个判断证券的标准，将符合投资合同的证券纳入《证券法》监管，并同时建立证券私募发行、小额豁免制度。这种制度设计基于这样的逻辑，首先让公众了解其集资行为是否为证券发行行为，然后为其发行行为提供如下的选择：公开发行、私募发行或小额豁免发行。因为私募发行与小额豁免发行无需监管机构复杂繁琐的审核程序，这样就将大量的不需监管机构重点监管的证券发行行为以豁免（或备案）的方式排除，从而减轻了监管机构的监管压力。同时私募发行与小额豁免发行又为社会的中小微企业民间融资发行（或借贷）提供了一个"安全港"设计，在"安全港"内的证券发行融资行为不受追究，这样合法证券发行行为、违法证券活动与非法集资之间的界限也就相对清晰，从而也有利于打击真正的非法集资。

近些年来，证券法关于民事责任的规定在逐步完善，证券监管越来越专门化、独立化和规范化，信息披露制度也日益完善。如果说当初政府受制于证券市场与监管的不成熟而选择了禁止性监管模式，生搬硬造了"非法集资"的概念，那么当中国的证券市场和监管已经达到一定的成熟程度且还将不断

---

[1] 李有星：《中国证券非公开发行融资制度研究》，浙江大学出版社 2008 年版，第 67—68 页。

发展下去的情况下，我们没有理由不逐步尝试着将非法集资的监管权交还给证券法。因此，正如有些学者所提出的那样，要有效监管各种非法集资活动，应采取直接融资活动的监管手段，通过扩大"证券"定义的方式，改变证券发行核准制度，将非法集资活动纳入《证券法》的管辖范围。[1] 唯有如此，我们才能真正把握住非法集资概念的核心意义，理顺这一整套制度的内在逻辑体系，民间融资者才会摆脱"非法集资概念"的无形困扰。

---

[1] 彭冰：《非法集资活动的刑法规制》，《清华法学》2009 年第 3 期。

我国非法集资规制的制度规范与缺陷

李有星　郭晓梅 *

★ 本文原载于《浙江金融》2008 年第 11 期。郭晓梅，上海锦天城律师事务所杭州分所律师。

2006 年以来，非法集资成为银监会重点打击对象，银监会处置非法集资的机构做了一个抽样调查，数据显示，在全国十个省，已经发现大型非法集资案例达到 170 多起，涉及金额 100 多亿元。非法集资的情况延伸到了证券、股权的销售买卖领域，与集资有关的犯罪，不但往往涉案金额惊人，而且涉及被害人群广泛。我国调整非法集资的制度规范可归纳为非刑法规范与刑法规范两方面，但事实上，以刑法调整为主且缺陷明显。

一、非法集资规制的非刑法制度规范

所谓非法集资是指单位或个人未依照法定程序经有关部门批准，以发行股票、债券、彩票、投资基金、证券或其他债权凭证的方式向社会公众筹集资金，并承诺在一定期限内以货币、实物及其他方式向出资人还本付息或给予回报的行为。非法集资具有四个特点：第一，未经有关部门依法批准，包括没有批准权限的部门批准的集资以及有审批权限的部门超越权限批准的集资。第二，承诺在一定期限内给出资人还本付息。还本付息的形式除以货币形式为主外，还包括以实物形式或其他形式。第三，向社会不特定对象即社会公众筹集资金。第四，以合法形式掩盖其非法集资的性质。我国对非法集资规制的非刑法规范如下。

1.《公司法》规定。《公司法》第 210 条规定，未经本法规定的有关主管部门的批准，擅自发行股票或者公司债券的，责令停止发行，退还所募资金及其利息，处以非法所募资金金额 1%以上 5%以下的罚款。构成犯罪的，依法追究刑事责任。

2.《商业银行法》规定。2003 年《商业银行法》第 81 条规定，未经国务院银行业监督管理机构批准，擅自设立商业银行，或者非法吸收公众存款、变相吸收公众存款，构成犯罪的，依法追究刑事责任；并由国务院银行业监督管理机构予以取缔。伪造、变造、转让商业银行经营许可证，构成犯罪的，依法追究刑事责任。第 83 条规定，有本法第 81 条规定的行为，尚不构成犯罪的，由国务院银行业监督管理机构没收违法所得，违法所得50万元以上的，并处违法所得1倍以上5倍以下罚款；没有违法所得或者违法所得不足50万元的，处50万元以上200万元以下罚款。

3.《贷款通则》规定。1996年6月28日，中国人民银行颁布的《贷款通则》第61条规定，各级行政部门和企事业单位、供销合作社等合作经济组织、农村合作基金会和其他基金会，不得经营存贷款等金融业务。企业之间不得违反国家规定办理借贷或者变相借贷融资业务。第73条规定，行政部门、企事业单位、股份合作经济组织、供销合作社、农村合作基金会和其他基金会擅自发放贷款的；企业之间擅自办理借贷或者变相借贷的，由中国人民银行对出借方按违规收入处以1倍以上至5倍以下罚款，并由中国人民银行予以取缔。

4.国务院《非法金融机构和非法金融业务活动取缔办法》规定。该《非法金融机构和非法金融业务活动取缔办法》第4条规定，非法金融业务活动，是指未经中国人民银行批准，擅自从事的下列活动：（1）非法吸收公众存款或者变相吸收公众存款；（2）未经依法批准，以任何名义向社会不特定对象进行的非法集资。非法吸收公众存款，是指未经中国人民银行批准，向社会不特定对象吸收资金，出具凭证，承诺在一定期限内还本付息的活动；所谓变相吸收公众存款，是指未经中国人民银行批准，不以吸收公众存款的名义，向社会不特定对象吸收资金，但承诺履行的义务与吸收公众存款性质相同的活动。

5.《证券法》规定。2005年《证券法》第188条规定，未经法定机关核准，擅自公开或者变相公开发行证券的，责令停止发行，退还所募资金并加算银行同期存款利息，处以非法所募资金金额1%以上5%以下的罚款；对擅自公开或者变相公开发行证券设立的公司，由依法履行监督管理职责的机构或者部门会同县级以上地方人民政府予以取缔。对直接负责的主管人员和其他直接责任人员给予警告，并处以3万元以上30万元以下的罚款。

二、非法集资规制的刑法规范

非法集资就是非法吸收公众资金，吸收公众资金采用的不同手段构成不同的刑罪。例如采用诈骗的方式吸收公众资金，就可构成集资诈骗罪。我国刑法中与集资有关的犯罪有 5 个罪名：《刑法》第 160 条的欺诈发行股票、债券罪，第 176 条的非法吸收公众存款罪，第 179 条的擅自发行股票、公司、及企业债券罪，第 192 条的集资诈骗罪和第 225 条的非法经营罪。具体如下。

1. 欺诈发行股票、债券罪。该罪是指在招股说明书、认股书、公司及企业债券募集办法中隐瞒重要事实或者编造重大虚假内容，发行股票或者公司、企业债券，数额巨大、后果严重或者有其他严重情节的，处 5 年以下有期徒刑或者拘役，并处或者单处非法募集资金金额 1% 以上 5% 以下罚金。单位犯前款罪的，对单位判处罚金，并对其直接负责的主管人员和其他直接责任人员，处 5 年以下有期徒刑或者拘役。

2. 非法吸收公众存款罪或者非法变相吸收公众存款罪。《刑法》第 176 条规定，非法吸收公众存款或者变相吸收公众存款，扰乱金融秩序的，处 3 年以下有期徒刑或者拘役，并处或者单处 2 万元以上 20 万元以下罚金；数额巨大或者有其他严重情节的，处 2 年以上 10 年以下有期徒刑，并处 5 万元以上 50 万元以下罚金。单位犯前款罪的，对单位判处罚金，并对其直接负责的主管人员和其他直接责任人员，依照前款的规定处罚。目前司法实践中，个人非法吸收或者变相吸收公众存款 100 万元以上，单位非法吸收或者变相吸收公众存款 500 万元以上的，可以认定是"数额巨大"。

3. 集资诈骗罪。该罪是指以非法占有为目的，使用诈骗方法非法集资，数额较大的行为。根据最高人民法院相关司法解释和规定，"以非法占有为目的"的行为包括：（1）明知没有归还能力而大量骗取资金的；（2）非法获取资金后逃跑的；（3）肆意挥霍资金，致使资金无法返还的；（4）使用集资款进行违法犯罪活动，致使资金无法返还的；（5）抽逃、转移资金，隐匿财产，以逃避返还资金的；（6）隐匿、销毁账目，或者搞假破产、假倒闭，以逃避返还资金的；（7）其他非法占有资金，拒不返还的。 集资诈骗罪，数额特别巨大或者有其他特别严重情节的，可判处10年以上有期徒刑或者无期徒刑，并处5万元以上50万元以下罚金或者没收财产。数额巨大并且给国家和人民利益造成特别重大损失的，应判处无期徒刑或者死刑，并处没收财产。根据当前司法解释，个人集资诈骗数额在100万元以上的，属于数额特别巨大，单位集资诈骗数额在250万元以上的，属于数额特别巨大。

4. 擅自发行股票、公司、企业债券罪。该罪是指未经国家有关主管部门批准，擅自发行股票或者公司、企业债券，数额巨大、后果严重或者有其他严重情节的行为。该罪处5年以下有期徒刑或者拘役，并处或者单处非法募集资金金额1%以上5%以下罚金。单位犯前款罪的，对单位判处罚金，并对其直接负责的主管人员和其他直接责任人员，处5年以下有期徒刑或者拘役。

5. 非法经营罪。该罪是指未经许可经营专营、专卖物品或其他限制买卖的物品，买卖进出口许可证、进出口原产地证明以及其他法律、行政法规规定的经营许可证或者批准文件，以及从事其他非法经营活动，扰乱市场秩序，情节严重的行为。在许多复杂的非法集资行为中，特别是涉及银行、证券、期货、信托的金融特许业务时，将构成非法经营罪。也可以说非法经营罪是调整非法集资的手段之一。依据《刑法》第225条规定，该罪处5年以下有期徒刑或者拘役，并处或者单处违法所得1倍以上5倍以下罚金；情节特别严重的，处5年以上，并处违法所得1倍以上5倍以下罚金或者没收财产。

三、调整非法集资行为制度规范的缺陷

我国调整非法集资行为的法律规范的不足和缺陷较明显，说非法集资是制度性问题不过分。我国调整非法集资行为事实上主要依赖于刑法的打击，其中集资诈骗罪、非法吸收公众存款或者变相吸收公众存款罪为主要。集资

诈骗罪是指以非法占有为目的，使用诈骗方法非法集资，数额较大的行为，由于"以非法占有为目的"的行为解释的宽泛性和不确定性，此罪认定的弹性较大。非法吸收公众存款或者变相吸收公众存款罪的构成要件本身是大口袋，标准不规范。该罪行为人主体是一般主体，包括行为人不具有吸收存款的主体资格，而吸收公众存款、破坏金融秩序的行为。行为人在主观上具有非法吸收公众存款或者变相吸收公众存款的故意。存款人是不特定的群体的存款才是公众存款。无论其采取什么办法，只要其行为具有吸收公众存款的性质，即符合本条规定的条件。从《刑法》第176条规定本身来看，非法吸收公众存款或变相吸收公众存款的关键是何为存款，对此法律没有明确界定。存款是一个金融概念，对应的是贷款，没有贷款也就无所谓存款。尤其是目前出现的公司企业融资用于企业自身发展但具有违规性的行为，不加区分地一律认定为非法吸收公众存款或者变相吸收公众存款确引起巨大争议。另外，对于大量集资活动发生，特别是公司经营式的集资活动，其属集资诈骗罪或是非法吸收公众存款罪，界限的自由裁决弹性很大，可集资诈骗罪与非法吸收公众存款法律后果区别巨大。同样是非法集资数亿元，但定罪为集资诈骗罪与认定为非法吸收公众存款或者变相吸收公众存款的后果截然不同，如浙江同时期出现的东阳吴英案与丽水杜益敏案就是典型对照。

在金融市场发达的国家，非法集资的情况非常少见，在我国却屡禁不止。金融体系结构的不合理是一个不容忽视的主要原因，非法集资引发的犯罪一再重现，正是这种时代背景下发生的制度性悲剧。就目前的现有制度规范，难以解决非法集资问题。在没有正确认识证券范围的情况下，国家无法真正提供合法与违法边界界定标准，只有用非法集资和非法证券活动的大口袋管制打击。要有效解决制度性的非法集资问题，必须确立证券非公开发行融资制度标准，扩张合法融资途径，将公司企业的经营性、证券性投融资行为归于证券法调整。国家应设立证券发行的豁免制度，如小额发行和证券非公开发行豁免制度，为社会提供一种集资行为的"安全港"，在安全港内的集资行为不受追究。只有明确的、合理的、规范的合法融资制度，才有我国的金融安全和金融稳定以及对非法集资的有效遏制。

图书在版编目（CIP）数据

金融法研究 / 李有星著. -- 杭州：浙江大学出版
社，2022.8
ISBN 978-7-308-22381-2

Ⅰ.①金… Ⅱ.①李 Ⅲ.①金融法—研究—中国
Ⅳ.①D922.28

中国版本图书馆CIP数据核字（2022）第040167号

金融法研究

李有星　著

责任编辑	曲　静	
责任校对	杨　茜　郭玉霞	
封面设计	周　灵	
出版发行	浙江大学出版社	
	（杭州天目山路148号　邮政编码：310007）	
	（网址：http://www.zjupress.com）	
排　　版	浙江时代出版服务有限公司	
印　　刷	杭州宏雅印刷有限公司	
开　　本	710mm×1000mm　1/16	
印　　张	53.25	
字　　数	735千	
版 印 次	2022年8月第1版　2022年8月第1次印刷	
书　　号	ISBN 978-7-308-22381-2	
定　　价	128.00元（全2册）	